省委常委、政法委书记王立科到直溪派出所调研指导工作。

江苏省副省长、公安厅厅长刘旸到薛埠派出所调研指导公安工作。

老民警退休仪式

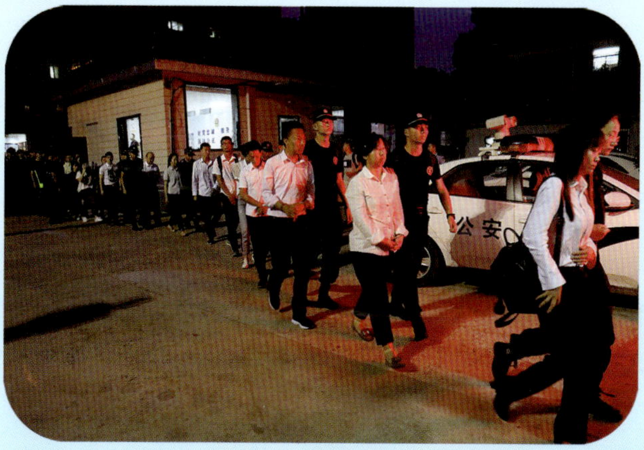

成功抓获犯罪嫌疑人

队列操练

东方日升（常州）新能源有限公司

2018年12月金坛区区委书记狄志强带领区四套班子领导对东方日升（常州）新能源有限公司“光伏组件和光伏电池片生产线”项目进行了重点考察。

每当东方日升时
我增能量你增值

THE POWER OF RISENG VALUE

二〇一八年度

工业投入重大项目奖

中共常州市金坛区委
常州市金坛区人民政府
二〇一九年二月

江苏省民营科技企业

东方日升（常州）新能源有限公司

经备案符合《江苏省发展民营科技企业条例》的有关规定，特发此证。

有效期：二〇一八年至二〇二〇年

江苏省民营科技企业协会
二〇一八年十月

电池101车间

组件103车间

东方日升（常州）新能源有限公司，是东方日升新能源股份有限公司的全资子公司。常州基地始建于2018年1月，注册资金25亿元人民币，占地1000亩，员工4000人。

东方日升常州新能源有限公司于2018年6月建成投产，该项目总投资80亿元，分别为5GW光伏组件、5GW光伏电池片生产线。组件方面：专注于高效组件生产，产品有常规72片各档组件，另有半片、双玻组件等产品；电池方面：专注于PERC高效单晶电池生产。目前正在研发异质结电池，目前PERC单晶电池效率已达23.08%。2018年创利税5740万元。未来东方日升常州基地将成为国内最大的单体电池、组件生产基地，年销售额达到100亿元以上。

2019

金坛年鉴

（总第17卷）

常州市金坛区人民政府　主办
金坛年鉴编纂委员会　　编

方志出版社
Publishing House of Local Records

图书在版编目（CIP）数据

金坛年鉴. 2019/金坛年鉴编纂委员会编. —北京：方志出版社, 2019.7

ISBN 978-7-5144-3811-6

I.①金…II. ①金…III. ①区（城市）-常州-2019-年鉴 IV. ①Z525.34

中国版本图书馆CIP数据核字（2019）第199705号

金坛年鉴（2019）

编　　者：金坛年鉴编纂委员会
责任编辑：刘　珊

出 版 者：方志出版社
地址　北京市朝阳区潘家园东里 9 号（国家方志馆4层）
邮编　100021
网址　http://www.fzph.org
发　　行：方志出版社图书经销中心
电话（010）67110500
经　　销：各地新华书店
印　　刷：常州市武进第三印刷有限公司

开　　本：889×1194　　1/16
印　　张：25.5
字　　数：680千
版　　次：2019年7月第1版　　2019年7月第1次印刷
印　　数：0001～1200册

ISBN 978-7-5144-3811-6　　定　价：200.00元

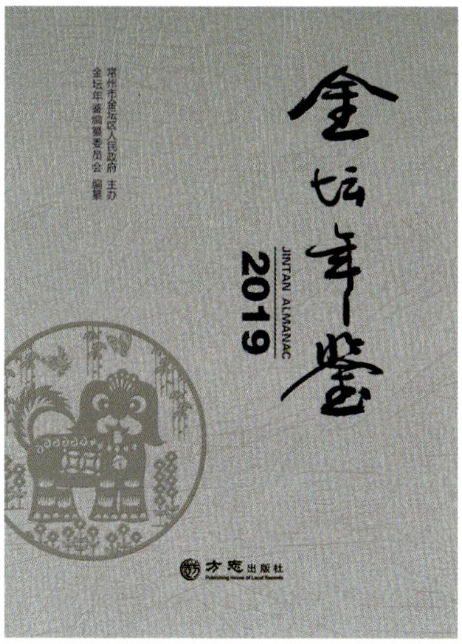

金坛年鉴编纂委员会

《金坛年鉴（2019）》编审人员

编辑说明

一、《金坛年鉴》是由常州市金坛区人民政府主办，金坛年鉴编纂委员会编的综合性资料工具书，创刊于1994年，本卷为第17卷，国内外公开发行。

二、《金坛年鉴》坚持以马克思列宁主义、毛泽东思想、邓小平理论、“三个代表”重要思想、科学发展观和习近平新时代中国特色社会主义思想为指导，坚持辩证唯物主义和历史唯物主义的立场、观点和方法，全面系统记载金坛年度经济社会的基本情况和发展状况，为各级领导提供决策依据，为社会多层面提供资讯，是了解金坛、研究金坛的窗口。

三、《金坛年鉴》2019卷主要载录2018年1月1日至2018年12月31日金坛区经济社会发展的基本资料，该卷增设纪检监察类目，共有35个部分。

四、《金坛年鉴》采用分类编辑法，主体内容分类目、分目、条目3个层次，部分分目下设副分目。分目、副分目下一般设概述，以条目作为记述的主要形式。为便于检索，类目、分目标题使用不同字体加以区别，书眉标示类目；副分目标题用楷体，前后加“•”；条目标题用黑体，并加【】号。卷首有详细目录和英文要目，卷末有索引，全书内容可由目录、书眉、索引等检索渠道查找。

五、《金坛年鉴》2019卷所录用稿件，由金坛区各镇（区）、各部门、各单位负责撰写或提供，并经所在镇（区）、部门、单位领导审核。全区综合统计数据由金坛区统计局提供，各单位提供的数据如与统计局不同，以统计局统计口径为准。

各单位审稿人名单

（按姓氏笔画为序）

丁　皓	丁　强	于　澹	马红星	王　辉	王　勇
王　瑶	王一鸣	王一新	王永亮	王志东	王东方
王国平	王建国	王建涛	王洪庆	王慰东	王晁彬
卞文燕	尹志文	毛卫平	孔海军	孔德馨	田　娟
史悦平	史荟娟	石　晶	石连华	印建云	匡小红
汤慧兵	邢卫东	吕洪力	朱双华	朱志强	任林勇
刘　华	刘　斌	汤慧兵	许国清	许忠平	孙云清
孙伟良	纪俊明	苏　俊	严国庆	严　伟	李佳真
李冬英	杨建新	杨建忠	吴卫东	吴　英	吴　芳
吴　懿	吴平涛	何云华	何富健	沈建国	张　倩
张小兰	张叶华	张伟波	陆金国	陆晓翼	陆湘毅
陈　云	陈　建	陈　励	陈小芳	林　燊	周　玲
周　俊	周文俊	邵　勇	庞巧红	郑文洪	孟明刚
赵　凯	赵小伟	赵济红	荆　霞	柏虎斌	冒丽萍
俞　阳	俞　慎	施小民	施生华	贺金芳	姜秋生
姚国定	姚锁生	姚锁洪	袁海涛	徐一新	徐荣华
高　军	唐　亚	夏乙平	秦　峻	袁　静	耿丽平
聂卫斌	黄旭红	陶勇军	曹　波	盛南萍	蒋　涛
蒋　骏	蒋林忠	蒋云清	韩双庆	谢长春	虞青平
谭益民	潘明志	黎中海	戴　露	瞿卫国	

大乘汽车　　王玉华 摄于2018年

中盐金坛　　王玉华 摄于2017年

晨风服装　　王玉华　摄于2007年

华茂金昇科技　　王玉华　摄于2008年

2016年9月29日，信维通信科技园项目签约　　王玉华 摄

“渔光一体”光伏电站　　谭荣俊 摄于2018年

水稻生产全程机械化　　王玉华 摄于2016年

茶海飘香　　金寿彭 摄于2019年

数字化有机农业典范——一号农场　　王玉华 摄于2018年

国家水利工程——尧塘新孟河　　王玉华 摄于2018年

国家地理标志保护产品——建昌红香芋　　金寿彭 摄于2018年

国家地理标志保护产品——无节水芹　　韩献忠 摄于2016年

金蟹追梦　　王玉华 摄于2017年

长荡湖捕捞节　　王玉华 摄于2018年

滨湖新城　　王玉华　摄于2018年

茅山省级旅游度假区　　王正祥 摄于2018年

长荡湖省级旅游度假区　　王玉华 摄于2017年

美丽乡村示范点——薛埠镇仙姑村　　王正祥　摄于2018年

全国文明村——朱林镇黄金村　　王玉华　摄于2018年

全国文明村——儒林镇柚山村　　王正祥 摄于2018年

全国文明村——尧塘街道谢桥村　　王玉华 摄于2018年

2018年江苏南沿江城际铁路开工建设　　王正祥 摄于2018年

最美公路　　徐开仑 摄于2018年

金武快速路　　王玉华 摄于2018年

中外医疗专家为民义诊　　王玉华 摄于2018年

现代儿童剧《留守小孩》获全国“五个一工程”奖　　王玉会 摄于2012年

金坛图书馆　　于兰 摄于2017年

东方盐湖城　　陈正平 摄于2018年

街头广场舞　　王玉华 摄于2009年

浪漫假日　　王正祥 摄于2014年

生日共祝愿　　　　李祥　摄于2019年

物丰人潮　　　　王玉华　摄于2009年

儿童保健　　　　王峰　摄于2018年

文化点亮生活　　　　王玉华　摄于2016年

世界残奥冠军徐夕涵(右)　　王玉华 摄于2018年

华罗庚中学新址建设　　王玉华 摄于2018年

常州市金坛区金城镇

区委常委、镇党委书记董龙庆走访困难户

金城镇镇域总面积92.8平方千米，其中耕地3578.3公顷。全镇辖有11个行政村，165个村民小组，总人口5.99万人。2018年，全镇实现地区生产总值（GDP）85.8亿元，可比价增长9.2%，完成一般公共预算收入4.64亿元，增长23.7%；农村居民人均可支配收入3.33万元，增长9%。2018年，金城镇入选全国千强镇名单。

2018年，金城镇完成工业开票销售201亿元，同比增长16.9%；完成工业实际投入34.2亿元，同比增长71.2%。

2018年，全镇新增签约引进工业项目32个，协议总投资150.89亿元。其中协议总投资50亿元以上项目1个，10亿元以上项目7个。

2019年，金城镇将重点围绕“规划、环境、项目、建设、服务”五个高质量，持续完善园区基础设施建设和服务功能，推动产城融合，使园区功能由生产功能向生产、生活、生态“三生协调”功能转变。

中晟精密智造项目签约仪式

胜伟策电子（江苏）有限公司奠基仪式

金城镇政企关爱困境儿童结对仪式

金城镇深入学习习近平新时代中国特色社会主义思想和党的十九大精神专题部署会

区委第三巡察组巡察金城镇镇村工作动员会

金城镇深入学习习近平新时代中国特色社会主义思想和党的十九大精神主题晚会

金城镇深入学习习近平新时代中国特色社会主义思想和党的十九大精神知识竞赛

金城镇青年训练营启动仪式

金城镇人力资源招聘洽谈会

奥托立夫

金坛区薛埠镇，位于茅山东麓，域内风景秀丽，山水人文思想浓郁，为全国重点镇、全国小城镇建设示范镇、国家卫生镇、江苏省小城镇综合改革试点镇、江苏省园林小城镇、常州市西部中心镇。全镇土地总面积132.63平方千米，下辖16个行政村、2个场圃、3个居委会，总人口5.26万人。

农业发展蒸蒸日上。大力推广测土配方施肥技术，建立土壤肥力监测点15个。建成3个水稻绿色高产示范片区，共计500公顷，打造了下杖、罗村优质稻米产业化基地。推广“有机肥+配方肥”、“有机肥+水肥一体化”、肥料机械深施、茶园秸秆覆盖、茶园套种绿肥等技术模式，新增水肥一体技术应用面积113公顷，建成核心示范区8个433公顷。“金坛雀舌”被授予“全国首批通过森林认证茗茶品牌”。江苏鑫品茶业建设的国家抹茶加工技术研发专业中心被评为国家农产品加工技术研发专业中心。露源、福地春2家茶企被认定为常州市级农业龙头企业。全年共完成新造林84公顷，创成1个省级绿化示范村和1个省级“三化”示范村。石家山林场榉树野外种群保护项目顺利通过验收。

上阮村京东农业

两个加快有力推进。2018年，全镇有企业766家，其中34家规模企业实现工业开票销售收入72.32亿元，占全镇总量的88.21%。盘固集团、奥托立夫首次入库税收超亿元。全年新增股改企业1家。全年共签约引进工业项目12个，协议总投资33.1亿元。主动对接全

大力新科技

上阮后稷农业

区“三新一特”主导产业，全年引进产业链项目协议总投资6.8亿元。超创电池、中晶自保温、东禾电声获评省高新技术企业，全年新增省民营科技企业11家，新增常州市高新科技产品3个，申请专利75件。产学研和高层次人才引进取得实效，新增产学研合作项目3项，获批常州“龙城英才”项目1项。

镇村建设稳步实施。2018年，江苏南沿江城际铁路先导段在花山打下首个桩基，拉开金坛交通由高速时代进入高铁时代的帷幕。茅山旅游大道加快建设，265省道薛埠段全线完工，东环一路北段、仙湖东路、仙湖北路、夏霄路东延等集镇主干道竣工通车。现代产业园扩建一期、二期“七通一平”基本完成，百花路、薛埠大街道路两侧楼宇亮化工程竣工投用。全力推进国土八期、十期整治工程，实施坑塘复垦占补项目10个，全年新增耕地213公顷，完成工矿整治和土地增减挂钩46.1公顷，为全区土地资源综合利用提供保障。

社会事业统筹有力。全年全镇参加社会保险人数37011人，新型农村合作医疗参保率95.06%。扎实开展农村留守儿童“合力监护、相伴成长”专项行动，全镇11名农村留守儿童已全部签订委托监护责任确认书。重点医疗救助工作对符合医保补偿规定的个人自付医疗费用救助比例由2017年7月1日的75%提高到80%，年度封顶线提高到城乡基本医保封顶线的50%。文体事业日趋繁荣，全镇行政村全部建有农家书屋，开通数字电视户11500余户，有健身广场9个、健身室9个。

薛埠集镇

薛埠仙湖公园

美丽乡村——薛埠仙姑

上阮玫瑰风情园

锦绣繁荣水乡 能源产业新镇

东方日升项目一期

国家级非物质文化遗产——巨村舞龙

直溪镇地处金坛区西北部，属丘陵地带，辖域106平方公里，头枕蜿蜒葱茏的茅山林涛，怀抱明月般清澈的天荒湖，呈现出现代特色产业新镇的风貌。直溪镇下辖12个行政村、3个社区居委会和1个养殖场，总人口约6万人。自然资源储量丰富，盐矿藏探明储量达163亿吨，被誉为“江南第一矿”。为配合国家“西气东输”工程，镇上建成亚洲首座大型盐穴储气库。中石油、中石化、港华等特大型企业均在直溪布点。

直溪镇聚力发展工业经济，2018年全镇实现工业开票销售152.1亿元，工业实际投入46.2亿元，一般公共预算2.3亿元，签约引进工业项目20个，协议总投资约49.4亿元。特色光伏新能源产业链丰富着内涵、拓展着外延，东方日升、正信、中信博、斯威克、健尔康、久诺等重点企业支撑起跨越发展的骨架，主要经济指标总量和增幅连续多年位于全区各板块前列。

直溪镇设施农业优质，建昌水产养殖场被认定为江苏省第一批“菜篮子”水产品生产基地，建昌红香芋被

评为国家地理标志农产品和全国名特优新农产品。直溪镇文化底蕴深厚，巨村舞龙、董永传说被列入国家级非物质文化遗产名录。

“一方水土养一方人”，勤劳朴实的直溪人用双手描绘了跨越发展的崭新篇章，“国家卫生镇”“国家级生态镇”“江苏省卫生镇”“江苏省特色文化之乡”成为努力最好的褒奖。

正信新品发布会

建设中的现代产业园区

健尔康新厂区

渔光互补

上市公司——江苏久诺

发展中的直溪现代产业园区

区委书记狄志强和企业负责人分析市场

朱林镇地形以平原为主，水陆交通发达，常合（原沿江）、扬溧高速公路和340省道穿境而过。国家级重点文物保护单位——三星村文化遗址坐落在朱林镇三星村境内。2018年，全镇总人口 36657人，辖9个村民委员会和2个居民委员会，144个村民小组，行政区域面积7699公顷，耕地总面积3231公顷。全年实现国内生产总值33.78亿元，完成财政总收入2.47亿元，其中公共预算收入1.27亿元，农民人均纯收入27992元。

朱林现代产业园一角

收割水稻

朱林现代产业园一角

朱林镇生态环境

朱林镇舞蹈队表演

农家烙饼香喷喷

黄金村举办农民丰收节

荣获"味稻小镇"称号

常州市纪委书记张春福调研该镇"三资三化"情况

区委书记狄志强带队调研指前镇

指前镇位于金坛区西南部，有金坛"南大门"之称，G233、常合高速、扬溧高速公路贯穿相依。全镇总面积105.2平方千米，总人口5.35万人，2018年农民人均年收入27748元。全年完成地区生产总值30.5亿元，完成一般公共预算收入1.02亿元。

2018年，全镇粮食高产创建水平位居全区前列，荣获江苏省第二批"味稻小镇"称号。推进国家农业科技园区东浦村核心区"数字化渔场"项目，江苏长荡湖水产科技有限公司成为全市最大的河蟹集散交易中心。2018年农业总产值94175万元。

2018年实现工业开票销售55.2亿元，新增规上企业7家；新增开票销售超亿元企业4家。2018年共签约项目5个，协议总投资10.03亿元，完成工业实际投入7.15亿元。2017年签约引进的12个项目开工率达到92%，落地的8个项目全部开工建设。长荡湖科创园被评为常州市级科技企业加速器。

长荡湖西路、学府路东延、东胜路等道路完工。工业集中区和集镇S241以东区域污水主管网工程基本完成，农村污水管网和污水处理设施在34个规划发展保留村实现全覆盖，天然气管道已连接至西湖馨宁等集中居住区。长荡湖科创园项目主体封顶，新客运站全面竣工，西湖馨宁二期主体完工。四条入湖河道整治工程基本完成，大浦港、白石港进入景观建设阶段。完成21个自然村646户10.2万平方米的房屋动迁，指前、建春、解放三个村委的垃圾分类试点工作，顺利通过省卫生镇复审。

解放村农村保留居住区

江苏省金坛经济开发区指前现代产业园

指前镇“西湖馨宁二期”安置小区

入湖港口整治工程

建春村稻麦产业苏南（金坛）示范基地

加快打造“金坛跨越发展先进镇、高质量发展特色镇”

常州市市长丁纯调研儒林镇

常州市委副书记、政法委书记蔡骏挂钩联系儒林镇“解放思想大讨论”活动

区领导督查儒林镇两个“加快”

儒林镇位于长荡湖畔、金坛区东南部，镇域面积62.2平方公里，人口3.5万，下辖6个行政村和1个社区，共385个村民小组。是全国重点镇、国家卫生镇、全省首批国家新型城镇化综合试点镇和常州市中心镇。

经济实力跨上新台阶。2018年，实现地区生产总值48.1亿元，可比价增长12.3%；完成一般公共预算收入1.6亿元，同比增长26.2%；实现工业开票销售155.3亿元，同比增长29.4%；完成工业实际投入16.5亿元。

儒林现代产业园鸟瞰图

两个加快增添新成果。全年共签约引进项目23个，累计协议总投资65.6亿元。全镇列入区重点的22个项目进展顺利，瑞凯智能装备、新欧新材料等项目开工建设，利和新能源、环宇弹簧等项目加快推进，威丽新材料、洪记两轮等项目竣工投产。

各项事业开创新局面。天香苑三期和湖香苑一期提前封顶，儒风苑一期完成场地平整，湖香苑二期正在进行桩基施工。成立“儒林乡土文化研究会”、“诸葛亮文化研究会”，出版发行《儒林春秋》。成功创建“江苏省健康镇”“江苏省生态文明示范镇”“常州市学前教育现代化乡镇”。

源美新材料获工业企业开票上台阶奖

儒林镇纪念中国共产党成立97周年暨先进表彰大会

2018“向文明出发”大型公益活动

儒风苑效果图

东城街道召开纪念中国共产党成立97周年暨“两优一先”表彰大会，重温党的光辉历史，进一步激励广大党员干部，众志成城、奋发进取，不断开创东城经济社会发展的新局面。

东城街道办事处（以下简称东城街道）地处金坛城区东部，受金坛区委、区政府和江苏省金坛经济开发区党工委、管委会双重领导，北与丹阳市导墅镇，东与丹阳市皇塘镇毗邻，南与尧塘街道，西与西城街道接壤。行政区域面积74.49平方公里，常住人口10.04万人。下辖行政村（社区）21个。其中，社区16个，村（居委会）合一3个，农业行政村2个。

根据区政府“生态绿城”建设2018年目标任务要求，2018年东城街道完成了“1A”东下塘体育公园工程、“1C”西下塘体育公园工程的建设。“1D”东方新都文体公园建设正在抓紧建设中。

东城街道作为金坛区全要素网格化工作试点单位，2018年完成了辖区内所有基础网格、专属网格的划分、网格人员及网格长“全要素网格通”终端的配备，建成东城街道网格化社会治理联动指挥中心并投入使用。

街道组织机关、村、社区、民兵、志愿者近百人全员上阵，除冰扫雪，为保障群众安全出行贡献力量。

在华城幼儿园华胜分园组织开展垃圾分类教育宣传活动，向小朋友们普及垃圾分类知识。

2018年，东城街道范围内首家老年人助餐点——华胜社区“夕阳红服务中心”老年人助餐点顺利建成，试运营以来受到广大老年人的高度评价。

为解决乱晾晒的老大难问题，街道投入38.2万元在圣东福地等47个住宅小区新建便民晾衣架8000米，乱晾晒难题得到明显改善。

街道2018年重点推进当升科技、蜂巢新能源、诚稼精密等项目地块清障交地工作，全年完成项目清障交地540.58公顷。

省级河长、副省长马秋林赴新孟河开展巡河活动

常州市委副书记蔡骏到尧塘街道谢桥村调研美丽乡村示范片区建设工作

区委书记狄志强到汤庄敬老院慰问

尧塘街道位于常州市金坛区东南部，隶属江苏省金坛经济开发区，东邻武进，南望宜兴，北接丹阳。尧塘河、湟里河穿境而过，常合（沿江）高速、常溧、金宜、金武等省、市公路干线贯穿境内。至2018年年底，街道面积83.8平方千米，辖11个行政村，常住人口5.6万。

服务两个加快成效突出。全年完成动迁房屋共计43户5585.28平方米，其中影响重点工程、基础设施建设遗留户房屋搬迁15户2150.88平方米，搬迁重点企业3家。持续做好土地清障交地工作，全年完成土地清障面积4150亩，其中完成华科园重大项目片区清障面积2535亩、华科园政府性投资项目（基础设施）清障面积280亩。全年完成建设用地增减挂钩复垦项目16个计129个地块，新增农用地面积41.2万平方米，新增耕地面积41.1万平方米。

农村农业工作持续突破。持续推进农村“三资三化”专项提升行动，完成农村集体产权交易项目18个，交易金额120余万元。11个村级经济合作社组建工作顺利完成。生态循环农业治理行动初见成效，全年完成常州市级高标准农田建设项目1500亩，建设农药包装废弃物回收点8个，新创建高效设施渔业100亩，完成秸秆机械化还田1000亩。西华村长沟组创建为江苏省绿化示范村、迎春村东元庄创建成常州市“三化”（彩色化、珍贵化、效益化）示范村。

社会民生事业协调发展。完成岸头佳园南区共43幢房屋、涉及1998户计2804套交付工作，安置房交付率99%。加强基层调解室、司法行政工作站建设，开展矛盾纠纷调解和信访积案化解，组织法制文化巡回演出4场次，红旗村省级民主法治村通过验收。开展“阳光扶贫”，对1024户建档立卡户进行走访登记，精准脱贫34户66人。举办金坛区首届少儿戏曲大赛，探索非遗文化教育新途径，营造浓厚的全民学习氛围。

城市管理水平不断提升。尧塘、汤庄、水北3个集镇雨污分流工程完成施工。继续实施农村公路提档升级工程，改造道路2条、绿化整治道路1条，总里程约20千米。开展各级河长日常巡河工作，推进新孟河延伸拓浚、水北集镇排涝站等重点水利工程建设；扎实开展大气污染防治攻坚行动，对尧塘、水北、汤庄集镇进行集中整治，全年共查处违章建设29起、共1183平方米，街道的市容秩序得到明显提升。

尧塘街道党政班子开展“解放思想大讨论”集体调研活动

尧塘街道、华科园举行应知应会测试

尧塘街道人大代表参观园区活动建设

全民终身学习活动文艺汇演

安置小区玉兰园

华科竹香苑人才公寓

改造一新的主干道亿晶大街

中航锂电绿色电源科技孵化中心

不忘初心 砥砺奋进 倾

省委常委、组织部部长郭文奇在方边村调研工作

西城街道东依金坛经济开发区、西临北连金城镇、南接指前镇，境内有241、340两条省道和233国道环绕，常合高速及规划新建的南沿江城际铁路横穿南部区域，地理环境相宜，水陆交通便捷。区域总面积74.97平方公里、总人口17.78万人，下辖18个社区、6个行政村。

服务大局。平稳实施房屋搬迁，2018年完成岸头村3个自然村119户的拆迁安置工作，完成长荡湖沿湖区域约600公顷的土地征用，完成长荡湖沿湖区域岸头、涑渎、方边3个行政村230公顷土地的附着物清障，为金山路、丹桂路等交通要道和岸头邻里中心等重点工程开工建设提供有力保障。

西城街道纪念建党97周年暨经济发展表彰大会

服务发展。紧紧围绕“适度控制农业、逐步退出工业、致力发展三产”的经济发展思路，进一步优化产业结构，推动发展方向转型升级。2018年完成地区生产总值118.1亿元，其中三产服务业86.6亿元，占地区生产总值的73.3%，同比增长14.24%。完成工业开票销售15亿元，同比增长25%。完成公共财政预算收入2.8亿元，同比增长12.8%。

举办“垃圾分类”文艺汇演

服务民生。大力推进老旧小区环境改造，2018年投入3000万元用于城市环境综合整治提升，建成北园新村、南园二村2个省级宜居示范小区。全面落实惠民政策，累计发放优抚安置、尊老金、城乡低保等各项补助2314.8万元，首推“中央厨房＋社区配送”老年人助餐服务新模式。大力推进脱贫攻坚，293户农村低收入户全部脱贫。

打造宜居和美幸福新西城

省级宜居示范小区——南园二村

全国民主法治示范村、中国特色村、
中国美丽乡村建设示范村——方边村

举办“一片红心永向党”庆“七一”红歌会

常州市市长丁纯调研谢桥村

谢桥村循环大道

谢桥村位于常州市金坛区尧塘街道东部，辖区面积10.6平方千米。现有户籍人口5586人，流动人口460人。2018年，村集体资产1500万元；村集体总收入217万元，村民人均纯收入32000元。村级综合服务中心面积1200平方米。村党总支下辖基层党组织4个，中共党员182名。先后获得“江苏省生态村”“江苏省卫生村”“江苏省水美乡村”“江苏省示范妇女儿童之家”“江苏省民主法治示范村”“江苏省休闲观光示范村”“全国妇联基层组织建设示范村”“全国文明村”等荣誉。

谢桥村是花卉苗木之村，花卉苗木种植面积超万亩，全村花卉苗木种植面积100%。村委于2005年成立苗木专业合作社，着力提高花农的组织化程度。近年来，谢桥村加快村级经济发展，通过创新“三色党建”工作方法：红色——先锋模范队伍、绿色——生态宜居工程、橙色——文体惠民工程，以此达到农民增收、农业增效、农村增色的效果。同时，村两委以提高村民生活质量、改善村容村貌、美化村庄环境为目标，完成干字河驳岸工程及全长18千米、宽7米的谢桥村循环大道提档升级建设。

做好美丽乡村创建工作，谢桥自然村和徐家庄自然村分别创成常州市级、江苏省级美丽乡村。2018年，谢桥村成功入选常州市第二批美丽乡村示范片区。积极实施谢桥村第三个十年规划，打造“园艺特色村”，结合谢桥村花木产业特色，引进一批生态园艺项目，带动谢桥村旅游经济发展。

常州市美丽乡村——谢桥自然村

江苏省美丽乡村——徐家庄自然村

常州市美丽乡村——谢桥自然村一角

省锡剧团到谢桥村演出

第四届中国金坛雀舌茶道会

茅山旅游度假区党工委、管委会紧扣“项目建设服务提升年”工作主题，围绕全方位保障、服务基础设施完善、旅游产业培育、茅山品牌推广、发展要素保障、“三区”融合发展等工作，加快建设金坛茅山旅游业。

推进项目建设。2018年，茅山旅游度假区发挥政府和市场积极性，完善基础设施建设，推进道路、景观、电力、美丽乡村、房屋建设等工程在内的14个政府性投资项目。其中，新建项目4个，续建项目10个，总投资8.87亿元。

开展节庆活动。2018年，茅山旅游度假区贯彻落实“旅游+”战略，推进茅山旅游与地缘文化、体育运动、农业观光等产业融合发展。全年主、承办“2018金坛民俗文化旅游节暨乡村旅游嘉年华”“2018茅山国际山地半程马拉松”“第四届中国金坛雀舌茶道会”“2018春到上阮赏花季暨首届金坛玫瑰文化旅游节”“中国茅山汽车场地越野邀请赛”等多项旅游节庆活动。

中国茅山汽车场地越野邀请赛

长三角野趣度假胜地——茅山宝盛园全景图

提升品牌形象。2018年，茅山旅游度假区高度重视品牌建设，努力服务项目企业，引导、支持项目申报工作。花谷奇缘成功创建国家AAAA级旅游景区、半边山下民宿村被列为首批国家森林小镇建设试点单位、茅山闲养小镇获江苏省第二批旅游风情小镇、仙姑美丽乡村示范点项目顺利开园。同时，在2017年全省52家省级及以上旅游度假区综合考评中，茅山旅游度假区名列第3，并首获省旅游局向国家旅游局推荐申报国家级旅游度假区资格。

中国最美乡村——仙姑村全景图

国家AAAA级旅游景区——花谷奇缘

仙姑美丽乡村示范点开园仪式

东方盐湖城夜景图

2018年，长荡湖旅游度假区以“双深入”活动为主线，以“基础建设突破年”为主题，科学谋划、主动作为，加快各项工程推进，环湖道路基本贯通，防洪屏障基本形成，沿湖景观加快打造，长荡湖国家湿地公园创建成功，长荡湖的靓丽容颜全面呈现。

加快基础设施建设。实施路网建设工程，长荡湖西路、学府路东延、西路连接线竣工通车，长荡湖北路新建段完工；实施独立防洪大堤工程，完成西侧11千米堤防，东南侧9千米加快推进；实施退田还湖地形重塑工程，增加湿地面积4平方千米；启动生态清淤二期工程，实施出入湖、河道整治；启动长荡湖西路、旅游大道景观样板段以及金山路、丹桂路等工程。

加大生态保护力度。坚持生态立湖，优化调整国家生态保护、省级生态保护等8条生态红线。落实河（湖）长制，完善区、镇、村三级管护网络，常州市首家“一河（湖）一策”行动计划编制完成。实施生态渔业示范工程，成立国有捕捞队，完成千亩保种试验区、管护用房、出入湖口渔业资源监测点建设，并开展增殖放流，共放流金蟹1亿多只、青虾1400多万只及鲢、鳙鱼1200多万尾。

促进文旅融合发展。深挖生态转型和节庆活动资源，做好文旅融合文章。举办长荡湖金蟹增殖放流活动和第五届长荡湖籽虾节。开展2018长荡湖开捕和金蟹品鉴活动，其中开捕活动被央视报道。

作风建设大会

籽虾节

水八卦

水上丛林一隅

金蟹增殖放流活动

长荡湖开捕活动

长荡湖水城

长荡湖西路

防洪大堤

金坛首家非公企业园区党群服务中心开馆

江苏省金坛经济开发区辖2个街道，总面积171平方千米，其中产业规划区面积78平方千米。近年来，汽车及零部件产业、高端装备制造业、绿色电源产业、5G通信产业、光伏新能源产业、纺织服装产业等特色产业不断发展壮大。2018年，金坛经济开发区实现工业开票销售796.3亿元,同比增长23.7%，占金坛区工业开票销售总量的56.6%；完成公共财政预算收入19.1亿元，同比增长7.3%；完成工业实际投入106亿元，同比增长13.1%；完成规模以上工业总产值933亿元，同比增长15.51%。

总投资80亿元的蜂巢新能源动力锂离子电池项目在开发区开工

总投资3.5亿美元的SKI锂电池隔膜产业化项目在开发区签约

江苏省与德国巴登符腾堡州经济合作混合工作委员会第24次会议开幕

审图号：苏D(2017)04号

2017年

审图号：苏D(2017)05号

2017年

目　录

特　　载

大事记

金坛概貌

中共常州市金坛区委

常州市金坛区人大常委会

常州市金坛区人民政府

政协常州市金坛区委员会

纪检监察

民主党派·群众团体

军 事

法 治

工 业

开放·开发

农业·水利

商品贸易

旅　　游

金　　融

城乡建设·环境保护

建筑·房地产

交通·电力

信息化建设

财政·税收·审计

综合管理

科学技术

教 育

文 化

卫 生

体 育

社　　会

各镇（街道）概览

人　　物

荣誉栏

文件选编

统计资料

附　　录

索　　引

彩色插页

Content

Committee

Democratic Parties · Social groups

military

Politics and Law

Industry

Open · Development

Agriculture · Water Conservancy

Merchandise Trade

Tourism

Finance

Sports

Society

An Overview of Towns(Streets)

Figure

Honor Roll

Documents Selection

Statistical Data

Appendix

Indexesn

突出两个加快　强化创新提升
为在苏南板块快速崛起集聚新动能

——在区委十三届六次全会上的报告

（2018 年 12 月 30 日）

中共常州市金坛区委书记　狄志强

这次会议是在金坛跨越发展取得阶段性成果、面临既要高质量发展又需高速度增长繁重任务的关键时期召开的一次重要会议。会议的主要任务是：以习近平新时代中国特色社会主义思想和党的十九大精神为指导，全面落实中央、省委和常州市委重大决策部署，回顾总结今年工作，深刻把握发展方向，研究部署明年任务，进一步动员全区各级党组织和广大党员、干部群众，矢志不渝抓住项目不放松，坚定不移推进创新求提升，为在苏南板块快速崛起集聚新动能。

一、齐力攻坚突破，各项工作成效明显

今年以来，面对异常复杂的国内外经济形势，全区上下紧紧围绕高质量发展和高速度增长要求，突出“两个加快攻坚突破年”工作主题，大力解放思想，齐力攻坚突破，奋力追赶超越，经济社会继续保持快速发展的良好态势，全面从严治党取得新成效。具体而言，主要体现在以下五个方面：

（一）两个加快实现新突破。始终坚持两个加快工作首位度，集中主要精力，保持强攻态势，项目引进连续突破，项目建设加快推进。全年签约引进工业项目 150 个，协议投资总额 622 亿元，“三新一特”产业占比达 60%，其中协议投资超 10 亿元或 1 亿美元项目 21 个，超 30 亿元或 3 亿美元重大项目 5 个，蜂巢新能源、中晟精密项目均超 50 亿元。外资项目引进取得明显成效，引进协议投资超 3000 万美元项目 7 个，其中超亿美元项目 4 个；中德创新产业园快速推进，签约引进德国“隐形冠军”投资的中小项目 4 个，协议投资总额 4493 万欧元。完成工业实际投入 223.4 亿元，同比增长 30%，盐穴空气储能国家示范项目正式开工，北电爱思特、蜂巢新能源、海目星、信维通信、飞荣达、鹏辉锂电、胜伟策等一批重点项目加快推进，东方日升、贝特瑞、港华储气库等项目顺利投产。

（二）经济发展迈上新台阶。大力培育经济新增长点，努力降低中美贸易摩擦、“531”光伏新政等诸多因素影响，实现了经济持续快速增长，全年主要经济指标增幅继续位居常州市 6 个辖市区、苏南 43 个县市区前列。预计实现地区生产总值可比价增长 11%，总量跃上 800 亿元台阶。实现一般公共预算收入 56.6 亿元，同比增长 10.5%。完成注册外资实际到账 4.05 亿美元，同比增长 329%。实现工业开票销售收入 1399.2 亿元，同比增长 21.7%，开票销售收入超 10 亿元企业达 27 家。高新技术企业增长迅猛，总数达 124 家。16 家企业完成股改，新蓝智能在新三板挂牌。正信光电“ZNSHINE”商标被认定为中国驰名商标。现代服务业和现代农业加快发展，茅山旅游度假区排名上升到全省第三，花谷奇缘成为国家AAAA级旅游景区，仙姑美丽乡村示范点建成投运，农业现代化水平继续位居全省第一方阵。建筑产业税收大幅提升，总量达8亿元。

（三）*深化改革激发新活力*。聚焦重点领域、突出问题和关键环节，推进改革创新，为跨越发展提供了有力支撑。围绕政府性债务管控与政府性投资项目建设、国土空间利用与高质量发展、国有公司投融资工作与市场化运营、拆迁安置和土地复垦等课题进行专题研讨，为进一步深化改革拓宽了思路。建立支持高质量科技型中小企业加快发展政策体系、产业用地改造更新等创新事项有力推进。制定出台鼓励各类人才扎根金坛就业创业政策体系，我区对人才的吸引力进一步增强。努力破解土地空间制约，争取土地规划流量指标1.5万亩、各类建设用地计划超万亩。落实中央关于防范化解地方政府隐性债务风险工作的决策部署，政府举债融资行为进一步规范，债务风险管控进一步加强。深化国有企业改革，建立健全投资决策和风险控制机制，国有公司投资项目市场化运行能力得到提升。协同推进“放管服”、教育医疗、农业农村等各类改革。

（四）*各项事业取得新发展*。在加快发展经济的同时，切实加大社会事业投入力度，城乡面貌发生新变化，人民群众满意度和幸福感得到新提升。加快推进交通重点工程建设，南沿江城际铁路开工，茅山旅游大道、233国道等工程加快实施，265省道、长荡湖旅游大道建成通车，现代大交通格局正在逐步形成。加快提升城市发展水平，金沙科技金融中心、钱资湖大桥开工建设，江南银行“三大中心”、城市形象馆和民防教育体验馆投入使用，南一环、县府路和虹桥路改造顺利推进，金城建材市场违法建设治理行动成效明显，文明城市建设持续深化。中央和省环保督察整改要求全面落实，长荡湖综合整治工程、城乡污水一体化深入推进，长荡湖国家湿地公园创建成功，培丰化工集中区整体关停，生态环境持续优化。加快发展扶贫、文化、教育、体育、卫生、保障等民生事业，区域安全供水工程全面完工，网格化社会治理、扫黑除恶专项行动深入开展，社会大局保持和谐稳定。

（五）*党的建设得到新加强*。深入学习贯彻习近平新时代中国特色社会主义思想和党的十九大精神，全面开展“解放思想再出发、追赶超越勇向前”大讨论活动，精心举办“金沙大学堂”15讲，认真做好庆祝改革开放40周年系列活动。党管意识形态工作得到新加强。全面加强干部队伍建设，开展届中综合考察和优秀年轻干部专项调研，细化落实“三项机制”，健全澄清保护制度，推动广大干部干事创业、担当作为。强化基层组织力建设，公开招聘100名村级后备人才，建成园区党群服务中心和一批基层党建示范点，黄金村党总支书记工作室成为省级示范点。积极打造统战品牌，不断增强统战工作活力。强化政治担当，严格落实“两个责任”，组建区监察委员会，开展三轮区委巡察，旗帜鲜明正风肃纪反腐，持续深化作风建设，党风廉政建设和反腐败工作不断向纵深推进。自觉接受省委巡视，切实抓好中央巡视江苏反馈意见、省委巡视18个县（市、区）发现的共性问题和省委巡视我区先期反馈意见的整改落实，风清气正的政治生态进一步巩固提升。

在肯定成绩的同时，我们也要清醒认识到存在的问题和不足：经济总量还不大，发展层次还不高；土地、融资等硬约束日益明显，亟待加快破解；创新驱动发展重视不够，力度不大；党员干部创新意识、担当精神、落实能力有待进一步增强，等等。这些都需要我们采取有效措施，切实加以解决。

二、奋力推进创新提升，确保“一新两高”落到实处

金坛作为苏南板块后发地区，既有短板也有优势，面对新时代新要求，把握新机遇新发展，激发新活力新动能，完全可以后来居上。关键要奋力推进创新提升，落实“一新两高”要求，确保新发展理念得以践行、高质量发展得以实现、高速度增长得以持续。要牢固树立新发展理念，根治发展高质量的“不适症”，建立符合金坛实际的新发展模式；要始终坚持发展高质量，根治单一追求量的扩张的“偏颇症”，更加注重质的提升；要持续保持发展高速度，根治小富即安、小进即满的“自足症”，实现“增幅始终领跑、总量不断进位”。

（一）*以理念深化推动行动自觉*。理念是实践的先导，认识到位才能行动自觉。推进创新提升，首要的是发展理念要有大转变、思想认识要有大提高。从顺应客观发展规律来看，创新提升是现有模式的递进深化。我区正由工业化中期向工业化后期迈进，要深刻认识发展所处阶段，积极顺应客观发展规律，推动发展主动能由投资拉动转向创新驱动。要由重点抓大项目转变为大项目与优质中小项目并举，由单个项目引进转变为全产业链招商，由单一强调固定资产投入转变为更加注重技术研发和人才培养等无形资产投入，由简单拼空间、拼政策转变为提升平台、环境等综合竞争力。要大力实施创新驱动战略，围绕产业链部署创新链，推动科技与产业深度融合，积极培育和壮大以新技术、新产业、新业态、新模式为标志的“四新”经济。从跟上苏南发展步伐来看，创新提升是同台竞技的制胜法宝。苏南先发地区经过农转工、内转外、低转高等阶段的充分发展，领先进入新发展阶段。我区虽一度成为“锅底塘”，但经过五年来的补课式、追赶式发展，也达到了一定发展高度，实现了与苏南先发地区同台竞技。要尽快实现与苏南先发地区“同轨并跑”，就必须深化发展理念，推进创新提升，同步实施创新驱动战略。要实现在苏南板块快速崛起，就必须进一步放大后发优势，进一步加大推进力度，进一步扩大发展成效，以创新提升超越，以积厚成势取胜。从破解发展瓶颈制约来看，创新提升是突破发展的有力手段。制约发展的最大瓶颈是理念滞后。身体进入新时代，思想停在过去时，行动还是老一套。无新增土地空间就不会招商、提高项目准入门槛就招不到商、不增加政府债务就干不了事等现象普遍存在，长此以往必将成为顽症，严重制约发展。要破除瓶颈、冲破制约，就必须推进创新提升，摆脱依靠要素资源推动发展的老路，走上依靠集成创新驱动发展的新路。全区各级领导干部要率先自我革新，树立和强化符合时代、引领发展的新理念，并带动全区上下不断自觉深化理念，齐力推进创新提升。

（二）*以关键举措推进创新提升*。一打纲领不如一个行动。推进创新提升，重要的是要围绕攻坚领域，推出关键举措，付诸具体行动，取得实际效果。布局创新平台。着力推动工业园区加快升级为创新平台，将开发区打造成特色创新集群现代产业园区、华科园打造成科技与产业深度融合发展高地、金科园打造成转型升级创新发展示范园区、五个镇现代产业园打造成各具特色的科技产业新镇，承接国内外产业链、价值链高端项目，支撑我区高质量发展和高速度增长。着力建设一批科创中心、科技企业孵化器和加速器、科技创业园，同时推动各类闲置房产和标准厂房转化提升为科技创新平台，孵化原创性科技创新成果，培育高质量科技型中小企业。着力引进一批创业投资机构和专利代理、质量检测等科技服务机构，完善科技创新体系。着力推动骨干企业发挥科技创新主体作用，大力推进产学研合作，广泛设立研发机构，促进企业创新发展。引进创新人才。人才层次决定城市能级。重视人才就能赢得未来。特别注重招商引资与招才引智并举，既引项目更引人才，既支持项目更激励人才，以项目集聚带动人才集聚，以人才集聚推动项目发展。特别注重服务人才，落实鼓励各类人才扎根金坛就业创业政策，帮助解决居有其所难题；开辟人才就医绿色通道，提供便捷、优质服务；建立各类人才子女就学优先保障机制，确保人人上得了学、上得好学。特别注重鼓励企业主动适应技术升级、制造升级、产品升级新趋势，引进更高层次专业人才，不断提高企业发展竞争力。伴随着我区的加快发展，更多外来人才扎根金坛就业创业。他们是发展的贡献者，也是金坛的一分子。我们要以开放包容的胸怀和心态，团结他们、尊重他们、支持他们。推动国际合作。更大力度推进中德创新产业园建设，积极引进更多德国“隐形冠军”企业，形成高端项目集聚态势，打造“德国工业4.0制造基地”。更大力度推动重点企业与世界知名企业深度合作，嫁接技术、人才、资金、品牌、管理等优势资源，促进本土企业加快做强做大，成为“常青树”企业。更大力度引进优质外资项目，广泛开展代理招商、以商引商，捕捉更多项目信息，以专业化的素养做好对接，确保更多项目签约落户。更大力度组织走出去，利用国际展会、专业论坛等重要平台，开拓国际视野，寻求合作机会。谋划推进城市国际化，打造国际化城市功能和文化，努力形成国际合作新高地。打响金坛品牌。品牌是城市的名片。一个响亮的品牌，会叫响一座城市。进一步挖掘金坛品牌，从历史的角度、产业的高度、自然的广度，去发现和提炼金坛独具特色、广受赞誉的“金字招牌”，凝聚成金坛人文、金坛智造、金坛生态“三张品牌”。进一步打响金坛品牌，精心策划、精心推介，舍得花精力、舍得花投入，真正把金坛形象塑造好、传播好。进一步擦亮金坛品牌，结合时代特点，赋予时代内涵，不断提升品质，真正使金坛品牌长久不衰。

（三）*以严格要求倒逼模式转变*。任何发展都有惯性，任何革新都不可能自然实现。推进创新提升，关键的是要不找借口，痛下决心，不留退路。以土地利用高效率，倒逼项目高质量。坚持工业项目优化布局，工业园区外不再新增工业用地、现有存量工业用地逐步退出。坚持优先保障重点项目，单体协议投资城区低于10亿元、镇区低于5亿元的内资工业项目原则上不再独立供地，独立供地项目均须进行贡献“对赌”。坚持向空间要发展，独立供地的工业项目每期工程的建筑容积率原则上不得低于1.2，且根据项目分期建设计划分批供地，确保未供土地使用的独立性。通过严格的土地管控，推动项目质量不断攀升，真正实现“空间有限、发展无限”。以政府债务严管控，倒逼发展更集约。严格实行全区债务总规模控制线管理，分解落实各融资主体和主管单位的管控责任，确保10年化债任务逐年落实到位。严格实行年度预算管理，根据资金情况排定实施项目，资金安排到位的项目方能实施，严控预算追加，防止债务攀升。严格实行重点地区重点管理，债务率过高的地区原则上暂停实施投资量大的新项目，防范区域性债务风险。严格实行债务管理责任追究，避免“不计成本、不计后果”式发展。以服务时限再缩短，倒逼作风大转变。推进不见面审批制度改革，实行“互联网+政务服务”，提升服务效率，缩短服务时限。推进政务服务标准化，按照减环节、减材料、减时限、减费用的要求，编制工作规程，优化服务流程。推进首问负责制、首办负责制，落实服务责任，确保件件有着落、事事有结果。推进“硬服务”的同时，注重加强“软服务”，引导和鼓励企业把握发展机遇，整合各类资源，积极做强做大。通过作风建设再加强、服务效率再提高，切实提升营商环境。

创新提升，不仅是发展的进步，更是自我的革命。要通过不懈奋斗、持续加力，把“一新两高”落到实处，把“常州西部新城区、发展重要增长极”的“定位”干成“地位”，实现在苏南板块快速崛起。

三、全力推进落实，确保高质量发展基础上的高速度增长

2019年是新中国成立70周年，是“十三五”发展非常关键的一年，也是我区两个加快创新提升之年。明年工作的总体要求是：以习近平新时代中国特色社会主义思想为指导，深入贯彻党的十九大精神，全面落实中央、省委和常州市委重大决策部署，紧紧围绕区第十三次党代会确立的总体战略，把握大势，立足区情，突出两个加快，强化创新提升，以“再吃两年苦，辉煌十三五”的拼劲、闯劲和韧劲，加快集聚新动能，确保高质量发展基础上的高速度增长。

明年全区经济发展的主要目标为:地区生产总值确保总量突破900亿元,争取可比价增长10.5%以上;工业实际投入确保完成200亿元,争取250亿元;工业开票销售收入确保完成1600亿元,争取1700亿元;一般公共预算收入确保突破60亿元,争取65亿元;注册外资实际到账确保完成3亿美元,争取4亿美元;其他各项主要经济指标实现相应增长,均完成常州市下达任务。

按照上述要求和目标,重点抓好以下六个方面工作:

(一)推进两个加快。两个加快是推进跨越发展的主抓手,是全区工作的第一任务。推进创新提升,就是为了更有效地推进两个加快。在推进两个加快的过程中,要始终坚持创新提升。突出引进高端产业项目。围绕"三新一特"及其他战略性新兴产业,大力引进产业链、价值链高端项目,花气力引进新能源汽车整车、新一代信息技术整机项目,坚决杜绝低端产能转移项目。加大对德、韩、日等国家和地区的招商力度,着力引进重大项目和"小而美""专精特新"项目。强化对项目的甄别研判,从产业、企业、技术、资金、团队等多维度进行综合分析,并邀请专业咨询机构、产业协会帮助判别,真正选准项目、选好项目。确保全年签约引进工业项目协议投资总额500亿元,其中"三新一特"产业占比超60%,协议投资超30亿元或3亿美元工业项目不少于3个。广泛引进科技创新项目。积极盘活各类闲置房产和标准厂房,以此承接科技创新项目。切实加强与高等院校、科研院所,以及各大城市科技企业孵化器、创业投资机构等对接,特别要注重南京、常州科技资源的利用,吸引更多科技创新项目落户我区孵化和发展。与此同时,加快规划建设一批创新平台,华科园重点建设以研发机构集聚为特色的科创中心,开发区、金科园重点建设科技企业孵化器和加速器,五个镇现代产业园重点建设科技创业园、高标准厂房,从而形成一区七园联动发展态势,为今后引进更多科技创新项目提供平台支撑。全力推动项目加快建设。紧盯项目计划编制、规划方案确定、建设手续报批和要素资源保障等重要环节,集中领导精力,加强协调服务,确保签约项目快开工、竣工项目快达产。精心组织实施政府性投资项目,确保既定项目如期开工、如期建成,加快提升我区投资环境和居住环境,进一步提高各类客商来金坛投资兴业的吸引力。通过项目建设现场月度"飞检"和季度集中督查,推动项目加快建设,把一张张"效果图""施工图"尽快变成"竣工图",切实将项目引进的成绩转化为项目建设的成效,进而转化为加快发展的成果。

(二)推进为企服务。企业是推进跨越发展的主体力量。要通过创新提升为企服务,切实提高服务的针对性和有效性,把"强政府"更多体现在"强服务"上,以政府"服务强"助推企业"实力强"。落实各类惠企政策。贯彻落实习近平总书记在民营企业座谈会上的重要讲话精神,以及中央、省和常州市支持民营经济发展的政策措施,进一步降低企业税费负担、用地成本、用工成本、用电成本、物流成本、融资成本、创新成本和制度性交易成本,进一步提升投资审批、纳税服务、跨境贸易、融资贷款和获得电力等事项办理的便利化、快捷化程度,促进实体经济高质量发展。支持企业做强做大。积极鼓励和帮助企业加快股改、加快上市,推动尽快走上资本市场,获得更大发展空间。积极把握上市公司股价处于历史低位的有利时机,鼓励和支持有实力的企业参与上市公司并购重组,加快上市步伐。积极关注发展速度快、未来潜力大的新兴产业重点企业,为其未来发展就近预留更大土地空间,支持在我区建设超级工厂,发展成为根植性、支撑性企业。弘扬企业家精神。贯彻落实《中共中央、国务院关于营造企业家健康成长环境弘扬优秀企业家精神更好发挥企业家作用的意见》精神,着力营造依法保护企业家合法权益的法治环境、促进企业家公平竞争诚信经营的市场环境、尊重和激励企业家干事创业的社会环境,大力弘扬新时代企业家精神,更好发挥企业家作用,为跨越发展提供强劲动力。

(三)推进城乡建设。以提升区域发展竞争力为目标,更高标准、更大力度推进城乡建设,打造城乡融合、宜居宜业的现代城市。加快构建现代交通运输体系。主动对接《江苏省长江经济带综合立体交通运输走廊规划(2018—2035年)》,加快做好镇宣铁路、宁常高速、阜溧高速、金杭高速等交通要道建设前期工作,加快推进南沿江城际铁路、茅山旅游大道、东部物流通道和北部物流通道等重点交通工程建设,加快实施丹金溧区域交通一体化工程,推动我区成为江苏中轴枢纽节点城市。加快推进滨湖新城开发建设和金沙老城改造更新。按照集中连片原则,高品质开发建设滨湖新城,策划推介好商业综合体、高档住宅及邻里中心项目,加快完善公共服务、商务办公、商业街区等功能,进一步支撑我区人口集聚、产业发展。原风味改造更新金沙老城,继续实施道路建设、老旧小区改造、违法违章建筑整治等工程,精细化推进城市管理,常态化开展文明城市建设,进一步提升居住环境、城市功能。加快实施乡村振兴战略。围绕"发展现代化农业、建设现代化农村",加快推进乡村振兴,提升农业规模化、专业化、品牌化水平,创成国家农业科技园区。深化村庄布点和美丽乡村建设规划研究,有序推进散落村庄拆除,实施上阮、谢桥、柚山等美丽乡村示范点(片区)创建。着眼未来农村发展,瞄准"绿色生态农业、自然休闲旅游、美丽幸福乡村"定位,开展"黄金软米生态大农场"建设试点,探索农业发展、农民致富、农村振兴新路子。推进城乡电网项目建设,并争取更多纳入上级建设资金盘子。抓好"四好农村路"建设,因地制宜打造"特色致富路""美好生活路"。

(四)推进生态文明。牢固树立"绿水青山就是金山银山"理念,切实加强生态环境保护,更加彰显自然生态底色,努力实现天更蓝、水更清、环境更优美。坚决抓好环保督察问题整改。贯彻落实习近平生态文明思想,深刻领会生态优先、绿色发展理念,切实增强政治自觉、思想自觉和行动自觉，狠抓方山森林修复等交办问题整改，并严格执行问题整改销号制度，用实实在在的整改成效，推动生态环境持续好转、不断优化。坚决打好污染防治攻坚战。深入实施大气、水、土壤污染防治三大行动计划，扎实推进“263”专项行动，严格落实“河（湖）长制”，抓好扬尘管控、黑臭水体治理、重点河道整治、固废处置、土壤污染防治等工作，加快推进城市污水、垃圾集中处理设施建设和运行，切实守好蓝天、碧水、净土。提高环保准入门槛，严把项目环评和审批关，实行最严格的环境准入和污染物排放标准，坚决杜绝污染项目落地，加大“散乱污”企业整治力度，淘汰落后产能，推动低碳发展、绿色发展。坚决守好生态环境底线。科学开发山水资源，推进茅山高品质、低强度开发建设，继续实施长荡湖综合整治、环境提升工程，切实把生态优势转化为发展优势。推进生态保护红线勘界定桩工作，严格落实“党政同责、一岗双责”、环境损害责任终身追究制度，依法严厉打击各类环境违法行为，推动生态文明建设迈上新台阶。

（五）推进重点改革。以习近平总书记在庆祝改革开放40周年大会上的重要讲话精神为引领，坚持问题导向、需求导向、效果导向，切实抓好各项改革任务的系统谋划和落地见效，不断增强改革的精准性、实效性。优化国土空间利用。加快推进第三次国土调查和国土空间规划试点，最大限度拓展发展空间，科学划定城镇空间、生态空间、农业空间和生态保护红线、永久基本农田、城镇开发边界。加快推进产业用地改造更新，探索工业园区散乱小企业地块市场化集中改造更新模式，打造成为总部产业基地、高质量科技型中小企业孵化中心。加快推进盐穴资源综合利用，编制盐腔空间利用专项规划，探索沟通协调、设施共建、利益共享等矿地融合发展新路径。推进国土空间利用向重点区域集中，向优质项目、优质企业集中，坚决杜绝违法违规用地。优化国有公司运营。持续深化国有公司改革，加大国有公司重组力度，推动国有公司向实体化、市场化转型。进一步细化落实防范化解政府债务风险的各项部署，持续深化投融资体制改革，实行融资区级统筹，建立风险准备金制度，做到既合理有效融资，又降低债务规模，更不发生债务风险。优化工作推进路径。加快建立完善支持高质量科技型中小企业加快发展政策体系，为大规模引进和大力度培育专注细分领域的高质量科技型中小企业建立模式、提供路径、创造条件。加快制定出台保障性住房、政府性投资项目建设，以及国有公司融资管理、农村宅基地退出、土地收储、产业用地改造更新政策等具体实施办法，为工作创新推进提供遵循。扎实推进新一轮机构改革，精心组织实施机构设置、职能转变、人员调配等各项工作，确保思想不乱、队伍不散、干劲不减、工作不断。

（六）推进民生实事。坚持在发展中保障和改善民生，加快优化公共服务，促进社会公平正义，让人民群众生活更美好。进一步加快富民增收。大力发展“三新一特”、特色农业、乡村旅游等富民产业，充分释放创业带动就业潜力，不断提升城乡居民收入水平。大力推进精准扶贫、阳光扶贫，深化结对帮扶活动，通过产业扶持、救助帮扶、政策兜底等手段，推动经济薄弱村、建档立卡低收入农户达到区定脱贫目标，全力打赢脱贫攻坚战。进一步发展社会事业。围绕就学就医痛点，加快实施华罗庚中学滨湖校区、第一人民医院等工程，规划建设河海大学常州新校区，继续加快引进外部优质教育、医疗资源，努力提供高质量公共服务，不断满足群众“就近上好学、当地看好病”的迫切需求。按照兜底线、织密网、建机制的要求，稳步提升社保、低保等保障水平，持续做好社会救助、弱势群体帮扶等工作，加快社会保障与常州主城区接轨步伐。进一步加强社会治理。深化法治金坛、平安金坛建设，深入推进网格化社会治理和扫黑除恶专项斗争，加大安全生产、公共卫生、食品药品等领域监管力度，加强研判预警、风险防控、应急处置，打造共建共治共享的社会治理格局，营造更加和谐安定的社会环境。

跨越发展，是干出来的，是一年又一年发展进步的累积。做好明年工作，既要把国内外经济形势发生变化给我区发展带来的波动考虑得充分一些，更要不管“大形势”如何变化，保持定力做好自己的事，营造推动金坛加快发展的“小气候”，以工作的高标准、落实的高效率，换来发展的高质量、增长的高速度。

四、全面从严治党，为跨越发展提供坚强保证

高质量党建引领保障高质量发展和高速度增长。要紧紧围绕新时代党的建设总要求，全面落实省委巡视反馈意见整改，推动全面从严治党向纵深发展，以党的建设高质量为跨越发展提供坚强保证。

（一）强化政治建设。政治建设是党的根本性建设，是党的建设的纲和魂。要始终把政治建设摆在首位，切实增强“四个意识”、坚定“四个自信”，坚决维护习近平总书记党中央的核心、全党的核心地位，坚决维护党中央权威和集中统一领导。进一步强化干部的政治定力、政治担当，严格执行党的政治纪律和政治规矩，坚决执行党的方针路线政策，坚决落实区委决策部署。继续抓好习近平新时代中国特色社会主义思想和党的十九大精神学习贯彻，扎实开展“不忘初心、牢记使命”主题教育，持续推进“两学一做”常态化制度化，用党的创新理论武装头脑、指导实践、推动工作。精心办好“金沙大学堂”，努力把学习成果转化为推动发展的科学思路、做好工作的过硬本领。牢牢把握意识形态领导权、主动权，落实意识形态工作责任制，加强意识形态工作分析研判，管好阵地、管好媒体、管好舆论，广泛凝聚推动跨越发展的思想共识。

（二）建强干部队伍。党的干部是事业成败的决定因素，是金坛跨越发展的关键。要认真落实党管干部原则，坚持好干部标准，着力打造一支忠诚干净担当的高素质干部队伍。坚持“给肯干者机会、让有为者有位、为担当者担当”的鲜明导向,以政治标准选对党忠诚的人,以事业为上选担当干事的人,切实把那些敢扛事、愿做事、能干事的干部用起来。结合新一轮机构改革,推动优质干部资源向重点发展领域倾斜,推动机构、编制、干部向承担任务重、发展成效好的单位集中,进一步选优配强各级领导班子,提升干部队伍的整体战斗力。加大优秀年轻干部培养选拔力度,启动实施紧缺专业人才综合选拔工作,鼓励干部到基层一线、招商一线、项目建设一线实践锻炼,进一步砥砺品质、增长才干。坚持严管与厚爱相结合,贯彻落实“三项机制”,认真落实干部澄清保护机制,旗帜鲜明为敢于担当、踏实做事的干部撑腰鼓劲。

(三)夯实基层堡垒。党的基层组织是党全部工作和战斗力的基础。要全面提升基层党组织的组织力,加强基层基础建设,构筑坚强稳固的战斗堡垒。以基层党建示范点创建为抓手,加强和改进机关、“两新”组织、企业、园区、农村、社区等各领域基层党建工作,持续优化党群服务中心功能,把基层堡垒建得更强。推进党支部标准化、规范化建设,从严加强和规范党内政治生活,严格落实“三会一课”、民主生活会等基本制度,着力解决基层党组织弱化、虚化、边缘化问题,推动基层党组织全面进步、全面过硬。突出抓好基层党组织带头人队伍建设,及时补充“新鲜血液”,完善培养锻炼体系,着力培养一批“双强”型村(社区)党组织书记。做好党员发展、教育、管理和服务工作,关爱生活困难党员,稳妥处置不合格党员,不断焕发党员队伍的生机活力。

(四)严格正风肃纪。党风政风事关人心向背。要刚性落实“两个责任”,把“全面从严”落实到党风廉政建设和反腐败工作全过程,进一步压紧压实管党治党政治责任。认真贯彻落实中央八项规定及其实施细则精神,严格执行省委、常州市委和区委具体办法,紧盯“四风”老问题、剑指“四风”新动向,常态开展督查整治,严防变异反弹。把纪律规矩挺在前面,用好用活监督执纪“四种形态”,开展经常性纪律教育、警示教育,做到强化监督有态度、执纪问责有力度、治病救人有温度。持续深化纪检监察体制改革,全面构建金坛特色监督体系,一体推进纪律监督、监察监督、派驻监督、巡察监督,切实把体制优势转化为治理效能。保持反腐败高压态势,坚持无禁区、全覆盖、零容忍,既严厉查处领导干部违纪违法案件,又严肃查处群众身边的不正之风和腐败问题,以反腐倡廉的实际成效取信于民。

(五)全面整改落实。抓好省委巡视反馈意见整改是当前及今后一个时期的一项重大政治任务。要进一步提高政治站位,认真对标习近平新时代中国特色社会主义思想,切实扛起巡视整改的重大政治责任,扎实做好巡视“后半篇文章”。坚持问题清、责任明、措施实的要求,聚焦问题清单,逐一对账销号,对违纪问题易发多发的重点领域、重点区域开展专项整治,做到不整改到位不放过、不解决问题不松手、不见到成效不收兵。坚持“严”字当头、“紧”字为要、“实”字着力,加强对巡视整改的全程跟踪和督促检查,对工作敷衍、整改不力的,严肃追责问责。坚持举一反三、标本兼治,强化巡视成果的转化运用,建立完善一批务实管用的制度规定,形成规范行为、堵塞漏洞良好机制,以全面整改促进各项工作水平全面提升,用发展成果检验整改工作的实际成效。

跨越发展不是朝夕之功,必须久久为功。“十三五”发展进入“下半场”,创新提升开启新征程。让我们更加紧密地团结在以习近平同志为核心的党中央周围,深入贯彻中央、省委和常州市委的决策部署,全面落实“一新两高”要求,苦干实干再发力,拼搏进取争一流,创新提升促跨越,为推动高质量发展和高速度增长、实现在苏南板块快速崛起作出新的更大贡献!

政府工作报告

——在金坛区第十七届人民代表大会第三次会议上

(2019年1月8日)

常州市金坛区区长 沈 东

2018年工作回顾

过去的一年,面对异常严峻的国内外经济形势,我们在区委的坚强领导下,在区人大、区政协的监督支持下,深入学习贯彻习近平新时代中国特色社会主义思想和党的十九大精神,以“两个加快攻坚突破年”为主旋律和主基调,团结依靠全区广大干部群众,克难奋进,苦干实干,全区经济社会继续保持快速发展的良好态势。

一、综合实力不断提升。全年预计实现地区生产总值800亿元,可比价增长11%;一般公共预算收入56.6亿元,同比增长10.5%;工业开票销售收入1399.2亿元,同比增长21.7%。主要经济指标增幅连续五年位居常州6个辖市区、苏南43个县(市、区)前列。工业经济蓬勃发展。462家规上企业工业开票销售收入突破1000亿元,其中,超10亿元企业达27家,大乘汽车连续三年超100亿元,晨风集团、卓郎纺机、东方日升等10家企业超20亿元。全年入库税收超1000万元工业企业59家。金昇实业连续四年入选中国民营企业500强,亿晶光电被评为省百强创新型企业,中盐金坛获中国专利优秀奖。正信光电获评国家级绿色工厂,"ZNSHINE"商标被认定为中国驰名商标。全年新增高新技术企业38家,总数达124家,省级"三站三中心"累计达95家。16家企业完成股改,新蓝智能在"新三板"挂牌。全年注册外资实际到账4.05亿美元、同比增长329%,进出口总额达153亿元,同比增长10%。建筑业发展稳中向好。全年实现入库税收8.7亿元,同比增长69%。苏南建筑公司纳税超6000万元,城东建筑公司获施工总承包特级资质。现代农业提质增效。大力推进现代农业生产体系建设,优质水稻栽培面积占比达70%,成功创成省级"粮食生产全程机械化示范区"。农产品品牌建设成果丰硕,"金坛雀舌"成为全国首批通过森林认证茗茶品牌,"金坛红香芋"成功注册为国家地理标志商标。高标准推进省级现代农业产业示范园建设,薛埠镇入选中央农业产业强镇示范建设名单,新增省级龙头企业2家、省级园艺标准园1个。积极做好非洲猪瘟防控工作,健全放心粮油供应网络,助力常州创成国家农产品质量安全市。旅游发展日新月异。高起点完成金坛全域旅游规划。茅山旅游的品质和效益快速提升,花谷奇缘创成国家AAAA级旅游景区,一号农场被评为省五星级乡村旅游区,半边山下、长山行舍等一批精品民宿逐渐兴起。茅山旅游度假区综合考评位列全省第三。长荡湖旅游度假区基础设施建设扎实推进,长荡湖旅游大道、长荡湖西路建成通车,水街提升改造全面完成,退圩还湖工程进度过半,沿湖慢行系统及景观工程开始启动,长荡湖的靓丽容颜全面呈现。成功举办民俗文化旅游节、长荡湖籽虾节、茅山半程马拉松等节庆活动,金坛旅游的品牌影响力进一步提升。全年旅游接待总人数突破1000万人次,总收入达120亿元。

二、两个加快不断突破。项目质量明显提升。精准开展招商引资,全年共签约引进项目150个,协议总投资622亿元,"三新一特"产业占比达60%,其中,协议总投资超10亿元或1亿美元项目21个。超30亿元或3亿美元重大项目5个,蜂巢新能源、中晟精密项目均超50亿元。外资项目引进取得重大突破,全年签约引进外资项目16个,其中协议投资超3000万美元项目7个,韩国SK隔膜、加拿大木桥等4个项目投资超1亿美元。德国工业4.0金坛制造基地挂牌成立,新光凯乐、埃斯杰贝等4个德国行业隐形冠军项目签约落户,协议总投资4493万欧元。项目推进成绩斐然。进一步优化项目服务流程,北电爱思特、飞荣达、海目星、鹏辉锂电、胜伟策等重点项目加速推进。大唐热电联产、贝特瑞、港华储气库等项目竣工投产。东方日升从签约到产品下线仅用7个月时间,再次刷新我区重点工业项目建设记录。全年完成工业实际投入223.4亿元,同比增长30%。科学排定和有序实施政府性投资项目,第一人民医院、华罗庚中学滨湖校区等项目加快推进,人力资源市场和培训中心、殡仪馆移址新建、常州市动物卫生处理中心等项目竣工。金坛控股、金坛建设等国有公司在项目建设中的重要作用得到充分发挥。千方百计破解空间制约,获得土地规划流量指标1.5万亩、建设用地指标超1万亩,有效保障项目建设。企业服务更加扎实。切实减轻企业负担,全年共减税降费4.6亿元。积极向上争取各类专项扶持资金15.7亿元,其中,大乘汽车获中央财政补助资金1.8亿元,中航锂电、盛利维尔分别获省战略性新兴产业专项扶持资金2000万元和1000万元,同方威视获省科技成果转化奖励资金1000万元。加大企业股改上市支持力度,全年发放奖励资金超1700万元。创新银政企合作机制,深入开展"行长园区行"活动,全年达成综合授信意向超200亿元,有效缓解民营企业融资难问题。着力协助小微企业吸纳外部创新资源,邀请清华博士入驻企业,提供创新支持。金坛清华大学博士生社会实践基地被授予"四星级"基地称号。

三、城乡建设不断进步。基础设施加快推进。江苏南沿江城际铁路先导段在金坛打下首个桩基,拉开金坛交通由高速公路时代进入高铁时代的帷幕。钱资湖大桥开工建设,茅山旅游大道、240省道改造提升工程加快推进,233国道和265省道金坛段工程全线完工,金茅公路、环钱资湖道路和沈渎大桥建成通车。省级"四好农村路"示范区创建扎实推进,农村路网体系不断完善。着力补齐城市防洪短板,滨湖新城防洪除涝节点工程加快推进,钱资湖水利枢纽及圩区防洪除涝体系基本建成。城镇雨污分流管网建设大力推进,新建污水管网29千米,完成华城新村、姜家棚等6个老小区及城中村雨污分流改造。农村环境综合整治试点工作通过省级验收,完成82个村污水处理设施建设。功能配套逐步健全。突出规划引领,进一步完善地下管线、环卫等专项规划。滨湖新城开发建设进一步加快,城市形象馆、民防教育体验馆正式开馆,江南银行"三大中心"、中景商务中心等项目竣工投用,金沙科技金融中心加快建设。金沙老城改造更新稳步推进,下塘河二、三期完成贯通改造,南一环、虹桥路改造基本完工。长荡湖水厂正式运行,每天稳定供水达15万吨。历时11年的区域安全供水工程全面完工,农村居民和城市居民一样用上"同源、同网、同质、同服务"的优质自来水。编制完成交通畅行三年行动计划,新增停车位2000余个。城市管理更趋精细。文明城市创建持续推进,建立季度点评和第三方测评等工作机制,扎实开展"志愿服务日"活动,市容市貌显著改观。强力整治占道经营、户外广告、建筑垃圾运输等短板问题,完成30个老旧小区和30条背街小巷综合治理,打造翠北路、常胜路2条特色街巷和南园二村、北园新村等

4个省级宜居示范居住区。强力推进金城建材市场、东园小区、金彩花园和文化二村等违建片区治理,全年拆违6.7万平方米。生活垃圾治理全面提速,完成67个小区、45个单位、18个行政村分类设施建设,建成72座建筑垃圾收集房、完成69座“房改亭”。城市管理体制进一步理顺,管理水平不断提升,首次获评常州市城市长效综合管理考核优秀奖。

四、生态环境不断优化。污染防治强力推进。实施力度空前的大气污染防治攻坚行动,严格落实限停产措施,依法关停“散乱污”企业252家、非法混凝土搅拌站26家、内河码头23个。大力度推进建设工地扬尘管控、餐饮油烟污染整治。扎实推进VOCs治理,完成印刷、汽修等重点行业的专项治理。全面开展水、土壤、固废污染防治攻坚行动。大力实施电镀、印染行业专项整治,深入推进河(湖)长制,完成电胜河、连心河等63条城乡黑臭水体整治,4个省考“水十条”断面稳定达标,水环境质量逐步提升。完成重点行业企业用地信息采集和风险筛查工作。加强危废经营单位监管,积极推进危废处置能力建设。农业面源污染得到有效控制,整治提升规模化畜禽养殖场373家。建立完善全区动物无害化处理体系。环境执法抓铁有痕。全面整改落实中央环保督察“回头看”、省环保督察交办的环保问题,完成全国第二次污染源普查工作。减煤减化工作成效明显,35蒸吨/小时以下燃煤锅炉全部淘汰,培丰化工集中区整体关停,全年共关闭化工企业21家。优化调整金坛盐化工园区产业定位,转型升级为新材料科技产业园。严格依法查处金东工业园非法填埋危废的环境违法行为。加大生态红线区域执法检查,关停红线区内轧石、洗砂、铸造等企业17家。山水保护卓有成效。坚持环境优先、保护优先,高品质、低强度开发茅山。强化森林资源保护,新增绿化造林面积3700亩。加强大小石包宕口环境整治和扬尘管控,仙姑村作为常州市美丽乡村示范工程正式开园。加强长荡湖水质保护,涑渎饮用水源地建设通过省级验收,完成大浦港、白石港、仁和港和庄阳港4条入湖河道综合整治,全面启动长荡湖第二阶段清淤工程。坚持生态立湖,严格执行封湖禁渔规定,增殖放流多种鱼类,长荡湖逐步由生产型湖泊转变为生态型湖泊,种质资源得到有效保护,“科学管湖、品牌兴湖”的整治经验全省推广,长荡湖国家湿地公园成功创建。

五、民生福祉不断改善。社会保障更加健全。扎实推进各项民生实事,不折不扣兑现民生承诺。城镇和农村居民人均可支配收入分别达50630元、26380元。积极推进“阳光扶贫”,全年共有330户、624人实现脱贫。就业形势保持稳定,新增就业12600人,再就业3200人。社会保障体系不断完善,企业职工退休金人均增资110元/月;城乡居民基础养老金标准提高到220元/月;被征地农民养老补助金提高到580元/月;城乡居民基本医疗保险财政补助标准提高到740元/年;城乡低保标准提高到800元/月,残疾人两项补贴实现与主城区接轨。保障性安置房建设加快推进,海棠明都一区、水岸风华二期等项目竣工。社会事业均衡发展。教学质量不断提升,高考本一达线率同比提高3个百分点。文化事业繁荣发展,常州市儿童艺术剧院在华罗庚艺术团挂牌成立,儿童剧《青铜葵花》获省紫金文化艺术节创新剧目“特别奖”,音乐作品《纸花谣》获省五星工程奖。成功承办省第三届道教文化艺术节。卫生健康水平进一步提高,茅麓卫生院、朱林卫生院西岗分院建成投用,我区首次跻身全省基层卫生十强县(市、区),第一人民医院晋升为三级综合医院。养老服务不断完善,区社会福利院开展“公建民营”试点,高标准建成20个“夕阳红社区服务中心”。深入开展第四次全国经济普查,摸清全区经济发展的家底和实力。社会大局保持稳定。加快推进网格化社会治理工作,线上线下一张网全面推开。深入开展扫黑除恶专项斗争,社会治安防控体系不断健全,连续15年被评为“江苏省平安县(市、区)”。成立14个安全生产专业委员会,加强安全生产执法和专项整治,全年未发生重特大安全事故。突出食品药品、特种设备和产品质量等重点领域监管,市场秩序日益规范。做好退役军人信息采集,高标准完成征兵工作。深入推进军民融合发展,获省双拥模范城“六连冠”。划定年度政府性债务规模控制线,规范投融资行为,扎实做好政府隐性债务化解工作。

六、政府建设不断强化。政务服务进一步优化。深化“放管服”改革,高质量推动“3550”工作,政务服务一体化平台正式运行,“一网通办”工作机制全面推行。积极推进阳光服务和政务公开,办理“12345”热线诉求近6万件,按时办结率达100%,一大批群众反映的热点、难点问题得到有效解决。作风建设进一步深化。深入开展“解放思想再出发、追赶超越勇向前”大讨论活动,配合省委第八巡视组完成进驻金坛期间巡视工作。全面贯彻落实中央八项规定,清理超标办公用房,压减三公经费支出。严防“四风”问题隐形变异,实现重大项目、自然资源、国有资产、领导干部经济责任审计全覆盖,严肃查处各类违纪违法案件。依法行政进一步强化。自觉接受区人大及其常委会的法律监督和区政协的民主监督,坚持重大决策出台前向区人大及其常委会报告制度。全年办理人大代表建议191件、政协提案112件,满意率均达100%。全面开展“七五”普法宣传,全力推进公共法律服务体系建设,连续3次获评“江苏省法治建设示范县(市、区)”。

一年来,粮食、广电、体育、消防、应急、信访、外事、海关、烟草、气象、地震、住房公积金等部门积极作为,作出了新的贡献;人武人防、史志侨台、供电供销、邮电通信、妇女儿童、民族宗教、慈善红十字等工作不断进步,取得了新的成绩。

各位代表,过去一年取得的成绩,是在积极应对错综复杂的形势变化下取得的,是在经受经济下行压力加大的考验中取得的,是在连续多年保持快速增长的基础上取得的，确实来之不易。这是区委正确领导的结果，是区人大、区政协有力监督、大力支持的结果，也是全区人民团结拼搏、奋勇争先的结果。在此，我谨代表区政府，向辛勤奋战在全区各条战线上的广大干部职工、企业家和全区人民，致以崇高的敬意！向给予政府工作大力支持的人大代表、政协委员，离退休老干部、老同志，各民主党派、工商联、无党派人士、人民团体，向驻坛部队、武警官兵、公安干警，以及所有关心、参与金坛建设发展的海内外朋友，表示衷心的感谢！

在肯定成绩的同时，我们也清醒地看到存在的问题与不足：一是经济总量和规模仍然偏小，经济下行压力加大，提升经济发展质量和效益任重道远；二是资源要素制约加剧，土地空间资源告急，民营企业融资难问题依然严峻，政府性债务化解压力巨大；三是环境保护任务繁重，大气、水体、土壤、固废的治理问题需要下大力气解决；四是基本公共服务水平仍需提升，教育、医疗、养老等方面的供给品质与群众需求还有差距；五是攻坚克难的勇气和决心仍需加强，创新发展的意识和胆略仍需提振。对此，我们将坚持问题导向，采取有效措施，切实加以解决。

2019 年工作安排

2019 年，是中华人民共和国成立 70 周年，也是完成“十三五”规划目标的关键之年，更是金坛发展创新提升的开拓之年。因此，做好今年各项工作意义深远、责任重大。我们要顺应新时代、适应新变化、矢志新征程，立足当前、着眼长远，因势而谋、顺势而为，坚持新发展理念，在保持高质量发展的基础上，持续实现高速度增长。要把国家全面深化市场化改革、扩大高水平开放、着力激发微观主体活力的政策红利，切实转化为区域发展的有利条件，进一步提振加快发展的信心。要解放思想，以“再吃两年苦、辉煌十三五”的拼劲、闯劲和韧劲，聚力两个加快，聚焦发展质效，坚持以创新提升为引擎，力促产业和城市转型，厚植高质量发展优势，着力提升金坛的实体经济竞争力、城市发展带动力、区域对外影响力。

今年政府工作的总体要求：**以习近平新时代中国特色社会主义思想为指导，按照省委“六个高质量”发展要求，全面贯彻区委十三届六次全会决策部署，深入践行“一新两高”理念，扎实开展“两个加快创新提升年”活动，以创新思维破解发展制约，以创新机制增强发展动能，以创新举措提升发展质量，以创新服务加快发展速度，做亮特色、补齐短板，力争在两个加快、城乡建设、生态环境、乡村振兴、民生改善等方面迈上新台阶，全力推动经济社会健康快速发展。**

今年全区经济社会发展的主要目标是：地区生产总值突破 900 亿元；一般公共预算收入突破 60 亿元；完成工业实际投入 200 亿元；完成工业开票销售收入 1600 亿元；完成注册外资实际到账 3 亿美元；全体居民人均可支配收入、单位 GDP 能耗、主要污染物减排等指标完成省及常州市下达的目标任务。

围绕上述目标，2019 年区政府将着重抓好七个方面工作：

一、推动经济发展高质量，创新资源要素配置，提升两个加快层次

*聚焦项目招引。*始终坚持项目为王，重点围绕“三新一特”产业，招引龙头项目和总部型、标杆型、领军型企业，带动上下游产业链，加快形成产业集群。坚持大项目与优质科技型中小项目并重，着力引进小巨人企业和行业“隐形冠军”。持续加大外资项目引进力度，主攻德国、日本、韩国等重点区域，力争在高品质外资项目引进上取得新突破。突出科技含量、亩均产出、资源节约和贡献程度，严把项目引进质量关。以规划管控的严标准和土地利用的高效率，倒逼项目的高质量。千方百计盘活存量资源，探索无地招商、存量招商、嫁接招商等新路径。创新招商方式，拓展以商引商、以企引企等多种招商途径，打造立体化的招商体系。加强招商队伍建设，提升招商的专业化、国际化、市场化水平。全年确保签约引进工业项目协议总投资 500 亿元，其中“三新一特”产业占比超 60%，协议投资超 30 亿元或 3 亿美元工业项目不少于 3 个。

*聚力项目建设。*进一步完善项目推进协调机制，保障项目建设各环节有效衔接。着力推进韩国 SK 隔膜、当升科技、蜂巢新能源等省市重点项目建设。突出项目有效投入，设备投入占比不低于 50%。遵循资金有保障，土地有容量的原则，严格实行年度预算管理，坚持补短板项目优先、民生项目优先、重点项目优先，精准编制政府性投资项目清单，加快生活垃圾焚烧发电等项目建设。加强项目实施的全过程管理和服务，强化项目考评，围绕项目落地、投产达效抓考核，切实提高签约项目开工率、续建项目竣工率、竣工项目达产率。

*优化要素配置。*切实加强各行业专项规划研究，加快推进国土空间规划编制试点工作，科学划定“三区三线”，强化规划的战略性、约束性、指导性作用。优化土地、资金、政策等要素资源配置，促使其发挥最大的效益。有序开展土地综合整治，研究制定促进低效土地开发利用政策，力争全年盘活存量用地 5000 亩以上。推进产业用地改造更新，破解低效用地难题。提高独立供地工业项目的建筑容积率，着力推进国土资源高效节约利用。推进盐穴资源综合利用，启动盐穴空间利用规划研究。完善工业企业资源集约利用综合评价系统，强化评价结果运用，推动资源要素向优质项目和优质企业集聚。推动国有公司市场化运作，提升国有资本、资产、资源运营效率，提高营利水平和整体实力，实现可持续发展。进一步提高金融服务实体经济水平，大力推进银政企合作，引导金融机构扩大对优质企业、重大项目信贷投放规模，更大力度缓解中小企业融资难、融资贵问题。加强与上级部门的沟通衔接，用足用好各类扶持政策，高起点规划建设 5G 通信网络，争取更多

电网项目列入省级电网建设工程。

二、推动开放开发高质量,创新园区发展模式,提升区域发展优势

*持续优化营商环境。*加大实体经济帮扶力度,进一步释放减税降费政策红利,不断降低实体经济综合成本,提升市场竞争力。继续深化“放管服”改革,以“3550”标准推进阳光高效审批,简化审批材料、压缩审批时限、优化审批流程,促进新动能加快发展壮大。推进政务服务标准化,健全政务服务“一张网”,并向镇(街道)、村(社区)延伸,实现网络服务全覆盖。加快推进企业股改上市步伐,年内新增新三板挂牌企业2家,股改企业12家。更加注重劳动力供需对接,营造良好用工环境,着力化解企业用工结构性供需矛盾。对外资项目和内资项目、国有公司和民营公司、本土企业和新引进企业一视同仁,公平公正对待每一个市场主体,让所有投资者都感受到政府服务诚恳的态度、情感的温度,让所有在金坛创新创业的企业都吃下定心丸、安心谋发展,让金坛成为名副其实的投资热土、发展高地,努力形成更宽领域、更多层次、更高境界的开放开发新格局。

*强化载体平台建设。*抢抓国家推进“一带一路”、宁杭生态经济带、扬子江城市群建设等重大战略机遇,力争更多的平台载体、重要基础设施项目纳入国家、省级规划。突出经济开发区的龙头地位,将更多的资源要素向开发区倾斜,着力将开发区打造成为全区高质量发展的引领区。全面提高开发区经济的外向度,加快中德(金坛)创新产业园建设,扩大德国工业4.0制造基地影响力,吸引“专精特新”高质量外资项目落户。加快推进开发区创建省级循环化改造示范区,为争创国家级开发区打下坚实基础。进一步提升华科园建设品质,使其成为创新驱动的示范区、高新企业的集聚地。加快完善金科园基础设施配套,充分发挥金城港的低成本运输优势,清晰定位产业功能,推动新材料科技产业园转型发展,着力吸引世界500强企业和有实力的上市公司落户,将金科园打造成转型升级创新发展的示范园区。进一步提升镇级园区建设水平,实施“科技园+产业园”发展模式,努力将五个镇打造成为各具特色的科技产业新镇。着力建设一批科创中心、科技企业孵化器和加速器,推动各类闲置房产和标准厂房提升为科技创新平台。

*着力增强创新能力。*加快资源要素向重点创新型企业集聚,引导企业提升科技创新能力,增强综合竞争力,全年新增高新技术企业20家,省级以上“三站三中心”3家。突出企业创新的主体地位,以龙头企业为核心,推动优质高新技术企业打造国家级、省级研发平台,加快中航锂电技术研究院建设。积极构建科技创新服务体系,着重引进一批创业投资机构和专利代理、检验检测等科技服务机构。大力支持院校与政府、企业开展产学研合作,推动中小企业对接高等院校科研院所,新增各类新型研发机构(中心)10家左右。坚持创新驱动与招才引智并举,落实鼓励各类创新创业的优惠政策,吸引更多高层次人才落户金坛。出台支持高质量科技型中小企业加快发展政策,强化知识产权创造、保护和运用,万人发明专利拥有量达到14.8件。继续强化标准、质量和品牌建设,培育中国驰名商标1件、省级标准化项目2个,力争获评省长质量奖和市长质量奖企业各1家。

三、推动城乡建设高质量,创新城市管理机制,提升城市功能品位

*加强基础设施建设。*围绕打造铁路、公路、航道无缝对接的综合交通运输体系,加快推进江苏南沿江城际铁路建设,年内确保茅山旅游大道、直别公路等项目竣工通车,加快东部物流通道和北部物流通道等重点交通工程建设。继续推进新孟河金坛段、良常枢纽等重点水利项目建设,完成城市防洪应急抢险调度中心等项目工程,确保流域治理、防洪除涝、水环境治理工程早投运、早见效、早受益。畅通城市水系,全力推进下坵河、钱胜河等河道泵站建设,提高城区河道水动力,增强水体自净能力。完善环卫设施建设,完成城区垃圾分类收集体系全覆盖,并延伸到集镇。

*完善城市功能配套。*坚持精致规划、精心建设、精细管理,优化城市空间形态,提升城市功能品质。加大滨湖新城商业综合体、高端星级酒店等高品质项目引进力度,加快提升中心城区建设品位,充分展现新城形象和魅力。加快推进金山路及钱资湖大桥工程,继续完善钱资湖景观绿地及公厕、公共停车系统等配套设施。推动汇贤、岸头佳园邻里中心建设,完成新城东苑垃圾中转站建设。坚持高起点规划,稳步推进金沙老城改造更新,在提升居住环境和品质的同时,更加注重保留金坛的历史风貌和地域特色。推进老城区范围内慢行系统、静态交通等市政设施建设,完成司马坊等道路改造,打通老城区交通肠梗阻。有序实施老城区节点景观提升改造,让新城老城共放光彩。深化能源系统规划、加油加气站及充电设施规划,逐步建立起与经济发展相适应,布局合理、功能完善的设施服务体系。

*提高精细管理水平。*巩固提升全国文明城市创建成果,持续推进城市长效综合管理和文明城市建设,力争在常州辖市(区)考核中位次前移。结合滨湖新城、金沙老城区块功能规划,因地制宜,加强小区物业管理,探索以八百市场、金城建材市场为试点的商业物管模式,实现物业行业管理全覆盖。分类分步推进城中村、住宅小区等薄弱环节的整治,不断提高城区环境质量。加大对餐厨废弃物收运处理、渣土运输、户外广告的执法力度,加快推进生活垃圾密闭直运工程。坚持铁腕治违,严控严查高层楼顶、涉拆地块等重点区域违法建设。鼓励引导群众参与城市管理,让市容管理更有序、城区环境更整洁。

四、推动生态建设高质量,创新污染防治举措,提升宜居宜业水平

*加大生态产品供给量。*牢固树立绿水青山就是金山

银山的发展理念，充分彰显金坛山水资源优势，让人民群众享受更多的生态红利。开展省级“山水林田湖草”生态保护修复工程试点，强化自然岸线保护，恢复重点湿地生态系统，加快推进长荡湖沿湖慢行系统及景观工程。继续加强长荡湖出入湖河道整治，完成两闸两站建设，确保饮用水源地不受任何污染。加大茅山生态保护力度，完成仙姑村、山蓬村、茅麓茶场等区域土地整治复绿工程。启动茅山国家级旅游度假区创建，加快补齐旅游公共服务短板，建成茅山旅游度假区游客中心。推动国家全域旅游示范区创建，精致建设一批生态环境好、资源品位高、品牌形象优、核心吸引力强的旅游龙头项目，东方盐湖城启动国家AAAAA级旅游景区创建，茅山宝盛园力争创成国家AAAA级旅游景区。

打好污染防治攻坚战。大力实施柴油货车污染治理、水源地保护、农业农村污染治理等七项攻坚行动，坚决打好蓝天、碧水、净土三大保卫战。持续强化扬尘管控及工业企业达标排放，全面完成“散乱污”企业综合整治和化工企业整治提升。加大城乡黑臭水体整治力度，城市建成区基本消除黑臭水体。加快推进一污厂及儒林、薛埠和直溪污水厂建设，全面实行城乡污水处理一体化运营管理。完成15个村污水处理设施建设，实现规划发展村生活污水处理全覆盖。强化矿山宕口综合整治，完成渚山采石场环境修复治理。

健全环境监管新机制。强化源头管控，建立VOCs和重点监管企业名录，编制“一企一策”方案。建立完善重污染天气应急管控机制。实行土壤污染防治清单管理，建立销号制度。加强水源管理，严禁任何形式的围垦河湖、违法占用河湖水域行为。推进协同共治，落实控源截污、畅流活水、河道保洁的长效治水机制。开展生态保护红线勘界定标工作，强化“三区三线”硬约束，坚持用最严格的制度、最严密的手段保护生态环境。加强环境保护联动执法，健全重大案件联合查处机制。加强镇村两级环保队伍建设，提升基层环保监管效能。

五、推动乡村振兴高质量，创新农地制度改革，提升三农发展活力

做亮农业特色产业。以乡村振兴十项重点工程为抓手，探索建立涉农资金统筹整合长效机制，优化农业发展扶持方式，催生一批综合效益高、竞争力强的农业龙头企业。以水产、水稻、茶叶为重点产业，全力推进数字化渔场、黄金软米生态大农场等重点项目，打造一批规模化、标准化生产基地，创成国家农业科技园区。加大农业科技创新力度，加强与知名农业科研院所合作，引入有实力的社会资本和科研机构，力争在品质提升、品种选育等方面取得新突破。加大农产品品牌建设，制定标准、挖掘内涵，打造金坛农产品“地域名片”。大力发展富民产业，加快村级集体经济发展，全区村集体总收入年增长达8%，第五轮经济薄弱村稳定性收入全部达100万元以上。深入开展“阳光扶贫”，建档立卡低收入农户人均年收入8500元以上。

打造乡村靓丽环境。在完善村庄布局规划的基础上，编制好全域美丽乡村建设规划，确保既有田园特色风貌，又有农村特色产业。加大茅山闲养小镇创建力度，推进省特色田园乡村、田园综合体及美丽乡村融合创建，实现乡村环境全面优化。积极发挥仙姑美丽乡村建设示范作用，有序推进上阮、谢桥示范区和柚山示范点建设。推进农村人居环境整治工程，扎实开展集镇、城中村和城郊村等重点区域的环境专项整治，加快补齐农村道路、农村改厕、环卫保洁、污水处理等设施短板。大力发展乡村旅游，鼓励发展特色乡村民宿。推进省星级乡村旅游区提档升级，茅山保朴山房力争创成省五星级乡村旅游区。

深化农村各项改革。以创新的体制机制，激发乡村振兴的潜力与活力。发展多种形式适度规模经营，重点培育一批示范性强、带动性强、经济和社会效益好的农民专业合作社和家庭农场。深化农村土地和集体产权制度改革。探索宅基地制度改革、集体经营性用地入市改革和土地征收制度改革。妥善做好被征地农民进保障工作，保护农民土地承包经营权权益。加快推进符合条件的行政村组建股份经济合作社，年内新增5家以上。深化供销合作社综合改革，强化为农服务职能。加快推进农村精神文明示范点建设，不断提升农村社会文明程度。鼓励大学生、优秀年轻干部到农村工作，培养造就一支懂农业、爱农村、爱农民的“三农”工作队伍。

六、推动人民生活高质量，创新惠民利民方式，提升群众幸福指数

着力补齐民生短板。深刻把握民生政策、民生工程、民生服务的匹配性和关联度，继续扎实办好10项民生实事，让群众充分共享高质量发展带来的新成果。全面落实就业创业政策，城镇新增就业9000人。继续实施城乡居民基础养老金、医疗保险筹资标准和征地待遇提标工作，扩大医疗救助范围，将低保边缘困难家庭纳入保障范围，逐步建立覆盖全民、城乡统筹、权责清晰、保障适度的多层次社会保障体系。取消常州市范围内定点医院转诊审批制度，方便参保群众就医。继续加大教育资源供给，年内确保8所学校建成投用。深化教育领域综合改革，积极探索集团化办学模式，深化义务教育学校教师“区管校聘”制度改革，促进教育优质均衡发展。推进医疗基础设施建设，继续实施村卫生室提档升级工程，加快第三人民医院建设进度，第一人民医院基本达到交付标准。全面推动分级诊疗和家庭医生服务，加快引进外部优质医疗资源，满足人民群众“当地看好病”的需求。深化养老服务建设，构建多形式、全方位的老年医疗护理服务体系。完善住房保障体系，进一步扩大住房公积金覆盖面和受益面。

推进文化建设高质量。以满足人民群众对精神文化生活的需求为导向，大力发展文化事业和文化产业，不断增强文化引领力、文化凝聚力、文化软实力，着力打响金坛的人文品牌。用好用活金坛的历史文化资源,加大金坛刻纸、金坛抬阁、巨村舞龙、董永传说等非遗项目宣传力度,推动优秀传统文化传承发展。实施文化精品战略,积极推动文艺创新,创作更多有筋骨、有道德、有温度的作品。深入实施文化惠民工程,完善全民健身公共服务体系,基层综合性文化服务中心建设实现全覆盖。加快常州未成年人社会实践基地升级改造,充分发挥城市形象馆、民防教育体验馆、博物馆、图书馆等公共文化设施功能。深化文旅融合,加大旅游节庆活动宣传推介力度,举办好文化艺术节、全民运动会等文体赛事活动,丰富群众精神文化生活。

持续创新社会治理。不断深化"平安金坛""法治金坛"建设,切实提高基层治理现代化水平。强化源头治理,扎实推进全区网格化社会治理机制,引导镇区、部门合理整合、高效配置网格管理资源,推动社会治理重心向基层下移。深入开展"七五"普法,提高全民法治意识和法治素养。积极预防化解社会矛盾,加大非法集资清理打击力度,确保社会大局和谐稳定。加强社会治安防控体系建设,继续深入开展扫黑除恶专项斗争。健全安全生产综合监管体系,推进重点行业领域专项整治和隐患排查治理,以最严格的要求压实安全生产责任,有效防范、坚决杜绝重特大事故发生。加快推进省级食品安全示范区创建,大力实施阳光餐饮工程,不断提升食品安全水平。积极有效管控政府隐性债务,守住不发生系统性、区域性金融风险的底线。

七、推动服务型政府建设,创新奖惩激励体系,提升依法行政效能

塑造阳光法治的政府形象。稳妥有序推进机构改革,构建系统完备、科学规范、运行高效的机构职能体系。全面推行法律顾问制度,完善行政决策合法性审查、风险评估和责任追究机制。严格执行重大行政决策法定程序,加强权责清单运行和监督管理,加大行政问责力度,不断提高运用法治思维、法治方式推动工作的能力。优化提升政府门户网站功能,持续深化政府信息公开,让群众更好地监督政府工作。自觉接受区人大及其常委会的法律监督、政协的民主监督、社会公众的舆论监督。加强与人大代表、政协委员沟通联系,不断提高建议和提案办理质量。

打造务实高效的工作作风。坚持正向激励和负向惩戒并重,落实鼓励激励、容错纠错、能上能下"三项机制",提振高质量发展的精气神。加大对"庸懒散"现象的惩治力度,重点整治不作为、慢作为、乱作为、假作为等形式主义、官僚主义问题,营造勇于担当、开拓实干的创业氛围,打造一支敢担事、会做事、能干事的干部队伍。以踏石留印、抓铁有痕的精神抓好工作落实,做到有令必行、有禁必止,不断提高政府公信力和执行力。实施政务服务标准化,推进首问负责制、首办负责制,落实服务责任,确保为民服务事项件件有着落、事事有结果。更加注重系统谋划,提升规划统筹、政策统筹、要素统筹的能力和水平,保障各项工作衔接有序、相互促进、相得益彰。

营造风清气正的政治生态。坚持把服务群众作为根本准则,把纪律规矩作为底线红线,认真落实党风廉政建设"一岗双责",严格遵守中央八项规定和省委十项规定,从严执行廉洁自律准则和廉政谈话制度。加强公职人员队伍建设,树立为民务实的良好形象。厉行节约,反对浪费,严控"三公"经费支出,集中财力改善民生。保持惩治腐败高压态势,对违纪违法问题实行"零容忍",严查群众身边的不正之风,着力构建不敢腐、不能腐、不想腐的有效机制,努力实现干部清正、政府清廉、政治清明。

百舸争流、奋楫者先;千帆竞发,勇进者胜。金坛的发展到了创新提升的关键时期,更需要我们以敢为人先的魄力,敢谋新篇的勇气,敢于亮剑的担当,勇挑时代赋予的重任,锐意进取,永不懈怠,不负金坛人民寄予的厚望。让我们在中共金坛区委的坚强领导下,更加紧密团结起来,乘势而上,顺势而为,逆势而进,共同开创金坛更加美好的明天!

名词注释

1. 六个高质量　推动经济发展、改革开放、城乡建设、文化建设、生态环境、人民生活等六个方面高质量发展。

2. "一新两高"　一新:新发展理念;两高:高质量发展、高速度增长。

3. "三区三线"　三区:城镇空间、农业空间、生态空间三类空间;三线:生态保护红线、永久基本农田保护红线、城镇开发边界三条控制线。

4. 一网通办　依托政务服务网"一张网"构建"互联网+政务服务"新模式,通过线上线下政务服务流程再造、数据共享、业务协同,形成融合"一网受理、协同办理、综合管理"为一体的政务服务架构。

5. 网格化社会治理　在城乡社区、行政村按照人口规模适度、服务管理方便、资源配置有效的原则划分出若干个网格,通过推行"互联网+社会治理""网格+网络"等服务管理模式,在信息采集、便民服务、矛盾化解、隐患排查、治安防范、人口管理、法治宣传、心理疏导等方面履行社会治理职能。

6. VOCs　挥发性有机化合物的总和。

7. 同源、同网、同质、同服务　同源:水源地统一;同网:供水管网统一;同质:水质标准统一;同服务:服务标准统一。

8. 残疾人两项补贴　困难残疾人生活补贴和重度残疾人护理补贴。

2019 年为民办实事项目

1. 教育强基工程。推进华罗庚中学滨湖校区等13所学校建设,年内竣工投用九洲里实验幼儿园、西城实验幼儿园、东方新都幼儿园、华城实验幼儿园华胜分园、良常实验小学、尧塘中心小学、良常中学、尧塘中学8所学校；新增学前教育学位1440个、小学学位2880个、初中学位1350个。

2. 卫生健康工程。完成社头、上阳等28家村级卫生室提档升级；城乡居民基本医疗保险财政补助标准由740元/年提高到840元/年。

3. 养老供给工程。新增老年日间照料中心1个、老年助餐点10个；城乡居民基础养老金标准由220元/月提高到250元/月，被征地农民养老补助金标准由580元/月提高到630元/月。

4. 阳光餐饮工程。创成400家以上"阳光餐饮"单位，改造升级1家"安心菜场"；改善水北中学等6所学校的学生用餐环境，争取5年内实现中小学用餐环境改善全覆盖。

5. 交通畅行工程。新增停车泊位1300个；新建岸头佳园公交首末站1座，新辟中环线等公交线路4条，优化116路等公交线路6条；提档升级农村公路5.8千米，改造农危桥5座，新建生命安全防护工程33.7千米。

6. 生态治理工程。推进长荡湖西路景观绿化、长荡湖旅游大道景观绿化、入湖港生态廊道、新浮水库生态绿道等工程建设；完成运粮河、李巷河等26条黑臭水体整治。

7. 人居改善工程。启动棚户区改造4000套；改造提升公共厕所24座；完成金胜花园、翠园新村等30个老小区和学基路、文萃路等30条背街小巷的综合整治；完成景潭花园一二期和丹丽花园省级宜居示范居住区建设；完成住房公积金扩面5000人，发放职工住房公积金政策性贷款5亿元。

8. 文旅惠民工程。建成花街社区、长竹埂村等基层综合性文化服务中心30个；推进华罗庚中学、第一中学等12所符合条件的学校体育设施向社会开放；组织低保人群、市级以上劳动模范约4000人次免费游览全市重点景区和美丽乡村示范点。

9. 就业促进工程。采集和开发就业岗位2万个，其中高校毕业生就业岗位4000个；拓展就业社保智慧云服务平台功能，全年开展补贴培训2000人次；鼓励各类人才落户金坛，给予符合条件的人才相应首套房购房补贴。

10. 安全提升工程。推进公共安全视频监控联网应用项目，完成"升级版"技防城二期建设。

（编辑　盛南萍）

大事记

1月

2—4日　政协金坛区十届委员会第二次会议召开，陈春洪当选为十届区政协主席。

3日　以“崇文兴教、德润中华”为主题的江苏省第三届道教文化艺术节在金坛茅山乾元观开幕。

3—5日　金坛区十七届人民代表大会第二次会议召开。

6日　常州市金坛区监察委员会挂牌成立。

22日　省教育厅公布2017年基础教育装备示范县（市、区）名单，金坛区名列其中。

26日　农村环境综合整治试点工作省级考核反馈会召开，金坛区成为全省首个通过覆盖拉网式农村环境综合整治试点考核验收的地区。

是日　浙商银行常州金坛支行举行开业典礼暨慈善捐款、银企签约仪式。

31日　金坛区残疾人联合会第五次代表大会召开。

是月　金坛区一号农场、花谷奇缘创成全国休闲农业与乡村旅游四星级示范企业，华东玫瑰风情园创成三星级示范企业。

是月　《金坛县志（清·光绪版）》点校版出版发行。清光绪版县志共16卷，约130万字，记载金坛自设县至清光绪十年（1884年）的历史。

2月

1日　金坛（上阮）现代农业产业园区被认定为江苏省农业信息化示范基地之江苏省智能农业示范园区。

5日　区广电台打造的融媒体平台——金坛手机台启动。

13日　江苏省卫计委发文确认金坛区人民医院为三级综合医院。

23日　金坛区“两个加快攻坚突破年”动员大会召开。

3月

7日　金坛区与德国大陆集团以及四川成飞集成科技股份有限公司投资意向签约仪式在上海举行。

12日　金坛区对评选出的30名金沙英才奖获得者予以奖励。

20日　金坛区300多家企业负责人与20多位证券系统专家共同探讨金坛企业股改上市工作。常州市政府党组成员朱春明、金坛区领导沈东参加会议。

21日　原全国政协副主席马培华到金坛区调研绿色电源产业发展情况，省政协副主席洪慧民、常州市政协主席俞志平陪同调研。

31日　金坛区召开2018年度“两个加快攻坚突破年”第一次项目集中现场督查会。

是月　金坛区首家公益性养老助餐服务中心成立并运营。

4月

11日　中共江苏省委书记娄勤俭到金坛调研，省委常委、常务副省长、省委秘书长樊金龙参加调研。

18日　金坛在德国巴符州首府斯图加特市举办中德（常州·金坛）创新产业园推介说明会，中德（常州·金坛）创新产业园启动建设。

21日　第四届中国·金坛雀舌茶道会在东方盐湖城开幕。

25日　农业农村部在金坛区召开全国果菜茶有机肥替代化肥推进落实会。

是月　金坛成为首批全国河湖管护体制机制创新试点示范城市。

5月

3日　国有重点金融机构监事会主席于学军带领中国进出口银行相关负责人到金坛区，就金融支持实体经济、完善政银企合作开展调研。

7日　德资康甫机械科技（常州）有限公司入驻金坛经济开发区国际工业城。

11日　全国小麦重大病害联合监测与防控区域协作观摩考察活动在金坛区举行。

15日　华胜社区被评为全国创建无邪教示范社区。

17日　金坛区政府与中北大学签订全面战略合作协议。

22日　2018全国重点媒体江苏

大型采风活动启动，首站到金坛。

29日　中共南通市委副书记张兆江率党政代表团到金坛考察现代农业发展情况。

6月

4日　机械工业部原副部长沈烈初到金坛调研先进制造业发展情况。

12日　辽宁省人大常委会副主任康捷到金坛区考察旅游业发展情况。

19日　江苏省政协副主席周继业到金坛区调研建昌圩文化，了解乡风民俗传承发展情况。

21日　常州市“村书记‘5A’晋档升级管理”座谈会在金坛召开。

22日　上海市农民培育考察团一行41人考察金坛区新型职业农民培育工作和实训基地。

26日　原苏州市人大常委会副主任、张家港市委原书记秦振华到金坛参观考察工业经济发展情况。

27日　全区纪念建党97周年暨表彰大会召开。

7月

1日　2018“激情之夏”常州旅游节暨金坛研学旅游季启幕仪式在茅山宝盛园举行。

11日　全国政协副主席、民盟中央常务副主席陈晓光到金坛区考察旅游业发展。

11—12日　金坛区工会第十三次代表大会召开。

16—17日　江苏省与德国巴登符腾堡州经济合作混合工作委员会第二十四次会议在金坛区召开，德国工业4.0（金坛）制造基地揭牌。

20日　新组建的国家税务总局常州市金坛区税务局挂牌成立，原常州市金坛区国家税务局、常州市金坛区地方税务局正式合并。

29日　中共金坛区委十三届五次全会召开，区委书记狄志强代表区委常委会作《解放思想再出发，追赶超越勇向前，奋力推动金坛高质量发展和高速度增长》的报告。

是月　总投资7亿元的区长荡湖水厂正式供水。

8月

1日　常州市创新网格化社会治理机制观摩会在金坛召开。

8日　胜伟策电子（江苏）有限公司在金科园奠基。德国独资嵌入式封装电路板项目，总投资2.7亿美元。

27日　省委督察组到金坛专题督查中央巡视江苏省反馈意见整改落实情况。

28日　在全省科学技术奖励大会上，盛利维尔（中国）新材料技术股份有限公司申报的“超高强度钢丝制备技术研究及产业化”项目获省科学技术奖一等奖，亿晶光电科技股份有限公司获评省百强创新型企业。

29日　江苏金昇实业股份有限公司入选2018中国民营企业500强，位居第392位。

是月　首批50个国家森林小镇建设试点名单公布，位于金坛茅东林场的半边山下森林特色小镇入选。

9月

15日　金坛区妇女第十四次代表大会召开。

17日　鹏辉锂离子动力电池及系统项目在金科园开工。

18日　全国工商联副主席黄立到金坛区调研工商联工作。

20日　中共常州市委书记汪泉到金坛走访调研。

是月　薛埠镇入选2018全国农业产业强镇示范建设名单。

10月

8日　加快推进江苏高铁建设暨江苏南沿江城际铁路开工动员会在薛埠镇举行。中共江苏省委书记、省人大常委会主任娄勤俭出席动员会并宣布江苏南沿江城际铁路开工。

13日　仙姑村美丽乡村示范项目揭牌仪式举行，常州市市长丁纯为仙姑村美丽乡村示范项目揭牌。

17日　中共江苏省委常委、统战部部长杨岳到金坛调研统战工作。11月28日再次到金坛，调研宗教工作。

31日　全国首个城市燃气企业地下盐穴储气项目——港华金坛储气库举行投产仪式。

是日　中共江苏省委常委、组织部部长郭文奇到金坛调研党建工作。

是月　金坛区创成2016—2017年度全省法治建设示范区。

是月　金坛区通过省级粮食生产全程机械化示范县创建考核，并在首批省级示范县中名列第一。

11月

13日　钱资湖大桥开工建设。

15日　第三届中国河蟹产业发展高峰论坛暨2018“长荡湖杯”海峡两岸河蟹大赛在金坛区举行。

是日　江苏省副省长马秋林到金坛，就企业科技创新等进行调研。

21日　常州市儿童艺术剧院在区华罗庚艺术团挂牌成立。

12月

10日　内蒙古自治区乌兰察布市副市长于海宇率队到金坛考察新能源产业。

12日　仙姑村获评全国十大美丽乡村。

25日　全国首个盐穴压缩空气储能国家示范项目奠基仪式在薛埠镇举行。

27日　“潮涌金坛谱新篇”庆祝改革开放40周年摄影精品展开幕。

是日　“德韵流芳·福孝金坛”——江苏省道德模范与身边好人现场交流活动在金坛举行，省委宣传部副部长葛莱出席活动。

29日　金坛区获评2018年度江苏省基层卫生十强县（市、区）。

30日　中共金坛区委十三届六次全会召开，区委书记狄志强作题为《突出两个加快，强化创新提升，为在苏南板块快速崛起集聚新动能》的工作报告。

（编辑　盛南萍）

金坛概貌

地情概述

【地理位置】 常州市金坛区地处江苏省南部，位于北纬31°33′42″～31°53′22″，东经119°17′45″～119°44′59″，为宁（南京）、沪（上海）、杭（杭州）三角地带之中枢。东与常州市武进区相连，西与句容市接壤，南与溧阳市、宜兴市依水相望，北与丹阳市、镇江市丹徒区毗邻。（刘士科）

【行政区划】 2018年年末，金坛区行政区域面积975.7平方千米，辖6个镇、3个街道，下设93个村委会、32个社区居委会。

2018年金坛区行政区划统计表

表1

街道办事处/乡镇	村（居）民委员会（个）	
东城街道	5	村：柘荡、河头、中塘、五联、明星
	12	居：华苑、峨嵋、东方、华胜、华兴、华城、电胜、金河、南苑、新城、汇贤、聚贤
西城街道	6	村：城南、涑渎、方边、小圩、黄庄、岸头
	16	居：西门、文化、小南门、春风、丹阳门、花街、河滨、北园、东园、北门、虹桥、翠园、愚池、西城、朱庄、南洲
尧塘街道	11	村：西华、谢桥、尧塘、汤庄、红旗、水东、迎春、万新、下庄、水北、林丰
金城镇	11	村：元巷、冯庄、后阳、南瑶、白塔、庄城、长竹埂、沈渎、培丰、前庄、联丰
薛埠镇	21	村：上阮、花山、致和、仙姑、西旸、东进、上阳、薛埠、连山、方麓、山蓬、罗村、长山、茅庵、东窑、泉江、下杖、神亭、石马、茅东、倪巷
直溪镇	12	村：汀湘、王甲、建昌、新河、吕圩、坞家、西溪、巨村、溪滨、天湖、井庄、迪庄
	3	居：溪城、直溪、直里
朱林镇	9	村：朱林、龙溪、长兴、西岗、三星、唐王、红旗圩、沙湖、黄金
指前镇	12	村：社头、解放、建春、芦溪、清水渎、庄阳、指前、东浦、丰产、王母观、新河、岳阳
儒林镇	6	村：南社、儒林、后庄、五叶、柚山、湖头
	1	居：河下

（陈　千）

【人口】 2018年年末，全区户籍人口54.87万人。其中男性27.09万人，女性27.78万人，男女性别比为97.5∶100。年末全区常住人口56.2万人，其中城镇人口35.13万人，城镇化率62.5%，比上年末提高0.5个百分点。户籍人口出生率7.4‰，人口死亡率5.94‰，人口自然增长率为1.48‰。

【物产资源】 金坛有丰富的土地资源和水资源，山丘、水域、平原齐全，条件优越，为农、林、牧、副、渔和工业、交通、旅游等的全面发展提供有利条件。全区耕地面积3.39万公顷，水域面积1.94万公顷。生物资源丰富，植物有茶、林、果、竹，是江苏省茶叶主要产区；还有药用植物782种，其中茅山苍术为当地特产；珍贵动物有金丝雀、银鱼、穿山甲、刺猬、野山羊等。

矿产资源主要有岩盐、石灰岩、油页岩、玄武岩、黏土、煤、泥炭、矿泉水、建筑石料等10余种，部分已开采利用。被誉为"苏南第一矿"的金坛岩盐矿位于境内西北部直溪、薛埠2个镇范围内的丘陵地区，盐矿总面积60.5平方千米，矿储量163亿吨，矿体品位高，平均氯化钠含量85%，埋藏深度在808.6～1236.64米之间，比较适中，盐层累计厚度为143.66～237.32米，最大单层厚度为52.91米。

（刘士科）

【气候】 2018年，金坛区总的气候特点是气温偏高，降水正常，日照时数正常。年平均气温17.3℃，比常年平均气温偏高1.3℃。各月平均气温和常年值比较：3、4、8、9月异常偏高，最大偏高值为2.9℃（3月），5月显著偏高，6、7、11月偏高，其他月份正常；年极端最高气温为37.9℃（7月28日），年极端最低气温为－6.6℃（1月30日），全年日最高气温≥35℃的高温日数计16天；年总降水量1135.7毫米，较常年偏多27.3毫米。月降水量和常年值比较：6、10月显著偏少，4、7、9月偏少，3、5月正常，2月偏多，11月显著偏多，1、8、12月异常偏多，其中12月雨量比常年同期偏多2.7倍；金坛区于6月22日入梅，7月9日出梅，梅期17天，总梅雨量170.0毫米，比常年偏少3成。为入梅正常偏晚，出梅正常偏早，梅雨期偏短年份。年总日照时数为1840.3小时，比常年偏少65.0小时，属正常年份。

是年1月出现3次暴雪天气过程，最大积雪深度22厘米（28日）。其中上旬暴雪导致全区畜禽养殖与设施农业损失超5000万元，下旬暴雪导致220人受灾，其中紧急转移人口22人，受伤4人，房屋倒塌12间，损坏35间，造成农业损失5953.1万元，工业损失266万元。初春寒潮天气少，丘陵地区茶叶开采早。3月22日出现晚霜冻，对茶叶幼叶萌发有不利影响，小麦、油菜等越冬作物春发正常；4—5月气温偏高，降水光照适宜，有利于夏熟作物的中后期生长和夏收夏种；6月上半月多晴好天气，梅雨期内出现一次强降水过程，有效补充山区水库蓄水量；出梅后出现持续时间长达一个月的晴热高温天气，给全区农业生产、供电供水带来一定影响；夏季至初秋共受8个台风影响（含外围影响），较往年异常偏多，其中7月22日至8月19日内连续遭受4个登陆台风的影响，在历史记录中尚属首次，影响最大的为台风"温比亚"，期间全区出现暴雨到大暴雨，并伴有8—9级大风，水利、园林、交通等不同程度受到影响；秋冬季受静稳天气影响，持续出现严重雾霾天气，其中11月25—30日全区空气质量等级为中度污染以上级别，雾霾共存，对交通影响较大。12月降水频发，月雨雪日达20天，造成日照时数偏少，给越冬作物生长带来一定影响。

2017年度终雪日为1月28日，结冰终日为2月23日，终霜出现在3月22日；2018年度初霜日为12月13日，结冰初日为12月13日，无霜期265天。

2018年灾害性天气主要有暴雪、台风、高温、暴雨、雾霾、连阴雨、道路结冰等，发生频次较2017年明显增加。

（黄玲玲）

2018年金坛区气象资料一览表（一）

表2

项目	1月	2月	3月	4月	5月	6月	7月	8月	9月	10月	11月	12月	全年
平均气温（℃）	2.6	4.9	12.1	18.0	22.6	25.9	29.6	29.5	25.4	18.1	12.8	6.3	17.3
极端最高气温（℃）	15.0	18.0	26.7	29.8	36.4	36.1	37.9	36.0	33.2	26.3	22.1	16.6	37.9
出现日期	15	27	28	10	16	26	28	10	2	3	4	18	7月28日
极端最低气温（℃）	-6.6	-5.5	0.2	5.5	13.2	18.1	24.6	22.8	17.8	9.5	6.3	-4.8	-6.6
出现日期	30	1	9	8	9	23	8	24	27	27	29	29	1月30日
降水量（毫米）	101.0	72.1	82.3	66.4	91.4	50.8	149.8	234.6	51.8	17.7	94.5	123.3	1135.7
一日最大降水量（毫米）	28.4	38.3	20.8	23.2	25.1	19.6	85.2	116.1	20.9	6.4	28.0	31.6	116.1
出现日期	4	28	16	5	1	22	5	17	1	22	21	6	8月17日
降水日数（≥0.1毫米）	15	7	13	8	14	9	9	12	5	7	10	20	129
最长连续降水日数及降水量	5	4	4	3	4	2	3	5	2	2	4	6	6
	57.5	30.4	31.1	27.8	5.0	20.0	140.5	189.2	24.0	8.9	43.8	60.5	60.5

续表2

项目	1月	2月	3月	4月	5月	6月	7月	8月	9月	10月	11月	12月	全年平均
起止日期	3—7	18—21	2—5	21—23	17—20	22—23	4—6	16—20	31/8—1	15—16	5—8	2—7	2—7/12
最长连续无降水日数	8	18	10	11	5	8	12	9	13	17	9	4	18
起止日期	8月15日	1月29日至2月15日	22日至31日	3月22日至4月1日	7月11日	1月8日	10月21日	7月25日至8月2日	4月16日	9月22日至10月8日	2次	11月28日至12月1日	1月29日至2月15日
日照时数(小时)	81.6	135.6	150.8	187.7	130.4	186.4	236.6	219.4	145.7	196.6	95.0	74.5	1840.3
日照百分率(%)	26	44	41	49	31	44	55	53	39	56	30	24	42
相对湿度(%)	80	73	79	71	79	76	80	82	78	69	85	82	78
最小相对湿度(%)	27	21	25	23	24	31	42	39	31	20	36	28	20
最小相对温度出现日期	10	2天	27	2天	4	2天	20	11	30	27	9	28	27/10
最多风向(十六方位)	NE	ESE	ESE	ESE	ESE	ESE	ESE	ESE	NE	E	E	N	ESE
及其频率(%)	21	16	30	20	14	29	31	21	15	15	19	17	16
平均风速(米/秒)	2.8	2.5	3.1	2.7	2.5	2.5	3.2	3.2	2.2	2.3	2.2	2.5	2.6
大风日数(≥17.0米/秒)	—	—	—	—	—	—	—	1	—	—	—	—	1

2018年金坛区气象资料一览表(二)

表3

时间		霜	雪	积雪	结冰	最低气温≤0℃	地面最低温度≤0℃	草面最低温度≤0℃	当年无霜期
2017年度	初日	11月24日	1月4日	1月4日	12月11日	12月9日	11月19日	11月19日	265
	终日	3月22日	1月28日	2月4日	2月23日	2月13日	3月10日	3月22日	
	初终间日数	119	25	32	75	67	112	124	
当年度	初日	12月23日	12月7日	12月30日	12月13日	12月8日	12月8日	12月8日	

(黄玲玲)

【水文】 2018年,金坛区降雨量比常年偏少,降水时空分布极为不均。全年未发生较大险情,总体平稳。全区自6月22日入梅至7月9日出梅,梅雨期17天。全区梅雨期间面平均雨量192.3毫米,是往年同期的0.67倍。

2018年,金坛区5—9月汛期总降雨量610.5毫米,比历年同期少20%,汛期共发生3次强降雨过程。

7月2日18—22时,金坛区儒林镇遭遇短时强降雨,最大降雨量160.1毫米。由于工业园区设计排水口管径小、标准低,暴雨期间,造成工业园区有短时间内涝。

7月5日8时至6日8时,金坛地区迎来强降雨。降雨分布不均,全区面平均降雨量94.9毫米。最大雨量在指前镇,降雨量133.3毫米。

8月16日8时至18日8时,受第18号台风"温比亚"影响,全区普降大到暴雨,局部大暴雨,全区面平均降雨量174.4毫米,最大雨量为儒林镇180.3毫米。8月17日18时,短时强降雨使华阳路、下圻路公园东侧、市场路和北环西路(交警大队)、丹荆路(美地蓝庭)、金坛大道(万士新村)等地段受淹;钱家路、红山路、西城路和金三角地段积水严重。排水防汛应急力量第一时间集结到位,加强城区干道和重点防汛部位巡查检查,2座雨水泵站、20余座排涝闸门全部开启,全速运转,确保排水管线畅通,防止发生内涝灾害。受强降雨影响,丹金溧漕河金坛站最高水位5.18米,王母观站最高水位4.86米。全区在册25座中小型水库,14座水库溢洪,11座重点塘坝有7座溢洪。（吴 洁）

历史文化

【建置沿革】 金坛历史悠久,早在石器时代即有先民栖息、生存。春秋时期,金坛属吴地,战国时期为越、楚所割,秦汉时期归曲阿县,晋时系延陵县金山乡,隋末农民起义中乡人自立金山县,唐武周垂拱四年(688年)改为金坛县。从此县名一直未变但境域和隶属关系多有变动。

1949年4月24日,金坛解放,属苏南行政区武进行政分区,11月改属常州专区。1953年1月,撤常州专区,属镇江专区。1958年7月,撤镇江专区,属常州专区。1959年8月,撤常州专区,属镇江专区。1983年1月,江苏省实行市管县体制,金坛县属常州市。1993年11月10日,经国务院批准,撤销金坛县,设立金坛市(县级),以原县行政区域为市行政区域。2015年4月,经国务院批准,撤销县级金坛市,设立常州市金坛区。

【风景名胜】 金坛,处江南丘陵地带,独特的山水资源造就了独特的地域景观。古时,曾有文人将金坛的景观归纳为“金沙八景”,即乌龙叠翠、南洲渔笛、白龙澄碧、漫塘春水、北渚莲舟、洮湖夜月、四平夕照、三峰晓云。“金沙八景”适应时代和社会的变化,以山边、水边、城边为轴线,以道教养生文化、山水农耕文化和城市名人文化为底蕴,勾勒出一幅新的金坛风光画卷,焕发出新的生命力。

茅山——中国道教圣地,林荫覆盖,云蒸霞蔚,道家的三宫五院和洞、泉、池等自然景观,令人顿生“花飞佛地三千里,人在瑶峰十二层”之感。“凉月如钩挂水湾,江南风物镜中看”的洮湖以及众多河流、芦荡组成的密集水网,使人领略“鱼米之乡”的无穷韵味和意境。戴王府、段玉裁纪念馆、华罗庚公园、龙山禅寺等名胜古迹层楼叠阁、鳞次栉比。城南风景区、长荡湖、钱资湖、滨湖新城相继开发建设,拉开了一个具有现代城市功能、江南水乡特色、园林生态环境的湖滨城市的框架。

【人文荟萃】 金坛人杰地灵,人才辈出。自三国至清中期,金坛有影响力的诗人、学者、著述家、政治家有百人以上,其中佼佼者有唐代诗人储光羲、戴叔伦,明代医学家王肯堂,清代训诂学家、经学家段玉裁等;近现代有《神曲》译者王维克、《民立报》主编徐血儿,数学家华罗庚、物理学家汤定元、地质学家孙枢、自动控制学家冯纯伯、生物学家王志新、物理学家周远等先后为中国科学院院士(学部委员),还有人造地球卫星功臣钱骥、法学家杨兆龙、教育家段力佩等。

（刘士科）

土特产

【茶叶】 主产区:薛埠镇。金坛茶树分布于西部丘陵山区,茅山东麓低山丘陵缓坡地带,2018年有茶园面积2733公顷,年产干茶750余吨。金坛雀舌茶以其形如雀舌的精巧造型、翠绿的色泽和鲜爽的嫩香屡获好评。金坛雀舌干茶色泽绿润,扁平挺直;冲泡后香气清高,色泽绿润,滋味鲜爽,汤色明亮,叶底嫩匀,成朵明亮。水浸出物、茶多酚、氨基酸、咖啡碱含量较高。茅山青锋茶叶外形扁平,挺直如剑,色泽绿润,平整光滑,内质香气高爽,鲜嫩高长,汤色绿明,滋味鲜醇,叶底嫩绿明亮完整。2018年度,金坛雀舌成为全国首批通过森林认证茗茶品牌,成功入选“常州市十大农产品知名品牌”。金坛区获评“2018全国茶叶百强县”称号。在第二届中国国际茶叶博览会上,金坛区江苏鑫品茶业有限公司的“鑫品”牌金坛雀舌茶获金奖。在第二届中国国际茶叶博览会江苏名特茶遴选中,江苏鑫品茶业有限公司的“鑫品”牌金坛雀舌茶、常州市金坛桐春源茶业有限公司的“桐春源”牌金坛红茶获特等奖。常州市御庭春茶业有限公司的“秦汉相府”牌相府白茶、江苏茅山青锋茶叶有限公司的“金鹿”牌茅山青锋茶、常州市金坛区福地春茶叶有限公司的“印象乾元”牌金坛雀舌获一等奖。

【长荡湖大闸蟹】 主产区:长荡湖。长荡湖水质呈弱碱性,是太湖流域典型的浅水型、草型湖泊。湖内水草繁茂,螺蚬众多,适宜大闸蟹的生长发育,是长江中下游河蟹优势出口产区、国家级中华绒螯蟹养殖标准化示范区、江苏省出入境检验检疫局注册的出口河蟹生产基地。大闸蟹产业是金坛农业的主导产业,是金坛农业中第一个产值突破10亿元的单品种产业,占全区渔业总产值的70%,占全区大农业总产值的25%。以长荡湖周边水系池塘养殖为主的养殖面积共8300公顷,常年产量1.5万吨,产值15亿元左右;亩均产值超过1.2万元,亩均效益5000元左右。长荡湖大闸蟹,又名玉爪蟹,采用生态养殖模式,以螺蛳、野杂鱼、水草、玉米、小麦为饵料,体型健壮硕大,青背、白肚、黄毛、金钩;色泽鲜亮,蟹体肥满,蟹黄厚实,蟹膏肥糯,白似玉而黄似金,色、香、味三者兼具。先后被评为“中国十大名蟹”“江苏省名优农产品”“江苏省优质大闸蟹香港推介会金奖”“钓鱼台国宾馆特供农产品”,连续多年获“王宝和杯”全国河蟹大赛金蟹奖、最佳口感奖和最佳种质奖等称号,出口韩国、中国香港等国家和地区,央视等各类媒体多次采访报道长荡湖大闸蟹。2018年度“长荡湖大闸蟹”入选“常州市十大农产品知名品牌”。

【无节水芹】 主产地:朱林镇。水芹种植在金坛已有800多年历史,尤以朱林无节水芹有名。朱林镇建立了70公顷国家级无节水芹示范种植区,亩效益2万元左右。2013年,被国家工商总局认定为国家地理标志证明商标。每100克无节水芹含蛋白质21克、脂肪0.3克、钙154毫克、磷9.8毫克、铁23.3毫克、维生素C47毫克、胡萝卜素4.5毫克。

【建昌红香芋】 主产地:直溪镇建昌村。建昌红香芋产于金坛境内第一大圩——建昌圩,圩区内水质清澈、气候温湿、土壤肥沃,土壤质地为乌散土,pH值7.0,适于红香芋生长。红香芋皮红、透白,性糯、味香。经江苏省农科院化验分析,红香芋富含粗蛋白、淀粉、聚糖(黏液质)、粗纤维以及钙、磷、铁、钾、镁、钠、胡萝卜素、烟酸、维生素B1和B2等元素,营养丰富,对预防高血压、高血脂有独特疗效,是典型的低脂、高蛋白滋补品。2018年,建昌红香芋被评为“常州市农产品特色品牌”,“金坛红香芋”成功申报国家地理标志证明商标。建昌红香芋辐射种植面积约240公顷,种植区域为直溪镇蔡甲村、吕垳村、迪庄村、下蔡村、养殖场、建昌村、天湖村、井庄村、杨家舍村、新河村。

【建昌白蒜】 主产地:直溪镇。建昌圩有着栽培大蒜的悠久历史,蒜农经长期以来的生产实践,筛选出具有独特风味的大蒜地方品种,形成一套大蒜优质高产栽培技术。建昌白蒜,其蒜苔色泽暗绿发亮,粗长嫩脆,含水分较多;蒜头皮色为白皮,略呈球形,辛辣带甜味。主要种植区域为直溪镇蔡甲村、迪庄村。

【管庄小香葱】 主产地:金城镇。香葱是金城镇的特色产业,香葱种植主要分布在管庄、元巷、前庄、白塔等村,是该镇高效农业的典型。

【金坛大米】 主产地:指前镇、金城镇。金坛指前标糯米曾获巴拿马国际博览会金质奖,在1958年斯里兰卡科伦坡国际稻谷展览会再次名列诸米之首。米色晶莹剔透、柔软丰腴、清香四溢、颗粒饱满,已形成无公害大米、绿色大米、有机大米的金字塔式的梯度结构。“苏”牌大米、“黄金村”牌有机软米系列产品等农产品畅销省内外。2018年,常州市金坛江南春米业有限公司的“蘇”牌大米入选“常州市十大农产品知名品牌”。

【封缸酒】 金坛“丰登”牌封缸酒是江南地区的传统名酒,产品选用金坛标糯米为原料,引用钱资湖天然水源。好米配好水,再加上传统秘方精心酿制窖藏,陈酿而成。酒清澈爽洌,浓郁香醇,鲜甜可口,富含人体所必需的18种氨基酸、维生素、矿物质,营养丰富。产品获江苏省著名商标、江苏省名牌产品、中国绿色食品、常州市老字号等各类称号。

【金坛米猪】 外形上,金坛米猪以额宽嘴尖,短肋方臀而特出,骨骼软弱,龙腰较普遍,四肢多卧系,肚腹显紫红色,耳和尾都稍大,毛较稀软,皮也薄而松驰。该猪整体体型较小且两头尖,形如米粒状而得名“米猪”。米猪生长期长,饲喂以青绿饲料为主,不饲喂任何添加剂,肉质嫩而多汁,不饱和脂肪酸含量较高,对人体有益。

【水磨糯米粉】 水磨糯米粉以粉质细腻、色泽白净、香糯甜软、口感韧滑而著称,其含有丰富的蛋白质、脂肪、糖类、钙、磷、铁、维生素B1、维生素B2、烟酸及淀粉等,为温补强壮食品。水磨糯米粉选用优质糯米为原料,采用国内先进水磨加工技术,确保粉质细腻,保留糯米原香Q弹。水磨糯米粉味甘,性温,入脾、胃、肺经,制作而成的食品,具有补中益气、健脾养胃、止虚汗之功效。 (史黎明)

国民经济和社会发展

【概况】 2018年,全区上下深入开展“两个加快攻坚突破年”活动,坚持加快发展不动摇,坚持苦干实干不松劲,坚持快速崛起不停步,统筹做好稳增长、促改革、调结构、惠民生、防风险各项工作。全区经济社会发展水平实现有质量的快速提升,为实现“十三五”目标奠定良好基础。全年完成地区生产总值801.93亿元,可比价增长11.1%;完成一般公共预算收入56.55亿元,比上年增长10.5%,税收占比87.47%。主要经济指标增幅持续位居常州6个辖市区、苏南43个县(市、区)前列。

【工业经济蓬勃发展】 2018年,工业开票销售收入1399.22亿元,同比增长25.7%,继续保持蓬勃发展的积极态势。重点企业支撑有力。462家规上企业工业开票销售收入突破1000亿元,其中超10亿元企业27家。大乘汽车连续3年超100亿元,晨风集团、卓郎纺机、东方日升等10家企业超20亿元。全年入库税收超1000万元工业企业59家。江苏金昇控股有限公司、奥托立夫(江苏)汽车安全零部件有限公司、晨风(江苏)服装有限公司、大乘汽车有限公司、盘固水泥集团有限公司、常州亿晶光电科技有限公司6家企业获常州市“工业五星企业”称号。金昇实业连续4年入选中国民营企业500强;亿晶光电被评为江苏省“百强创新型企业”;中盐金坛获中国专利优秀奖;正信光电获评国家级绿色工厂;“ZNSHINE”商标被认定为中国驰名商标。全年新增高新技术企业38家,全区累计124家,省级“三站三中心”累计95家。16家企业完成股改,新蓝智能在“新三板”挂牌。

【现代特色农业】 2018年,农业现代化水平继续稳居全省第一方阵。优质水稻栽培面积占比70%,创成省级“粮食生产全程机械化示范区”。农产品品牌建设成果丰硕,“金坛雀舌”成为全国首批通过森林认证茗茶品牌,“金坛红香芋”注册为国家地理标志商标。高标准推进省级现代农业产业示范园建设。薛埠镇入选农业产业强镇示范建设名单。新增省级龙头企业2家、省级园艺标准园1个。积极做好非洲猪瘟防控工作,健全放心粮油供应网络，助力常州创成国家农产品质量安全市。

【现代服务业亮点纷呈】 2018年，旅游发展高起点完成金坛全域旅游规划。茅山旅游的品质和效益快速提升。花谷奇缘创成国家AAAA级旅游景区；一号农场被评为省五星级乡村旅游区；半边山下、长山行舍等一批精品民宿逐渐兴起。茅山旅游度假区综合考评位列全省第3。长荡湖旅游度假区基础设施建设扎实推进。长荡湖旅游大道、长荡湖西路建成通车，水街提升改造全面完成，退圩还湖工程进度过半，沿湖慢行系统及景观工程开工建设，长荡湖的靓丽容颜全面呈现。成功举办民俗文化旅游节、长荡湖籽虾节、茅山半程马拉松等活动，金坛旅游的品牌影响力进一步提升。全年旅游接待总人数突破1000万人次，总收入120亿元。商业活力迸发，全年社会消费品零售总额实现305.7亿元，同比增长9.7%。吾悦广场、红星美凯龙等综合体运营良好。生产性服务业逐步发展，中航锂电技术研究院、同济新农科技研究院暨茅山植物园等项目有序实施。

【两个“加快”攻坚突破】 全年共签约引进项目150个，协议总投资622亿元，“三新一特”产业占比60%。其中，协议总投资超10亿元或1亿美元项目21个，超30亿元或3亿美元重大项目5个。蜂巢新能源、中晟精密项目均超50亿元。外资项目引进取得重大突破，全年签约引进外资项目16个，其中协议投资超3000万美元项目7个。韩国SK隔膜、加拿大木桥等4个项目投资超1亿美元。德国工业4.0(金坛)制造基地挂牌成立。新光凯乐、埃斯杰贝等4个德国行业隐形冠军项目签约落户，协议总投资4493万欧元。项目推进成绩斐然，盐穴空气储能国家示范项目正式开工。北电爱思特、蜂巢新能源、信维通信、飞荣达、海目星、鹏辉锂电、胜伟策等重点项目加速推进。东方日升、大唐热电联产、贝特瑞、港华储气库等项目竣工投产。科学排定、有序实施政府性投资项目。区第一人民医院、华罗庚中学滨湖校区等项目加快推进，人力资源市场和培训中心、殡仪馆移址新建、常州市动物卫生处理中心等项目竣工。

【城乡品质不断提升】 2018年，南沿江城际铁路金坛先导段开工建设，茅山旅游大道、240省道改造提升工程加快推进，233国道和265省道金坛段工程全线完工，金茅公路、环钱资湖道路和沈渎大桥建成通车。着力补齐城市防洪短板，滨湖新城防洪除涝节点工程加快推进，钱资湖水利枢纽及圩区防洪除涝体系基本建成。城镇雨污分流管网建设大力推进，新建污水管网29千米，完成华城新村、姜家棚等6个老小区及城中村雨污分流改造。农村环境综合整治试点工作通过省级验收，完成82个村污水处理设施建设。功能配套逐步健全。滨湖新城开发建设进一步加快，城市形象馆、民防教育体验馆正式开馆，江南银行、中景商务中心等项目竣工投用，金沙科技金融中心加快建设。金沙老城改造更新稳步推进，下塘河二、三期完成贯通改造，南一环、虹桥路改造基本完工。长荡湖水厂正式运行，每天稳定供水15万吨。历时11年的区域安全供水工程完工，农村和城市用上“同源、同网、同质、同服务”的优质自来水。编制完成交通畅行3年行动计划，新增停车位2000余个。城市管理更趋精细。文明城市创建持续推进，建立季度点评和第三方测评等工作机制，扎实开展“志愿服务日”活动，市容市貌显著改观。强力整治占道经营、户外广告、建筑垃圾运输等短板问题，完成30个老旧小区和30条背街小巷综合治理。打造翠北路、常胜路2条特色街巷和南园二村等4个省级宜居示范居住区。强力推进金城建材市场、东园小区、金彩花园和文化二村等违建片区治理，全年拆违6.7万平方米。生活垃圾治理全面提速，完成67个小区、45个单位、18个行政村垃圾分类设施建设，建成72座建筑垃圾收集房，完成69座“房改亭”(垃圾房改建成垃圾亭)。城市管理体制进一步理顺，管理水平不断提升，首次获常州市城市长效综合管理考核优秀奖。

【生态环境保护扎实推进】 2018年，强化茅山森林资源保护，新增绿化造林面积247公顷。加强大小石包宕口环境整治和扬尘管控，仙姑村作为常州市美丽乡村示范工程正式开园。加强长荡湖水质保护，涑渎饮用水源地建设通过省级验收，完成大浦港、白石港、仁和港和庄阳港4条入湖河道综合整治，全面启动长荡湖第二阶段清淤工程。严格执行封湖禁渔规定，增殖放流多种鱼类，长荡湖逐步由生产型湖泊转变为生

港华金坛储气库竣工投产 (区发改委 供稿)

态型湖泊,种质资源得到有效保护,“科学管湖、品牌兴湖”的整治经验在全省推广,创成长荡湖国家湿地公园。污染防治强力推进。实施大气污染防治攻坚行动,严格落实限停产措施,依法关停“散乱污”(不符合产业政策,不符合布局规划,未办理相关审批手续,不能稳定达标排放)企业252家、非法混凝土搅拌站26家、内河码头23个。大力度推进建设工地扬尘管控、餐饮油烟污染整治。扎实推进VOCs治理,完成印刷、汽修等重点行业的专项治理。全面开展水、土壤、固废污染防治攻坚行动。大力实施电镀、印染行业专项整治,深入推进河(湖)长制,完成电胜河、连心河等63条城乡黑臭水体整治,4个省级考核“水十条”(《水污染防治行动计划》的简称)断面稳定达标,水环境质量逐步提升。完成重点行业企业用地信息采集和风险筛查工作。农业面源污染得到有效控制,整治提升规模化畜禽养殖场373家。环境执法抓铁有痕。全面整改落实中央环保督察“回头看”、省环保督察交办的环保问题,完成全国第二次污染源普查工作。减煤减化工作成效明显,每小时35蒸吨以下燃煤锅炉全部淘汰,培丰化工集中区整体关停,全年共关闭化工企业21家。优化调整金坛盐化工园区产业定位,转型升级为新材料科技产业园。严格依法查处金东工业园非法填埋危废的环境违法行为。加大生态红线区域执法检查,关停红线区内轧石、洗砂、铸造等企业17家。

【民生福祉建设】 2018年,全区就业形势保持稳定,新增就业12600人,再就业3200人。城乡居民收入水平不断提升,城镇和农村居民人均可支配收入分别达50770元、26283元。积极推进“阳光扶贫”,全年共有330户624人实现脱贫。社会保障体系不断完善,企业职工退休金人均每月增资110元;城乡居民基础养老金标准提高至每月220元;被征地农民养老补助金提高至每月580元;城乡居民基本医疗保险财政补助标准提高至每月740元;城乡低保标准提高至每月800元,残疾人两项补贴实现与主城区接轨。保障性安置房建设加快推进,海棠明都一区、水岸风华二期等项目竣工。社会事业均衡发展。教学质量不断提升,高考本一达线率同比提高3个百分点。文化事业繁荣发展,常州市儿童艺术剧院在华罗庚艺术团挂牌成立,儿童剧《青铜葵花》获省紫金文化艺术节创新剧目“特别奖”,音乐作品《纸花谣》获省五星工程奖。成功承办省第三届道教文化艺术节。卫生健康水平进一步提高,茅麓卫生院、朱林卫生院西岗分院建成投用,金坛区首次跻身全省基层卫生十强县(市、区),区第一人民医院晋升为三级综合医院。养老服务不断完善,区社会福利院开展“公建民营”试点,高标准建成20个“夕阳红社区服务中心”。

(何　彬)

人民生活

【城镇居民生活】 据城乡一体化住户抽样调查资料显示,2018年金坛区城镇居民人均可支配收入50769.6元,同比增长8.3%;城镇居民人均生活消费支出25224.9元,同比增长6.5%。

从收入结构看,2018年,金坛区城镇居民人均工资性收入31578.6元,同比增长7.9%,占人均可支配收入的62.2%;人均经营净收入7155元,同比增长8.5%;人均财产净收入5286元,同比增长9.6%;人均转移净收入6750元,同比增长9%。

城镇居民人均居住建筑面积46平方米。

2017—2018年金坛区每百户城镇居民耐用品一览表

表4

项目	单位	2017年	2018年	项目	单位	2017年	2018年
1.摩托车	辆	35	6	10.摄像机	架	0	0
2.助力车	辆	129	129	11.照相机	架	40	15
3.家用汽车	辆	46	52	12.微波炉	台	95	85
4.洗衣机	台	103	94	13.空调	台	197	209
5.电冰箱	台	106	103	14.热水器	台	111	106
6.彩色电视机	台	184	178	15.健身器材	套	7	7
7.中高档乐器	件	10	4	16.固定电话	部	93	32
8.计算机	台	103	68	17.移动电话	部	237	235
9.组合音响	套	0	0				

说明:2018年启用新一轮住户样本开展调查

(姚　莉)

【农村居民生活】 2018年,金坛区农村居民人均可支配收入26283.3元,同比增长8.6%。其中人均工资性收入

16825.3元,同比增长8%;人均经营净收入6036元,同比增长9.2%;人均财产净收入790元,同比增长12.1%;人均转移净收入2632元,同比增长10.4%。全区农村居民人均生活消费支出16269.9元,同比增长7%。

农村居民人均居住建筑面积60平方米。

2017—2018年金坛区每百户农村居民耐用品一览表

表5

项目	单位	2017年	2018年	项目	单位	2017年	2018年
1. 洗衣机	台	100	94	8. 固电话	部	90	60
2. 电冰箱	台	108	108	9. 移动电话	部	214	196
3. 空调	台	139	163	10. 彩色电视机	台	166	147
4. 抽油烟机	台	61	57	11. 摄像机	台	0	0
5. 微波炉	台	85	80	12. 照相机	架	8	2
6. 热水器	台	105	99	13. 计算机	台	37	32
7. 家用汽车	辆	20	21				

说明:2018年启用新一轮住户样本开展调查

(姚　莉)

精神文明建设

【概况】 2018年,金坛区精神文明建设工作以培育和践行社会主义核心价值观为主线,以文明城市建设为抓手,深入开展群众性精神文明创建活动,不断提升市民文明素质和社会文明程度。

【思想道德建设】 2018年,大力推进社会主义核心价值观教育实践。在城区近千处点位长期固定发布公益广告,涵盖高速公路沿线高炮、横跨公路桥梁、城市出入口大型广告牌、楼宇广告、城区50%以上的路名牌、公交站台、公共自行车站点。举办以"邻帮邻,共建幸福大家庭"为主题的第十二届社区邻里节、以"我文明、我传递、我幸福"为主题的"向文明出发"大型公益行动。"微文明·新金坛"公益微视频创作大赛和"我为文明金坛代言"等主题活动精彩纷呈。推选出文明社区、文明村镇等15名文明代言人,评选出9部优秀"文明金坛"微视频,15支文明代表队参与益行,线上线下同步,8万多人关注金坛网直播。

【先进典型选树及宣传】 2018年,持续推选身边好人、道德模范。2人入选中国好人榜。8人入选江苏好人榜,8人入选常州好人榜,周网瑶入选"新时代江苏好少年",潘荣粉获江苏省"最美诚信之星"、江苏省十大诚信标兵称号,孙洪留获江苏省诚信之星。在社区和村镇广泛设立善行义举榜,扩大模范好人宣传范围,将周英仙事迹改编成情景剧进社区巡演。举办以"德韵流芳、福孝金坛"为主题的全省道德模范与身边好人现场交流活动,16万多人关注常州直播,出台《金坛区关爱礼遇道德典型实施办法》,营造崇德向善、见贤思齐的浓厚氛围。区社会主义核心价值观主题公园开园,央视一套《晚间新闻》专题报道。出台《关于推进道德讲堂高质量建设的实施意见》,开展道德讲堂主播课堂进校园活动,组织精品课程进常州市总堂4场,开展创新形式道德讲堂32场,有效发挥道德讲堂弘扬社会正能量重要作用。以"注重家庭、注重家教、注重家风"为着力点,组织开展"我家这40年"家庭故事征集活动,开展"我家这40年"专题道德讲堂和"聊一聊我家这40年"家庭故事展示活动,史月香获省三等奖。

【文明城市创建】 2018年,全面落实《关于开展"文明城市建设提升年"活动的实施意见》《关于深化文明城市建设街(巷)长制和社区网格化管理的通知》等文件,重点实施九大达标提升行动和10个专项整治行动,建立季度点评、创建例会、志愿巡查、市民巡访、领导督查及第三方测评六项长效工作机制,形成文明创建属地管理、部门联动、全民参与的工作格局。街巷长制网格化推进,机关部门与街道社区结对同创,主次干道分片包干到人,每月集中开展"文明城市建设志愿服务日"活动,积极发现问题,及时解决问题,全区66家部门单位参与,测评结果排名通报,表彰2018年度街巷长制工作先进集体10个,"文明城市建设志愿服务日"活动先进个人30人。

【群众性精神文明创建】 2018年,组织开展农村精神文明建设示范点评选,建成儒林镇、谢桥村等区级农村精神文明建设示范点12个,重点推进谢桥村、仙姑村文明乡风提升工程,促进农村物质文明与精神文明协调发展。加强文明单位创建工作指导,对各级文明单位适时进行抽查复查工作,加强动态管理,引导各级文明单位把功夫下到日常创建上,推动文明单位创建活动常态化。截至年底,全区共建成全国文明村3个、省文明镇5个、省文明村11个、省文明单位21个、省文明社区2个、省文明校园3个。

【文明关爱工程】 2018年,不断完善志愿服务网络建设,全区6镇3街道均已设立志愿服务指导协调中心,社区和村均建立学雷锋志愿服务站,并申报获得志愿常州注册管理系统管理账号,定期发布活动。积极参与第三届江苏省志愿服务交流会,围绕"福地金坛·益山益水"主题,打造一区一品展区,精心布置"绿色兑换""小红妈爱心社"2个公益集市,受到省市广泛好评。"税妈妈关爱"项目入选全国"四个100先进典型"(100名最美志愿者、100个最佳志愿服务组织、100个最佳志愿服务项目、100个最美志愿服务社区),金河社区入选省优秀志愿服务社区,陈月兰、史跃忠获评常州市优秀志愿者,"益初心4·30公益课堂"获评常州市优秀志愿服务项目,常州市金坛区绿色家园志愿者协会获评常州市优秀志愿服务组织,华胜社区获评常州市优秀志愿服务社区。

【未成年人思想道德建设】 2018年,坚持立德树人,以社会主义核心价值观教育为主线,扎实推进未成年人思想道德建设。创新刻纸公益广告,"刻纸+24节气""刻纸+传统佳节"融合设计,"传统文化之二十四节气"公益广告获常州市未成年人思想道德建设公益广告平面类一等奖。创新"非遗"进校园,组织开展"非遗小传承人"主题活动,确定8个"非遗"项目走进学校。实施年度未成年人思想道德建设目标管理项目,确定基本项目26个、重点项目12个、创新项目8个。突出"童字系列"美育活动,参加常州市社会主义核心价值观歌曲大赛并囊括一、二、三等奖。认真开展"我为校园文明代言"、"品位校园·品质教育"文明校园创建校长访谈、"扣好人生第一粒扣子"、"向国旗敬礼,争做新时代升旗手""新时代好少年"等主题活动。配合省文明办开展"厚德·传承——'大师牵小手'名家校园行"活动,省广电台聚焦金坛区百年老校朝阳小学,宣传先进经验做法。重点推进常州未成年人社会实践基地文明礼仪养成馆建设,重点打造全国国防教育示范点,常州市未成年人社会实践基地联盟会议在金坛区召开,并命名茅山茶博园、一号农场等9家社会实践基地。打造文艺精品,大型音乐儿童剧《青铜葵花》获江苏省紫金文化艺术节新创剧目特别奖和第十二届上海优秀儿童剧展演活动特殊贡献奖。区董永故里七夕孝文化艺术节、东方盐湖城"秋夕礼月大典"被评为常州"我们的节日"创新案例。

(吉 瑶)

金坛区组织机构与负责人名单

区领导

中共金坛区委员会

书　　记　狄志强
副 书 记　沈　东
　　　　　刘国新
常　　委　陈锁龙
　　　　　纪海平*
　　　　　陶　伟
　　　　　朱建清
　　　　　董龙庆
　　　　　刘小平
　　　　　孟敖祥
　　　　　周宝恒(至4月)

金坛区人大常委会

党组书记　主任　王跃中
党组副书记　刘东升
　　　　　李留清
副 主 任　刘东升
　　　　　王艳红*
　　　　　王新辉
　　　　　冯锁强

金坛区人民政府

党组书记　区长　沈　东
党组副书记　陶　伟
副 区 长　陶　伟
　　　　　刘明江
　　　　　周新生
　　　　　王晓航
　　　　　周文俊
　　　　　朱　霞*
　　　　　王　斌
　　　　　王延胜(至4月)
　　　　　凤启龙
党组成员　谭　峥(10月任)

政协金坛区委员会

党组书记　陈春洪
主　　席　陈春洪(1月任)
　　　　　刘国新(至1月)
党组副书记　刘国新(至7月)
　　　　　黄克洪
副 主 席　葛惠明
　　　　　吴欲晓
　　　　　朱亚群*
　　　　　卢建新
秘 书 长　施生华

区级机关和区直单位

中共金坛区纪律检查委员会

书　　记　纪海平*(兼)
副 书 记　张小平
　　　　　樊　莹*
常　　委　陆　斌
　　　　　汤国忠
　　　　　于　方
　　　　　冒丽萍*

金坛区监察委员会

主　　任　纪海平*(兼)(1月任)
副 主 任　张小平(1月任)
　　　　　樊　莹*(1月任)
委　　员　陆　斌(1月任)
　　　　　于　方(1月任)

注:2017年12月20日坛办发〔2017〕83号文,成立区监察委员会。

金坛区纪委监委派驻纪检监察机构

第一组组长　林金祥
第二组组长　周　群
第三组组长　蒋学军
第四组组长　张国强(至11月)
第五组组长　汤洪俊
第六组组长　王跃新
第七组组长　吕双贵
第八组组长　陈晓伟*
第九组组长　蒋　涛

第十组组长　黄建平(至8月)
黄祥生(8月任)
区级机关纪工委书记　徐国强

中共金坛区委巡察工作办公室

主　　任　樊　莹*
副 主 任　汤云峰
巡察组组长　刘留生(兼)
陈建平(兼)
陆　斌(兼)
汤国忠(兼)
巡察组副组长　卞盛辉
唐　亮
沈云川
陈　科
蒋志军(兼)
田永灿(兼)
任立新(兼)
陈志亮(兼)

中共金坛区委办公室

主　　任　姜金华
副 主 任　刘留生
许海连
秦文斌

中共金坛区委研究室

主　　任　秦文斌
副 主 任　肖　巍

中共金坛区委保密委员会办公室
(国家保密局)

主　　任　刘留生
副 主 任　陈纪良

中共金坛区委机要局
(国家密码管理局)

局　　长　刘留生
副 局 长　徐　重

中共金坛区委督查室

主　　任　许海连

金坛区信访局

局　　长　朱国杰
副 局 长　谢长春*
高雷斌
信访督查专员　陈　军

中共金坛区委台湾工作办公室
金坛区人民政府台湾事务办公室

主　　任　张志荣

金坛区档案局(馆)

党组书记、局长　许月平
副 局 长　蔡　俊
陈　励*

中共金坛区委组织部

部　　长　刘国新(兼)
副 部 长　周　俊
韦国猛
罗　祎

金坛区综合考核办公室

主　　任　周　俊

中共金坛区委党建工作
领导小组办公室

主　　任　韦国猛

中共金坛区委老干部局
(离退休干部工作委员会)

局　　长　周　俊(3月任)
曹玉芳*(至3月)
工委书记　曹玉芳*(3月任)
副 局 长　曹玉芳*(3月任)
蒋云清

中共金坛区委区级机关工作委员会

书　　记　王洪庆
副 书 记　徐国祥

中共金坛区直属机关委员会

书　　记　王洪庆

中共金坛区委宣传部

部　　长　陈锁龙(兼)
副 部 长　吕洪力
徐忠敏(兼)
匡小红*

金坛区精神文明建设指导
委员会办公室

主　　任　吕洪力
副 主 任　王　彤

中共金坛区委对外宣传办公室
金坛区人民政府新闻办公室

主　　任　吕洪力
副 主 任　陈　新

金坛区广播电视台

党委书记、台长　徐忠敏
副 台 长　钱志坤
许　靖*
孙忠民
薛忠明

纪委书记　林　燊

中共金坛区委统一战线工作部

部　　长　孟敖祥(兼)
副 部 长　柏虎斌
刘　斌

中共金坛区委政法委员会

书　　记　孟敖祥(兼)
副 书 记　王晓航(兼)
樊玉定
何云华

金坛区社会治安综合治理
委员会办公室

主　　任　何云华
副 主 任　王国锋
陈　嵘*

金坛区国家安全领导小组办公室

主　　任　樊玉定

金坛区机构编制委员会办公室

主　　任　周　俊
副 主 任　张伟波

中共金坛区委农村工作办公室

主　　任　史一飞
副 主 任　曹　波
贺建新

中共金坛区委党校
金坛区行政学校

校　　长　凌　涛
副 校 长　周召平
陈　建

中共金坛区委党史工作委员会
金坛区地方志编纂工作办公室

主　　任　祝洪林
副 主 任　盛南萍*
储　劼

金坛区人大常委会办公室

主　　任　韩双庆

金坛区人大常委会研究室

主　　任　杨龙军

金坛区人大常委会法制和
内务司法工作委员会

主　　任　陈建平

金坛区人大常委会民族
宗教侨务工作委员会

主　　任　陈建平

金坛区人大常委会
财政经济工作委员会

主　　任　吴文琴*
副 主 任　王秀生(至4月)

金坛区人大常委会
农业和农村工作委员会

主　　任　李久生

金坛区人大常委会环境资源
城乡建设工作委员会

主　　任　杨金南

金坛区人大常委会
教科文卫工作委员会

主　　任　贺进军

金坛区人大常委会
人事代表工作委员会

主　　任　吕　庆*
副 主 任　曹　霞*

政协金坛区委员会办公室

主　　任　施生华
副 主 任　蒋利军

政协金坛区委员会研究室

主　　任　杨亚明
副 主 任　陈　政

政协金坛区委员会
学习文史委员会

主　　任　钱争艳*

政协金坛区委员会提案委员会

主　　任　杨国平

政协金坛区委员会
经济科技委员会

主　　任　张根水

政协金坛区委员会
社会事业和法制委员会

主　　任　赵利群

政协金坛区委员会
港澳台侨民族宗教委员会

主　　任　唐志明

金坛区人民法院

党组书记、院长　宋文良
党组副书记　庄克平
副 院 长　庄克平
　　　　　庄　严
　　　　　吴卫东
　　　　　胡　哲
审委会专职委员　汤罗兆
　　　　　俞卫忠(至2月)
政治处主任　吴卫东

金坛区人民检察院

党组书记、检察长　王　强
副检察长　沈宏伟
　　　　　蒋志书
检委会专职委员　田　娟*
政治处主任　田　娟*

金坛区人民政府办公室

党组书记、主任　岳惠剑
副 主 任　李佳真*
　　　　　邢卫东
　　　　　陈兴龙
　　　　　夏玉良
　　　　　刘　坚
　　　　　周忱成
　　　　　徐　俊

金坛区人民政府研究室

主　　任　邢卫东

金坛区人民政府外事办公室

副 主 任　石连华

金坛区人民政府侨务办公室

主　　任　李佳真*

金坛区人民政府法制办公室

副 主 任　纪俊明

金坛区应急管理办公室

主　　任　艾兆林(至6月)

金坛区政府金融工作办公室

主　　任　陈兴龙
副 主 任　王俊伟

金坛区发展和改革委员会

党委书记、主任　郭小剑
党委副书记　崔旺洪
副 主 任　刘海明
　　　　　曹志荣
　　　　　孟明刚
　　　　　徐科峰

金坛区物价局

局　　长　郭小剑

金坛区旅游局

局　　长　杨国忠

金坛区粮食局

党委书记、局长　刘海明
副 局 长　徐荣华
　　　　　潘卫民

金坛区经济和信息化局

党委书记、局长　黄建南
党委副书记　徐荣坤(至6月)
副 局 长　游诸林(至5月)
　　　　　许小云*
　　　　　孔德馨(6月任)

金坛区中小企业局

局　　长　黄建南

金坛区科学技术局

党组书记、局长　李晶阳
副 局 长　陈林凤*
　　　　　倪小平
　　　　　许国清
金坛区知识产权局
局　　长　李晶阳

金坛区教育局

党委书记、局长　廖伟文
副 局 长　陈金娣*
　　　　　吴　芳*
　　　　　潘建华

江苏省华罗庚中学

校　　长　谭瑞军
党总支部副书记　林　静*
副 校 长　杨　罡

金坛区第一中学

校　　长　周双平

江苏省金坛中等专业学校

校　　长　卞勇平

常州市公安局金坛分局

党委书记、局长　王晓航(兼)
党委副书记、政委　贺国洪
副 局 长　冯罗金
　　　　　马建春
　　　　　王国元
　　　　　王留林
　　　　　韩云峰(8月任)
　　　　　黄建平(8月任)
副 政 委　韩云峰(至8月)
　　　　　吴文忠(8月任)

金坛区维护稳定工作
领导小组办公室

主　　任　王国元
副 主 任　刘建忠

常州市公安局金坛分局指挥中心

主　　任　马建春

副 主 任　李立忠
徐建平
朱小骏(至8月)
汤惠东

金坛区民政局

党委书记、局长　刘国荣
副 局 长　丁秀良
金朝霞*
赵济红*

金坛区老龄工作委员会办公室

主　　任　刘国荣
副 主 任　唐彤煜

金坛区退役军人事务局

党组书记　刘国荣
副 局 长　张国强(11月任)

注:2018年11月27日坛发〔2018〕46号文,决定组建常州市金坛区退役军人事务局,为区政府工作部门,正科级建制。

金坛区司法局

党组书记、局长　朱珍娣*
副 局 长　马红星
孙　遐*
郭小强

金坛区财政局

党组书记、局长　于忠俊
副 局 长　张永明
总会计师　刘国平

金坛区人力资源和社会保障局

党委书记、局长　王少云
党委副书记　刘建华
副 局 长　王俊平
王志东
王金华
陈国强

常州市国土资源局金坛分局

党委书记、局长　黄克洪(兼)
党委副书记　潘政权
副 局 长　潘洪军
孙云清
高国庆
练晓华
纪委书记　王立兴

金坛区住房和城乡建设委员会

主　　任　周文俊(兼)
党委书记　汤　芳*
党委副书记　尹志文
副 主 任　汤　芳*
庄新民
李洪年
王芝滨
总工程师　李洪年

金坛区地震局

局　　长　王一新

金坛区民防局

党组书记、局长　季明华
副 局 长　柏国平
杨树清

金坛区交通运输局

党委书记、局长　陈忠平
党委副书记　聂卫斌
副 局 长　孙俊华
陈锁连
总工程师　俞云翔

金坛区水利局

局　　长　朱　霞*(兼)
党委书记　陈　俊
党委副书记　朱网富
副 局 长　陈　俊
徐小龙
王卫国
总工程师　张建成

金坛区水务局

局　　长　朱　霞*(兼)

金坛区农林局

党委书记、局长　邓九胜
党委副书记　姚江隽
副 局 长　束卫平(至3月)
胡国强
李亚东
蒋林忠
总农艺师　吴志华

金坛区商务局

党组书记、局长　汤文斌
副 局 长　杨颐华
束鸣东
虞青平*
聂文辉

金坛区文化广电体育局

党委书记、局长　王浩明
党委副书记　汤慧兵
副 局 长　李国平(至3月)
徐罗林
李　玮

金坛区新闻出版局

局　　长　王浩明

金坛区卫生和计划生育局

党委书记、局长　袁永炜
副 局 长　庞巧红*
董文兵
林小俊
徐　颖

金坛区人民医院

党委书记、院长　苏建华
副 院 长　徐　群
赵　凯
纪委书记　吴平涛*

金坛区中医医院

院　　长　吴　杰

金坛区市场监督管理局

党委书记、局长　闫炳泉
副 局 长　王伟政
喜晶颖
张　俊
王东方
马迎俊

金坛区食品药品监督管理局

局　　长　闫炳泉

金坛区食品安全委员会办公室

主　　任　闫炳泉

金坛区审计局

党组书记、局长　王　初
副 局 长　戴国忠
张小华
谭益民

常州市金坛环境保护局

党组书记、局长　吴　寅
副 局 长　薛金华
陈　云
戴卫忠
钱　炜

金坛区太湖水污染防治办公室

主　　任　吴　寅

注:2018年3月15日常环〔2018〕18号文,设立常州市金坛环境保护

局,作为市环境保护局的派出机构,为正科级建制。

金坛区规划局

党组书记、局长　陈建军
副局长　杨建忠
　　　　张小平
　　　　彭云俊
总规划师　张小平

金坛区城市管理局

党委书记、局长　王和荣
副局长　童国云
　　　　姜秋生
　　　　孙　斌

金坛区城市管理行政执法局

局　长　王和荣
副局长　童国云
　　　　姜秋生
　　　　孙　斌

金坛区城市管理监督指挥中心

主　任　王和荣

金坛区统计局

党组书记、局长　奚云龙
副局长　丁建新(至5月)
　　　　李卫平

金坛区安全生产监督管理局

党组书记、局长　韩巧生
副局长　薛明生(至2月)
　　　　孙伟良
　　　　于国忠

金坛区民族宗教事务局

局　长　柏虎斌

金坛区政务服务管理办公室

党工委书记、主任　巫政强
党工委副书记　王建国
副主任　王云平
　　　　奚屹峰

金坛区供销合作总社

党委书记、主任　毛卫平
副主任　周林海(至5月)
　　　　高勇军

常州市不动产登记交易中心金坛分中心

主　任　潘政权
副主任　徐月生

园区、街道、镇

江苏省金坛经济开发区

党工委书记　刘小平(兼,11月任)
管委会主任　诸葛林
党工委副书记　诸葛林
　　　　王　勇
　　　　杨　健
　　　　施小民
管委会副主任　卢建新(兼)
　　　　朱粉扣
　　　　谢晓骏
　　　　于立俊
　　　　李　俊
　　　　唐友明
纪工委书记　施小民(至8月)

东城街道

党工委书记　王　勇
办事处主任　吴军华*
人大工委主任　黄立群
党工委副书记　吴军华*
　　　　黄立群
办事处副主任　杨震龙
　　　　庄月芳
　　　　陈云翔
纪工委书记　田粉忠

金坛华罗庚科技产业园

管委会主任　杨　健
党工委副书记　杨　健
管委会副主任　于立俊
　　　　李　俊
　　　　陈　云
　　　　李冬英*
　　　　邹文龙

尧塘街道

党工委书记　杨　健
办事处主任　孙　凯
党工委副书记　孙　凯
　　　　张罗明
办事处副主任　朱丹俊
　　　　岳　松
　　　　谢　培
纪工委书记　孙红琴*
人大工委副主任　郭和平

金坛金城科技产业园

党工委书记　董龙庆(兼)
管委会主任　李　祁
党工委副书记　李　祁
　　　　吴军华*(兼)
管委会副主任　王国新
　　　　谢　栋
　　　　杨年庆
　　　　宋志龙
　　　　罗　斌

金城镇

党委书记　董龙庆(兼)
镇　长　李　祁
人大主席　王　涛
政协工委主任　王国新
党委副书记　李　祁
　　　　王国新
　　　　潘明志
副镇长　孙桂华
　　　　谢　栋
　　　　杨年庆
　　　　陈旭清
纪委书记　耿新民
人大副主席　陈丹锋

江苏省金坛茅山旅游度假区

党工委书记　刘小平(兼,至11月)
管委会主任　陆礼军
党工委副书记　陆礼军
　　　　史云峻(兼)
　　　　吴　英*
副主任　宗　华
　　　　史云峻(兼)
　　　　王益民
　　　　佘义洪
纪工委书记　吴　英*(至8月)

江苏省金坛长荡湖旅游度假区

党工委书记　陈锁龙(兼)
管委会主任　孙国林
党工委副书记　孙国林
　　　　陶　俊(兼)
　　　　孙　坚
管委会副主任　陶　俊(兼)
　　　　周建立
纪工委书记　孙　坚(至8月)

薛埠镇

党委书记　陆礼军
镇　　长　宗　华
人大主席　吕金平
党委副书记　宗　华
　　张叶华
副镇长　胡国英*
　　杨小保
　　章成荣
　　陆游如
纪委书记　许荣俊
人大副主席　崔鑫福

直溪镇

党委书记　吴志高
镇　　长　徐　飞
人大主席　钱国祥
党委副书记　徐　飞
　　王和平
副镇长　刘海祥
　　谢晓贤
　　范水庆
　　尹冬妹*
纪委书记　周君华
人大副主席　陈锁平

朱林镇

党委书记　王新强
镇　　长　周　涌
人大主席　朱福金
党委副书记　周　涌
　　于建林
副镇长　胡卫平
　　陈小芳*
　　顾照平
　　杨擒龙
纪委书记　徐程萍*
人大副主席　杨文君

指前镇

党委书记　徐　俊
镇　　长　施　顺
人大主席　王月林
党委副书记　施　顺
　　赵林华
副镇长　张国忠
　　冯　梁
　　朱训杰
纪委书记　韩寅飞

儒林镇

党委书记　孙国林
镇　　长　刘金保
人大主席　周金柱
党委副书记　刘金保
　　任林勇
副镇长　顾永华
　　朱云冰
　　刘　军
　　严　波
纪委书记　王　薇*
人大副主席　徐建华

西城街道

党工委书记　史顺年
办事处主任　林　燕*
人大工委主任　殷　俊
党工委副书记　林　燕*
　　殷　俊
　　尹　韧
办事处副主任　尹　韧
　　蒋玉新
　　季锁平
纪工委书记　许志明
党政办主任　周　玲*

金坛区人民武装部

第一书记　狄志强(兼)
部　　长　帅建军(4月任)
政治委员　朱建清
副部长　印建云

民主党派和群众团体

民盟金坛区委员会

主　　委　朱亚群*(兼)
副主委　姚锁生
　　庄　严
　　郑美华*

金坛区总工会

党组书记、主席　史益群
副主席　石新华
　　荆　霞*

共青团金坛区委员会

党组副书记　汤鹏飞
副书记　汤鹏飞
　　袁海涛

金坛区妇女联合会

党组书记、主席　钱永锋*
副主席　张　婕*
　　戴　露*

金坛区科学技术协会

党组书记、主席　于炳忠
副主席　王慰东
　　范献忠
　　董文兵
　　陈　云
　　邓九胜
　　吴　芳*
　　盛荣生
　　孙铁囤
　　姜方俊

金坛区归侨侨眷联合会

主　　席　李佳真*
副主席　傅小平
　　王　跃
　　孙铁囤
　　郑满香*
　　谈东华
　　李　晴*

金坛区文学艺术界联合会

主　　席　姚锁生
党组书记　李　平
副主席　李　平
　　李国平(至3月)
　　许　靖*
　　吴　芳*
　　程云仲
　　史国生
　　祝柏华

金坛区残疾人联合会

党组书记、理事长　臧　华
副理事长　王建涛

金坛区红十字会

会　　长　王艳红*(兼)
副会长　沈建国
　　苏建华

金坛区工商业联合会

主　　席　卢建新(兼)
党组书记　刘　斌
副 主 席　刘　斌
　　　　　邓建平
　　　　　许忠平
　　　　　张伟华
　　　　　陈国平
　　　　　荀建华
　　　　　潘雪平
　　　　　戚建国
　　　　　费建林
　　　　　周国平
　　　　　吴长全
　　　　　王向东
　　　　　朱琛琦

区管国有公司

江苏金坛投资控股有限公司

党委书记、董事长　史荣生
总 经 理　周　胜
党委副书记　周　胜
　　　　　　张　铧
副总经理　徐留军
　　　　　张国庆
　　　　　季　敏
监事会主席　张　铧

江苏金坛华罗庚科技产业发展有限公司

董 事 长　周　胜
总 经 理　谢臣相
副总经理　王崇岭(聘)

江苏金坛建设发展有限公司

党委书记、董事长　刘亦波
总 经 理　张建俊
党委副书记　张建俊
　　　　　　徐海平
副总经理　李俊平
　　　　　倪益民
　　　　　李文俊
　　　　　郑美华*
监事会主席　徐海平

江苏金坛滨湖新城开发建设有限公司

董 事 长　张建俊
总 经 理　杭爱民
副总经理　童　瑶*

江苏茅山旅游控股有限公司

董 事 长　史云峻
总 经 理　史云峻
副总经理　谈　阳

江苏长荡湖旅游控股有限公司

董 事 长　陶　俊
总 经 理　陶　俊

说明:1. 区委、区人大常委会、区政府、区政协及其他机构领导人均收录至2018年12月。
2. 姓名右上角有*者为女性。

(组织部、区志办)

(编辑　方　骊)

中共常州市金坛区委

重要会议

【中共常州市金坛区委十三届五次全体会议】 2018年7月29日召开。区委书记狄志强代表区委常委会作题为《解放思想再出发,追赶超越勇向前,有力推动金坛高质量发展和高速度增长》工作报告。全会认为,2018年以来,全区上下围绕区委决策部署,开展“两个加快攻坚突破年”活动,抓重点,破难题,求实效,全区经济社会继续保持快速发展的良好态势。全会指出,推动高质量发展基础上的高速度增长,是金坛持续快速健康发展、跻身苏南发展高地的现实选择。全区上下要正视短板,推动质量追赶和总量超越,要把握关键,推动重点突破和整体推进,要强化保障,推动落地见效和利及长远。全会号召全区上下以习近平新时代中国特色社会主义思想为指引,深入贯彻中共十九大精神,全面落实中央、省委和常州市委重大决策部署,为推动金坛高质量发展和高速度增长做出新的更大贡献。

【中共常州市金坛区委十三届六次全体会议】 12月30日召开。区委书记狄志强代表区委常委会作题为《突出两个加快,强化创新提升,为在苏南板块快速崛起集聚新动能》工作报告。会议回顾总结2018年工作,研究部署2019年任务,动员全区各级党组织和广大党员、干部群众,矢志不渝抓住项目不放松,坚定不移推进创新求提升,为金坛在苏南板块快速崛起集聚新动能。要牢固树立新发展理念,根治发展高质量的“不适症”,建立符合金坛实际的新发展模式;要始终坚持发展高质量,根治单一追求量的扩张的“偏颇症”,更加注重质的提升;要持续保持发展高速度,根治小富即安、小进即满的“自足症”,实现“增幅始终领跑、总量不断进位”;要以严格要求倒逼模式转变。以土地利用高效率,倒逼项目高质量,以政府债务严管控,倒逼发展更集约,以服务时限再缩短,倒逼作风大转变。会议明确2019年工作总体要求:重点抓好两个加快,突出引进高端产业项目,广泛引进科技创新项目,全力推动项目加快建设;推进为企服务,落实各类惠企政策,支持企业做强做大,弘扬企业家精神;推进城乡建设,加快构建现代交通运输体系,加快推进滨湖新城开发建设和金沙老城改造更新,加快实施乡村振兴战略;推进生态文明,坚决抓好环保督察问题整改,坚决打好污染防治攻坚战,坚决守好生态环境底线;推进重点改革,优化国土空间利用,优化国有公司运营,优化工作推进路径;推进民生实事,进一步加快富民增收,进一步发展社会事业,进一步加强社会治理。

重要活动

【部署解放思想大讨论活动】 5月17日,区委召开区委常委会(扩大)会议,会议深入学习贯彻习近平新时代中国特色社会主义思想和中共十九大精神,全面落实习近平总书记关于进一步解放思想、将改革进行到底的最新要求,传达贯彻省委、常州市委要求,研究部署金坛区解放思想大讨论活动,为推动金坛区高质量发展和高速度增长、实现在苏南板块快速崛起凝聚共识、汇聚动能。会议指出,开展好解放思想大讨论活动要以树立目标为导向,全区要紧扣围绕高质量发展解放思想,要把握经济发展规律、对标先进地区标准,在项目引进和项目培育上解放思想,着力提高项目引进质量,以资源要素配置倒逼项目实现高质量;围绕高速度增长解放思想,力争到2025年,金坛区经济发展的总量和质量达到常州市6个辖市区的平均水平,到2030年达到苏南43个县市区的平均水平,实现在高质量发展基础上的高速度增长;要围绕建设“江苏高质量发展综合试验区”解放思想,抓住发展机遇,用创新的思路解决好实践探索中的问题,推进金坛高质量发展和高速度增长。

【省委书记娄勤俭在金坛调研】 4月11日,省委书记娄勤俭到金坛调研。省委常委、常务副省长、省委秘书长樊金龙参加调研,常州市领导汪泉、丁纯及金坛区领导狄志强陪同调研。娄勤俭一行先后调研江苏金昇实业股份有限公司旗下的卓郎(常州)纺织机械有限公司和埃马克(中国)机械有限公司,详细了解企业近年来发展情况。娄勤俭对金昇实业通过国际并购实现技术跨越表示肯定,鼓励企业抓住机遇融入"一带一路"发展,在全球配置资源中成为行业引领型企业,并带动更多制造业企业走出去。娄勤俭强调,在新的历史方位下推进高质量发展,金坛当前要研究如何解放思想,通过解放思想来解决现实问题和长远问题。解放思想要提高站位、放眼全局,以世界眼光来审视谋划自身发展,抓住全球技术变革和资源配置的大趋势,以我为主,自主规划,促进人流、物流、资金流、信息流,构建具有全球竞争力、自主可控的现代产业体系。解放思想关键要发挥好人的作用,要进一步调动广大干部群众的积极性、主动性、创造性。要健全完善"三项机制"(鼓励激励、容错纠错、能上能下),建立科学的考核体系,旗帜鲜明地为创新实干者、担当作为者鼓劲撑腰,提振干事创业的精气神,营造良好的政治生态。要把握社会发展规律,立足工业化中后期面临的形势和任务,在国际竞争新格局中把握发展机遇,稳扎稳打推进"六个高质量"(经济发展高质量、改革开放高质量、城乡建设高质量、文化建设高质量、生态环境高质量、人民生活高质量)发展。要强化问题导向,对标国内、国际发达城市寻找短板和不足,要进一步提升城市规划建设、公共服务配套、乡村振兴、生态环保等领域的发展水平,不断增强人民群众的获得感、幸福感、安全感。

【市委书记汪泉到金坛调研】 3月30日,常州市委书记汪泉到金坛区调研。汪泉强调,金坛要树立更加宽广的眼界,在新的发展格局中找准坐标、优化定位,充分释放区划调整、撤市设区的改革红利。汪泉指出,金坛是常州的腹地,也是苏南的腹地,常州未来的发展潜力在金坛、空间在金坛。加强规划引领,加快追赶超越,着力打造高质量发展增长极,经过十年乃至更长时间的努力,成为与主城区优势互补、相得益彰的城市"双核"之一。

【全区党建工作会议】 2月10日召开,会议激励全区各级党组织和广大党员干部全面落实新时代党的建设总要求,全面从严治党,推动中共十九大精神在金坛落地生根,为"推动跨越发展、实现快速崛起"提供坚强的政治保证。会议指出,2018年是全面贯彻落实中共十九大精神的开局之年,是区"十三五"发展承上启下的关键一年,也是两个加快的攻坚突破之年。要推动区经济社会持续快速发展,夺取"十三五"发展阶段性胜利,党的建设是关键。全区各级党组织和党员干部必须坚定政治方向,把好舆论导向,强化价值导向,以伟大的旗帜引领人。进一步做优党委(组)理论学习中心组、"金沙大学堂"等载体平台,开展"攻坚2018"大型新闻行动,结合"改革开放40周年"重要节点,宣传和展示区各行各业40年改革变迁和发展成就,以主旋律增添跨越发展的正能量。

【全区农村工作会议】 5月12日上午召开,区领导狄志强、刘国新、陈锁龙、刘小平、王新辉、朱霞、葛惠明出席会议。会议指出,建设一个快速崛起的新金坛,既是对工业、农业、服务业产业体系的重塑,也是对城市和乡村整体空间布局的重塑。乡村振兴战略在金坛区落地实施,要深刻把握乡村振兴战略的内涵要求。结合金坛发展的时代特征、走势趋势和乡村特点,立足实际,确保乡村振兴战略沿着正确的方向前进;要正确把握乡村振兴在全区发展中的定位。立足于以城带乡,发挥工业反哺农业、城市反哺农村的效应,推动各类资源向农村下沉、辐射,培育壮大新型农业经营主体、农业龙头企业,推动基础设施向农村延伸,逐步消除城乡间基础设施差异,补齐发展短板,鼓励薛埠、直溪、儒林等有条件的镇发展成为小型城市;要准确把握实施乡村振兴战略的主要任务。优化空间布局,注重城乡融合、上下契合,统筹考虑城乡建设、基本农田、生活居住等空间布局,推动产业向园区集中、农民向城镇集中、农业向规模经营集中,同时加快推进国家农业科技园、国家农业高新技术产业示范区创建工作;要切实加强党对"三农"工作的领导。全区各级党组织必须要把推进乡村振兴、做好"三农"工作摆在重要位置,努力提高新时代领导农村工作的能力和水平,把方向、谋大局、定政策、促改革,做到总揽全局、协调各方,确保乡村振兴各项工作有序推进,取得实在成效。 (费泰伟)

组织工作

【概况】 2018年,区委组织部围绕中心工作抓基础、配班子、管干部、引人才,各项组织工作取得新进展,为全区经济社会发展提供坚强组织保证和人才支撑。

【强化政治忠诚】 把学习贯彻习近平新时代中国特色社会主义思想和中共十九大精神作为党员干部思想政治建设的首要任务,举办全区基层党组织书记学习贯彻中共十九大精神集中轮训班,在组工干部等各类主体班次中安排中共十九大精神专题培训,在全区组织系统集中学习宣传全国、全省、全市、全区组织工作精神,结合金坛实际,将上级精神入脑入心、活学活用。超前谋划、积极筹备"不忘初心、牢记使命"主题教育。开展"解放思想再出发、追赶超越勇向前"大讨论。围绕建设"江苏高质量发展综合试验区",紧扣领导班子和干部队伍建设、基层党组织和党员队伍建设、人才队伍建设和组织部门自身建设等方面的工作职责开展讨论,以思想大解放推动发展高质量和增长高速度。持续加强组织部门自身建设。把组织部门政治建设放在首位,组织组工干部反复通读中共十九大报告和党章,引导党员干部学原文、读原著、悟原理。重点打造园区党群服务中心、黄金村乡村振兴学堂、"1 号讲习所"等一批组织部门党性教育示范点。深化"主题党日"活动,着力推进忠诚组工、效能组工、亲和组工、廉洁组工的建设。

【提升干部专业】 提升干部工作科学性。严把政治标准,严格规范操作,认真做好省委第八巡视组和省委选人用人专项检查组巡视金坛相关工作,开展届中综合考察暨优秀年轻干部专项调研。突出规划引领,围绕存量资源、目标任务,精准分析全区科级领导干部队伍结构现状,明确班子配备和干部培养选拔路径方向。制定《完善科级领导干部管理的若干规定》,因人而宜、因绩而宜调整任职年限,调动干部干事创业激情。根据东西部扶贫协作要求,与挂钩地陕西省石泉县、宁陕县深度开展干部互派挂职交流。增强教育培训实效。制定下发《2018 年度全区干部教育培训工作要点》,组织开展正科职干部领导力提升班、组工干部培训班和石泉、宁陕对口援建培训班 3 个班次。探索干部教育培训的新模式,在正科班培训理论教学和实践复盘两个阶段中,全程采取小组研讨式,有效增强参与性和互动性。重新修订出台《2018 年度科级领导干部学习积分考核实施意见》,全面推行领导干部网上在线学习和学时学分纳入年度绩效考核。加快培养年轻干部。研究起草《关于实施年轻干部培养选拔三年计划的意见》,进一步明确培养举措,细化目标任务。启动实施第二期"星火计划"训练营,打造"比选 + 考察 + 培训"三位一体培养模式,兼顾干部结构性培养需求,会同统战、妇联、团委等部门综合分析筛选年轻女干部、党外干部苗子,对年轻干部多方全程考察甄别。用好考核指挥棒。贯彻落实省委鼓励激励、容错纠错、能上能下机制,结合金坛实际,研究制定《金坛区党政干部鼓励激励实施意见》《金坛区推进领导干部能上能下实施办法》。健全完善全区综合考核工作体系,制定出台 2018 年度各镇、园区、街道、区级机关部门及区管国有公司工作考核意见,继续推行领导干部实绩公示,开展担当作为排序和适岗性排序,严格执行《科级领导干部年度考核等次推荐评定办法》,抓好考核结果运用,实行考核综合排名,确保考核的导向和激励作用得到切实发挥。

【延伸监管覆盖】 落实干部监督制度,提高选人用人公信度。认真执行《镇(区、街道)、区级机关部门中层干部选拔任用工作监督管理办法》,强化对全区有用人权单位中层干部选拔任用工作的规范和指导,加强对干部选任全程的监督痕迹管理,深化过程管控,对各单位干部选拔任用进行职数预审,实现监督前置、全程纪实。有序开展各类专项工作,夯实监督体系基础。整合干部监督信息资源,通过向先进地区学习和与周边辖市区对接,初步搭建《金坛区干部监督负面信息库》框架,着力实现干部监督管理信息化、智能化、立体化和科学化。对照领导干部在社会团体兼职工作的相关要求,进一步梳理全区现职领导干部和退休领导干部社会团体兼(任)职情况,制定出台《关于进一步规范领导干部在社会团体兼职工作的通知》。从严管理干部日常监督,提升监督工作实效。继续开展经济责任审计和离任经济事项交接,做好经济责任审计情况跟踪了解,对审计中发现的问题、责任认定等信息进行整理。2018 年对 14 家单位 18 名领导干部进行离任经济责任审计(离任经济事项交接)、1 家单位 1 名领导干部进行任中经济责任审计。组织"两项法规"的再学习,做好领导干部个人有关事项报告工作,对部分科级领导干部个人有关事项报告进行抽查核实。进一步从严领导干部出国(境)审批,坚决杜绝违规持证行为。

【强化党建引领】 紧贴中心抓部署。突出政治引领。围绕政治力等 5 个方面 10 项内容开展"政治拉练强党性、攻坚突破勇在前"系列主题活动,推动党员干部牢固树立"四个意识",坚决维护习近平总书记核心地位。突出主攻方向。适应金坛项目发展形势,构建以金坛园区党群服务中心为龙头、6 个镇现代产业园党群服务中心为支撑、N 个党群服务站为节点的"1 + 6 + N"三级党建阵地,有效引领园区高质量发展。"四梁八柱"抓落实。抓面上统筹。注重基层党建工作的系统性、整体性,围绕农村、城市两大板块,细分领域,分类施策,分别出台《关于全面加强城市基层党建工作的意见(试行)》《关于加强和改进社会组织党的建设工作的实施意见(试行)》《关于加强商圈市场党建工作的实施意见(试行)》《关于加强动迁安置社区党建工作的意见(试行)》《关于加强新型农业经营主体党建工作的意见(试行)》,逐渐构筑起金坛基层党建的"四梁八柱"。抓点上牵引。印发《关于开展基层党建示范点创建工作的通知》,明确各镇、街道分管副书记为项目责任人,并按照"典型示范、统筹推进、整体提升"的工作思路,在各领域打造一批示范带动作用强、党员群众认同、特色鲜明的基层党建示范点,共建成仙姑村、大乘汽车等党建示范点项目 11 家。中共苏皖区一大会址党员实境课堂等 7 个单位获评常州市"3211"工程示范点,黄金村农村党支部书记工作室被列为省级示范点。打牢基础抓创新。抓基础规范。印发《关于进一步规范发展党员工作的若干规定》,编制《发展党员全程纪实表》,规定发展党员培养教育标准化课时、标准化学时,进一步规范党员发展流程,提升发展党员质量。为全区 127 个村(社区)党组织编印《基层党组织工作纪实手册》。抓工作创新。推进村干部职业化管理系统建设,全市村党组织书记"5A 制"晋档升级现场会在金坛区召开。实施"返乡兴村"人才 100 计划,面向社会公开招聘 100 名具有该镇户籍的本科学历村级后备人才。研发"智慧金沙"党建云平台,拓宽党建工作网络阵地。

【增强人才集聚度】 增强工作统筹能力。组织相关部门围绕省、市、区近年来人才政策进行梳理,加深对现有政策的理解和掌握,形成对金坛区人才政策的全面评估。坚持"党管人才"原则,完善党委统一领导,建立人才工作领导小组例会和人才办主任会议制度。由区委组织部牵头按需召开领导小组例会和人才办主任会议,讨论研究人才工作重要事项。强化人才工作考核。制定出台《关于2018年度金坛经济开发区、金城科技产业园(金城镇)和其他各镇人才工作考核的实施意见》,出台《关于强化常州市金坛区科技镇长团管理的实施意见》《关于2017—2018年度科技镇长团工作考核的意见》《关于2018—2019年度科技镇长团工作考核的意见》等文件,进一步提高人才工作科学化及规范化水平。攻坚重点工作任务。把人才工作放到全区重点工作中去谋划。针对金坛区产业人才缺口严重的现状,集中精力拟定《关于鼓励各类人才来金坛就业创业的若干意见》,以区委常委会纪要的形式下发,并拟定相关操作细则、建设网上申报(领)系统。推进民生人才引进,明确2017年度区高层次卫生人才引进流程,推进人民医院与相关专家对接。推进制定《常州市金坛区优秀教育人才培养引进办法》。开展高质量科技型中小企业调研,撰写针对高质量科技型中小企业的人才专项调研报告,提交区领导决策参考并起草《关于聚力创新强化高质量发展人才引领的意见》(讨论稿)。提升人才驱动水平。组织外出学习调研。牵头组织区有关部门先后前往江阴、太仓、吴中、苏州高新技术产业开发区、武进高新技术产业开发区等地调研,通过调研人才工作先进地区的政策及做法,横向对比,找出差距,提升全区人才工作理念。走访调研企业,调研领军人才企业发展现状,调研规上企业人才需求,帮助解决企业相关问题,并配合科技镇长团完成《金坛区规上企业人才需求状况调研报告》,供区领导决策参考。对接龙城创投、闻勤资本等专业机构,与经济开发区沟通协调,积极申报人才子基金(常州市第3支),努力打造"人才+项目+金融"模式。 (华 靓)

宣传工作

【概况】 2018年,全区宣传思想战线坚持以习近平新时代中国特色社会主义思想为指导,牢牢把握"两个加快攻坚突破"工作重心,凝心聚力促发展、鼓足干劲创一流,以强烈的责任担当推动宣传思想工作取得新进展、新成效,为实现金坛在苏南板块快速崛起提供强大的价值引领力、文化凝聚力和精神推动力。

【理论武装】 全区结合区委理论中心组学习,精心举办"金沙大学堂"15场,其中高规格、名教授、业界专家的专题讲座11场,区各板块负责人谈金坛发展的专题报告会"2018我承诺""2018我行动"4场。召开学习型党组织基层学习品牌建设推进会,开展第二批"学习品牌"评比,评选30个基层党组织学习品牌,推进基层学习型党组织学习品牌建设标准化、规范化。开展"金牌宣讲员"评选活动,获得常州市"百姓名嘴"风采展示第一名。全区冬训知识竞赛参与率居常州市第一。组织全区宣传文化干部培训班,学习贯彻习近平新时代中国特色社会主义思想和习近平总书记在全国宣传思想工作会议上的重要讲话精神。按照深化基层理论宣传普及,实施《学习新思想,拥抱新时代》理论宣讲"3361"(在全区评选30名"金牌宣讲员",建立30个理论宣讲队,组织开展60场主题理论宣讲,培育100名理论宣讲志愿者)三年行动计划,以理论研讨分享、百姓名嘴宣讲、文艺进基层宣传等方式,推动党的重大理论、重要思想进社区、进企业、进校园、进农村。发挥媒体优势与作用,电视、报纸设置学习专栏,书香金坛网、微信公众号"金坛发布""理论之窗"等发挥理论学习宣传的主阵地作用。理论研究深入常态。深入开展解放思想大讨论活动,结合区委"解放思想再出发、追赶超越勇向前"大讨论活动要求,在全区范围开展十个方面重点课题研讨。召开全区学习习近平全面深化改革重要思想研讨会。在全区宣传思想文化系统深入开展"根植基础,花开基层"宣传思想文化工作大调研,采取挂钩镇区、培植亮点、化解难点等举措,指导帮助基层创新工作思路,统筹推动文化发展高质量以及城乡宣传思想工作落地生根、开花结果。组织开展领导干部"践行新思想、发展高质量"专题读书调研,举办"解放思想大讨论千字文"评选,为推动金坛加快发展提供有益参考。

【思想引领】 全面落实党委(党组)意识形态工作责任制,签订意识形态工作责任书,旗帜鲜明地站在意识形态工作第一线,召开意识形态领域工作研判会2次,向区委常委会专题汇报2次意识形态工作,接受省委第八巡视组巡视区委意识形态责任制落实专项检查,结合区委关于《中央第七巡视组关于巡视江苏省的反馈意见》整改工作要求,制定全区深入学习贯彻习近平新时代中国特色社会主义思想和中共十九大精神工作方案,查找问题和不足,通过交流会、报告会、集中研讨等形式,进行立行立改,把学习贯彻活动不断引向深入。大力加强网络舆情导控力度,及时跟踪处置舆情热点问题,未发生有重大负面影响的网络舆情事件。先后两次召开属地网站负责人座谈会,及时传达上级精神要求,并了解属地网站运营情况;联合公安及时处置"5·24发布不实信息"事件,并约谈金坛网、山水网、金坛论坛负责人。开展各类网络文化活动,举办"自媒体看新金坛"活动,让新媒体充分了解产业、民生、生态发展现状。

【新闻舆论】 主题宣传有声有色,以"攻坚2018"大型新闻行动为抓手,围绕区委十三届四次、五次、六次全会和区"两会"精神,开设《突出两个加快,强化推进落实》专题专栏，先后策划“贯彻中共十九大精神”“贯彻全委会精神”“两会”“‘攻坚2018’大型新闻行动”“两个加快攻坚突破”“金沙大学堂”“文明城市创建”“乡村振兴”“解放思想大讨论”“改革开放40周年”等重大主题报道。《金坛新闻》栏目开设《解放思想大讨论》专栏，专题报道区党政联席会议、区委常委会（扩大）会议，传达学习省委、常州市委中心组学习会精神等以及“金沙大学堂”学习情况和建设“江苏高质量发展综合试验区”专题报告会等，营造强大舆论声势，提高社会影响力和群众参与度。《金坛时报》先后开设《学习习近平新时代中国特色社会主义思想》《解放思想再出发　追赶超越勇向前》《我承诺　我行动》等专栏，推出贯彻落实区委全会精神和区“两会”精神、“攻坚2018”大型新闻行动、解放思想大讨论等重大活动的报道。提升新媒体平台作用，充分利用金坛网、“金坛发布”等网站、微博、微信公众号和手机台，创新新闻表达方式，金坛网微信公众号总阅读量达数百万人次。对外宣传有力有序。中央电视台全年用稿14条，创历史新高。新华社发布通稿《坚信土里能“刨金”黄金村走出“黄金大道”》，《新华日报》用稿11条，《常州日报》用稿267条，其中头版头条3条，报眼1条。江苏电视台用稿14条，其中，《江苏新时空》用稿7条；常州电视台共采用新闻稿件70条；为常州电视台提供或合作报道有关金坛的新闻共计60条。组织2018年金坛茅山山地半程马拉松赛等外宣活动，中新社、新华网、交汇点、中国江苏网、《香港商报》等媒体以及周边县市电视台进行报道。4月21日，第四届中国·金坛雀舌茶道会在盐湖城开幕，得到新华社、中新社、人民网、新华网、中国江苏网、《新华日报》、交汇点等媒体的高度关注和大力报道。5月11日，2018中国·长荡湖金蟹增殖放流活动在长荡湖举行，中国江苏网进行视频直播，中新社、新华网、《新华日报》、交汇点、中国江苏网等媒体进行报道。围绕南沿江城际铁路开工、第三届江苏省道教文化艺术节、乡村旅游嘉年华、上阮赏花季、仙姑美丽乡村示范点揭牌等活动媒体也进行充分报道。全年共举办2018金坛茅山山地半程马拉松赛、2018中国·长荡湖籽虾节暨长荡湖金蟹增殖放流、优化税收营商环境、助推金坛两个加快、第四届中国·金坛雀舌茶道会、金坛民俗文化旅游节暨乡村旅游嘉年华新闻发布会等10场新闻发布会。

【文明创建】 强化基础创建，完善长效工作机制，实现文明创建常态化管理，出台《关于开展“文明城市建设提升年”活动的实施意见》《关于深化文明城市建设街（巷）长制和社区网格化管理的通知》，建立季度点评会、文明创建例会、“志愿服务日”巡查、市民巡访、领导督查及第三方测评六项长效工作机制，形成文明创建属地管理、部门联动、全民参与的工作格局。启动专项整治行动，坚持区、镇、村一体化创建，有序推进城区“文明养犬”、城市“牛皮癣”、交通秩序、集镇环境等十大专项整治行动。坚持问题导向，开展文明城市自测，对照全国文明城市测评标准体系，委托第三方对全区文明城市建设工作及街巷长工作进行季度测评，全面通报存在问题，有效促进全区文明建设工作的开展。强化日常巡访督查，坚持文明创建落细落实。确立五步工作流程，研究解决文明城市建设中存在的重点难点问题。区创建办、市民巡访团围绕公共环境、市场秩序、文明交通、公益广告等内容，对主城区及乡镇、村进行日常督查50次，印发督查通报14期，促进1000余条实际问题的解决。深化基本实践。强化社会主义核心价值观引领，加大公益广告宣传，与常州江东传媒签订公益广告定点定位管理协议，在城区设立329处点位，长期固定发布社会主义核心价值观、讲文明树新风、未成年人思想道德、志愿服务等主题公益广告。9月20日，社会主义核心价值观主题公园正式开园，央视一套《晚间新闻》专题报道开园仪式，共设置中国梦、图说我们的价值观、八礼四仪、我们的节日、记住乡愁、金坛“非遗”展示、金坛“文明十条”7个片区，同时建设柳岸晓风书坊及志愿服务驿站，将核心价值观融入市民日常生活。开展“向文明出发”大型公益行动，推选出文明社区、文明村镇等14名文明代言人，评选出9部优秀“文明金坛”微视频，15支文明代表队300余名志愿者参与活动。在金坛电视台、手机台开设《文明城市创建》《公众随手拍》专栏，全面宣传文明创建工作，引导全社会关心、支持、参与文明创建。启动以“邻帮邻，共建幸福大家庭”为

9月20日，区委宣传部举办向文明出发大型公益行动　（区委宣传部　供稿）

主题的第十二届社区邻里节,通过丰富多彩的活动和群众广泛参与的形式,进一步加强社区建设和群众性精神文明创建。组织开展“新乡贤”评选活动。广泛开展志愿服务,规范志愿者实名注册、志愿服务活动实时发布,结合春节、元宵、清明等传统节日开展各类主题志愿服务活动。组织“一区一品”、绿色兑换、小红妈爱心社参加第三届江苏省志愿服务展示交流会。金坛“税妈妈关爱”项目成为全国学雷锋志愿服务“四个一百”(100个最美志愿者、100个最佳志愿服务组织、100个最佳志愿服务项目、100个最美志愿服务社区)先进典型,东城街道金河社区入选江苏省优秀志愿服务社区。出台《关于推进道德讲堂高质量建设的实施意见》,常态组织道德讲堂总堂活动。2人入选“中国好人榜”,8人入选“江苏好人榜”,8人入选“常州好人榜”,1人获评“江苏省最美人物”,1人获评“江苏十大诚信标兵”。优化成长环境,实施年度未成年人思想道德建设工作目标项目化管理,确定年度重点项目和创新项目。开展十岁成长仪式、十四岁青春仪式等系列教育活动,形成人人讲文明、重礼仪的良好氛围。以好家风、重礼仪培育正能量。江苏省常州未成年人社会实践基地按照全国爱国主义教育基地考评体系加快升级改造,得到中宣部宣教局、省委宣传部领导充分肯定。围绕清明、“五四”、“六一”等节点,开展青少年走进爱国主义教育基地活动,累计参观基地人数突破25万人次。

【文化发展】 文化事业产业扎实推进,高标准完善现代公共文化服务体系,有序推进基层综合性文化服务中心、镇村文体设施达标等一系列惠民工程。举办“书香·致远”为主题的第九届“金坛读书月”活动,以区图书馆新馆为主阵地,开展书香机关、书香社区、书香企业等十八大类100项形式多样的读书活动,积极参评全省书香城市建设示范市。文化产业跨越升级。举办全区文化产业发展推进会,开展2018年文化产业统计工作和引导资金申报,邀请南京大学文化产业研究院院长顾江作专题讲座。举办2018年文化产业引导资金评审会和签约仪式,10个项目获得区文化产业引导资金扶持。文体改革再创新高。6月6日,常州市委常委、宣传部部长徐光辉专题调研华罗庚艺术团,对剧团深化改革提出更高要求。11月21日,举办华罗庚艺术团增挂常州市儿童艺术剧院揭牌仪式,华罗庚艺术团升格为常州市儿童艺术剧院,积极推进申挂江苏省少年儿童艺术剧院。“深化文艺院团改革”获全省宣传思想文化工作创新奖提名奖。群众文化活动根植基层,举办“庆祝改革开放40周年大型文艺晚会”“宣传十九大、文艺进基层”“欢乐金沙大舞台”“文明社区天天乐”“文体大超市·惠民城乡行”等各类文化惠民活动300余场,参加群众20万余人次。东城街道金河社区、冯庄辣妹子舞蹈队等10个文明社区天天乐集体、5名个人荣获常州表彰。召开2018年社区天天乐推进会,广泛开展“戏曲进校园”“非遗进校园”等活动,振兴金坛锡剧等传统戏曲文化,形成传统文化传承发展的繁荣景象。举办首届“坤凤杯”少儿戏曲比赛,展示金坛区戏曲教育成果。文艺精品守正出新。紧扣改革开放40周年重大主题,深入实施重点文学作品创作、舞台艺术精品创作、重大主题书法美术创作、大型文艺演出等文化项目,推进一批反映金坛改革发展的精品力作。制定《金坛区文艺精品创作生产三年规划(2018—2020)》,分阶段、分类别扶持地方作品,重点扶持音乐儿童剧《青铜葵花》、图书《黄花醉》。5月29日,音乐儿童剧《青铜葵花》在江苏荔枝大剧院隆重首演,受到省委宣传部部长王燕文、著名作家曹文轩的高度评价。儿童剧《田梦儿》荣获省“五个一工程”奖,《青铜葵花》获紫金文化艺术节创新剧目特别奖,歌曲《纸花谣》获省五星工程奖。文化人才队伍不断壮大,对首批金沙文化名人进行创作项目化扶持,成立葛安荣文学工作室、范石甫中国画创作研究室,举办范石甫国画高研班,发挥金沙文化名人传帮带作用,积极培养中青年文化人才,首批10位金沙文化名人10个项目获得扶持。 (王 珊)

统 战 工 作

【概况】 2018年,金坛区委统战部深入贯彻落实中央和省委、市委关于统一战线的决策部署,聚焦中心任务,聚力实践创新,为全区经济又快又好发展做出贡献。

【意识形态领域统战】 组织召开统一战线各界人士学习贯彻中共十九大精神座谈会,通读原文系统学、设置专题交流学,用中共十九大精神武装统战干部、引领统战成员、指导统战工作。围绕纪念改革开放40周年、中共中央“五一口号”发布70周年等重要时间节点,广泛开展培训、教育、座谈活动。在民主党派、无党派人士中开展“不忘合作初心,继续携手前进”主题教育活动,在非公有制经济人士中持续开展理想信念教育实践活动,在新的社会阶层人士中深入开展“新时代、新阶层、新担当”主题教育,组织主题诗歌征集,开展国情、省情、市情、区情调研考察活动,举办各类培训班5期,形成思想共识,增强“四个自信”。

【经济领域统战】 开展“访民企、办实事、强信心”活动,召开部门现场办公会、民营企业座谈会,学习贯彻习近平总书记在民营企业座谈会上的讲话精神。以企业“点题”的形式,在技术培训、产业服务、金融支持等方面为企业提供服务,促进“亲”“清”政商关系建设,推进政企之间“无缝对接”。4月,协助区工商联牵头相关部门,成立上市后备企业纳税人之家,10名统战成员受聘成为首批专家服务团成员。6月,成立金坛总商会企业家学院,邀请名家到金坛授课,组建创业导师团,

546名民营企业家和企业中高层管理人员从“百千万工程”能力提升培训班结业。组织企业家赴陕西省宁陕县开展经贸考察，签订纺织服装产业转移战略合作协议；协助17家企业与金坛启智学校共建爱心食堂；“百企帮百村”精准扶贫滨海县木楼村、“唱响爱的分贝”第四季公益助残等活动丰富多彩。

【海外统战】 重视爱国同乡社团建设，协助香港金坛同乡会开展春茗活动。组织金坛新生代书画家走进台企，举办“共谋发展话未来”活动，打造“两岸一家亲”品牌。注重做好代表人士尤其是新一代海外代表人士的工作，建立起金坛优秀新侨代表数据库，不断完善金坛籍在外人士信息数据库。开展金坛乡贤联络联系工作，广泛对接金坛乡贤，凝心聚力，扩大朋友圈。为台湾青年到金坛创业就业提供资金、政策扶持，完成金坛台属联谊会换届工作，接待到访台胞200余人次。

【新的社会阶层人士统战】 健全党委领导制度，将新的社会阶层人士统战工作纳入全区基层党建和镇、街道统战工作的考核内容。5月，在常州辖市区率先成立金坛区新的社会阶层人士联合会，首批会员62人。按照“试点先行、示范引领、区镇联动、全面推进”的总体思路，先行打造同心楼、大迈党建同心圆、民营企业管理技术人员大讲堂、众创空间同心荟四大实践基地，其中同心楼成为全区新的社会阶层人士统战工作示范基地、民主党派社会服务实践基地，得到省委常委、统战部部长杨岳的充分肯定。建立“企”动金沙、“律”动金沙、“新”动金沙、“才”动金沙四大服务平台。牵头江苏华耀生物科技有限公司，出资100万元，设立回坛留学生创新创业能力提升培训基金。组织5家社会组织的153名志愿者进驻社区，参与八大类网格化社会治理工作对接，为群众提供特色服务30多项。与司法局共建同心律师团队，组织开展各类法律服务志愿者活动。

【党外代表人士队伍建设】 协助区委制订年度政党协商计划，坚持区委常委与党派团体负责人联系交友、党外代表人士走访座谈等制度，11位区领导与11位党外代表人士结对交友。支持民主党派加强思想、组织、制度建设，民建金坛区基层委员会、农工党金坛区支部，金坛民盟盟员之家、民建会员之家揭牌成立。民盟盟员捐资3.1万元，为陕西省宁陕县的3所学校建立爱心音乐教室。支持民建基层委员会在同心楼开展养老助餐服务；支持九三学社开展直溪养老院改造工程。围绕区委、区政府重点工作，组织党外人士开展“解放思想再出发、追赶超越勇向前”大讨论，进行专题调研。2018年金坛“两会”期间，党外人士共提交各类提案、建议、社情民意63件，2件被列为区重点督办件。在队伍建设上实现新提升，举办民主党派参政议政培训班、民族宗教界人士学习十九大精神培训班，选派党外干部到省社会主义学院培训，协助民主党派发展新成员18人。全区有党外领导干部22人，党外后备干部25人。

【民族工作】 强化区委民族宗教工作领导小组领导和协调机制建设，促进民族团结，在各镇、社区设立少数民族法律援助站。重点培植7个致富示范项目，带动180户少数民族家庭增收致富。协助民建基层委员会与10位少数民族贫困学生长期开展结对帮扶，帮助实现游学徽州“微心愿”。

【宗教工作】 学习贯彻新修订的《宗教事务条例》，依法管理宗教事务，开展农村民间信仰调查，全面治理佛道教商业化、基督教私设聚会点等问题，依法取缔非法宗教场所2处。打造道教文化品牌，成功承办江苏省第三届道教文化艺术节，筹建江苏省道教学院。根据省委巡视反馈意见整改要求，认真制定问题清单、任务清单和责任清单，妥善处理宗教领域历史遗留问题和矛盾纠纷。

【统战品牌建设】 整合各界别资源，深入开展“精准服务零距离”统战品牌建设活动，成立品牌创建领导小组，形成创建工作方案，确立四大工程19项重点工作。4月，召开全区统战品牌建设动员会，指导全区统一战线围绕“精准服务零距离”总品牌，打造“同心楼”“金侨”等一批子品牌，形成品牌体系。区委统战部牵头，建立“月度工作例会，季度现场观摩”工作机制，加强对品牌创建工作的指导协调、督查考核。 （徐蓓蕾）

4月20日，区委统战部组织志愿者社会服务 （区委统战部 供稿）

农 村 工 作

【概况】 2018年,区委、区政府认真贯彻落实中央、省和常州市关于实施乡村振兴战略的决策部署,研究出台区贯彻落实乡村振兴战略实施意见、乡村振兴十项重点工程实施方案等一系列政策文件。通过谋全局、探新路,抓关键、求突破,全区乡村振兴实现系统布局、良好开局。

【现代农业建设】 全年新增高标准农田面积1.82万亩、高效设施农(渔)业2800亩,优质水稻栽培面积占比达70%,创成省级"粮食生产全程机械化示范区"。新型经营主体加快发展,新增省级农业龙头企业2家,成功申报常州市龙头型合作社3家。品牌打造成效显著,"金坛雀舌"成为全国首批通过森林认证茗茶品牌,"金坛红香芋"成为国家地理标志证明商标。切实把牢农产品安全关,非洲猪瘟等动物疫情得到严密监控,放心粮油供应网络不断健全,成功助力常州创成国家农产品质量安全市。

【富民强村】 村级增收项目高效实施,省级财政扶持村级集体经济发展试点工作基本完成,2018年增收约500万元,全区村级集体总收入达2.03亿元,比上年增长6.17%。精准扶贫、阳光扶贫深入开展,新一轮茅山老区"百千万"帮扶工程启动实施,经济薄弱村经济社会事业得到持续发展,村集体总收入均达100万元以上,366名重度残疾人员免费参加居民养老保险,建档立卡低收入农户330户,624人实现脱贫。农民就业增收主渠道作用有效发挥,实施新型职业农民培训4500余人次。全区农村居民人均可支配收入达26283元,比上年增长8.6%。

【惠农为农】 社会保障水平逐年提高,城乡居民基础养老金、城乡低保、基本医疗保险财政补助"三项标准"分别提高至220元/月、800元/月和740元/年,被征地农民养老补助金提高至580元/月,残疾人两项补贴与常州主城区实现接轨。公共服务投入持续增加,村卫生室提档升级工程深入推进,34个基层综合性文化服务中心建成投入使用。保障性住房加快建设,海棠明都一区、水岸风华二期等项目顺利竣工。区供销总社获评全国供销合作社系统先进集体。

【深化农村综合改革】 土地承包经营权确权登记颁证工作通过省级成果验收,全区土地流转面积已达耕地总面积的68%,土地集中发包、规模经营趋势加快。农村集体产权制度改革深入实施,成员界定工作全面完成。河湖管护体制机制创新、河(湖)长制等积极开展,水利工程确权、河湖库管理范围划界等工作顺利通过验收。"三资"监管创新提升,推行村级财务预决算和非现金结算等制度,农村产权交易量和成交额实现大幅增长,全年成交项目862个,总金额达1.14亿元,分别是2017年的近7倍和9倍。多项国家级示范试点项目落户实施,薛埠镇入选农业产业强镇示范建设名单,指前镇入选江苏省第二批"味稻小镇",半边山下入选首批国家级森林小镇建设试点。

【加快整治农村人居环境】 创建省级"四好农村路"示范区,农村公路提档升级工程深入实施,265省道、长荡湖旅游大道建成通车,镇村路网体系更加顺畅通达。农村水利基础设施加快建设,村庄河塘疏浚、灌排泵站改造等工程顺利实施,农村防洪抗旱保障能力不断增强。生态治理系统推进,建成村庄污水处理设施82个,整治提升规模化畜禽养殖场125家,农业面源污染得到有效防治。农村人居环境整治三年行动计划启动实施,覆盖拉网式农村环境综合整治试点工作通过省级验收。美丽乡村建设拉开大幕,仙姑美丽乡村示范点建成运营并入选第三批省级特色田园乡村建设试点。

【农村基层基础建设】 基层组织力进一步强化,推行村干部职业化管理,公开招聘100名村级后备人才,建成黄金村乡村振兴学堂、仙姑村"一号讲习所"等一批亮点特色鲜明、示范带动明显、党员群众认可的基层党建示范点,黄金村党总支书记工作室成为省级示范点。全面从严治党纵深推进,向镇(街道)派出3个监察员办公室,对46个村(社区)党组织开展区委巡察,推行"驻村纪检员"制度,着力打通村务监督的最后一千米。创新网格化社会治理模式,有效防范劳务劳资、安全生产等风险,妥善化解各类矛盾纠纷,农村社会保持和谐稳定。

【农村集体产权制度改革】 2018年,按照《金坛区农村集体资产清产核资工作方案》,基本完成全区农村集体清产核资工作。共清查1638家单位,共核实货币资金10092万元、固定资产71115万元、集体土地面积105.24万亩;印发《常州市金坛区深化农村集体产权制度改革的实施方案》,制定农村集体资产股份制改革的时间表、路线图。通过推进会、培训班、观摩会等形式,全区上下进一步统一思想,工作力度明显增强。规范股改操作流程、台账目录、示范章程等,强化日常督查指导,全区股改工作稳步前行。全区82%的村建立村级集体经济组织,新组建经济股份合作社12家。

【农村产权交易市场规范运转】 2018年,区、镇两级产权交易中心(服务站)全面建立,规范化运行,促进土地确权的红利尽快兑换折现。区级产权交易平台正式运行,农户土地承包经营权、"四荒"(荒山、荒沟、荒丘、荒滩等未利用的土地)使用权、农村集体经营性资产等纳入交易范围,形成信息发布、产权鉴证、政策咨询、组织交易等产权交易"一站式"服务。注重发挥平台风险防控职能,加强对10年以上合同和将到期合同的监控,对交易价格明显低于平均价格的相关镇村及时发函提醒。全区在全省农村产权交易平台上成交项目862个，成交标段890个，成交总金额1.14亿元。

【新型农业经营主体提质增效】 确定69家农民专业合作社列入政府优先扶持的合作社名录。全年新发展农民合作社12家，全区共有各类合作社1019家(农民专业合作社906家，农地股份合作社86家，合作联社27家)，其中国家级示范社11家、省级29家、市级79家，农户入社率80.2%。当年创成国家级示范社2家、省级示范社3家。新创成常州市级示范社12家、区级示范社(星级社)18家。推进合作社创新发展，全区成功申报常州市龙头型合作社3家、一二三产融合型合作社2家、"五好"合作社党支部3家、村办合作农场4家。共确定87家农场列入2018年家庭农场名录。全年新认定家庭农场27家，对到期的44家家庭农场进行年检，全区共认定家庭农场659家(有省级编码)，其中省级、市级、区级优秀(示范)家庭农场分别达26家、61家、50家。当年创成常州市级优秀农场11家、区级优秀农场16家。

【加强农村基础建设】 加强农村公益事业建设，争取省级"一事一议"项目27个，项目资金528万元。创成常州市级农村公共设施建设先进村11个，争取项目资金111万元。区级财政支持新农村建设项目20个，资金达700万元。加强农村环境长效管理，创成区级农村环境长效管理示范镇3个、示范村20个。

【巩固农村"三资三化"专项提升行动成果】 按照"监管分离"的原则，组建农村会计服务站，承担代理记账职能，全区共配备会计服务站工作人员37人。成立村务监督委员会，所有村监委机构设置及挂牌全部到位。率先开展村级资金网银结算，统一办理村务卡，实现村级非现金结算"三个全覆盖"(对象全覆盖、项目全覆盖、资金全覆盖)，做到笔笔留痕。加强与江南银行的合作，开发线上审批功能，为村级资金支付提供更加安全、便捷、高效的网上结算系统。推行村级财务预决算，创新村务公开，完成金城镇、指前镇、朱林镇、直溪镇"e阳光"试点。指前镇的新河村、东浦村结合"智慧社区"建设，同步在有线电视上进行村务公开。加强农村"三资"信息监管，2018年，平台共录入资产信息7061笔，涉及金额5.79亿元；录入资源信息4768条，涉及面积15万亩；录入经济合同信息5248条，涉及金额5.96亿元。全年共处理预警信息56685条，"三资"信息化管理覆盖率100%。

【实施精准扶贫工程】 全面完善"阳光扶贫"体系建设，印发《开展扶贫领域作风问题专项治理工作方案》《金坛区资产收益扶贫实施办法》等文件，召开全区扶贫工作培训会、扶贫系统作风整治工作会议，配合常州市级"阳光扶贫"专项巡察，全区脱贫攻坚工作机制体系得到进一步完善。配合常州市开展新一轮茅山老区"百千万"帮扶工程，全区有19个村列入帮扶对象。加强对区定20个经济薄弱村的帮扶指导，争取市级扶贫项目3个、扶持资金208万元。结合农村集体资产改革工作，在扶贫资产中设立扶贫股，动态监管建档立卡低收入农户6318户10957人，对享受相应帮扶政策的人员资格，逐一核实。组织党员干部开展结对帮扶活动，完成4个季度的"阳光扶贫"走访工作，帮助低收入农户解决部分生产、就业、生活中的实际困难。2017年年末，全区农村有未脱贫建档立卡低收入农户409户761人，经过一年多的努力，2018年年末，全区未脱贫建档立卡低收入农户还有61户109人。 (朱洪来)

史 志 工 作

【概况】 2018年，区委党史工委、区地方志办公室贯彻落实《中共中央关于加强和改进新形势下党史工作的意见》及区委十三届五次全体(扩大)会议的部署和要求，切实履行《地方志工作条例》所赋予的义务，围绕中心，服务大局，开展修史编鉴和志鉴宣传工作。

【《金坛年鉴(2018)》出版发行】 12月，区政府主办、区志办编纂的《金坛年鉴(2018)》经方志出版社出版发行。《金坛年鉴》创刊于1994年，2018卷为连续第16卷。全书记载了2017年金坛区在各行各业取得的新成就、新进展，是社会各界了解金坛的重要地情资料工具书，也是金坛区招商引资和对外宣传的重要窗口。为更好地体现时代特色、地方特色和年度特色，全书设金坛概貌、政治、经济、城市建设、社会事业、各镇(街道)概览六大板块。含特载、大事记、工业、农业水利、金融、开放开发、旅游、统计资料、附录等34个篇目，共65万字，有公益、机关巡礼、村镇风貌、企业扫描等专题彩页100多个版面，年鉴收录随文照片100余张，通过图文并茂的形式反映金坛各行各业的情况。

【金坛旧志编译】 为了更好地弘扬和传承金坛历史文化，深化金坛历史文化研究和交流，区委党史工委通过省级相关部门征集到康熙和乾隆两部《金坛县志》的电子文本，由金坛古籍印刷厂进行影印，完成了《金坛县志》(康熙、乾隆版)的资料征集和影印工作。

【推进全区修志】 区地方志办加强对全区修志工作的推进力度，争取有条件的部门、行业，特别是村镇加入到修志行列中。区方志办结合推进名镇、名村志编修工作，赴朱林镇黄金村、金坛税务局等单位部门进行走访调研。对着手编修的《金坛国土资源志》《金坛人民医院志》进行全过程的业务指导，严把政治关、史实关、文字关。

【党史编纂】 编纂出版《中国共产党金坛历史大事记(1926—2016)》；完

成党史三卷本基础资料收集工作;策划编写《铁军在茅山》,已完成初稿;和区老促会联合编写的《金坛革命老区发展史》初稿完成;配合区委宣传部完成金坛革命历史陈列馆布展大纲。

【党史宣教】 为进一步做好党史宣传教育工作,区委党史工委征集、整理相关党史文字和图片资料,在机关、各镇、街道开展党史知识图片巡展。5月5日,在图书馆和区委组织部、宣传部、中国邮政集团公司常州分公司联合举办《马克思诞辰二百周年》邮票首发暨“党在我心中”专题邮展。6月27日,在图书馆举办“不忘初心、牢记使命”庆祝建党97周年党史知识图片展。 (刘士科)

党校工作

【概况】 2018年,区委党校提高政治站位,增强“四个意识”,坚定“四个自信”,坚决做到“两个维护”,服从发展大局,努力改革创新,提升服务实效。区委党校根据区委干部教育领导小组工作要点,策划实施组织部调训的各项主体班次。陕西省石泉县宁陕县科级干部赴坛交流学习班、宁陕县党务干部金坛培训班、初任公务员暨军转干部班、全区党组织书记与党务干部班等主体班次取得较好效果。培训班聘请当地领导干部的兼职师资登上党校讲台,开展现场教学、案例式教学,提高培训实效。

【理论宣讲】 区委党校深入贯彻落实习近平新时代中国特色社会主义思想和中共十九大精神,实行审核登记备案制度,严格规范外出授课,保证党校姓党的政治属性。以重要会议、重大决策等为契机,形成涵盖20余个专题的“宣讲菜单”,及时向基层单位推送并提供上门服务。全年,宣讲辅导近160场次,受众13500余人次,展现理论政策宣讲主力军与意识形态领域战斗队的良好精神风貌。

【教学科研】 区委党校重视科研服务教学服务发展,围绕区委、区政府中心工作和提升教学质量,做好理论研究与区情调研,共撰写各类理论文章56篇,其中省级以上15篇。完成省委党校课题1项、环太湖论坛调研课题3项、常州市委党校课题8项。与区政协、区纪委、组织部、人社局等部门开展“民主协商参政议政”系列调研及“我区高质量专业化干部队伍建设”重点调研。《金坛区情调研》校刊刊发4期,计8篇文章。

【队伍建设】 区委党校重点培养优秀中青年教工,强化岗位练兵,采取选派教工外出培训、教师跟班学习、换岗多岗兼职锻炼、协作互补制等方式,促进青年教师崭露头角。进一步吸纳20余名当地领导干部、各类先进人物、外地高校名师,充实“兼职师资库”,适应主体班和普通班培训要求,弥补教师结构缺陷。党总支领导班子换届改选,成立党校妇联组织,组建“巾帼宣讲队”,发挥女工队伍作用。

【坚守意识形态阵地】 区委党校高度重视宣传思想工作,牢牢守住党校作为“党员干部教育主阵地、理论研究宣传主平台”这一意识形态领域重要阵地,逐步建立“自主性、网络化、协作化”宣传阵地。办好“金坛党校”微信公众号,刊发大政方针、工作要闻与理论动态,公众号刊发20期;与宣传部门开展协作,在《金坛时报》、广电台开设专版专栏专题,面向社会大众宣传解读党的理论、国家政策与新形势新任务。 (周艳艳)

10月22日,区档案局参加省首届档案职业技能竞赛 (区档案局 供稿)

档案工作

【概况】 2018年,区档案局以开展“规范建设年”活动为抓手,进一步强化档案资源、利用、安全、制度“四个体系”建设,努力提升档案基础业务、信息化管理、法治建设、服务大局“四个水平”,为高标准高质量发展区档案事业夯实基础。

【档案接收】 2018年,档案接收工作有序进行,共接收婚姻档案、公证档案、水利普查档案等137卷、10750件,照片档案497张、光盘2盘、实物10件;破产改制企业93箱凭证、1448件文书档案接收进馆;代保管政府财务档案24本;代管杨兆群刻纸作品159件。树立“大档案”的工作理念,托管14家机关单位文书档案8966件,专门档案4卷、151件。

【档案查阅】 2018年,共接待查档6379人次,调阅档案2640卷、6180件,提供复制件14271页,拍摄照片

5128张，为工龄查实、产权归属、企业改制、婚姻关系、职务晋升等提供档案证明。参与常州市民生档案分布及查阅指南的编制工作，区档案馆共上报民生档案23种。

【业务指导】 对全区73家单位开展档案工作星级测评和复查工作；加强30家行政村和涉农社区建档指导工作，年底前，101家行政村（涉农社区）档案工作创星级将实现满堂红；金坛银湖食用菌等3家合作社顺利通过省档案工作三星级验收；为全区173名档案员提供档案业务培训，进一步提高全区档案人员队伍素质；组织参加江苏省首届档案职业技能竞赛活动，参加初赛笔试人员58人。

【征集编研】 全年共向社会各界征集图书资料87册（套）；征集晨风集团、飞洋鱼制衣、亿晶光电3家乡镇企业档案史料106件；征集余慎烈士殉难时遗留重要文件内容摘要一览表、钱骥1943年国立中央大学理化系毕业名册（电子版）等名人档案2件；与范学贵合作编研出版《亲历亲见亲闻——记述无缰》一书；共征集到金坛沈史蔡史氏，宜兴史氏、仇氏、储氏，天王寺许氏、秦氏姓氏宗谱档案（含电子版）共6套97册。

【安全体系建设】 全面落实库房保管技术要求，增设查档服务大厅感应门门禁系统，加强库房日常信息登记、库区安保巡逻和安全检查，确保档案实体安全。严格涉密电脑、涉密存储载体和档案服务外包项目安全管理，确保档案信息安全。

【数字化建设】 全面推进数字档案馆建设。继续加大投入，投入75万元，添置两台磁盘阵列储存设备。继续开展馆藏档案数字化工作，已完成1574894页数字化扫描，并对数字化工作进行回头看和整改，提高档案数字化质量，馆藏档案数字化率达95.4%。

【档案法治建设】 区档案局对全区98家机关、事业单位进行档案工作年检；按要求做好监管抽查平台相关信息录入工作。全年被常州市级以上档案报刊、网站及媒体录用稿件106篇，其中国家级6篇、省级18篇、市级82篇，形成良好的宣传氛围。

（胡 水）

机关党建

【概况】 2018年，区委区级机关工委以习近平新时代中国特色社会主义思想为指引，以党的政治建设为统领，围绕中心抓党建，抓好党建促中心，以高质量机关党建保障金坛高质量发展和高速度增长。

【政治建设】 举办“新时代、新使命、新气象、新作为”主题演讲比赛，开设“学习新党章做新时代合格共产党员”等专题党课，组织党员干部深入学习习近平新时代中国特色社会主义思想和中共十九大精神，增强“四个意识”，强化“四个自信”，坚定“两个维护”。强化机关党组织的政治功能，加强意识形态工作，在发展党员、党员教育管理过程中严把“政治关”。严格规范党内政治生活，强化“三会一课”、党委委员挂钩联系、领导干部参加双重组织生活等制度。压紧压实党建责任，坚持基层党组织书记抓基层党建述职评议，完善机关党建工作考核办法。

【思想建设】 持续深入学习贯彻习近平新时代中国特色社会主义思想和中共十九大精神，充分发挥“季度党课”载体作用，举办“学习新党章，做新时代合格共产党员”、中共十九大精神宣讲等系列专题党课，推动机关党员干部把中共十九大精神学懂弄通做实。结合第九届金坛读书月活动，举办“文学中的传统文化”、交通法规、健康知识等讲座，丰富机关党员干部文化生活。开展“七一”表彰活动，推选出一批机关优秀共产党员、优秀党务工作者和先进基层党组织，激发干事创业热情。

【组织建设】 2018年召开区级机关党的工作会议，制定下发年度工作要点。深化党支部规范化建设，开展第二批区级机关“四有一责”党建示范点创建，召开现场推进会，共有27家党支部申报。深化机关党建品牌创建，提升内涵内容、质量质效，基层申报品牌64个。做好党务干部提名把关、任前考察，完成24家基层党组织换届。落实发展党员全程纪实要求，完成全年发展计划。组织开展全区党务工作技能比赛，217名党务干部参

6月19日，基层党建业务知识专题辅导讲座 （区委区级机关工委 供稿）

加初赛,30名选手进入复赛,10名选手角逐决赛。

【纪律建设】 坚持把党风廉政建设工作纳入机关党建工作要点,带头签订《党风廉政建设责任书》《综治和平安建设责任书》《法治建设责任书》《落实意识形态工作责任书》。严格落实机关各级党组织书记"第一责任",明确"三张清单"(问题清单、责任清单、整改清单),开展双向述职及评议,发挥好示范引带作用。组织41名基层党组织书记赴苏州市委党校进行专题学习,重点研学新时代机关党建创新与实践、党支部工作实务规范等知识,开拓视野、提升能力。重新修订《区委区级机关工委内部管理制度》,明确行为规范,规范干部管理。以解放思想大讨论活动为契机,在区级机关中扎实开展廉政、作风、纪律教育,筑牢机关党员干部拒腐防变防线。

【作风建设】 积极参与解放思想大讨论,在全区开展"打通中梗阻、激发新动能"专项活动,在区级机关开展"服务两个加快、争当跨越先锋"主题实践活动,在窗口服务单位开展"服务走在前、效能大提升"活动,评选"优秀服务明星""优质服务事例"。履行好区作风办职能,落实"每月一督查、每季一通报"要求,推动市、区作风建设大会精神的贯彻落实和常州市第三方暗查反馈问题的整改,开展明察暗访"啄木鸟"行动。强化"阳光扶贫"巡察反馈意见整改落实,压实区级机关党员干部帮扶贫困户责任。

【群团工作】 2018年,组建直属机关妇联,举办机关"读书月""庆中秋甜品制作""迎国庆趣味运动会"、国家体育锻炼标准达标赛等活动,组织参加金坛茅山山地半程马拉松、职工歌咏等比赛,坚持走访慰问困难党员、困难职工,增强党员干部凝聚力。加强党工委自身建设,机关党建信息工作荣获常州市信息工作一等奖,全省县(市、区)第五名。

【区级机关党的工作会议】 3月15日召开。会议回顾总结2017年机关党建工作情况,重点部署2018年机关党建工作,区委副书记、组织部部长刘国新参加会议并讲话。会议肯定区级机关2017年机关党建工作取得的成绩,要求区级机关各级党组织突出思想政治引领力建设,依托各类学习载体、创新各种学习形式,进一步加强广大机关党员干部党性修养;突出服务发展推动力建设,大力开展一线党员设岗定责、评比表彰等活动;突出基层组织自我革新力建设,严格执行"三会一课"制度,严肃开展批评与自我批评;突出纪律作风保障力建设,着力形成勤俭节约、清正廉洁之风。会议表彰第一批区级机关"四有一责"党建示范点。

4月16日,江苏省台办举办台商服务示范点授牌仪式　　(区台办　供稿)

【"打通中梗阻、激发新动能"专项活动】 为深入推动各地各部门思想大解放、作风大转变、效能大提升,以优良作风助推全区经济社会高质量发展,在全区机关开展"打通中梗阻、激发新动能"专项活动。围绕打通"思维中梗阻""责任中梗阻""禁令中梗阻""执行中梗阻",推动思想大解放、激发担当新动能、提升制度约束力、促进服务高质量。开展对标要求、找差整改,岗位建功、提质增效,创新创优、突破攻坚,问效问责、专项督查等活动,坚决破除"中梗阻",全面激发新动能,切实提升服务力,并培育选树出专项活动过程中涌现的各类先进典型。　　(新　玲)

台湾工作

【概况】 2018年,区台办聚力"两个加快",以"两岸一家亲"系列活动为载体,完善保障机制,为台企台商台胞办实事、解难题,致力推进企业转型升级,推动台商精神家园建设。成功创建省级台商服务工作示范点,连续十年被国台办宣传局评为对台宣传先进单位。

【"引资引智"助力"两个加快"】 区台办提供有效招商信息4个,开工项目3个。投资3000万美元的台资百冠汽车零配件项目11月28日开工动土。协助开发区等单位赴台拜会"三新一特"有关产业企业,争取合作发展。跟踪台湾落户开发区项目,做好后续服务保障。5月3日,6月11日台湾百大建设执行长吴原豪参访金坛经济开发区,推进合作项目。协调人社局、财政局等部门研究出台《关于明确台湾青年大学生来金坛创业就业有关扶持政策的通知》,政策助力金坛"引智"发展。3月21日,邀请台湾世新大学、醒吾科技大学、医盟健康实业股份有限公司到金坛交流青创事宜，诚邀台青俊杰到金坛发展。4月中旬，台湾神话言(TALES)艺拓国际与金坛旅游局、江苏茅山旅游控股有限公司就茅山文创主题、风格、体现精神等进行探讨，为金坛茅山旅游文创建言献策。金坛区委召开“两个加快攻坚突破年”动员大会后，区台办对重点台资企业进行走访慰问，鼓励企业专注核心技术，抢抓市场发展机遇，乘势而上。

【“两岸一家亲”载体内涵不断丰富】 区台办积极构建文化传承纽带。新春佳节前夕，组织金坛新生代书画家走进台企，以文化传承为主题共书“两岸一家亲”，营造弘扬传统文化传承的良好氛围。搭建平台部门联动助力发展。4月24日，区台办联合区市场监督管理局、科技局、经信局等部门与金坛区台商联谊会交流联动，就品牌建设、科技扶助、产业集聚等现场办公，助力企业转型升级效能加速。5月19日，区台办联合区人社局、环保局、安监局等部门与金坛区台商联谊会交流联动，在人才引进、社会用工、企业生产经营中应当注意的事项等台商关心的问题上现场答疑解惑。推进惠台措施落实。借力区人大常委会对全区贯彻实施《江苏省保护和促进台湾同胞投资条例》进行执法检查，进一步推动全面落实各项惠台政策措施，持续优化投资环境，开启全区台湾同胞权益保障新征程。国台办《关于促进两岸经济文化交流合作的若干措施》、省委省政府《关于深化苏台经济文化交流合作的若干实施意见》以及常州市《关于深化常台经济社会文化交流合作的实施意见》相继出台后，区台办与市场监督管理局、人社局、公安局、教育局、科技局等部门做好政策对接宣传，切实便利台商台胞的工作、生活、学习。

【持续加强台商精神家园建设】 区台办每月为在金坛台商组织庆生会，让台商感受家的温暖。6月18日，副区长周新生应邀与在金坛台商进行端午联谊，一起共祝端午“安康”。中秋期间，区台办携手区台商联谊会举行“庆中秋、叙情谊、话团圆”烧烤活动。入学季协调教育局帮助台商子女顺利入学，解决后顾之忧。动员台商积极投入社会公益活动，参加“阳光扶贫”活动，与神亭村等结对帮扶，提供资金扶持以及就业岗位支撑，东禾电声配件有限公司、嘉林灯饰等台企近年来累计捐款10万余元。组织台商积极参加金坛城市马拉松，感受日新月异的市政建设变化，激发参与社会经济建设的主动性。区台办从9月1日起协助金坛区台胞申领台湾居民居住证，便利台胞在大陆生活、工作、学习、出行。

【加强涉台宣传，注重意识形态引领】 畅通两岸资讯平台。为重点台胞台属订阅《台湾工作通讯》《两岸关系》等杂志，使台胞台属能及时了解掌握党和国家的对台方针政策、两岸关系发展。大力开展入岛宣传。以突出亲情、体现真情、运用乡情为主线，和台北金坛同乡会保持经常的联系，互换会刊，互通信息，及时报告家乡经济建设的形势。宣传党对台有关方针政策。宣传中共十九大以来党的对台方针政策，在惠台“31条”、省“76条”实施意见出台之际，加强宣传引导，让台胞真切体会到大陆的情真意切。拓展新媒体传播。利用“常州与台湾”等微信公众号，做好有关政策的解读，宣传台商在金坛经济建设中做出贡献的先进典范，让台胞台商体会到“两岸一家亲”。2018年，区台办共上报宣传报道75篇、信息15篇，其中1篇被省委专报录用。

【对台联络联谊新拓展】 区台办加强与台湾各界的交流联谊，拓展交流平台渠道，提升交流层次，注重交流实效。寄送贺卡给台北金坛同乡会，通告金坛建设成就。向120余名台属联谊会成员致电问候，欢迎金坛籍在台后代返回金坛创业发展。交流交往持续升华。2018年共接待到访台胞300余人，与台湾宜兰农会，宜兰苏澳、礁溪、大同、罗东镇、三星村等到访朋友结下深厚友谊。赴台访问更为频繁。先后为12支商务团队办理交流考察的申报工作；办理金坛开发区1支自组团队，4支跟团公务团队，涉及经贸、文化、特色农业、学校等交流，深化与宜兰县青工总会、台湾机械行业公会、台湾中华厦漳泉文化交流协会等交流互动。交流平台不断拓展。8月15日，台湾新北市中小学校长参访团在新北市泰山区朋志小学校长萧又诚带领下，参访金坛华罗庚实验学校，并与华罗庚实验学校签署交流合作备忘录。11月18日，由美国大华盛顿华商联合会荣誉会长、邵氏实业开发公司董事长、龙桥广告视频制造公司理事长邵祖国任名誉团长，美国大华盛顿华商联合会共同创始人、荣誉会长、联合置业集团董事长、台湾商会顾问叶安舜率领的“海外台商江苏行”参访团一行18人到金坛考察交流。

【台商联谊会】 3月1日，金坛区台商联谊会举办“共谋发展话未来”新春茶叙活动，激励在金坛台商借势“两个加快攻坚突破年”，深化转型谋发展，继往开来不断取得辉煌。10月15—19日，台企江苏证隆机械有限公司以及台属企业安普科技有限公司在上海国家会展中心参展中国国际纺织机械展览会暨ITMA亚洲展览会，展示金坛企业的风采。

【台属联谊会】 12月28日，金坛区台属联谊会召开第五届会员代表大会，来自金坛3个街道6个镇近百名台属会员代表参加会议。常州市台办副主任凌洁，常州市台属联谊会会长赵明，金坛区委常委、统战部部长、政法委书记孟敖祥等出席会议。会议审议并通过第四届理事会工作报告以及章程修改的决议，选举产生新一届理事会理事和监事。2018年春节前夕，区台属联谊会对17户重点台属、困难

台属计进行走访慰问，送去慰问金和慰问品，确保他们过上一个愉快祥和的春节。 （薛 华）

信 访 工 作

【概况】 2018年，区信访局共受理信访总数2593件次，比上年上升46.7%。其中来信673件，比上年上升65.4%，重复信298件，涉及137人；来访350批1920人次，比上年批次上升27.7%、人次上升41.4%，集访77批1567人次，比上年批次上升63.8%、人次上升56.2%；复查69件；发生去省上访60批109人次，比上年批数上升46.3%、人次上升29.8%，集访4批30人次；发生进京上访53人62人次，比上年人数下降19.7%、人次下降17.6%，非正常上访1人次。

【新中心 心服务 星品质】 2018年，区人民来访接待中心坚持用“五星级”服务打造人民满意窗口。为推动初信初访及信访突出问题的高效解决，利用新落成的社会管理服务中心，全面整合人民来访接待中心、矛盾纠纷调处中心、法律援助中心、合成维稳中心、网格化社会治理联动中心资源，创新推行以人民为中心的“五心合一”信访工作新模式，有针对性地对每起来访件落实便捷高效办理，逐步形成“一站式接待”“一条龙服务”和“一揽子解决”的信访联动网络机制。接访窗口工作人员以热心接访、耐心听访、精心下访、细心处访、暖心回访的“五心”工作法贯穿于信访工作全过程，将“五心”服务打造成“五星”品质，实现了解民情、集中民智、维护民利、凝聚民心。该模式建立以来，预防矛盾纠纷1328起，化解突出信访问题12件，推动65件信访事项实现简易办理，全区进京越级访明显下降。金坛区被江苏省政府信访局授予2018年度全省信访系统“人民满意窗口”。

【积案化解】 4月，开展“四大重点”（重点人员，重点领域，重点群体，重点问题）攻坚活动，成立由区长沈东任组长，区委常委、常务副区长陶伟，区委常委、政法委书记孟敖祥，副区长王晓航任副组长的信访矛盾化解攻坚战领导小组。党政主要领导完成每季度包案化解1件，全年共阅批群众来信52件，协调幸福新村28号楼违规销售、华钛化工污染、红太阳科技园员工宿舍产权办理、下岗志愿兵安置等15起信访事项，涉及人数1000余人。推动解决信访问题26件，其中包括拖达十年之久的袁树青信访事项。各镇（街道）每周滚动排查不稳定因素，对排查出“四大重点”信访事项，均按照《常州市金坛区党政领导干部包案督办处理重大疑难信访问题实施意见》明确包案领导化解责任，逐案建立台账，针对性出台具对策措施。

8月23日，区委书记狄志强（左一）调研幸福新村 （区信访局 供稿）

【访调对接】 6月，金坛区作为人民调解参与信访矛盾化解工作的试点地区，区信访局结合自身实际，进一步完善人民调解参与信访矛盾化解组织网络体系和工作衔接机制，设立覆盖区、镇（街道）、村（社区）三级实施方案、工作小组、工作流程，充分把人民调解及信访部门职能优势延伸到矛盾纠纷最前沿。该工作开展以来，全区497名人民调解员主动参与初信初访接待和信访积案的化解工作，开展矛盾纠纷集中排查行动3096次，发现隐患1572起，预防纠纷1328起，推动15件突出信访问题实现“访停事了”。

【对标找差】 2018年，区信访局紧贴信访干部思想实际和工作实际，以贯彻落实信访工作基本法规政策为着力点，通过对标找差、业务培训、岗位练兵等方式，不断提高金坛区信访干部政治站位和综合素质。10月31日、11月26日，分批组织接访一线的信访干部100余人次先后赴溧阳市、诸暨市枫桥镇参观学习，以走出去的方式学习借鉴先进地区的做法，依托“解放思想大讨论”活动开展信访工作理念创新，变被动为主动，化消极为积极，为金坛区信访干部适应新常态下信访工作要求开阔视野、拓宽思路，也为金坛区信访工作提供可复制、可借鉴的宝贵经验。

【基层信访】 2018年，区信访局坚持把重基层、强基础、抓基本作为重中之重，主动赴各镇（街道）信访办进行调研，了解基层信访干部的做法、思路，倾听基层群众呼声，收集基层工作亮点、特色经验并通过每月的《信访情况》在全区予以推广。同时在全区各层级信访部门中营造出“比学赶超”的工作氛围，为探索信访矛盾纠纷化解工作新模式、新方案提供有力工作思路。全年，共编印《信访情况》12

期。被《江苏经济报》录用2篇,《常州日报》录用3篇,省级录用11篇,市级录用133篇。

【难点督查】 2018年,区信访局以处理好群众第一次来信、接待好群众第一次来访为着力点,在初信初访环节实行"一对一"联系点制度,同时认真筛选来访案件,对上行的重、难点问题,由督查专员、对应联络员带案下访,上门听取责任单位办理情况汇报,并根据实际情况共同商讨制定有效处理方案,定出办理时间表,强化信访矛盾源头化解。第吾大道200余户商铺业主集访事件,区信访联席办第一时间召集公安交警大队、规划、住建、城管、新城社区、吾悦广场商管中心进行现场调研和会商,增设380个停车位、开放北广场出入口,从接访到问题解决仅用6个小时。多部门协调联动、快速有效的处事效率获得200多户上访人的好评。全年共督查56件次,成功妥善处置下岗志愿兵、垃圾中转站等26起大规模集访事件。

【"幸福手牵手"】 2018年,金坛区积极探索运用法治思维和法治方式破解妇女维权工作中的难点问题,建立网格化管理与信访工作相结合的新路子,区妇联与信访局连续推出妇女维权帮扶项目,通过项目化、实事化和社会化运作方式,调整困境妇女儿童心理状态,化解困难家庭中的突出矛盾,整合社会资源实施帮扶关爱。6月14日,"幸福手牵手——社区信访困境妇女维权帮扶项目"在金坛区西城街道南洲社区正式启动。全年共开展摸底调查3次、座谈会2次,开展团体心理辅导5次、个体心理辅导37次,信访困境妇女慰问5次,计35人;解决1例老上访户问题。通过基层社区网格化管理平台,在社区信访困境妇女援助过程中抓住关键点精准发力,维权、帮扶、发展一步到位,构建社区"智慧维权"新模式。11月,该项目被江苏省信访局评为全省信访系统微信创作大赛优秀入围作品。 (仲 霞)

老干部工作

【概况】 2018年,全区围绕中心,服务大局,切实加强老干部的服务和保障,落实"两个待遇"(政治待遇和生活待遇),加强"两项建设"(离退休干部思想政治建设和党支部建设),不断提升老干部工作科学化水平,发挥老干部的独特作用,汇聚正能量,为全区深入开展"两个加快攻坚突破年"、建设快速崛起新金坛做出积极贡献。

【离退休干部党建工作】 7月,召开全区离退休干部党建工作推进会,下发《关于进一步加强离退休干部党建工作的意见》以及《关于加强离退休干部党组织建设的实施意见》等"1+3"配套文件,明确了离退休干部思想政治建设、组织建设、经费保障等方面相关规定,使离退休干部党建工作步入制度化、规范化。为完善工作机制,促进交流沟通,全区共分7个片(组),建立片(组)长定期交流工作制度。9月,区委老干部局组织召开离退休干部党组织书记片(组)交流第一次会议。12月,举办全区离退休干部党支部书记培训班。黄金村第一书记严清华成为《银潮》杂志第10期封面人物,成为全省老干部、老党员学习的榜样。

【精准服务离休干部】 2018年,按照定期通报情况、传阅文件、就近就地参观视察、走访慰问等制度规定,抓好老干部的各项政治待遇的落实。政治上充分尊重老干部,在老干部活动中心设阅文室,让离退休干部能够及时了解上级文件精神。组织对全区和易地安置的离休干部进行全面走访,开展"春送关心、夏送清凉、秋送健康、冬送温暖"活动。全年走访慰问住院老干部50余人次;上门走访慰问离休干部100余人次,并专程赴北京、上海、苏州等地走访慰问异地安置的10多名离休干部,通过近2年的走访,保证全区离休干部全覆盖。春节前,协助区委领导走访慰问住院的老干部,并对生活困难的离休干部遗孀进行走访慰问。按照上级文件规定,审核督查各部门离休干部离休费、护理费发放情况,发现问题及时纠偏补差,并做好对乡镇离休干部特需费的申请和发放。出台《离休干部住院特殊医用材料费用结算调整方案》,更好地落实老干部医疗保障政策,方便医疗费用结算管理。在人民医院、中医院办理离休干部医疗绿色通道卡,确保老干部享受急救医疗绿色通道。

【加强离退休干部思想政治建设】 2018年,组织广大离退休干部认真学习中共十九大精神,深入贯彻习近平新时代中国特色社会主义思想以及全省老干部工作"双先"表彰会精神,采取座谈讨论、桑榆讲堂、报告会等多种形式开展老干部学习活动。"桑榆讲堂"是区委老干部局党建工作创新品牌,为全区离退休干部搭建一个展示老干部风采、传播正能量的平台。共举办五期桑榆讲堂系列讲座,受到广大老干部的好评。协调宣传部为全区副科级离退休干部赠送《金坛时报》900余份;为全区离退休干部、退休职工和离退休干部支部订阅《银潮》杂志1700余份和《离退休干部党支部学习参考》70份。邀请老干部参加重要会议和重大活动,组织四套班子老领导参加区人代会、政协会,让老领导干部参政议政,凝聚共识,建言献策。

【提升优化"文化养老"服务品牌】 2018年春节前夕,区委老干部局组织区老干部书画协会的老干部到尧塘街道汤庄村为村民义写春联。3月上旬,区委老干部局在老干部活动中心举办老干部"欢乐闹元宵"游园活动,全区120多位离退休老干部欢聚一堂相互问候、相互祝愿。在全区离退休干部中开展"奉献新时代、共建新金坛"主题教育活动。围绕庆祝改革开放四十周年主题,主要开展"忆往昔、说发展、谈变化、讲贡献、献良策"调研座谈,先后举办全区"桑榆杯"老干部掼蛋比赛、"我看改革开放新成就"征文、老干部书画摄影集邮联展、老干部文艺和吟诗联欢会、老干部门球比赛等活动。组织金坛、溧阳、武进三市区老干部门球联谊赛和老干部门球流动红旗月月赛;举办老干部象棋赛,协助老年体协举办全区老年人象棋、围棋比赛。

【老干部服务全区“两个加快”】 2018年,区委老干部局组织老干部两次对全区工农业和城乡建设就近实地参观考察。4月下旬,组织四套班子老领导考察茅山旅游度假区,实地察看花谷奇缘、颐园、一号农场等项目建设情况并听取汇报。老领导们对重点项目建设给予充分肯定,对发挥资源优势、优质高效发展、旅游餐饮文化、生态环境保护等方面提出了积极的意见和建议。11月中旬,组织老领导考察全区部分工业企业发展情况,实地察看大乘汽车科技产业园、同方威视、贝特瑞新能源及中航锂电,听取情况介绍,了解产业布局,参观生产情况,察看设备产品,切身感受产业集聚区建设及工业发展强劲态势。老领导们对金坛区工业发展取得的成绩和长荡湖旅游度假区建设发展的成果给予高度评价,表示将发挥余热,关心关注支持金坛区工业经济的发展,为项目建设、招商引资等工作出谋划策,为区委、区政府科学民主决策提供好的意见建议,推动全区经济高质量发展和高速度增长。全年,老领导们共向区委、区政府提出合理的意见和建议10多条。

【关心青少年健康成长】 发挥老干部在教育关心下一代方面的作用。区关工委在青少年中开展“传承红色基因,唱响主旋律”主题活动。组织学生开展法制教育活动,组织公安、司法退休老干部给学生进行法律知识宣传,参观禁毒宣传活动等,受教育学生达4万人。在华胜社区组织开展家风家规教育活动,学生家长积极参与并给予好评。发挥“五老”(老党员、老专家、老教师、老战士、老模范)志愿者作用,走村入户对困难学生走访调查,帮助解决实际问题,开展助学助困助残助孤服务,筹集资金160万元,帮助困难学生163名。

【加强基础管理】 2018年,区委老干部局加强基础管理,规范服务流程,健全完善一系列规章制度,制定下发《机关管理制度汇编》。老干部活动中心进一步加强各协会会员身份管理,改进工作人员服务理念,调整中心开放时间,加强周六值班制度。设立“局长接待日制度”,及时了解老干部的诉求,准确掌握老干部意见建议。整理汇编离休干部和退休四套班子老领导及困难遗属等基础信息资料,为精准服务提供重要依据。编印下发《老干部工作业务指南》《老干部生活待遇简明手册》。3月,区老干部活动中心被批准为参公管理事业单位。

【举办老干部书画、摄影、集邮联展】 10月中旬,区委老干部局、区文联、区文广体局联合举办“庆祝改革开放四十周年——老干部书画、摄影、集邮联展”,全区老领导、老干部及书画、摄影、集邮兴趣爱好者达100余人参加。该次展览共展出书画作品70幅(书法38幅、美术32幅),摄影作品130幅,集邮作品21部60框。

【离退休干部党组织创先争优】 2018年,金坛区儒林镇老干部一支部获评常州市“五好示范”离退休干部党支部称号;直溪镇事业单位老干部党支部获常州市“五好”离退休干部党支部称号;西城街道西门社区被命名为“常州市社区离退休干部党建工作试点”单位。 (张 丹)

机构编制工作

【概况】 2018年,区编办围绕健全机制、完善制度、夯实基础、团队建设,着力推进机构编制管理和改革创新工作,不断提升工作水平,较好完成各项工作任务,为全区经济社会发展提供行政体制和机构编制保障。

【加强机构编制管理】 认真谋划党政机构改革工作。关注国家、省机构改革等相关政策和改革动向,拟订机构改革初步方案,对全区所有党政部门进行人员分工梳理摸底,联合区委组织部对全区镇、街道的机构设置、编制人员状况进行全面调研,形成调研报告,摸清家底,掌握基层一线改革需求。保证减编控编任务完成。严格落实机构编制实名制管理制度,把握编制底数。4月,完成常州减编控编“回头看专项督查”工作。每月梳理在岗人员,做好中编办月报工作,每季度编制一次机构编制登记簿,上报一次问题整改台账目录,严格把关人员招录,严禁满编超编单位进人,财政供养人员连续五年只减不增。开展全区机关、事业单位排查摸底工作,为机构编制改革打下基础。创新事业单位编制管理。深入推进事业单位改革,强化事业单位公益服务属性。继续推进区公立医院人员编制备案管理,研究创新事业单位机构编制管理意见,及时解决改革中存在的问题。拟定《关于开展公办幼儿园教师员额管理试点的实施意见(初稿)》,并征求相关部门的意见。开展督查考核工作。继续牵头绩效考核工作,重新出台考核细则,将机构编制管理和审批制度改革工作纳入全区机关部门绩效管理考核范围。并与扎口考核的财政局、法制办、政务办、广电台等相关部门磋商,细化完善考核指标,注重共性指标,突出量化考核,认真做好考核项目汇总,保质保量完成区绩效考核工作。注重日常督查和专项督查相结合,加强对机关、镇区的编制管理,深入开展机构编制相关工作监督检查,促进机构编制管理工作制度化、精细化、科学化。

【审批制度改革】 认真履行牵头职能。8月,提请区政府召开深化审批服务便民化改革全面推进“一网通办”攻坚行动动员大会,部署“一网通办”和“3550”改革相关工作。区审改办、政务办、“3550”牵头部门、开发区、儒林镇分别表态发言,会后印发《常州市金坛区人民政府关于深化审批服务便民化改革全面推进“一网通办”攻坚行动的实施意见》,进一步提升认识,强化责任分工。深化简政放权工作。区政府先后印发《常州市金坛区人民政府关于取消、规范和承接一批行政许可事项、中介事项和材料证明的通知》《常州市金坛区人民政府关于取消一批行政许可等事项的通知》,共计取消行政许可事项16项、不得行使权力事项6项,承接下放管理层级的行政许可事项5项,规范行政审批中介服务事项4项,取消行政审批材料证明7项。推进“不见面审批”改革。按照省、市统一部署,结合营商环境评价工作,开展“不见面审批”事项梳理工作。重新对不见面事项进行梳理,调整后不见面事项数量占总事项数量的比率达95%以上。5月开展“我为不见面审批改革献一策”活动,共征集各类建议35条,获省编办三等奖1条,有效推进不见面审批(服务)改革工作。继续推进清单编制工作。按照政务服务“进一门、集中办、高效批”改革实施方案总体要求,完成首批“就近办”“网上办”“马上办”清单的编制工作。其中首批“马上办”事项清单共涉及15个部门120项,首批“网上办”事项清单共涉及21个部门264项,首批“就近办”事项清单共涉及6个部门157项。按照清理涉审中介清理规范的要求,联合政管办对全区行业部门涉审中介服务事项进行梳理排查,对22个部门70项中介事项进行重新明确,凡未纳入清单的中介服务事项,一律不得作为审批项目的必要条件。按照网格化治理相关要求,完成121项全区网格服务管理事项清单的编制工作。推进优化营商环境改革。区政府分管领导牵头,先后多次召开优化营商环境推进会,全面推进营商环境软环境建设。区政府出台《区政府办公室关于高质量实现“3550”目标进一步优化营商环境的通知》《常州市金坛区进一步优化电力接入营商环境实施方案》等文件,明确30项改革任务,建立“3550”月报制度,定期通报改革情况。通过前期改革,企业开办时间压缩在2个工作日内;不动产登记交易分中心开通资金监管业务,实现水、电、气一窗式办理;工业建设项目实现全程代办,由工业50窗口统一扎口办理,办件更加高效。全面实现“3个工作日完成企业开办、5个工作日领取不动产权证、50个工作日领取工业项目施工许可证”的省定目标。开展综合行政执法体制改革试点工作。2017年结合承担行政职能事业单位改革对交通、农林等部门进行综合执法体制改革,精简执法队伍,实现一个部门“一支队伍管执法”。2018年,金坛区被列为常州市综合行政执法体制改革试点地区。结合党政机构改革,同步深化综合行政执法体制改革,实现全区5~7支队伍管执法的目标。1月初,联合区政府法制办公室转发常州市编办、市政府法制办公室《关于推行“双随机”监管抽查平台全面上线的意见的通知》,3月底,全区21家部门全面上线常州市“双随机”抽查监管平台,导入执法人员703名,执法对象31060家,全年完成计划任务905项。

【推进事业单位改革】 加强事业单位信用监管体系建设。贯彻落实《江苏省政府关于加强和改进事业单位监管与服务的意见》《江苏省事业单位信用等级评价办法(试行)》和《常州市事业单位信用等级评价实施方案》要求,在全区开展事业单位信用等级评价工作。在区事业单位登记管理局登记的事业单位法人均需参加信用等级评价,并依托“金坛区事业单位信用等级评价系统”开展评价工作。经过事业单位自评、举办单位评分、监管部门评分等相关工作程序,汇总事业单位的信用评价得分情况等相关信息,初步确定信用等级,并将初评结果反馈事业单位。9月底,确定最终信用等级评价结果,并按照分级分类方法将事业单位信用等级评价结果在政府门户网站等媒体向社会公示。全面完成事业单位法人年度报告公示工作。年初,下发《区编办关于做好2017年度事业单位法人年度报告公示工作的通知》,按照《事业单位法人年度报告公示办法(试行)》和《事业单位法人公示信息抽查办法(试行)》有关规定,对全区所属事业单位进行年度报告公示。全区共有365家事业单位需年检并对外公示,全部于2018年3月31日前完成,年度报告公示完成率100%。全年共完成事业单位变更登记54家,设立登记5家,注销登记5家。 (山 杰)

(编辑 刘士科)

常州市金坛区人大常委会

综 述

【概况】 2018年1月，金坛区第十七届人民代表大会召开第二次会议，听取和审议区人大常委会、区人民政府、区人民法院、区人民检察院工作报告，审查和批准区国民经济、社会发展年度计划和财政预算，并分别作出相应决议，依法选举区监察委员会主任。全年共召开7次常委会会议和13次主任会议，听取和审议区人大常委会有关工作机构、政府、监委、法院、检察院工作报告39项，通过决议、决定8项，依法任免国家机关工作人员25人次。督办代表建议191件，处理群众来信来访30人(件)次。

区人大常委会深入学习贯彻习近平新时代中国特色社会主义思想和中共十九大精神，忠实履行宪法和法律赋予的各项职责，以“人大基础建设年”为主题，以“五问工作法”(贯彻发展新理念，在融入大局中问策；践行法治新要求，在实施监督中问效；顺应人民新期待，在造福群众中问需；完善服务新机制，在联系代表中问计；强化作风新转变，在提升能力中问质)为抓手，坚持经济发展与民生改善并重、精准监督与依法支持并举，在促进区域发展、维护群众利益、发挥代表作用、提升履职能力等方面做出积极贡献，为推进全区高质量发展、高速度增长和民主法治建设发挥重要作用。组织人大代表进行视察、调研、督查等活动，促进和推动“一府一委两院”(政府、监委、法院和检察院)依法行政、公正司法，增强人大代表履职的责任感和使命感。加强规范性文件备案审查工作，拓展人大常委会监督范围。

重要会议

【金坛区第十七届人民代表大会第二次会议】 1月3—5日在金坛市民中心举行。会议听取和审议区长沈东所作的《区政府工作报告》，审议区发改委提交的《金坛区2017年国民经济和社会发展计划执行情况与2018年计划安排意见的报告》和财政局提交的《金坛区2017年财政预算执行情况和2018年财政预算草案的报告》，审查和批准区2017年国民经济和社会发展计划执行情况与2018年计划，区2017年财政预算执行情况和2018年财政预算。听取和审议王跃中所作《区人大常委会工作报告》、宋文良所作《区人民法院工作报告》、王强所作《区人民检察院工作报告》。会议就相关工作报告分别作出决议。

大会主席团通过议案审查委员会主任委员冯锁强所作《关于议案的审查报告》和财政经济委员会主任委员王新辉所作《关于财政预算草案的审查报告》。大会共收到代表提出的建议、批评和意见188件，其中包括经审查不具备立案条件，均作为建议、批评和意见处理的4件议案。

大会通过《金坛区第十七届人民代表大会第二次会议选举办法》，选举纪海平为区监察委员会主任。

【金坛区第十七届人大常委会会议】 全年共召开7次常委会会议，听取和审议区人大常委会、区政府关于政府半年工作、财政预算执行、财政决算、政府性投资重点工程(项目)及建设资金安排、2015—2017年度金坛区劳动模范评选、2017年度环境状况和环境保护目标完成、“十三五”规划纲要实施中期评估、“七五”普法规划中期实施、为民办实事、代表建议办理、代表资格审查、十七届人大三次会议筹备工作等情况的汇报。听取部分常州市人大代表述职情况。评议区规划局、区统计局、区经信局、区科技局、区民政局两年来的工作情况。专题询问区人民法院执行工作。听取和审议《江苏省河道管理条例》和《中华人民共和国就业促进法》贯彻实施情况的汇报。

常委会分别通过《金坛区人大常委会2018年工作要点》《关于常务委员会组成人员依法规范履职的规定》《金坛区人民代表大会常务委员会讨论、决定重大事项的规定》《金坛区第十七届人大常委会各街道人大工作委员会组成人员名单》和《国民经济和社会发展计划审查监督办法》，作出《关于授予2015—2017年度金坛区劳动模范荣誉称号的决定》《关于接受樊莹同志辞去金坛区第十七届人民代表大会常务委员会委员职务的决定》《关于批准金坛区2017年财政决算的决定》《关于批准2018年本级政府支出预算调整的决定》《关于确定金坛区人民法院人民陪审员名额的决定》《关于聚焦突出环境问题依法推动打好污染防治攻坚战的决议》《关于召开常州市金坛区第十七届人民代表大会第三次会议的决定》《关于接受王美芳同志辞去金坛区第十七届人民代表大会代表职务的决定》。

根据区人大常委会主任、区监委主任、区法院院长、区检察院检察长提请，全年共任免国家机关工作人员25人次，组织宪法宣誓15人次。

【金坛区第十七届人大常委会主任会议】 全年共召开13次主任会议，分别听取"一府一委两院"关于司法体制改革、中医药事业发展、文化遗产保护、乡村振兴战略实施、社会治安防控体系建设、"两个加快攻坚突破年"、深化国家监察体制改革试点情况以及贯彻实施《中华人民共和国土地管理法》《中华人民共和国住房公积金管理条例》《中华人民共和国安全生产法》等情况的报告。

重要工作

【"人大基础建设年"活动】 2018年，区人大常委会围绕常委会重大事项决定、监督、人事任免、代表工作、自身建设等方面的工作，先后出台《关于常委会组成人员依法规范履职的规定》等23项制度规定，全面提升全区人大工作制度化、规范化、法治化建设水平，促进整体履职能力的不断提升。

【督办常委会审议意见、工作建议及代表建议、批评和意见】 全年共下发18份审议意见书和工作建议书，"一府一委两院"分别在规定期限内作出答复和反馈，取得较好成效。对区第十七届人大二次会议期间及闭会期间代表提出的191件建议，及时转交"一府一委两院"办理，并出台督办意见。选取12件建议作为常委会主任、副主任领衔督办件，通过深入承办部门，听汇报、督进度、解难题，促进部门和代表的见面沟通以及问题的有效解决。对3件重点代表建议分别组织专题视察，进行重点督办。所有建议均在规定时间内办理完毕，代表对建议办理工作的满意率100%。开展优秀人大代表建议和先进承办单位评选活动，共评选出优秀人大代表建议10件、先进承办单位5家。

【专题询问】 2018年，按照最高人民法院"用两到三年时间基本解决执行难问题"的要求，人大常委会围绕法院执行工作开展专题询问，在深入调研基础上，常委会组成人员和人大代表围绕执行难难在何处、"执行不能"案件如何处理、执行财产难寻、如何加强异地执行等15个方面的问题，向区政府、区法院、检察院、公安分局、不动产交易中心、人民银行金坛支行等单位主要负责人进行现场询问，有问有答，良性互动，全程录播，反响较好。会后督促政府整改落实，定期汇报进展情况，切实做到有询问、有答复，有承诺、有结果。

【评议部门工作】 2018年，区人大常委会分别对区规划局、区统计局、区经信局、区科技局、区民政局开展工作评议。通过听取专题工作汇报、走访服务对象、实地察看、问卷调查、个别谈话等多种方式，全面了解被评议部门工作情况，并进行满意度测评。通过开展工作评议，推进政府部门改进作风和提升效能，增强常委会监督的广度、深度和力度。

【督查民生实事】 区人大常委会高度关注社会民生事业，12月25日对区政府确定的第一污水处理厂、第一人民医院等十大类年度为民办实事项目推进情况开展集中督查，常委会听取专题汇报，促进民生实事加快落实，增强群众的获得感、幸福感和安全感，不断发挥人大在改善民生中的积极作用。

【"助推两个加快，人大代表在行动"主题实践活动】 2018年，区人大常委会围绕全区"两个加快攻坚突破年"活动部署，把促进经济社会发展作为履行人大职能的第一要务，牢固确立"在参与中监督、在监督中支持、在支持中给力"的工作理念，动员和组织全区800余名全国和省、市、区、镇五级人大代表积极参与项目引进，主动服务项目建设，努力贡献各级人大代

1月3日，金坛区第十七届人民代表大会第二次会议开幕（区人大 供稿）

表的智慧和力量。

【"三百"活动】 2018年,区人大常委会按照常州市人大常委会统一部署,积极开展"听百案、议百事、评百员"活动,先后组织15场不同类型共计170名代表参加的旁听法院庭审和现场观摩执行等活动,让法官、检察官、律师在案件审理中感受到监督的力量,让普通民众感受到公平正义。

【人大代表论坛】 8月4日,第二期人大代表论坛在市民中心金沙大厅开讲,邀请南京市人大代表、南京野生植物综合利用研究院院长张卫民为金坛的600余名四级人大代表作专题辅导,3位来自不同战线和岗位的人大代表现身说法、交流经验,增强代表对人大工作的认知感、代表职务的责任感、履职行权的使命感。

【人大讲堂】 全年共举办人大讲堂9讲,邀请国内知名专家学者、业务骨干就中医药事业发展、乡村振兴战略、就业促进法、治安管理处罚法等内容作专题辅导,帮助常委会组成人员、机关干部开阔视野、更新知识、提升能力。

【人大代表走访、服务选民】 2018年,按照在"人大代表之家"与选民进行一次座谈、组织部分代表开展一次"代表向选民述职"活动、为原选区办一件力所能及的实事、走访和帮助一户困难群众、撰写一条高质量的代表建议的要求,区人大代表走访联系群众987户,收集建议和意见275条,为民办实事146件,慰问困难群众168户,向选民述职122人次。

【各省、市、县人大领导到金坛调研和视察】 3月7日,常州市人大常委会副主任李小平到金坛调研预算审查监督工作;3月12日,南京市高淳区人大常委会主任赵火平到金坛考察经济社会发展及人大工作;4月10日,南通市通州区人大常委会副主任葛涛到金坛考察现代农业发展工作;5月9日,扬州市江都区人大常委会主任张永庭到金坛考察城市规划工作;5月10日,常州市人大常委会副主任李小平到金坛开展《中华人民共和国产品质量法》执法检查;5月15日,常州市人大常委会副主任蒋自平到金坛调研街道人大工作;5月24日,贵州省铜仁市沿河土家族自治县人大常委会主任席宁到金坛考察农业产业发展和茶叶旅游一体化发展情况;5月30日,常州市人大常委会副主任蒋自平到金坛调研年度环境状况和环境保护目标完成情况;6月12日,辽宁省人大常委会副主任康捷到金坛考察乡村旅游业发展情况;6月28日,常州市人大常委会副主任盛建良到金坛调研区、镇人大工作规范化建设情况;6月29日,常州市人大法制委员会主任委员、常委会法制工委主任周智夏到金坛开展《常州市公共汽车客运条例(草案)》立法调研;7月16日,常州市人大常委会副主任陈建国到金坛开展"主任接待代表日"活动;7月25日,镇江市丹阳市人大常委会党组成员蔡国璐到金坛考察畜禽养殖污染防治和精准扶贫工作;8月8日,省人大常委会副秘书长朱有华到金坛开展《江苏省旅游条例》执法检查;9月18日,常州市人大常委会副主任蒋自平到金坛督查市人大"一号议案"办理情况;10月17日,青海省共和县人大常委会主任华旦扎西到金坛考察经济社会发展和代表工作;11月13日,浙江省嘉善县人大常委会副主任殳世平到金坛考察人大代表工作;11月20日,常州市人大常委会副主任白云萍、陈建国、盛建良、蒋自平到金坛视察仙姑村美丽乡村建设情况;11月27日,溧阳市人大常委会主任潘云芳率溧阳市三级人大代表到金坛考察经济社会发展工作;12月5日,苏州市吴中区人大常委会副主任陆增林到金坛考察民生实事项目人大代表票决制和"人大代表之家"建设工作;12月6日,南通市如皋市人大常委会副主任张勇到金坛考察代表工作、财经监督和全域旅游工作。

(吴 强)

(编辑 李华琴)

常州市金坛区人民政府

重要会议

【区人民政府常务会议】 2018年,金坛区人民政府召开常务会议11次,发会议纪要11期。研究讨论年度政府工作报告,讨论年度经济和社会事业工作目标、意见、考核办法及考核情况,贯彻落实上级会议及各类文件精神。研究通过一批规范性文件,包括创建“国家生态园林城市”实施方案、金坛区“城市管理提升年”行动方案。出台一批管理办法,包括区住宅小区停车管理办法(试行)、区集中经营疏导点管理办法(试行)、金城建材市场违法建设治理行动实施方案、区2018年大气污染防治攻坚行动方案等。制定各类政策规划,包括制定2018年经济发展主要目标任务、政府性投资项目实施计划、保障性住房建设项目实施计划清单、政府性投资重点前期项目计划清单、区城市交通畅行工程三年行动计划。完善社会保障制度,包括提高城乡居民基础养老金标准,调整被征地农民养老补助金标准,提高全区城乡低保、农村五保供养、城市“三无”(无劳动能力、无生活来源、无法定赡养人)老人供养、孤儿养育和困难群众医疗救助标准方案等。

【区人民政府区长办公会议】 金坛区人民政府全年召开区长办公会议10次,发会议纪要10期。研究讨论2018年全区经济发展主要目标任务清单、全区政府性投资项目实施计划清单、全区重点产业项目实施计划清单、常州市金坛区农业贷款信用担保基金管理暂行办法(修订),听取金坛区网格化社会治理联动指挥中心智能化建设、金坛区工业企业资源集约利用综合评价工作等情况汇报。

重要工作

【“两个加快攻坚突破年”动员大会】 2月23日,金坛“两个加快攻坚突破年”动员大会召开。会议通过表彰奖励,动员全区上下坚持两个加快不动摇,对照全年目标任务,实现高质量的可持续的快速发展。

【长荡湖水厂正式运行】 7月1日,总投资7亿元的长荡湖水厂历时两年多的建设,正式投入运行。水厂每天稳定供水达15万吨,水源地为长荡湖,后期将加入新孟河水。

【德国工业4.0(金坛)制造基地揭牌】 7月17日,德国工业4.0(金坛)制造基地揭牌。中德(常州金坛)创新产业园,规划面积4.8平方千米,将打造成一个集产业发展、研发孵化、企业办公、教育培训等功能于一体的国际中小企业合作园区和精品园区,为德国中小企业拓展中国市场创造最佳平台。

【“金坛红香芋”地理标志注册成功】 9月20日,“金坛红香芋”地理标志注册成功,这也是全区第4件地理标志商标。“金坛红香芋”成为金坛又一张亮丽的名片。

【仙姑村美丽乡村示范项目正式揭牌】 10月13日,立足“福地仙居”规划定位,地处金坛茅山脚下的仙姑村美丽乡村建设示范项目正式开园。项目包括一号讲习所、村民服务中心、电商馆、非遗馆、村史馆、XIAN味书舍及民宿等。美丽乡村示范建设,仙姑村勾画出一幅“村强民富、景美人和”的美丽画卷。

【钱资湖大桥开工建设】 11月13日,钱资湖大桥开工建设。工程造价约3亿元,全长约927米,主桥跨度104米,标准桥宽39米,双向六车道设计,采用下承式拱桥结构,以牛郎织女“鹊桥相会”为设计理念,大桥通过主副拱与桥身形成半圆,与水面倒影形成月满之状。建成后的钱资湖大桥将完善滨湖新城道路网络,有效改善群众出行条件,提升城市品位,成为金坛未来的又一新地标和景观名片。

【金坛城市形象馆开馆】 12月16日,金坛城市形象馆正式开馆。展馆总投资约6000万元,面积约5700平方米,共3层。以“江东福地·山水金坛”为主题,分概况厅、历史文化厅、建设成就厅、总规厅、交通展厅、重点板块厅、产业发展厅、主城区模型展厅以及数

1月26日,金坛城市形象馆开馆　　　　(区政府　供稿)

字沙盘厅等13个主题展厅。

政 务 服 务

【概况】 2018年,金坛区政务服务工作主动优化服务举措,深化“放管服”改革,完善政务服务“一张网”和“不见面审批”模式,提升营商环境和政务服务效能,为全区实现在苏南板块快速崛起而努力。

政务服务中心全年共办理各类行政审批服务事项77.14万件,比上年减少7.10%。其中即办件64.78万件,占83.98%,减少10.38%。公共资源交易金坛分中心共完成交易量1236项,交易金额366.75亿元,节约金额11.25亿元,土地溢价0.21亿元,交易量增长12.16%,交易金额增长6.62%。公共服务中心受理各类诉求5.57万件,办结率100%,满意率96.6%。金坛区获2018年度常州市重点项目推进服务奖;金坛区政务服务管理办公室(以下简称区政务办)获金坛区两个加快攻坚突破工作先进集体和项目推进工作先进集体。

打通数据屏障,实现网上审批数据互联共享,让群众和企业少跑路甚至不跑路。全区1282个政务服务事项,95%以上实现网上不见面审批功能,19个部门133个事项实现全程网上办理。

【推进“进一门、集中办、高效批”】 集中80%以上便民服务事项到区政务服务中心办理;全区3个镇1个街道综合性服务实体大厅已建设到位;实施“综合一窗”服务,不断整合优化布局,对业务性质相近的进行整合,全区市场准入登记、不动产产权登记过户、工业项目审批都已实现“一窗收件、内部流转、综合协调、统一发证”。

【优化营商环境】 2018年,全区工业项目施工许可工作持续推进加压,实现业务审批环节再优化、审批时限再压缩、审批材料再精简。与上年相比,审批环节减少1个,压缩时限50%,精简材料45%。

【提升项目综合服务】 全区推进综合性业务牵头办理,工业项目竣工联合验收总数比上年翻一番;协调办事更为流畅,政府性投资项目内部流转项目总数比上年增加20%。

【优化公共资源交易平台建设】 交易平台建设有新局面,按照整合建立统一公共资源交易平台的相关要求,建设全区统一的交易信息发布平台,并覆盖到镇(区);完善交易中心化学组合方案,完成相关单位人员划转名单核准,完成部分人员和账户划转工作。交易内容范围有新拓展,稳步推进进场交易内容和范围拓展工作,做到成熟一项、推动一项、进场一项,药品医用耗材管理中心、教育装备采购业务和部分水利项目陆续进场交易。

【政务服务“一张网”改造升级】 完成区电子政务外网升级改造,实现区、镇(街道)、村(社区)电子政务外网全覆盖。完成区政府门户网站向市级政府网站统一技术平台整合迁移。完成区政务服务一体化平台一期项目建设,成功对接区人社局、规划局、国土

青海省互助县考察区公共资源交易分中心　　　　(区政务办　供稿)

局、不动产登记中心自建系统，实现线上线下联动、网上办理事项全覆盖。

【政府网上服务能力显著提升】 2018全年发布信息12760条，网上信箱办结答复信件588件，梳理发布政务服务事项12075件，开展在线访谈8期，发布政策解读65条并转发媒体评论文章20条，制作专题专栏20期，开展意见征集（在线调查）8期，发布新闻发布会7场，热点回应23条。

【"12345"热线创新管理】 "12345"热线工单受理量稳步增长，在常州辖市区中总量第一，工单综合办结率96.2%，综合满意率95%以上。利用《连线"12345"》和《政务直通车》等电视栏目，打造"12345"政府服务优质品牌，营造"关注民生，真情服务"的良好氛围，获常州市级"五一"巾帼标兵岗称号。 （罗锦锦）

外事工作

【概况】 2018年，金坛区人民政府外事办公室（以下简称外事办）牢固树立外事工作服务国家总体外交、服务地方经济社会发展的宗旨，切实把外事工作作为扩大对外开放、加快经济发展、维护社会和谐的重要举措，结合新常态下对外事工作提出的新要求，在对外交流、重大涉外活动、外事管理和出访服务等方面均取得一定的成绩，认真做好因公出国（境）、友好城市联络、涉外管理、外事接待等工作，为全区的改革开放、经济建设和社会进步作出了贡献，营造了良好的涉外环境，为全区经济社会加快高质量发展作出了贡献。

【因公出国（境）】 2018年，全区共审核报批因公出访团组手续37批次102人次。其中，自组团19批79人次（党政人员45人），上组团18批23人次（党政人员6人）。未发生1例违规违纪现象。

7月16—17日，江苏省与德国巴登符腾堡州经济技术合作混合工作委员会第二十四次会议在金坛区召开。 （区外事办 供稿）

【友好城市联络】 4月，韩国大邱智妙小学交流访问团一行29人走进金坛区华罗庚实验学校新城分校，进行国际文化交流。两校领导就友好学校关系、师生教育交流等方面进行交流，并签订友好学校协议书。应日本筑上町町长新川久三和韩国瑞山市市长邀请，金坛区人大常委会副主任王新辉率团于7—8月赴日本和韩国开展友好访问，重点洽谈了友好城市的推进工作。同时，区薛埠小学校长率领14人的师生代表团拜访日本筑上町筑城小学和椎田小学，并参加福冈总领馆为纪念《中日和平友好条约》缔结40周年主办的第一届"九州地区中日青少年友好交流年大会"。8月30日至9月1日，澳大利亚大谢珀顿市市长金·奥契夫应邀率代表团到金坛区进行友好访问，进一步巩固友好城市友谊，副区长周新生全程陪同。11月，日本福冈县筑上町青少年交流团一行30多人到薛埠中心小学进行参观交流，深化双方合作，实现双赢发展，提升对外合作成效。

【涉外管理】 9月4日，金坛区人民医院邀请加拿大多伦多肖代斯医院首席外科医生、外科主任克劳德·布鲁博士来坛开展医学交流和合作，并为医务人员举办一场学术讲座。10月22日，区人民医院与法国巴黎大区南塞纳马恩省立中心医院共同成立的中法医学合作中心揭牌仪式在区人民医院举行，成立3个专科医学合作中心，合作取得实质性意义和成果。

【外事接待】 6月23—24日，波兰耶莱尼亚古拉市市长马辛·扎维亚先生（Marcin Zawi a）一行8人在常州市外事办公室副主任沈炼等陪同下对金坛区进行参观访问，副区长周新生参与接待。

7月16—17日，江苏省与德国巴登符腾堡州经济技术合作混合工作委员会第二十四次会议在金坛区召开。巴登符腾堡州经济、劳工与住建部战略、法律、对外经济与欧洲司司长施特凡妮·欣茨，江苏省发展改革委员会副主任赵建军，常州市委常委、常务副市长曹佳中，金坛区区委书记狄志强，区长沈东和常州市外事办公室主任杜吉宾等共同参与活动。

11月27日，乌兹别克斯坦塔什干州副州长和驻沪总领馆总领事一行在常州市外事办公室副主任司马双龙的陪同下到金坛区金昇实业参观考察，副区长凤启龙参与接待。

（龚 晶）

（编辑 夏 冰）

政协常州市金坛区委员会

综　述

【**概况**】　2018年，政协常州市金坛区委员会（以下简称区政协）紧紧围绕全区中心工作，求真务实，开拓创新，主动作为，奋勇争先，为奋力推动全区经济社会发展取得新突破，实现在苏南板块快速崛起做出积极贡献。区政协共举行1次全体委员会议、7次常委会议、5次主席会议、12次主席（扩大）会议。向区委、区政府提交建议报告4份，征集提案119件，审查立案112件，提案工作办复率100%，委员满意率和基本满意率100%。共收到社情民意信息68件，上报江苏省、常州市政协1件，上报区委、区政府8件，转部门办理12件。编辑《金坛政协》4期，编撰完成15万余字《漕河纪事》，编辑出版金坛优秀历史文化的研究专刊。

重要会议

【**政协常州市金坛区第十届委员会第二次全体会议**】　1月2日下午举行开幕式，中共常州市金坛区委书记狄志强到会并讲话。金坛区政协主席刘国新主持会议。大会听取并审议了区政协副主席葛惠明所作的常委会工作报告和区政协副主席朱亚群所作的提案工作报告。与会委员列席区人大十七届二次会议，听取并讨论区政府工作报告和其他工作报告。委员们认真履行职责，围绕全区政治、经济、文化和社会建设中的重大问题，参政议政，建言献策，提出许多建设性的意见和建议。经大会选举，陈春洪当选为政协常州市金坛区第十届委员会主席，增补于炳忠、刘斌、罗祎3人为政协常州市金坛区政协第十届委员会常务委员。大会历时3天，1月4日闭幕。大会期间，收到委员提案119件，审查立案112件。

【**政协常州市金坛区第十届委员会常委会议**】　2018年，区政协共举行7次常委会议。会议围绕区委、区政府中心工作和政协重点工作，对经济社会发展中的热点、难点问题开展专题协商讨论，提交建议报告4件。1月3日，区政协召开十届六次常委（扩大）会议。会议听取区委书记狄志强代表区委关于十届区政协主席、常务委员候选人的提名并协商讨论；审议十届二次《关于增补政协常州市金坛区第十届委员会主席、常务委员的选举办法》（草案）和会议选举总监票人和监票人建议名单；审议十届二次会议《中国人民政治协商会议常州金坛区第十届委员会第二次会议决议》（草案）。1月4日上午，区政协召开十届七次常委（扩大）会议。会议听取秘书长关于讨论区委主要负责人讲话、审议区政协十届常委会工作报告和提案工作报告的情况汇报；会议还听取了各小组协商讨论大会选举事宜及大会《中国人民政治协商会议常州金坛区第十届委员会第二次会议决议》（草案）的情况汇报；协商确定十届政协主席、常委候选人名单；协商通过《关于增补政协常州市金坛区第十届委员会主席、常务委员的选举办法》和大会《决议》（草案）。下午，区政协召开十届八次常委会议。协商通过区政协2018年工作要点；协商通过有关人事事宜。5月30日，区政协召开十届九次常委会议。专题协商讨论“攻坚两个加快、实现高质快速发展”的议题，会议提出提出“招商引资要优、项目建设要快、队伍管理要严、资源利用要省”等建议。会议还协商通过《关于加快委员履职能力建设的意见》。8月28日，区政协召开十届十次常委会议。会议听取区政府关于2018年上半年经济社会发展情况通报并协商讨论。会议围绕进一步解放思想、追赶超越，推动全区高质量发展和高速增长，在做好特色民宿、生态环境、科技服务、保障农民利益、幼儿教育、中小企业支持等方面提出了意见和建议。10月26日，区政协召开十届十一次常委会议。会议听取区政府办关于区政协十届二次会议以来提案办理情况通报并协商讨论；会议围绕“完善社区服务功能，推进和谐社区建设”议题，“强化组织保障，加快设施建设，推动社区协商，拓展服务功能，提升工作效能”等建议。12月27日，区政协召开十届十二次常委会议，会议听取了区政府2018年工作情况通报，会议协商通过了《关于召开区政协十届三次会议的决定》等相关事宜。

【政协金坛市第十届委员会主席会议】 2018年，区政协共召开5次主席会议、12次主席（扩大）会议。3月14日下午，区政协召开十届八次主席会议。专题调研全区加强公共文化服务体系长效管理情况，为坚定文化自信、涵养城市文明提供了智力支持。6月28日，召开十届九次主席会议。专题调研全区食品安全示范区创建情况，提出"要明确责任、齐抓共管，做好食品安全风险监测和抽检工作，建立健全长效管理机制，全力推进食品行业高质量发展"建议。7月24日，召开十届十次主席会议。专题调研金坛区农业增效、农民增收情况，会议提出"加强农业供给侧改革，加大农村扶贫开发，加快农业规模化经营"建议。9月18日，召开十届十一次主席会议，专题听取全区学前教育人才队伍建设情况并协商讨论，会议从宣传引导、培育人才、完善考核、提升待遇等方面，进一步提高教师的获得感和荣誉感，提升教育事业的生机和活力等方面提出建议。12月26日，召开十届十二次主席会议。会议协商讨论区政协十届常委会工作报告和提案工作报告（讨论稿），协商讨论区政协2019年工作议题，审定各类评优项目，协商召开区政协十届三次会议和召开区政协十届十二次常委会议的有关事宜，会议协商了有关人事宜。

2018年，区政协召开12次主席（扩大）会议，邀请部分委员分别就儒林镇、指前镇经济社会发展情况，滨湖新城规划建设情况，农产品品牌和购销体系建设情况，土地节约集约利用情况，水环境治理暨河长制建情况设，禁毒工作，重点交通工程建设情况，深化"放管服"改革，大病保险制度建立运行，金沙老城改造，财税、反腐倡廉，司法改革等工作专题听取情况通报并提出建议和意见。

重要工作

【原全国政协副主席马培华在金坛调研绿色电源产业】 3月21日，全国政协原副主席马培华到金坛，调研绿色电源产业发展情况。江苏省政协副主席洪慧民，常州市政协主席俞志平、秘书长周效华及金坛区领导刘国新、葛惠明陪同调研。

马培华一行参观了金坛区中航锂电产业园和技术研究院。中航锂电产业园是2015年全区引进的重点项目之一，总投资125亿元，占地1050亩，分3期实施。其中，一期投资25亿元的锂离子单体电池和模块集成生产车间已经建成投产；二期投资40亿元，也已开工建设。绿色电源产业是当前全区重点发展的"三新一特"产业之一，自中航锂电落户以来，一批国内外行业领军企业先后入驻，已经形成了锂电池上下游较为完整的产业链。调研中，马培华指出，金坛绿色电源产业发展顺应了国家对绿色发展的要求。随着当前能源危机、环境问题的日渐突出，蓄电池市场需求不断扩大，绿色电源产业迎来了高速增长期。金坛要在招引项目上始终瞄准行业龙头企业和拥有尖端技术的高精尖企业，在培育产业上时刻关注国家产业政策导向和市场风向标，利用产业集聚优势，不断提升绿色电源发展质量。

（陈书明 金广电）

【全国政协副主席陈晓光考察金坛旅游业】 7月11日，全国政协副主席、民盟中央常务副主席陈晓光到金坛考察旅游业发展情况。江苏省政协副主席、民盟江苏省委主委胡刚，常州市政协副主席吴新法，区政协主席陈春洪陪同考察。陈晓光实地察看了金坛东方盐湖城景区和华罗庚纪念馆。近年来，金坛区以创建国家全域旅游示范区为契机，以"一山一水"两大旅游度假区板块为先导，着重打好"道家养生""湖鲜美食""生态文化"三张牌，做大做强"春赏花、夏尝果、秋品鲜、冬养生"为特色的乡村旅游拳头产品，全力推进乡村旅游富民工程，形成城市旅游、休闲度假游、乡村旅游多元化发展、错位发展新局面。东方盐湖城、华夏宝盛园、京东农业、一号农场等一批重点项目和特色项目迅速崛起。其中，东方盐湖城以"道文化与地缘文化"相结合为主题，将金坛茅山闻名海内外的山、水、道、盐、泉、茶六大文化有机融合提炼，彰显道法自然、天人合一的山水情怀。与此同时，金坛区结合金坛非遗文化和民俗传统文化，依托龙山、愚池自然山水资源，着力打造运河沿岸风光带，建设以金坛地域文化为主要内容的城南特色民俗风情街。

8月28日，政协金坛区第十届十次常委会议召开 （区政协 供稿）

区政协专题调研公共文化服务体系长效管理　　（区政协　供稿）

陈晓光对近年来金坛旅游业的快速发展给予充分肯定，希望金坛充分利用山水资源优势，找准定位，整合农业、历史、民俗以及自然等资源，做细规划，做好乡村特色旅游项目，不断扩大影响力，提升金坛旅游的知名度和美誉度，尽快将金坛打造成长三角知名的休闲旅游度假目的地。

（左　玲　陈书明）

【委员提案及提案办理】 2018年，区政协共收到提案119件，经审查，立案112件。立案率为94.1%。其中，各民主党派、工商联、有关人民团体及政协专门委员会提案15件，界别小组及委员联名提案22件，委员个人提案75件。提案主题鲜明、内容丰富、切合实际、针对性强，全部提案均已办复。其中，所提问题已经解决或所提建议已被采纳的共56件，占50%；所提问题已制定解决措施或已列入改进计划的共46件，占41.1%；所提问题暂时难以解决或留作参考的共10件，占8.9%。从反馈意见来看，满意和基本满意率为100%。提案办理取得了较好的效果，为全区经济社会发展和民生改善发挥了重要作用。民盟金坛区委提出的《关于推进金坛经济开发区国家级生态工业示范园建设的几点建议》、民建金坛区支部提出的《关于建立企业资源集约利用信息系统，提升经济发展质量的建议》《关于加快推进实施车位共享的建议》《关于多措并举，推进黑臭河道的治理的建议》《关于提请新建老年大学的建议》等一批提案得到落实，区政府和职能部门充分吸纳提案建议，推动相关问题的解决，服务了企业，促进了社会事业的发展。

【社情民意信息工作】 2018年，区政协进一步完善机制，修订完善《政协金坛区委员会反映社情民意信息工作规则》，积极探索社情民意信息"微调研"改革。2018年，全区共收到社情民意信息68件，上报江苏省、常州市政协各1件，上报区委、区政府8件，转部门办理12件。特约信息员朱金荣提出的《关于加强新时代禁毒工作的建议》社情民意，区委、区政府主要领导分别做了批示。委员孙和平提出的《九洲里小区交通出行存在安全隐患亟待解决》、委员吴来生和沈建华提出的《关于长荡湖水街栈道维护和亮化的建议》等信息，都获得区委、区政府和有关部门的妥善解决。

【完善政协工作机制】 2018年，区政协坚持党对政协工作的领导，坚持政协重大工作向区委请示报告制度。着力在创优区委与政协协商平台、畅通区委与委员交流渠道上下功夫，协助区委研究制定《中共金坛区委关于加强人民政协协商民主建设的实施意见》，区政协办与区委办、区政府办联合制定下发《政协金坛区委员会年度协商计划制定办法》《政协金坛区委员会提案办理协商办法》。研究制定《关于加强委员履职能力建设的意见》，修订完善《政协金坛区委员会反映社情民意工作规则》。通过完善工作机制作为有效履行职能的重要抓手，不断提高政协工作的整体质量和水平。

【促进文明城市全力创建】 2018年，区政协围绕"加强公共文化服务体系长效管理"召开主席会议，视察文化服务中心、公共服务设施建设情况，进行协商讨论，提出意见建议，为坚定文化自信、涵养城市文明提供了智力支持。组织委员视察金坛城市形象馆建设情况，建议精选风格、精致施工、精心宣传，全力打造展示金坛城市文明发展的精品窗口。组织政协机关人员积极投身文明城市创建工作，通过认真拟定方案、参与网格化管理、定期开展巡察、收集群众诉求等工作，优化城市环境，促进长效管理，得到社会各界好评。委员杨兆群当选为"中国好人"，委员孙洪留当选为"江苏好人"。

（史　霞）

（编辑　夏　冰）

纪检监察

【概况】 2018年，全区纪检监察组织在上级纪委和区委的坚强领导下，忠诚履行党章和宪法赋予的职责，坚持稳中求进、深化标本兼治，党风廉政建设和反腐败工作取得一定的进展和成效。

【践行“两个维护”】 准确把握纪委监委政治属性。区纪委监委把旗帜鲜明讲政治放在首位，深入学习贯彻习近平新时代中国特色社会主义思想和中共十九大精神，以新思想新理论武装头脑、指导实践、推动工作。持续强化党对纪检监察工作的全面领导，主动向区委请示汇报重要事项，及时向区人大专题报告监察体制改革试点工作。围绕打好“三大攻坚战”（防范化解重大风险、精准脱贫、污染防治）、扫黑除恶专项斗争、“两个加快攻坚突破”等重点工作加强监督检查，保障决策落实、政令畅通。严明党的政治纪律政治规矩。及时发现、坚决纠正有令不行、有禁不止，不敬畏、不在乎等行为，严查快处违反政治纪律和政治规矩的问题。牵头开展形式主义、官僚主义集中整治，深入排查列出清单、督查整改紧抓不放，切实解决表态多调门高、行动少落实差以及怕担当、不作为等严重影响“两个加快”推进的突出问题。严格把好拟提拔、拟表彰人员的政治关、品行关、作风关、廉洁关，回复党风廉政情况1036人次。压紧夯实管党治党政治责任。区委以上率下，层层传导责任压力，区委常委带队开展党风廉政建设责任制落实情况检查考核。切实履行监督专责，压紧压实全面从严治党“两个责任”，推行线上、线下履责记实工作机制，坚持“一案双查”，初步形成明责有清单、履责有平台、督责有抓手、问责有力度的“责任落实闭环”。协助区委建立容错纠错机制，出台《关于健全澄清保护制度的实施办法》，推动党员干部干事创业、担当作为。

【构建监督体系】 纪律监督严在经常。开展党性党风党纪教育月活动，全区各级党组织围绕“强党性、讲法纪、扬正气”主题，开展廉政党课570余次、警示教育活动350余场次。区委书记狄志强带头开展约谈工作，各单位“一把手”主动开展谈话96人次，抓早抓小、防微杜渐，咬耳扯袖、红脸出汗成为常态。严格依据“六项纪律”（政治纪律、组织纪律、廉洁纪律、群众纪律、工作纪律、生活纪律）衡量党员干部行为，坚持执纪必严、违纪必究，促进党员干部知敬畏、存戒惧、守底线。监察监督全面覆盖。稳步推进监察体制改革试点，区纪委担负牵头责任，统筹做好机构设置、人员转隶、全面融合等工作，区监委顺利组建、挂牌运行。依据监察法规定和上级部署要求，落实监督检查与审查调查部门分设，赋予10个派驻机构监察职能并统一更名为派驻纪检监察组，向镇、街道综合派出3个监察员办公室，实现对行使公权力的公职人员监察监督全覆盖。派驻监督精准发力。加强派驻监督工作，推动被监督部门与派驻机构切实把主体责任、监督责任抓细抓深抓实。探索“派驻组+”“蹲点轮驻”等监督模式，聚焦打好“三大攻坚战”“四风”整治等工作实施精准监督。探索推进驻村纪检员工作向扶贫、“三资三化”（资金、资产、资源，制度化、信息化、公开化）等基层重点领域延伸拓展，着力打通村（社区）监督最后一千米。巡察监督标本兼治。坚持政治定位和问题导向，主动做好巡视巡察联动工作。配合开展市区联动巡察、辖市区交叉巡察、阳光扶贫专项巡察。协助区委修订2017—2021年巡察工作规划，制定对村（社区）巡察全覆盖工作规划，有序推进十三届区委巡察全覆盖目标任务。截至2018年年底，共开展6轮巡察，巡察党组织34个，延伸巡察村（社区）党组织46个。出台《巡察整改工作问责办法》，开展巡察整改专项督查，巡察整改质效不断提升。

【正风肃纪】 巩固作风建设长效机制。持续完善上下联动作风督查体系，配合开展工作纪律、作风会风等督查44批次。针对违规使用公款购买预付卡、违规公款吃喝等问题,实施常态督查和突击暗访。开展作风建设自查自纠专项行动,坚决纠正公务接待、办公用房、通信补贴、会议管理等领域存在的"四风"问题。强化教育领域突出问题专项治理监督检查,开展"三资三化"专项提升行动,对工作推进迟缓的党员干部实施问责。严肃查处顶风违纪行为。紧盯重要时间节点,加大监督执纪力度,严防"四风"问题反弹回潮,严肃查处违反中央八项规定精神、群众身边腐败和作风问题,对典型案例点名道姓通报曝光,持续释放越往后执纪越严的强烈信号。坚持不懈树正气扬新风。会同有关部门印发《关于加强廉洁文化建设的实施意见》,高标准推进区廉政教育馆建设,培育"一镇一品"廉政文化精品阵地。围绕讲好金坛廉政故事、传播崇廉尚洁文化,持续加大党风廉政建设和反腐败工作宣传力度。

【反腐惩恶】 深化运用"四种形态"(经常开展批评和自我批评、约谈函询,让"红红脸、出出汗"成为常态;党纪轻处分、组织调整成为违纪处理的大多数;党纪重处分、重大职务调整的成为少数;严重违纪涉嫌违法立案审查的成为极少数)。运用监督执纪"四种形态"处理778人次。其中,第一种形态517人次,第二种形态211人次,第三种形态16人次,第四种形态34人次。保持惩治高压态势。全区纪检监察组织共接收信访举报件438件次,立案268件,结案256件,给予党纪政务处分259人,查处群众身边腐败问题人数和单位数占立案数比例达56.3%。规范使用12项法定调查措施和3项提请协助措施,办理留置案件2件2人,取得良好的政治、法纪和社会效果。推进纪法贯通衔接。落实审查调查安全责任制,规范镇、街道一般性审查谈话场所建设,为确保审查调查安全提供有力支撑。发挥反腐败协调小组作用,加强与审判机关、检察机关、执法部门协作配合,注重纪法贯通、法法衔接,工作合力不断增强。 (沈　杰)

(编辑　刘仕科)

民主党派·群众团体

民盟金坛区委

【概况】 2018年，民盟金坛区委带领全体盟员认真学习习近平新时代中国特色社会主义思想和中共十九大、民盟十二大会议精神，切实履行参政党职能，各项盟务工作取得新进展。年内发展新盟员10人，截至年底，全区共有盟员190人。

【参政议政】 常州市、金坛区两级金坛盟员人大代表和政协委员在2018年市、区两级人代会、政协会上提交的人大建议和政协提案目录共有55件，其中有3件民盟党派和民盟委员提案获得2017年度优秀提案嘉奖。副主委姚锁生在人代会上提交7件关于金坛发展、水资源保护、改善民生等方面的建议，其中撰写的《关于进一步优化滨湖新城规划及建设的建议》被列为区人大常委会督办建议。副主委庄严代表民盟金坛区委在区政协大会上作《推进全域旅游建设宜居宜业幸福城》的交流发言。副主委郑美华向大会提交《关于对全区渣土车密封改装的建议》建议被列为人大督办建议。盟员戴文娟撰写的《关于推进金坛经济开发区国家级生态工业示范园建设的几点建议》作为党派提案，被列为区政协主席督办提案。委员王卫平《新交规背景下，在斑马线前车辆与行人应双向规范的建议》提案被列为主任重点督办提案。常州市政协委员陈金娣执笔的《关于提高公办幼儿园收费标准的建议》作为常州政协教育界别的集体提案，在联组讨论中重点发言，《补齐学前教育短板，促进教育优质均衡发展》在《常州日报》进行报道。

【组织建设】 民盟金坛区委坚持"以教育、文化、科技界为主，以中上层人士为主"的方针，慎重发展新盟员，注重质量，重点做好80后、公务员和非公经济代表人士的发展工作。规范新盟员入盟程序，搭建新盟员的培训、学习和活动平台。把发展工作与后备干部队伍建设相结合，不断优化队伍结构，提高整体素质，增强组织的生机与活力。2018年新发展盟员10人。抓好民主监督工作。担任各级特邀监督员、特邀监察员、检察员、审计员、行风监督员和人民陪审员的人员认真开展评议和监督，提出有价值的意见和建议，发挥民主监督作用。

【社会服务】 2018年，民盟金坛区委和各支部开展多种形式的社会服务活动。其中民盟金坛区委主办两次红太阳幼教集团研讨会；组织盟员积极参与捐资，帮助陕西宁陕石泉新建音乐教室3间；虞卫新、赖天慧两位医生分别赴陕西进行医疗扶贫；民盟金坛区委送法到薛埠，开放大学支部送法律进课堂；人民医院、医卫支部开展多次送医下乡活动；文化支部送春联到乡村、企业；盟员石东礼为清华大学学生、区老干部开展讲座；盟员吴炜栋发挥特长，普及书法讲座，教育综合支部为师生开展环保讲座；盟员汤晓梅在课堂开设心理辅导课；盟员陈淑玲将心理咨询服务带进监狱。继续对指前镇解放村一户困难户进行点对点扶贫资助，将精准扶贫落到实处。

【盟员风采】 2018年，金坛民盟成员中，1人被选聘为民盟中央参政党理论研究中心特邀研究员；1人当选民盟江苏省第十二届江苏省委法制工作委员会委员；1人撰写的《我区传统文化传承的一点思考》论文，获民盟江苏省首届文化发展研讨会征文二等奖；2人获2018年度金坛大美医师称号；2人的书法作品在江苏省"食安江苏"书法作品展获奖；1人获全国青少年模拟政协"优秀指导老师奖"；1人获得全国社区教育（青年）研究成果优秀奖；2人分别获2018年全国中学生化学奥林匹克竞赛江苏省一、二等奖辅导老师；1人获得第八届江苏省农业技术推广奖三等奖，入选常州市百名现代农业精英人才培养对象；1人获江苏政务工作先进个人称号；1人获江苏省国土资源厅"十二五"国土资源科技工作先进个人称号；1人获常州市优秀中医师称号；1人获常州技工院校优秀教育工作者称号；1人获常州市"医德之星"称号，常州市第六届公益项目创投"优秀奖"。

（马　莉）

金坛区总工会

【概况】 2018年,金坛区工会工作深化“三大工程”(深化普惠服务、服务职工创新创业、建设信赖“职工之家”),精心组织,扎实工作,服务经济发展,维护职工合法权益,履行工会各项职能。

【文化建设】 区总工会组织“迎‘七一’听党话、跟党走”职工主题演讲比赛,举办第八届“书香企业”职工读书月、“书香人生·悦读阅美”女职工读书征文、全区职工读书分享会等,开办“我爱家乡”职工(农民工)歌手大赛9场,用工人阶级的优秀品质、模范行动引导和激励广大职工群众。大力弘扬劳模精神,召开“五一”大会,表彰60名金坛区劳动模范。编辑《劳模说,说劳模》一书,旨在全区上下进一步形成崇尚劳模、尊重劳模、争当劳模的浓厚氛围。成功举办纪念改革开放40周年暨全区职工迎新年文艺演出,以多形式引导职工自觉把个人理想、企业发展、家庭幸福融入金坛建设大潮。充分发挥工会报刊、新型媒体等宣传阵地作用,加强正面宣传引导,在全社会唱响“劳动光荣、创造伟大”的新时代最强音。

【基层组建】 2018年,全区新建工会组织47个,全区基层工会组织达1700余个、工会会员25.6万人。深入开展“争创模范职工之家、争做职工信赖娘家人”活动,推荐评选全国职工小家1个、江苏省模范职工之家6个、全国优秀工会积极分子1人,评选表彰常州市信赖职工之家11个、信赖职工小家8个。推进工会干部分级分类培训,全年举办各类培训班13批次、培训近万人次。

【创新创业】 区总工会以助推小微企发展为重点,为146家创业企业贷款1585万元,为暂不具备贷款条件的初创小微企业打通融资渠道,缓解创业起步阶段资金短缺压力,促创业带就业。其中“创保贷”(创业保险贷款)扶持对象冯爱忠、孔洪星代表金坛参加“常州市职工创业大赛”获二等奖,3位创业职工入选“常州市职工创意大赛”十佳。持续推进市、区两级“职工创新创业基地”建设,为初创小微企业提供创业场地和配套服务。截至2018年年底,建成市级“职工创新创业示范基地”3家、区级“职工创新创业示范基地”1家。充分利用“大学士”技术对接平台,为企业和创业职工解决技术难题,提供技术服务。

【素质提升】 围绕加快转型升级、优化产业结构,各级工会紧密结合实际,组织职工开展发明创造、技术革新、合理化建议“我为企业献一计”“节能有我、绿色共享”等活动,全区职工提出合理化建议等成果400多条(件)。注重发挥劳模先进在企业自主创新等方面的带头作用,新建2个劳模创新工作室,徐永晨劳模创新工作室获“常州市十佳示范工作室”称号,组织200多名技能人才(劳模)师徒结对,参加省、市职工(劳模创新工作室)十大科技创新成果、十大先进操作法、十佳合理化建议活动,全区7位职工提出的操作法、合理化建议以及十大先进操作法被常州市总推荐到省总工会评选,为推动金坛创新驱动发展作出应有贡献。

区总工会组织送农民工返乡过春节 (区总工会 供稿)

【关爱职工】 区总工会在春节前组织留守外来务工人员吃团圆年夜饭,赠温馨礼包,送外来务工人员平安返乡;夏季共筹集慰问资金220多万元,走访企业和工地208家,发放防暑降温用品120万元,为企业一线职工、快递小哥赠送毛巾、香皂、凉饮品等防暑降温用品,为交警、环卫工人赠送水果;组织开展“关爱女性、相约健康”“两癌”(乳腺癌、宫颈癌)筛查,为500多名困难女职工、女环卫工、女农民工进行免费体检;持续推进“安康驿站”建设和“春风行动”。不断推进服务创新,依托“金坛工会服务卡”微信公众号加大普惠职工力度,开展“工会伴你过大年”“五一惠购”“庆丰收迎国庆”等系列特惠活动17次,投入资金58万元;举办“爱·谈坛”单身职工交友联谊活动4场,新建“爱心母婴室”4家,普惠工作的吸引力、影响力、知名度进一步扩大。精准帮扶成效明显,动态跟踪265户困难职工家庭实际情况,努力实现应帮尽帮。全年共为85户特困职工家庭、187户困难职工家庭发放帮扶资金107万元、“晨风工友爱心基金”95万元,助力21名困难职工子女圆梦大学。

【权益维护】 区总工会融入政府、法

院等多部门构建的"大调解"体系，联合区人社局、安监局等部门深入企业开展专项检查，新建10家保护监督检查员片区服务站，对企业劳动用工情况进行了解排查，从源头减少安全隐患。开展法律宣传活动，2018年年共开展系列普法宣传活动15场，发放宣传书籍1800册，为2500多名职工现场释疑答惑。11家企业成功申报常州市总工会劳动法律监督示范、先进和合格单位。强化法律服务，全年为12名职工就劳动合同签订履行、工资支付、女职工特殊权益保护等问题化解矛盾、解决困难，"法律帮扶精准一体化"服务及法律宣传活动项目获评江苏省工会阳光法律援助志愿服务走基层活动十佳。组织290多家企业、3.6万名职工参加"安康杯"竞赛，江苏儒林建设工程有限公司、江苏南方光纤科技有限公司设备维护组分别被评为江苏省"安康杯"竞赛优胜单位和优胜班组。

【金坛区工会第十三次代表大会】 7月11—12日在润奥大酒店举行。根据《中国工会章程》规定，会议按照无记名投票方式，差额选举产生了常州市金坛区总工会第十三届委员会，等额选举产生了第十三届经费审查委员会和第七届女职工委员会。史益群当选常州市金坛区总工会第十三届委员会主席。

【"金音"系列唱歌比赛】 2018年共开展11场"金音"职工歌手大赛，通过"'金音'培训+多级比赛"的模式，评委团采用专业评审方式，邀请区音乐家协会、区艺术团参与现场评分，历时5个多月，12月14日，全区"金音"职工歌手比赛进入决赛，通过此次活动，为全区基层工会培育一批职工文艺骨干。

【纪念改革开放40周年暨迎新晚会】 12月28日在金坛广播电视台演播大厅举办庆祝改革开放四十周年暨全区职工迎新年文艺演出，歌颂改革开放四十周年来取得的辉煌成就。晚会有歌唱、舞蹈、小品、诗朗诵等14个节目，参加演出的主要人员均来自金坛首届"金音"职工歌手大赛。《九儿》《长江之歌》《我爱你中国》一连串精彩纷呈的文艺节目将演出气氛推向高潮。500多名劳模代表、企业职工参加活动。

【"尊法守法·携手筑梦"服务农民工法治宣传行动】 区总工会联合区司法局、教育局开展"尊法守法·携手筑梦"服务农民工法治宣传行动，在大唐电力等工地，为工人们送上《劳动权益手册》和日常生活用品，并为企业职工送上劳动法律法规等方面的讲座。2018年共开展系列普法宣传活动15场，共1600人参加，共发放宣传书籍1800册。 （符 刚）

共青团金坛区委员会

【概况】 2018年，共青团常州市金坛区委员会（以下简称团区委）坚持以习近平新时代中国特色社会主义思想和中共十九大精神为指导，突出改革创新，加强系统思维，凝炼"金青年"品牌，以"务实、扎实、踏实"的精神，团结带领全区广大团员青年奋发作为，取得一定成绩。

【强化思想引领】 深入学习宣传贯彻习近平新时代中国特色社会主义思想、中共十九大和团十八大精神，成立"今青年学习社"，推进"青年大学习"，承办江苏省"诵读学传"首次走进常州的"金沙青声·时代礼赞"主题活动。加强青年文化产品创作，《奋进的金青年》等5首展现金坛经济人文和青年风采的歌曲广为传唱，《我们在金坛等你》等6部金坛青年奋斗的微电影、微视频点击量累计超30万人次。提升宣传平台，改版"金坛青年"微信公众号及其标识，设计具有金坛区特色、青年特点的卡通人物形象"小金团"。

【当好金青"店小二"】 开展"乡思乡伴·筑梦金坛"系列活动，邀请近500名本、硕、博金坛学子回乡开展社会实践、试岗锻炼，持续释放家乡温度，动员他们学成归来建设家乡。成立金青年QY志愿服务团，对有需要的重点企业常态化提供青才招引、青恋交友、青艺拓展等8类20种企业负责人满足青年员工实际需求的公益服务。组织重点企业优秀青年员工子女50余名免费参加区青少年宫素质课程培训。引领青年岗位建功，原区地税局团支部被表彰为"全国五四红旗团支部"，殷欢被评为"江苏好青年"。

7月22日，2018年金坛籍高校学子"乡思乡伴·筑梦金坛"主题活动启动仪式

（团区委 供稿）

【构建金青"益友圈"】 深化"河小青"爱河护河行动,获评江苏省"保护母亲河活动"组织奖。助力文明城市建设,组织青年志愿者超1000人次,服务时长累计达5000小时。加强与驻常高校对接,组织850余名志愿者圆满完成2018金坛茅山山地半程马拉松的赛事志愿服务。争取上级条线资金,整合社会资源,发放"圆梦行动"助学金近10万元,开展"雏鹰飞翔"计划关爱困境儿童达200余人,对口援助石泉县困境青少年4.9万元。加强青少年自护教育,选送的《一路有你》荣获第五届常州市中小学生自我保护情景剧大赛一等奖。

【助力金青"梦想家"】 开展"青年工匠培养工程",厚植创新土壤,激励青年立足岗位创新创效,大乘汽车成功创建成为"常州市青年创新工作室"。依托青年创业服务中心开展各类培训活动,开办SYB创业培训近20期、创业意识培训10余期、职业资格技能培训近10期,获益青年近1000余人次,其中,215人成功创业,953人取得国家职业资格等级证书。加强金融支持,整合资源开展个性化的青年创业金融服务,累计帮助创业青年申请创业贷款约2.7亿元,扶持青年创业项目500余个,蔡亦扬等5人获省级优秀大学生创业大赛表彰,朱亚军等8人获市级优秀大学生创业大赛表彰。

【推进金青"改革策"】 完善"智慧团建"系统,在网上平台对全区各级团组织、团干、团员进行统一管理。在全省率先编制印发《团支部工作手册》,严格规范基础团务,受到团省委点赞。全面推进基层少先队改革,全区59所小学和初中召开首次少代会,成立首届校级少工委。创新"五四红旗团委""优秀团干部"等团属荣誉的项目积分制公开评选,充分激发全区各级团组织、团干部和广大团员的积极性。开设"今青年课堂",组织青年业务骨干围绕中心工作、重点工作进行互学互促,拉长团干部能力结构短板。

(李耀文)

金坛区妇女联合会

【概况】 2018年,金坛区妇女联合会(以下简称区妇联)围绕中国妇女十二大、江苏省妇女十三大精神,聚焦主责主业,在服务大局、服务妇女中彰显妇联组织的优势,引导广大女性在推动高质量发展和高速度增长的实践中建功立业。

【宣传引领】 2018年,区妇联带领广大妇女学习宣传贯彻习近平总书记重要讲话精神和全国、省妇代会重要部署,成立"巾帼好声音"宣讲团,依托"妇女儿童之家"开展宣讲活动百余场。东城街道华胜社区摄制的《在你身边·巾帼好声音十九大精神大宣讲》入选全国妇联女性之声网站"百千万巾帼大宣讲"网页总平台。组织开展金坛区第五届"十佳女性"、区"三八红旗手(集体)"、妇女儿童事业贡献奖等各类先进事迹征集,王粉华、于丽等7名女性入选常州市"十杰百佳"。区妇联获"江苏省宣传工作先进集体"荣誉称号。

【创新创业】 区妇联组织开展各类女性职业技能培训6000余人次、"农村妇女网上行"培训3000余人次、农村妇女劳动力转移培训2000余人次,帮助有就业需求的女性尽快掌握新技能。常态化举办女性专场招聘会,129家用人单位提供3000多个工作岗位,为妇女提供就业机会。组织女企业家外出参观学习,增强发展信心,转变发展理念。开展"最美创业女性"的评选、表彰和事迹宣讲,在全区营造创新创业氛围。推荐7个项目参加第三届常州市巾帼创业创新创意大赛,薛埠镇的薄壳山核桃项目获得创新创业类第一名。培育各类"妇"字号基地和项目18个,争取省、市扶持资金43.5万元。全年完成妇女小额担保贷款1340万元,帮助90名农村妇女解决创业资金难题,发放2017年度财政贴息资金41万元。

【组织建设】 2018年,全区全面深化妇联改革。9月,区委制定出台《常州市金坛区妇联改革实施方案》。是月,按期召开金坛区妇女第十四次代表大会。不断巩固妇联组织区域化建设成果,6镇3街道全面完成妇联换届,执委人数从80人增加至311人。机关妇联组织实现全覆盖,31个城区妇委会按期完成换届改建任务,新成立7个机关妇联、2个国有企业妇联。24个人数不足的机关单位成立区级机关联合妇联。持续推进"一镇(街道)一品"特色妇联创建工作,因地制宜建成板娘民宿妇联、花木经纪人妇联、长荡湖水街妇联等9个特色妇联。

【民生实事】 推进《"十三五"妇女儿童发展规划》实施,结合妇女儿童发展重难点问题,强化跟踪督查,确保各项任务目标按期完成。7月通过常州市妇女儿童工作委员会《"十三五"妇女儿童发展规划》中期评估。以公益服务项目为抓手,提供妇女儿童公共服务,指导女性社会组织承接省级妇女儿童公益社工2类项目1个、常州公益微创投项目5个,获项目扶持资金11万元,受益人数近千人。创新发起"乐善计划",江苏艾玛仕生物科技有限公司成为第1家入驻企业。向"两癌"贫困妇女发放救助金12万元,为60名困境妇女儿童提供慰问金12.5万元,为50名贫困妇女实现"微心愿"。参与东西部经济协作,组织爱心志愿者家庭参加"情暖宁陕、携手成长"夏令营。资助陕西省宁陕县30名贫困学生助学金6万元,为150名困境妇女儿童提供7.5万元"爱心大礼包"。

【家庭文明建设】 评选表彰100户区"最美家庭",其中,1户获评江苏省"最美家庭",18户获评常州市最美(五好)家庭。开展社区家长学校亲子阅读活动,特聘10位亲子阅读专业教师担任推广大使,在25个社区家长学校开展推广活动,赠书400余册,参与和受益家长近千人。在东城街道华胜社区打造家庭成长空间,面向妇女儿童提供亲子阅读、家庭教育、维权帮困等服务。通过开展"晒晒我家幸福照"的征集评选和"聊一聊我家这40年"故事评比活动,让好家风助力和谐新风。

【普法维权】 注重发挥家庭在普法工作中作用,在全国首创推出《中华人民共和国反家庭暴力法》飞行棋,将法律法规知识以寓教于乐的方式送进千家万户。通过"法律进家庭"社区传唱、微信有奖问答、"我爱我家 与法同行"普法现场咨询等群众喜闻乐见的形式吸引近4万名群众参与其中,普法模式被《中国妇女报》宣传报道。顺利通过省"平安家庭"督查考核,承办常州市"法律进家庭"推进会暨普法飞行棋大赛,区妇联获"常州妇女维权工作先进集体"荣誉称号。启动"幸福手牵手——困境信访妇女援助行动"项目,调适困境妇女儿童心理状态,化解婚姻家庭中的突出矛盾。组织普法培训8期,慰问信访困境妇女24人,化解婚姻家庭等各类矛盾100余件,妇联组织在参与社会管理创新中的优势得到彰显。

【巾帼建功】 深化"巾帼建功"创建活动,切实加强巾帼文明岗动态化、实效化管理,创建活动逐步向全区重点旅游景区、新型商业综合体和"三新一特"产业聚集。通过召开城镇妇女"巾帼建功"活动现场推进会,新命名47个"金坛区巾帼文明岗",12个集体获评常州市、省级巾帼文明岗称号,金坛环卫处获评江苏省三八红旗集体,并成功入选常州市首批三八红旗集体工作室。发动"巾帼文明岗"与经济薄弱村结对帮扶,帮扶困难妇女儿童300余人次,捐资金额20余万元,推动城乡妇女共同发展。

【金坛区妇女第十四次代表大会】 9月15日在区市民中心召开。区领导

4月19日,区妇联联名西城街道举办"我爱我家 共悦书香"活动

(区妇联 供稿)

狄志强、沈东等出席开幕式,常州市妇联主席周广菊到会祝贺,全区各界、各行各业258名妇女代表出席大会。会议审议并通过了金坛区妇联第十三届执行委员会工作报告的决议,选举产生由41名委员组成的金坛区妇联第十四届执行委员会,钱永锋任妇联主席,张婕、戴露任妇联副主席。大会对金坛区第五届"十佳女性",金坛区"三八红旗手(集体)"、"最美创业女性"、妇女儿童事业的热心人士等60名先进代表进行表彰。

(王胜玉)

金坛区科学技术协会

【概况】 2018年,金坛区科协深入贯彻习近平新时代中国特色社会主义思想和中共十九大精神,围绕区委、区政府"两个加快攻坚突破年"部署,开展"科普五进"(进机关、进学校、进社区、进农村、进企业)活动和"三智"(引智、融智、提智)助力工作,提升五大重点人群(未成年人、农民、领导干部和公务员、城镇劳动者、社区群众)科学素质,较好地完成全年的工作任务。金坛区科协入选中国科协2018年全国科普日予以表扬组织单位。

【惠农益民】 金坛区科协以科普惠农兴村计划和社区科普益民计划为指导,组织申报省基层科普行动计划项目,儒林镇柚山村被命名为省农村科普示范基地,东城街道华城社区被命名为省科普示范社区。组织唐丰农机稻米专业合作社、国明天然源茶叶有限公司成功创建省科普惠农服务站。指导儒林镇柚山村民委员会、金坛生态良种茶场和薛埠镇慧雅山羊养殖专业合作社成功创建常州市科普惠农服务站。设立儒林镇柚山村新农村创新创业基地、文化社区和朱庄社区科普示范基地、第四中学信息学奥林匹克和科技创新培训基地。组织薛埠镇仙姑村成功创建省科普教育基地;将长荡湖水城打造成金坛区第一个特色科普馆;与区气象局共建维护气象科普电子屏;与金坛电台联合录制《走近科学》栏目;与《金坛时报》、金坛电视台保持紧密合作关系,在网络媒体上及时更新动态和发布科普知识。会同教育局举办金坛区中小学第七届科学节,全区中小学校108支代表队参加,32所学校获"优秀组织奖",354名同学获"现场竞赛"一、二、三等奖,198名选手获"科技创新成果"一、二、三等奖,72名老师获"优秀科技辅导员"称号;指导后阳小学和薛埠中学成功创建常州市"十三五"科学特色学校;

在后阳小学设立全区第一个青少年科学工作室;华罗庚实验学校学生陈启杭获“第十九届全国中小学电脑制作活动机器人竞赛小学组中鸣超级轨迹赛”一等奖、杭子尊同学获“第十六届全国中小学信息技术创新与实践活动决赛物联网创新设计(个人)赛项小学组”一等奖,实现金坛区在该类全国创新大赛一等奖零的突破,获得常州市青少年科技创新竞赛资助奖励。

【学会工作】 金坛区科协构建学会强基平台,为科学发展提供坚实保障,加强学会自身能力建设,提升学会服务能力,推动产学研发展。新建立常州市金坛江南春米业有限公司、江苏凯灵汽车电器有限公司、常州蒙特仪器制造有限公司3家企业科协,全区企业科协达16家。服务好中盐、茶叶、鹿山光伏等院士(专家)工作站,以企业为主体建设,充分发挥院士、专家的技术引领作用,帮助企业培育科技创新团队,集聚创新资源,突破关键技术制约,推动产学研紧密合作。促进政协科技组委员调研工作与科协工作的有机融合。邀请科技组委员对红香芋协会开展“科技助推金坛特产红香芋的升级发展”调研,发散新思维,推进为农服务的升级换代;对常州蒙特仪器制造有限公司科协开展“金坛民营科技型企业创新发展中遇到的困难和问题”调研,拓展新途径,推动企业科协有效工作。学会改革能力提升取得新突破。各学会、协会、研究会按年检和登记要求,修订章程,调整内部管理制度,加强学会办事机构职业化建设,学会的专业化服务、市场化运作、国际化发展水平进一步提高。为推进协会“两化”(秘书处实体化、秘书长专职化)建设,并结合党建强会的要求,在红香芋协会、茅驴志愿者协会建立协会党支部,分别突出为农服务和志愿服务主题。学术交流提质扩面取得新成效。通过开展学术交流活动,学会组织的吸引力和凝聚力进一步增强。全区科技类社会组织举办各类学术、交流活动50多场次,举办科学普及活动100多场次,承接各类评审项目近10多项。5月举办的学术活动月有18项活动列为全区重点活动,全国性的学术活动有中国金坛雀舌茶叶论坛、中国河蟹产业发展高峰论坛等,学术活动月的影响力不断扩大、层次不断提高。

【人才工作】 金坛区科协构建招才引智平台,为科技兴企提供人才资源。金坛高新技术创业服务中心(国家级科技企业孵化器)成功创建为省级海智基地,拥有成熟的服务团队、完善的管理制度、规划化的服务流程、各具特色的创新创业载体及公共技术服务平台,基本形成完善的服务体系,成为科技成果转化的多功能孵化基地。建立江苏鹿山光伏科技有限公司海智服务站。推进新一轮金沙英才驿站服务工作,调整充实金坛区高层次人才联谊会成员,“创新型企业知识产权现状及对策——以金坛区高新技术企业为例”列为常州市专项软课题。整合金沙服务驿站与高层次人才联谊会服务对象,确定人民医院、体育馆、喜乐多西饼店、在路上咖啡馆4家单位为新的金沙英才驿站加盟单位。在保持原有免费体检、免费健身的基础上,新增科技咖啡馆、生日关怀等服务。参与哈尔滨、深圳人才政策推介工作。组织专家参加休养甘肃、贵州两地考察休养。评选出10名金坛区双创优秀人才。以柚山美丽乡村建设为基础,以长荡湖水产为依托,建设“柚山村农村双创基地”,组建村级双创组织,打造村科普创新园,开展实用技术培训,规划水产旅游发展;以茅山旅游为基础,以民宿为依托,建设茅山民宿旅游双创基地,创新民宿发展模式。开展创客服务工作,根据金坛实际提出和设计针对中小学生创客工作体系,在创意机器人协会建立机器人创新基地。

5月16日,金坛区开展第十三届科普周活动　　（区科协　供稿）

【组织建设】 2018年5月18日,区委办、区政府办联合印发《常州市金坛区科协系统深化改革实施方案》。全面推进服务科技工作者的体制机制改革,深化改革学会治理结构和治理方式,提升服务创新驱动发展的能力,创新服务党和政府决策机制。设立党建强会示范点。召开全委会,调整增补副主席、秘书长、常委和委员,听取和审议通过区科协工作报告、《金坛区科协系统深化改革方案》。

【金坛区2018年科普宣传周活动】 2018年5月19—26日,金坛区科协举办全国科技周暨金坛区科普宣传周活动,在省科普教育基地花谷奇缘有限公司举办科普周主场活动,区全民科学素质工作领导小组成员单位分管领导出席,包括开幕式、花卉科普知识讲座、花卉园艺学术交流、花谷公益科普行四大板块。会同区级机关党委、区卫计局举办健康养生科普报告会；指导绿色家园志愿者协会、西城街道文化社区举办垃圾分类科普知识讲座；会同区农林局举办专家服务团现场指导活动。该届科普周，全区共设计安排系列活动近70项，制作图板近400块，发放各类资料5万余份。全区科技工作者、科普志愿者及各界群众参加科普活动近4000人次，全区总受益人数约10万人次。

【2018年全国科普日活动】 2018年9月15日，金坛区科协举办2018年全国科普日“七彩的夏日 创新与智慧”金坛区主体活动。会同文明办等部门联合南京科技馆举办科技夏令营。活动被区文明办列入“七彩的夏日”重点活动；会同教育局开展科普进学校活动，后阳小学开展“放飞梦想、自由翱翔”科技活动。西城实验学校举办故事演讲、实验探究，薛埠中学举办科普知识专场讲座，华城社区邀请区人民医院专家举办健康义诊讲座，春风社区举办“水样pH测试小试验”等6个板块的水科普系列宣传；文化社区邀请专家举行红十字养老照护技能培训；区农广校举办农产品电子商务培训班；区气象局举办“智慧气象、展望未来”亲子科普训练营；花谷奇缘旅游有限公司举办第二届秋赏节活动；东方盐湖城面向广大群众开放文博展馆。博物馆、华罗庚纪念馆等科普场馆也举行科普展。该届科普日活动，全区共设计安排系列活动近50项，制作图板近300块，发放各类宣传资料3万余份，科技工作者、科普志愿者参加科普宣传活动近2000人次，全区总受益人数达9万人次。（丁立成）

金坛区归侨侨眷联合会

【概况】 2018年，金坛区人民政府侨务办公室、金坛区归侨侨眷联合会（以下简称区侨办、侨联）坚持围绕中心、服务大局、面向基层、深入侨界、加强改革、拓展资源，以实干服务侨界，服务地方高质量发展，侨务工作迸发出新的生机和活力。

【引领侨界】 2018创业之桥——第十五届海外人才常州创新创业洽谈会于9月28—29日开幕。金坛区侨办通过联合、推荐和邀请等方式向全区园区、侨企和华人华侨宣传“创业之桥”各类92个项目。通过以上三种方式，金坛联合区商务局共同组织全区各园区、科技企业孵化器、留学生企业以及华人华侨企业家22人参会。通过宣传“创业之桥”活动，让来自世界各地的海外高层次人才双向互动更多地了解金坛，通过“龙城英才计划”在金坛施展宏图伟业，实现人生抱负。

【聚智引才】 走进园区服务企业，为金坛大乘汽车有限公司引进韩国专家和技术人员事项进行协调。深入企业现场办公解决问题，与常州市国际交流中心和常州人社外专局协调外国专家工作许可审批事项，与出入境管理部门协调专家入境事项，完成金忠焕等16名外国专家的工作签证办理。秉持着“让数据多跑路，让群众少跑腿”的服务理念，参与金坛“一张网”建设，在华人华侨中大力推广“不见面审批”。通过“不见面审批”为在外华侨办理身份证明，用实际行动来做好为侨服务工作，更好的推荐地方政务发展。

【华裔寻根】 8月3日，2018年海外华裔青少年“中国寻根之旅”夏令营常州站营员一行160多人到省“中华文化海外交流基地”东方盐湖城体验金坛传统刻纸艺术以及久负盛名的茅山道家文化。接待美国工程科学院院士胡正明、中国香港金坛同乡会会长戴纪唐、美国马里兰大学许卫峰、田纳西大学罗荣以及来自美西和非洲商会等多位海外侨领。联络澳洲和日本华人华侨，打开金坛海外联谊的大门。

【爱心助学】 发挥海外侨胞扶危济困传统。做好第一中学胡氏奖助基金发放工作，8月24日，第22届“胡氏奖助金”在区第一中学发放，为20位考取大学的学生，按一、二、三等奖分别送上2400元、1600元、1200元不等的奖助金。胡素鸿次子胡正明、长孙女胡安华参加发放仪式。截至2018年秋，胡氏奖学金累计捐赠150多万元，300多名学生获得奖助。积极向上争取侨爱奖学金，年内有10多位困难家庭和归侨侨眷家庭子女获得沈有国助学基金扶持。

【侨务宣传】 宣传新侨创业，《赵晓

8月26日，金坛区第一中学第二十二届胡氏奖助金颁奖典礼（区侨办 供稿）

斌:难释家乡情怀的海归博士》一文登上江苏省委统战部《挚友》杂志;《一号农场姜方俊上榜“全国农村创业创新优秀带头人”》在《常州日报》上作为独家新闻报道,同时被常州市委、市政府《快报》录用,并被人民网、中国江苏网等权威媒体转载;联合金坛开发区在《欧洲时报》发布金坛专刊,全方位、多角度介绍金坛开发区集现代产业、生态山水、美好生活于一体,加快向国家级开发区迈进的澎湃活力。印发年度《宣传工作计划》,提出基础性工作、理论性工作、海外宣传、政策法规宣传以及宣传平台五大类共计15项工作,构建侨务立体宣传模式,提升新型媒体宣传量。推进智慧侨务建设,利用侨界活跃人士组建海外微信群,开展服务零距离活动。

【内部改革】 5月底,区侨联召开五届三次全委会议,增补副主席、秘书长各一名。其中,秘书长由侨联编制外人员担任,迈出侨务制度改革的第一步。侨联委员亮身份活动,制作侨联委员证和侨联委员当选通知书,激发侨联委员的荣誉感。持续推进兼职侨务干部领衔侨务项目以及包含专题项目制度、慰问普查制度、调研活动制度、工作例会制度、“传帮带”制度、全程纪实制度的六项工作制度。换届以来,侨联全委会议、工作例会、社情民意征求会、侨界座谈会等多种会议常规化。

【摸清侨界家底】 向全区侨界人士发出“发现身边好侨青”倡议,通过侨眷代表、社会知名人士推荐,摸排出侨界创新创业青年30多人,涉及农业、工业、教育、商贸、金融和行政等领域。形成50名侨界青年的金坛优秀新侨代表库,有利拓展侨界资源。同时,在板块中开展侨界人才、贫困侨眷和重点侨眷“三类对象”调查工作,进一步摸清侨界困难群众、侨界新生代人才的情况,做到侨情实时更新,走访慰问不断。

【侨字品牌】 积极向上争取,长荡湖水城、玫瑰风情园、花谷奇缘获得市华侨文化交流基地称号,东方盐湖城获得省华人文化交流基地称号,古籍印刷厂获得省新侨创新创业基地称号。侨企一号农场、花谷奇缘创成全国休闲农业与乡村旅游四星级示范企业,华东玫瑰风情园创建全国休闲农业与乡村旅游三星级示范企业;海归农场主姜方俊成功入选第二批全国农村创业创新优秀带头人典型案例;区侨联获得省级“双五有”(有组织、有队伍、有经费、有阵地、有活动,服务侨胞有真情、凝聚侨胞有载体、团结侨胞有骨干、活跃组织有品牌、维护侨益有能力)侨联组织称号。　(盛士琦)

金坛区工商业联合会

【概况】 2018年,金坛区工商业联合会(以下简称区工商联)围绕中心服务大局,牢牢把握“两个健康”(非公有制经济人士健康成长和非公有制经济健康发展)主题,以改革创新、勇于担当的精神,深化非公有制经济人士理想信念教育,推进民营企业高质量发展,深化工商联改革创新,营造民营企业良好发展环境,开创新时代工商联事业发展的新局面。

【政治引领】 区工商联持续深化非公有制经济人士理想信念教育。邀请南京理工大学创业教育学院副院长、博士生导师周小虎,在工商联十届二次执委会上作“把握新时代特征,推动民营经济发展”辅导报告,引领民营企业深刻理解中共十九大精神内涵,抢抓新一轮发展机遇;工商联机关和各镇区商会通过召开学习会、座谈会、专题培训等,广泛宣传中共十九大精神,重点结合十九大报告中关于非公有制经济和构建现代经济体系、供给侧结构性改革等方面的重要论述展开研讨;各基层商会、行业商(协)会,对习近平总书记在民营企业座谈会上的讲话进行专题学习和交流,传达总书记对支持民营经济发展的重申,坚定企业家发展的信心和决心。

【舆论宣传】 区工商联营造舆论氛围,弘扬金坛优秀企业家精神。推荐江苏久诺建材有限公司董事长王四九参加常州市年轻一代企业家理想信念事迹报告会,作专题演讲;温州商会工作作为典型在常州市“商会建设年”大会上进行交流,并在全区宣传推广。召开全区工商联系统信息工作会议,开设“金坛商会”微信公众号,建立工商联执委企业信息员微信群、QQ群、商会秘书长交流群,搭建宣传交流平台,广泛报道会员企业和企业家先进事迹。与区广电台、电视台等媒体合作,通过开辟专栏、邀请企业家走进直播室等形式深入宣传企业家的创业历程和事迹,在全社会营造尊重企业家、理解企业家、爱护企业家的浓厚氛围。推荐尹国新、王桂奋、吴建中、荀建华、曹坚、潘雪平6位企业家入选“改革开放四十年常州市杰出民营企业家”,进一步弘扬企业家精神,激发全区企业家投身高质量发展。

【加强调研】 区工商联以推动民营经济高质量发展为宗旨,多渠道、多形式开展调查研究工作。领导带队走进会员企业。2018年,驻会领导共走访执委以上会员企业90多家,聚焦企业发展的所盼所需,为民营企业发展“鼓”与“呼”。组织工商联界别政协委员到茅山旅游度假管委会参观考察并进行座谈,对茅山旅游开发提出合理化意见和建议。总书记习近平召开民营企业家座谈会后,区工商联、区委党校、区企业发展研究会联合成立“民营企业发展”调研组,历时一个半月,赴金城镇、直溪镇、薛埠镇、开发区等镇区召开4场座谈会,与50多名来自不同行业的民营企业家进行面对面地深度恳谈,倾听他们的心声与诉求,并到涉及民营企业发展的市场监管局、环保局、安监局等9个部门听取意见和建议,撰写成民营企业发展环境调查报告,提交区委、区政府,为领导决策提供参考。该报告被区政协评为2018年优秀调研报告。

【强化创新】 区工商联主动争取区委、区政府的关心和常州市工商联的支持,优化常州市民营企业家队伍建设"百千万工程"万人班方案,与上海交大安泰经管学院合作,对全区410名企业家和中高层管理人员进行为期半年的培训,开创"百千万工程"在县区办班、大班教学、小班管理的模式。"百千万工程"实施以来,全区共有554名企业家和企业中高层管理人员接受系统培训,为区民营企业高质量发展提供智力支持。以"百千万工程"为契机,成立金坛区总商会企业家学院,聘请南京理工大学教授、博士生导师徐宏斌任院长,进一步加强企业高层管理人员特别是新生代企业家的教育培训。区工商联牵头联合金融办、税务局共同成立上市后备企业纳税人之家,聘请10名注册会计师、注册税务师、律师为首批专家服务团成员,先后6次赴常州凯度机电、江苏久诺建材等企业,围绕股改、纳税辅导、编制申报材料等提供专项服务,扫除企业上市前税收、法律法规等方面的盲点,增强企业上市的信心和决心。9月,与区经信局共同举办智能制造主题培训会,区上市后备企业及规模工业企业负责人50多人参加培训。

【提升服务意识】 区工商联秉持"支持企业天经地义,服务企业关爱有加"理念,尊重、善待、支持、服务好企业家。免费为17位企业家副主席(副会长)订阅《中华工商时报》和《中国工商》杂志,让其及时了解国家方针政策和工商联系统工作动态,学习外地民企科学发展的经验和做法;每逢常执委生日,领导带队上门拜访,送上鲜花和礼品表示慰问;定期组织常执委体检,做好后勤保障,建立健康档案,并根据企业需求帮助与上海华山医院沟通联系;选送两名青年企业家参加省委统战部第四期全省民营企业家后备人才培训班。

【扶贫履责】 2018年,区工商联与滨海县滨海港镇木楼村结成帮扶对子,采取项目帮扶的形式帮助木楼村发展农业特色产业。春节期间,区工商联帮助木楼村销售山芋粉丝50多万元;组织企业家开展苏陕对口协作,赴陕西省宁陕县进行经贸考察,签订《宁陕县承接金坛区纺织服装产业转移战略合作协议》。11月,组织部分企业家赴宁陕开展结对帮扶,举行"暖冬礼包"捐赠活动,将1000件棉衣和1290件毛呢大衣发放给宁陕贫困家庭;与区残联共同开展"唱响爱的分贝"大型公益助残活动,5月全国助残日期间,各基层商会组织和爱心企业家踊跃义买《爱满金沙 共享阳光》邮册700册,价值14万元,助力残疾人事业发展。区餐饮行业商会17家会长单位牵手金坛启智学校,共建爱心食堂,从6月起,每周安排会员企业赠送营养午餐改善学校伙食,把特殊的爱献给残疾儿童。

【组织建设】 区工商联以"商会建设年"活动为契机,树立"有为才有位"的理念,召开商会组织建设工作座谈会,部署商会建设工作,规范商会运行。持续开展"四好"(班子建设好、团结教育好、服务发展好、自律规范好)商会建设,加强"四好"商会创建工作指导,制定《商(协)会工作考评指导意见》,提高商(协)会工作规范化水平。区工商联创建"四好"商会举措,得到省、市工商联肯定,在江苏省"四好"商会建设推进会上交流发言。餐饮行业商会、燃气行业商会、化工行业商会分别完成换届和重组。

(陈 薇)

金坛区文学艺术界联合会

【概况】 2018年,区文联充分发挥组织、联络、协调、服务和管理的职能,团结带领全区广大文艺工作者,为繁荣发展金坛文艺事业担当作为,为建设文化强区不懈努力,使全区文艺工作始终保持繁荣发展的良好局面。主办的《洮湖》杂志获江苏省优秀文学内刊20强,主编葛安荣获评江苏省十佳优秀编辑。

【主题文艺活动】 2018年,区文联根据区委宣传部的工作要求和全区文艺发展的内在需要,相继组织区作家协会、诗词学会举办第三届"茅山春天诗歌音乐会";组织戏曲家协会举办金坛·溧阳戏曲交流演唱会,在村镇、社区举办"锡韵金沙"戏曲惠民系列演唱会20多场;协调音乐舞蹈家协会成功策划举办"金鸡闹元宵"专场文艺演出、庆"六一"艺海闪群星文艺演

区工商联举行宁陕结对帮扶捐赠活动 (区工商联 供稿)

出;组织美术家协会分别举办“醇墨溢彩”倪罗强中国画作品展、“流光溢彩”庆祝改革开放四十周年油画作品展、“溪乡雅集”当代水墨逸品名家作品邀请展;组织书法家协会举办金坛区第二届书法篆刻刻字作品展。为庆祝改革开放四十周年,区文联策划举办“春潮澎湃新时代”文艺晚会。

【文艺精品】 区文联重点抓文学作品、摄影、小戏小品、书画作品的创作生产,全区各艺术门类文艺家在省、国家级获奖、入选、入展、发表的文艺作品达60多件。完成《乡情村韵》金坛美丽乡村纪行采编出版任务;以黄金村严清华书记为原型,请国家一级作曲家冯石民谱曲,完成锡剧小戏《上访》创作工作;长篇小说《黄风镇》《茶师》和长篇人物传记《崔龙海》已列项创作;音乐舞蹈作品《纸花谣》获江苏省第十三届五星工程奖;常州市第二届书法刻字大展杨旸、郭志荣获金奖;贺建中国画作品《佳年华》入展全国中国画作品展;孙冬良获全国书法大赛优秀作品奖等。

【文艺惠民】 区文联组织各协会深入基层开展丰富多彩的文化惠民活动。通过组织开展送戏、送书画、送文化下基层、进社区、进企业、举办纳凉晚会、义写春联等活动,全方位为基层服务,为民办实事。2018年举办为民服务文艺活动40余场次,送书画作品、春联5000余幅等。

【结对帮扶送温暖】 2月5日,区文联党组书记李平代表文联党组赴社头丰产村,对孤寡老人唐国福进行走访慰问,送去慰问金及一些生活必需品;2月6日,区文联主席姚锁生奔赴茅山革命老区薛埠镇泉江村,开展春节扶贫送温暖慰问活动,上门走访结对帮扶的2户贫困家庭。在送温暖活动中,文联领导向村干部详细了解贫困家庭的生活情况及遇到的困难,鼓励要振奋精神、克服暂时困难,将温暖切切实实送到百姓心坎上。

【庆祝改革开放四十周年文艺晚会】 11月9日晚,由金坛区委、区政府主办,区委宣传部、区文联、区文广体局、区卫计局、区广电台协办的“春潮澎湃新时代”庆祝改革开放40周年专场文艺晚会在金沙广场演出。晚会由“走进春天”“春潮澎湃”“奋进新时代”“再一次出发”四个篇章组成,演员们通过歌舞、情景表演、戏曲等各种形式,多角度展现金坛改革开放四十年来的风雨历程和无限魅力。区领导陈锁龙、王艳红、刘明江观看演出。

【庆祝改革开放40周年书画精品展】 12月21日上午,由区委宣传部、区文联、区文广体局、区广电台主办,区美协、区书协、区图书馆、江东现代传媒有限公司承办的庆祝改革开放40周年书画精品在金沙美术馆开幕。该次展览共展出100多幅书画精品,所展作品集中体现讴歌新时代、弘扬主旋律的主题。区领导刘明江出席活动。

(朱　瑜)

金坛区残疾人联合会

【概况】 2018年,金坛区残疾人联合会提升为残疾人服务能力和水平,残疾人事业实现高质量发展。

【社会保障和扶贫】 残疾人“两项补贴”(困难残疾人生活补贴和重度残疾人护理补贴)得到有效实施。全区农村低保家庭外重度残疾人基本生活补贴与主城区低保标准全面接轨,实现与城乡居民最低生活保障标准同步提标。政府共向5100多名重残人员发放保障金近4000万元。持证残疾人商业保险实现“双保障”(残疾人团体大病补充医疗保险和意外伤害保险)。6月30日,金坛区在实施持证残疾人购买团体大病补充保险政策的基础上,再购买团体人身意外伤害保险,年投入109.9万元,两项保险同时生效。全年62名残疾人获赔205.7万元,赔付率187%,有效缓解残疾人因病致贫、因病返贫社会难题。同时,启动保险跟踪回访专项行动,做好资金使用、数据分析等工作,维护监测好保险顺利运行。继续实施“残疾人幸福生活推进计划”。在深入调查的基础上,通过实施彩票公益金项目,为全区310户贫困残疾人家发放彩电、洗衣机等家电445台(套)。

【康复托养】 区残联开展“三助一免”(助行、助视、助听和精神病人免费给药)康复救助工程。2018年共向符合条件的残疾人发放轮椅、助行器、盲杖等各类辅具469件,为17位残疾人检测、诊断、取模,免费安装假肢;“慈善光明行”白内障复明个人全免费项目为群众减负100多万元,1700多人受益,节约财政资金150多万元;发放助听器13个;730名贫困精神残疾人享受免费服药,15名贫困精神残疾人享受住院救助6万元。实施“共享明天”残疾儿童少年抢救性康复工程。全区94名残疾儿童得到康复训练,共投入资金167.7万元。区小天使康复培训中心康复79人,其中,0—6周岁67人,7—14周岁12人。在区外康复训练的15人。庇护托养工作顺利推进,区残疾人庇护托养中心托养100多人次。82人入住中心,其中,残疾人59人,15人从事工疗辅助性就业。春节、“学雷锋纪念日”、重阳节等节日,茅驴志愿者协会、无偿献血志愿者协会等200多名爱心人士到中心开展助残志愿服务。

【教育就业】 残疾学生得到有效扶持。向27名高中及以上残疾学生发放教育补贴3.4万元,5名高中及以上残疾学生领取励志奖学金9300元。协助税务系统征收残疾人保障金1510多万元,年审企业439家,向3家企业发放超比例安置残疾人奖励金2.8万元。残疾人集中就业稳步增长,44家福利企业安置残疾人971人。按比例就业残疾人平稳增多,395家企业按比例安置760人。辅助性就业等其他形式的就业残疾人稳定增加。按照省定标准，建成尧塘街道、儒林镇、金城镇3家“残疾人之家”，“残疾人之家”实现镇、街道全覆盖。举办国家级非遗（金坛刻纸）首期残疾人培训等培训班4期。实名制培训60人，新增残疾人就业106人。新办残疾人证726本，注销340本，上门评残38人。全国残疾人专项调查13371人，入户率98.21%。与宜兴远东慈善基金会合作，由基金会拿出49.5万元，持续3年，按每人每年5000元定点帮扶金坛区33名残疾人创业。5月16日，举行创业点授牌及资金发放仪式。实施残疾人自主创业经营场地租金补贴政策，向4名残疾人发放自主创业经营场地租金补贴7.2万元。

【组联维权】 1月31日召开区残疾人联合会第五次代表大会，选举产生新一届领导机构。7月，组织金坛代表参加省残联第七次代表大会，为全省残疾人事业发展建言献策。法律援助与维权工作成效显著。发挥经验优势，以现场评估、招投标等方式，完成贫困残疾人家庭无障碍改造46户。区残疾人法律援助中心为20多名残疾人提供法律援助服务，接受59人咨询，帮残疾人挽回经济损失100多万元。接待信访15人次，办理来电、来信、“12345”平台件等25件，做到事事有答复、件件有回音。

【宣传文体】 “全国助残日”主题宣传活动丰富多彩。5月20日第28次“全国助残日”，联合区工商联、邮政局等单位开展“唱响爱的分贝”第4季公益助残活动，筹集资金12.26万元，全部用于支持涉残机构建设和资助贫困残疾人。金坛餐饮协会牵头单位——金坛天成餐饮等与小天使康复培训中心爱心互动。3月，报送的《金坛“四大工程”为残疾人群体撑“保护伞”》消息被“江苏大走访”微信公众号以头条推送，成为该公众号发布的首条常州残联系统信息。各类文体活动再创佳绩。在省第十届残运会上，金坛区运动员摘得10金、14银、4铜28块奖牌，为常州代表队贡献力量。在全国残疾人专职委员知识竞赛中，区残疾人专职委员丁香云获全国冠军。在全省残联系统学法用法知识竞赛、常州市残联系统学法用法知识竞赛、常州市残疾人专职委员演讲比赛中，获全国冠军1人、最佳辩手1人。1名锡剧爱好者获全省盲人戏曲大赛三等奖。

【协会工作】 区残疾人各专门协会在区残联指导下，组织开展各具特色的协会活动，鼓励广大残疾人积极参与社会、回报社会。6月21日，盲人协会与浙江省舟山盲协举行学术交流，10多名盲人技师学习特色按摩技术。6月23日，肢残人协会组织金坛区及周边地区肢残人、一加爱心社志愿者、金沙义工志愿者共90多人到茅山花谷奇缘景区进行无障碍体验。9月2日，组织30名聋人到宜兴龙池山体验趣味登山。“国际残疾人日”当天，智残亲友协会组织10多名残疾儿童游玩东方盐湖城。10月14日“国际盲人节”当天，组织52名盲人到无锡影视基地三国城、水浒城参观。“全国助残日”前，聋人协会联合电信公司向聋人推出手机特惠套餐。11月23日，组织60多名肢残人在金沙影城观看励志影片《旗袍先生》。12月20日，精残亲友协会组织慰问10户贫困精神残疾家庭。协会工作的蓬勃发展，充分发挥其桥梁纽带作用，为广大残疾人平等参与社会起到积极推动作用。

【金坛区残疾人联合会第五次代表大会】 1月31日召开，全区包括66名残疾人在内的100名正式代表和各相关单位37名列席代表参加会议。常州市残联副理事长姚军亭及金坛区领导孟敖祥、王艳红、朱霞、吴欲晓出席会议。臧华在会上作题为《不忘初心，担当有为　奋力开创残疾人事业新局面》的工作报告。副区长朱霞在会上讲话，要求区残联按照区委、区政府决策部署，围绕促进残疾人就业增收、加强社会保障、实施精准康复、提升教育水平和维护合法权益等重点，团结带领广大残疾人与全区人民一道，决胜全面小康。会议选举产生第五届金坛区残联领导机构，聘请金坛区委常委、政法委书记、统战部部长孟敖祥为残联第五届主席团名誉主席，选举副区长朱霞为主席团主席，臧华为执行理事会理事长，王建涛为副理事长。

（陈卫东）

金坛区红十字会

【概况】 2018年，区红十字会大力弘扬“人道、博爱、奉献”的红十字精神，充分发挥党委、政府沟通联系困难群

5月16日，区身障人创业远东帮扶点揭牌　　（区残联　供稿）

区红会为金坛巡特警大队开展应急救护培训　　（区红十字会　供稿）

众的桥梁和纽带作用。召开区红十字第六届理事会会长办公会议并审议通过《常州市金坛区红十字备灾救灾基金管理办法》,建立健全完善区红十字人道救助等一系列规章制度,进一步规范红十字人道救助服务。

区红十字会开展造血干细胞志愿者招募活动,多次与血站联合活动宣传,全年完成造血干细胞志愿者血样资料入库107人份任务,为造血干细胞志愿者进行初配、高配、移植提供服务保障。开展人道救助,拓展养老照护服务,推进应急,救护培训等工作均取得新的成绩。

【开展人道救助活动】 区红十字会为金城镇前庄村提供帮扶资金3万元;组织在职4名党员干部深入金城镇白塔村7户低收入困难家庭,开展入户走访调查、慰问帮困活动,解决助学资金8000元。2018年,区红十字会与陕西省石泉县红十字会共同主办的“金坛·石泉结对帮扶红十字会在行动”活动启动。区江苏飞洋鱼制衣有限公司等爱心企业共向石泉县红十字会捐赠物品总价值18.38万元。

【拓展养老照护服务】 纪念第71个”世界红十字日“前夕,联合区地震局开展红十字博爱暨防灾减灾科普宣传周启动仪式,为西城街道文化社区红十字养老照护志愿服务队举行授旗仪式,推广东城街道华胜社区红十字养老照护志愿服务队试点做法,完成江苏省红十字会要求每个县(市、区)组建红十字红十字养老照护志愿服务队任务。

【推进应急救护培训】 区红十字会联合区人民医院、大唐热电共同尝试应急救护培训进校园——开展“小培训大参与”,利用学校内部局域网络优势,在阶梯教室及操场演练小范围培训,通过视频传输到各个班级,达到广泛参与的目的,活动现场300多名师生均得到培训老师“一对一”的指导。联合区巡特警大队开展巡特警处置突发事件中的应急救护心肺复苏术技能培训。根据特种行业或企业实际情况,为江苏利步瑞服装有限公司、常州市昌鑫制衣厂、常州和朴服饰有限公司、常州鑫龙服装有限公司等10家企业,上门开展个性化应急救护知识普及与技能培训。2018年累计组织开展红十字初级救护员培训1002人次,普及性培训8000人次。

（王　梅）

（编辑　刘士科）

人民武装

【概况】 2018年，金坛区人民武装部（以下简称区人武部），坚持“铸魂、苛训、严纪、鼎新”作风，按照“抓学习固根基、抓工作求突破、抓作风树正气、抓班子强能力”总体思路，扎实推进各项工作。区人武部被江苏省军区授予军事训练先进单位称号。

【理论学习教育】 2018年，区人武部坚持把思想政治建设放首位，注重夯实思想根基，不断提高干部职工和基干民兵理论素养和政治素质。强化理论灌注铸魂，常态性思想工作引导。学习党的创新理论和习近平总书记系列重要讲话精神，把“传承红色基因，担当强军重任”“不忘初心，牢记使命”等主题教育贯穿全年、覆盖全员；学习贯彻中共十九大会议精神，充分发挥“一网一台一版一群”（金坛山水网、金坛电视台武装工作专栏、金坛时报国防专版、“指尖传递薪火”基干民兵微信群）立体教育作用，把党的创新理论链接到全体基干民兵手机终端，每天推送学习资讯，深化“指尖传递薪火，远行理论长征”微信群自主学习教育效果；注重做好”一人一事“思想工作，主官坚持每周利用交班会与干部职工交心一次、每月面对面谈心一次，确保干部职工形成对党绝对忠诚、对单位绝对负责、对组织绝对服从的政治觉悟和行动自觉。运用红色资源抓好思想教育。以新兵役前训练试点为契机，开展“红色歌曲唱一路、红色故事讲一路、红色情怀忆一路”活动，组织徒步拉练，参观新四军纪念馆，并在英烈纪念碑前举行“学习王继才精神，岗位当先锋忠心报国”入伍宣誓；结合民兵规模结构调整改革，组织新入队民兵代表到烈士陵园举行“传承红色基因，锻造后备新军”入队仪式，增强荣誉感、使命感。学习先进，激励做新时代先锋。组织全员收看收听“时代楷模”王继才先进事迹报告会，同时在民兵中开展“学习王继才精神、悦跑强军新征程”主题健身活动，激励其向时代楷模学习，争做新时代奋斗者。

【军事斗争准备】 2018年，坚持用习近平总书记开训动员令统一思想，严格落实中央军委训练管理部《民兵军事训练大纲》，始终把抓准备、谋打赢作为第一要务与责任，抓好军事训练备战工作。专攻精练打基础，实战训练强能力。针对新时代国防动员系统新职能、新要求，解决“五个不会”（不会判断形势、不会理解上级意图、不会定下决心、不会摆兵布阵、不会处置突发情况）问题，1月，组织人武部党委机关干部进行国防动员业务和军事技能训练，在军分区排序考核中总评第一。5月，按上级要求组织民兵参加跨区联训，并组织民兵参加抗洪抢险专业训练和比武考核，在选拔民兵四会教练员参加省军区比武中获常州赛区第一名。组织第二届民兵军事体育运动会，重点抓好防护、救护综合演练。核准动员潜力数据，编实民兵组织结构。扎实抓好国防动员潜力核查工作，年内组织数据会审2次，完成数据统计上报对接；对照中央军委国防动员部《民兵调整改革落实情况检查考评标准》，绘制《民兵分队编配情况图》，依照《检查考评实施细则》，组织全区基干民兵全覆盖点验，逐项查找差距，列出问题清单，及时整改，提升战斗力。投入专项资金，在省军区范围内率先组建无人机民兵分队，组织专业人员培训，制定专项保障机制，创新运用装配式围井抢护管涌、板坝式子堤防漫堤、无人机搜救仪等新型抢险器材，提高应急分队信息化水平与抢险能力。

【“双拥”工作】 2018年，区人武部在协调服务上下功夫，加大“双拥”工作力度。发挥军民融合协调部作用，始终坚持双重领导、双向兼职、党委议军等各项制度，区委、区政府主要领导做到解决军队困难第一个表态，慰问驻地部队、欢送入伍新兵第一个到场，组织军事训练日、国防教育活动第一个带头。险难任务站排头。年内，金坛遭遇特大暴雪袭击，区人武部组织民兵出动1000余人次，清扫路面积雪20多千米。参建共建做桥梁。开展以“雷锋在行动”为主题的双拥共建活动，组织驻金坛官兵和民兵走进敬老院、来到群众中、走上献血台等社会服务活动万余次，发挥拥政爱民模范作用。全面落实“军队参与打赢脱贫攻坚战”工作要求，扎实推进结对帮扶活动，对指前镇120户村民逐门逐户走访，准确掌握扶贫情况，与1个行政村、2个自然村、12户困难群众结对帮扶。全年投入帮扶资金40万元，落地扶持项目2个，帮助脱贫3户。

（吴涛涛）

人民武警

【概况】 2018年，武警金坛区中队以习近平总书记系列重要讲话精神为行动指南，贯彻《军队基层建设纲要》《正规化管理规定》精神，按照培忠诚之心，练精武之能，养英勇之气，树奋发之志工作目标，坚持抓好官兵思想政治教育和队伍建设，组织开展“传承红色基因、担当强军重任”主题教育。邀请区公安分局巡特警大队教员指导官兵训练，提升官兵素能；开展战士心理辅导，培养战士良好心理健康素质；把华罗庚纪念馆作为红色教育基地，激发官兵爱岗敬业热情。以《军事训练与考核大纲》为统揽，严格落实好军事训练大纲，保持部队建设规范有序，圆满完成战备执勤、反恐防袭、应急处置为中心的各项任务。全年出动官兵92余人次配合区公安分局担负各类临时押解任务，总队执勤等级正规化检查交叉评定为优秀等次，中队连续11年被省武警总队评为正规化执勤一级单位，年内再次被省武警总队评为先进中队和正规化执勤先进中队。

（陈留强　潘一平）

人民防空

【概况】 2018年，区民防工作围绕有效履行战时防空、平时服务、应急支援使命任务，聚焦能力建设、聚力创新发展的工作目标，积极参与城市建设，努力探索民防工作与地方经济建设相融合、与社会民生相融合的发展道路。着眼于工程质量品质提升，抓好人防工程建设。集指挥所、城市展示馆、民防教育体验馆、车库、应急救援物资库等功能于一体的综合工程，年内顺利竣工。积极探索人防工程社会化管理新路子，配合制定出台《金坛区住宅小区停车管理办法》，与区城管局协作解决群众停车难矛盾。制定人防工程维护计划，做到重点维修与平时维护管理相结合，不断提高人防工程管理标准与水平。着眼于应急能力提升，抓好人防指挥通信建设。按照《江苏省民防局“十三五”信息化建设规划》要求，加强指挥通信信息化基础设施建设。完成对人防卫星通信系统、北斗卫星导航定位系统、短波通信系统的升级改造。完善人防警报网络，重点加强警报设施和布局的完善，防空警报试鸣期间同步组织部分社区进行紧急疏散隐蔽演练和人防知识宣传活动。积极参与各项专题演练，组织民防应急队伍和人防专业队伍集训，做好机动指挥与固定指挥联调训练。着眼于服务水平提升，快速推进行政审批权力改革。梳理权力事项清单，通过即办方式实现“最多跑一次”，积极融入投资项目审批“一窗受理、集成服务”。探索实施联合图审、并联审批、统一收费等系列服务新模式，对服务窗口受理人员开展业务培训，提高服务质效。

12月13日，区民防教育体验馆开馆　　（区民防局　供稿）

【民防教育体验馆开馆】 12月13日上午，金坛区民防教育体验馆举行开馆仪式。副区长周文俊主持开馆仪式，省人防办副主任杨建国致辞，常州市民防局局长朱兆丽、副局长刘炳松，金坛区人大常委会副主任冯锁强、政协副主席葛惠明等领导出席。位于金坛滨湖新城核心功能区的金坛民防教育体验馆是区委、区政府为民办实事的重大民生工程，是满足人民群众日益增长的美好生活需要、向市民群众特别是青少年学生提供公益性防空防灾教育的重要场所。其布展面积3980平方米，布设序厅，人民防空区、公共安全区、防灾减灾区、科普互动区。同时突出金坛地方特色，采用声、光、电、影视互动等新科技展示手段，打造融知识性、趣味性、体验性、互动性于一体的高科技现代展馆。

【戴跃强调研民防工作】 5月10日下午，省民防局党组书记、局长戴跃强一行到金坛调研民防工作，重点听取区民防局人防工程建设情况、民防教育体验馆专题汇报。戴跃强对金坛民防工作给予充分肯定。同时要求金坛民防工作坚持以人民为中心，坚持战斗力标准，以信息化培养新动能，用新动能推动新发展，以新发展提升高质量，努力推动民防高质量发展。

（蓝红玲）

（编辑　钱国新）

法　治

政法委及综治工作

【概况】 2018年，全区政法战线主动围绕区委、区政府各项决策部署，以服务“两个加快攻坚突破年”活动为抓手，深入推进平安金坛、法治金坛和政法队伍建设，社会治安综合治理工作和平安创建工作持续保持在省、市领先地位，为加快建设新金坛提供安全稳定的社会环境、公平正义的法治环境和优质高效的服务环境。金坛连续15年获评江苏省平安区，3次被省委、省政府授予江苏法治建设示范区荣誉称号，公众安全感列常州辖市、区第一。

【服务发展大局】 2018年，全区政法机关以主动服务发展为第一要务，为推动金坛高质量发展和高速度增长提供有力的司法保障和良好的法律服务。区法院开展涉民营企业专项执行行动，执结到位资金1.24亿元；妥善处理破产案件21件，审结买卖、加工承揽等商事案件1529件。区检察院出台《服务保障全区“两个加快攻坚突破年”实施意见》，落实12条具体举措，深入走访中航锂电、同方威视等智能制造企业，扎实开展平等保护、涉检保障、风险防控等精准服务。金坛公安分局持续实施服务保障加快发展专项行动，推出55条服务发展措施，落实星级企业、重大项目“点对点”服务机制，为1633家企业提供“清单化、一体化、规范化”合成安防服务，平安企业参创率列常州辖市、区第一。司法行政系统不断延伸法律服务触角，努力推进全域服务体系建设。年内，律师和基层法律服务工作者代理民商事案件4793件，受聘常年法律顾问311家，帮助顾问单位办理各类法律事务3000余件。

【扫黑除恶专项斗争】 2018年，组织全区开展扫黑除恶专项行动，从重从快、从严惩治黑恶势力犯罪。建立完善线索排查、研判经营、专案侦办、宣传发动、综合整治等工作机制，侦办黑社会性质组织1个，打掉恶势力犯罪集团3个，捣毁涉黑涉恶犯罪团伙38个，涉黑涉恶刑拘数、破案数、判决数比上年均有大幅上升。聚众斗殴、寻衅滋事等九类涉黑涉恶案件发案率同比下降16.2%，省、市挂牌的6起重点案件全部侦破。

【平安建设】 2018年，细化社会治安综合治理工作措施，维护社会和谐稳定，巩固和扩大平安建设成效。专项维稳工作扎实有效，完成社会稳定风险评估项目18个，稳妥化解特定群体初期性聚集活动15起，主动应对嘉投集团等重大涉稳风险，预警处置投资人串联聚集活动32次，出色完成上合峰会、进博会等重大安保任务，进京上访批次比上年下降。深化消防安全大排查大整治行动，挂牌整治重大火灾隐患单位2家，督改火灾隐患11970处。开展出租房屋、流动人口、重点人员、旅馆业、网吧、寄递物流六类重点治安要素管控攻坚会战，安全转移剧毒化学品116.7吨，排查金融风险企业277家，挤压关停183家。加强技防设施建设。建成视频监控1.29万路，其中公安自建高清视频监控6795路，联网共享视频图像1万余路，并试点打造金江苑智慧社区。视频监控、应急指挥、侦查破案、治安防控、安全监管、社会治理等实战功能得到充分彰显，金坛获评全省第一批升级版技防城建设先进单位。

【网格化社会治理】 2018年，全区划分网格888个，配备网格长888人，兼职网格员1708人，网格联络员586人，新的社会阶层人士志愿者150人。整合“数字城管”平台整体试运行，接入公安、城管等部门视频监控6800多路，配备“全要素网格通”888部。至年末，区中心平台每周上报、流转事件达8000余件(起)，“采集上报、核实立案、指挥派遣、处理反馈、核查结案、考核评价”的管理闭环流程初具雏形。

【法治建设】 2018年，全面深化法治金坛建设，强化依法行政、公正司法、法治教育和依法治理工作能力。不断加快法治政府建设步伐，深化“放管服”改革，高质量推动“3550”工作，政务服务一体化平台正式运行,“一网通办”工作机制全面推行。加快推进法治社会建设,法治惠民绩效突出。区检察院切实履行公共利益代表职责,从刑事打击、公益诉讼、生态修复三方面发力,保护人民群众食、药品安全和金坛青山绿水。区法院秉持“走进一扇门,办结所有事”理念,积极践行“网上数据一体化处理”试点改革,集中办理责任认定、人民调解、司法审判以及快速理赔事项,全年化解道路交通事故纠纷1609件(起),事故被害人及时获得赔偿款1.73亿元,审结婚姻家庭、财产继承等民事案件1075件。区司法局围绕法律援助专业化建设,与区公安、区人社、区残联、区民政等部门联动设立法律援助派驻工作站,进一步延伸法律援助服务触角。强化法治教育,大胆尝试创新普法活动。《法在身边》电视栏目品牌打破平述报道旧模式,立足群众基点,律师、主审法官、专家学者等现场点评答疑,跻身全国普法类电视节目前20强;乡音普法演艺团、韩氏普法戏剧团等社会组织,深挖金坛特色文化,通过“创作+建设”方式,推陈出新,其中自编《七仙女养母》节目获省首届普法公益创投优秀项目。

【政法队伍建设】 2018年,全区政法系统主动践行“两个维护”,深入开展习近平新时代中国特色社会主义思想大学习、大讨论、大培训和“解放思想再出发、追赶超越勇向前”大讨论活动,配合省委第八巡视组完成进驻金坛期间巡视工作。深入推进员额法官、员额检察官能力建设,区法院每周五召开专业法官会议,全年组织召开全体员额法官会议2次,共同研讨审判执行疑难问题;区检察院着力构建教、学、练、战一体化实训机制,自主开设“小课堂”24次,组织考核庭和公诉辩论赛13次,参加知名高校检察业务专题培训30余人次,全面夯实专业素能。金坛公安分局制订出台42项年度教育训练行动计划,组建实战教官团队,常态开展实战训练和练兵考核竞赛,组织“持刀警情现场处置”等系列培训,一线民警实战意识、警务技能逐步提升。同时推行全员考核,建立“督考推”机制,对业务主官、教导员和民警等实行分类考核,政法队伍整体素质不断提高,办案质效明显提升。区司法局被省人社厅、司法厅联合表彰为“全省司法行政系统先进集体”。

(张国乾 周珺琦)

政府法治

【概况】 2018年,根据“接轨常州主城区、推动发展新跨越”的战略部署,紧紧围绕全区“两个加快”中心工作,以全面推进依法行政、加快建设法治政府为主线,突出重点,狠抓关键,依法行政水平得到持续提高,法治政府建设进程进一步推进,为金坛区经济、社会发展营造良好的法治环境。

【规范性文件】 2018年,区政府法制部门根据《江苏省规范性文件制定和备案规定》《常州市规范性文件管理办法》的要求,加大对规范性文件制定关键环节的管理力度,制定规范性文件应当经过立项、文件草案公开征求意见、合法性审查、集体审议决定等程序。凡决定公布实施的规范性文件,文件公布日与正式施行日之间必须间隔30日以上,并且统一编规。年内出台《金坛区区长质量奖管理办法》和《金坛区住宅小区停车管理办法》,并向常州市法制办和金坛区人大报送备案。开展规范性文件清理工作,8月初印发《关于开展产权保护的规范性文件清理工作的通知》,对区政府及所属部门涉及的有违平等保护各种所有制经济主体财产所有权、使用权、经营权、收益权等各类产权的规定,不当限制企业生产经营、企业和居民不动产交易等民事主体财产权利行使的规定以及在市场准入、生产要素使用、财税金融投资价格等政策方面区别性、歧视性对待不同所有制经济主体的规定进行清理。

【行政复议与行政诉讼】 2018年,区政府法制认真贯彻落实《中华人民共和国行政复议法》和《中华人民共和国行政诉讼法》等法律法规,充分发挥行政复议和行政诉讼在行政监督、解决行政争议、化解人民内部矛盾和维护社会稳定方面的重要作用。坚持以事实为依据,以法律为准绳,严把事实、法律和廉洁关,深入案件现场勘查,全面掌握案件情况,认真分析双方证据材料,准确适用法律条款,公平公正办案,努力让人民群众在每一个行政复议案件中感受到公平正义。区政府法制办在案件审理过程中,有3起案件因案情复杂举行听证,通过召开

金坛区法治体验馆 (区司法局 供稿)

听证会，给各方当事人提供自由陈述意见、进行辩论反驳的机会，增强了行政复议活动的透明度和公正性，提高了行政复议的办案质量和公信力。全年共收到行政复议申请62件，其中57件年内办结。区政府法制部门积极代理区政府以及指导政府工作部门参与行政复议、行政诉讼活动，及时做好提交答辩、相关依据材料之前的审查工作，按时出庭应诉，行政首长出庭应诉率100%，依法履行上级复议机关、法院所作的发生法律效力的裁决。全区作为被告的诉讼案件有50件，主要包括复议决定维持作共同被告及不服政府信息公开答复案件。

【行政执法监督】 2018年，政府法制工作根据年度工作重点，采取有效措施，加强行政执法监督检查力度，规范行政执法行为，贯彻实施《江苏省行政执法证件管理办法》，依法清理不符合规定的执法主体和执法人员，确认并向社会公告行政执法主体，坚决杜绝不具备执法资格的单位和人员从事行政执法工作。加强行政执法人员的教育和培训，为符合条件的人员换发行政执法证和行政执法监督证。组织全区300余名行政机关工作人员参加全区行政执法培训班，始终做到全区实际从事行政执法工作的人员都通过培训后及时申领行政执法证。严格把好新进执法人员资格准入关，落实"持证上岗、亮证执法"制度。严格按照国务院办公厅《关于推行行政执法责任制的若干意见》的要求，建立健全行政执法责任制，加大行政执法案卷评查力度，完善行政执法评议考核制度、案卷评查制度，落实执法过错责任追究制度。

【积极落实学法制度】 全区坚持政府常务会议学法制度，专门安排了《中华人民共和国宪法》等法律学习内容，对全区领导干部学法起到率先垂范作用。注重对行政执法人员的法律培训，着力提升行政执法水平，将行政执法人员的培训工作作为依法行政、规范执法行为的一项基础性工作常抓不懈。区法制办在5月30日至6月1日举办全区行政执法人员培训班。聘请东南大学、南京师范大学、苏州大学、江苏省政府法制办专家、学者进行了授课，重点讲解了宪法、行政诉讼法、行政执法程序、政府信息公开的理论与实践等法律、法规及实务，取得较好的效果。参加培训班的区级机关和镇级的行政执法人员共计300余人次。注重对各单位法制骨干力量的法制培训工作，11月4—10日，专门组织全区各执法单位54名法制骨干，到中山大学进行高端培训。

【政府信息依申请公开】 2018年，针对政府信息依申请公开越来越多、越来越复杂，金坛区专门请南京师范大学教授杨登峰专门讲授政府信息公开实务操作讲座。全区抓住依申请公开的重点环节，完善信息公开申请受理、交办、转办、协办、时限、答复制度，确保依申请公开答复的质量。建立信息公开案例指导制度，对具有代表性的信息公开申请，编制成册下发区各行政机关学习。加强信息公开申请情况的互联互通，对同一个人、同一个事件引发的向不同行政机关申请公开的申请，各行政机关互通情况以确保答复口径的一致性。全区共收到政府信息公开申请200余件，其中向区政府提出的信息公开申请36件，均依法及时给予答复，答复率和答复及时率均100%。

【法律顾问委员会】 1月18日，金坛区召开区法律顾问委员会委员聘任仪式暨第一次会议，会议由区委常委、常务副区长陶伟主持，区委副书记刘国新对区法律顾问工作作出要求，并向受聘委员发放聘书，共聘请了15名法律顾问委员，其中专职执业律师10人，高校法学学者3人，政府法制系统专家2人。区法律顾问委员会正式成立，办公室设在区政府法制办。为加强法律顾问管理，根据区委办、区政府办联合发布的《区委区政府法律顾问委员会工作规则》，区法律顾问委员会办公室提请区政府办公室于5月3日出台《常州市金坛区法律顾问委员考核试行办法》《常州市金坛区法律顾问委员工作报酬支付办法》。政府法律顾问在信访、政府合同审查、疑难案件讨论等方面均发挥了积极作用。

（张　杰）

公　安

【概况】 2018年，区公安机关聚焦"提质增效、转型出关"总目标，持续深化公安改革，深入实施现代警务发展战略，加强安保维稳、平安建设和队伍建设等工作，为全区"两个加快攻坚突破年"提供高质量平安服务。

构建"任务有侧重、职责更明确、捆绑加竞争"作战指挥体系，形成情报主导、科技强警、专业化打击并举机制，推动机关实战贡献率和实战打击效能整体提升。健全盯案研判机制，将刑警大队整编4个警组，与驻所刑警中队、办案探组捆绑作战，全年共串并侦破跨省、市案件12串130起，侵财破案率比上年上升3个百分点。加强专业追逃工作，加大在外逃犯线索收集、研判和追捕力度，落实户籍地追逃、控逃和研判工作责任，先后抓获28年命案逃犯、16年抢劫逃犯和6年境外经济犯罪嫌疑人各1人，网上逃犯追捕率同比上升100%。攻克18年前命案积案和10年前命案隐案各1起。侵财作案成员抓捕数同比上升11.2%，涉枪犯罪公诉量全市第一。"3·16"保健品诈骗、"7·7"污染环境等一批重点案件成功破获，现行命案、抢劫、抢夺案件全部告破。

强化基础工作和治安要素管控。推动"社区办公室"职能向"基础办公室"转变，制定实施基础工作考核细则，调整72个社区并进行优化考核，健全"以社区为基础、以网格为单元、以管控为核心"的基础工作机制。组织各警种和派出所开展基础工作大排查，排查群租房、治安、消防等风险隐患4721条，整改2662条，采集维护基

特警举行实践演练　　（区公安局　供稿）

础信息31万条，流动人口新登率43.7%。社区民警摸排发现违法线索69条，带破案件22起，抓获流窜金坛涉恐犯罪嫌疑人1人，打掉邪教组织4个，查处违法窝点22个。组织旅馆、网吧、寄递等重点要素管控攻坚会战。检查危险品单位156家次，收缴危险物品1.9万件。24家治安重点单位远程巡检系统全面升级，273家旅馆、47家网吧安装人脸识别设备，完成163家宾馆上网安全审计系统改造，实名上网登记率99.7%，行政处罚问题上网场所39家，备案寄递网点99个，从业人员284人；采集上报寄递信息1.45万条，通过寄递线索查处制售假烟等案件9起50人。开展“控案除患”行动，落实常态化查控机制，全年组织集中清查行动四轮次，侵财警情比上年下降3.8%。稳步推进升级版技防城建设，提升驾驭动态治安局势能力，在全区游艺场所安装“电子移动千里眼”，定点整治歌舞娱乐、洗浴按摩、棋牌游艺等场所128处，依法查处娼赌违法犯罪人员832人。新城东苑、吾悦广场等5个重点部位发案率明显下降，24个村镇集场扒窃实现“零发案”，全年抢夺、抢劫案件和盗窃民宅、电动车（电瓶）警情分别下降17.6%、26.4%、16.8%。

【公安队伍建设】　2018年，区公安分局开展民警素质提优，预警防范廉政建设，凝聚执行力、战斗力。完善全员考核实施办法及细则，制定业务主官和教导员考核办法，年内安装打卡考勤系统47套。成立“作风办”，修订内部监督管理细则，建立联合检查、内部巡察、专项督查制度，主动查纠各类问题66个，专项整改办公用房等问题14个，对28家单位51名民警考核扣分，行政问责11场次18人，查处民警违纪案件3起3人。加强执法过程监督，树立执法管理委员权威，推广应用电子卷宗系统，规范城区派出所案管室运作，选址建设指定监视居住点，建成滨湖派出所智能化执法办案场所1个。规范执法队伍管理，先后行政问责工作过失审核民警2人、主办民警4人，执法安全保持零事故。强化执法技能培训，制定实施年度教育训练行动计划42项，组建实战教官团队，开展持刀、醉酒警情现场处置等实战训练21场次。深化公安改革，构建以政务服务中心、派出所服务窗口、综合警务服务站为载体的“一站式”服务模式，列出“不见面”服务事项70项、“见一次面”服务事项105项，提供网上服务事项2.7万次，推行出入境证件“只跑一次”制度，实现证件审批市县“同权”。开通新能源号牌申领和新车上牌“通道式”服务，安装人口人证合一系统，杜绝黄牛代办。落实首接负责制，严格执行公安窗口规定，为群众提供高效行政服务。

【侦破销售保健品诈骗案】　3月初，常州市公安局打击刑事犯罪技术情报指挥中心从一起普通的涉嫌诈骗报案入手，经过大量外围调查发现：一家名为“爱心助老健康工程工作委员会”机构以免费旅游名义，组织各地老人至常州、溧阳、金坛等地参加健康讲座和防癌体检，并通过出具虚假体检报告手法，骗取老人高价购买所谓特效保健品。区公安分局遂成立“3·16”专案组。专案组民警侦查发现南京市东鼎公司三款产品在溧阳湖鼎阊大酒店、一大生活广场酒店，金坛区京东农业会馆、泰豪大酒店和宜兴市天一度假村等地实施销售。6月21日，在省公安厅统一部署指挥下，展开“利剑—3号”集群收网行动，区公安分局组织200余名警力，同时奔赴南京和金坛京东农业会馆、泰豪大酒店等地抓获涉案犯罪嫌疑人77人，一举摧毁特大诈骗老年人犯罪集团。

【破获生产销售假烟案】　3月，区公安分局接金坛烟草公司报案称发现刘某某在市场上贩卖假烟。经前期跨省异地研判和长线经营，6月13日，在广州警方协同配合下，金坛公安分局联合区烟草部门，在金坛、广州两地同时行动，成功侦破一起跨省制销假烟案，捣毁制销假烟窝点2处，抓获王某某（女，福建省诏安县人）等6名犯罪嫌疑人，当场查获“中华”“玉溪”牌假卷烟3000余条，涉案金额300余万元。

【侦破非法出售珍贵野生动物案】　4月，区公安分局接到区林业部门移交的举报线索，金坛城区一家饭店将穿山甲做成菜肴端上餐桌，价格高达万余元。接警后，区公安分局迅速成立专案组开展秘密侦控。经前期长线经营、合成研判，6月27日凌晨，警方组织50多名警力，在上海和溧阳警方配合下，分别在上海市嘉定区、宝山区和溧阳市同步实施收网行动，抓捕非法收购、运输、出售珍贵野生动物犯罪嫌疑人高某某（湖南省桃江县人）、杜某（河南省息县人）、迟某某（江苏省溧阳市人）等10人，捣毁窝点3处，现场查获活体和冰冻穿山甲、熊掌等国家珍贵野生动物50余只。

【破获公安部督办跨省、区生产销售假药案】 5月24、31日，区公安分局专案组分别在京东农业会馆、泰豪大酒店实施集中收网、定点抓捕行动，先后在金坛区及山东省新泰市、河南省周口市抓获王某（山东省新泰市人）等涉嫌生产、销售假药犯罪嫌疑人11人，捣毁假药窝点3处。现场查获"葛洪"牌桂龙药膏等假药60余种10万余件，生产设备4套，涉案价值500余万元。经查，2017年以来，王某等人在山东省新泰市一民房内防冒生产"葛洪"牌桂龙药膏系列假药等数十种，以QQ和微信等网络平台为销售渠道，通过物流发货将假药销往江苏、河北、河南等十余个省市，非法获利60万元。

【破获28年前命案】 6月11日，区公安分局刑警与金城派出所民警在湖南省保靖县警方协助下，抓获28年网上命案逃犯吴某先（湖南省保靖县人）归案。经查：1990年10月24日上午7时许，犯罪嫌疑人吴某先因感情纠纷，用瓦刀砍头，将受害人白某某（女，1958年生，重庆市酉阳县人）杀死后外逃。

【侦破公安部督办非法买卖枪支弹药案】 4—7月，区公安分局整合力量资源，成立工作专班，通过对犯罪嫌疑人微信聊天记录、支付记录、物流信息等大量数据信息深度分析研判，循线追查买家、卖家，成功破获公安部督办"张某非法买卖枪支弹药案"，抓获涉案嫌疑人22人，缴获气枪8支、铅弹制作模具6套、铅弹2.7万发，彻底摧毁跨省销售枪支、弹药网络。

【破获拦路抢劫案】 7月13日19时46分，110指挥中心接徐某报警，称其在薛埠半边山下小树林散步时被一男子抢走苹果6sPlus手机一部。接报警后，区公安分局迅速展开现场勘察，并组织专案组开展侦破。专案组民警通过调阅案发地周边出入口监控视频，获取犯罪嫌疑人视频图像，并以此开展对嫌疑人视频追踪及周边多家建筑工地排查工作。经过10天艰苦工作，专案组民警于7月23日晚在薛埠镇一工地内将犯罪嫌疑人胡某某（安徽省宿州市泗县人）抓获。

【侦破生产销售伪劣农药案】 9月中旬，区公安分局接到富美实（中国）投资有限公司报案，称金坛籍钱某某非法生产销售假冒该公司的伪劣农药。公安分局成立专案组侦办。10月22日13时许，在公安部直接指挥下，常州市公安局食药环侦查支队会同金坛公安分局等精干警力兵分3路，前往河南濮阳、南京高淳、金坛三地同时开展集中收网行动，抓获钱某某（金坛人）、禄某某与刘某某（均为河南省清丰县人）等7名犯罪嫌疑人，现场查扣假农药生产原料及成品近8吨、生产设备12套，捣毁非法加工假农药点2处，案值1500万元。　（潘一平）

消防管理

【概况】 2018年，常州市金坛区消防救援大队（以下简称区消防大队）围绕火灾形势和队伍管理两个稳定目标，以服务经济建设、维护社会稳定为出发点，全面落实消防责任，加快消防基层基础设施建设，提高社会防御火灾能力，有效预防和杜绝重特大火灾发生。区消防大队下辖1个中队和金城、薛埠、尧塘、直溪、朱林5个专职消防队，现有消防指战员30人、政府专职消防员41人。全年共处置警情1281起，其中火灾174起，营救被困人员163人，疏散群众237人，抢救财产价值2507.7万元。

【消防设施建设】 2018年，区政府投入70余万元专项资金在全区住宅小区消防车道出入口设置禁停标志标线。基层消防安全网格实现规范化管理，将消防网格与社区（村委）警务合并建设、合署运行。全区推动建设社区微型消防站64个，建成率88.9%；推广安装独立式感烟探测器646个，简易喷淋装置21套，电气火灾监控系统36套；设有充电设施的电动车集中停放点181个。加大对消防安全设施建设投入，提升灭火救援能力，全年新增五十铃供气消防车、奔驰20米举高喷射消防车、中型泡沫车各1辆，远程供水泵组1套。

【消防安全宣传】 2018年，区消防大队贯彻落实《全民消防安全宣传教育纲要》《消防安全责任制实施办法》，组织开展安全生产月、"119"消防安全月等活动，深入社区放映消防宣传电影20余场次，走访各类小单位、场所2000余家，共发放宣传资料5万余份。利用移动互联网消防信息服务平台、微信公众号、QQ群等不定期向消防网格员、单位负责人和消防管理人员推送消防常识信息5万余条。邀请金坛电视台记者走进消防队营区，通过手机直播平台，让广大群众一同体验消防队员训练与执勤生活，深刻了解消防安全知识。　（叶建江）

检　察

【概况】 2018年，区检察院围绕全区"两个加快攻坚突破年"工作主题，立足检察职能，强化法律监督，深化司法改革，为全区经济发展与法治建设提供司法保障。刑事检察部门依法批准逮捕各类刑事犯罪嫌疑人326人，提起公诉936人；依法严惩故意杀人、抢劫、强奸等严重暴力犯罪案件44件62人；专项打击"黄赌毒"、电信诈骗等犯罪案件47件112人。突出打击经济犯罪，防范化解金融风险，依法惩处虚开增值税专用发票、骗取贷款、集资诈骗等严重破坏社会主义市场经济秩序犯罪44件102人，妥善处理案值数千万元、分跨境内外支付宝系列网络诈骗案件。开展扫黑除恶专项斗争,依法办理涉黑涉恶案件2件10人,及时向区扫黑办移送“套路贷”涉黑犯罪线索1起,并配合公安机关成功侦破此案。积极参与全区污染防治攻坚战暨“263”(“江苏省两减六治三提升”生态保护和环境治理)专项行动,依法办理破坏环境资源类犯罪13件42人,追缴污染土壤和水源修复费用14余万元。深入开展“一村(社区)一检察官”活动,在全区93个行政村和32个社区设置法治宣传点和联络站,实现法治服务宣传全覆盖。升级优化“12309”检察服务中心,为群众提供“一站式”检察服务,全年接收处理各类信访269件次,妥善化解涉法涉诉信访矛盾。深入推进国家司法救助专项工作,为20余名生活陷入困境的被害人或近亲属提供司法救助,发放救助金10万余元。努力护航未成年人健康成长,完善“少捕慎诉少监禁”配套措施,依法不捕不诉未成年人18人,法律援助6人;深化失依儿童救助机制,创新“向日葵护苗之家”多元化救助方式,组织各类公益活动60余次,发放救助金3万余元。加强检校合作,组织送法进校园活动16场次,开展校园食品抽查、网吧治理、宾馆巡查等检察监督4次;拍摄制作预防校园暴力微电影《再见吧!欺凌君!》,线上线下受教育人数达9万余人次。

【检察监督】 2018年,区检察院强化检察监督管理,发挥法律监督职能,维护司法公正。加强刑事检察监督,督促侦查机关立案3件,撤案5件,发出书面纠正违法32件,纠正漏捕13人、漏诉15人,提出抗诉和提请抗诉5件6人,发出刑事再审检察建议3件;优化民事行政检察监督,全年共受理民事行政检察监督案件93件,提出纠正意见38件,提请抗诉和提出监督检察建议31件;深化行政执法检察监督,向行政机关提出督促履职类检察建议35件,督查有关部门主动履职尽责。注重保障被羁押人合法权益,对40名无羁押必要性的犯罪嫌疑人变更强制措施,在区看守所促成对1名外省在押人员变更子女抚养权案件开庭审理。结合司法办案中发现的突出问题,发出检察建议70份,帮助和督促相关单位及企业完善防范机制,减少和消除违法犯罪隐患。案件监督管理部门全面推行检务信息公开,全力打造“阳光检察”,全年终结性法律文书、案件程序性信息公开率100%。加强门户网站和“两微一端”(微信、微博、客户端)平台建设,公开发布重要案件信息、日常工作动态和以案释法案例等2100余篇次。

【司法改革】 2018年,区检察院继续深化司法责任制改革,推行扁平化管理与专业化团队相结合办案模式,发挥员额检察官司法办案主体作用,压紧压实司法责任,有效提升诉讼效率和办案质量,年内批准逮捕率同比降低11.7%,平均办案周期同比提速13.6%。深化以审判为中心的诉讼制度改革,充分发挥检察机关审前程序主导作用以及指控、证明犯罪的主体作用,对17件重大疑难复杂案件提前介入,发表侦查指导意见23份,自行补充侦查案件14件;贯彻落实新修订的《中华人民共和国刑事诉讼法》,推行认罪认罚从宽、速裁程序适用和量刑建议规范化,全年办理认罪认罚从宽案件23件。主动配合监察体制改革,认真做好人员转隶、案件线索清理、结案与移交工作,确保改革转隶平稳快速有序。主动适应办案新模式,设立职务犯罪专业化办案组,完善检察机关提前介入、审查案件移送线索等6项措施,实现监察调查处置与检察审查起诉无缝衔接。

11月21日,区检察院到徐州市云龙区人民检察院交流 (区检察院 供稿)

【公益诉讼】 2018年,区检察院坚持司法为民,充分发挥检察官公共利益代表的作用,切实回应人民群众期待,打造公益诉讼新品牌。围绕生态环境和资源保护、国有土地使用权出让、国有财产保护和食品药品安全等领域,组织开展“金沙检察蓝”公益诉讼宣传活动,建立健全公益诉讼举报人奖励制度,提升社会公众参与度。提前介入社会高度关注的“7·17”重大环境污染事故案,扎实做好刑事附带民事公益诉讼工作。落实常态化监管措施,联合区市场监督和城管等部门开展校园及周边食品安全专项整治行动,确保校园食品安全。与区食品安全委员会共同制定出台《网络餐饮服务食品安全专项整治工作方案》,合力将线上餐饮服务纳入日常监督管理,保障人民群众舌尖上安全。全年共摸排公益诉讼案件线索45件,履行诉前程序38件,依法提起公益诉讼1件2人。

【共建交流】 11月21日,金坛区检察院与徐州市云龙区检察院开展结对共建活动:举办“吴韵汉风”——纪念检察机关恢复重建四十周年书画摄影交流展。金坛区检察院党组成员、区第九派驻纪检监察组组长、江苏省美术家协会会员蒋涛等一行五人,徐州市检察院党组成员、政治部主任姚辉及云龙区检察院党组书记、检察长吕青率全体干警参加活动。此次展出作品由金坛区检察院与云龙区检察院干警创作的摄影作品与绘画作品共计40余幅,形式多样,内容丰富,各具特色,充分展现出检察人良好风貌。

（汪佳敏）

法　院

【概况】 2018年,区法院紧扣审判执行中心工作,深化司法改革,化解社会矛盾,提升审判质效,为金坛在苏南板块快速崛起提供有力司法保障。全年共受理案件17068件,其中新收案件14399件,同比分别增长6.44%和9.94%;审执结案14604件,同比增长9.42%,结收案比为101.42%,结案标的额达49.45亿元。

【刑事审判】 2018年,区法院充分发挥审判职能,依法严惩刑事犯罪,共审结刑事案件645件,判处罪犯939人。始终把维护社会治安稳定作为首要任务,审结抢劫、抢夺和盗窃等侵犯财产案件276件,审结网络诈骗、利用网络泄漏个人信息、非法买卖信息等犯罪案件54件。加强老年人和未成年人司法保护,审结老年人保健品购物诈骗案件4件,审结针对未成年人犯罪案件6件。严厉打击贪污、受贿等职务犯罪,成功审结区监察委员会成立后胡某贪污第一案,审结其他职务犯罪案件10件13人。

【商事审判】 2018年,区法院主动服务民营经济发展,共审结商事案件2009件。严厉打击“套路贷”,研究解决金融案件处置工作,净化融资环境,审结此类案件477件。坚持平等保护和促进发展理念,营造公正法治的营商环境,审结买卖、加工承揽等商事案件1529件。开展涉民营企业专项执行行动,共执行到位金额1.24亿元,审慎采用保全、纳入失信被执行人“黑名单”等强制措施,为暂时陷入困境的民营企业赢得发展时间。依法促进优胜劣汰,推动企业重组升级,妥善处置破产案件21件,佳灵药业破产重整方案获债权人高票通过。

【民事审判】 2018年,区法院强化“裁判引导”,以化解矛盾纠纷为载体,充分发挥民事审判规范、指引、评价、引领社会价值作用,注重民事审判工作。妥善审理教育、医疗、住房等事关群众切身利益的民生案件205件,保护群众合法权益,促进社会和谐发展。加大家事案件审判力度,有效化解家事纠纷,审结婚姻家庭、财产继承等复杂敏感案件1075件。加强产权司法保护,维护产权主体合法权益,审结财产权属、财产损害赔偿等案件119件。全年共审结民事案件6510件。

【行政审判】 2018年,区法院加强行政案件审判工作,坚持支持与监督并举,共审结行政诉讼案件74件,审查非诉行政执行案件38件。推动法治政府建设,大力支持行政机关依法行政,判决行政机关胜诉案件67件;加大对行政机关的监督力度,判决行政机关败诉案件7件。推行落实行政机关负责人出庭应诉制度,行政机关负责人出庭应诉率95.52%。延伸行政审判职能,加强与行政机关互动联系,全年走访行政机关12家,举办法制讲座2场次,与市场监管局、交通局、农林局、国土局等9家单位开展业务研讨,提高行政机关依法行政能力。

【案件执行】 2018年,区法院围绕最高人民法院“四个90%和一个80%”(有财产可供执行案件90%以上在法定期限内执结、无财产可供执行的终本案件90%以上符合规范要求,全国达到上述两项要求的法院不低于90%,信访案件办结率达90%和结案率达80%)目标任务,对标找差,全力攻坚,取得阶段性成果。其中,有财产可供执行案件法定期限结案率为95.97%,确无财产可供执行终本案件合格率为99.73%,信访案件办结率100%。2016至2018年共受理执行案件12108件,结案10675件,3年结案率达88.16%。创新执行举措,强化财产查控,建成全国“总对总”和全省“点对点”网络查控系统;坚持执行悬赏制度,发布悬赏公告43期;严惩拒执行为,共实施搜查49次,拘留48人;强化信用惩戒,将2898名失信被执行人纳入“黑名单”;加大拒执犯罪打击力度,震慑有财产可供执行而拒不履行或抗拒执行行为。

【扫黑除恶专项斗争】 2018年,区法院组织开展扫黑除恶专项斗争,维护和谐安宁的社会环境。加大涉黑涉恶线索排查力度,认真梳理近三年来审理执行的民间借贷案件,重点排查假借民间借贷之名,非法占有他人财产、有组织地使用暴力威胁手段强立债权、强行索债犯罪线索,移送区扫黑办涉黑涉恶犯罪线索6条,立案侦查2件,其中被常州市扫黑办列为重点督办案件1件。加大涉黑涉恶案件审理力度,与公安、检察沟通协调,从重从快惩治黑恶势力犯罪,审结以宋某为首的恶势力犯罪集团开设赌场一案。

【诉调对接】 年内,区法院先后与区司法局、检察院、农工办、人社局、公安分局等10家政府部门和社会组织制定对接机制,搭建诉调对接平台。与区司法局、区城管局共同挂牌成立新的物业纠纷巡回法庭与调解委员会,采用“定点+巡回”审判方式,化解物业纠纷252件。建立法庭和辖区村委共建机制,与62个村委和社区共同召开庭村共建暨社会矛盾化解座谈会2次,组织专职调解员和民调主任业务培训8次;充分发挥基层组织和乡贤等乡土资源在矛盾化解中的作用,诉前成功化解纠纷410件。秉持“走进

10月26日,区法院物业纠纷巡回法庭与调解委员会揭牌 (区法院 供稿)

一扇门,办结所有事”理念,推动建立交通事故综合处理服务中心,参与江苏省最高人民法院“网上数据一体化处理”试点改革,集中办理责任认定、人民调解、司法审判以及快速理赔工作事项,全年化解道路交通事故案件1609件,诉讼案件同比下降31.76%;理赔到位率97.86%,事故受害人及时获得赔偿1.73亿元。

【繁简分流】 2018年,区法院坚持简易案件快速审理机制,制定出台《关于案件繁简分流的实施意见》,明确标的额在100万元以下且权利义务关系明确的借贷、买卖、租赁、承揽等案件由速裁庭快速审理。全年共速裁案件3643件,平均审理天数为26.88天。坚持要素式审判方式改革,对交通事故、民间借贷等几类案件,简化审理程序,重点审查认定案件要素内容,并采用表格式裁判文书。坚持小额速裁审理机制,对标的额在2.18万元以下案件,依法适用“一审终审”小额诉讼程序,年内快速审理简单案件325件。全年简易程序适用率70.85%,基本实现“30%审判力量办理70%案件”改革目标。

【智慧法院】 2018年,区法院按照“提升审判水平、方便群众诉讼、深化司法公开”原则,推进大数据与审判工作融合,加强智慧法院建设。办公智能化。为道路交通事故巡回法庭配置“道交一体化数据应用”平台,实现数据共享,裁判文书一键生成,方便处理纠纷与法官文书制作;引入文书OCR自动识别和“左看右写”系统,便于法官制作法律文书;建成云柜系统,实现诉讼材料集中收转和扫描,上线运用裁判文书一体化文印系统,提升法官办案效益。法庭科技化。完成17个审判法庭科技化改造,25个庭审场所配备互联网直播功能,并通过江苏法院网在线直播庭审,扩大司法公开范围;在2个审判法庭装备语音转写系统,提高书记员庭审记录效率。 (何 薇)

司法行政

【概况】 2018年,区司法局围绕“两个加快攻坚突破年”中心,出色完成区域公共法律体系建设、“矛盾不上交”访调对接、公证“全生命周期”服务等6项省级试点工作。区司法局被省人社厅、省司法厅联合表彰为全省司法行政系统先进集体。

【全民普法教育】 2018年是全区实施公民法治宣传教育第七个五年规划关键之年。区司法局制定出台《关于深入开展国家工作人员宪法宣传教育的实施意见》,开展“宪法宣讲进机关、进基层”活动,67位法制副校长送法进校园91场次,乡音普法演艺团、韩氏普法戏剧团等社会组织送法进村居59场次,自编《七仙女养母》节目获省首届普法公益创投优秀项目。组织“法进企业E路同行”200多场次,征订发放普法读本1万多册,区青少年法治宣传中心体验人数超过10万人次。全区六镇三街道逐步形成以薛埠德法公园、朱林长兴百米手绘法治墙、金城沈渎“三和”法治游园等为代表的“一地一品”法治文化阵地群。年内,全区有59%的行政村建成省级民主法治示范村,超过省定标准14个百分点。金坛顺利通过省“七五”普法规划中期考评组考核验收。

【特殊人群监管】 2018年,区司法局实施社区矫正中心实体化运作,加强重点时段安全隐患大排查,扎实做好中国进口博览会、世界互联网大会等重点敏感时期社区矫正安全稳定工作。有效发挥监督管理、教育矫正、心理矫治、技能培训四大实战功能,以阳光服务中心为社区矫正实践基地,组织开展谈心谈话、宣告训诫、心理咨询、职业培训等活动93场次。积极开展“智慧矫正”试点工作,率先与省司法厅110指挥中心连接,实行四色(红、橙、黄、蓝)预警分级监管,组织23名在监服刑人员与亲属进行远程视频会见。加强衔接管控,及时高效完成暂予监外执行矫正人员病情诊断复核工作,对30名重点刑释人员必接必送,实现管控无缝对接。全区现有社区服刑人员236人,年内接收安置帮教人员340人,监管平稳有序。金坛社区矫正中心“实战化运作实现四大主体功能”做法在全省推广。

【公共法律服务】 2018年,区司法局加强法律援助专业化建设,启动刑事法律援助全覆盖工作。建立区法院、人社、残联、民政等部门法律援助派驻工作站，设立看守所法律帮助工作站，落实认罪认罚从宽制度，最大程度保障犯罪嫌疑人合法权益，年内办理刑事法律援助案件8件。出台《区法律援助服务工作联络点规范化管理工作细则》，在全区125个村（居）全部设立公共法律服务联络点，选派143名村（居）联络员、63名律师和法律工作者驻村服务。加强律师事务所规范化建设，剑群律师事务所创成常州四星级律师事务所，吴承燕律师事务所实施税务顾问制度为企业提供全方位法律服务。公共法律服务中心全年受理承办各类法律援助案件978件，办理公证2867件。律师和基层法律服务工作者办理刑事案件268件，代理民商事案件4793件、行政案件38件，办理非诉讼法律事务135件，受聘担任行政机关和企事业单位法律顾问311家，帮助顾问单位办理各类法律事务3000多件。

【矛盾纠纷调解】 2018年，区司法局围绕全省"矛盾不上交"试点工作，印发《关于坚持发展"枫桥经验"实现矛盾不上交暨人民调解参与信访矛盾化解试点工作的实施方案》，成立区人民调解参与信访矛盾化解工作专班，区、镇两级同步开展政策宣讲、专项纠纷排查、信访纠纷调解、信访积案化解，"金坛出实招专攻涉土地信访纠纷"矛盾不上交试点做法与经验在全省推广。推动全区调解精品工程建设，高标准设立区环保、物业纠纷调解委员会，精心打造尧塘街道、华科园、滨湖派出所、朱林镇龙溪村、直溪镇王甲村等一批精品调解室，实现全区调解远程视频一体化。委派4名专职调解员入驻交通事故综合服务中心，实行审前调解前置，年内调解复杂交通事故纠纷300多起。举办人民调解专题培训班，开展首届全区"十佳人民调解员"评选活动，提升调解技能。全年各级调解组织调处矛盾纠纷12850起，调解成功12657起，调解成功率98.50%，其中重大复杂纠纷99起，排查纠纷6180次，预防纠纷2719起，劝阻群体性上访70批次788人次。（周睿人）

（编辑　钱国新）

综　述

【概况】　2018年，全区工业经济以提升工业经济总量、壮大产业规模、培育发展特色新兴产业为主线，持续加快项目引进和项目建设，推进智能制造、强化要素保障、服务企业发展，运行质量进一步提高，主要经济指标增幅均位列常州地区前列。

全年完成工业总产值1799.97亿元，比上年(下同)增长22.8%，实现主营业务收入1691.88亿元、工业增加值426.93亿元、利税222.86亿元、利润131.44亿元，分别增长25.0%、12.2%、49.1%和34.8%。其中，规模工业企业实现工业总产值1566.13亿元、主营业务收入1595.10亿元、工业增加值379.32亿元、利税总额208.15亿元、利润126.04亿元，分别增长23.3%、26.4%、15.1%、52.7%和37.5%。全年新办民营企业1771家，新增个体工商户4924户，新增注册资本176.72亿元。

全年实现工业开票销售1399.22亿元，增长25.73%。汽车及零部件业整体平稳，全行业47家规模企业实现开票销售148.58亿元，增长0.23%；光伏新能源业整体向上，全行业41家规模企业实现开票销售192.84亿元，增长15.78%；高端装备制造业增势强劲，全行业131家规模企业实现开票销售383.43亿元，增长45.27%；纺织服装业呈现下降，全行业96家企业实现开票销售107.90亿元，下降6.98%。

（杨兆平）

【创新发展】　2018年，深入推进“企业上云”(指企业以互联网为基础进行信息化基础设施、管理、业务等方面应用，并通过互联网与云计算手段连接社会化资源、共享服务及能力的过程)，中航锂电(江苏)有限公司获评首批五星级上云企业，并且储备一批非星级上云企业；推进两化融合管理体系贯标，金旺包装、凡登(常州)等6家企业获评江苏省2018年两化融合管理体系贯标试点企业。中航锂电、金旺包装、正信光电3家企业已贯标达标，绿能新能源、久诺建材等4家企业贯标工作进行中。加快自主创新。引导企业加强对各类工业设计、技术中心、重点实验室等建设，华德机械创建成省级企业技术中心，中盐盐化、同方威视等4家企业创建成市级企业技术中心；加快实施“机器换人”，三能动力、奥托立夫等3家企业获评江苏省智能工厂(车间)，天驰轴承、晨风服装、久诺建材等8家企业获评常州市智能工厂(车间)；组织埃马克申报省首台(套)重大装备认定，组织汤姆森装备、华德机械申报市首台(套)重大装备认定。

【绿色发展】　2018年，注重企业的降本增效，注重能源的节约利用，引导企业走绿色可持续发展道路。全年完成变压器专项监察8家、重点行业专项监察12家、固定资产投资项目监察2家、重点用能单位监察7家；完成7家企业能源审计、20家企业清洁生产审核工作，正信光电成功创建国家级绿色工厂。全区规模以上工业万元产值能耗比上年下降24.52%。

【墙材革新和散装水泥发展】　2018年，强化政策宣传，开展专项执法行动，进一步规范新型墙材、预拌砂浆、散装水泥的生产、应用，完成新墙材产量5.24亿块(折标砖)，新墙材占比96%；新墙材建筑竣工面积140.3万平方米，节能建筑面积93.18万平方米；完成散装水泥供应量181万吨，预拌混凝土供应量109万立方米，预拌砂浆供应量27.49万吨。

【信用体系建设】　2018年，调整社会信用体系建设领导小组，由52个部门增加到64个，增加水、电、燃气和电信、移动等部门，信用体系建设覆盖面进一步加强；出台《金坛区加强政务诚信建设实施方案》《拖欠农民工工资“黑名单”管理和联合惩戒意见》等，制度建设进一步加强；对双公示平台进行系统升级改造，推进常州市公共信用信息系统建设和信用信息的社会化应用，全区公示行政许可和行政处罚等信用信息8056条，其中行政处罚1951条；严格企业信用审查机制，为60家企业提供信用查询报告，帮助5家企业完成信用修复工作；组织申报信用管理贯标和示范企业，全年申报常州市信用管理贯标企业12家、示范企业1家，13家企业全部通过贯标和示范验收。

【降低企业成本】 2018年，认真履行好区减负办职责，牵头相关部门落实好近年来出台的产业扶持政策和企业减负政策，全年为企业减负10亿元以上。落实售电侧改革政策，拓展直购电试点范围，35家直购电用户获得优惠电量20亿千瓦时，为企业节省成本4000万元。

【减化去产能】 年内，抓好化工专项整治。关停化工生产企业21家，培丰化工集中区整体关停；对保留的21家化工企业制定“一企一策”升级改造实施方案；制定出台《区推进城镇人口密集区危险化学品生产企业搬迁改造实施方案》。加快淘汰落后产能。开展印染、造纸、原料药、制革、铅蓄电池5个行业的清理整顿；完成3吨以下冲天炉的拆除工作；开展电镀行业整治，淘汰落后电镀工艺，提升企业生产水平。　（杨兆平）

汽车及零部件行业

【概况】 2018年，全区汽车及零部件行业47家规模企业实现开票销售148.58亿元，比上年增长0.23%，占规模企业的比重为14.28%，下降2.48个百分点。9月，金坛汽车正式更名为大乘汽车；10月，首款车型大乘G70开始销售，截至12月底销售8136辆；全年实现开票销售102.23亿元，比上年增长0.48%。奥托立夫全年实现开票销售18.22亿元，增长13.41%，净增2.16亿元。中航锂电全年实现开票销售3.84亿元，增长85.36%，净增1.77亿元。

【大乘汽车上海交大共建技术联合研发中心】 11月28日上午，大乘汽车和上海交通大学汽车技术联合研发中心正式签约揭牌，双方将进一步深化产学研合作，实现校企人才共享、设备共享、联合研究的深度校企合作关系。上海交大将产业化前景较好的科技产品、科研成果引进至大乘汽车，通过进行成果转化和产业孵化，增强企业的科技创新能力。

【中航锂电入选省级五星级上云企业】 11月5日，省经信委公布2018年度江苏省工业互联网发展示范企业（五星级上云企业）名单，中航锂电（江苏）有限公司名列其中。全省28家五星级上云企业，中航锂电（江苏）有限公司是金坛区唯一一家。该公司的私有云平台已为中航锂电科技有限公司、中航锂电研究院、中航锂电（洛阳）有限公司提供服务，实现信息技术服务、生产排产管理、制造执行系统、企业资源规划、供应链管理、客户资源管理、生产数据、人力资源管理、财务数据管理、产品全生命周期管理等核心业务上云；实现研发设计管理、客户服务、市场交易分析等业务，打造智能化工厂。

【3家企业入围江苏省示范智能车间名单】 11月16日，省经信委公布2018年江苏省示范智能车间名单。江苏三能动力总成有限公司铝制缸体缸盖生产车间、中航锂电（科技）有限公司锂离子电源系统集成车间、奥托立夫（江苏）汽车安全零部件有限公司Pyr o-Si de座椅侧气囊生产车间入选。　（杨兆平）

光伏新能源行业

【概况】 2018年，全区光伏新能源行业41家规模企业实现开票销售192.84亿元，比上年增长15.78%，占规模工业的比重为18.54%，下降0.3个百分点。组件企业中，亿晶光电全年实现开票销售38.08亿元，下降12.90%；正信光电全年实现开票销售29.78亿元，下降3.81%；华君电力停产，开票仅2.79亿元，净减开票13.94亿元，对行业影响较大。10月，东方日升纳入规上统计后，行业整体转正，东方日升全年开票32.80亿元。辅料企业分化明显，斯威克、中信博全年分别实现开票19.92亿元、17.10亿元，增幅达两位数；盛利维尔、凡登（常州）、鹿山光伏等企业出现较大幅度下滑，行业竞争加剧使集中度加大。

【正信光电入围工信部绿色制造名单】 10月底，工业和信息化部对第三批全国绿色制造名单进行公示，区正信光电科技股份有限公司入围。该公司致力于走研产学的道路，旗下制造工厂全部入选工业和信息化部《光伏制造行业规范条件》企业名单，全自动生产设备技术在行业中排列首位，

6月28日，中航锂电动力电池项目二期开工　（区经信局　供稿）

人均产能5兆瓦,被江苏省评为示范智能生产车间、高新技术企业和江苏省认定企业技术中心。

【东方日升投产】 1月17日,东方日升(常州)新能源有限公司光伏新能源项目举行奠基仪式。该项目位于直溪现代产业园,总投资80亿元,年产5吉瓦高效太阳能电池、5吉瓦高效太阳能组件。6月30日,东方日升一期项目竣工,完成30万平方米的厂区与生产线建设。9月15日,东方日升第一片高效组件成功下线;9月底,2吉瓦高效组件全面投产;10月底,完成20兆瓦双面高效370瓦基地组件的供应,成为行业首家实现量产的双面高效"领跑者"项目的组件供应商。2018年,东方日升实现工业开票32.80亿元。(杨兆平)

装备制造行业

【概况】 2018年,全区装备制造行业131家规模企业累计实现开票销售33.43亿元,比上年增长45.27%,占规模工业的比重为36.86%,提高7.01个百分点,其中84家企业开票实现增长,占比64.12%。从细分行业来看,铜材线缆、通信电子增长强劲:铜材线缆企业实现销售156.37亿元,增长82.54%,净增70.70亿元;通信电子类企业实现销售32.64亿元,增长92.95%,净增15.73亿元。整机制造、铸造、农机和其他企业均有一定增幅,仅照明电器企业下降。从企业看,金昇实业所属装备企业全年开票比上年净增6亿元;源美(儒祥)新材料全年开票比上年净增62.94亿元,占行业净增开票的52.67%,支撑明显;信维通信、常宝普莱森全年分别净增10.93亿元、5.90亿元。

【同方威视参展首届中国国际智能产业博览会】 8月23日,2018年首届中国国际智能产业博览会在重庆国际博览中心开幕。同方威视在综合展馆搭建300平方米的展台,向公众展示最新的安检综合解决方案和设备终端,推出中欧班列2.0可视化物流平台、关铁通等综合解决方案以及中欧班列2.0版智能集装箱系列终端设备,并在现场展出太赫兹人体安全检查系统、电子犬、智能关锁、托盘回传系统、毫米波人体检查仪、液体安检仪、痕量探测仪等安检终端设备。在展会期间还召开智能盒子、毫米波人体安检仪和太赫兹人体安检仪3款安检设备的发布会。智博会的安检解决方案和所有会场的入场安检设备,均由同方威视提供。(杨兆平)

1月17日,东方日升项目奠基仪式　　(区经信局　供稿)

纺织服装行业

【概况】 2018年,全区纺织服装行业96家企业实现开票销售107.90亿元,比上年下降6.98%,净减开票销售8.09亿元,占规模工业的比重为10.37%,下降2.75个百分点。从细分行业来看,纺织企业实现销售35.38亿元,下降13.74%;服装企业实现销售72.52亿元,下降3.28%。晨风集团全年实现销售27.75亿元,比上年增长1.70%。部分出口美国市场的企业受到贸易战影响,承受较大的经营压力。

【利泰纺织国际有限公司纺织项目二期工程奠基】 2月28日,乌兹别克斯坦共和国总统米尔济约耶夫、副总理阿塔卓诺夫,在乌国纺织协会会长海达洛夫及卡什卡达利亚州投资委员会会长沙钍托夫的陪同下,考察金昇集团投资建设的利泰纺织国际乌兹别克园区,并参加利泰纺织国际有限公司纺织项目二期工程奠基仪式。2017年7月,园区一期工程建成并实现运营投产,年产量2.2万吨棉纱,营业收入超过7000万美元,聘用当地员工700多人。利泰纺织国际园区二期投产将再带动650名当地人就业。(杨兆平)

化工及新材料行业

【概况】 2018年,全区化工及新材料行业133家规模企业实现开票销售179.41亿元,比上年增长9.68%,占规模企业的比重为17.25%,下降1.25个百分点。从细分行业看,化工企业实现销售82.10亿元,增长7.00%,净增开票5.37亿元;材料企业实现销售97.31亿元,增长12.05%,净增开票10.47亿元。盘固水泥全年开票超20亿元,税收也创近几年来的新高,再次成为五星企业。

【久诺建材入选江苏省服务型制造示范企业名单】 12月,省工信厅公布

2018年度江苏省服务型制造示范企业名单，金坛区江苏久诺建材科技股份有限公司入选。该公司多年来始终坚持科技创新是第一生产力，拥有六大技术服务中心，并与中国涂料研究所、北京化工大学、南京理工大学联合建立科研实验室，通过联合开发设计、技术引进、合作开发等方式，不断将研发成果转化为生产力。年内已拥有成熟的产品体系，拥有业界领先的真石漆、保温装饰一体板研发、生产、施工、质控技术，首建千种仿真石材库，首推反射隔热、超级防污、弹性、特殊基面等建筑外饰面产品；依托品类齐全的仿石饰面，一体板的年出货量及实际铺装面积居行业领先。先后成为万达、碧桂园、绿地、保利等地产集成一体板的承包服务商。

【食盐生产批发企业现场规范条件审核】 11月14日，省工信厅消费品处组织审查组，对中盐金坛盐化有限责任公司食盐生产批发企业现场规范条件开展现场审核。

审查组人员查验企业申请书及相关材料，并实地查看企业生产经营现场情况，审核企业的实际状况是否符合要求，是否与申请材料相一致，听取企业自查情况汇报。审查组专家一致同意中盐金坛盐化有限公司通过审核。

中盐金坛盐化有限责任公司是区首家同时获评质量信用等级评价AAA级和“常州市市长质量奖”的企业。由该公司研发生产的金坛盐出口量占中国食盐出口总量50%以上，包括食用盐、非食用盐、工业用盐等在内的所有盐品出口量占中国盐品出口总量26%。

【中盐金坛获常州标准化项目奖励】 年内，由中盐金坛盐化有限责任公司主持起草的《纳滤膜测试方法》国家标准获得常州市2018年度标准化项目奖励，奖金8万元，是全区唯一一家上榜单位。　（杨兆平）

2018年金坛区规模以上工业五大支柱产业主要经济指标情况表

表6

指　标　名　称	计量单位	累计实绩	累计(±%)
规模工业总产值			
五大支柱产业合计	亿元	1542.05	23.6
(1)装备制造	亿元	571.12	61.0
(2)汽车及零部件	亿元	248.05	12.6
(3)化工及新材料	亿元	328.44	-5.7
(4)光伏新能源	亿元	251.55	28.3
(5)纺织服装	亿元	142.88	11.2
规模工业主营业务收入			
五大支柱产业合计	亿元	1569.84	26.8
(1)装备制造	亿元	566.67	78.0
(2)汽车及零部件	亿元	244.01	11.1
(3)化工及新材料	亿元	336.42	-3.7
(4)光伏新能源	亿元	258.46	31.0
(5)纺织服装	亿元	164.30	7.2
规模工业利税总额			
五大支柱产业合计	亿元	205.75	53.6
(1)装备制造	亿元	72.12	176.5
(2)汽车及零部件	亿元	38.94	37.3
(3)化工及新材料	亿元	52.56	7.6
(4)光伏新能源	亿元	25.84	56.5
(5)纺织服装	亿元	16.28	15.3
规模工业利润总额			
五大支柱产业合计	亿元	123.93	38.3
(1)装备制造	亿元	43.97	121.0
(2)汽车及零部件	亿元	23.72	35.9
(3)化工及新材料	亿元	33.79	0.3
(4)光伏新能源	亿元	14.48	29.6
(5)纺织服装	亿元	7.96	7.5

（编辑　储　劭）

开放·开发

综　述

【概况】　2018年，金坛紧紧围绕常州“重大项目增效年”活动部署，积极响应常州推进“五个国际化”（企业国际化、产业国际化、园区国际化、城市国际化、人才国际化）建设的号召，以“两个加快攻坚突破年”为主旋律和主基调，在高位平稳的基础上推动开放型经济提质增效。全区完成实际到账注册外资4.05亿美元，比上年增长301.43%，完成市级年度目标任务的135%、区级年度目标任务的101.25%，创8年以来注册外资到账完成率新高；完成进出口总额156.7亿元，比上年增长11.2%，完成全年目标任务的106.2%；完成境外投资企业7家，比上年增加2家，总投资额3.88亿美元，新签外经合同额9713万美元，完成外经营业额1.1亿美元，比上年分别增长389.81%、16.14%。

利用外资及港澳台资

【概况】　2018年，全区新签协议外资11.68亿美元，比上年增长199.68%，超过前4年新签协议外资总和。新增外资项目41个。其中，新设项目31个，新增协议注册外资3000万美元以上项目12个，新增总投资超亿美元项目6个；增资项目10个，新增协议外资3.17亿美元，占全年新签协议外资总额的27.15%。外商投资企业社会贡献突出，全区297家外商投资企业从业人员11.6万人，全年实现工业开票销售收入90.95亿元，比上年增长4.49%；完成税收总额9.5亿元；外贸进出口总额80.82亿元，占全区进出口总额的51.58%。

【外资项目】　年内，围绕“三新一特”主导产业，对接德国、日本等重点境外区域，以开发区、金科园为外引主平台，不断增强重大项目的承载动能，先后引进珍晟工程机械（常州）有限公司、江苏百冠汽车配件有限公司等一批重大外资项目。全年新增总投资超亿美元项目6个，单笔到账超100万美元项目28个，比上年增加19个。

【外资利用】　2018年，全区新增制造业项目17个，实际利用外资1.07亿美元，比上年增长245.48%。战略性新兴产业和现代服务业实际利用外资6376万美元，比上年增长74.18%。通信系统设备制造业、电阻电容电感元件制造业等实际使用外资均实现新突破。新设的爱思开电池材料科技（江苏）有限公司单笔到账3000万美元，为全区制造业企业中单笔到账最大数额。

【外资企业管理】　年内，区商务局针对中美贸易战，在全区外资企业开展计划性走访，重点关注美资企业经营状况。协助埃马克（中国）机械有限公司申报2018年度跨国公司地区总部和功能性机构扶持资金，组织开展年度省级商务发展专项资金（外资提质增效资金）、外商投资企业年度经营状况联合申报工作。针对有进口设备及利润转投增资需求的外资企业，协助其完成鼓励类项目备案。同时，提高各镇区服务企业的针对性，全年开展业务培训3次，并就国务院“一口办理”系统的全面推行进行专项业务培训。　（任玉梅）

对外及对港澳台贸易

【概况】　2018年，在国内外错综复杂的新形势下，全区推动外贸稳定发展，实现进出口总额156.67亿元。其中，出口125.34亿元，比上年增长12.3%；进口31.33亿元，比上年增长7%，完成全年目标任务和出口增幅均位列全常州第一名。

【推动外贸结构优化升级】　2018年，全区以高质量发展为目标，保持外贸发展良好势头，完成一般贸易进出口129.8亿元，比上年增长12.5%，占进出口总值82.8%。高新技术产品出口29.9亿元，比上年增长73.4%，占全区出口23.8%。“一带一路”市场出口实现较快增长，全年出口41.5亿元，比上年增长45.1%。其中，对印度市场出口18.9亿元，比上年增长143.9%。东方日升、索尔思通信、星代光学、信维通信等新增企业累计实现进出口总额近7亿元，进出口活力不断增强。

【优化外贸服务环境】 年内，区商务局组织各种形式宣讲会和培训班6场，参训人数400余人次。建立全区进出口龙头企业月度联动机制，确保实时掌握重点企业进出口情况。对接众泰等一批新开展进出口业务的企业。商务、海关、外汇管理和中国出口信用保险等机构联动合作，做好外贸政策宣传和推进，主动协助企业全面开展进出口业务。

【外贸扶持】 2018年，助力企业拓展发展途径，有序开展各项创建申报工作。全年组织48家企业申报中小企业开拓国际市场项目92个，6家企业申报2018年省级进口贴息项目，4家企业申报国家级进口贴息项目。加快引进外贸综合服务平台，推动金西电子商务产业园创新升级，加大对农村电子商务协会、跨境电商线上店铺建设的政策扶持力度。年内新增洋泽农业、岳阳村、麓雨茶叶、朱林文化街4家电子商务示范单位，逐步做大做强电子商务产业。

【国际市场开拓】 2018年，加大企业"走出去"步伐，全年组织木兰服饰、风华服饰、长盛机械参加大阪商品展、意大利米兰展等国际知名展会；组织金洋造船厂参加新加坡亚太海事展，并与印尼客户签订2000万美元合约；组织78家企业参加首届中国国际进口博览会，为企业发展拓展舞台，推动其融入国际市场，寻求国际合作。

（何常纯）

对外及港澳台经济合作

【概况】 2018年，全区在国家"一带一路"倡议引领和相关政策支持下，以"高质量发展走在前列"的目标定位，积极应对国际经济和地区安全形势给市场带来的不利影响，各外经合作企业奋发努力，境外经济合作继续保持健康有序的发展态势。

【服务外包】 2018年，全区加快对服务外包企业的引领和推进，强化多部门联系，进一步拓展服务外包的统计范围，用足用活国家、省、市各类激励政策，对重点行业、重点企业开展精细化服务。全年新增服务外包从业企业2家，分别为江苏正信光电科技有限公司、常州瑞峰新能源科技有限公司。全区年服务外包业务1895.67万美元，比上年增长107%。其中，离岸外包1061.33万美元，比上年增长16%；在岸外包有了新的发展，完成834.34万美元。

【境外投资】 2018年，区境外投资更趋理性化、市场化，从7个境外投资项目来看，从事研发、生产的企业4家，窗口型企业3家；从国别看，投资欧美发达国家的企业3家，"一带一路"沿线项目2个。在中美贸易摩擦不断加剧的情形下，为有效避免国外关税壁垒的单边贸易保护措施，金坛博盟车辆配件公司在美国投资新设窗口，正信光电科技集团有限公司、金坛圣德利五金制造有限公司等企业分别赴印度、墨西哥等非美国家投资新办企业。

【对外承包工程】 年内，出台区对外承包工程管理新条例，助推对外承包工程业务发展。江苏金坛建工集团有限公司、常州常金建设工程有限公司分别承接柬埔寨路桥、25平方千米部分路段项目，商签合同额均达6000万美元以上，并于2019年年初开工建设。柬埔寨、斯里兰卡等对外承包工程和对外劳务合作新市场取得新突破，2018年新签项目2个，外经合同额6198万美元。

【"一带一路"建设】 2018年，全区审核报批"一带一路"境外投资项目2个，在"一带一路"沿线国家建设项目累计10个，投资总额6828万美元。江苏金昇实业有限公司新建乌兹别克斯坦利泰纺织有限公司一期工程建成，第一条流水线开始试运行。

（方 斌）

招 商

【概况】 2018年，全区紧紧围绕"两个加快"攻坚突破，强化推进落实，严格审核签约项目，定期进行签约项目阶段性情况分析，做好项目建设季度督查工作。共签约引进工业项目150个，协议投资总额622亿元，"三新一特"产业项目占比60%以上。全年受理联审联办项目41个。

【招商活动】 3月1日，在上海经贸活动周期间举办2018金坛产业发展专题推介会；5月18日，在第十二届中国常州先进制造技术成果展示洽谈会开幕式上组织2个重点招商项目集中签约；9月26日，在金坛举办第三方机构产业发展对接会；11月2日，组织企业参加2018智电汽车投资者大会；11月，举办香港、深圳活动周活动。同时协办中德（常州·金坛）创新产业园推介会、东方盐湖城·中德混委会、2018创业之桥——第十五届海外人才常州创新创业洽谈会，协助组团赴印度尼西亚、德国、奥地利等国开展境外招商活动3批次。

【招商宣传】 2018年，创新招商宣传推介新模式，打造金坛招商实景推介片，全方位、立体推介金坛投资环境；建设维护投资金坛微信平台，及时更新全区招商动态、产业政策以及园区情况等相关信息，宣传金坛产业现状、招商项目。

【招商培训】 2018年度，通过分散培训、专题培训和集中培训相结合的方式，先后对全区招商人员进行针对性培训。1月，金沙大学堂开展有关"三新一特"产业系列培训2场；8月，举办全区招商实务培训;9月,举办5G移动通信网络产业知识培训;10月,在苏州举办金坛区产业链招商暨科技招商专题研修班;11月,举办移动智能终端产业培训产业知识培训;12月,举办节能与新能源汽车和光伏新能源产业知识培训。组建全区首批高级商务英语口语技能提升班,加强金坛区外资项目招引人才的储备。

(潘菲菲)

2018年金坛区新设外商及港澳台投资企业情况一览表

表7　　单位:万美元

序号	企业名称	地　址	法定代表人	投资国别(地区)	总投资	注册资本	外方认缴
1	艾赛斯机械(常州)有限公司	金坛区华城路1668号	TENG CHING CHUEN	澳大利亚	600	300	300
2	江苏大迈融资租赁有限公司	金坛区华城中路168号	吴　潇	中国香港	5052.98	5052.98	1515.89
3	常州曹和世汽车部件有限公司	金坛区华城路1668号	CHO SEOK	韩国	210	150	150
4	江苏百冠汽车配件有限公司	金坛区华城中路168号	王文杰	中国台湾	3000	2000	2000
5	江苏福港机械科技有限公司	金坛区南二环东路2889号	ZHENG JIANQING	中国香港	238.55	238.55	238.55
6	珍晟工程机械(常州)有限公司	金坛区华城中路168号	YOON SUNGSOO	韩国	3000	3000	1200
7	意迭豪机械工程(常州)有限公司	金坛区兴明西路59号	Wolfgang Rainer Landgraf	德国	46.26	32.38	32.38
8	常州博雷尔企业管理咨询有限公司	金坛区华城路1668号	SUN XING YUAN	美国	0.44	0.44	0.44
9	凯斯宝玛五金科技(江苏)有限公司	金坛区华城路1668号	Peter Becker	德国	490.16	245.08	245.08
10	常州朴氏实业发展有限公司	金坛区鑫凯建材装饰广场10幢514号	沈卫兰	韩国	5000	5000	5000
11	金澄(常州)服饰有限公司	金坛区东环二路126-10号	杨云杰	中国香港	14.65	14.65	11.72
12	爱思开电池材料科技(江苏)有限公司	金坛区华城中路168号	LEE HYEONSAM	韩国	35000	15000	15000
13	常州贞和汽车零部件有限公司	金坛区兴明西路59号	CHO SEOK	韩国	280	200	100
14	斯朗(常州)企业管理咨询服务有限公司	金坛经济开发区中兴路38号	SCARSETTI LORENZO SILVIO	意大利	1.44	1.44	1.44
15	常州市海目星精密激光科技有限公司	金坛区华城中路168号	赵盛宇	中国台湾	358.96	358.96	27.28
16	常州泓成房地产开发有限公司	金坛区明湖路399号	谭　伟	中国香港	18714.82	18714.82	5614.45
17	常州金坛臻杰电子科技有限公司	金坛区华城中路168号	尤振涛	中国香港	10000	10000	10000
18	延锋木桥轻质复合材料有限公司	金坛区华城路1668号	王卫中	加拿大	1441.82	1153.46	575.57
19	江苏恒汇房地产开发有限公司	金坛区薛埠镇访仙路8号	徐　雷	英属维尔京群岛	5000	2000	2000
20	常州科环农业技术有限公司	金坛区薛埠镇上阮村农业产业园28号	李建明	中国香港	2000	800	408

续表7

序号	企业名称	地址	法定代表人	投资国别（地区）	总投资	注册资本	外方认缴
21	江苏司达瑞新材料科技有限公司	金坛区薛埠镇工业园区凤凰路6－2号	徐力	中国香港	1000	600	600
22	江苏淳厚机械装备科技有限公司	金坛区薛埠镇工业园区凤凰路6－2号	刘艳丽	中国香港	2000	1000	300
23	常州思必达新能源设备有限公司	金坛区朱林镇永兴南路6号	冯立志	日本	71.4	50	20
24	常州市京哲生物科技有限公司	金坛区朱林东大街366号	沈月兰	韩国	5000	5000	5000
25	常州延世汽车科技有限公司	金坛区直溪镇工业集中区亚细路16－5号	朱荣虎	韩国	3000	3000	3000
26	江苏泓联通信科技有限公司	金坛区直溪镇亚细路16－1号	史硕雷	中国香港	3000	3000	3000
27	港华储气（金坛）有限公司	金坛区直溪镇观前路18号	朱健颖	中国香港	12832.2	4325.46	4325.46
28	常州金坛诚捷贸易有限公司	金坛区儒林镇园区西路12号	张超	中国香港	20000	20000	20000
29	卡拉卡（常州）供应链管理有限公司	金坛区指前港园区兴旺路88号	郭勇	新西兰	1967.97	1311.98	1311.98
30	常州来辆车汽车租赁有限公司	金坛区金东街东入口南侧164号营业房	丁源	中国香港	78.94	78.94	78.94
31	常州恒乐国际贸易有限公司	金坛区薛埠镇工业园区公园路2－4号	王力	越南	20000	20000	20000

2018年金坛区境外企业申报情况一览表

表8

金额：万美元

序号	中方投资主体名称	境外企业（机构）名称	东道国（地区、城市）	行业	中方协议出资额	协议现汇	协议实物	协议其他	核准日期
1	常州瑞峰新能源有限公司	闪亮电力电子贸易有限责任公司	阿联酋迪拜	贸易	98.00	0	0	0	2018/4/23
2	江苏耀能绿色能源科技有限公司	绿色能源和科技私人有限公司	斯里兰卡科伦坡	太阳能	200	0	0	0	2018/3/2
3	江苏万纳普新材料科技有限公司	香港艾威有限公司	中国香港	批发业	100	100	0	0	2018/4/6
4	江苏金昇实业股份有限公司	科普福控股有限公司	德国富特旺根	商务服务	1417.60	1417.60	0	0	2018/9/2
5	常州博盟车辆配件有限公司	竞科有限公司	美国密歇根州	贸易	10	10	0	0	2018/10/2
6	骏丰医疗器械	美国富都仕	美国新泽西州	医药制造业	2000	2000	0	0	2018/3/1
7	江苏金昇实业股份有限公司	卓郎香港机械有限公司	中国香港	专用设备制造业	35000	35000	0	0	2018/12/14

开发区建设

【概况】 江苏省金坛经济开发区辖东城、尧塘2个街道,总面积171平方千米,其中产业规划区面积78平方千米。近年来,汽车及零部件产业、高端装备制造业、绿色电源产业、5G通信产业、光伏新能源产业、纺织服装产业等特色产业不断发展壮大。2018年,开发区实现工业开票销售796.3亿元,比上年增长23.7%,占金坛区工业开票销售总量的56.6%;完成公共财政预算收入19.1亿元,比上年增长7.3%;完成工业实际投入106亿元,比上年增长13.1%;完成规模以上工业总产值933亿元,比上年增长15.51%。

产业发展。汽车及零部件产业规模以上企业实现开票销售98.13亿元,比上年增长16.24%;光伏新能源产业规模以上企业实现开票81.06亿元,比上年增长0.05%;高端装备制造产业规模以上企业实现开票127.43亿元,比上年增长21.98%;纺织服装产业规模以上企业实现开票70亿元,比上年下降8.47%;化工及新材料产业规模以上企业实现开票113.73亿元,比上年增长32.07%。2018年新增江苏新蓝智能装备股份有限公司、常州美信机械科技股份有限公司等6家股改企业。其中,新蓝智能于10月挂牌"新三板",成为开发区第6家挂牌"新三板"企业。截至年底,常州市金坛磁性材料有限公司等共计22家公司挂牌江苏区域股权交易市场。

招商引资。组建5个招商引资攻坚小组,领导班子成员担任小组组长,全力攻坚"三新一特"产业链招商,实现项目引进的有效突破。全年累计引进项目48个,协议总投资167.9亿元,其中外资项目13个,总投资6.23亿美元,"三新一特"产业链项目投资占比91.7%。全年签约外资项目投资总额超6亿美元,其中SKI隔膜项目超3亿美元。加拿大木桥成为金坛首个"总部+生产基地"外资项目。中德产业园的规划、建设和招商引起省市关注。

项目建设。优化项目代办服务,对未及时开工项目逐个建立挂钩工作班子,加大长期不开工项目清退力度,促进引进项目加快形成有效产能。2016年签约项目累计完成投入89.5亿元,完成2018年考核目标的47.9%;2017年签约项目中,46个项目开工建设,项目开工率达82%,累计完成投入33.17亿元,完成2018年考核目标的26.6%。信维通信、同方威视、永臻科技等新投产项目产能逐步释放,形成经济增长有效支撑。通过零供地招商盘活10家低效企业,推动闲置企业厂房再利用,完成年度土地复垦任务,土地集约利用评价在全省121个省级开发区中名列第一。

科技创新。推进产学研、科技金融、人才引进、高企申报等工作。全年推动签订产学研合作协议10个。新增"三站三中心"(依托企业设立的博士后科研工作站、院士工作站、研究生工作站,工程技术研究中心、企业技术中心、工程研究中心)6个。"苏科贷"(江苏省科技成果转化贷款)企业入库14家,12家企业获得贷款3350万元,比上年增长72%。出台高质量人才引领实施意见试行版,完成人才政策和状况调查。举办首届海外项目路演会。拨付人才资金645.8万元,引进高层次、高技能人才800余人。8人获评江苏省科技企业家,3家企业获评省科技项目。入库高新技术企业17家。信维通信、贝特瑞、盛利维尔等37家企业获评江苏省民营科技企业,同比增长5%。中航锂电、信维通信、新蓝智能等36家企业入选江苏省高新技术企业公示名单,其中新增高新技术企业22家,比上年增长144%。

园区建设。开发区总体规划修编取得阶段性成果。全年新建和续建政府性投资项目加快推进。其中,鑫城大道亮化、龙湖路及尧塘中心大街基本完工,华城实验幼儿园华胜分园主体工程结束,东城实验幼儿园基础施工结束,东城实验小学二期综合楼主体封顶,东方新都丁香苑、蔷薇苑、海棠名都瑞香园陆续进入收尾阶段,东方新都三区一期和海棠名都玉兰园竣工交付,园区门户地区、尧塘河、华城路、复兴路等重要廊道和节点完成景观提升,丰泽公寓一期主体完成60%,国发创新大厦地块完成挂牌出让准备。

【启动中德(金坛)创新产业园建设】 7月,金坛经济开发区围绕高质量项目引进,借助江苏省和德国巴登符腾堡州合作契机,承办江苏省与德国巴登符腾堡州经济合作混合工作委员会第二十四次会议,揭牌德国4.0(金坛)制造基地。同时借鉴平湖、太仓等地经验,聘请国内专业设计单位完成中德(金坛)创新产业园规划,并逐步布局德国项目。全年签约引进德国"隐形冠军"投资的中小项目4个,协议投资总额4493万欧元。

【启动智谷科技园建设】 2018年,智谷科技园完成设计方案,南区启动建设,北区与国内知名科技园区运营商进行洽谈,打造金坛先进业态示范区、新兴经济展示区。智谷科技园总用地面积21.96公顷。其中,北区规划用地面积14.76公顷,建设以新能源汽车、储能、智能制造、现代通信信息产业等孵化型企业为主导功能的多层标准厂房,同步配套集中的园区产业服务综合体,包括办公会议、商业餐饮、生活配套等功能;南区规划用地面积7.2公顷,建设以精品加工、汽车零配件、机械加工等功能为主的标准厂房。

【签约引进80亿元重大项目】 9月28日,长城汽车股份有限公司蜂巢能源动力锂离子电池项目在开发区举行开工仪式,标志着又一重大高端项目落户金坛。峰巢项目是长城汽车聚焦世界先进储能技术,集新能源电池研发及生产为一体的重点项目。项目总投资80亿元,年产10.8吉瓦时、约2000万个乘用车用动力电芯及20万套生产动力电池包,项目全部投产后可实现年销售收入近100亿元。

【建成金坛首家非公企业党群服务中心】 8月14日,金坛园区党群服务中心在开发区国际工业城揭牌。服务中心室内建筑面积1670平方米,分金光大道、金典做法、金彩阵地、金沙英才、金牌服务、金领先锋、金色熔炉七大主题教育馆以及形象大厅、党群互动区。主题教育馆全面展示金坛在园区党建、阵地党建、人才招引、企业服务和廉洁自律方面的特色做法。服务中心发挥党的政治引领和聚合功能,更好地服务园区、服务企业、服务职工、服务发展,为非公企业提供一站式服务平台,实现党组织和党建工作"双覆盖"。 (黄 帅)

华科园

【概况】 金坛华罗庚科技产业园(简称华科园)是江苏省金坛经济开发区南区,于2016年8月重新组建运行,区域范围东至银湖路、西至金湖路、南至江东大道、北至金坛大道,规划总面积28.9平方千米。园区功能定位是"高端产业绿色发展,重大项目引领发展,千亿园区金坛标杆",建设目标是全省知名的科技与产业融合发展基地、省级高新技术产业开发区、金坛发展重要增长极和创新驱动先行区。园区设置中共金坛华罗庚科技产业园工作委员会和金坛华罗庚科技产业园管理委员会,分别为金坛区委、区政府的正科级派出机构。

2018年,华科园共签约项目3个,协议总投资50亿元。其中,微宙信息电子精密元器件项目总投资32亿元。

【规划建设】 2018年,编制完成华科园总规、控规、城市设计,完成园区沙盘制作和主要道口的景观提升工程。继续深化编制市政(管线)综合规划、照明专项规划、汤庄片区更新改造规划等专项规划,正式启动2.2平方千米的金坛华罗庚产业科技创新中心的城市设计。

【项目建设】 2018年,华科园共排定政府性投资项目18个,总投资14.8亿元,开工建设16个,其中8个竣工交付。6月22日,总投资36亿元的飞荣达科技(江苏)有限公司高导材料项目举行开工仪式。11月29日,总投资32亿元的金保利(江苏)新能源科技有限公司"微宙信息电子精密元器件"项目举行开工仪式。截至年底,园区共建设功能平台5个。其中,邻里中心3处,包括清香苑、荷香苑、竹香苑,共27栋公寓21万平米,可供8462人居住;科技孵化中心2处,分别是中航绿色电源科技孵化中心、通信产业科技孵化中心,共16栋标准厂房,合计27.3万平米。其中,清香苑12栋公寓7.7万平米、竹香苑10栋公寓5.8万平米、中航绿色电源科技孵化中心7栋标准厂房10.2万平米于2018年建成投运。中航锂电、中航锂电研究院等6个产业类项目投产,信维、飞荣达、厚生等项目在建。

【科技创新】 2018年,华科园企业获批5个省级科技计划项目、15个常州市级科技计划项目。至年末,园区范围内共有信维通信(江苏)有限公司、中航锂电技术研究院有限公司、中航锂电(江苏)有限公司、常州易控汽车电子股份有限公司等高新技术企业11家,获批市级以上"三站三中心"5个。 (史冠桦)

海 关

【概况】 常州海关驻金坛综合业务科主要承担金坛区企业加工贸易手册前期备案,企业注册、变更,海关政策宣传等职责。2018年,金坛区实现外贸进出口总值156.66亿元,比上年增长11.2%。其中,出口125.33亿元,比上年增长12.3%;进口31.33亿元,比上年增长6.9%。

【加工贸易】 2018年,金坛区企业办理加工贸易手册373票,比上年减少0.5%,备案金额2.72亿美元。办理加工贸易手册变更627票,比上年增长109.7%。办理零星辅料412票,比上年减少39.7%。办理深加工结转45票,比上年减少33.8%。办理外发加工1票,比上年减少66.7%。

【企业管理】 2018年,常州海关驻金坛综合业务科办理企业注册116家,与上年持平;办理企业变更63家,比上年减少45.2%。年内,对金坛区11家一般认证企业开展重新认证。其中,4家企业通过认证;剩余7家企业主动放弃资格。

【服务经济】 2018年,常州海关驻金

8月14日,金坛园区党群服务中心成立 (开发区 供稿)

坛综合业务科开展各类政策宣讲及各类政策培训4次,共有450余家企业500余人次参与培训。同时梳理科室业务流程和操作规范,整合业务,对新启用的业务系统扩大对外宣传。从实际出发,针对企业需求,送法上门,点对点咨询,帮助企业解决实际操作中遇到的疑难杂症,引导企业向规范管理,诚信经营方向发展。

【联络协作】 2018年,常州海关驻金坛综合业务科与金坛区商务局协作,针对企业不同需求,深入企业行业调研,并通过编写《工作专报》,或专题汇报等形式,主动向区政府反馈情况,及时向区委、区政府通报海关业务改革最新情况及改革带来的便利,为金坛区经济发展建言献策。全年分层次有针对性开展调研活动3次,调研企业45家,形成调研报告5篇。

(黄晨婧)

2018年1—12月金坛区进出口总值(按贸易方式分)一览表

表9　　单位:万元

序号	项　目	进出口	出口	进口	累计比上年同期(±%)		
					进出口	出口	进口
1	进出口贸易总值	1566685	1253375	313310	11.2	12.3	6.9
2	一般贸易	1297508	1060494	237013	12.5	12.8	11.1
3	加工贸易	254024	191916	62108	4.6	9.7	-8.7
4	来料加工装配贸易	29236	17117	12119	-26.1	-21.8	-31.4
5	进料加工贸易	224788	174799	49988	10.5	14.2	-0.8
6	外商投资企业作为投资进口的设备、物品	8650	0	8650	15.6	—	15.6
7	其他	6504	965	5539	23.7	1.7	28.5

2018年1—12月金坛区进出口总值(按企业类型分)一览表

表10　　单位:万元

序号	项　目	进出口	出口	进口	累计比上年同期(±%)		
					进出口	出口	进口
1	进出口贸易总值	1566685	1253375	313310	11.2	12.3	6.9
2	国有企业	10602	10556	47	8.5	8.6	-8.1
3	外商投资企业	817409	635036	182373	23.0	25.5	14.9
4	其中:中外合作企业	4923	4923	0	-29.3	-29.3	-100.0
5	中外合资企业	256370	184831	71539	2.3	-2.1	15.7
6	外商独资企业	556116	445283	110833	36.6	43.5	14.4
7	集体企业	1863	1799	64	-75.6	-76.4	177.1
8	民营企业	736811	605984	130827	1.3	2.2	-2.6

(编辑　盛南萍)

农业·水利

农　业

·综　述·

【概况】　2018年，全区以农业供给侧结构性改革为主线，深入开展“重大项目推进年”活动，扎实推进乡村振兴战略的实施，聚力产业转型升级，打造现代农业。

全区粮食作物总面积2.72万公顷，公顷单产6904.5千克，总产18.7439万吨。扩大优粮“五位一体全产业链”模式，落实订单生产0.23万公顷，公顷节本增效超1500元，全区优质水稻品种栽培面积占比由五成提高到近七成。实施小麦轮作季节性休耕2000公顷，建成水稻病虫害绿色防控示范点2个、总面积126.7公顷，农药施用量比上年下降约20%。完成农药经营许可证集中审核发放工作，强化依法管控，保障正常生产秩序，维护良好农业生态。

全年全区水产品总产量3.82万吨，总产值20.37亿元。第三届中国河蟹产业发展高峰论坛暨2018荡“长荡湖”杯海峡两岸河蟹大赛先后在金坛举行，河蟹生态高效养殖金坛经验在全国推广。积极开展河蟹促生长益生菌扩培和全程配合饲料投喂等新技术试验、示范，创成农业部水产健康养殖示范场3家，数字化渔场、滩涂养殖等规划同步推进。

全年生猪存栏5.37万头，出栏14.05万头；家禽存栏580.18万羽，出栏2243.52万羽；屠宰生猪27.8万头，屠宰鸡995.2万羽、鸭107.6万羽。创新产业精准扶贫模式，指前镇建春村种鸡养殖场开工建设，打造优质家禽规模化、标准化、生态化养殖“国标”。动物卫生处理中心建成试运行，动物无害化处理体系基本完善，全年共无害化处理生猪11136头。年内，全区共创建农业部畜禽标准化示范场3家、省级畜牧生态健康养殖示范场22家。

全区完成绿化造林面积420.5公顷，其中成片造林246.72公顷，四旁植树50.5万株，森林抚育0.2万公顷，林木覆盖率达27.59%。全年新创省级绿化示范村4个，省级“三化”（彩色化、珍贵化、效益化）示范村5个。长荡湖湿地公园晋级“国字号”，全区自然湿地保护率49.5%。扎实推进森林抚育，加大森警巡查力度，加快提升护林防火技防水平，规范有序做好林地变更和林地征占用，保护好、利用好、开发好有限的森林资源。

全区园艺总面积1.58万公顷，园艺业年产值11.08亿元。成功举办第四届中国·金坛雀舌茶道会，金坛雀舌成为“全国首批通过森林认证茗茶品牌”。“金坛雀舌茶乡之旅”入选“全国首批20条茶乡旅游精品线路”，茅山茶海、长山行舍等一批产业融合示范点成为茶旅新标杆。创成全国休闲农业与乡村旅游三星级示范企业1家，省级休闲农业精品村、主题农园、园艺作物标准园和市级现代农业产业示范园各1个。金坛区入选“2018全国茶叶百强县”。

（曹建军）

【农业企业股权分置改革上市】　重点梳理市级以上农业龙头企业、创新驱动型农业企业、高速成长型农业企业，优选一批上市后备农业企业，进行宣传引导、包装扶持。2018年共有10家企业（江南春米业、常丰食品、江南制粉、万叶饲料、黄金村食品、晨泰粮油、圣贝特蜂蜜、大地肥料、茅山制粉、源泉农业）成功挂牌江苏省股权交易中心农业板，挂牌数量占常州全市的近50%。

【产业化示范创建】　根据产业特色明显、产业链完整、加工设施设备先进、与农民利益联结趋紧密、辐射带动能力较强等要素，积极申报常州市第一、二、三梯次农产品加工示范型龙头企业。全年共成功申报第一梯次企业1家（南顺食品）、第二梯次企业4家（江南制粉、江南春米业、肠衣厂、鑫品茶业）、第三梯次企业1家（常丰食品）。

【品牌培育】　按照产业大、产值高、口碑好、知名度高、辐射带动好、具有地方特色等要求,在全区范围内遴选了一批有一定影响力的品牌申报常州市十大农产品知名品牌。通过企业现场答辩、第三方机构评估、专家评审等环节,长荡湖大闸蟹、金坛雀舌、“蘇”牌大米成功入选常州市十大农产品知名品牌,“健倡”牌红香芋入选常州市特色农产品品牌。4个产品入选“江苏农产品品牌目录”2018年名单。

【农产品跨境电商】 将全区9家农产品外向型加工企业九大类40余种农产品融入跨境电商店铺——阿里巴巴国际站平台,向全球190多个国家和地区深入推荐金坛区农产品。2018年店铺上线运营以来,实现线上销售4800美元,线下对接销售达8万多美元,首家农产品跨境电商综合性店铺成效凸显。

【农业龙头企业】 2018年成功申报省级农业龙头企业2家(万叶饲料、万丰饲料)、常州市级农业龙头企业6家(你好鸭食品、立华食品、露源生态茶业、福地春茶叶、润洪水产品、洋泽农业科技)。年末,全区拥有省级龙头企业14家、常州市级龙头企业22家。全年共成立产业化联合体3家,其中省级示范产业化联合体1家。

【信息进村入户】 在全区各行政村,着力开展公益、便民、电子商务和培训体验四项服务,整合社会资源,创新为农服务方式,拓展为农服务内容,形成一张覆盖全区所有涉农行政村的农业信息化服务网络。2018年共建成村级益农信息社86家。其中,中心站1家,示范站20家,标准站65家。累计投入建设资金107.8万元,建设进度103%。按照“有文化、懂信息、能服务、会经营”的标准选聘信息员86人,确保了各项农业信息化服务能够延伸到最基层,解决了信息化服务的终端问题,做到信息化服务有实体、有支点。

【农产品电子商务】 2018年,全区实现农产品网络营销额13.26亿元,比上年增长27%,占常州市总营销额30%以上。指前镇岳阳村、朱林镇黄金村、薛埠镇上阮村等7个村申报了全省“一村一品一店”示范村。“吃在常州”电商平台上线151家,完成率116%。新挖掘网上营销主体12个,全区从事农产品网上营销主体103个,在各大知名电商平台开设旗舰型店铺186家。全年举办农产品电子商务培训班两期,培训学员200余人次。

【农业信息发布】 对原有“金坛农林”微信公众号板块进行调整优化,将“品牌推介”板块调整为“农林党建”板块,并且开设“解放思想大讨论”专题。全年共计推送信息52期,发布新闻快讯、三农政策、农事服务等内容信息256条,点击浏览54000余人次。“农务通”平台数据库在33个农业通讯小组的基础上,新增通讯小组6个。新增服务对象568人。全年推送政策宣传、天气预警、病虫防治等各类信息97530条。 (周秋娟)

【生态农业】 开展农牧结合、种植清洁化生产、秸秆综合利用等为主要模式的生态循环农业示范建设,以示范引领为抓手,推广应用新型种养模式和生态循环农业技术。2018年新增5家常州市级生态循环农业示范单位,市级示范单位总数达23家。开展畜禽粪污资源化利用整区推进工作,在薛埠镇建成区域性畜禽粪便集中处理中心1座。开展田间农药包装废弃物收集处置试点,建立“主体回收、专业处置、财政扶持”为主要模式的农药包装废弃物回收和处置体系。在各镇、街道76个村委、专业合作社、种植大户中设置回收点,共回收农药包装废弃物约7余吨。 (白洁瑞)

【农业执法】 2018年,区农业管理综合行政执法大队共出动执法人员1800余人次,执法车辆440余台次,检查农资经营单位、农药经营贸易公司、畜禽单位、渔业生产单位、各类农机(农机合作社)共计1270家,办结案件72起,罚没款共计26万元,总货值金额2.32万元,查获各类假劣农资、不合格农产品3.13吨,排查各类举报、移交案件线索87起。检验机动渔船27艘,为全区机动渔船发放油价补助资金5万元。纠正各类农机违章违规10次,排查治理各类农机隐患8起。抽样检测“瘦肉精”等违规投入品18912份,无害化处理生猪10262头,家禽60564羽。 (孙军华)

【农民培训】 2018年举办粮油、水产、休闲观光、电子商务等省级培训班15期,培训人数1309人次;完成茶叶技工、新型职业带头人两个部级培训班,培训并跟踪回访学员共计170人次;完成区级培训班20期,培训人数1551人次。区农业广播电视学校获省级先进单位称号。 (滕 颖)

·粮油种植业·

【概况】 2018年,全区粮食作物总面积2.72万公顷,较上年缩减135.87公顷,减0.5%,连续8年缩减;公顷单产6904.5千克,减少207千克,减2.9%;总产18.7439万吨,减0.6657万吨,减3.4%。

夏粮总面积1.23万公顷,增加757.9公顷,增6.6%;公顷单产4582.5千克,减21千克,减0.5%;总产5.6303万吨,增0.3226万吨,增6.1%。主要作物小麦面积1.19万公顷,增472.67公顷,增4.1%;公顷单产4635千克,增27千克,增0.6%;总产5.511万吨,增2482吨,增4.7%。大麦面积94.07公顷,减12.8公顷,减12.0%;公顷单产4065千克,减135千克,减3.2%;总产382吨,减38吨,减9.0%。

秋粮面积1.49万公顷,减893.8公顷,减5.7%;公顷单产8818.5千克,减129千克,减1.4%;总产13.1136万吨,减9883吨,减7.0%。主要作物水稻面积1.33万公顷,减1349公顷,减9.2%;公顷单产9405

千克,增45千克;总产12.471万吨,减1.1946万吨,减8.7%。其中,中稻面积6.07公顷,公顷单产8250千克,总产50吨,分别减48.4公顷、285千克、415吨;晚稻面积13250公顷,公顷单产9405千克,总产12.466万吨,分别减1300公顷、增45千克、减1.1531万吨。

全区油菜总面积950公顷,减183.3公顷,减16.2%;公顷单产2475千克,与上年持平;总产2298吨,减502吨,减17.9%。

【种植效益】 2018年,全区水稻平均销售单价每千克2.84元,与上年持平;公顷产值27171元,较上年增1101元;公顷成本15147元,增1647元;公顷效益12024元,减546元。小麦平均销售单价每千克2.05元,较上年减0.31元;公顷产值10184.7元,减883.35元;公顷成本7294.5元,减36.45元;公顷效益2889.9元,减846.9元。油菜籽单价每千克5.19元,增0.29元;公顷产值13078.8元,增480.9元;公顷成本7262.1元,减226.2元;公顷效益5816.7元,增707.1元。

【涉农补贴】 2018年,全区农业支持保护补贴(耕地地力保护)补贴面积19984公顷,补贴标准为每公顷1800元,涉及9个镇(街道),92个行政村,83978户农户,共计发放补贴资金3597.15万元。2017年水稻田生态补偿补贴面积7279公顷,补贴标准为每公顷663.3元,涉及8个镇(街道)、696个申报主体,共计发放补贴资金482.85万元。2018年水稻田生态补偿补贴面积7787公顷,补贴标准为每公顷494.475元,涉及8个镇(街道)、773个申报主体,共计发放补贴资金385.07万元。2018年稻谷补贴(稻谷规模生产者补贴)补贴面积7815公顷,补贴标准为每公顷1500元,涉及8个镇(街道)、773个申报主体,共计发放补贴资金1172.32万元。

【粮食保险】 全区稻、麦、油参保总面积27830公顷,参保保费1044万元。2018年水稻参保农户3.83万户,面积13980公顷,保费收入587.03万元;油菜参保农户0.25万户,面积260公顷,保费收入8.5万元;小麦参保农户数4.31万户,面积13590公顷,保费收入448.47万元。

【粮食生产功能区和重要农产品生产保护区划定】 划定水稻生产功能区1.467万公顷、小麦生产功能区0.853万公顷、大豆生产保护区286.67公顷、油菜生产保护区933公顷。

【粮食绿色高质高效创建】 2018年,全区共建设水稻绿色高质高效创建示范片13个,其中300公顷以上3个,60公顷以上300公顷以下10个,总面积2350公顷,投入财政资金250万元,平均实收公顷单产10394.55千克,示范推广塑盘基质育秧、秸秆机械化还田、水稻毯苗或钵苗机插、测土配方施肥、病虫害绿色防控等技术。全区共建设稻田综合种养示范点3个,示范面积81.52公顷,分布在朱林镇、直溪镇2个镇,其中稻鸭共作1个,稻虾互作2个。投入财政资金70万元。

【扩大优粮"五位一体"订单模式】 在全区推行优质水稻"五位一体"订单模式,即政策引导、企业主导,以种粮大户为主体,以农技推广单位为技术支撑,由社会化服务组织提供专业化、标准化服务的新型订单生产模式。2018年共有江南春米业等5家大米加工(销售)企业开展了2180公顷优质糯稻、软粳稻订单生产,帮助农民增收477万元。

【农药经营许可证发放】 2018年,全区共核发农药经营许可证108张,注销农药经营许可证1张。其中核发经营范围为农药8张,涉及14家农药经营门店(含8家限制使用农药经营定点单位、6家分支机构);核发农药(限制使用农药除外)100张,涉及97家农药经营门店(含24家分支机构),25家贸易企业,2家农药生产企业。

(朱 萍)

【种子管理】 2018年,区种子管理站强化种子质量源头监管,全年共抽检农作物种子样品66个。其中,水稻20个,小麦13个,玉米3个,油菜10个,蔬菜20个。主要农作物抽检覆盖率100%,样品质量检测合格率100%,全区农作物种子质量安全事故零发生。全年检查种子生产企业2家次,种子经营门店143家次、出动检查人员139人次、检查车辆81车次,全区未发生重大种子经营违法行为。全年完成农作物种子生产经营网上备案407单,其中委托生产备案5单,委托代销备案8单,经营不再分装备案394单,主要农作物种子生产经营网上备案率100%。依托金坛稻麦科技示范中心共展示(测试)稻麦新品种23个。其中,小麦11个,水稻12个;组织种粮大户、农技人员观摩2次,计167人次。据统计,2018年度全区各种子经营网点累计销售水稻种子740.5吨、小麦种子458.2吨。小麦繁种备案面积66.7公顷,达标种子数量400吨;水稻繁种备案面积53.7公顷,达标种子数量483吨。 (郑 飞)

【耕地质量建设】 全区主要粮油作物(稻、麦、油菜)普及测土配方施肥技术,化肥施用量(纯量)较2015年削减3%以上。运行维护好5个省级、10个市级、19个区级耕地质量监测点和2个省级土壤墒情监测点,对耕地质量(土壤墒情)进行长期、定位监测。牵头实施"2017年金坛区茶叶有机肥替代化肥示范县创建"工作,4月协办"全国果菜茶有机肥替代化肥推进落实会"。 (沈家禾)

【试点省级耕地轮作休耕制度】 金坛区是2018年省级耕地轮作休耕制度试点县之一。2017年,全区实际轮作休耕面积677公顷,补贴标准为轮作换茬、休耕培肥2946.15元/公顷,深耕晒垡2155.65元/公顷,总补贴资金180万元,全部来源于省级财政补助资金。涉及指前镇、朱林镇、薛埠镇。种植绿肥(紫云英、油菜等)面积335.4公顷,涉及4个以种植有机稻米为主的区域。休耕培肥面积95.4公顷,公顷施有机肥3000千克以上,主要分布在朱林镇黄金村、薛埠镇下杖村。深耕晒垡面积246.3公顷,主要分布在指前镇芦溪村、丰产村,薛埠镇罗村村、上阮村、下杖村、山蓬村。

(钟剑文)

【植保植检】 2018年,全区水稻稻纵卷叶螟大发生,纹枯病中等发生,大螟中等偏轻发生,其他病虫草轻发生;小麦赤霉病中等偏重发生,纹枯病中等偏轻发生,其他病虫草轻发生;油菜蚜虫中等偏轻发生,其他病虫草害轻发生。病虫害防治总面积水稻24.35万公顷次,小麦4.6万公顷次,油菜0.41万公顷次,其中化学防控面积分别为7.8万公顷次、3.84万公顷次、0.37万公顷次,占总防治面积32.1%、83.4%、90.8%,其余均为种子处理、土壤处理、生物防控、物理防控等非化学防控措施。全年共建立主要农作物重大病虫害预警监测点5个、性诱监测点3个、灯诱监测点2个,树立小麦赤霉病数字化预警监测仪1套。共计挽回粮油损失水稻22145吨、小麦8109.34吨、油菜籽285.9吨。

【建立水稻绿色防控示范区】 2018年,由区植保站牵头,在朱林镇沙湖村、薛埠镇罗村村建立水稻病虫害绿色防控示范区,总面积114.3公顷。示范区展示了种子集中处理、苗期无纺布全程覆盖即苗期不用药、2次封闭除草、纹枯病1次防治、生物防虫等技术措施。带动全区粮食绿色生产,全区主要农作物绿色防控产品使用覆盖率86.4%,非化学防治技术应用覆盖率29.8%,病虫专业化统防统治覆盖率62.5%,高效低毒低残留农药使用面积占比86.4%,重大病虫综合防治技术覆盖率99%。全区化学农药使用量较上年减少29.6%,稻麦病虫危害损失率0.74%。

【科技成果国际展示】 持续开展长期不同施肥对稻麦轮作田杂草生态研究,小麦田杂草研究成果《猪粪堆肥和秸秆施用改变了稻—麦轮作制小麦田杂草群落多样性》被美国杂草学会期刊《杂草科学》录用,区农林局的研究成果已具国际重大影响。

(段云辉)

·水产业·

【概况】 2018年,金坛水产业主动适应新常态,践行新要求,坚持生态统领渔业发展,统筹兼顾水产品安全有效供给和渔民增收,以品牌建设和渔业科技创新为抓手,积极推动产业结构调整、绿色健康养殖、产品质量提升,促进渔业健康可持续发展。水产品总产量3.82万吨,比上年上升2.7%,总产值20.37亿元,比上年下降6.7%。

《金坛区养殖水域滩涂规划(2017—2030)》成功发布。根据农业农村部要求,金坛区对现有的水域进行核实,全面调查了精养池塘、河沟、水库及其他水域,科学划定禁养区、限养区、养殖区。规划由中国水产科学研究院淡水渔业中心编制,通过相关部门征询意见、专家组评审后由区人民政府发布。全区科学划定禁养区11500公顷、限养区775公顷、养殖区9646公顷,初步构建了合理的产业布局。

水产养殖绿色健康创建持续推进。将水产绿色健康养殖技术由点及面深入推进,细化养殖设施设备管理、水产品生产记录、投入品使用记录及安全使用、病害防控、养殖尾水处理。全年新增2家农业部水产健康养殖示范场,全区部级水产养殖健康养殖示范场达9家;新增省级水产养殖质量可追溯企业1家,全区水产养殖质量可追溯企业达4家。

河蟹种业建设得到进一步强化。河蟹苗种质量的优劣决定了河蟹产业发展的兴衰。2家单位获区级苗种生产许可证,3家省级苗种生产单位通过省级组织的复查换证。积极开展苗种产地检疫工作,全区设立3个苗种产地检疫申报点,官方兽医开出3张苗种产地检疫合格证。

产学研合作取得新进展。与上海海洋大学、中国水产科学研究院淡水渔业中心签订产学研合作协议,成立长荡湖河蟹工程技术研究中心、成永旭教授工作室、吴旭干教授工作室;与上海海洋大学合作开展长荡湖河蟹新品种选育;渔业科技示范基地被国家虾蟹产业技术体系授予全国唯一的"河蟹养殖模式研发基地"称号;与省淡水水产研究所、日本EM研究机构合作建成塘口生物培养研发车间,在提升产品品质的同时,降低养殖成本10%以上。

长荡湖品牌影响力大幅提升。长荡湖大闸蟹获得"常州市十大农产品知名品牌",获2018"长荡湖杯"海峡两岸河蟹大赛最佳种质奖、最佳口感奖,连续三年获得"王宝和杯"全国河蟹大赛最佳口感奖、最佳组织奖等。成功举办第三届中国河蟹产业发展高峰论坛暨2018海峡两岸河蟹大赛。长荡湖青虾亮相央视七套《每日农经》栏目,长荡湖大闸蟹亮相央视二套《第一时间》栏目。

基层渔技推广队伍建设有新成效。区水产技术指导站被评为"十佳全国水产技术推广示范站",并作交流发言;区水产站被选举为中国渔业协会河蟹分会副会长单位。连续八年举办江苏省渔业科技示范人才实用技能高级研修班,承担的省级渔业科技入户、水产品药物残留快速检测、水生动物病害测报与疫病防控、渔情采集与渔业统计等工作连续五年获全省先进。水产业党支部"塘口大学堂"获得区级机关党建品牌评比一等奖。

【第三届中国河蟹产业发展高峰论坛暨2018海峡两岸河蟹大赛】 11月15日,第三届中国河蟹产业发展高峰论坛暨2018"长荡湖杯"海峡两岸河蟹大赛在金坛区举行。大会现场举行国家虾蟹产业技术体系河蟹养殖模式研发基地和长荡湖河蟹产业工程技术研究中心揭牌仪式。上海海洋大学副校长李家乐、中国渔业协会河蟹分会会长李晓东等在开幕式上致辞。论坛主要通过主办方、承办方以及相关媒体微信公众号平台宣传报名,吸引了来自全国各地的高校、科研院所、政府、技术推广机构和企业的教授、专家和负责人310余人参加。本次论坛邀请到15位知名专家就河蟹“生态养殖与遗传育种、营养饲料与品质提升、品牌打造与电商流通、三产融合与产业升级”等议题举行论坛主题报告,旨在为河蟹产业界、学术界和政府管理部门等提供一个交流平台,推动河蟹产业升级、高质量发展和乡村振兴。通过前期筛选,共有来自江苏、上海、浙江、安徽、重庆和台湾的32家单位参加2018“长荡湖杯”海峡两岸河蟹大赛,角逐最佳品质奖5个、最佳种质奖5个。金坛区渔业科技示范基地获最佳品质奖与种质奖。

第三届中国河蟹产业发展高峰论坛暨2018海峡两岸河蟹大赛现场

(区农林局 供稿)

【省海洋与渔业局局长陶长生调研金坛现代渔业】 7月11日,省海洋与渔业局局长陶长生调研金坛渔业高质量发展情况。陶长生一行先后视察长荡湖国家级青虾种质资源保护区、长荡湖国家湿地保护区、金坛渔业科技示范基地、金坛区渔业科技展示厅等,了解了循环水养殖技术模型和金坛现代渔业发展基本情况。在座谈会上,陶长生一行还听取关于长荡湖围网拆迁和长荡湖功能转变、绿色发展促进现代渔业转型升级的专题汇报。常州市农委主任李昙云,金坛区委常委、长荡湖度假区党工委书记陈锁龙、副区长朱霞陪同调研。

【金坛青虾亮相央视七套《每日农经》栏目】 7月,央视七套《每日农经》栏目组到金坛区拍摄青虾产业发展情况,重点对青虾湖泊增殖放流、捕捞,青虾池塘主养、蟹虾混养技术,青虾市场销售,美食烹饪等进行报道,特别是对当前处于抱卵期的籽虾进行重点拍摄。金坛区青虾养殖分为湖区和池塘两部分,湖区养殖主要是以长荡湖为主的增殖放流、捕捞,面积8000公顷,每年1月放流虾种700万尾,捕捞量在360吨左右,产值0.5亿元;池塘主养800公顷,蟹虾混养7333公顷,产量5000多吨,产值4.5亿元。直接带动区4000余户农民养殖增收,人均增收2万余元。青虾养殖作为一种生态健康养殖模式,同时实现了渔业生产和环境修复两个目标,既满足了优质水产品供给,又能够富民增收。

【金坛区“净水渔业”吸引多家主流媒体关注】 6月12日,以“江苏渔业生态健康养殖”为主题的媒体报道组走进省内首批农业农村部水产健康养殖示范县——金坛区,参加此次活动的有人民网、新华网、《农民日报》、《中国渔业报》、《新华日报》、《现代快报》、《扬子晚报》等媒体。记者们一行先后来到金坛区长荡湖省级现代河蟹产业园、国家级示范社金坛区万叶水产专业合作社、儒林镇柚山村蟹虾生态养殖示范基地,实地了解池塘蟹虾养殖的“金坛模式”以及物联网智能化养蟹、池塘循环水生态养殖等健康养殖技术,并与合作社负责人和养殖户就养殖效益、产品销售及长荡湖区域公共品牌影响力的提升等内容进行了深入交流。近年来,金坛大力发展生态渔业绿色健康养殖模式,依托省级渔业科技入户、职业渔民培训,重点示范户研修班等平台,在蟹虾养殖池塘中积极推广复合型水草栽种、螺蛳优化投放、滤食性鱼类混养、微生物制剂应用等关键技术,积极打造“净水渔业”,同时实现渔业生产和环境修复功能,既保证水产品的安全供给,又推动了渔业健康可持续发展。

(刘伟杰)

·畜牧业·

【概况】 2018年,金坛区畜牧业以突出绿色抓转型、围绕生态求发展、立足安全强监管为主线,以畜禽标准化适度规模养殖、养殖粪污资源化利用、病死动物无害化处理为重点,探索农牧结合、种养一体的绿色畜牧业发展之路。全区未发生重大动物疫情、畜禽养殖污染事件和畜产品质量安全事故,畜牧业生产持续健康发展。

截至12月底,全区生猪存栏5.37万头,同比减少24%;家禽存栏580.18万羽,比上年减少5.5%。全年生猪累计出栏14.05万头,增加12%;家禽累计出栏2243.52万羽,减少11%。屠宰生猪27.8万头,增加11.5%;屠宰鸡995.2万羽、鸭107.6

万羽,全区无害化处理生猪11136头。

结合"263"、散乱污整治等专项整治行动,关停取缔5家非法的家禽屠宰场,保障了全区畜产品质量安全。

【生态健康养殖】 2018年,通过宣传培训、强化监管和示范引导,保护环境、健康养殖逐步成为广大畜禽养殖场户的自觉行为和追求目标。畜禽养殖污染防治、病死猪无害化处理得到全面加强,养殖污染直排和病死动物乱丢乱弃的现象基本消除。至年底,全区共创建农业农村部畜禽标准化示范场3家、省级畜牧生态健康养殖示范场22家。

【"美丽牧场"建设】 全区创新思路,迎难奋进,全面破解环保、用地等难题,把"村企联盟"共建"美丽牧场"融入乡村振兴。常州市四季禽业有限公司在指前镇建设的村企联盟建春美丽牧场,总投资5000万元,设计存栏父母代种鸡13.2万套。主体已基本建设完工,预计2019年3月前完成配套设施及生产设备的安装,5月投入生产。同时,常州市天牧家禽有限公司丰产种鸡场、江苏兴牧农业科技有限公司均已完成"美丽牧场"提升改造工程建设。

【动物无害化处理体系】 年内,常州市动物卫生处理中心全面完工并投入试运行。与之配套的金城、直溪、朱林等5个现代化、智能化公共病死动物收集点建设序时推进,初步建立了病死动物及产品的"场户送交、站点收集、统一运输、集中处理"的动物无害化处理体系,加快达成变废为宝、保护生态环境和社会公共安全的既定目标。 (杨震俊)

【非洲猪瘟防控】 8月3日,农业农村部通报国内首起非洲猪瘟疫情,金坛区各级各部门高度重视,迅速行动,认真贯彻落实部、省视频会议精神,积极部署非洲猪瘟防控工作,迅速成立非洲猪瘟应急指挥部,加强指挥与协调工作,切实做到联防联控。自8月7日起,区全面开展非洲猪瘟排查工作,组织对辖区内所有生猪养殖场(户)、生猪屠宰企业等开展循环式和地毯式排查,对重点场所发放非洲猪瘟防控宣传资料1000余份,排查生猪养殖场点1.93万余次、生猪329.43万余头次、生猪屠宰场生猪28500头次,未发现有疑似疫情。

(潘志辉)

【畜禽养殖污染治理】 2018年,金坛区非禁养区规模畜禽养殖场共388家,其中生猪规模养殖场32家、肉禽养殖场328家、蛋禽养殖场28家。全年共完成治理认定373户(关停21家养殖场),治理率96.13%;全区畜禽养殖粪污综合利用率93.5%,规模养殖场粪污处理设施设备配套率88.89%。同时加强长效管理,健全畜禽养殖环境长效监管网络,落实各级监管网络监管责任。 (张 静)

常州市动物卫生处理中心航拍图 (区农林局 供稿)

【便携式动物B证全面启用】 按照省农委对于动物检疫工作要求,金坛区积极开展"智慧动监"动物卫生监督管理应用系统培训和监督指导工作,强化"苏动e通"与江苏省动物卫生监督管理应用系统的配合使用。在开展日常监督与培训的同时,强化对产地检疫工作的监督检查,移动出具便携式动物B证在金坛区全面启用,大大提升了产地检疫工作效率。

(汤明庚)

【全省兽医系统实验室比对试验百分百符合】 为不断提升兽医实验室检测能力和水平,切实提高动物疫情监测预警能力,金坛区动物疫控中心认真组织参与全省兽医系统实验室检测能力比对工作。实验室技术人员严格按照国家标准规范开展检测活动,在规定时间内独立完成各项实验内容,并及时出具、提交检测报告。经省动物疫病预防控制中心审核,金坛区所有比对试验项目结果与参考值100%符合,检测报告规范、结果表述准确。

【动物疫病净化工作再上新台阶】 开展动物疫病净化工作是动物防疫转型升级的方向,也是江苏省2018年主推的重点工作之一。金坛区动物疫控中心积极指导江苏兴牧农业科技有限公司(花山场)和江苏省永康农牧科技有限公司分别申报农业农村部第三批"动物疫病净化示范场"和"动物疫病净化创建场"创建。两家企业均顺利通过验收并获得授牌,全省仅6家。

【重大动物疫病强制免疫"先打后补"工作顺利推进】 2018年,为促进畜禽养殖企业依法落实动物防疫主体责任,提升动物疫病防控水平,常州市农委决定在全市范围内开展动物防疫支持政策调整工作(即重大动物疫病强制免疫"先打后补"工作)。金坛区动物疫控中心在做好前期充分调研基础上稳步推进强制免疫"先打后补",全区共有6家养禽企业和2家生猪养殖企业参加。 (徐荣军)

·林 业·

【概况】 2018年,全区完成绿化造林面积420.5公顷,其中成片造林246.72公顷(丘陵岗地森林植被恢复90公顷,城郊森林83.72公顷,江河湖海防护林55.8公顷,绿色通道17.2公顷),为江苏省林业局下达全年成片造林任务的123.36%,连续9年超额完成任务;四旁植树50.5万株,森林抚育0.2万公顷,完善提高农田林网0.12万公顷,新建农田林网133.3公顷,全区林木覆盖率稳步增长,达27.59%;新创省级绿化示范村4个、省级"三化"示范村5个,新增绿化面积24.8公顷,建成公共绿地1.36万平方米,栽植各类树木35.45万株。其中乔木2.1万株,灌木33.35万余株,创建村庄绿化覆盖率达到35%以上。全年争取到各类林业项目资金达1616.75万元,为金坛生态文明建设持续发展提供了资金保障。

2017年冬至2018年春,全区没有发生森林火灾,共新添置灭火弹3000枚、扑火服50套、扑火鞋30双、割灌机3台、油锯1台、消防水泵5台、森林消防洒水车1台。加强森林防火应急扑救(护林)队伍建设,全年共培训基层防火骨干150余人次,提高了森林防火人员的综合素质。实施40多千米的道路两侧200公顷林下可燃物清理。

积极落实《常州市松材线虫病、美国白蛾等重大林业有害生物防控目标责任书》的防控任务,强化监测预警,林业有害生物防治面积达366.67公顷,林业有害生物成灾率控制在1.6%以下。在松材线虫病除治上,共完成清理线虫病引起的死松木面积210公顷,占发生面积的100%,清理出病死树792株,处理病枝材63.31吨,全部送江苏丹化集团处理,木材加工厂无违规加工现象。2018年春季首次监测到美国白蛾成虫,区林业站联合省林科院森防所在直荣公路两侧500米范围内进行美国白蛾二代幼虫网幕排查、综合防治以及全面监测工作,监测发现二代成虫3只,未发现三代幼虫网幕和危害现象。种苗市场监管共审核发放林木种子生产经营许可证12份。

按照省林业局统一部署,开展"盘羊三号行动"等专项活动,全年共查处林业行政案件7起,涉及擅自改变林地用途、盗伐以及毁林开垦,共计罚款53500.5元,查处率和结案率100%。全年共出动警力300人次,出动车辆112车次,开展普法教育10余次,检查全区21家集贸市场、8家野生动物养殖场,检查山区18家饭店,共收缴并销毁6个猎捕鸟类的围网,放生斑鸠8只、王锦蛇11条、野猪(幼体)4只、穿山甲(幼体)3只。

实施江苏金坛长荡湖国家湿地公园湿地保护与恢复项目和江苏金坛长荡湖国家湿地公园水生植物科普园建设项目,完成江苏金坛长荡湖国家湿地公园(试点)和金坛长荡湖2处省级重要湿地建议名录相关信息的确认和修改工作,江苏金坛长荡湖国家湿地公园(试点)建设接受国家级评估验收。全区共有湿地面积23495.14公顷,其中自然湿地10265.4公顷。至年底,全区自然湿地保护率49.5%,提前完成"常州市国家森林城市建设三年行动计划"目标任务。

2018年,金坛区新增野生动物人工繁育企业1家,办理野生动物经营利用许可企业7家、野生动物经营利用备案企业8家,救助野生动物3起;认真落实野生动物疫源疫病以及野猪非洲猪瘟监测防控的日报和周报工作,全年未发生野生动物重大疫情。

国有林场改革目标任务基本完成。茅东林场森林经营方案已完成编制和评审工作,国有林场改革档案收集整理基本到位。9月30日,区政府向省国有林场改革领导小组提出验收申请,11月通过省林业局组织的检查验收。

【植物检疫】 全年共签发森林植物检疫证书17650份、木材运输证8225份、森林植物检疫要求书82份。经检疫合格调出各种植物13350万株,其中苗木10220万株;外运各类木材折合材积670多立方米。未发生错检、漏检事件。

【木材检查】 2018年,金城木材检查站不断创新执法理念,切实加强队伍素质的建设,加大木材运输流通和苗木调运的检查力度,全年共立案查处35起违法运输案件,罚款8余万元。有效地维护了木材流通的正常秩序,一定程度阻止了森林病虫害的传播。

(马 骧)

·园 艺 业·

【概况】 2018年,金坛区园艺工作以现代农业高质量发展为目标,以实施高效设施农业建设、园艺作物标准园创建、休闲农业升级工程为抓手,推进园艺业供给侧结构性改革,强化质量品牌建设,不断提升全区园艺业的竞争力。

全区园艺产业稳中有增。生产规模维持在1.58万公顷,与上年大致持平。其中茶叶0.27万公顷,蔬菜0.33万公顷,食用菌生产面积52.58万平方米,果树0.116万公顷,花卉苗木0.86万公顷。休闲农业年产值超3亿元,年游客接待量超203万人次,直接带动农民5530户。新增设施农业面积1300平方米,设施化比重21.8%。园艺业年产值11.08亿元,比上年增加2.78%。

【成功举办第四届中国·金坛雀舌茶道会】 第四届中国·金坛雀舌茶道会于4月21日在东方盐湖城开幕。此次茶道会主要内容有茶道会开幕式、第四届“华罗庚杯”名特茶评比、全国果菜茶有机肥替代化肥行动工作推进会、新闻发布会、金坛茶乡振兴战略恳谈会、茶艺美学空间、全民饮茶日、雀舌茶香集市、手工炒茶技艺秀、茶主题摄影作品展及摄影大赛、“霓裳雅韵·雀舌飞歌”文艺汇演、茶园行走艺术等。茶道会以茶会友,营造了“知茶、爱茶、饮茶”的氛围,扩大了金坛雀舌茶国家地理标志产品的知名度和影响力。

【金坛雀舌成为首批通过森林认证茗茶品牌】 4月22日,金坛雀舌被中国森林认证委员会、国际森林认证组织、中国合格评定国家认可委员会、江苏致远森林认证中心联合授予“全国首批通过森林认证茗茶品牌”,全国仅5家。金坛区参加联合认证的茶园376.46公顷,干茶数量16300千克。作为“中国名茶(绿茶)之乡”,金坛现有茶园面积0.27万公顷。“金坛雀舌”作为全区茶叶主打品种之一,已跻身全国茶叶区域共用品牌价值30强。

【“鑫品”牌金坛雀舌获第二届中国国际茶叶博览会金奖】 5月22日,中国国际茶叶博览会组委会召开颁奖大会,会上公布了此次获奖的108个金奖作品,金坛区“鑫品”牌金坛雀舌获此殊荣。江苏名特茶遴选出了7个茶样参加金奖评选,最后3个茶样获得金奖,“鑫品”牌金坛雀舌是其中之一。

【成功申报2条“茶乡旅游精品线路”】 2018年,中国农业国际合作促进会茶产业委员会发布参与申报的一百余条茶乡旅游线路。经过专家组对自然景观、人文景观、游乐体验、硬件设施、气候等方面的综合打分评选,金坛区雀舌茶乡之旅入选夏季“茶乡旅游精品线路”,茅山茶海入选秋季“茶乡旅游精品线路”。

【茅东林场(半边山下)获全国休闲农业与乡村旅游星级示范企业称号】 金坛区茅东林场(半边山下)位于茅山东南侧,全场总面积1973.33公顷,生态林面积1590.46公顷,经济林果面积193.33公顷,森林覆盖率达90%。近年来,林场加大民宿聚集地周边环境的整治,初步形成一个“看得见山、望得见水、闻得见花香”的自然景观,成为“静得下心,留得住情愫”的处所,也成为辐射周边景区的独特山镇。2018年,林场凭借独特的人文环境获评全国休闲农业与乡村旅游三星级示范企业。 (曹丽华)

·农业机械化·

【概况】 2018年,金坛区紧紧围绕实现全程全面农机化目标,着力提升农机装备水平、农机作业水平、农机社会化服务水平和农机公共服务管理水平,积极培育和规范农机服务组织建设。全区农业机械总动力达447641千瓦,高标准通过省级粮食生产全程机械化示范县创建,推动了全区农机化发展由“数量优先”向“数量、质量和效益并重”转变。

【农机购置补贴工作】 全年共推广新型农机具287台(套),受益农户271户,拨付中央、省补贴资金261.952万元(报废更新联合收割机7台,报废补贴资金11.2万元),引导农民投入1098.04万元。新增收割机21台(半喂入2台、全喂入19台)、粮食烘干机3台、轮式拖拉机24台、喷杆式喷雾机1台、开沟机24台、撒肥机7台、水稻插秧机33台(手扶式7台、乘坐式25台)、旋耕机116台、秧盘播种成套设备10台、田园管理机3台、旋耕播种机17台、动力喷雾机9台、茶树修剪机2台、自走式秧田育秧播种机5台、施肥机(含水稻侧深施肥装置)12台。全区农机装备结构不断优化,工作经验在省农机局专题会议上交流。

【秸秆综合利用工作】 依据江苏省农业机械管理局《关于印发2018年全省秸秆机械化还田实施办法的通知》要求,结合金坛区秸秆机械化还田实施方案,经各镇(街道)、行政村申报作业面积,第三方核查、区级抽查,镇、村级确认公示,区级汇总公示等程序,2018年,全区申报的17200公顷任务面积全部完成,还田率66.34%。其中夏季完成9838.9公顷,还田率82.7%;秋季完成7361.1公顷,还田率52.4%。夏季共兑付秸秆机械化还田补助资金295.168万元,其中兑付省级补助资金147.584万元,区级配套补助资金147.584万元;秋季兑付省级补助资金110.416万元。

【农机监理】 开展拖拉机、联合收割

第四届中国·金坛雀舌茶道会——手工炒茶秀 (区农林局 供稿)

机免费实地检验工作，简化办事手续，落实便民政策。深入推进变型拖拉机专项整治行动，排查农机安全隐患，保障农机安全生产。全年共发放农机跨区作业证100张，办理110张“双优加油卡”与600份综合保险，400台农机享受了免费“体检”；注销拖拉机2054台，农机驾驶证625本；清查许可档案4293份，完善档案900余份。

【农机培训】 创新农机化人才培养方式方法，采取“请进来、送出去”等方式，开展获证奖补技能培训2期，培训人数70人次；新型职业农民农机合作社带头人培训两阶段40人次；在全省首创的“二代农机人”培养模式中，有30人通过常州机电学院入学考试，被正式录取。全年开展各类培训班24期次，培养各类农机实用人才1041人次。 （王 鼎）

·农业综合开发·

【概况】 2018年，金坛区立项实施国家及省级农业综合开发项目共5个。其中，国家级土地治理高标准农田建设项目2个，财政投资1500万元；省级丘陵山区开发项目3个，财政投资650万元。全年投入农业综合开发项目财政资金共2150万元，其中中央财政资金750万元、省级财政资金1212.5万元、常州市级财政资金93.74万元、金坛区级财政资金93.76万元。

全年项目累计总投入2167.84万元。其中，财政资金投入2150万元，项目单位自筹资金17.84万元。通过项目建设，建成高标准农田666.67公顷、高效农业示范基地306.67公顷。项目区共铺筑水泥道路19.99千米，新建衬砌沟渠40.194千米，暗渠1.435千米，河塘驳岸1座，塘坝护坡0.35千米，机耕桥、涵、闸、放水口等田间配套建筑物2579座，平整土地6.6公顷，会车道420平方米。

（史粉祥）

·农林场圃·

【茅麓茶场】 金坛区茅麓茶场有限公司坐落于风景优美的国家AAAAA级旅游景区茅山东麓，距离金坛市区20千米，总面积1026公顷。2003年10月，茅麓茶场在全省农林场圃系统率先进行整体改制，改制为金坛市茅麓茶场有限公司，新组建江苏茅山青锋茶叶有限公司。

2018年，公司拥有茶园365公顷、林地308公顷、耕地203公顷。有股民职工215人，科技人员26人，辖有1个综合性茶叶加工厂、8个茶叶工区，1个国家级茶树良种繁育示范场。茶树良种有龙井43、龙井长叶、福鼎、浙农113、舒茶早、迎霜、碧云、乌牛早、元农绿、白茶等50多个优良品种。年产成品茶能力达52万千克，年出产优质无性系良种茶苗1000万株。主要产品有茅山青锋、金坛雀舌、雨花茶、银毫茶、烘炒青绿茶、袋泡红绿茶和供糖尿病患者饮用的薄玉茶。2011年开发铁观音、珠红茶。产出的茶叶全部使用“金鹿”牌商标，该商标被江苏省认定为著名商标。“金鹿”牌茅山青锋茶被江苏省认定为绿色食品，“茅山青锋”商标被评定为常州市知名商标，2005年通过ISO 9001：2000质量体系认证。2007年被认定为有机食品，获江苏省名牌产品称号。2009年，公司被定为江苏省农业科技型企业，2016年获得无公害农产品证书，在2016年江苏省第十七届“陆羽杯”名特茶评比活动中，获特等奖。2018年获“华罗庚”杯名特茶评比特等奖，在杭州举办的第二届中国国际茶叶博览会上获得一等奖。

茶场改制后，公司加快优质无性系良种茶的引进、繁育和推广，建成国家级茶树良种繁育示范场，达到年出圃1000万株良种茶苗的能力，建成高效生态复合优质高产绿色食品茶叶示范园66.7公顷。同时，公司利用科技手段积极探索技术革新，从日本引进风力选别机，提高产品质量，以质量创品牌，以品牌拓市场，建成全省最大的名优绿茶清洁化连续机械化加工生产流水线以及生态园式的加工生产基地。全力推广茶叶生产优质化、机械化、规模化、产业化、绿色化、现代化，带动产业结构调整，促进农民增收，使企业不断壮大和发展。成立金坛区茶叶经济合作社，以江苏省茅山青锋茶叶有限公司为龙头企业，制定江苏省地方标准《茅山青锋茶生产技术规程》，开发机制名优茶，依托“金鹿”牌茅山青锋品牌优势，成为集“公司+基地+农户”名优茶生产、加工、销售、茶文化为一体的茶叶产业化经济合作组织，订单收购鲜叶的产业化经营模式，带动农户500户，盘活基地670公顷。2018年，公司实现产值2190万元，销售收入1958万元，利税430万元。

（王柳松）

【方麓茶场】 金坛区方麓茶场地处茅山东麓，总面积250公顷，下设6个工区及1个种猪场，有常住户142户，居民321人。辖区内现有江苏方麓茶场有限公司，麦宝、安优牧业等企业。江苏方麓茶场有限公司为金坛区重点茶叶龙头企业，“百园春”牌金坛雀舌为江苏著名商标、江苏省名牌产品。2018年茶叶总销售量为22.5吨，总销售收入2000多万元。

2018年，方麓茶场管委会紧紧围绕“稳定、服务、发展”的主线，积极主动化解各种矛盾，提高社区服务能力，营造和谐的生产、生活环境，确保社区安全稳定。

在农电网改造升级的基础上，投入6万元，在各工区范围内安装了31盏路灯，基本满足居民的晚间出行需求。关心妇女、儿童、老人的心身健康，积极做好妇女重大疾病的保险和独生子女父母的奖励金发放，为60位妇女办理关爱女性生育健康保险，21人办理了独生子女幸福家庭保险，关爱老年人的生活健康，2018年度共有144人参加老人意外保险，组织53人参加薛埠医院老年人体检。发挥企业带头作用，与全场茶农建立利益共同体,积极推广有机茶的种植与生产,形成规模经营优势,提升市场竞争力。实行茶叶新品种引进、示范和推广,通过开展技术培训、销售服务,促进了当地茶叶产业增值增效。

(葛志祥)

【茅东林场】 茅东林场位于常州市金坛区西部江苏省AAAA级茅山风景名胜区。全场经营总面积1815.53公顷,其中省级公益林面积1649.27公顷,森林覆盖率86.94%。全场有职工600余人,其中退休职工250余人。林区主要植被乔木树种有榉树、朴树、冬青树等30余种,灌木及小乔木有六月雪、小叶女贞、乌饭树等40余种,林下草本植物有沙参、苍术、苔藓、玉竹等近百余种。林区常见的野生动物有野猪、狼、猴、白鹭、刺猬等30余种。

随着旅游业的快速兴起,林区内现有的景点项目有常州宝盛园、省气象研究试验基地、乾元观、三清观、元阳观、崇寿观、茅山索道、半边山下民宿、金牛山庄林家乐等,各景区之间纵横交错、相互贯穿、交通便捷,是集旅游、餐饮、休闲、观光的游览胜地。2018年获"中国森林特色小镇试点""三星级休闲农业与乡村旅游区"等荣誉称号。

年内,场部对职工居住的小区环境进行改造整治与提升,投入资金90余万元在茅东林场半边山下入口处新建黑色道路一条;投入资金90余万元新建停车场、泄洪渠、增容500千伏安变压器等多项基础设施,保障小区居民生活安居乐业,推动半边山下旅游业的健康发展。

年内,林场对林业生产投入资金200余万元,其中投入资金120余万元,完成中幼林抚育200余公顷;造林投入资金25万元;松材线虫病防治投入资金5万元;防火隔离带、防火道清理,护栏网投入资金30余万元。全年茅东林场护林防火成绩显著,实现零火警记录。

(王洪梅)

【茅东林场半边山下入选全国首批50个国家森林小镇试点】 2017年7月,国家林业和草原局启动国家森林小镇建设工作。2018年8月,国家林业和草原局公布首批50个国家森林小镇建设试点名单,位于金坛茅东林场的半边山下森林特色小镇成为江苏唯一入选者。半边山下位于茅山旅游度假区腹地,背靠大茅峰,周边青山环绕,森林密布,间有九龙潭水库,属天然氧吧。金坛区依托原茅东林场职工集中安置区徽派建筑群,引入社会资本带动林场职工建设半边山下民宿群。民宿融入文化、运动、拓展等元素,与周边东方盐湖城、华夏宝盛园、花谷奇缘、一号农场等景点景区互为补充,可同时接纳400人住宿、近千人用餐,森林闲养山镇已初具规模。

(曹建军)

半边山下民宿群 (区茅东林场 供稿)

·长荡湖水产管理·

【概况】 2018年,长荡湖水产管理以"长荡湖渔业转型、发展高质量"为目标,进一步加大封湖禁渔和渔业资源养护力度,重点开展渔业资源增殖放流、渔政"打非治违"、湖区渔政日常管理及废弃船舶整治扫尾等工作,积极配合开展长荡湖饮用水源地清淤、"263"整治及河(湖)长制等中心工作,为长荡湖渔业转型发展和生态文明建设作出贡献。

【渔业生产】 长荡湖金坛区网围全部拆除后,区政府把渔业捕捞权授予常州长荡湖旅游发展有限公司,捕捞的水产品由国有销售平台——江苏茅山竹海农产品商贸有限公司定点销售。根据中国水产科学研究院淡水渔业研究中心评估报告,2018年长荡湖渔业限额捕捞总量为700吨,其中鱼类、青虾、河蟹分别为600吨、50吨、50吨。由于2018年国有捕捞刚刚试运行,第一年实际捕捞产量远低于可捕产量。观光休闲渔业发展形势依然向好,通过举办籽虾节、金蟹放流、野生金蟹品鉴会、开湖捕捞仪式等一系列活动,有力地提升了长荡湖水产品的知名度和美誉度,进一步带动了观光休闲渔业的发展。

【净水渔业】 实施"111"净水渔业工程,全年放流鲢鳙鱼1200万余尾、青虾1400万余尾、河蟹1亿余只。根据中国水产科学院淡水渔业研究中心放流效果评估,近年来,长荡湖通过实施"111"净水渔业工程,每年可从水体中带走氮120余吨、磷30余吨、碳500余吨,放流效果十分显著。目前,长荡湖水质总体达Ⅲ类水标准。

【渔政管理】 2018年,长荡湖实行为期6个月的封湖禁渔(1月1日至5月15日、7月16日至8月31日)。其间，严格执行24小时禁渔值班制度，采取多种方式开展执法巡查，严厉打击禁渔期各类渔业违法违章行为。根据省海洋与渔业局统一部署，持续开展渔政“亮剑”执法行动，全年查获各类渔业违法违章案件74起，移交处理涉刑案件12起，行政处罚69人次，收缴并销毁地笼网3500余条，没收并放流鱼、虾、蟹等渔获物共1500余千克，有效维护了湖区渔业生产秩序。严格执行涉刑渔业违法案件移交制度，对重大或疑难案件实行通案会商。有序开展网围养殖管理，对南养殖区河道开展长效管护，全年共拆除违章渔簖5个、乱搭乱建设施9处，清理打捞水花生50余船。

【渔业安全】 加强水产品质量安全监管，强化宣传教育，全年向湖区养殖户发放《养殖生产日志》489本、水产品质量安全宣传资料500余份，有效提升了养殖户的水产品质量安全意识。开展长荡湖出口大闸蟹质量安全风险管控，将二噁英及多氯联苯类物质作为重点监控物质，开展河蟹抽样检测3批次，湖区水质、底泥、螺蛳等环境物质检测2批次，均未检出不符合项。加强水生态安全保障，配合环保部门每月定期开展湖水检测，适时开展水质监测，有效防范外源性污染物入湖。加强防汛、防台风应急值班和保障，开展“安全生产月”和汛期安全生产大检查，2018年向湖区群众印发《安全生产告知书》500余份，发布灾害性气象预警信息5000余条，全年湖区未发生一起渔业安全生产事故。

【失水渔民社会保障】 2018年，根据常州市信访联席会议纪要，做好金坛网围整治中溧阳籍失水渔民社会保障工作，与失水渔民户籍地派出所、金坛区和溧阳市人社局等部门对接，按程序开展审核、公示、资金筹措、解缴等工作，经审核确认，金坛区长荡湖网围（捕捞）整治中溧阳籍失水渔民4个年龄段参保总人数107人。

【水生生物资源本底调查项目圆满完成】 2月，“长荡湖水生生物资源本底调查”项目完成结题并通过专家验收。研究团队通过现场调查、社会调查和历史资料查询，共调查到长荡湖维管植物406种（含水生植物56种）、鱼类69种、底栖动物32种、浮游植物180种、浮游动物141种。长荡湖鱼类和水生植物图谱相关书稿编制工作已基本完成。

【长荡湖渔政执法趸船建成并投入使用】 2018年，投资280余万元，建设长荡湖渔政执法趸船（苏长荡湖趸01）一艘，船体长40米、宽10米、深1.8米，吃水0.85米，采用上、下两层建筑，船上设置了会议室、办公区、生活区及工作人员活动区。渔政执法趸船的建成和投入使用，标志着长荡湖渔政执法装备建设又迈上了一个新的台阶，对于严厉打击渔业违法违章行为、实施水上应急救援、保护长荡湖渔业资源及“263”整治、河长制等生态环境保护工作发挥重要作用。

（杨建新　付言言）

水　利

【概况】 2018年，全区水利重点工程加快建设。实施防洪除涝、区域治理、农田水利等重点工程达49项，总投资11.54亿元，其中政府性投资项目6项。新孟河主线工程开工建设，龙山水利枢纽建成发挥效益，钱资湖枢纽、大浦港、白石港等项目完成主体施工，小农水重点县、千亿斤粮食、高效节水、水库移民项目等一批补短板、还欠账项目建成投运，一批改善民生、提升生态的项目正在加快建设，山水林田湖草系统治理的综合效益逐步显现，乡村振兴的基础不断夯实。

河（湖）长制全面建立。深入实施河长制，突出河长巡河、“一河一策”编制、“三乱”（乱占、乱排、乱建）专项整治。召开河长专题会议90余次，完成43条区级河道“一河一策”编制，河长巡河7022人次，发现问题450起，100%整改落实。完成21条河道黑臭水体治理，拆除乱占乱建乱种842处，清理废弃船只5130艘。积极探索推行“电子河长”监管、无人机巡河，开通电脑PC端、河长手机APP、“河长制”公众号；“最美河道”网上票选活动全省首创。“夕阳红河长”“红领巾河长”等“民间河长”作为河长制工作新生力量和有力补充，成为河长制一道靓丽风景。

防汛防旱组织有力。总结吸取2015、2016年抗洪抢险经验教训，扎实做好汛前检查和消险，推进防汛应急项目建设和主城区易淹易涝排水设施改造；修订完善各类防洪防台预案、各类工程抢险方案；组织开展镇级防汛指挥长和基层水利站长防汛知识培训、军地联合防汛演练；完成农村基层防汛预报预警体系实施方案编制。全区防汛防旱工作组织体系、责任体系、防御体系和险工处置、设备维护、物资储运、抢险队伍运行机制基本建立，汛期值守、应急预案、现场指挥趋于规范。

水资源管理严格。建立23个水功能区水质定期检测、规模以上入河排污口监督性监测、饮用水源地部门联动协作和重大事项会商机制，完成一、二级保护区和准保护区范围内网围及餐饮船拆除安置及钱资湖应急水源地注销、长荡湖涑渎水源地达标建设省级验收，长荡湖水厂投入运行。严格取水审批、入河排污口准入和用水计划管理，建成省级节水教育基地1个，新增省、市节水型学校（社区、企业）8所、省级“水美乡村”6个，水生态文明城市建设试点考核达到省级标准并通过验收。

改革创新持续深入。4个省部级管理体制机制试点创建获多项省市级成果。小型水利工程确权、河湖库管理范围划界、法治水利建设、最严格水资源管理全部通过省、市考核验收，农业水价综合改革超额完成任务，小型农田水利工程管理获省级考核优秀，水利工程质量管理获省考A级，城防处通过省一级水管单位复验、茅东水库创成省二级水管单位，省级小型水库规范化管理单位创建率92%。

(姚锁洪)

【新孟河延伸拓浚工程(金坛段)】 新孟河延伸拓浚工程2015年度实施方案于2018年1月31日通过工程合同完工验收。

新孟河延伸拓浚工程金坛区河道二标工程位于金坛区尧塘街道境内,主要建设内容包括:河道平地开河段620米,河道衔接恢复段109米,河道底宽70米、底高程-3.0米,新建西华闸站(1台26英寸混流泵+4米闸)、双沟坝闸站(2台26英寸混流泵+4米闸)、大树下南侧支河灌溉站(1台12英寸混流泵)、大树下北侧支河涵闸(1.5米×2.0米)。工程于2017年3月完成招标,中标价2331.73万元,中标单位为江苏省水利建设工程有限公司。2018年10月10日,在取得自然资源部的用地批复后,河道二标工程进场施工。金武路桥、北干河桥、尧夏路桥(延政路桥)委托交通部门实施,其中金武路桥桥梁工程已于2017年建成通车,附属河道工程正在进行土方开挖,延政西路桥(尧夏路桥)、北干河桥工程已进入项目招标程序。

(张 静)

【大墩闸站工程】 大墩闸站项目位于钱资湖东南侧新建河上,紧邻环湖路、纵十三路两条规划道路,是金坛区实现防洪排涝、抗旱补水、水环境改善目标的重要水利工程。

工程于2017年12月22日开工,工程概算总投资10412万元,施工工期18个月。2018年年底,项目已通过水下工程阶段验收,主厂房、管理用房土建工程量基本完成。

(姜 玮)

【长荡湖入湖港口综合整治工程】 长荡湖入湖港口综合整治工程,包括大浦港、白石港、仁和港、庄阳港4条入湖港口整治。整治河道长度4.94千米,主要建设内容为:河道拓浚、护岸建设长度4.94千米,新建白石港西桥1座、后渎闸站1座,拆建陈家村涵洞1座。项目总投资约1.53亿元。

其中:白石港河道拓浚、护岸建设1.46千米,新建1座桥梁工程;大浦港拓浚、护岸建设1.09千米;仁和港河道拓浚、护岸建设0.97千米,重建陈家村涵洞1座及拆除危桥1座,庄阳港河道拓浚、护岸建设1.42千米,新建后渎闸站1座。大浦港、白石港主体工程已经完成,其余港口总体形象进度约为75%,2018年度累计完成投资8000万元。项目全部建成后,将明显提高指前镇区域防洪除涝能力,有效改善河道水生态环境,提高当地老百姓居住生活条件。 (李 玲)

大墩闸站工程通过水下工程验收 (区水利局 供稿)

【中小河流治理工程】 2018年,全区中小河流治理工程主要涉及庄城河、通济南河2条河道。其中,通济南河工程范围涉及金城、朱林、直溪三个乡镇,主要建设内容为河道拓浚整治10.9千米,河道护岸、堤防建设及沿线若干建筑物,项目总投资约8800万元,项目初步设计已报至省水利厅,待批复后组织实施;庄城河工程范围涉及金城、直溪两个乡镇,主要建设内容为河道护岸、堤防建设4.5千米,配套4米宽水泥路、砂石路,拆建荆山圩排涝站1座,项目总投资约3500万元,工程于2018年4月开工建设,至年末基本完工。 (李 玲)

【滨湖新城节点控制建筑物】 金坛区滨湖新城北部河网节点控制建筑物工程分为引水工程、外围挡水工程、内部分级控制工程三大类,共计11个节点项目。分别为下坵河东闸站、钱资荡北闸站2座引水闸站,下坵河南闸、钱胜河南闸、钱资北河东闸、镇广河北闸、钱资荡西闸5座外围控制闸,朱庄闸、钱资北河西闸2座分级控制闸,南洲闸、岸坵闸2座挡水闸。

根据区住建部门关于钱资湖北侧河道景观设计的水位控制要求,滨湖新城北部片区高片河道景观控制水位为4.8~5.4米,其中汛期(5~9月)景观蓄水位按不超过4.8米控制,非汛期(10~4月)景观蓄水位按不超过5.4米控制;低片河道景观控制水位为3.6~4.7米,其中汛期景观蓄水位按不超过3.6米控制,非汛期景观蓄水位按不超过4.7米控制。

2018年,根据滨湖新城建设时序,开工建设朱庄闸(10米钢坝闸)、下坵河南闸(10米钢坝闸)、钱资荡北闸站(10米钢坝闸+5立方米/秒泵站)3座节点建筑物。至年底,基本完成主体工程施工,工程形象进度95%。 (姜 玮)

【中央财政小型农田水利重点县项目】 金坛区2018年度中央财政小型农田水利重点县项目分布在直溪镇、

金城镇、朱林镇、指前镇，概算总投资4004.61万元。工程3月6日开工建设，主要建设项目为：一、直溪镇新建建丰枢纽排涝站，闸孔宽5米，安装4台(套)900轴流泵，设计流量为11.4立方米/秒，总装机功率为620千瓦，排涝沟道整治200米，3.5米宽水泥路1030米。二、金城镇新建庄城站，安装2台(套)900轴流泵，设计流量为6立方米/秒，总装机功率为310千瓦，新建排水涵11座、过水涵2座、新开庄城引水河375米、护岸490米，拆建庄城灌溉站250HW-8一座，新建9米×5米农桥一座；新建友谊排涝站，安装2台(套)900轴流泵，设计流量为6立方米/秒，总装机功率为310千瓦，新建友谊1.5米×1.5米进水涵1座。三、朱林镇新建东大圩北站，安装2台(套)900轴流泵，设计流量为6立方米/秒，总装机功率为310千瓦，新建8米×5米农桥一座；拆建王家排涝站，安装3台(套)900轴流泵，设计流量为9立方米/秒，总装机功率为465千瓦，新建引水涵1座，排水涵2座，新建4米宽水泥路1000米；新建钱城圩排涝站，闸孔宽1.2米，安装2台(套)700轴流泵，设计流量为2.6立方米/秒，总装机功率为160千瓦。四、指前镇建设解放村12公顷、建春村34.67公顷、社头村22.67公顷高效节水灌溉项目。项目实施后改善灌溉面积121.33公顷，恢复、新增和改善排涝面积2100公顷，年新增节水能力18万立方米，年新增粮食生产能力0.11万吨，年新增经济作物产值168.8万元。(王　波)

【农村河道疏浚整治工程】　实施西城街道岸头沟河道疏浚整治工程，于6月20日开工建设，工程总投资410.82万元，其中市级财政补助200万元，区级配套200万元，不足部分由西城街道自筹。至年底，工程全部完工，并通过完工验收。共清淤7300立方米，河道两岸新建挡墙1690米，植草砖护坡8476.66平方米，播撒草籽8170平方米，砂石路5689.6米，防护栏1007米，新建码头1座，雨水出水口6个。

村庄河塘轮浚工作在全区9个镇(街道)37个行政村实施，项目于2017年12月开工，至2018年9月，工程全部完工并通过区级竣工验收。共计疏浚113座河塘，清淤土方量68.73万立方米，投入资金392万元，区级财政补助137.4万元，不足部分由村级自筹。　(李勋章)

【农业水价综合改革】　加强农民用水合作组织建设，试点区朱林镇率先完成挂牌及制度上墙工作；完善供水计量设施，完成全区400座灌溉站计量设施安装，建立农业灌溉水量监测系统；完善农业水价形成机制，根据《金坛区农业用水价格核定管理试行细则》完成农业水价核定工作，并下达金坛区农业水价综合改革农业用水指导价格；大力推广农业节水技术，全年总投资1344万元完成高效节水灌溉面积206.67公顷；建立精准补贴和节水奖励机制，根据金坛区灌区精准补贴和节水奖励考核办法，完成2018年度灌区考核工作，下发灌溉计量设施维护、农民用水合作社建设、精准补贴、节水奖励等农业水价综合改革中央、省、市补助资金345万元。

(郝晓珍)

【水利工程“四位一体”长效管护】全区2921处小型水利工程全面落实管护主体和责任，基本做到“管养分离”，向社会公开招聘管护人员或管护公司实行河道、圩堤、泵站、田间工程“四位一体”综合长效管护。全区各镇、街道共落实管护公司16家，较2017年新增2家。共有专职管护人员300余人，兼职管护员1000余人；管护船只238艘，管护设备300余套等。至2018年底，全区430条河道总长1218.8千米、圩堤498千米、1立方米/秒以上排涝泵站164座、行政村田间沟渠配套建筑物93个、小型灌溉站467座以及小水库24座、重点塘坝11座、山区排洪节制闸20座均得到有效管护。

基层水利站所共有专职长效管护管理员16人，由原来直接参与管护转变为检查考核。乡镇对管护公司全年考核12次。2018年通过政府采购平台引进第三方中介公司承担区级考核任务，强化区级考核督查，全年区级考核4次，接受常州市级考核2次。同时全区河道全面落实河(湖)长制，管护质量得到提升。

2018年，省市以上农田水利管护补助经费282万元，金坛区级下达各类管护经费约660万元，与2017年基本持平。按照《金坛区农村小型水利工程长效管护考核办法》有关规定，各

水利工程“四位一体”长效管护——熊家河河段　　(区水利局　供稿)

镇、街道按1:0.5配套。

【河道划界确权】 截止2018年4月1日,完成向阳、瓦沟等22座小型水库管理范围划定工作,共埋设界桩490根、界牌3块、告示牌22块。截止4月25日,完成22座小型水库管理范围划定数据上传省水利厅数据库工作。截止6月10日,完成钱资湖管理范围划定工作,共埋设界桩60根、告示牌4块。7月19日,省水利厅督查小组对金坛区河道管理范围划定工作进行督查,8月15日完成整改。年底通过常州市水利局组织的第三方抽检。 (陈云飞)

【“河长制”】 全区进一步夯实“河长制”基础工作,制定下发《关于加强全区湖长制工作的实施方案》《2018年金坛区全面推进河长制工作目标任务》,全区451条河道实现河长制工作全覆盖。落实区镇、村三级河长共281名,巡河7859人次,发现问题542个,其中19件区级河长“一事一办”单全部反馈意见,镇村级河长巡查共发现问题523个,100%落实整改。全面完成区、镇两级“一河一策”编制。

全区河湖“三乱”(乱占、乱建、乱排)专项整治行动2018年度共立项103项,完成98项,占全年总数的95.1%,累计拆除涉河违建96处,清理违章占用及堆放87处,铲除违章种植菜地232处,树木5000多棵,平毁违章埋坟8个,清理渔网渔簖、拦河网、扳罾等阻水设施375处,清理收缴违规渔具800余条,清理废弃船只65艘,整治沿河畜禽养殖267处,拆除水上加油站2处。全年黑臭水体治理考核任务的21条河道,已全部整治完成;推进城乡污水处理一体化建设,新建污水主管网25千米年度任务,已完成29.38千米。 (李培亮)

【水生态文明建设】 2013年,金坛区被确定为首批省级水生态文明建设试点城市(试点期为2014—2017年),全区共投入31.85亿元实施长荡湖水厂建设工程、龙山枢纽建设工程、引水河道清淤工程、长荡湖水环境治理工程、钱资湖生态清淤工程、小型农田水利重点县建设、新孟河延伸拓浚(金坛段)等重点项目,建成愚池湾水利风景区、水文化展示馆、长荡湖水文化展示园、钱资湖生态景观带、下塘河生态景观公园等一批特色鲜明的水景观、水文化示范点。2018年9月17日,顺利通过省级技术评估验收。

【最严格的水资源管理】 全区落实水资源论证和节水设施“三同时”(同时设计、同时施工、同时投产)管理制度,明确乡镇水资源管理人员,加强现有取水口日常监管,开展“双随机”监管抽查工作。禁止审批公共供水管网到达地区的地下水开采,查处3起非法地下水凿井行为。严格按照规范要求进行审批,新批毛纺企业取水许可1家,限期补办取水许可企业4家。委托常州水文局对全区23个水功能区水质进行定期检测,建立全区水功能区水资源质量状况月度通报制度。围绕入河排污口规范化整治要求,规模以上入河排污口全部健全档案,树立工业企业排污口标志牌,开展每年两次的排污口监督性监测工作。完成第一污水处理厂(新建)、直溪鑫鑫污水处理厂(扩建)入河排污口设置审批。落实湟里河、北干河的水功能区达标整治工作,北干河健康评估报告10月完成专家验收。年初对7家公共供水单位下达用水计划1971万立方米,对工业企业自备水源下达用水计划35份。钱资湖应急备用水源地于8月20日注销,长荡湖涑渎水源地达标建设自评估报告于11月8日通过省水利厅、环保厅、住建厅联合专家组验收。11月30日,金坛区长荡湖涑渎水源地被列入江苏省集中式饮用水源地核准名录。全年金坛区共征收水资源费824.58万元,水利工程水费317.76万元。

【节水载体创建】 2018年,全区新增3所市级节水型学校、1所省级节水型学校、1家省级节水型社区、1家市级节水型企业、1家省级节水型单位、1家市级节水型单位,中盐常州化工股份有限公司完成金坛首家用水审计报告,同时获选2018年度首批市级水效领跑者。金坛节水教育基地由区水利局投资新建,完成投资49万元。基地位于金坛气象局内,占地面积3000平方米。基地展馆分为节水科普、外宣展示、节水微喷育绿体验区三部分。由屋面管道收集的雨水通过泵压形成循环利用系统,10月通过省水利厅验收,成为金坛区首个省级节水教育基地。 (徐 莹)

【水政监察】 全区扎实有效开展汛期清障、清“四乱”(乱占、乱采、乱堆、乱建)、河湖“三乱”专项整治行动,组织各类执法巡查326次,严格查处钱资东河、金花河、湟里河、北干河等河道住家船、遗留鱼罾拆除整治及汛期清障等各类涉河违法行为185起,消除包括汤庄河餐饮船、钱资东河住家船、湟里河2处鱼罾在内的多项社会影响广、处理难度大的历史遗留问题。

在执法过程中,注意发挥行政执法与刑事司法“两法衔接”机制、“两法衔接”优势,有效提高执法效能,切实保障水源安全。 (于亮亮)

(编辑 夏 冰)

商品贸易

综　述

【概况】 2018年，全区内贸经济水平在国家各项消费政策的拉动和促进内需政策的调控下，商贸经济整体运行处于相对平稳状态。全区人民日常生活的物质需求得到进一步丰富和满足，综合保障能力不断加强并得到优化，随着商贸向智能化消费服务转变后，企业销售与人民消费的互惠模式进一步体现。全区实现社会消费品零售总额305.7亿元，比上年增长9.7%。其中，城镇市场消费总额265.5亿元，增幅8.5%；农村市场消费品总额40.2亿元，增幅17.8%。在消费品市场中，零售行业成为消费主流，全年零售行业消费金额236.7亿元，增幅8.9%。全区消费品市场按照城市场新的发展和群众生活新的需求，正在不断完善。各类家电、家居、汽车市场正在向智能型、环保型、舒适型及科技化方向转型。

【商业网点】 2018年，全区商业综合性经营场所，开始向品牌化、名品化、国际化消费方向接轨，各类国内、国际品牌开始向金坛大型商业设施进驻，为金坛商业品质提升注入新的活力。商业经营正在由原来的传统销售方式，开始不断向互联网经营方式转变，流通渠道由传统的自我消费向服务消费转换，使得销售方式和消费模式趋于灵活，经营品种逐步向多元化、高品质、深化消费形式迈进，商家的经营模式正在向信息化、智能化、简捷、便利、互惠方向发展。为进一步完善社区商业，提升居民生活质量，改善商业服务的不间断性，增强社区商业的服务功能，捷达智信（江苏）互联网信息服务有限公司在金坛实施社区商业智能化服务工程，在满足居民全天候服务的同时，打造金坛商贸流通服务向智能化方向迈进，真正带动传统商业向新型商业转型发展。

【市场机制】 2018年，金坛城区内商业发展不断优化结构，城市商业设施完善，社区商业较好发展，各类特色产品、老字号品牌产品、农副产品直销店（加盟）、食品连锁店（加盟），各类直营店、连锁店、精品店、特色店等相继向社区发展，各类便民服务业、餐饮业、干洗等小服务商业功能不断完善，社区商业体系服务功能不断得到优化。农村市场体系建设也在加快步伐，镇和街道开始完善和配套商贸中心功能的规划建设，结合各镇街道特色形成差别化商业发展。不断引进规模型商业企业进驻，发展和完善村镇便民超市、便捷连锁店，在完善农村市场体系建设的同时推进农村市场走向繁荣。乡村商贸业正在发展壮大，流通渠道正在拓宽，乡村特色产业加快发展，现代农产品加工业正在加速发展，新型服务业发展正式拉开序幕，数字乡村发展推进加速，乡村创新创业体系不断健全。

【商贸流通产业】 2018年，新天地建设进入尾声，红星美凯龙品牌有限公司综合性现代大型消费市场投入运营，带动并提升全区商业体系向现代化、规模化、集约化、品牌化发展。五星电器、大统华、八佰伴、苏宁电器、苏果超市、吾悦广场等商贸企业对各自服务功能提升和完善，改进传统服务模式和营销模式，带动了商贸经济的繁荣。红星美凯龙品牌有限公司打造现代元素商城，将新的消费元素和观念融入其中，提升综合服务能力，创造新型消费模式。加大对农村市场改造和发展力度，全年对镇级菜市场进行调研规划论证，对镇区有待改造提升的菜市场进行统计，对城镇菜市场发展需求的配套与城镇发展规模进行论证，在规划中做到适度超前，以优化服务功能为主。根据新城区及老城区的发展情况，对全区以菜市场为主体的商业服务功能体系进行规划，完善城市保障功能，在城区选取城南菜市场和元巷菜市场作为全区公益性菜市场试点单位，改善村镇一级菜市场的服务保障性质，为村镇群众提供实惠、便捷、安全的服务保障体系。

【餐饮服务业】 2018年，全区共有星级酒店2家。其中，四星级有樱花大酒店、颐丰大酒店。住餐业市场发展良好，全年消费金额24.7亿元，比上年增长16%,其中餐饮业全年消费总额23亿元,增幅16.1%,特别是限额以下市场呈高增长趋势,增幅20.1%。住宿市场开始突破,全年消费总额1.4亿元,增幅16%。在常州市组织的唱响常州菜系列活动中,凤凰城维也纳酒店被评为2018年常州市标准化厨房企业,吴来生、潘小平被授予改革开放40周年常州市餐饮行业"优秀人物"称号,天成、园林、颐丰、盛世桃园、农耕园、维也纳凤凰城店、开一天、仙姑大酒店共8家餐饮企业获改革开放40周年常州市餐饮行业"优秀企业"称号。选出仙姑咸猪手和茅山老鹅两道招牌菜和其余20道特色菜,作为"游在茅山、吃在仙姑"主题活动的菜品。

【现代流通业】 2018年,全区有各类物流机构15家,基本形成多功能联运的现代物流网。其中天誉物流基地为常州市重点发展的四大物流产业园之一,是金坛区启动最早、最重要的一家专业物流市场。全区家政服务业通过多年的不断培育建设,向规范化、规模化和节约化方向发展,家政服务业从业人员正在向专业化要求上发展。

(杨前保)

供销合作

【概况】 2018年,区供销总社以综合改革为主线,在乡村振兴战略中找准定位和切入点,深入推进新供销服务"三农"(农业、农村、农民)综合平台建设。全年完成农副产品购进12.02亿元,商品销售实现39.06亿元,社会消费品零售额实现3.30亿元,农资供应4400万元,全年利润总额726万元。下辖基层供销社中心社7个。下属全资企业3家,参股企业3家。

【综合改革】 2018年,区供销总社第五次代表大会筹备就绪。供销股权投资基金省级专项试点积极推进。3月19日,区供销总社和朱林镇政府联合印发《开展组建朱林镇为农服务合作社专项试点实施方案》,6月15日在朱林镇成立常州市第一家综合性农民专业合作社。

【平台建设】 2018年,茅山竹海品牌被确定为区农产品区域公用品牌。承接长荡湖野生水产总经销工作。9月15日,金坛特产馆、城市生活馆开业运营。改造升级长荡湖水街旗舰店,实体店总数达15家。新发展订单生产基地4个,与60多家农业企业、合作社建立产销合作。举办金坛首届年货广场。组织参加2018年海峡两岸(江苏)名优农产品展销会、常州市年货大街、供销优品·丰收集市等农产品展示展销活动。12月26日与中国邮政集团金坛分公司签订战略框架合作协议。

6月15日,朱林农业综合性农民专业合作社成立揭牌仪式(区供销社　供稿)

【农资保供】 2018年,区供销总社充分发挥农资保供主渠道作用,区、基两级供应各类化肥1.89万吨、农药530吨、综防98万亩次,农业社会化服务面积6.2万亩,为农民节约农本近80万元。农药废弃包装物回收试点回收率85%。农民培训30场,共1140人次。推荐涉农贷款1000余万元。

【基层组织】 2018年,区供销总社实施"三体两强"(自主经营实体、农民社员主体、合作经济组织联合体和综合实力强、为农服务能力强)基层社项目3个。创建朱林现代农业综合服务中心,为成员提供农机作业、农资供应、统防统治、农产品销售等服务。开展领办、参办的合作社规范管理。新发展农民专业合作社7家,其中联合社2家。出台规范农民专业合作社建设的意见,排查领办、参办的93个农民专业合作社进行规范管理。已办理工商登记退出的2家,未进行工商登记退出但已履行书面手续的23家。

【资产管理】 2018年,区供销总社协调解决有历史争议和遗留问题的社有资产,清收房屋1200平方米、土地4400多平方米,整修房屋6400平方米。规范社有资产出租程序,社有资产实现保值增值。

(周锦霞)

粮　食

【概况】 2018年,区粮食部门坚定不移贯彻落实国家安全战略,以高质量发展为目标,突出保障粮食安全,全面落实粮食安全责任制,谋在深处,抓在实处。全年累计购进粮食69.78万吨,比上年增加31.62%,其中国有企业购进14.32万吨,增加9.9%。累计销售粮食69.83万吨,增加43.38%,其中国有企业销售13.84万吨,增加24.79%。

【储备管理】 2018年,区粮食部门强化粮食收储管理,确保储粮安全运行。为保障地方粮食安全,发挥市场化导向功能,转变观念,转变方式,深化改革,寻求突破,制定《关于进一步加强区级储备粮轮换管理的意见》,从计划申报、资格认定、资金管理、违规处罚等方面,进一步细化、强化储备粮管理规定。采用百分制量化考核,一部分项目以仓号为单位考核,一部分项目以企业(或库点)为单位考核,实行定人、定仓、划片包干的方式,分30项细则规范承代储行为。区粮食局购销储备科、监督检查科负责检查和考核,每年不定期对承代储企业或库点进行不低于3次检查,以年终汇总数据为考核依据,实施奖惩并行制度。督查存储企业做好政策性粮食轮换工作,强化轮换申报、空仓验收等工作,同时沿用百分制考核办法进行轮换验收。通过强化储备粮管理,对代储企业及库点进行百分制考核,各代储企业及库点的管理都上了一个台阶,对工作人员管理更加细化,员工素质得到改善,库区面貌焕然一新,管理更加注重细节,薛埠粮食储备直属库各方面更加符合示范粮库的规定,获"江苏省粮食系统先进集体"称号。

【粮食收购】 2018年,区粮食部门全力做好粮食收购,收购市场平稳有序。圆满完成夏收工作,全年夏粮累计收购小麦37623吨,比上年下降3.36%,其中国有企业收购27576吨(含外采9766吨),上升2.78%。收购价格方面,从开秤之日起,全区各收购企业、库点按市场价以质论价,前期收购均价维持每50千克105元左右;自江苏省启动托市政策后,当地小麦收购价上涨至每50千克118元左右,并一直维持至夏粮收购结束。水稻生产情况良好,播栽时间早、进度快、发苗好,秋粮生产继续呈"两减一增"(即播种面积减少、总产减少,单产增加)的态势。秋收期间,分为4个工作小组,深入企业和田头,宣传秋粮收购政策,督促企业严格按照规定规范收购行为。全区累计收购稻谷55466吨,比上年增加14.7%;国有企业累计收购稻谷34674吨,增加15.4%;其他社会企业收购稻谷20792吨,增加13.6%,提前完成收购计划。

【依法管粮】 2018年,区粮食部门加大监督检查力度,全面保障安全生产。法治粮食力度加大,市场监管水平提升。推行"双随机一公开"(随机抽取检查对象、随机选派执法检查人员,及时公开抽查情况和结果)监管,紧紧抓住"粮食质量安全监管"这条主线,开展军粮供应、储备粮销售出库和政策性粮食销售等专项检查,开展粮食收购资格核查、夏粮收购市场监督检查以及放心粮油市场检查,开展成品粮油库存检查,开展《粮食流通管理条例》宣传活动,开展行政执法人员的学习培训,抽检原粮和成品粮合计300批次,样品全部合格,发出检查通报3份,有效维护粮食市场秩序,保障市场粮油食品安全。安全生产落到实处,营造发展良好环境。安全生产工作有计划、有布置、有检查、有落实,与相关企业签订安全生产责任状,将安全生产责任指标层层分解落实到每一个单位、每一个环节、每一个责任人,构建起横向到边、纵向到底的安全生产责任网络,使各个岗位的安全生产有人过问,有人管理,有人负责。加强粮食进出仓作业管理,重视安全生产检查和隐患排查,完善突发事故应急预案。建立安全教育常态化制度,推进储粮化学药剂宣传教育和加强督查,提升安全保障能力。

【放心粮油】 2018年,区粮食部门持续推进"放心粮油",品牌建设取得突破。提质量强品牌,开展放心粮油评审。推进优质粮食工程,优粮优价。持续推进"金坛软米"、"满天星"面粉、"沁雪"牌水磨米粉等品牌建设,国家、省、市、区级"放心粮油"生产示范企业(销售店)分别达5家、5家、6家、21家。3月,省粮食行业协会授予金坛区"2018—2020年度江苏省放心粮油供应网络建设示范县"称号。在5月26日《粮食流通管理条例》颁布实施十四周年和10月16日"世界粮食日"等纪念活动期间开展主题活动;为江南春米业、江南制粉、江苏省薛埠粮食储备直属库和金土地稻米合作社4家企业制作企业宣传片;积极组织2家放心粮油企业成功申报2018年粮食产后服务体系建设项目,获得600万元专项补助资金。薛埠库成功申报2018年粮食质量安全检验监测体系建设项目,获得200万元专项补助资金。全年全区放心粮油产品安全零事故。 (万慧瑾)

烟草专卖

【概况】 2018年,区烟草专卖局、区烟草分公司以全省烟草系统"争当行业楷模"为定位追求,推动各项工作向高质量发展迈进,实现利税2.54亿元。区烟草专卖局分工会被评为江苏省模范职工之家,企业获得常州市"安康杯"竞赛优胜单位称号,区局党总支被评为区"先进基层党组织"。

【专卖管理】 2018年,区烟草专卖局履行市场监管主体责任,加大市场监管力度。全年共查获涉烟违法案件228起,查获各类违法卷烟4996.8条,市场净化率保持98%以上。完成2017年的1起部督网络案件的追刑工作,4名案犯被判刑。成功破获"6·13"假烟网络案件,当场抓捕犯罪嫌疑人6人,该案已被列入公安部督办案件。落实不见面审批要求,积极推进行政许可网上申办模式,网上申办率56.29%。扎实推进"三项制度"(行政执法公示制度、执法全过程记录制度、重大执法决定法制审核制度)试点工作,通过"信用双公示平台""市场监督管理平台"等向社会公示各类执法信息2200余条。

【市场营销】 2018年,区烟草分公司落实"总量控制 稍紧平衡"工作方针,抓好卷烟销售和品牌培育工作,

长荡湖大闸蟹集聚区电商中心　　（区发改委　供稿）

全年累计销售卷烟24175.9箱，单箱销售额4.14万元。推进网络建设和基础服务，建立客户自律互助小组46组，覆盖零售户数量占36.07%，共同营造规范诚信经营、放心明白消费的良好环境。持续开展“大集场、小集市、特色节”消费营销活动，举办个性化陈列和“讲品牌故事”活动，并在常州烟草系统评比中获二等奖和三等奖。

【消费环境建设】 2018年，区烟草专卖局积极推进文明吸烟环境建设，投入30万元建成吸烟亭3个、吸烟柱150个，为吸烟与非吸烟人群营造良性共处的环境。广泛宣传执行国家市场监督管理总局、国家烟草专卖局《关于禁止向未成年人出售电子烟的通告》，完成1430户经营户店堂烟草广告清理。　　（丁文娟）

药品采购

【概况】 2018年，金坛区药品医用耗材管理中心共组织基建工程、后勤物资、办公用品和医疗设备招标采购146次。其中，竞争性谈判2次，竞争性磋商41次，询价81次，单一来源20次，邀请招标2次。采购预算总价3198.43万元，实际招标总价2838.97万元，节约资金359.46万元。组织5个项目的国际招标，预算总金额685万元，中标总金额648.6万元，节约资金36.4万元。全区基层医疗机构网上药品采购金额9671.03万元，二级及以上医院网上药品采购金额23881万元。全区公立医疗机构共采购医用耗材和中草药1.21亿元。医疗耗材自8月15日实行省平台挂网采购以来，区耗材管理中心采取逐步过渡的方式，年底，全区所有医用耗材采购已全部过渡到省平台。按照《金坛区医疗机构开展中药饮片集中采购实施方案》的要求，采取公开招标的方式，对全区公立医疗机构中药代加工及配送服务项目进行招标。　（朱慧华）

商品贸易市场

【概况】 2018年，金坛区实现社会消费品零售总额305.70亿元，比上年增长9.7%。其中，城镇实现零售额265.49亿元，增长8.5%；农村实现零售额40.21亿元，增长17.8%。全区共有各类市场30家。其中，工业消费品市场5家，机动车交易市场1家，农副产品综合市场24家。成交额超亿元的市场有金海小商品批发中心、虹桥市场、丹阳门装饰材料批发市场、西门菜市场、茅山茶叶市场。

【长荡湖大闸蟹集散中心】 长荡湖大闸蟹集散中心成立于2016年，专业从事“长荡湖”牌大闸蟹的养殖与销售，产品主要供应于国内知名大型超市（如上海永辉、华联），并出口韩国、中国台湾、中国香港等国家和地区。

该中心地处指前镇岳阳村四号桥旁，占地总面积15.3万多平方米，总投资约3000万元。已建成400平方米的专业出口打包车间、1000平方米的大闸蟹捆扎车间、3500平方米的冷库以及30000平方米国内最先进的可循环生态暂养池。中心窗口经营面积2000平方米，拥有冷链物流车4辆，并建成5万平方米的大闸蟹养殖国家标准示范基地，具备年配送和销售350万千克精品大闸蟹和175万千克小龙虾的能力。

该中心以“合作社＋公司＋电商”的模式为基础，打造养殖出口备案基地，推进全区农业电子商务产业发展，并且以电商手段，提高全区长荡湖水产品的市场知名度和占有率，打响“长荡湖”品牌，真正实现农民增长致富、企业做大做强的目的。中心已有13家公司及家庭农场入驻，有长期挂靠的养殖水域面积2333公顷，固定农户500多户。　　（鲍方霞）

（编辑　李华琴）

综　述

【概况】　2018年,金坛旅游围绕“塑造高质量旅游明星城市”目标,秉承“生态优先、文化挖掘、创新创意、产业融合、全域发展”开发理念,紧抓打造常州西部新城和融入南京都市圈、宁杭生态经济带发展契机,推进国家全域旅游示范区建设。全年接待游客1052.99万人次,旅游总收入127.46亿元,实现旅游增加值59.87亿元,分别比上年增长9.97%、14.38%、14.38%。

旅游资源开发

【概况】　2018年,金坛旅游坚持“项目为王,品质第一”发展理念,高效推进旅游资源开发建设。全年确定省、市、区重点旅游项目18个,其中入选省重点旅游项目1个、常州市重点旅游项目5个,总投资13.78亿元;投资1700余万元新建(改扩建)65座旅游厕所,总建筑面积约3000平方米;向上争取旅游发展引导资金489.6万元,其中乡村旅游类200余万元;总投资10亿元的东方盐湖城·青青源境项目正式启动。坚持规划引领,高标准、高起点完成《金坛区全域旅游规划(2018—2030)》编制工作并通过专家评审。茅山宝盛园由景尚旅业全面接管,成功转型升级并获评长三角野趣度假胜地,茅山闲养小镇被认定为江苏省第二批旅游风情小镇创建单位,花谷奇缘获批国家AAAA级旅游景区,长荡湖湿地公园通过国家验收,正式成为国家湿地公园,仙姑村获评全国十大美丽乡村。仙姑村美丽乡村示范项目正式揭牌。在2018年中国特色旅游商品大赛中,金坛刻纸·大道天下、常金玉茅山青锋、东方盐湖城·道天下木质万年历、阴阳鱼梳篦套装、金坛面塑十二生肖、丝情诺漫女式丝巾6件作品成功入围,其中阴阳鱼梳篦套装获银奖,东方盐湖城·道天下木质万年历获铜奖。

【茅山宝盛园获评长三角野趣度假胜地】　4月初,景尚旅业集团股份有限公司与华夏宝盛园旅游管理有限公司正式签订合作协议,双方共同投资景区建设,并由景尚旅业全面接管茅山宝盛园的整体运营。宝盛园区占地面积212公顷,建有盆景馆、艺术馆、茶艺赏石馆、知青馆和自然历史博物馆五大馆群及山中奇妙馆、房车亲子营、愚人谷度假村、茶田帐篷园四大体验区,同时建有游客接待中心、名膳居特色餐厅、19栋创意中心别墅、欧洲广场、竹海茶园和生态停车场等配套设施,重点打造成“野食、野趣、野奢、野营、野味”为特色亮点的乡村田园世界综合体,是华东地区首屈一指的综合型野趣度假胜地。7月1日,改造提升的茅山宝盛园正式对外开放接待游客。12月9日,在“2018长三角慢生活旅游峰会暨第二届长三角慢生活旅游目的地联盟峰会”上,茅山宝盛园获评“长三角最具魅力旅游度假康养目的地”。

【茅山闲养小镇被认定为江苏省旅游风情小镇创建单位】　9月12日,茅山闲养小镇成功入选江苏省第二批旅游风情小镇创建单位。风情小镇位于茅山旅游度假区核心区域,规划面积约3.5平方千米,总建设面积约75公顷,计划总投资58.8亿元,主要由茅山旅游度假区游客综合服务中心(小镇客厅)、东方盐湖城道天下景区、青青源境、美池温泉度假村和茅山茶海公园组成。该镇秉承小而精、优而美规划理念,坚持生态、绿色开发原则,以道文化、闲养文化为核心主题,融合金坛“山、水、药、泉、茶、盐”以及地缘本脉文化资源于一体,着力构建特色鲜明、独具魅力的旅游风情小镇。

【花谷奇缘获批国家AAAA级旅游景区】　9月28日,位于茅山旅游度假区内的花谷奇缘景区被批准为国家AAAA级旅游景区。该景区以“中国传统花神文化”为主题,总占地面积330公顷,依托优渥的自然山水环境,汲取全球顶尖艺术花园设计精髓,将民间花神文化与中西方古典园艺完美结合,匠心打造花神园、法国花园、荷兰花园、玫瑰花园、茉莉花园、厨房花园、儿童花园、音乐花园等十大特色精品花园及两大原生花海,并建有风情

9月28日,花谷奇缘景区获批国家AAAA级旅游景区 （区旅游局 供稿）

商业街、星空露营地、亲子游乐园、生态农业区、体验牧场、艺术展览中心等互动游乐体验项目。年内又投资5000余万元完善游客中心、旅游厕所、停车场、旅游标识等功能设施建设,是沪宁杭区域内独一无二的“花主题”休闲旅游区。

【青青源境项目正式启动】 12月1日,总投资10亿元,占地面积54公顷的东方盐湖城·青青源境项目正式启动。项目以亲子度假为主题,依托现有的大塘坝水库、省级公益林、矿坑地貌等自然资源,计划建设酒店住宿区、惊奇丛林区、欢乐水岸区、艺术花园区、可乐牧场区、悦动氧吧区、小小世界区、美味田野区八大区域,拟打造成华东地区最大最全的亲子度假景区。

【长荡湖国家湿地公园创建成功】 12月29日,国家林业和草原局发布2018年试点国家湿地公园验收结果,金坛长荡湖湿地公园通过验收,正式成为国家湿地公园。长荡湖国家湿地公园总面积79.69平方千米,建有生态保育区、恢复重建区、宣教展示区、合理利用区、管理服务区五大功能区。该公园于2015年3月启动建设,2016年12月经国家林业局批复开展试点建设工作,2018年12月通过国家验收。

旅游宣传

【概况】 2018年,区旅游局实施“走出去”与“引进来”有机结合的营销策略,以春赏花、夏摘果、秋美食、冬养生为切入点,注重创新创意,全年先后组织首届民俗文化旅游节暨2018金坛乡村旅游嘉年华、第四届中国金坛雀舌茶道会、2018春到上阮赏花季暨首届金坛玫瑰文化旅游节、2018中国长荡湖籽虾节、2018常州旅游节暨金坛研学旅游季、2018金坛乡村采摘节、2018金坛秋季旅游产品发布暨花谷奇缘第二届秋赏季上线等“金坛四季”旅游节庆营销推广活动,提升“仙都金坛·养生家园”城市旅游美誉度、知名度。狠抓城市旅游品牌建设,组织旅游企业到上海、扬州、南京、安徽宣城举办金坛旅游专场推介会,组团参加2018宁波国际旅游展、2018中国上海国际旅游交易会、无锡国际旅交会、四川国际旅交会、2018美丽乡村博鳌国际峰会等展会,承办2018宁杭生态经济带(江苏段)特色旅游产品征集推广、2018常州文旅融合大会等旅游产品宣传活动,特邀《华东旅行报》总编辑苏吉华一行到金坛采风,增强“仙都金坛·养生家园”品牌影响力。同时,举办第二届“金坛好礼”旅游商品创意设计大赛,打造金坛旅游新名片。

【媒体宣传】 2018年,区旅游局积极拥抱互联网新媒体,狠抓自媒体宣传阵地建设,建立金坛旅游资讯网、“金坛新旅游”微信、金坛《新旅游》杂志、金坛旅游系列宣传折页、金坛电台《跟我游金坛》专题栏目营销推广平台体系,着力构建金坛旅游自媒体矩阵。积极办好金坛旅游资讯网、《跟我游金坛》栏目;首发《金坛—— 一场最仙的遇见》旅游攻略书;接待全国重点媒体、中央媒体、旅游专业媒体等采访团并组织大型采风活动;利用蚂蜂窝、知乎、抖音、百度平台,全方位宣传金坛旅游。全年编印《新旅游》杂志4期,编发金坛旅游宣传折页5万余份,编印金坛全域旅游手绘地图2万册,发布“金坛新旅游”官方微信300余条,点击量近30万次,转发量超过8万人次。

【旅游商品创意设计大赛】 12月27日,第二届“金坛好礼”旅游商品创意设计大赛专家评审会在市民中心举行。大赛共征集各类创意作品52类200余件,内容涵盖非物质文化遗产类(封缸酒、刻纸、面塑)、农产品类(茶叶、罗村山芋粉丝)、文创类(道逍遥系列)。最终,根据商品的创意性、特色性、实用性、量产性等特点,专家评审委员会评选出《莲莲有鱼》披肩等获奖作品16件。

旅游管理

【概况】 2018年,区旅游局全面落实旅游企业安全生产主体责任,先后与各旅游企业签订安全生产主体责任承诺书,督促旅游企业从最基层筑牢旅游安全防线,组织全区旅游行业安全管理员60余人在东方盐湖城开展常州旅游公共安全突发事件(旅游酒店)应急演练。常态化开展旅游安全生产检查与执法,全年未发生旅游安全责任事故。与区安监局、市场监督管理局、消防大队、茅山旅游度假区管委会、长荡湖旅游度假区管委会联合开展安全检查3次，共检查旅游企业85家次，发现安全隐患124处，限期整改达标率98%以上，对个别整改不到位单位，与企业负责人进行约谈和安全教育，责令其限期整改到位。建立健全景区快速处理投诉机制，做到旅游投诉受理转办不超过10分钟，景区投诉负责人介入处理不超过30分钟，第一时间在景区内化解旅游纠纷与矛盾，有效维护金坛旅游良好形象。全年共受理旅游咨询电话200余个，受理旅游投诉48起，投诉受理率、及时处理答复率100%。

【文明旅游宣传】 5月19日，为弘扬文明旅游观念、践行文明旅游行动，区旅游局联合区委宣传部、区文明办成功举办"旅游让生活更美好——2018'5·19中国旅游日'"宣传活动，同时表彰"文明旅游示范岗"6个和"文明旅游使者"12人。严格落实创建全国文明城市工作要求，组织全体职工参加"进社区、上路段"文明志愿服务工作，组织各景区、星级饭店、旅行社等旅游企业开展"讲文明、树新风""文明用餐"等行动。规范布置符合酒店环境氛围的文明公益广告、文明旅游宣传折页及文明用餐台卡，免费发放《文明旅游出行指南》、"遵德守礼 文明旅游"等宣传品。

【人才培养】 2018年，区旅游局以活动策划、节庆组织、营销推广为契机，着重培养锻炼出一支"团结合作、勇于担当、激情奉献、主动作为"的机关旅游工作队伍。组织开展金坛区导游（讲解员）服务技能培训，不断提升旅游从业人员综合素质；举办"跟我游金坛"金坛导游（讲解员）服务技能大赛，全面提升讲解服务质量；强化典型示范引领，鼓励本土青年投身乡村旅游业。年内评选出"金坛乡村旅游双创新锐"6人。

乡村旅游

【概况】 2018年，区旅游局充分把握乡村振兴战略的政策机遇，结合美丽乡村建设，加快乡村旅游发展步伐。以"美食"为主题的仙姑风情小镇、以"花果"为主题的茅山上阮小镇、以"民宿"为主题的茅山半边山下小镇等特色小镇培育工作有序推进。仙姑村获"2018中国最美乡村""全国百佳乡村旅游目的地"称号，一号农场被评为江苏省五星级乡村旅游区，芥舟·长山行舍获评"2018文化主题民宿"。至年末，全区有省星级乡村旅游区19家，其中五星级1家，四星级9家。

【仙姑村获评中国十大美丽乡村】 12月11日，中国农业品牌盛典2018中国十大美丽乡村在海南博鳌国际峰会发布，金坛仙姑村获评"2018中国最美乡村""全国百佳乡村旅游目的地"，成为江苏唯一上榜村庄。仙姑村地处茅山旅游度假区核心地带，以茅山自然山水为依托，以道教养生文化为底蕴，周边集聚乾元观、三清观、华夏宝盛园、东方盐湖城、一号农场等旅游景点和景区。作为全市首批美丽乡村创建示范点，仙姑村发挥省农家乐专业村优势，将茅山咸味与乡村旅游有机结合，吸引周边城市游客，推动一、二、三产融合发展，成为金坛乡村旅游第一村。

【一号农场获评省五星级乡村旅游区】 12月27日，省文化和旅游厅公布第二批江苏省五星级乡村旅游区评定结果，金坛一号农场获评江苏省五星级乡村旅游区。一号农场位于茅山旅游度假区，占地面积约100公顷，拥有9公顷现代农业示范区、13公顷生态水产养殖区、40公顷有机果蔬核心种植区，是集智慧农业、有机种植、休闲观光、养生度假、运动拓展、科普教育于一体的数字化养生农场。

【长山行舍获评"2018文化主题民宿"】 12月8日，在"乡村振兴文旅新产业新路径——2019长三角民宿峰会"上，金坛区芥舟·长山行舍获评"2018文化主题民宿"。芥舟·长山行舍是金坛首家茶农业与乡村旅游结合的民宿酒店。其建筑面积约6000平方米，建筑设计风格独特，主要建有制茶工厂、酒店、餐饮、书吧、茶空间及娱乐等现代化酒店设施。　（陈　胜）

江苏省金坛茅山旅游度假区

【概况】 2018年，茅山旅游度假区紧扣"项目建设服务提升年"工作主题，围绕全方位保障、服务基础设施完善、旅游产业培育、茅山品牌推广、发展要素保障、"三区"（旅游度假区、薛埠镇区、薛埠工业园区）融合发展等工作，

中国最美乡村——仙姑村一角　（区旅游局　供稿）

加快推进重点项目建设。全年完成公共预算收入9316万元,比上年增长198%;接待游客384万人次,实现旅游营业收入5.75亿元,分别增长18.15%、21.21%。

【项目建设】 2018年,茅山旅游度假区发挥政府和市场积极性,完善基础设施建设,推进道路、景观、电力、美丽乡村、房屋建设等工程在内的14个政府性投资项目,总投资8.87亿元。其中续建项目10个,投资5.82亿元。至年底,金茅路建设项目,尚阳路、尚水路、百羊路景观建设项目已竣工验收;新建金茅路与望仙路道路景观工程、仙姑美丽乡村示范点与度假区游客综合服务中心项目4个,投资3.05亿元。

【节庆活动】 2018年,茅山旅游度假区贯彻实施“旅游+”战略,推进茅山旅游与地缘文化、体育运动、农业观光等产业融合发展,策划推出一系列具有鲜明特色的旅游节庆活动,提升金坛茅山旅游品牌影响力和美誉度。全年主办、承办“2018金坛民俗文化旅游节暨乡村旅游嘉年华”“2018茅山国际山地半程马拉松”“第四届中国金坛雀舌茶道会”“2018春到上阮赏花季暨首届金坛玫瑰文化旅游节”“中国茅山汽车场地越野邀请赛”等多项旅游节庆活动。各项活动通过新华网、人民网、中新网、中江网、新浪话题、网易江苏、腾讯大苏等新媒体网络全方位、立体化现场直播方式对外报道宣传,获得网民百万次在线点击,全面提高茅山旅游知名度。

【品牌提升】 9月28日,花谷奇缘成功创建国家AAAA级旅游景区;半边山下民宿村被国家林业和草原局列为首批“国家森林小镇”建设试点单位;茅山闲养小镇获江苏省第二批“旅游风情小镇”。10月13日,仙姑美丽乡村示范点项目举行揭牌仪式并开园。在2017年全省52家省级及以上旅游度假区综合考评中,茅山旅游度假区名列第三,并首获省旅游局向国家旅游局推荐申报国家级旅游度假区资格。 (谢嘉彬)

江苏省金坛长荡湖旅游度假区

【概况】 2018年,长荡湖旅游度假区全面实施推进“基础建设突破年”工作,科学谋划、主动作为。利用生态转型和节庆活动资源,做好文旅融合文章。组织长荡湖金蟹增殖放流活动,举办第五届长荡湖籽虾节,开展长荡湖开捕和金蟹品鉴活动,其中开捕活动被央视报道。挖掘提升空间,长荡湖旅游度假区在46个省级旅游度假区考核中较上年上升7名。落实资金保障,国开行年内共放贷15.3亿元,累计放贷22.5亿元。规范财务管理,对沿湖镇(街道)长荡湖水利水系综合治理工程建设资金进行专项检查,确保资金使用规范。开展土地复垦,完成挂钩项40.3公顷,占补项目59.7公顷。长荡湖湿地公园通过国家验收,正式成为国家湿地公园。

【基础建设】 2018年,长荡湖旅游度假区推进基础工程建设,完善设施功能。路网建设工程,长荡湖西路、学府路东延、西路连接线竣工通车,长荡湖北路新建段完工,启动长荡湖西路和旅游大道景观标准段建设工程;独立防洪大堤工程,西侧11千米已建筑完成,东南侧9千米加快推进;退田还湖工程,完成土方780万立方米,增加水域湿地面积4平方千米;生态清淤二期工程,清淤60万立方米;杨家港、沙河港、中干河出入湖河道整治工程进入围堰、桩基施工阶段。

【生态保护】 2018年实施生态立湖发展战略,推进长荡湖由生产型湖泊向生态型湖泊转型发展。对国家生态保护、省级生态保护、水源地保护区等8条生态红线进行优化调整、科学布局。全面落实河(湖)长制,完善区、镇、村三级管护网络,编制出台常州市首家“一河(湖)一策”行动计划。实施生态渔业示范工程,成立国有捕捞队,完成千亩保种试验区、管护用房、出入湖口渔业资源监测点等建设工作,科学开展渔业资源增殖放流活动。

(吴金林)

(编辑 钱国新)

金　融

综　述

【概况】 2018 年,金坛区金融机构本外币各项存款余额 1116.76 亿元,比上年增加 54.64 亿元,增长 5.14%;本外币各项贷款余额 759.35 亿元,增加 78.07 亿元,增长 11.46%。年末,全区有银行业金融机构 20 家。

金坛区聚焦金融突出矛盾,强化实质性和穿透性监管,筑牢金融业发展和金融风险防范的根基,守住不发生系统性金融风险底线,打好防范化解重大风险攻坚战。组织开展金融机构执行人民银行政策综合评价工作,做好新设机构管理工作。严格执行金融业重大事项报告制度,依法开展金融执法检查,全年分别对 7 家银行业金融机构开展征信业务、金融统计业务、人民币收付业务业务执法检查。成立“移动支付便民工程”领导小组,出台《常州市金坛区关于推广实施“移动支付便民工程”的指导意见》,在实现重点公共事业领域移动支付全覆盖的基础上,大力拓展烟草专卖店、家具城、购物广场等便民场景,提升群众对移动支付的切实体验。督促银行准确把握房地产金融调控政策要求,严格执行差别化住房信贷政策各项规定和江苏省市场利率定价自律机制决议,支持居民合理自住购房需求,密切关注房地产信贷政策执行中出现的新动向、新情况和新问题。建立不良贷款信息统计表和问题企业监测表,按月监测不良贷款信息数据和问题企业贷款数据;建立政府融资平台贷款情况统计表,按季监测政府融资平台融资余额变化情况。强化征信管理,优化信用报告窗口服务,全年受理个人信用报告查询 23256 笔,企业信用报告查询 1538 笔,未发生违规查询和不良影响事件。根据“以公开为常态、不公开为例外”的原则,做好政务信息公开,推动政务公开清单化管理,梳理形成支行政府信息主动公开事项清单,列明应当公开的信息内容、依据、时间、主体、监督方式等内容。联合区教育局将金坛区河滨小学确定为试点学校,江南银行金坛支行为试点银行,从 9 月起将金融知识纳入五年级的教学课程。举办人民币收付业务培训班,讲解《不宜流通人民币硬币》、美元的主要防伪特征和精制版假美元的识别技巧,敦促银行增强现金服务意识。做好残损人民币兑换和反假币工作。全年累计收缴假币 3259 张,计 27.61 万元,鉴定兑换 495 张霉变、鼠咬、火烧等特残币,挽回群众经济损失 25480 元。与金坛区消费者权益保护协会沟通,建立相互协作机制,处理好辖区金融消费者投诉工作。开展“金融知识普及月金融知识进万家”宣传活动,普及金融消费者权益、反假、支付、国库、反洗钱、征信等金融知识,受到社会公众的普遍欢迎,扩大了金融知识宣传的影响面。积极开展辖区平安金融创建工作,对辖区内金融机构开展平安金融创建工作责任书签订、考核及验收,被金坛区政法委评为 2018 年度社会管理综合治理和平安创建先进单位。

保险业务发展平缓,全年实现保费收入 14.60 亿元,增长 2.5%,其中财险保费收入 4.65 亿元,寿险保费收入 9.95 亿元,分别增长 1.1% 和 3.2%;全年各类保险理赔和给付支出 5.87 亿元,下降 4.5%,其中财险赔付支出 2.89 亿元,下降 2.3%,寿险赔付支出 2.99 亿元,下降 6.5%。

(贺婉芸　赵　华)

银　行

·中国人民银行金坛区支行·

【概况】 中国人民银行金坛支行(以下简称区人行)位于金坛区西门大街 23 号,有员工 31 人。2018 年,区人行以贯彻稳健货币政策为指针,紧密结合区域经济发展形势,倾力服务地方实体经济,净化金融生态环境,严守金融风险底线,依法履职,创新进取,促进辖区经济金融稳健发展。

【货币政策传导】 2018 年,区人行认真贯彻落实全国金融工作会议、中央经济工作会议和上级行工作会议精神,围绕"服务实体经济、防范金融风险、深化金融改革"任务,创新工作机制、破解工作难题、补齐工作短板,推进支行事业全面发展。通过组织召开行长联席会议、信贷季度例会、走访调研等,认真落实《关于加强宏观信贷政策指导推动金融更好服务实体经济的意见》精神,继续引导金融机构创新金融产品,加大对小微企业、"三农"等民生领域和经济薄弱环节的支持力度。

【行长"园区行"】 2018年,召开金融支持制造业发展推进会暨银行行长园区行活动部署会议,要求银行机构逐步提高制造业贷款占比。在直溪镇、儒林镇开展"园区行"融资对接活动,现场听取园区建设发展、企业生产经营情况和融资需求情况,为27家企业把脉问诊。至12月末,获得授信单位465家,授信金额94.17亿元,提款单位434家,提款67.01亿元。

【助力美丽乡村】 2018年,制订《常州市金坛区金融助力"美丽乡村"行动实施方案》,在直溪镇昌芋合作社召开金坛区金融扶贫支农工作推进会,调研薛埠镇美丽乡村示范区建设项目并现场察看仙姑村示范区项目建设工地,在薛埠镇神亭村召开银、企、村金融扶贫工作座谈会,把金融资源进一步引向农村欠发达地区。加大对农村产业集群发展、农村基础设施建设、农业高新技术和农村生态环境改造等项目支持力度,满足产业链发展融资需求,积极为金坛争取更多的信贷资源和信贷政策。

【金融服务】 2018年,区人行强化国库核算,提高服务效能。全年共办理各级预算收入入库308.82亿元,比上年增长10.48%,其中公共财政预算收入入库99.84亿元,增长46.16%,共办理预算支出309.58亿元,增长12.08%,办理集中支付业务84278笔,金额97.49亿元,增长10.58%,发现并纠正财税等征收机关提交的不合规业务94笔,金额2.66亿元,有效维护了国库资金安全。贯彻落实《中国人民银行关于优化企业开户服务的指导意见》,对2家企业进行现场走访,通过座谈交流、问卷调查了解企业的需求;利用银行账户开户时间比对检查程序,与工商行政管理部门建立数据信息共享,按日生成新开立基本存款账户开户环节用时考核表;多次组织新开户企业财务主管及其开户银行业务主管召开专题会,要求银行优化企业开户申报流程,缩短企业开户时间;对企业开户用时过长、提交资料过多、审批流程过繁的银行,在季度例会上进行通报,对工作开展不力的两家银行进行约见谈话。通过强化责任落实,辖区银行业金融机构优化企业开户服务效率明显提升,下半年新办企业开户均在0.5个工作日内办结。

【外汇管理】 2018年,以"强履职、防风险、出成效"为目标,以抓好管好银行业务为重点,推进贸易投资便利化,督促银行增强合规意识,履行好"展业三原则",提升外汇服务工作水平。通过对辖区外贸重点企业进行货物贸易外汇政策和业务讲解,对外商投资企业进行联合年报申报培训,对支行工作人员开展个人外汇政策解读,举办银行内保外贷政策座谈会,印制《外汇知识手册》宣传资料等形式,及时传达最新外汇管理政策。坚持以银企实际需求为先,寓管理于服务,全年共为121家企业办理名录登记,为30家企业办理名录变更,为80家企业办理贸易信贷现场报告,为60家企业办理辅导期报告,签发登记表5笔,办理外债登记14笔,外债变更11笔,外债注销2笔,有效提升了外汇服务效能。加强对重点企业重点业务的日常监测。对2家企业开展贸易融资业务专项核查,对7家企业和2家银行进行约谈,对68家企业开展贸易非现场核查,强制注销18家企业,对5家企业开展贸易现场核查,对4家B类企业进行到期评估(拟注销2家,延长2家),完成银行业务监测10笔。(贺婉芸)

·中国工商银行股份有限公司金坛支行·

【概况】 中国工商银行股份有限公司金坛支行(以下简称工行金坛支行)坐落在金坛区西门大街48号,2018年有在职职工121人,下设4个科室、1个营业部和7个二级支行。

2018年,全行紧紧围绕"回归本源、稳中求进、竞争发展、加快转型"的总体经营指导,全方面落实经营主体责任,高标准完成各项任务指标。通过转变观念,实施全新的客户战略工程;紧盯源头,提升存款业务的市场竞争力;抢抓机遇,实现优质信贷客户的精准营销;优化结构,稳步推进大零售大公司转型;守土尽责,强化对风险客户的管理和化解。至年末,银行实现拨备前利润4.39亿元,完成计划的117.01%,比上年增长2150万元。12月,被省工行授予2017—2018年度"先进单位"称号。

【存款总量稳定增长】 2018年,通过强化跟踪管理,做好存量客户的维护提质,保持有贷户存款和同业存款的稳定;通过把握政策机遇,做好重点板块拓展,加快账户落地,从源头上巩固存款地位。通过制定定期储蓄存款专项考核办法、落实年终批量代发责任、加强网点软硬件服务,综合用好保本理财、大额存单和结构性存款等产品组合拳,强化旺季揽存和行外吸金。同时常态化做好代发工资客户、中高端客户、到店客户的维护营销,提升客户服务能力,夯实个人资产基础。全年支行各项存款时点余额为82.78亿元,比上年增加11.82亿元。其中对公存款时点余额53.09亿元,增8.53亿元;储蓄存款时点余额29.69亿元,增3.29亿元。

【优质信贷市场拓展】 积极参与金坛区"两个加快攻坚突破年"活动,通过加强银政银企沟通、围绕白名单精准营销、加强经营快贷创新产品推广等举措,突出抓好项目运作、制造业拓展、小微企业服务，不断增强工行金坛支行市场竞争力和普惠金融业务影响力。2018年，全行各项贷款时点余额100.48亿元，比上年增加10.5亿元。其中，公司贷款余额88.09亿元，增加9.08亿元；个人金融贷款余额12.39亿元，增加1.42亿元。

【中间业务】 2018年，围绕规范经营和持续发展，在强化服务收费规范管理的同时，大力压降高成本存款，狠抓中间业务收入贡献提升，通过做大金融产品销售、做大交易类产品提升收入总量。全年完成中间业务收入1.85亿元，比上年增加2487万元，完成计划的137.83%。 （丁忠权）

·中国农业银行股份有限公司常州金坛支行·

【概况】 中国农业银行股份有限公司常州金坛支行（以下简称农行金坛支行）位于金坛区东门大街172号，在职员工196人。下设综合管理部、公司业务部、个人金融部、信用卡与网络金融部、风险与信贷管理部、运营财会部及网点管理部7个职能部门。2018年，农行金坛支行有效应对新形势，积极落实新举措，业务经营呈现“规模增长、结构趋优、动能增强、效益提升”的良好局面，各项工作保持稳健平安、可持续发展的良好态势，被省分行评为2018年度先进集体。

【主体业务】 至2018年年末，本外币各项存款余额92.1亿元，比上年增8.1亿元。其中对公存款41.2亿元，比年初增4.2亿元；个人存款49.7亿元，比上年增3.4亿元。本外币各项贷款余额74.6亿元，比上年增8.3亿元。其中，对公贷款45.1亿元，比年初增2.4亿元；个人贷款29.5亿元，比上年增6.3亿元。全年实现考核口径中间业务收入9078万元、拨备前利润2.55亿元，分别较上年提升12.8%和30.4%，主体业务持续向好。

【客户建设】 至2018年，农行金坛支行坚持“以市场为导向，以客户为中心”的经营理念，不断扩户提质，持续推进客户建设。全行新增个人贵宾客户1665户，全年新增信用卡有效客户7519户、有效收单商户661户。继续加大对小微企业的信贷支持力度，全年新拓展小微企业63家，累计放贷款2.18亿元。通过加强“一项目一方案一授权”批量化营销，以“产业集群准入”模式对辖内服装和汽车零部件2类产业集群批量准入信贷客户51户，累计授信3亿元，年末投放18户，共计金额0.82亿元。客户群体不断壮大，综合回报明显提升。

【服务“三农”】 2018年，农行金坛支行秉承“面向‘三农’，服务城乡”的使命，不断为最广大的城乡客户提供优质金融产品与服务。积极支持政府棚改、水利等民生工程，重点支持新型农业经营主体，在持续扩大经典产品“金农贷”服务群体的同时，也以项目运作的模式为“朱林为农服务专业合作社”等5个“三农”项目累计授信8800万元，惠及农户与个体生产经营者420户，年末实现投放49户，总金额5194万元。启动互联网金融服务“三农”“一号工程”，以信用方式发放惠农“便捷贷”131户，金额1016万元。成功发放系统内首笔“微捷贷”，年末余额590万元。办理面向农户的“网捷贷”106户金额1016万元。

【案防内控】 2018年，农行金坛支行坚持以“三化三无”（制度化、程序化、规范化；无不良、无逾期、无不合理资本占用）创建为目标，以抓好信用业务真实性、不良贷款等案件风险专项治理为重点，全面推进信贷与风险管理领域的基础管理工作。至年末，全行通过现金清收、风险化解、打包核销等方式共清收处置不良贷款17546万元，其中清收6063万元、核销5572万元，对1500万表外不良贷款在收回全部欠息前提下达成和解，资产风险趋于稳定。同时深入开展案防风控大排查，持续合规文化教育，深化“市场乱象”治理，对发现的各类问题采取立行立改。坚持“三线一网格”的管理模式，让每一位员工加入网格，形成自律、他律、律他结合的监督约束机制，进一步强化员工行为管理，促进合规经营，为守住风险底线，确保各项业务健康有序发展夯实基础。

（史帅帅）

·中国建设银行股份有限公司金坛支行·

【概况】 中国建设银行股份有限公司金坛支行（以下简称建行金坛支行）坐落于金坛区西门大街19号，2018年有员工222人，其中男员工110人，女员工112人。下设综合管理部、客户部、业务管理部和营业部，下辖华城支行、城北支行、南门支行等14个营业机构。

2018年，建行金坛支行主动适应宏观形势变化，以“强基础、控风险、促转型”为主要工作思路，坚持高质量发展原则，扎实做好党建、内控、员工关爱等基础管理工作，全行各项业务得到较好发展。截至12月31日，支行本外币存款日均余额159亿元，余额占比42.33%，其中储蓄存款余额74亿元，占比42.74%。各项贷款余额106亿元，余额占比32.25%，其中个人类贷款余额40亿元，占比43.28%。

【其他业务】 全年新增对公基本账户1089户，有效客户397户，对公商户456户；新增个人有效客户42622户，个人类活跃商户4660户，高贡献度个人商户1658户，云缴费平台45户；信用卡分期完成22458万元，裕农通服务点新增54个；成功为江南医院办理“银医通”延伸性资本项目，为农用激素工程技术研究中心办理常州行首笔“出口融资保”业务241万美元，为卓郎江苏办理“建信通”业务431万欧元等。积极响应总行“三大战略”（普惠金融、住房租赁、金融科技），普惠金融年末规模64939万元,累计为687家小微企业投放信贷资金59677万元,“建融家园”房源上线1450个,新增党群综合服务平台58个、公益教育平台3个。

【人才培养和提拔】 2018年,建行金坛支行加速人才培养,通过竞聘,进一步充实后备人才库,储备中层干部后备3人、营运主管后备2人、客户经理后备6人,其中启用3人担任网点负责人,1人担任营运主管,6人成为客户经理,80后、90后青年员工成为新兴力量。提升员工专业能力,积极鼓励并组织后备人才、业务骨干、青年员工参加上级行、监管部门组织的各类培训和专业考试,在学习培训中增强能力。增强定向沟通,领导班子成员面对面与员工交流,全面了解员工思想动态与职业规划,做到人才选拔有的放矢。坚持先进典型引路,推荐5名个人、4个党支部参加上级行评优评先活动,各支部组织开展“新时代先锋讲堂”,邀请骨干人员分享工作心得。 (邵 芸)

·中国银行股份有限公司金坛支行·

【概况】 中国银行股份有限公司金坛支行(以下简称金坛中行)位于金坛区北门大街2号,下设营业部、金谷华城支行、华城中路支行、河滨支行、华阳支行、横街支行、东环二路支行、政务中心支行8个营业网点,职工149人。2018年,金坛中行以“建设新时代全球一流银行”的战略目标,发挥“担当诚信专业创新稳健绩效”的工作精神,不断优化发展模式,在发展中提升质效,实现营业净收入18696万元,实现拨备前利润14334万元。

【资产业务】 2018年,金坛中行本外币贷款总额47.05亿元,比上年增3.82亿元,新增额市辖区排名第五。其中,零售贷款余额10.79亿元,较上年增1.2亿元;本外币对公贷款36.26亿元,较上年增2.7亿元。

【负债业务】 2018年,金坛中行本外币两项存款余额53.15亿元,较上年增2.88亿元。其中,本外币储蓄存款余额26.94亿元,较上年增0.6亿元;本外币公司存款26.21亿元,较上年增2.28亿元。

【国际结算】 2018年,实现国际结算量78773万美元,比上年增28.17%,市场份额34.46%,增长3.45%;完成跨境人民币结算量47380万元,上升64.54%,市场份额16.81%,上升1.89%;本外币贸易融资余额为7546万元,较上年减少4986万元。

【银行卡与电子业务】 截至2018年12月末,金坛中行累计完成商户拓展238户;信用卡累计发卡4702张,新增客户2113户,其中ETC卡209张。手机银行累计新增交易客户18397户。借记卡累计发卡32336张,在用有效借记卡308469张。

与人民医院开展党建共建暨廉洁伙伴签约 (人行金坛支行 供稿)

【开门红竞赛】 一季度,金坛中行竞得常州中行对公保险手续费收入标王,标的金额188万元。在支行行长室统筹规划、市行条线部门全力协助下,支行人员全力以赴,以优质产品及良好服务对客户精准营销,最终完成对公保险手续费收入280万元,获实际标王称号,这也是常州中行2018年开门红全辖区唯一完成标王指标的支行。

【首开破产管理人账户】 2017年年末,江苏省中行与江苏省法院案款通系统上线,2018年开始,金坛中行获得开立破产人管理账户资格。金坛支行行长室带队,攻坚克难,克服新系统上线无人有经验、新业务流程无人完成过的困难,最终开立全辖区首个破产管理人账户,为全辖区业务的推广打下坚实基础,为中行服务法院系统,凝聚业务粘性迈出了坚实的一步。

【公益行动】 金坛中行各网点改造“爱心服务站”为温暖角,持续为周边的环卫工人、交警、交通协管员、城管、志愿者等城市公共服务者提供休息、饮水、便民药箱、雨伞租借、测量血压等服务。组织“巾帼志愿者”服务队送金融知识进社区、进企业、进学校等场所活动,参加“3·15”消费者金融宣传活动,积极担当社会责任。6月14日,金坛中行河滨支行党支部携手西城街道黄庄村党总支,邀请村失独家庭,共同开展“蛋香传‘家’节,‘粽’享人间情”为主题的迎端午包粽子活动。“八一”建军节前,金坛中行组织慰问驻区消防官兵。金坛中行与朱林镇长兴村结成帮扶对象,积极帮助该村脱贫致富。 (刘长荣)

·江苏江南农村商业银行股份有限公司常州市金坛支行·

【概况】 江苏江南农村商业银行股份有限公司常州市金坛支行(以下简称江南农商银行金坛支行)位于金坛区横街3号,辖内设有34家机构,在职员工320人。2018年,江南农商银行金坛支行始终坚持稳中求进的工作基调,紧紧围绕"宽营销、扩基础、添动能、精管理、强保障"的工作思路,加快转型步伐、提升效能、强化风险管控,实现了业务平稳持续发展。获得总行全员业务技能大赛团体第二名、省支付清算协会组织的剧本征集活动视频类三等奖、2017年度信息宣传二等奖。

【组织资金】 2018年,江南农商银行金坛支行以优惠政策和优势产品为抓手,抓对公账户新开户,注重对公账户量质双升,通过不断提升服务品质、增强综合服务能力,实现组织资金工作稳中求进。全行含保本理财存款总量256.56亿元,比上年增加25.66亿元,增幅11.11%。其中,储蓄存款余额113.12亿元,比上年增加8.77亿元,增幅8%;对公存款余额131.37亿元,比上年增加19.29亿元,增幅17%;保证金存款余额11.76亿元,比上年减少2.4亿元,降幅17%。

【信贷业务】 2018年,江南农商银行金坛支行在坚持零售、公司、金融市场和互联网金融"四轮驱动"战略转型路线方针前提下,在服务"三农"、中小微企业基础上,以"稳增长、调结构、促转型"为主线,通过大力拓展零售业务、小微企业业务、巩固拓展公司业务、稳步推进金融市场业务、加快发展互联网金融业务等举措,实现战略转型升级。截至12月末,金坛支行各项贷款余额140.29亿元,比上年增加4.97亿元,增幅3.68%。其中,公司类贷款余额84.7亿元,增加0.78亿元,增幅0.93%;个人经营性贷款余额37.16亿元,比上年减少4亿元,降幅9.73%;个人消费贷款18.41亿元,比上年增加8.2亿元,增幅44.54%。

【服务实体经济】 2018年,江南农商银行金坛支行进一步加大对全区战略性新兴产业、先进制造业、高新技术产业和重点项目的支持,不断深化产品内涵,持续激发创新动能,全力拓宽服务半径,金融助力地方经济成效更加显著。全年支行累放制造业贷款53.73亿元,年末制造业贷款余额51.3亿元。

【零售业务】 2018年,江南农商银行金坛支行坚持以金融科技为引领,紧跟金融服务移动化趋势,全面推进新技术、新理念、新模式与零售业务深度融合,持续完善线上线下相融合的服务渠道体系,努力为客户提供优质、便捷的金融服务。至年末,金坛地区共有存取一体款机(CRS)141台、取款机(ATM)11台,虚拟柜员机(VTM)35台。全年支行新增信用卡有效卡3605张,信用卡分期余额新增9252.41万元,新增借记卡有效卡89020张、手机银行有效户26263户、企业版手机银行有效户149户、个人网银有效户418户、企业网银有效户847户、BANK金有效户2768户、收银通拓展有效户合计287户、智能POS 105台、三方绑卡合计完成45886户。

【支农惠农】 2018年,江南农商银行金坛支行聚焦"三农",积极推动民生金融发展,对符合条件的"三农"贷款客户,用青年创业贷款、妇女创业贷款、工会创业贷款等一系列优惠特色贷款产品,给予贷款优先、利率优惠、流程优化等扶持政策,不断加强对"三农"支持力度。全年全行青年创业贷款余额26284万元,妇女创业贷款1510万元,工会创业贷款1340万元。

(张　晶)

群众宣传活动　　(江南银行金坛支行　供稿)

·中国邮政储蓄银行金坛支行·

【概况】 中国邮政储蓄银行金坛支行(下称金坛邮储银行)位于金坛区东门大街500号,有职工80人,下设一类网点5个、代理网点24个。2018年,金坛邮储银行围绕"提质增效、防控风险、稳健经营"的发展主基调,统筹做好稳增长、促改革、提能力、防风险、强党建各项工作,牢牢把握"服务社区、服务中小企业、服务三农"的零售银行战略定位,经营管理取得明显成效。

金融知识普及月活动　　（金坛邮储银行　供稿）

【存贷款业务】　2018年，金坛邮储银行周密部署，抢抓旺季生产，以多样的活动、到位的政策和精准的支撑，取得诸多佳绩：金融总资产新增14.46亿元，比上年增长36.5%，储蓄总规模突破63亿元，被总行评为“全国储蓄业务百强一级支行”一等奖；存款以项目营销为抓手，践行综合营销，实现日均存款增长30.8%，业务收入增长45.03%，列行内全区第一。各类贷款余额26.95亿元，增长36.87%，被省分行“领军计划”活动评为“组织推动标杆行”。

【服务实体经济】　2018年，金坛邮储银行积极践行普惠金融，始终把支持小微企业发展作为践行普惠金融的重要内容，加大对重点领域的支持力度。截至12月末，金坛邮储银行小微企业贷款占各项贷款余额的37.78%，比上年增长11.29%；制造业贷款占各项贷款余额的12.83%，增长30.56%。扎根当地经济，加大“三农”金融支持力度，扶持农户发展转型，全年“三农”贷款净增3608万元，增长56.36%。

（朱华芳）

·常州金坛兴福村镇银行有限责任公司·

【概况】　常州金坛兴福村镇银行有限责任公司（以下简称金坛兴福村镇银行）总行位于金坛区东门大街235号，下设直溪支行、薛埠支行、西城路分理处，有在职员工71人。金坛兴福村镇银行坚持服务“三农”、服务小微企业的市场定位，充分发挥村镇银行自主性、灵活性、快捷性、效益性的特点，实现各项业务的稳健发展，风险防控能力明显上升。2018年年末，该行资产总额94696.30万元，较上年增长24503.51万元；负债85612.24万元，较上年增长24369.36万元；利润总额526.49万元。

【存款业务】　2018年，金坛兴福村镇银行为适应全区居民需求，开发“福惠存”“福利存”“保障存”等存款产品，优化升级“智能存”产品，开展形式多样、内容丰富的旺季储蓄活动主动揽储，喜迎2018新春开门红，仅新春旺季储蓄存款比上年增加1.07亿元，取得突破性进展。该行深化与农村合作社的沟通合作，并通过驻村办公、汽车银行等方法，提升对农村地区的金融服务。截至12月末，存款余额59018.44万元，较上年增长18897.97万元，超全年指标897.97万元。其中储蓄存款余额26882.08万元，增长10156.58万元；对公存款余额32136.36万元，增长8741.39万元。

【贷款业务】　2018年，金坛兴福村镇银行积极响应国家“乡村振兴”的号召，积极调整贷款投向和结构，通过与金融办、农工办等部门沟通，开展“金融惠企大走访”工作，促成银企合作，开展“银社座谈会”，加深与供销社、合作社交流，加大“三农”和小微企业的信贷投放，针对性推出“亲情贷”“蓝领通”两款信贷产品，重点支持美丽乡村、宜居乡村、小型农田水利项目和小微实体经济发展。同时加强业务团队管理，明确目标，合理分配任务，团队协作，共同奋进。截至12月末，该行贷款余额81330.35万元，较上年增长19092.42万元，其中涉农和小微贷款余额64668.25万元，占比79.51%。

【普惠金融】　4月，金坛兴福村镇银行启动普惠金融工程，全体员工包干到村，挨家挨户问需求，耐心讲解正规金融知识，将防范电信诈骗、反非法集资等知识详细介绍给村民，建立起农户档案16000余户。客户经理协同风险管理人员对农户档案逐户分析、分类，形成农户授信的基础信息。农户授信是根据家庭经济情况、工作情况、背景和人品的调查，对每一户家庭提前授信，等农户需要用钱的时候，可凭授信卡直接到该行网点申请发放额度内的金额，十分方便。（张　倩）

·交通银行股份有限公司常州金坛支行·

【概况】　交通银行股份有限公司常州金坛支行（以下简称交行金坛支行）成立于2009年1月，2016年8月1日正式迁址金坛区东环二路206－2号，有职工21人，设有一个人工网点、一个普惠型网点，一个离行式自助银行。交行金坛支行秉承“最佳财富管理银行”的经营理念，服务于金坛地方经济建设，提供资产管理、融资信贷、国际业务等领域全面周到的专业化服务。截至2018年年末，人民币各项存款余额14.98亿元。其中，对公存款12.11亿元，储蓄存款2.87亿元。人民币各项贷款余额16.78亿元。其中,对公贷款15.5亿元,个人贷款1.28亿元。

中间业务。交行金坛支行从宣传策划入手,通过电视、广告等媒体造势,营销人员面对面讲解等方式,扩大中间业务的知名度和影响力,全年中间业务收入1826万元。

电子银行业务。2018年,继续加大对个人、企业网银、手机银行的宣传力度,全年电子银行分流率为83.62%。

个人理财业务。交通银行在个人金融领域享有盛誉,创有"沃德财富"和"交银理财"两大分别针对高端和中端客户的个人理财品牌。交通银行金坛支行营业厅建有"沃德客户区",客户可以在私密优雅舒适的环境里,享受到一对一的专属服务。沃德客户经理将凭借其丰富的专业知识,借助交通银行一流的专业理财平台,为客户提供财务分析、财务规划、投资顾问、资产管理等服务,帮助客户进行全方位财产规划。

小企业业务。年末,交行金坛支行拥有小企业贷款总数35家,贷款余额3.94亿元,比上年增3200万元。

【新业务】 "线上税融通"是一款运用涉税数据模型和规则的驱动,选择诚信纳税优质小微企业的企业主给予信用贷款的产品。该产品无需抵质押担保,纳税人只要有交通银行网上银行,即可在线申请,贷款额度最高可达100万元,至年末,支行共发放"线上税融通"9户,贷款余额460.8万元。

【支持地方经济建设】 交行金坛支行,进一步改进小微企业金融服务方案,积极推动大众创业、万众创新,明确工作目标,努力实现"三个不低于"(小微企业贷款增速不低于各项贷款平均增速、小微企业贷款户数不低于上年同期户数、小微企业申贷获得率不低于上年同期水平),2018年新发放小微企业贷款10家,贷款金额6800万元,助力地方小微企业发展。

(荆宁华)

·江苏银行股份有限公司金坛支行·

【概况】 江苏银行股份有限公司金坛支行(以下简称江苏银行金坛支行)坐落于金坛区东环二路109号,有员工21人,其中本科20人,研究生1人。截至2018年12月末,各项存款余额33.95亿元;本外币贷款余额20.54亿元;税前营业净收入15326万元,税后营业净收入10882万元,其中中间业务收入6462万元;经济增加值实现7665万元。

【业务发展】 2018年,江苏银行金坛支行员工认真分析形势,研究对策,紧紧围绕"沉下身、练内功、调结构",克难奋进,苦干实干,灵活调整发展策略,加快推进创新突破,主要经营指标达到预期,总体保持了稳健发展的良好势态。积极响应总分行打造"交易银行"的号召,借助农民工代发工资专户、"外汇定活通""电e盈"等一系列新型业务和产品,致力于为企业提供全方位的综合性金融服务。以标准化产品为抓手,重点营销"科技之星""人才之星""三板之星""成长之星""新农贷"等业务,通过与金坛区财政局、科技局、人社局、农业局等政府部门的联动,夯实小企业客户基础,增加小企业实贷投放。

【国际业务创新产品与服务】 2018年,为适应和满足客户的跨境支付需求,江苏银行金坛支行紧跟金融科技趋势,加大加快跨境业务智能化步伐。12月26日,新一代全球智能结算平台正式上线运营,意味着该行智慧化跨境金融初显锋芒,国际结算打响"智能"品牌。

2018年,江苏银行金坛支行成功开发了"跨境贸e池",进口押汇融资、出口商贴在线还款、自动汇款、进口预开证智能化等功能相继开发上线,跨境业务办理效率和智能处理能力大幅提升;成功上线"环球智汇e通",跨境业务智能清算平台顺利完成升级扩容;成功运用"监管e点通",完善反洗钱监测系统,内部管理效能得到进一步提升;成功打造"跨境e点通",互联网时代客户服务新模式基本形成,跨境业务智能服务体系不断完善。智能结算、智能清算、智能管理、智能服务四大版块相继完成建设,新一代全球智能结算平台正式上线运行。

【社区共建】 2018年,江苏银行金坛

与社区开展"党员进社区　共建和谐家园"活动（江苏银行金坛支行　供稿）

支行扎实深入开展系列党员进社区活动,新增与春风社区、丹阳门社区、西门社区、小南门社区、虹桥社区、翠园社区、河滨社区和东园社区共建,组织广大党员以及业务骨干走进社区。每月开展形式多样、丰富多彩的活动,通过开展一系列的共建活动,将江苏银行的金融服务送到老百姓身边,实现党建工作与业务发展的有机结合。全年组织共建活动25场次,分别宣传防电信网络诈骗、非法集资、打黑除恶、反洗钱、反假币等,向广大群众普及金融知识,提高大家的防范意识,提升“江苏银行”品牌知名度。

(葛　嘉)

·中信银行股份有限公司金坛支行·

【概况】 中信银行股份有限公司金坛支行(以下简称中信银行金坛支行)成立于2010年,地址在金坛区东门大街235号,2018年,有员工22人,拥有东门大街支行本部和名仕家园离行式自助银行两个服务机构。截至2018年年底,区中信银行一般性存款余额51.55亿元,较上年增加6.81亿元。其中,公司存款时点45.04亿元,增加2.72亿元。贷款余额12.99亿元,较上年增加1.47亿元。其中,公司贷款9.61亿元,较上年增加1.15亿元;个人贷款余额3.38亿元,较上年增加0.32亿元。

2018年,中信银行金坛支行各项业务得到持续、稳定、健康,高速的发展,获得南京分行上半年“零售代理销售标兵支行”、南京分行2018年度“保险销售十佳支行”称号。

【对公业务】 2018年,继续加大基础客户群的建设,中信银行金坛支行立足“早”字,通过项目储备带动公司负债,以盘活存量,挖掘增量为指导思想,多跑、勤跑、常跑存量客户,提高优质存量客户的贡献度。中信银行始终围绕金坛主流客户做业务,把销售超亿元尤其是超十亿元的明星工业企业、金坛纳税超五十强以及金坛工业重大项目和重点基础设施项目作为主攻方向。围绕区域产业特色做业务,对科技含量高、盈利能力强、产品市场广的企业进行积极营销,深度经营,重大战略客户和平台客户合作成绩显著。与战略客户金昇集团的合作深化,5亿元的内保外贷业务仅14天落地,获得客户的高度好评,提升了中信银行在金坛企业和政府的口碑。在机构存款来源上,日常与区政府、财政、国土、建设、交通、商务、乡镇、园区保持良好的沟通和合作关系,定期走访,加大渠道平台建设,第一时间争取到网上土地交易系统落户区中信银行金坛支行,机构业务得到了持续稳定的推进。

【零售业务】 2018年,中信银行金坛支行坚持抓旺季、抓考核、抓代发、抓服务、抓个贷的发展思路,集中人财物抓住旺季,严格考核保长效,紧抓公私联动,以代发批量开发客户,以服务吸引和留住客户,实现普通代发5464万元,通过公私联动成功营销结构性存款3.17亿元,实现零售中间业务收入450.23万元,实现全口径财销售26.31亿元。积极推出中信大讲堂、理财产品讲座、健康讲座等高端客户增值服务,与客户保持良好互动,实现共赢,依靠特色产品出国金融及推出的信秒贷、月月息、房抵贷、公积金贷等个人资产业务,以资产促负债。

【普惠金融】 2018年,为服务好小微企业,中信银行金坛支行大力开展普惠金融业务,共申报普惠金融授信10余户,发放普惠金融贷款1600多万元,实实在在做好普惠工作,服务于小微企业。

【国际业务】 2018年,中信银行金坛支行受光伏新政策影响,合作客户减少,全年国际结算量完成6117万美金。

【资产质量】 中信银行金坛支行开业八年仅有一笔不良贷款。不良率与问题贷款均低于常州全辖平均水平。2018年成功现金回收两笔问题贷款,金额分别为12239万元和1190万元,进一步优化了信贷资产质量。

【营收和利润】 2018年,中信银行金坛支行营收大幅增长,首次全年实现对公营业净收入超亿元,达1.12亿,较上年增加0.3亿元。(唐俊慧)

保　险

·中国人民财产保险股份有限公司常州市金坛支公司·

【概况】 中国人民财产保险股份有限公司常州市金坛支公司(以下简称人保财险金坛支公司)成立于1981年,位于金坛区西门大街27号。2018年,公司以建立“一流的品牌影响、一流的专业团队、一流的管理能力、一流的经营效益”为发展目标,牢牢抓住“发展、服务、管理、转型”四大关键词,攻坚克难,锐意进取,各项工作迈上新台阶。全年度实现保费增速超越市场10%,保费规模超1.95亿元,公司保持获得平稳较快的发展。公司保持连续34年无刑事、经济案件,获2018年度金坛区平安金融创建先进单位称号,继续保持“江苏省放心消费创建先进单位”“常州市放心消费创建先进单位”“常州市文明单位”称号。

【业务发展】 2018年,人保财险金坛支公司累计完成保费收入19588万元,比上年净增2040万元,市场份额持续提升,市场占有率为42.09%,在金坛区域内财产险市场份额排名第一。其中车险15530万元,净增保费1641万元,比上年增长11.82%;非车非农险保费收入2734万元,增长15.05%;农险秉承强化合规意识,实现保费收入1325万元,其中高效农险覆盖面达70%以上。

【理赔服务】 2018年，人保财险金坛分公司围绕“强服务”持续提升理赔工作效能，全险种案件处理率100%，共受理各类有效报案(除农险)10795件。其中，机动车辆险10054件，非车险741件。全险种已决赔款1.073亿元，其中车险9419万元、非车险1311万元。理赔服务加强人伤案件处理速度，持续推进一体化服务机制。金坛区道路交通事故处理综合服务中心挂牌成立后，公司积极响应，首家派员入驻中心交通事故“一站式”服务窗口，协助交警快速高效处理因交通事故引发的矛盾纠纷，保护当事人的合法权益，促进社会和谐稳定。持续推进理赔能力建设，反欺诈工作能力有效提升。加大第一现场的查勘率，严格把关定损质量，加大虚假及骗保案件的查处，加大对疑难案件核损监控，加强人伤跟踪环节，真正做到不惜赔不滥赔。强化投诉处理工作水平，提升客户服务满意度。全年共接到各种理赔投诉案件200多起，客服专岗对客户提出的问题及时回复并解决，避免投诉升级，均未形成有效投诉，有效提升客户服务能力。

【企业文化】 2018年，人保财险金坛支公司深化幸福企业建设。党支部组织开展“不忘初心，牢记使命”专题教育，工会组织开展“慈善一日捐”“PICC员工爱心日捐款”“职工健康徒步”等活动，提高公司全体职工凝聚力、向心力。主动承担社会责任，广泛开展参与各类活动。积极参与法制日宣传、“3·15”消费者权益保护日、“4·15”国家安全教育日、消防宣传等一系列宣传活动。响应区委、区政府开展的“第五轮结对帮扶”公益活动，积极参与由金坛区金融办、人民银行组织的“金融知识普及月”宣传活动，联合卫计委、120急救中心、金坛人民医院金汇通航，举行人保航空救援直升机启动仪式，在金沙广场开展“空中救援人保有爱”主题宣传活动；继续护航“茅山马拉松”，为赛事官方唯一指定保险合作单位。积极参与各类社会活动，充分体现“人民保险服务人民”的企业宗旨。

【农险经营】 2018年，人保财险金坛支公司坚持依法合规经营。持续强化合规意识，进一步规范农险操作行为，细化流程管控，强化节点考核，开展合规检查，提升合规操作水平，全力稳定农险经营规模，提高农险经营质量，创新农险产品开发。持续以“提标、增品、扩面”为发展的主基调，积极创新农业保险产品。持续推进内塘螃蟹保险，为养殖户提供保障，成功扩面733.33公顷，累计承保1866.67公顷，为养殖户提供近5600万元风险保障。年内新推出林木火灾保险产品，为2处共4000公顷的公益林承保了林木火灾保险，为生态金坛保驾护航；因大灾时广大种植户的利益得不到充分保障，2018年及时推出水稻补充保额保险，累计为全区316户种植大户提供达8000万元的保障，得到广大种植户的好评。持续提升服务技能。为精准承保、理赔提供数据支持，公司启用无人机参与承保验标和理赔查勘，启用农险微平台和农险远程查勘系统，进一步提升农业保险服务能力和服务效率。农险微平台的使用提高承保验标、前端查勘定损及后台理算核赔管控工作的质量，确保数据的真实性和有效性。农险远程查勘系统在年初两次雪灾及“8·17”台风发生大面积灾害理赔中，发挥了重要作用。

【普惠金融】 2018年，人保财险金坛支公司始终秉承“支农惠农”原则，通过“普惠金融，支农支小”，有效支持脱贫攻坚和农村产业发展，积极拓展农业保险贷业务，为新型农业经营主体提供便捷、低廉的融资服务，推动金坛区农业经营主体持续增收，助推区农业产业化结构升级。与江苏省农业信贷担保有限责任公司合作的支农融资项目成功落地，为常州市农业龙头企业常州金坛银湖食用菌有限公司成功提供融资。土地经营权流转租金支付履约保证保险实现零的突破，助力推进农村土地经营权有序流转，促进全区农业规模经营走向健康发展之路。 （吴　静）

·中国人寿保险股份有限公司金坛支公司·

【概况】 中国人寿保险股份有限公司金坛支公司(以下简称人寿金坛支公司)位于金坛区横街8号，有职工

“空中救援 人保有爱”主题宣传活动　（人保财险金坛支公司　供稿）

50人,其中本科生48人。

公司坚持稳中求进的工作总基调,坚持价值导向,高质量发展扎实起步。2018年,保费收入持续增长,在大幅压缩趸交保费的基础上,总保费4.73亿元,比上年增长10.04%,市场份额46.42%;新单保费1.72亿元,市场份额53.36%;短期险保费3620万元,增长32%;赔款2914万元,件数6610件;各类支出2.1亿元,件数2613件。营销员持证人数1156人。

公司保费结构进一步优化,首年期交保费占长险首年保费比重90.2%,提前完成"十三五"缴费结构调整;特定保障型业务保费收入占首年期交保费收入比重提升6.7%。

【业务发展】 人寿金坛支公司坚持"完成预算是底线,三个确保不动摇",保持定力,坚定转型,确保完成全年各项目标任务,实现经营绩效考核目标。

整合三条销售渠道资源,形成渠道发展的合力,个险渠道始终紧跟市分公司的经营节奏和安排,以首年标保为经销领,以"健康万里行"活动为契机,实施分层分级的客户经营策略、多元化的产品策略和多平台相结合的销售组织策略,确保全年各项目标的全面达成。强化管理计划,高手和精英发挥引领作用,职场经理以及各级主管进一步强化自主经营意识。加强客户经营和基础化管理的强势追踪,盘点日常工作的持续推进,确保全年各项目标任务的顺利达成。十年期及以上期交、保障型产品和短险都完成100%以上。

【队伍建设】 人寿金坛支公司队伍建设快速推进,优化各渠道管理层配置,整合管理层的架构,进行合理调配,为业务发展提供有力的保障与支持。

个险以"基本法"为基础,持续推进常态增员模式,打造更大的血缘团队,全力拉动队伍扩张,狠抓主管履职和职场队伍建设,坚持常态化和项目化的增员方式,稳步提高职场建设的大发展。借力省、市公司新职场筹建方案和聘才方案,选择规划重点人群,参加市公司选拔。规划新职场筹建并签订发展协议,以晋升处经理为目标。同时,引导现有处经理职场分设,实现重点人群的突破。规划成立培训部,充实培训条线力量,加强导师的管理力度和技能提升。重点改善新人育成的效果,借助自展平台和新增新的引导,强化推荐人与新人的共同发展,提高新人留存率,增强伙伴队伍发展的信心。

大力发展高级主管的人数,鼓励做大做强,年末处经理达11人;提高新人留存率和举绩率,重点加大收展队伍的发展力度;截至12月31日,人寿金坛分公司在册人力958人,主管人数100人,队伍规模较上年增长91人。银保渠道利用上级公司的政策支持和现有队伍的制度激励机制,加强核心银行渠道建设,有效维护客户经理队伍、理财规划师队伍建设,至年末,公司有主管7人,持证人力84人。

【基础管理】 2018年,人寿金坛支公司持续加强建章立制,坚持按规章办事,用制度管人,管理能力得到有效提高。进一步强化集中采购制度,降低了经营成本;进一步增强运营管理水平,提升理赔效率。开展柜面"微笑服务",提高了客户满意度;进一步重视风险防范,关注满期给付工作,全面落实内控管理和销售督察,积极与网络媒体沟通联系,确保2018年未发生系统性风险和群体性事件,营造良好的业务发展氛围。 (陈文群)

·中国太平洋财产保险股份有限公司金坛支公司·

【概况】 中国太平洋财产保险股份有限公司金坛支公司(以下简称太保财险金坛支公司),位于金坛区东门大街123号。2018年,完成保费总量13212万元,比上年增长13.2%。其中,车险10984万元,非车险2228万元,在金坛地方市场份额占比29%。

【业务发展】 太保财险金坛支公司在车险业务上,坚持渠道化经营。无论续保转保,紧盯市场不放松,并根据市场动向的随时改变不断调整工作思路,果断作出应对。以电网销打头,交叉、车商齐头并进,其中,电网销完成保费1210万元,交叉完成2778万元,车商完成2911万元。核心渠道的快速增长为整体车险业务发展打下坚实的基础。

在非车险业务上,积极调整现有业务架构,拓展新领域、新渠道。实时调整非车销售人员,设专员服务既有渠道。组织支公司层面的"码上保"业务竞赛,在学平险、全家桶、驾意险等险种上取得一定进展,全年完成健康险、人意险保费451万元。

【运营管理】 2018年,太保财险金坛支公司组织员工定期学习监管机构和上级公司的各种文件,深刻领会精神,让全体员工知晓"合规即是底线""合规人人有责""合规贯彻始终"等合规意识。始终履行自身义务,勇担社会责任,积极参与各项活动。"3·15消费者权益保护日""7·8全国保险公众宣传日""守住美好,从一份保障开始"社区宣导,展示公司的热情以及良好的太保品牌形象,全年不定期利用宣传海报、LED显示屏等媒介持续进行非法集资、金融犯罪等主题宣导。

【提升服务】 2018年,太保财险金坛支公司提高处理效率,提升客户体验。"太平洋产险"微信公众号:客户通过微信自助理赔,只需"报案、定损、赔付"三步,轻松完成赔付,让客户参与理赔方案的制定,反馈客户最真实的诉求。全年处理各类案件7303件,共支付赔款7665万元,已决赔付率58.02%。网上投诉网址http://www.cpic.com.cn。对来信、传真、电子邮件、来访投诉,一般在保险消费投诉受理后1个工作日内处理完毕。

（强媛媛）

·中国太平洋人寿保险股份有限公司金坛中心支公司·

【概况】 中国太平洋人寿保险股份有限公司金坛中心支公司（以下简称太平洋寿险金坛中支公司）位于金坛区东门大街123号，现有职工33人。2018年，公司以“诚信天下、稳健一生、追求卓越”为企业核心价值观，努力把公司建设成为“监管放心、政府信任、百姓满意、客户首选、员工幸福”的优秀寿险公司。公司全年各类保费收入4.33亿元，较上年增长20%，占市场份额37.76%，同业排名第二，全年受理案件2727件，赔款给付2096.75万元。各类给付15537件，给付金额3076.52万元。

【业务支持】 太平洋寿险金坛中支公司个险销售拥有传统营销、顾问营销、服务营销三大渠道，队伍总规模突破1645人。传统营销全年总保费收入1.22亿元。2018年开门红3个月完成全年标保任务的31%。提前3个月完成全年标保任务。其中传统营销在册人力1245人，占公司业务总量的50%以上。全年除保持业绩和队伍数量上的增长之外，更加注重队伍结构的优化和升级，大力发展产寿联动、交叉销售相结合的经营模式，实现队伍收入的多元化和对客户服务的立体化。

服务营销作为个险销售最新的渠道，在新、续发展迅速，是一支服务优良、队伍专业、业绩骄人的优秀团队。在做好续收服务的同时，为客户提供产品咨询和理财规划服务。在册人力160人，全年新单保费1178万元，续期保费收入0.28亿元，续保率95%。

顾问营销作为个险销售队伍，坚持渠道特色，深入社区、精耕细作，重点围绕“服务件”客户，开展多项活动，为客户提供专业的售前、售中、售后服务。在册人力220人，全年新单保费收入1018万元。

【法人渠道】 2018年，太平洋寿险金坛支公司法人渠道坚持适应转型发展服务渠道，服务客户，服务政保合作，服务民生，聚焦非健险业务，紧抓“个法交叉”协同经营，市场份额稳中有升。优化队伍结构，提升业务品质。法人渠道在进一步扩大客户积累的基础上实现专业化管理，队伍的专业化有更大的提升，渠道合作创新进一步扩大。公司金融合作部、机构合作部实现非健险保费645万元，较上年增长17.3%。转型融合后的法人渠道精兵简政，有合同制员工9人，实现业务综合管理下的条线专业化经营。

【赔付近年来最大单笔赔案】 7月13日，家住金坛区儒林镇五叶村的尹先生在江南农村商业银行金坛儒林支行办理贷款业务时，为自己投保了太平洋保险的“安贷宝”意外伤害产品。8月18日，尹先生在河北做生意期间，他乘坐的越野车行驶至河北省邢台高速公路邗汾路段时，不幸发生交通事故，尹先生当场身故。接到报案后，迅速启动理赔通道，展开查勘工作，帮助尹先生的家属和江南农村银行金坛儒林支行收集理赔材料。11月27日，公司为客户家属岳女士向江南农村商业银行常州市金坛儒林支行支付“安贷宝”理赔款300万元。此次案件也是自2005年中国太保寿险常州分公司开办“安贷宝”业务以来最大的单笔赔案。（林培录）

证　券

·东海证券股份有限公司常州金坛营业部·

【概况】 东海证券股份有限公司常州金坛营业部（以下简称东海证券金坛营业部）位于金坛区东环二路168号。营业场所面积600平米，有员工19人。2018年10月29日，东海证券金坛营业部搬迁新址，秉承“偕客户同发展，与东海共繁荣”的精神，恪守“用微笑传递智慧、让事实缔造杰出”的经营服务理念，合规经营，不断创新，依托公司强大的理财服务业务平台为当地投资者提供多层次、全方位的特色理财服务。截至年末，营业部共有客户23300户，托管客户资产约30亿元。

【业务发展】 2018年，东海证券金坛营业部按照公司发展战略，围绕经营管理目标，推进业务发展，拓展市场，提高经纪业务代理买卖收入份额。全年新增客户1302户，股票成交量2035787万元，代理买卖业务收入市场份额0.132‰，销售各类理财产品45000万元，保持在辖区行业内的优势地位。

【投资者服务】 2018年，东海证券金坛营业部在加强监管大环境下，强化合规管理，做好投资者适当性管理和投资者教育工作。配合监管部门开展“3·15”投资者保护宣传月广场宣传活动、投资报告会、股民沙龙、“金融知识普及月金融知识进万家”广场宣传等活动。（王剑波）

·华泰证券股份有限公司金坛证券营业部·

【概况】 华泰证券股份有限公司金坛证券营业部（以下简称华泰证券金坛营业部），成立于2010年9月16日，坐落于金坛区东门大街500号，总营业面积856平方米，在职职工11人。营业部拥有网上交易、手机炒股、电话委托、页面委托、嵌入式委托等多种委托方式，委托灵活便利；经营沪、深两市A股、B股、国债、企业债券、债券回购、基金等委托买卖业务和代理各种证券投资基金买卖，投资品种丰富。营业部除日常的服务外，还提供免费开户、新股中签通知、理财产品推介、提供证券资料和投资分析报告以及

"一对一"投资咨询等特色服务。

华泰证券金坛营业部秉承"高效、诚信、稳健、创新"的核心价值观,坚持"以客户服务为中心、以客户需求为导向、以客户满意为目的"的服务理念,全方位为客户提供周到、贴心的专业化理财服务,是金坛地区证券行业中最具影响力的券商之一。2018 年,营业部增加证券账户数量 5000 户。至年末,营业部有证券账户 34000 户,其中有效资金账户 4500 余户,托管客户资产总额 30 亿元,代理买卖业务收入市场份额 0.01%,销售各类理财产品 50000 万元,保持在金坛地区行业内的优势地位。

【支持地方建设】 2018 年,华泰证券金坛营业部帮助黄金村在江苏股交所上市,缓解黄金村发展融资难的问题,为支持金坛地区新农村建设添砖加瓦。年内,华泰证券金坛营业部在社区和各单位举办 10 场防范金融风险健康理性投资的投资者教育讲座,积极为金坛的广大市民普及金融知识,取得良好的效果。营业部积极开展投资者风险教育工作,加深与客户的了解和沟通。 (石 晶)

·南京证券股份有限公司金坛证券营业部·

【概况】 南京证券股份有限公司金坛东环二路证券营业部(以下简称南京证券营业部)成立于 2010 年 5 月,有员工 12 人。截至 2018 年年底,营业部托管各类资产约 9 亿元,全年股基交易量 32 亿元,全年收入 200 万元,为 4000 个人及机构客户提供专业金融服务。

【投资者服务】 2018 年,南京证券营业部组织开展多次策略分析会,与多个社区居委会及银行合作举办 8 场金融知识普及、反洗钱、防范金融诈骗等多主题的投资者教育活动,获得良好的效果。

营业部每周三持续开展"快乐阳光"大讲堂系列活动,加强与投资者互动,赢得投资者的好评。营业部根据中国证监会和公司总部的具体要求,积极开展投资者风险教育工作。在营业部的公告栏制作"投资者教育园地",在大厅显要位置张贴风险提示标语。按照适当性的相关要求,工作人员认真审核客户资料,保证投资者资料真实、准确和完整,并且有针对地分析客户性格、操作习惯、风险喜欢、抗风险能力,加以分类,按照不同客户的特点和投资需求,给客户讲解和宣传证券市场基础知识,讲解开户和交易流程、证券投资常识与风险控制,加深与客户的了解和沟通。营业部获评金坛区人民银行"平安金融"荣誉称号。

(冯 超)

(编辑 夏 冰)

城乡建设·环境保护

综　述

【概况】　2018年，全区住建工作进一步强化项目推进，强化服务提升和民生保障，努力实现城乡统筹发展、百姓安居乐业、经济快速增长、社会和谐稳定。全年实施老城改造、绿化亮化、城乡供水、城乡污水一体化等续建、新建、前期项目共23个。保障性住房项目8个，投资约11.97亿元。加大黑臭水体治理、扬尘管控等专项工作，加强市政基础设施、园林绿化等养护工作，推进美丽乡村建设工作。积极探索新形势下建筑业和房地产发展，全年实现建筑业总产值464.7亿元，引进恒大、中梁、万科等知名房产，提升全区房产开发品质。

城乡建设

【概况】　2018年，全区住建工作围绕新城老城统筹、城乡建设，统筹推进重点项目建设。完成长荡湖水厂建设并投入运营。南环一路主路改造完成。下塘河二、三期贯通。钱资湖环湖路5座桥梁及装饰工程，滨湖新城新开河道部分绿化，岸头佳园北区28～30幢以及中、西部区域供水管道安装和花山等3座增压泵站完成建设。推进金宜公路污水管网改造。镇村建设取得新进展。

【创建工作】　2018年，配合常州市开展国家生态园林城市创建。完成基础台账、绿线修订和绿地系统规划编制，12月初通过省住建厅组织的现场测评，助推常州市创成江苏省生态园林城市，为下一步创建国家生态园林城市奠定基础。

【房屋动迁】　2018年，继续推进金谷华城地块、下塘桥东侧地块、老党校地块、华城派出所地块、城东水利站地块等遗留项目的扫尾工作，全年共处理各类拆迁遗留问题14个。启动实施老三中周边地块旧城改造国有土地上房屋征收项目，项目前期手续及项目审批和入户调查登记工作完成。继续做好滨湖新城北区环境提升工程后续工作，完成东城街道12个地块和西城街道小圻村委21个地块的清障补偿金审核报批工作。

【市政园林】　2018年，配合全国文明城市建设，加强市政设施巡检和维护。全年共计维修砼道路11331平方米、沥青道路15823平方米、各类人行道13558平方米、各类侧平石和树池6884米、各类井盖196座，维护总费用约1650万元。做好城市道路挖掘行政许可受理工作，全年办理道路挖掘行政许可有效件67件。

推进园林绿化精细化管理，全年招标绿化养护管理总面积830万平方米。其中公园管养面积约133万平方米，合计养护费用1900多万元。结合城市长效管理要求，对城区绿地进行绿化拾遗补缺，共计补植绿化800多处，2.4万平方米，补植行道树320棵。

【城市路灯】　2018年，配合完成老城改造、背街小巷综合整治等工作。全年完成南环一路、县府路230基多元杆改造、常胜路17基路灯改造，东方一村等老小区60余基路灯改造和补装工作，方便老城区、老小区居民的夜间出行。全年累计维修各类路灯2500余盏，处理各类电缆故障、灯杆倾倒事故共70余起，更换各类老旧灯具1000余盏，确保功能照明设施完好率96%以上，亮灯率99%以上，景观照明设施完好率95%以上，亮灯率95%以上。

推进景观照明亮化建设，完成电胜河、下塘河风光带462余套功能照明、8000余套景观照明以及新城河道300余套功能照明、22000余套景观照明设施的安装调试。推进楼宇亮化建设，加强新建楼宇亮化项目的方案审批、验收管理等工作。

【镇村建设】　2018年，协助薛埠镇仙姑村申报省级特色田园乡村试点。推进农村生活污水治理，在上年52个农村生活污水处理设施运营基础上，82个规划发展村新建农村生活污水处理设施全面完成。组织开展全区农村五保户、低保户、贫困残疾人家庭3类贫困人员的危房改造工作，70户农村危房改造全部完工。进一步推进区域供水建设,实现城乡统筹。

公共事业

【城市供水】 2018年,全年供水量5500万立方米,其中城区3500万立方米。全年售水量4100万立方米,其中城区2500万立方米。全区用户总数26万户。其中,城区14万户,乡镇12万户。

推进区域供水建设,长荡湖水厂于7月1日正式运行。中西部区域供水管网改造工程竣工,改造完成薛埠片区DN100以上管网3万多千米,小用户近7000户。完成涑渎水厂回购和主管改造工程。推进乡镇增压泵站建设,九江口、西岗、茅麓、西旸4个增压泵站投入运行,薛埠增压泵站主体建设工程完工,管网、设备安装进场施工,完成罗村增压泵站桩基建设。全面巡查各乡镇水厂水质、水源情况,根据各水厂运行现状和供水需求,制定改造调整方案,有效提高运行效率,提升属地供用水条件。

加大供水管网巡查和检漏力度,实行管网抢修24小时应急,全年维修各类阀门管道近2000处,拆换各类水表近2000个,保养和拆换阀门、消防栓124个,抢修及时率100%。提升二次供水管理水平,对新接管的二次供水泵房制定新规章制度及安全操作规程,实行泵房周巡检签到制,并制定二次供水设备维保外包技术文件标准,对新建泵房项目提前介入,按照二次供水泵房技术标准对建设方进行指导,全力保障全区二次供水安全。全年新接管验收37个泵房61套二次供水设备。

及时处理各类舆情信息,全年接受来电来访和网络咨询投诉3218件,数字化城管案卷253件、"12345"政府热线转办单251件,办结率100%,用户回访率100%,维修及时率100%。

【城市排水】 全年开展排水服务124次,实施企业排水行为日常巡查132次,查处违规排水13起。新接管企业29家,核发排水许可证7家,新签污水委托处理合同31份,续签污水委托处理合同121份。维修排水管网195米,更换、新砌排水井盖1352个,疏通排水管网80116米,疏通清理明渠3347米,大管道清泥3512米,管道电视检测5070米,人工清掏雨水井42602座次,机械清掏污水井38515座次。对第一、第二污水处理厂现场业务考核检查47次,两家污水处理厂全年生产运行稳定,无重大生产事故发生。

继续推进下塘河、电胜河片区整治工作,其中电胜连接河1号截流泵站系统投入使用;金沙湖4处动态排污口整治完成。运粮河、丹金溧漕河(北新桥—金宏桥河东沿线)排污口截污整治工程进场开工。完成华城新村等7个老小区、城中村内部雨污分流改造工程以及东环二路等6条道路污水管网建设工作。

【城市燃气】 2018年年底,全区共有管道燃气居民用户10.8万户、工商业用户1170户。共有瓶装燃气居民用户约12.2万户。燃气管网总长度950千米,新建管道长度90千米。全区有天然气为燃料的车辆近800辆。对9874户城中村居民合理安排,科学推进。为7368户城中村居民安装管道天然气,安装率74.62%。为3682户镇中村居民安装管道天然气。全年管道天然气入户安检民用户数9.3万户、工商业用户1100户。全区燃气行业发展稳中有进,管道燃气普及延伸,瓶装燃气企业健康发展,全年未发生城镇燃气爆燃事故。 (蒋燕舞)

【供电】 2018年,区供电部门科学规划电网建设,加大基础建设投入,打造智能供电网络。全年投入电力基础建设3.23亿元。配电网络建设中,全年共完成配网成本项目、配网资本项目、10千伏及以下业扩配套项目三大类项目,完成总投资17682万元,共完成项目398个。新增、改造及维修配电线路142.42千米,完成新增与改造配变188台。完成居民小区送电工程4项,进行配网带电作业132次。在加强应急管理和预案工作中,率先开展应急能力建设评估自查整改,顺利通过常州供电公司的复查评。完成突发事件总体预案和自然灾害、事故灾难、社会安全、公共卫生四大类26项专项预案的修订、发布,保障公共事业安全平稳供用电。确保党政机关、人民群众、医院等公众利益及有关社会稳定的重要用电需求。编制并完善自然灾害、事故灾难、社会安全、公共卫生四大类21个现场处置方案。编制完成《金坛区2018年有序用电方案和电力供应应急预案》。全年全区有序用电方案编制错峰负荷总量为9万千瓦,共涉及客户215户。按方案执行的先后顺序分为以下6组:金坛需求响应组(茅溧)、金坛有序1组(茅溧)、金坛有序2组(茅溧)、金坛有序3组(茅溧)、金坛应急1组(茅溧)、金坛应急2组(茅溧)。方案分为有序用电方案及电力供应应急预案。在电网缺口不同状态下采取不同的控制方案,从而达到有效、合理控制负荷的目的。受国家"淘汰钢铁落后产能"政策影响,全区用电负荷特别是晚峰负荷影响较大。为减少有序用电对经济发展的影响,同时又能满足省下达容量指标的要求,适当拓展有序用电方案用户涉及面。依据有序用电辅助决策系统的海量数据和数据模型计算出用户参与有序用电的调控价值,给予参与有序用电企业合理的调控值,减少错峰对企业生产的影响。按照"有保有限"的有序用电原则,在编制方案时尽可能保障高科技企业和优势企业用电,将大容量的冶金、建材企业和铸造、机械、纺织等工业大户编入有序用电方案,应对紧急错峰的需求。将部分化工、医药、印染等连续性生产企业,编入应急预案中,以应对较大或持续电力供应缺口的状况。同时继续将非工中央空调负荷、工业用户非生产性负荷纳入到2018年的有序用电方案中,共同参与夏季的错峰限电。方案共涉及用户215户。其中,有序用电方案涉及企业29家,最大控制负荷9.1万千瓦;电力供应应急预案涉及企业

186家,最大控制负荷3.7万千瓦。

（夏 冰）

城市管理

【概况】 2018年,金坛区城市管理工作,以“物业管理权”“住建领域行政执法权”划转为契机,大力开展“城市管理提升年”行动,市容环境、人居环境得到全面改善,助力全区高质量发展、高速度增长。

【市容管理】 2018年,聚焦重点、难点问题,全力推进“冬季大会战”“春雷行动”等专项整治。综合治理30条背街小巷,打造2条特色街巷,拆除违规户外广告2000余处;清理乱张贴、乱涂写1万余处;规范占道、出摊3.6万余起,乱堆放1.5万余处;整治违停非机动车1万余辆。以规范为前提,引导东城菜场早餐夜排档、露天烤山芋与城区31家室外烘焙烧饼疏导点入室经营。

【环卫管理】 2018年,聚力大气污染防治攻坚行动,严格工地扬尘管控,强化城区道路清扫、冲洗,重点路段采用高炮抑尘,分区域分层次,全面提升道路保洁水平。撤除城区沿街117条道路1600余个垃圾桶,深入推进垃圾分类治理,超额完成67个试点小区、45家试点单位和19个行政村的分类设施建设。新建、改造10座公共厕所,创新设立农贸市场有机易腐垃圾处理设施和大件垃圾分拣中心,有序推进餐厨废弃物收运管理,净化城市生活环境。

【物业管理】 2018年,积极开展“诚信物业、美丽家园”活动,完善物业管理服务体系,出台《物业服务工作指南》《金坛区住宅小区停车管理办法》,提高物业服务标准化、规范化、专业化水平。对30个老旧小区进行综合治理,打造华苑二村B区、南园二村等4个小区省级宜居示范居住区,为50余个小区安装电动车充电设施,营造良好人居环境。

【行政执法】 2018年,坚持法治思维,系统梳理城市管理与行政执法清单,出台《城市管理手册》《城市管理执法手册》,推动城市管理服务下沉、管理前置,推进服务、管理、执法有机融合。全年共立案查处市容环卫、规划、住建等领域一般程序案件1223起、简易程序案件7420起。以“片区治理”模式推进东园小区、文化二村、金彩花园、金城建材市场等区域老违建治理,拆除违建6.7万余平方米。

【长效考评】 2018年,制定出台《进一步完善城市长效综合管理考核工作的实施意见》,按照城区、集镇、农村实行分类分级考核,全面提升管理效能。建立市容、环卫、园林、住宅小区、城中村、行政区划六维网格管理,实施区域(行业)联管承包责任制,压实城市管理主体责任、属地责任和行业责任,全年受理解决各类城市长效管理问题36万余件。城市长效综合管理全年平均成绩超90分,跨入常州优秀管理城市行列。

【提升服务效能】 2018年,强化“金坛微城管”便民服务功能,打造10个党群服务驿站,创建“五星环卫”“城市绣花匠”党建服务品牌,成立物业纠纷人民调解委员会,打通服务群众“最后一千米”。积极走进政风热线,认真办理52件人大代表建议、政协委员提案(主办28件)以及850余件投诉。信访件,登记率、处理率、回复率均100%。

（陈 鹭）

环境保护

【概况】 2018年,金坛区生态环境保护工作围绕高质量发展要求,全面贯彻落实习近平生态文明思想,以生态文明建设和环境保护的新要求、新目标和新部署为核心,以“263”专项行动为抓手,坚持树立与践行“绿水青山就是金山银山”的理念,强化源头防治和监管执法,坚决打好污染防治攻坚战,为建设美丽金坛、宜居家园提供坚强保障。

【打好污染防治攻坚战】 2018年,对金坛区“263”专项行动领导小组进行升级,设立区打好污染防治攻坚战指挥部,指挥部下设办公室,与区“263”办合署办公。制定出台《2018年金坛区全面打好污染防治攻坚战暨“两减六治三提升”专项行动工作方案》《金坛区关于加强生态环境保护坚决打好污染防治攻坚战的实施意见》。推进水

2018年7月,整治非法出摊 （区城管局 供稿）

污染防治，列入2018年江苏省太湖治理年度目标责任书中的10个项目，完成9个，1个项目申请延期。全区4个省考“水十条”断面稳定达标，平均水质均达到或优于Ⅲ类标准。推进土壤污染防治，与10家土壤环境重点监管企业签订责任状，督促企业每年对其用地进行土壤环境监测，编制《金坛区土壤环境保护方案》，全面开展重点行业企业用地信息采集和风险筛查，完成全区重点行业企业用地的信息采集和风险筛查。推进大气污染防治，集中整治工业企业挥发性有机废气、道路扬尘、堆场扬尘等重点问题，重点加强区域空气质量应急保障。成立区大气污染防治攻坚指挥部，实施大气污染防治攻坚行动，牵头排查全区污染源清单，组织召开大气管控会议，排兵布阵，强化减排措施落实，强化限停产现场督察。通过努力，11月，金坛区从全省倒数10名的名单中退出。

【保障环保专项督察】 2018年，完成中央、省级环保督查交办的各项任务。针对督查发现的问题，做到简单案件3日内办结，重点案件5日内办结，无法短期解决的制定有效措施并迅速落实，确保立竿见影、见到成效。严格执行24小时值班制度，确保第一时间发现问题、解决问题。完善长效机制，制定出台环保督察反馈问题整改实施方案，明确整改目标、整改措施、责任部门和整改时限，持续不断解决突出问题。中央环保督察“回头看”交办信访件自查销号率100%，省级环保督察交办信访件自查销号率72%，共对17家企业的环境违法行为立案处罚，罚款总金额259.1万元，取缔关闭13家不达标企业。

【推进化工园区关停并转】 2018年，推动培丰化工集中区内的企业实施关停并转。做好盐化工园区产业发展规划和环境规划的修编工作，鼓励培丰化工集中区内符合盐化工园区产业发展定位、安全隐患小、环境污染小、产品附加值高的化工新材料类企业搬迁进入盐化工园区；帮助企业向其他符合其产品定位的规范化园区进行转移。综合考虑企业所具有的农药、医药行业许可证等实际情况，一企一策，专题研究确定相关企业现址转型或实施总部经济的方式。园区18家企业中，9家通过关停验收，其余9家拆除设备。

【稳妥处理突发事件】 2018年，对金东工业园危险废物填埋、重庆长江造型公司违法倾倒有毒无机废砂等突发事件，及时向媒体公开，积极应对媒体舆论。成立前线指挥部，区委、区政府主要负责人亲自上阵、靠前指挥。成立工作领导小组，日夜值守；建立日报工作机制，随时上报事件进展情况；启动行刑衔接，对于中央领导批示的事情，认真处理，不留尾巴。

【推进生态绿城建设】 2018年，印发《常州市金坛区“生态绿城”建设2018年目标任务书》，分解落实到各责任单位组织实施。27个工程类项目全部完成。15个生态细胞创建类项目中12个通过验收，3个达到年度目标要求。

【加强生态红线区域管理】 2018年，加大生态红线区域执法力度。制定《金坛区生态红线区域突出环境问题整治工作方案》，对生态红线区域保护情况开展专项执法检查，严肃查处破坏生态环境违法违规行为。向阳水库水源涵养区等3个红线区内轧石、洗砂、铸造及硅油等17家生产企业全面停电、停产，完成呵欣农业项目地裸露地表及长荡湖水街餐饮船生活污水收集管道整改。完成全区范围内各级各类生态保护红线的校核、上报工作。本轮校核共涉及6类7片省级生态红线区域、5类5片国家级生态保护区域，总面积205.88平方千米，占国土面积的21.1%，增加生态红线区域面积4.71平方千米。

【推进行政审批制度改革】 2018年，通过放管结合、强化服务意识、简化办事流程等措施，全面推进环评审批制度改革，提升公众对环评审批工作的满意度。全年共受理办结各类审批服务事项346件，行政审批受理办结率100%。严格执行环保部“三线一单”（生态保护红线、环境质量底线、资源利用上线和环境准入负面清单）管控要求，劝退项目16个，涉及投资额2.0亿元。

【加大环境执法力度】 2018年，以国标和民标为工作要求，加大环境执法力度。全年共出动200余人次，排查重点源废酸产生单位9家、涉水污染物企业36家、危废产生企业108家、一般固废产生企业29家。对不符合要求的企业下达责令改正通知书，对7家企业的环境违法行为进行立案调查，对1家企业噪声超标的环境违法行为实施限制生产，对1家企业私设暗管的环境违法行为实施查封扣押、移送公安。严格执法监管，加大日常检查、交叉检查和错时检查力度，全年共立案查处各类环境违法案件147起，罚款1047.42万元。

【维护群众合法环境权益】 2018年，加大环境信访和污染纠纷调处。强化环境信访调查、处理、反馈、结案的时效性督查，及时有效化解环境信访矛盾，全年共调处各类环境信访1721件，比上年同期下降4.7%。

（王　洁）

（编辑　方　骊）

建筑·房地产

综　述

【概况】 2018年，全区建筑业实现平稳较快发展。全区建筑业完成施工总面积2882.68万平方米，从业总人数保持在8万人左右，建筑业总产值完成464.7亿元。全年当地总税收8.68亿元，同比增加69.1%。税收占比由上年的6.6%提升至10.49%。房地产市场发展平稳，引进恒大、中梁、万科等知名房地产企业到金坛开发项目，提升金坛房地产开发品质，有序推进绿色建筑施工。

勘察设计

【概况】 2018年，金坛建设工程勘察设计市场持续受大环境的影响，区内、外勘察设计单位同台竞争格局进一步加剧。江苏凯联建筑设计有限公司现为建筑工程设计甲级资质、人防工程设计乙级资质，主要从事各类建筑工程、人防设计、小区规划、景观设计、装饰设计、建筑工程总承包及项目管理、建筑技术咨询等业务。常州凯联岩土工程有限公司是全区唯一具有建筑工程勘察甲级资质的单位，主要从事各类建设工程项目的勘察业务，其规模不受限制。

【建筑工程设计】 2018年共完成各类建筑工程施工图设计面积150余万平方米，其中区外项目近30万平方米，区内面积与上年基本持平。年内完成景观绿化工程设计10多万平方米，比上年增长10%；装饰装璜工程设计近50万平方米，比上年增长20%。所完成建筑工程项目类别中民用项目占80%，工业厂房占15%，其他约占5%。全年完成各类项目设计合同额3100余万元，与上年持平；新签合同额仅2200余万元，较上年下降57%，在该区建筑工程设计市场占有率仅30%左右，较上年继续下滑。

【工程勘察】 2018年完成岩土工程勘察项目98个，较上年项目数略有减少。建筑面积约150万平方米，比上年减少23%。勘察钻探进尺为11万余标米，比上年减少20%。全年完成各类工程勘察合同额505万元，比上年减少22%。本年度各类工程勘察项目中，房屋建筑工程约占75%，市政道路、管线等约占25%。在该区勘察市场占有率，较上年继续下滑10%，仅为45%左右。

建筑施工

【概况】 2018年，全区建筑业总体发展平稳，市场拓展不断拓展。北方市场规模扩大，新增外出企业5家，累计87家。完成施工产值259.7亿元，同比增长12.47%，企业承接项目类型仍以房建、市政、园林绿化、装修、机电和劳务为主，项目类型创新点不多。南方市场稳中有进，在宁镇扬、苏锡常、淮安及安徽、海南等传统市场继续保持发展势头，湖南、云南、贵州等新兴市场得到进一步加强。南方地区市场新接工程合同额105.15亿元，比上年增长3.5%；施工面积602.1万平方米，比上年增长3%；单项合同造价超亿元项目增多，装饰、市政道路、绿化项目数量众多且分布较广。

【建筑成果】 2018年，全区高等级资质晋升取得突破。江苏城东建设工程有限公司获建筑工程施工总承包特级资质，实现金坛建筑业特级资质零的突破。江苏毓恒建设工程有限公司晋升为机电工程施工总承包一级企业，成为全区首家机电工程施工总承包一级企业。江苏尧塘园林绿化集团有限公司晋升为市政公用工程施工总承包一级资质，另有4家企业晋升为建筑工程施工总承包一级资质。

加强企业品牌建设。江苏瑞迪装饰工程有限公司施工的电建地产泷悦长安嘉园项目被中国装饰行业协会评为全国建筑装饰业优质工程，朝阳区东风乡农民安置房项目被评为全国建筑装饰工程金奖。江苏城东建设工程有限公司、江苏金坛建工集团有限公司、江苏世邦建设有限公司承建的工程均获“扬子杯”奖项。江苏圣通建设集团有限公司施工的柏阳景园获评“长城杯”银奖。江苏建宏建筑安装劳务有限公司等3家企业参建的北京天桥演艺区南区公建项目等3个工程被评为中国建设工程鲁班奖。江苏金铭建筑劳务有限公司等7家公司参建的11个工程获评“长城杯”奖项。另外全区建设工程还获得“金龙杯”(常州市优)7项,“金沙杯”(金坛区优)29项,常州市优质结构工程11项;获省级标准化工地33项。企业精细化管理之路越来越宽,促进了建筑企业知名度稳步提升,江苏中建达丰机械工程有限公司被评为“2018年全国建筑施工机械租赁50强”。江苏金祥建设工程有限公司、常州金坛建设工程有限公司、常州市金坛建润建筑劳务有限公司、江苏建宏建筑安装劳务有限公司、江苏金铭建筑劳务有限公司被评为北京市优秀进京施工企业。

建筑管理

【概况】 2018年,全区建筑工程质量安全总体可控,建设各方主体质量行为规范,质量意识增强,执行标准规范情况总体较好。严格执行建设工程质量、安全监督管理方面的法律、法规和强制性标准,进一步加大对建设工程各方责任主体质量行为的监督力度,重点加强对质量、安全责任的落实,深入开展建设领域专项整治,积极消除隐患,全区工程质量安全水平进一步提高。

【质量安全管理】 2018年,共监督在建工程项目143项,建筑面积约654万平方米;监督市政工程80项,造价10.8亿元。监督住宅工程分户验收2668套,分户验收覆盖率100%。开展在建工程监督检查,通过“春风行动”、建筑市场综合大检查、预拌混凝土企业专项监督执法等专项行动,对检查中发现情形恶劣的问题或整改不力的,采取停工、信用扣分、行政处罚等措施,从严从重查处,促进全区建筑形势持续稳定发展。

严格落实工程建设主体安全生产责任,健全安全生产保证体系,全年组织扬尘检查187次,检查工地162项,发出限期整改意见书96份,停工整改通知书37份。组织专项检查8次,开出隐患整改通知书352份,停工(局部)整改通知54份,办理终止监督66份,安全生产约谈4次。受理设备安装告知317台次,注销告知198台次,办理设备使用证287台次。

出台《金坛区关于进一步加强建筑工地扬尘防治工作的管理办法》,对房屋建筑施工、市政基础设施建设、拆迁工地等明确相应的管理措施。开展建筑施工工地扬尘治理专项检查,对扬尘管控不力的项目限期整改或责令停工。对22家不履行职责的建设单位、施工单位予以通报批评,并报城市管理行政执法局给予行政处罚。

【施工图审查】 2018年共审查标段工程118项,变更项目21项,审查面积为200万平方米,技术性审结95个,审结率80%。通过技术审查,共查出违反建设工程强制性条文210条,违反强制性标准1268条,从源头上保证了建设工程质量。推进数字化审图,完成数字化审图系统向数字化联合审图系统的平稳替换升级。创优技术服务,对全区重点项目和工业项目图审实行提前预约,主动服务。全年完成对东方日升、雅居乐、华罗庚中学、北电爱思特等一批重点项目的提前预约服务工作,顺利推进项目建设。

建筑市场管理

【概况】 2018年,全区建筑招投标市场不断规范,电子化招投标快速推进,评标资源逐步优化。积极探索建筑行业培训机制和措施,促进全区建筑行业建设和管理水平。加强电子档案接收和档案数字化建设,确保建设工程档案有效利用。

【招投标市场】 全年共完成426个标段项目的监管发包,累计建筑面积377.72万平方米,工程造价99.03亿元。通过招投标,共节约建设资金10.87亿元。全年查处串通投标行为2起,涉及投标单位4家,行政处罚金额18.30万元,较上年呈下降趋势。积极推行建设工程电子化招投标,全区建设工程施工及监理等服务类项目电子招投标率达100%,远程异地评标及暗标评审率均100%。严格控制资格预审项目,全区建设工程招投标资格后审率99%以上。

【建筑人才培训】 2018年,以建筑技工学校为依托开展全区建筑行业专业技能培训。全年开展建筑行业安全管理人员、特种作业人员、职称继续教育等培训8094人次。其中,安全管理人员新证培训494人次,继续教育培训1265人次;建筑行业特种作业人员新证培训681人次、继续教育约1275人次;二级注册建造师继续教育约1076人次。继续开办远程教育,春、秋季共招生注册学员123人,在籍学员391人。中国地质大学(武汉)在职研究生学习教育2012—2014级共注册69名学员,有50人顺利毕业获得工程硕士学位。

【工程档案】 全年共与建设单位签订《建设工程档案报送责任书》268份,出具江苏省建设工程档案预验收合格证182份,网上竣工备案项目206个,接收21个工程的档案移交,完成569个工程的声像档案预验收缓存。积极指导西城街道和指前镇创成省特级村镇档案室。

【工程材料检测】 2018年,全区积极提升检测水平,签订检测合同322份,接受委托112822批次。主动服务东方日升、蜂巢能源动力等区重点项目,确保项目进度。开展装配式结构检测、保温板燃烧性能、砂的氯离子含量、饰面材料、防水可溶物含量等项目的仪器设备、试验场地、检测方法及参数等项目市场调研,为拓展业务做前期准备。

房地产开发

【概况】 2018年，全区进一步规范房地产市场秩序，防控房地产市场风险，落实预售资金第三方托管。严格资质审核，全年审核常州金碧房地产等39家开发企业资质延续网报材料。全区现有47家具备开发资质的房地产开发企业，其中壹级资质1家，贰级（含暂定贰级）资质企业35家。全年共受理、审批发放商品房预售许可证64件，预售许可面积191万平方米，办理商品房预售合同网签备案11996件。出具金坛大道北侧、徐塘路东侧地块等5个拟上市的经营性用地《房地产开发项目建设条件意见书》，验收通过金坛碧桂园、凯尔尚郡等12个开发项目的交付使用备案，竣工交付面积97万平方米。加强商品房预销售许可及行为规范，实行预售资金第三方托管。开展在建在售开发项目双随机抽查，严查无证违规预售行为，严查捂盘惜售、恶意炒作、哄抬房价的行为。

【安置房建设】 2018年，由区住建委负责的保障性住房项目共8个，计划投资6.3亿元。其中续建1个，新建6个，前期1个。至年底岸头佳园北区28～30幢已竣工。良常新村、岸头佳园邻里中心等5个项目开工建设。

房地产管理

【概况】 2018年，区加强直管公房管理及房屋装饰装修审定工作，开展排查梳理，建立档案资料，保障群众生命及财产安全。推进保障性住房建设，加大小区物业管理监管力度，提升居民幸福指数。

【直管公房管理】 2018年，区直管公房住宅租金收缴率85%，非住宅通过财政拍租收缴率100%。按政策参加房改公房5户。维修公房2处，维修面积约208平方米，房屋维修验收合格率100%。空关公房每月现场查勘工作完成率100%。加强直管公房排查和梳理，定期对租户进行“大走访”，同时对空关房进行不定期查看，形成台账资料，防止直管公房被非法占用，维持国有资产保值增值。

【白蚁防治】 2018年，全区共签订新建房屋白蚁预防合同161份，预防面积528.3万平方米。施工167项，施工面积89万平米。竣工140项，竣工面积456万平方米。开展“白蚁防治下乡宣传”科普活动，免费发放宣传手册和药剂。

【房屋安全鉴定】 2018年，全区加强危旧公房管理工作，对毗邻相连且无法拆除的危旧公房定期查访并进行维护，确保危旧公房的使用安全。开展全区房屋安全鉴定工作，全年共受理房屋安全鉴定86份，出具房屋安全鉴定报告86处，发出《危房通知书》80份。做好对C、D级危险房屋回访工作，确保房屋使用安全。全年受理投诉举报160余起，调查询问笔录114户，发放《告知函》128份，与上年同期基本持平。书面答复“12345”热线投诉72件，办结率100%。

住房保障和制度改革

【概况】 2018年，在保障性住房项目推进、棚户区改造融资、保障性住房项目实物安置等方面创新举措，超额完成省政府下达的保障性住房目标任务。全年开工建设海棠明都瑞香园等棚户区改造项目7164套，完成全年目标任务的102.34%。完成226户家庭经济适用住房的选房安置以及28户家庭及10个新就业人员公共租赁住房安置。全年累计争取中央及省财政补助资金1.57亿元。

【公共租赁住房】 2018年，全区经审查公示，对符合公共租赁住房实物配租的28户家庭和10名新就业人员进行实物配租，加强对入住家庭的后续管理。根据审核其家庭收入的情况，按照文件规定确定家庭类别，对不同收入的家庭实行不同的补贴标准。

【经济适用住房】 2018年，全区对符合经济适用住房实物安置的235户家庭进行摇号选房，共226户家庭选购经济适用住房，全部安置在新城东苑四期。做到凡申请经审核符合保障条件的家庭全覆盖，充分体现公开、公平、公正的原则，摇号结果在金坛区政府门户网、金坛住建委网、金坛区住房保障网及各社区予以公布，接受社会监督，解决中低收入住房困难家庭住房问题。

【住房流通市场服务】 2018年，全区房改房上市交易核准226户。房改房按成本价补价接轨核准226户，补价金额64万元。经济房上市交易核准260户，补价金额1370万元。

（蒋燕舞）

住房公积金管理

【概况】 常州市住房公积金管理中心金坛分中心（以下简称金坛分中心）坐落于金坛区南环一路116号。2018年，全区共归集住房公积金8.19亿元，同比增长6.83%，完成全年目标任务的102.41%。住房公积金提取6.51亿元，同比增长15.95%。发放住房公积金贷款2190户8.46亿元，同比分别增长2.77%和11.78%，户均贷款38.65万元。住房公积金贷款逾期率为零。全年新开户单位306家，同比增长20.47%。新增人员10135人，完成全年目标202.70%。年末应缴人数58008人。超额完成社会保障新目标和任务。至年底，全区住房公积金归集余额20.87亿元，住房公积金贷款余额为26.03亿元，住房公积金资金使用率124.75%。全年提供廉租住房建设补充资金2204.11万元。

6月,直溪镇住房公积金工作站挂牌　（区住房公积金管理中心　供稿）

【扩面征缴】 2018年,区政府将“新增住房公积金缴存人数5000人,发放公积金低息贷款4亿元”列入全年社会保障新目标。3月,区政府召开2018年度住房公积金管理工作会议,表彰12家缴存先进企业,布置下达2018年扩面目标任务。金坛分中心深入重点单位进行走访,宣传公积金扩面政策56次336人,发放资料4000份,座谈讨论7场300人,发放《动态》4期112封,对全区120家拟上市企业、三资企业、新建企业及规模以上企业发放首批《催建宣传函》。利用《住房公积金管理条例》颁布19周年,开展“住房公积金宣传月”活动,发放宣传资料5078份,现场解答1380人次。利用报刊、电台、宣传灯箱、“互联网+公积金”政府网及受托银行,开展“两微一端”(微信、微博,移动客户端)新媒体宣传、有奖征答等群众性宣传活动。对接新规,分中心积极与公安系统协调做好警务辅助人员享有住房公积金等社会保障待遇落实工作。9月,区人大常委会赴大乘汽车有限公司、埃马克、东城街道工作站、公积金服务大厅进行实地考察,专题听取《住房公积金管理条例》贯彻实施情况报告,向区政府提出《关于贯彻实施〈住房公积金管理条例〉工作建议书》,就进一步扩大住房公积金覆盖提出具体建议。至年末,全区新增个人缴纳住房公积金10135人。

【归集管理】 2018年,全区继续深化“放管服”改革,加快推进网上服务厅和微信公众号主体作用,线上“智慧公积金”建设,丰富线上服务种类,现有13项单位业务、13项个人业务实现网上“不见面”办结,持续推进流程简化、服务标准化线下窗口服务。通过合并表单、共享信息、减少签字环节,取消1卡5表,调整1个收件和1个签字,提升职工服务质效。积极落实上级部门《关于改进住房公积金缴存机制进一步降低企业成本的通知》,将全员建立缴纳住房公积金企业缴存比例区间由10%～12%扩大到5%～12%。为做好住房公积金基数调整工作,分中心在金坛区金坛网、政府政务平台、分中心网站、公积金QQ服务群进行宣传告知,召开两场基数调整网上业务培训会。全区共1421家4.9万人进行住房公积金基数调整、年度结息,单位参调率94.54%,人员参调率95.85%。调整后,应缴人数5.58万人,人均住房公积金月缴1239元。7月,金坛区住房公积金归集余额首次突破20亿元,月缴额达7000万元。

【贷款管理】 2018年,分中心采取多方面应对措施,强化窗口柜员培训,严格执行贷款业务操作规范,确保贷款业务不出差错。窗口业务高峰期,员工利用午休延长服务时间,确保业务当天办结。按常州市住房公积金管理中心(以下简称市中心)《关于加强住房公积金轮候贷款放款管理的通知》实施轮候,金坛区分中心严格执行相关政策规定,在贷款申请量巨大,资金紧缺加剧时,积极筹集资金,向市中心融资4.5亿元。解决贷款资金燃眉之急。为确保住房公积金资金安全,金坛区分中心严把期房准入关,派专人现场勘察,了解开发项目销售、管理、资金等情况,防范资金风险,加强逾期催收,确保贷款逾期率为零。全年共受理住房公积金贷款2190户8.46亿元,为2户低收入家庭贷款贴息8540.63元。

【工作站挂牌】 2018年在金坛东城街道设立住房公积金工作站基础上,为更好服务缴存单位和职工,方便单位和职工就近办理住房公积金业务,选取工业基础好、企业集中、业务需求量大的直溪镇,设立住房公积金工作站。6月22日,金坛区第二个住房公积金工作站正式揭牌投入运作。

（陆有才）

（编辑　方　骊）

交 通 · 电 力

交 通

·交通建设·

【概况】 2018年，全区围绕“接轨常州主城区，融入南京都市圈，贯通江苏南北轴，形成交通大格局”的发展目标，高标准推进交通项目建设。全年累计完成投资24.15亿元，占计划投资101%。江苏南沿江城际铁路金坛先导段顺利开工建设，标志着金坛即将进入高铁时代，区位优势将得到大幅度提升。233国道中段完工，补齐金坛城区干线公路环线的最后一块短板，与233国道东段、老241省道、340省道构成城区干线公路环线；265省道二期全部完工，弥补了扬溧高速公路以西南北向干线公路空白；240省道改造提升工程主体贯通，全面加强城区南北向通行能力。茅山旅游大道实现主体完工，标志着金坛东西向快速路即将全面形成。金茅公路沈渎大桥拓宽改造工程建成通车，提前实现区第十三次党代会提出的“城到镇全部通一级公路”目标；大社线、直别公路、金茅公路东延、金茅公路东延连接线、薛埠物流大道、205县道东延、203县道(华林路)改造7个新建项目按时开建，标志着“一环两轴四片多联”的全域旅游路网正在加快形成。

至年底，金坛区境内公路总里程2218.373千米。按技术等级分，一级公路246.232千米，二级公路347.089千米，三级公路299.05千米，四级公路1326.002千米，无等外公路。按行政等级分其中，国道56.823千米，省道124.451千米，县道356.087千米，乡道601.06千米，村道1079.952千米。二级客运站2家，三级客运站1家（薛埠），四级农村客运站10家，公交综合枢纽站1座，首末站9座。航道总里程293.584千米。其中，三级航道31.884千米，六级航道42.8千米，七级航道62.6千米，等外航道156.3千米。通航船闸2个。港口码头37家，码头泊位97个，码头总延长5813米。

【直荣公路实现全线贯通】 1月1日，扬溧高速荣炳互通至241省道连接线工程(直荣公路)最后1千米沥青摊铺全部结束，标志着该项目主体工程已全部完成，实现全线贯通。扬溧高速荣炳互通至241省道连接线工程(直荣公路)起于丹徒与金坛交界处，终于241省道，路线全长17.261千米，二级公路，设计时速80千米，路基宽度17米。全线共设中桥10座、小桥1座。该次施工路线总长15.932千米。其中，一标段路线长5.572千米，二标段路线长5.1千米，三标段路线长5.26千米。

【201县道儒林段改扩建工程竣工验收】 1月12日，201县道儒林段改扩建工程通过竣工验收。201县道儒林段改扩建工程起于239省道，终于240省道，路线全长7.208千米。该项目2013年7月开工，2015年6月完工，2015年7月22日通过交工验收，缺陷责任期已满2年，具备竣工验收条件。

【265省道工程A1标交工验收】 6月12日，265省道常州段(金坛段)工程A1标交工验收会议于建管处召开，省交通运输厅公路局、市公路处、市质监站、区交通运输局、薛埠镇政府、区审计局、区公路处、区建管处、区质监站、区公安局、产业集团及各参建单位相关人员参加了会议。经交工验收委员会一致认定，本标段已符合交工条件，通过交工验收。265省道常州段(金坛段)路线起于金坛与镇江丹徒交界处，终于265省道溧阳段，路线全长约24.8千米。本次交工标段为一期工程，全长13.8千米，一级公路，设计时速80千米。全线共设大桥1座、中小桥5座。项目合同价42020万元。

【长荡湖大道建成通车】 7月16日，经过长达两年的施工建设，金坛区通往长荡湖景区的长荡湖大道建成通车。该路南起239省道，北至金坛城郊的钱资湖大道站前路交叉口。全长9.9千米，按一级公路标准建设。总投资40160万元。该路的建成通车，方便游客进出长荡湖景区。

【南沿江城际铁路率先在金坛开建】 10 月 8 日,省委、省政府和中国铁路总公司联合召开江苏铁路建设推进会暨江苏南沿江城际铁路开工动员会。省委书记娄勤俭,省长吴政隆,中国铁路总公司副总经理王同军,省委常委、常务副省长、省委秘书长樊金龙,副省长费高云出席活动。省委书记娄勤俭宣布江苏南沿江城际铁路正式开工建设。这标志着金坛区即将进入高铁时代。南沿江城际铁路是时速 350 千米的高速铁路,线路自京沪高铁南京南站引出,向东经句容市、金坛区、武进区、江阴市、张家港市、常熟市,终至在建的沪通铁路(上海—南通)太仓站。新建正线长度 278.53 千米。全线共设南京南—句容—金坛—武进—江阴—张家港—常熟—太仓 8 个车站,建设工期 4 年。近期规划开行客车 100 对/日,远期规划开行客车 130 对/日。

【成功创建成省级“四好农村路”示范区】 12 月 26—27 日,省交通运输厅对全区“四好农村路”示范区建设工作进行调研评估。围绕强化规划建设、注重长效管理、突出产业引领、提升叠加效应四个方面,加大“四好农村路”建设工作,取得显著成效。通过融合发展,建设畅通便捷、安全优质的农村路网体系。全年新改建省计划道路 94 千米、桥梁 11 座,安装生命防护工程 101 千米,完成投资 7.95 亿元。全区行政村双车道四级公路覆盖率 100%,规划发展村庄等级公路通达率 100%。全区开通镇村公交线路 33 条,其中跨区域毗邻镇村公交3 条。投入车辆 37 辆,其中更新新能源车 15 辆。开通 5 条旅游特色公交线路。自 2014 年起,连续 4 年获全省城乡道路客运一体化发展水平 AAAAA 级标准,标志着金坛区城市、城乡、镇村公交三级客运网络发展达省内先进水平。整合资源,基本建成区、镇、村三级覆盖的农村物流网络。建成若干个区级物流园区和专业配送中心、164 个农资配送网点,大力发展“特色产业 + 物流、特色农产品 + 物流”,以全国性快运快递网络为基础,融入发展,构建特色服务物流,实现乡镇快运快递服务站全覆盖,以村邮站为载体,积极拓展便民功能,打造村级农村物流服务点,已建成村邮站 81 家,邮政网点加盟店 96 家,行政村村邮站覆盖率 100%。

【茅山旅游大道获评“平安工地”建设省级“示范工程”】 2018 年,区交通运输局积极开展“平安工程(工地)”创建,茅山旅游大道项目整体获“平安工地”建设省级“示范工程”,茅山旅游大道 2 个施工标段、233 国道常州金坛段改扩建工程 1 个施工标段获省级“示范工地”,240 省道金坛段改造提升项目等 6 个工程获“平安工地”建设市级“示范工地”。

10 月 8 日,江苏南沿江城际铁路开工动员会　　(区交通局　供稿)

· 交 通 运 输 ·

【概况】 2018 年,全区共完成旅客运输量 2952 万人次、公路货运量 2740 万吨、水路货运量 1982 万吨。完成重大节日、重大活动的运输安全保障,全年累计投入运力 3.8 万余辆次。引导出租汽车“爱心车队”开展志愿公益活动,提供免费服务 200 余辆次。出行方式绿色便捷。促进新旧业态融合发展,引入网络预约出租汽车企业 3 家、共享汽车企业 2 家,共计投入车辆 200 余辆。运营公交车辆全部实现移动支付、巡游出租汽车全部实现扫码支付,有力助推公众绿色出行。农路建设成效显著,上阮至茅山连接线主体工程完工,填补茅山南部片区南北向路网空白。

【新开城市公交线路 2 条】 2 月 23 日,金坛开通夜间 2 号线 901 路公交车。901 路由元巷公交首末站开往新城东苑三区,途经红山路、白塔路、西环二路、东门大街、南环二路、新城路、北贤路,沿途停靠美地蓝庭、春风三村、劳动大厦、华润苏果、吾悦广场、华达名都等站点。901 路的开通,加强西边城区与滨湖新城区的互联互通,在一定程度上缓解夜间城区的停车难题。

4 月 26 日,开通国际工业城公交专线 702 路。专线 702 路起点为中航锂电,途经企业有同方威视、大乘汽车、盛利维尔、常峰电力、沃尔核材等,终点为青年公寓。方便金坛国际工业城入驻企业员工出行,加强经济开发区、国际工业城、青年公寓与金江苑地区的沟通联系,促进园区发展及周边居民出行。

【优化毗邻镇村公交线路 1 条】 9 月

28日，优化镇村公交309路，由山蓬—头棚延伸至溧阳市黄金山，是金坛区开通的第3条毗邻公交，因溧阳市黄金山自然村与薛埠镇探亲访友频繁，开通毗邻公交后，更加方便了两地百姓的出行。

【优化城市公交线路3条】 1月3日，优化城市公交103路，从香格里拉首末站延伸至万和奥特莱斯。6月21日，优化城市公交112路，从市民中心延伸至钱资湖风景区。11月25日，优化城市公交110路，延伸至国际工业城。

【优化镇村公交线路4条】 6月15日，优化镇村公交325路、326路朱林—屯山村。7月16日，优化329路朱林站—东方盐湖城。9月28日，优化头棚—黄金山（毗邻），优化302路汀湘—三星。

【新购42辆新能源公交车】 10月31日，新增12辆新能源纯电动城市公交车，新购的纯电动汽车全部配载中航锂电动力电池，具有零排放、零污染、噪声小、结构简单、维修方便等优点，其机械结构多样化，驾驶简单轻便，尤其是行驶平稳，乘坐舒适，安全性好。于11月10日投放于109路运行。12月20日，投放更新30辆公交车，城市、镇村公交各15辆。

【新建公交候车亭12对】 2018年，新建公交候车亭12对。其中，南一环6对，长荡湖旅游大道6对。南一环6对候车亭于12月31日建成投入使用，长荡湖旅游大道6对候车亭于11月30日建成投入使用。

【完成移动支付项目】 2018年，对运营的249辆公交车辆全部进行POS机的升级改造。11月1日起，市民乘坐金坛城市和镇村公交车时下载“常州行”APP，注册开通充值后即可二维码扫码乘车。

【金宜公路儒林收费站到期依法终止收费】 1月16日24时起，常州市金坛区金宜公路儒林收费站终止收费。金宜公路儒林收费站（原岸头收费站）于2002年9月12日经省人民政府批准设站，于2003年1月16日开征收费，收费期限15年。该站合同制职工全部安置结束，收费大棚等道口设施于1月底全部拆除，完成道路恢复工作。

【组织出租车爱心车队开展免费志愿服务】 5月20日，第28个“全国助残日”，组织全区出租汽车爱心车队开展助残主题活动。金坛区出租车爱心车队免费接送残疾人，为活动提供了运输保障，赢得受助群体的好评。多年来，该爱心车队以“服务社会奉献爱心”的宗旨，为残疾人、老人、军人、教师、学生等特殊人群提供免费乘车服务，为全区精神文明创建工作增光添彩。6月7—9日，全区出租汽车爱心车队连续第7年开展“爱心送考”活动，45辆车在高考期间为考生及接送考人员提供城区范围内免费接送服务。其中，30辆在路段上巡游，其余15辆平均分配至省华罗庚中学、第一中学、第四中学3个考点。

·交通管理·

【概况】 2018年，区交通管理部门完成58家一、二类汽修企业VOCs治理，28家三类汽修企业整治，17处港口岸电建设、62处船舶和港口污染物接收、转运处置设施建设任务。全年共拆除非法码头23个，规范提升38个。开展环境综合整治行动，集中对239省道、240省道、241省道、340省道等干线公路进行整治。共清除堆积物8300多立方米，清理边坡种植8500多平方米，清理活动非标和广告等167块，新增绿化面积46.6万平方米。累计打造绿色廊道100余千米，交通干线沿线绿化总面积1200余万平方米；金坛水上服务区成为园林与花园式服务示范性窗口单位。规范运输市场管理。全年检查船舶9243艘次，行政处罚2592起，联合公安部门查处违法超限超载车辆421辆。强化法治交通建设。全年共办理行政许可案件283件，实施行政处罚案件3532件。未发生一起行政复议、行政诉讼案件，未发生一起媒体或网络曝光、投诉举报和上级通报批评事件。强化交通重点领域、重点时段、重点部位、重点环节的安全监管，先后开展春夏火灾防控、除隐患防事故保安全等专项整治行动，累计开展各类检查1000余次，排查整改隐患2200余处。突出科技兴安。推广应用车辆及船舶主动安防技术，全区267辆重点营运车安装主动安全智能防控系统，778艘船舶安装电子身份识别及定位装置。开展网上巡查2000余次，督促整改隐患150余处，实施行政处罚60余起。建成公路水路安全畅通与应急处置信息系统、港口安全监管信息平台，实现路网水网运行监测全覆盖。

【首获运输企业安全生产标准化二级证明】 4月8日，常州盘化运输有限公司获金坛区首份由常州市交通运输与物流协会颁发的交通运输企业安全生产标准化二级证明。运输企业安全生产标准化建设为企业开展安全生产工作提供了基本要求和衡量尺度，也为企业加强安全管理提供重要方法和手段。企业实施安全生产标准化，有利于进一步规范企业的安全生产工作，进一步维护从业人员的合法权益。

【成立首个交通工程质量现场试验中心】 5月2日，全区首个工程质量现场试验中心在茅山旅游大道项目成立。该试验中心的成立，使该工程在质量把控上，做到每建一处即可及时在现场进行质量标准的检验测试。茅山旅游大道是被省交通运输厅列为全省首批品质公路建设项目。为高质量标准建成这条公路，该区筹建了由第三方承担的工地现场质量检测试验中心。该中心共有10人组成。其中，高级工程师2人，工程师8人，专业全部涵盖。他们每天在施工现场,随时对每个施工段的质量进行现场测试。

【实施公路沥青搅拌清洁化】 5月6日,一套从法国引进的玛连尼公路沥青清洁化搅拌生产线正式落户区公路养护建设工程有限公司的生产区。该条生产线投资2000多万元,是省内首条公路沥青清洁搅拌生产线。公路工程建设沥青摊铺中,沥青浇制搅拌时会产生大量的粉尘和浓烈的烟气,严重污染环境,是众多地区治理沥青搅拌生产时的环保难题。为尽早实施沥青搅拌环保清洁化,金坛区公路养护部门引进国际先进、省内首条公路沥青搅拌环保清洁化生产线,破解了这道难题。

【全面启动辖区船员违法记分执法行动】 6月3日,金坛辖区船员违法记分执法行动全面启动。为确保"记分"得到有序推进,金坛地方海事处组织执法中队及相关科室所有工作人员集中对《中华人民共和国船员办法》和《船员违法记分分值标准》进行全面系统的学习,向辖区航运公司、港口、码头业主、过往船舶等发放宣传资料等形式开展宣贯工作,普及广大船员了解水上违法行为的危害性。对存在违法行为的船员将依据《中华人民共和国船员违法记分办法》相关规定,结合船员违法实际作出相应的违法记分处理。

【开展危化品运输行业应急救援演练】 6月20日,为将"安全生产月"活动落实到实处,区运管部门按照"生命至上、安全发展"的活动主题,首次组织全区四家危险品运输企业联合开展危险品运输行业应急救援演练。根据危险运输企业各自的承运对象和主要货物种类及其属性,运管部门制订了详细的应急处置演练方案。此次演练内容涉及槽罐车泄漏、钢瓶泄露、码头失火等应急救援,参加演练人数100余人。

【两项施工新工艺破解施工新难题】 6月25日,经过半年多的研究经验,区交通建设管理处的科技人员与参与茅山旅游大道建设的施工单位技术人员一道攻关,发明立柱"横梁一体化"工艺和盖梁炮筒无支架施工工艺两项新工艺,有效破解公路工程施工中长期存在的安全和工程施工效率不高的难题。立柱"横梁一体化"工艺,将钢筋的集中模块化加工、制作与安装,打破传统的分散式加工、制作与安装模式,由高空变平地、由野外变车间作业,使原材料充分利用,降低损耗,缩短施工周期,减少现场暴露时间,降低生锈程度,提高施工速度及外型尺寸精度。同时,节省人工及脚手架的租赁费用,杜绝脚手架的施工安全风险。盖梁炮筒无支架施工工艺可操作性强,同时对地基要求不高,可节省支撑钢管,降低成本,炮筒支撑施工简便、周转快,相对满堂支架从地基加固开始再一层层搭设,节约大量时间和人工成本。

【成功举办第三届"的士节"】 8月15日,由金坛区运输管理处主办、区交通运输协会承办、中天汽车集团及出租汽车经营企业协办的金坛区第三届"的士节"开幕,共150余人出席开幕式。该届"的士节"以"提供最优服务倡导绿色出行"为主题,通过举办一系列既充满趣味又与出租汽车驾驶员日常工作有紧密联系的活动,丰富驾驶员的业余生活,提升驾驶员的服务水平。

【6家汽修企业被评为常州AA级以上信用企业】 常州市交通运输局、常州市消费者协会组织开展的2017年度机动车维修企业信用等级考评工作,经检查审核、广泛征信和社会公示,金坛金沙汽车修理厂等6家企业被评为AAA级信用等级,宝尊汽车销售服务有限公司等11家企业被评为AA级信用等级。根据《江苏省机动车维修管理条例》《江苏省道路水路运输经营者信用管理办法》等有关规定,该信用等级每年评选一次,旨在规范机动车维修市场秩序,打造诚实守信的维修市场环境,促进行业转型升级,提升服务质量,引导维修经营者遵章守法、诚信经营,更好地为车主提供优质、诚信、规范、便捷的服务。

(交通运输局)

电　力

【概况】 2018年,区供电公司以服务地方经济发展和人民生活为己任,抓建设、抓服务、抓管理、抓队伍,主动履行社会责任,加快推进电网发展和公司发展方式转变,努力保障全区经济社会发展的电力供应。截至12月底,公司连续安全生产6620天,完成3个百日安全无事故周期,实现安全生产目标。全社会用电量46.01亿千瓦时,增长3.21%;完成售电量43.16亿千瓦时,增长2.92%;网供最高负荷77.9万千瓦;线损率2.96%;城网供电可靠率99.956%,农村供电可靠率99.92%;综合电压合格率99.982%;完成电网建设投资3.23亿元,投产35千伏及以上变电容量38万千伏安、线路82.85千米。公司先后被授予"江苏省五一劳动奖状""江苏省书香企业建设示范点""国家电网公司职工书屋示范点"。

·电力生产·

【电网建设】 2018年,区供电公司主动融入苏南现代化示范区建设和"常金一体、东扩南移"发展大局,结合全区各乡镇重点工业园区建设以及城乡发展需求,主动走访相关部门,滚动修编电网建设规划。坚持科学规划电网,加大资金投入,全面推动地区电网升级改造。结合全区发展的总体规划,做好相关电网项目远期、中期、近期规划,并积极与上级部门沟通联系,竭力向上争取项目,进一步提升地区电网与地方经济发展的适应性。牢牢抓住项目开工、物资保障、工程协调等关键环节,配合上级部门顺利完成

220千伏坞家输变电、大唐金坛燃机配套220千伏送出,110千伏汤庄(华科)输变电,110千伏景区变扩建,村前至儒林110千伏线路等工程,累计新增变电容量38万千伏安,优化地区电网结构。开工建设220千伏薛庄输变电,110千伏井庄输变电,方麓至洮湖110千伏线路,华城变1号、2号主变扩建等工程,统筹考虑、同步建设10千伏基建配套项目,大大减少政府电源投入成本,充分满足重点项目落地、旅游事业发展等需求。全年完成电力基础建设3.23亿元。3月30日,110千伏景区变主变扩建工程竣工投运。6月30日,村前至儒林110千伏线路工程竣工投运。7月6日,220千伏坞家输变电工程竣工投运。10月26日,110千伏汤庄(华科)输变电工程竣工投运。

【供电质量】 2018年,江苏省电力有限公司下达城网供电可靠率99.95%,农网供电可靠率99.89%;实际完成城网供电可靠率99.96%,农网供电可靠率99.92%;完成综合供电电压合格率99.98%。为保证供电质量,区供电公司以提高供电可靠率和设备可靠性为核心,从加强生产安全管理和生产技术管理入手,提高设备管理水平,提升设备运行质量。从加强应急管理体系和应急装备建设入手,促进应急工作常态化管理,提升应急抢险能力,保证供电处于稳定状态。

【配电网络建设】 2018年,区供电公司共完成配网成本项目、配网资本项目、2018年10千伏及以下业扩配套项目三大类项目,完成总投资17682万元,共完成项目398个。完成92条10千伏中压线路的新建、改造及维修工作,新增、改造及维修10千伏中压架空线路59.4千米、10千伏电缆线路83.02千米,新增及维修电缆通道65.38千米;完成62条城区0.4千伏低压线路维修,维修0.4千伏低压电缆线路30.91千米、低压电缆分支箱143面;完成新增与改造配变188台,新增及改造变压器总容量67700千伏安;完成新增及更换户外环网柜48台、10千伏电缆分支箱84台,10千伏柱上断路器18台等建设改造工作。通过以上配网建设,进一步完善金坛的电网结构,解决局部地区低电压、线路、配变重过载问题,提高农村地区居民户均配变分摊容量,缩小城乡配网差距,提高部分配电设备的的安全运行水平及供电能力。全年完成居民小区送电工程4项,进行配网带电作业132余次。加强应急管理工作,编制并完善自然灾害、事故灾难、社会安全、公共卫生四大类现场处置方案。加强应急队伍建设,完善应急预案体系,实施应急装备常态化管理,确保各项应急抢修工作施工质量和时效。加强配电网络设施设备运行管理工作,根据季节特点,加强配网线路和设备运行维护管理,落实线路通道清障、交跨距离复测、防外力破坏措施。及时处理设备缺陷,全年巡视发现线路设备缺陷隐患368处,所有缺陷和隐患全部进行消缺和整改。

【农村配网建设】 2018年,区供电公司执行江苏省电力有限公司农电项目实施任务,完成项目投资5207.97万元,新建和整改农村低压线路146.62千米,整改维修农村居民接户线11149户。完成2019年农电储备项目审批和上报工作,上报储备项目359个,资金5769.86万元。农村综合变供电量4.9456亿千瓦时,下降4.58%;售电量4.8473亿千瓦时,下降4.41%。

【安全生产】 2018年,区供电公司认真贯彻中共十九大关于"树立安全发展理念,弘扬生命至上、安全第一"的精神要求,落实国网和省、市公司安全工作部署,以"保人身、保电网、保设备"为主线,以各类主题安全专项活动为载体,扎实推进各项重点安全工作,安全生产保持平稳有序。截至12月底,区供电公司安全生产6620天,完成三个百日安全无事故记录,连续安全生产突破18年。积极组织开展安康杯竞赛、安全生产月、安全日专题学习等活动,通过征文、微视频创作等活动促进本质安全理念传播。组织逐级签订安全责任状,完成公司各部门、班组安全责任书的全面修订、审核确认工作。开展配电网安全管控、安全管理审计推广等6项主题安全活动,提升各专业安全管理水平。组织迎峰度夏安全生产应急值班,实行生产单位集中值班,安全有序地指挥故障处置,及时汇集、报送有效信息。强化电网风险预控,全年发布风险预警67条次并全部闭环管理。完成源网荷系统三期建设,金坛地区接入签约用户21户。加强缺陷管理,提升运维检修能力。

7月,区供电局对表箱集中改造 (区供电局 供稿)

全年累计发现并消除各类缺陷306条,按计划完成14台开关柜改造。强化设备基础管理,开展电网设备普查,核对24座变电站和配电各类图纸1527张,更新设备信息近百条次,现场补挂各类标识标牌近200处。强化输电线路通道管理,安排人员对外破重点区域进行重点巡视和24小时专门值守。组织输电通道内各类施工单位开展专题培训与专题安全交底,对所有220千伏线路、部分重载110千伏线路及重要联络线交叉跨越进行复测,测量可疑的交跨20余处。加强客户用电安全管理,督促客户落实整改安全隐患60余条。开展违约用电、窃电的整治,共查处违约用电188户次、窃电21户次。实施茅山山地马拉松赛、道教文化节、高考、中考等重要活动的电力保障19次。开展配网线路和设备运行维护管理,全年共排查出各类隐患368处。对施工建设重点区域、重点地段组织特巡,发出违章通知书260份。处理线路通道内各类违章190处,组织修剪交叉跨越距离不足的树木万余棵,确保电网设备的正常运行。开展农电安全管理提升专项行动,推动农村低压电网缺陷隐患排查治理,以"六查六防"(查安全责任落实、查交全基础保障、查消防隐患整治、查现场安全管控、查专业安全管理、查迎峰度夏工作,防范大面积停电事故、防范人身死亡事故、防范重特大设备事故、防范重大网络安全事件、防范重大火灾事故、防范重特大交通事故)为重点,共计排查各类隐患问题754个,整改率100%。开展农电现场安全督查,农村用电安全走上街头宣传,重点开展农村用电安全进社区、进企业、进学校活动。以防农触伤亡为重点,加大对剩余电流动作保护器的安装、投运、维护考核力度,确保"三率"(零差错、零闪烁、零投诉)100%。推进各类预案修编工作,完成突发事件总体预案和自然灾害、事故灾难、社会安全、公共卫生四大类26项专项预案的修订、发布,按计划组织专项演练11场。

·电力供应·

【电力营销】 2018年,区供电公司完成全社会用电量46.01亿千瓦时,增长3.21%;完成售电量43.16亿千瓦时,增长2.92%。公司共计受理业扩申请9433户,降低57.02%;受理业扩申请容量109.2616万千伏安,增加52.72%;完成业扩报装12458户,降低35.76%;完成业扩报装54.8846万千伏安,上升18.14%;完成分布式电源报装811户,上升51.59%;完成分布式电源报装39.96兆瓦,上升75.11%;自动化抄表率100%,电能计量装置现场周期检验率100%,电能计量装置配置合格率100%,专用变压器自动化采集覆盖率100%,大客户APP推广应用率100%,用电信息采集覆盖率100%。

5月24日,方麓变电所检修,清扫闸刀　　(区供电局　供稿)

【电力需求侧管理】 2018年,为积极应对可能出现的供用电矛盾和突发情况,确保电网安全、稳定运行,快速处理电力供需失衡情况,维护正常的供用电秩序,满足全社会用电需求,为社会经济发展和人民群众生活提供可靠的电力保障,区供电公司根据省经信委、省电力公司的统一部署,编制《金坛区2018年有序用电方案和电力供应应急预案》。全年有序用电方案编制错峰负荷总量9万千瓦,共涉及客户215户。按方案执行的先后顺序分为6组。其中,金坛需求响应组(茅溧),金坛有序1组(茅溧),金坛有序2组(茅溧),金坛有序3组(茅溧),金坛应急1组(茅溧),金坛应急2组(茅溧)。方案分为有序用电方案及电力供应应急预案。在电网缺口不同状态下采取不同的控制方案,从而达到有效、合理控制负荷的目的。2016年年底,国家淘汰钢铁落后产能对全区用电负荷特别是晚峰负荷影响较大。为减少有序用电对经济发展的影响,同时又能满足省下达容量指标的要求,适当拓展有序用电方案用户涉及面。依据有序用电辅助决策系统的海量数据和数据模型计算出用户参与有序用电的调控价值,给予参与有序用电企业合理的调控值,减少错峰对企业生产的影响。按照"有保有限"的有序用电原则,在编制方案时尽可能保障高科技企业和优势企业用电,将大容量的冶金、建材企业和铸造、机械、纺织等工业大户编入有序用电方案,应对紧急错峰的需求。将部分化工、医药、印染等连续性生产企业编入应急预案中,以应对较大或持续电力供应缺口的状况。同时继续将非工中央空调负荷、工业用户非生产性负荷纳入到2018年有序用电方案中,共同参与夏季的错峰限电。方案共涉及用户

215户。其中,有序用电方案涉及企业29家,最大控制负荷9.1万千瓦;电力供应应急预案涉及企业186家,最大控制负荷3.7万千瓦。

【营销管理】 2018年,区供电公司推广智能电能表使用,建立完整准确计量技术档案,确保计量准确。截至年底,全区使用智能电能表33.4万多只。加快用电信息采集工程建设,为建设智能电网提供技术支撑,共完成用电信息采集建设33.4万户,全区覆盖率100%。加强高危、重要客户管理,确保安全生产稳定局面,全年对6户高危重要客户供电电源、自备应急电源、受电装置、运行管理、供用电合同履行情况等进行检查,发现并督促客户消除各类安全隐患6次处。指导客户制订完善应急处置预案11户,全面建成供用双方应急处置联动机制,提升全区应急预案处置水平和能力。

【优质服务】 2018年,区供电公司为深化"你用电我用心"服务理念,贯彻省公司"新时代心服务"优质服务主题活动,并通过"打造高端智能电网,超前满足社会需求""转型能源综合服务,主动适应改革发展""助力生态环境提升,共同保护绿水青山""升级智慧互联平台,推动绿色共享出行""实现办电提速降本,营造良好营商环境""推进服务主动快速,引领美好电力生活"六大专题介绍了"新时代心服务"的20项举措。每季度组织一次供电营业厅明察暗访,对供电营业厅的供电服务行为、收费明码标价制度落实情况、办事公开情况、公共服务标准化、便民措施、服务态度、业扩回访情况等进行重点检查,提出整改建议,进一步促进服务作风明显改进、服务流程明显优化、服务品质明显提升、服务能力明显提高。公司每月编写《金坛区供电公司经营生产月报》,定期分析全区和重要企业供用电情况,为政府决策和企业用电提供参考。积极走访全区9个镇、街道,走访贝特瑞(江苏)新材料科技有限公司、飞荣达科技(江苏)有限公司、北电爱思特(江苏)科技有限公司、江苏大唐国际金坛热电有限责任公司等重点项目企业,了解地方用电情况,解决用电矛盾,助力地方经济发展,得到政府和企业的认可。开展江苏一鸣食品有限公司、东方日升(常州)新能源有限公司、东方盐湖城国际养生城等用户现场服务,确保重点项目的顺利实施,满足客户的用电需求。完善重点项目供电"绿色通道"运作机制,确保区重大项目配套供电设施顺利投运。借助4G网络,对"95598"抢修作业进行实时管控。强化供电服务制度条律的宣贯执行,走进政风热线、实行业扩工程100%回访,邀请第三方开展明察暗访,了解服务效果、接受社会监督。完成春节、茅山半程山地马拉松赛、2018"茅山颐园杯"中国茅山汽车场地越野邀请赛、高考、中考、全国成人高校统一招生考试、金坛民俗文化旅游节暨乡村旅游嘉年华、江苏南沿江城际铁路开工动员会等重要社会活动的电力保障工作。 (夏 冰)

4月,为"江苏·最美跑步路线"保驾护航 (区供电局 供稿)

(编辑 李华琴)

信 息 化 建 设

电子政务

【概况】 2018年，全区紧紧围绕政府治理和公共服务的改革需要，着力将“放管服”向纵深推进，完成区电子政务外网的升级改造，实现区、镇（街道）、村（社区）电子政务外网全覆盖，初步构建与经济社会创新发展相适应的电子政务新格局。

【政府门户网站】 2018年，完成区政府门户网站向市级政府网站统一技术平台的整合迁移，实现以区政府政务信息和服务为中心，各部门、镇（开发区、街道）政务信息及应用为支撑，以社会公众为服务对象的“整合一体、上下互动、左右协同”的区人民政府门户网站。截至12月31日，区政府门户网站发布信息12760条，网上信箱办结答复信件588件，梳理发布政务服务事项12075件，开展在线访谈8期，发布政策解读65条，制作专题专栏20期，开展8期意见征集（在线调查），发布新闻发布会7场，热点回应23条，办理国务院“我为政府网站找错”网民来信2件，较好地发挥网站信息发布、解读回应、办理服务、互动交流作用，受到网民好评。

【政府信息公开】 2018年，认真贯彻市、区政务公开工作要点，加强公开解读回应，提升政务服务水平，优化支撑平台建设，推进政务公开制度化规范化，助力建设人民满意的服务型政府。全年，公开各类文件3080条，其中政务微博12条，政务微信296条，处理政府信息公开申请343件、行政复议申请1件、行政诉讼1件。

【政务服务“一张网”】 2018年，完成区政务服务一体化平台（一期）、金坛区综合服务旗舰店、区级自建系统对接、移动应用接入等项目的建设与开发。至年底，全区共梳理1316项行政权力事项。其中，行政许可568项，行政征收32项，行政给付46项，行政奖励99项，行政确认195项，其他权力376项。定制1000多个业务事项流程，其中69个当地事项。产生12075个办件（网上受理1311个）、3685个证照，发送71件EMS快递。

【协同办公系统】 2018年，强化推广运用，统一各部门收发文规范，初步实现非密级公文网上流转。年内，各部门在网上发送文件3509件，签收文件150594件。

【“12345”政府公共服务平台】 2018年，共受理群众诉求55730件，其中电话诉求55425件，现场答复件40815件，任务单办结率99.57%，热线回访率100%，群众满意率96.27%。

（政府办）

电 信

【概况】 2018年，中国电信金坛分公司（以下简称金坛电信分公司）认真落实全面从严治党政治责任，全面贯彻上级公司工作要求，全体员工积极进取，攻坚克难，超额完成年度营收预算目标，全年营业收入2.58亿元，比上年增长10.1%，业务增长保持良好态势，全年在《人民邮电》《江苏邮电报》发表新闻宣传稿件27篇，各项工作取得新成绩。

【网络能力持续提升】 2018年，金坛电信分公司开通127个LTE 800M室外移动通信基站，新建LTE1.8G基站24个，累计765个，新增室内分布系统8套，累计89套，AP数量累计1033个。移动通信基站有效面积覆盖率提升至99.11%，人口覆盖率99.5%，金坛全区4G网络覆盖率95.5%。完成网络分流、压频、翻频等无线网络优化年度工作计划，无线网络深度覆盖水平达到新高度。城域网全年出口带宽增加40G，网络承载能力显著提升。

【新兴业务地位巩固】 2018年，金坛电信分公司以“企业上云”为抓手，锁定规模以上企业、专线用户和他云用户，累计发展云主机3658核。成功中标金坛区公安业务技术用房数据中心升级工程、公安技防城升级工程、常州市金坛区人力资源市场智能化工程项目一、二标段，金坛区良常实验学校智能化工程4个千万级大单。承建中航锂电技术研究院有限公司云桌面项目、江南医院全业务云项目、金坛区规划局虚拟化建设项目、医卫云桌面项目，其中江南医院全业务云项目和医卫云桌面项目在全省都是首单，具有很大的推广意义。全年新兴业务收入超4000万元，当地主导运营地位继续巩固。

【业务规模稳中有升】 2018年，金坛电信分公司紧抓天翼、宽带、网络视讯三大核心业务，实施聚焦客户战略，业务发展全方位推进。聚焦4G，融合渗透，推进融合业务抢夺他网用户。重点开展单宽用户迁改融合，持续推进实体渠道门店融合发展，以双百兆为主推，配合嗨卡送宽带及流量无忧卡政策全面抢夺市场。推进3G升4G换卡工作，推广政企行业应用带动天翼团购，促进天翼业务量质齐升。加快不限量迁改，提升存量用户价值；大流量融合全面推进，单产品体验卡做补充，全面拉动天翼规模发展；持续开展商场超市、菜场、工地等送卡活动；“破壁行动”拉动天翼规模增长。开展新建小区宽带营销。全面加大老用户关怀力度。结合不限量迁改，对老用户开展流量不限量及宽带提速活动。截至12月底，全网平均带宽82M。

【推行划小承包提升装维效能】 2018年，金坛电信分公司调整支局组织架构，改成区域化管理，支局的区域化基础由装维片区组成，按照装维片区的承包模式定性为装维包片和以店包片。其中装维包片由装维门店服务经理负责管理支撑，以店包片由片子负责管理协调。改革之后，装维指标全面优化。全年，金坛分公司客户故障率1.76%，障碍重复率4.54%，宽带修障历时7.19小时，宽带装移机平均时长59.68小时，终端核销一致率、终端回收规范率、ITV（互动电视）核销一致率等指标每月均达标。

【企业集约化】 2018年，金坛电信分公司以防范企业风险为导向，围绕价值管理和风险管控，深入实施财务精确化管理，着力提升企业集约化经营水平。成本管控效益显著。全年退铜完成4.47万线对千米，废旧电缆拍卖合计1094.36万元。完成退网设备资产报废4088件，共计净值154.4万元。强化仓储物资管理，通过废品拍卖获利35万元，直接检测、整理利旧机顶盒418台，E8－C检测、利旧11300台。以上直接节约开支112万余元。大力推进线路迁改，全年线路迁移新增25处，合同签约1243.48万元，通过谈判已收回迁移赔补费374.92万元（含2017年项目收款），减少成本投入。（王　琪）

移动通信

【概况】 2018年，中国移动通信集团江苏有限公司金坛分公司（以下简称金坛移动）聚焦市场发展，优化网络建设，深入实施“大连接”战略，保持稳定健康发展，全年运营收入3.4亿元，列常州第一。

【品质网络】 2018年，金坛移动围绕网络满意度目标，建设、优化并行，通过开展4G专项攻坚、推进4G四期增补、4G五期等工程全面落地，快速推进4G速率与覆盖提升，4G客户手机上网满意度保持领先。开展网格内2G设备替换及NB/FDD（采用两个独立信道分别进行向下传送和向上传送信息的技术）建设工作，在全区率先完成246个NB－IOT（基于蜂窝的窄带物联网技术）站点以及88个FDD站点的开通。结合城乡建设、重点旅游区域开发、南沿江城际铁路的开工建设等，重点进行基础网络设施配套规划和实施工作。

【光纤改造】 2018年，金坛移动为适应移动家庭宽带发展规模和高品质宽带使用需求，持续加强家庭宽带建设，全年新增信息点1万户。深入开展小区宽带优化建设，全年累计完成156个小区的一、二级改造，同步完成13个小区的端到端整治工作，家庭宽带全面普及光纤接入。

【移动业务】 2018年，金坛移动重点推进宽带网络品质提升，通过装机预约前提醒、预约中跟踪、装机后维护，加强关键环节客户关怀，提升客户使用感知。用户平均带宽114M，200M以上用户2.2万户。贯彻落实国家提速降费政策，7月1日起，中国移动取消流量漫游费，新老用户省内流量升级为国内流量（不含港澳台地区），结合“流量放心用”套餐，更好地为广大客户提供优质优惠的移动信息服务。全年移动通信用户DOU（discharge of usage，每个客户月均流量消费额）达6G。

【移动服务】 2018年，金坛移动以客户10分满意为追求，贯彻公司“六项服务承诺”（4G网络，全新体验；流量资费，实惠简明；订购收费，清晰透明；不良信息，严厉打击；实名登记，严格落实；星级服务，便捷提供），为客户提供更加高效、实惠、安全、便捷的服务。强化渠道服务管理规范，营业厅办理营销活动严格执行“四要素”（活动必开套餐、最低消费、活动实现方式、到期后套餐处理方式）告知，即向用户解释活动开通套餐、营销活动的实现方式、合约最低消费要求及注意事项、协议到期后套餐的处理方式，提升客户满意度。

【移动信息化】 2018年，金坛移动持续加大信息化服务支撑力度，与地方行业需求、企业转型升级相对接，实现ICT（信息通信技术）业务在水利、教育、卫生、旅游等行业的签约应用。结合物联网卡、模组和平台，加强对当地企业（包括光伏企业、器械制造业和水电气行业）和产业园区物联网需求进行深度挖掘，配合企业用户转型升级。协同推进“企业上云”行动计划在金

坛落地发展,促进企业信息化系统云端迁移。(吴国俊)

联合网络通信

【概况】 2018年,中国联合网络通信有限公司常州市金坛区分公司(以下简称金坛联通)全面实施混合所有制改革,并以此为契机,建设具有新基因、新治理、新运营、新动能、新生态的联通,全面推进互联化转型、实现换道超车的战略目标,将党建工作与日常经营管理工作相结合,围绕经营发展,加快实现创新业务规模效益发展。全年总收入突破5000万元。

【网络建设和优化】 2018年,金坛联通在互联网转型新形势下,为实现网络价值体验最优、投资效益最优、运营效率最优,坚持聚焦战略,实施网络投资计划管理,积极优化网络和资产结构,重点围绕用户感知、资源清查、降本增效、网络安全、隐患整治等方面展开工作。全年完成40个4G无线站点建设,在网运行的4G基站数突破400座,3G基站数突破300座,2G基站数突破200座;完成5个住宅小区的宽带覆盖,配合政府宜居小区改造,完成南园二村等3个老小区的通信网改造建设,全区驻地网覆盖用户数突破7万户。为提升用户的使用体验,在无线网优化方面,进行3G全IP改造51个站点,完成41个NB站点数据制作。

【市政建设】 2018年,在积极调整网络资源保障网络安全稳定的基础上,主动进行各大活动保障,如茅山马拉松活动通信保障等。在市政建设保障方面,积极主动配合各级政府市政建设,进行杆线迁移迁改,在南环一路、新天地改扩建等重点项目推进中,金坛联通克服资金不到位、工程复杂、施工难度大等困难,及时完成迁移迁改,为市政道路建设及时竣工交付,方便市民出行做出了贡献。

【企业服务】 2018年,金坛联通认真贯彻提速降费相关工作要求,坚持高质量的网络建设发展之路,为金坛落户企业做好服务工作,围绕开发区、金城镇、直溪镇、尧塘街道做出战略部署,与辖区内各大型企业就物联网、云数据、ICT方面进行沟通。结合电商资源,与200余家企业携手,全年累计发展企业4G用户1.2万余户,利用自身资源优势为金坛区整体产业互联网水平的提升做出贡献。

(宫素梅)

邮　政

【概况】 2018年,中国邮政集团公司常州市金坛区分公司(以下简称金坛邮政)紧密结合实际,经营效能不断提升,企业精细化管理水平显著增强,和谐企业建设继续深入,企业规模效益同步发展。全年完成业务收入16908.66万元,全省排名县、区公司第21位。

【寄递业务】 10月9日,金坛区寄递事业部揭牌成立。自成立以后,不断健全完善工作机制,整合运营资源,取得初步成效。包快业务发展在拓客增量的基础上,优化区域走件结构,突出效益优先,把人工成本、件均毛利率、耗材降本、集包纳入全成本核算的关键性指标。寄递业务以"项目"为抓手,以"发展标快"为重点。通过加强极速鲜产品项目的开发,与政务市场、旅游业地方特色企业的合作以及开辟新渠道、努力恢复国际业务等手段,做大业务规模。加快对新客户的开发,确保业务收入持续快速发展。全年共开发新客户96家,产生业务收入38.63万元。实现速递收入803.33万元,标件收入462.94万元。

【渠道业务】 2018年,金坛邮政以批销业务为核心,发挥邮政网点的资源优势,推进"邮乐购"站点建设工作。全年累计新建加盟店125个,存量邮掌柜金融客户数14439户,加盟商户金融资产3574万元。短信业务常态化发展的同时,抓住水费项目契机,抓存量、促增量、重管控。全年完成收入286.56万元,累计在线22万户,增长5%。车险业务以阶段性劳动竞赛为抓手,利用车主数据库结合车险专员电话营销、团购等方式,全年出单2518笔,实现收入94.67万元,保费802万元。全力打造简易险新增长极,以学平险、雇主责任险、车辆意外险、中邮简易险等险种为突破口,全年实现收入33.5万元,实现保费148万元。分销利用三大节日营销开展订货会活动,重点加强酒水等产品的开发和运营,积极推动产品、客户和市场转型,全年累计完成收入151.83万元,完成不含税销售额1398万元。渠道专业全年完成收入1808.86万元,增幅52.87%。

【文传业务】 2018年,金坛邮政加快函件业务转型步伐,大力发展新媒体业务。通过向当地行业客户深度解析以微信平台线上线下资源联动达成更精准的数据服务能力,展示"互联网+邮政传媒"合作模式孵化下更具地区优势的行业解决方案,助力企业营销升级,精准赢得目标客户。成功开发广电台《金坛时报》报纸印刷、旅游局《新旅游》杂志印刷邮寄、人社局《社保账单》印制投递、江东传媒《茅马比赛》奖品制作等业务。借助邮票首发,开展拓展活动。举行《海棠花》《马克思诞辰200周年》《全国助残日》邮票首发和全国第十八届邮展活动。全年完成函件收入263.27万元,集邮收入245.24万元。

【报刊业务】 2018年,金坛邮政立足政务、巡展和馆配市场,形成有邮政特色的图书发行模式,立足规范经营,强化精品意识,开发爆款文创产品。全年发展形象期刊7家,形成流转额16.84万元,校园馆配图书5万元,新媒体实现流转额15.7万元,光明书香行图书展以及校园行实现销售码洋30万元,合计形成销售67.54万元,圆满完成2019年度收订工作。建立微信订阅、机构客户精准营销、数据库营销为一体的立体式报刊营销方式,发挥管理人员、专业人员、营销人员、社会发行站以及新媒体技术等营销作用。全年实现收入514.02万元。

【质量管控】 2018年,金坛邮政着眼于帮助员工养成良好的行为习惯,重点加强窗口邮件收寄验视、礼仪服务规范的检查,非现场检查按月全覆盖,检查情况实时通报,对检查发现的问题及时落实整改、回访。通过狠抓各项服务措施的落实,加强服务长效管理,邮政服务面貌有了进一步的改善,在2018年省、市分公司组织的神秘人检查中,每月均达90分以上,七次排名居全区第一。

【安全保卫】 2018年,金坛邮政完成寄递事业部的机构改革,增加寄递事业部的安全管理体系,重组安全生产委员会,完善安全生产安全保卫的管理体系,落实三个安全责任书的签订工作。寄递安全上层层落实签订安全保障承诺书,重点开展以全国"两会"、青岛峰会、中国国际进口博览会为主的重大社会活动期间的寄递安全工作,并组织开展涉枪涉爆、平安邮政、安全生产月活动,确保全年安全生产工作有序开展。根据夏季安全生产工作特点,对消防、安防、用电、充电安全进行大检查,对高温、汛期、雷电、洪涝做到早预防、早准备,增强突发情况的处置能力,确保夏季生产安全。对营业场所治安隐患进行大排查大整改,对网点防抢演练、"110报警"、安防设备进行全面检查和测试,对报警测试不到位的网点立即整改,确保金融网点人防、物防、技防三防一体的有机结合。

【"母亲邮包"免费寄递活动】 5月2日,在母亲节到来之际,金坛邮政联合区妇联开展"母亲邮包"免费寄递活动。该次活动的邮包寄往陕西宁陕,共计100份,旨在帮助当地贫困母亲解决生活实际问题。此次活动以邮政绿色通道为依托,履行金坛邮政作为文明单位的社会责任。

12月26日,纪念毛泽东同志诞辰125周年诗词朗诵比赛 (区邮政局 供稿)

【"消防邮路进万家"活动】 11月8日,金坛邮政联合区人民政府、区消防大队举行"119"消防安全宣传月启动仪式,副区长王晓航宣布"消防邮路进万家"活动同步启动。金坛邮政通过与区消防大队合作,设计制作了1万本"全民参与防治火灾"主题宣传册。宣传册通过"消防邮路"进行投放,发动全社会关注消防、参与消防,营造出珍爱生命、共享平安的消防氛围。

【衣物捐赠活动】 11月16日,金坛邮政开展"党旗飘扬送温暖捐赠衣物传关怀"活动,共收到热心市民捐赠的衣物9800余件。这些衣物通过集中统一清洗后送往贫困山区。活动结束后,金坛邮政还在各网点设立长期的"爱心角",将爱心捐赠活动延续下去。

【《改革开放四十周年》邮票首发暨集邮展览活动】 12月18日,由中共金坛区委宣传部主办,金坛区发展和改革委员会、金坛区邮政分公司联合承办,常州江东现代传媒、金坛区图书馆、金坛区集邮协会协办的"改革开放四十周年"邮票首发暨"庆祝改革开放四十周年集邮展览"活动在区图书馆大厅内举行。邮展组织邮票和邮品50框,从不同角度展现中国共产党带领全国人民在全面深化改革开放、着力实施"两个一百年"征程上的伟大成就,为庆祝改革开放40周年献上了一份特殊礼物。众多集邮爱好者纷纷购买首发邮票、纪念封,加盖纪念戳,合影留念。

【"纪念毛泽东诞辰125周年"诗词朗诵比赛】 12月26日,金坛邮政面向全区小学组织"纪念毛泽东诞辰125周年"诗词朗诵比赛。该次比赛受到区关心下一代工作委员会和区文明办的关注与支持,吸引全区20多所小学的260多名学生报名参赛。初赛阶段,金坛邮政各网点对接辖区内小学,邀请学生到网点录制朗诵视频,同时邀请当地学校教师对参赛视频进行初选。最终有33支代表队进入决赛,并决出一等奖3名、二等奖5名、三等奖8名、优胜奖若干名。 (符叶帆)

(编辑 李华琴)

财政·税收·审计

财　政

【概况】　2018年，区财政部门紧紧围绕全区中心工作，主动服务大局，认真履职尽责，强化财政管理，深化财税改革，在复杂严峻的环境下保持财政运行的稳健态势，全区财政收入保持稳步增长，重点支出得到有力保障。

【强化财源建设】　2018年，区财政部门与税务等部门共同努力，克服政策性和行业性减收等诸多不利因素影响，保持财政运行的稳健态势。落实各类减税降费政策。全年落实各类税费优惠185200万元，通过降低用工保险费率、安排政府贴息等有效措施，减轻企业和社会负担46000万元。发挥财政资金引导作用。安排财政资金8000万元用于经济结构调整和产业转型升级，推进战略性新兴产业、现代服务业和先进制造业加快发展。设立科技人才专项资金2000万元，促进人才与资本、创新与产业相衔接，为金坛区持续发展提供动力。积极争取上级扶持项目资金。全面梳理国家、省、市支持经济发展的各项政策，加快支持高质量科技型中小企业发展，争取各类项目资金157000万元。其中，工业类28440万元，服务业类128560万元。

【推进民生保障】　2018年，全区民生支出386855万元，增长64.9%，占一般公共预算支出58%。保障民生实事投入。坚持教育优先保障，全年教育支出104852万元。完善各生段教育经费保障机制，加大学前教育和职业教育投入力度，促进各级各类教育均衡发展。全年医疗卫生和计划生育支出73240万元。继续深化公立医院综合改革，促进医联体健康有序发展，提高基本公共卫生服务水平。落实创业就业政策，加大创业就业扶持力度。继续提高居民医保、居民养老金、城乡低保财政补助标准，实现全区企业职工养老金14连增。有序推进乡村振兴战略。农、林、水支出70900万元。其中，安排15000万元用于水利基础设施建设，安排3000万元用于支持美丽宜居乡村、镇村交通、村庄长效管护等项目建设，安排4624万元用于农业支持保护补贴等。持续改善生态环境。进一步完善基础设施建设，补足生态短板，城乡社区等支出105300万元。其中，安排4900万元用于支持城市治理现代化和文明城市创建；安排6600万元用于公交运营补贴；安排8200万元用于推进环保“263”专项行动，落实“减化”补偿，推进培丰化工集中区关停整治等。

【深化预算改革】　区财政部门创新管理方式，构建全面规范的预算体系。预算制度不断健全。调整完善区与镇（街道、园区）财政管理体制。按照常州市政府关于进一步完善市区财政管理体制有关精神，进一步理顺和规范财政管理体制，继续执行“基数财力保运转，增收分成促发展，划分收支明职责，财权事权相统一”的管理模式，合理界定镇（街道、园区）收支范围，确保各镇（街道、园区）有相对稳定的财力履行职能。预算改革不断深化。进一步完善全口径预算管理，规范部门预算编制。加强财政资金监管，加大存量资金盘活和统筹使用力度。严格按照中央、省、市预决算信息公开的相关要求，切实做好2018年预决算公开工作。预算执行不断强化。进一步深化国库集中收付制度改革，开展预算单位公务卡试点工作；规范国库资金管理，提高国库资金运行效率；全面清理区、镇（街道、园区）财政应收应付往来款项，加强结余结转资金管理。

【强化债务管控】　区财政部门加强政府债务管控，坚决遏制隐性债务增量，妥善化解债务存量，因债施策，防范和化解债务风险。完善债务管控制度建设。重新修订全区政府性债务管控办法和风险应急预案。规范政府性债务管理，防范化解政府隐性债务风险。争取地方政府债券额度。2018年获得债券额度124900万元。其中，置换债券4900万元，新增债券120000万元。严格实行政府债务限额管理，全区政府债务限额542000万元。按照财政部对政府隐性债务认定标准和口径，制定地方政府隐性债务化解方案,多方筹措偿债资金来源,切实妥善化解存量债务。健全应急处置机制。综合运用债务率、偿债率等风险指标,认真评估全区整体偿债能力及当期偿债压力和政府履约能力。完善应急处置配套措施,一旦发现债务风险,及时启动应急处置预案,将债务风险降至可控之内。

【财政收入】 2018年,全区一般公共预算收入完成565508万元,比上年增长10.5%,增收53590万元。其中,税收收入完成494634万元,增长11%,增收48855万元;非税收入完成70874万元,增长7.2%,增收4735万元。税收收入占一般公共预算收入的比重为87.5%。

【财政支出】 2018年,全区一般公共预算支出完成735319万元,增长8.9%,增支60030万元。 (刘 伟)

税 务

【概况】 2018年,金坛区税务部门把握稳中求进总基调,以重点工作为抓手,推进税收治理现代化,保障全区经济社会发展财力需求,促进经济结构优化升级,支持各项事业稳步推进。

【金坛区税务局挂牌成立】 7月20日上午,新组建的国家税务总局常州市金坛区税务局挂牌成立,原常州市金坛区国家税务局、常州市金坛地方税务局正式合并,金坛区国税、地税征管体制改革工作迈出历史性的一步。国家税务总局常州市税务局局长胡云松、金坛区区长沈东共同为新机构揭牌。新成立的国家税务总局常州市金坛区税务局具体承担全区范围内各项税收、社保费和非税收入征管等职责,将为纳税人和缴费人提供更加优质高效便利的服务。

【聚焦税收主业】 区税务局全年累计组织各项收入101.79亿元,突破百亿元大关。其中,完成税收收入82.73亿元,比上年增长6.39%;完成非税收入19.06亿元,增长13.35%。全口径一般公共预算收入突破50亿元,达51.6亿元,增长11.06%。税收优惠持续释放。落实各项税收优惠政策,全年共计减免税24.22亿元,实现政策落地"更解渴"、服务举措"再优化"、政策红利"正叠加"。税制改革稳步推进。增值税改革三项措施自2017年5月1日实施以来,累计减税2.37亿元;个人所得税改革累计减税0.48亿元;环境保护税顺利开征,入库税收0.12亿元。

【规范执法事项】 区税务局着力推进法治税务建设,成立依法行政领导小组,完善依法行政工作机制。强化政策法规培训,开展"营造法治营商环境"税务司法协作研讨。选优用好内外部法律人才资源,发挥专业团队支持作用。开展落实"放管服"要求等9项执法督察。上线运行内控监督平台,对175条执法疑点数据开展自我纠错和整改。严格落实执法责任制追究制度,依规追究3人次。深化与司法及地方职能部门的协作,就司法网拍税费征缴形成协作意见。全年共受理法院拍卖估税155户,涉及税款5669.85万元;受理破产清算的债权申报20户,入库欠缴税费与滞纳金合计1758.88万元,执行入库破产清算税费合计109万元。全年共推送各类风险应对任务301户次,风险应对完成362户次,任务完成率为120.27%,应对入库税3.2亿元(不含稽查),单户入库成效88.20万元,风险应对成效指标和单户入库成效指标均名列常州市局第一。

【优化纳税服务】 区税务局坚持"机构改革、服务先行",统筹抓好机构改革和税收工作,做到"税务机构改革推进一步,纳税人获得感增进一分"。优化简化税务登记注销等20多项改革标志性涉税事项,"一厅通办、一键咨询"等便民措施全面落地。全年办税服务厅日均叫号量超150人次,单件平均办结时长3分钟(不包括需后台流转事项),纳税人评价满意率达99.97%。深化"放管服"改革,对接"3550"改革要求,推进"新办企业综合套餐"服务,全年累计办理新办企业综合套餐1619家,推广使用率达100%。践行"网上批、快递送、不见面"服务理念,发布办税事项"全程网上办"和"最多跑一次"清单,落实各项便民办税举措。系统整合、资料简并、模式更新,为纳税人大幅减少办税成本。 (陈方圆)

审 计

【概况】 2018年,全区审计工作创新理念,规范审计行为,突出审计重点,依法全面履行审计监督职责,完成审计项目27个(不含区领导临时交办的跟踪审计项目),提交审计报告和专题报告

7月20日,国家税务总局常州市金坛区税务局挂牌成立 (区税务局 供稿)

等45篇,审计查出管理不规范金额22.42亿元,发出移送处理7份、审计决定9份,促进增收节支和避免损失9.81亿元,促进建立健全制度19项,制定整改措施46个。2017年“同级审”项目和农林局经济责任审计项目分获常州市优秀审计项目、表彰项目。

【政策落实跟踪审计】 2018年,区审计局开展省级商务发展和战略性新兴产业专项资金审计、减税降费政策措施落实情况跟踪审计,派出12人的审计组参加省审计厅组织的宿迁沭阳政府债务审计。开展全区2015—2017年排污费征收及管理情况审计。推动区财政局、环保局联合出台《常州市金坛区污染物排放统筹资金管理办法》。

【财政审计】 年内,开展2017年度全区预算执行审计,重点关注财政收支质量、财政管理水平、预算政策执行、政府债券发放使用以及中央八项规定落实等情况。对常州浩然工程咨询有限公司、江苏金沙拍卖有限公司、常州恒盛会计师事务所有限公司等5家中介机构执行税法情况进行延伸审计。对部分企业未能及时申报缴纳税款、部分代征工会经费未能足额申报缴纳等问题移送地税部门并已缴纳到位。促进出台《加强区级单位政府采购内部控制管理的指导意见》和《常州市金坛区政府采购行为规范》。延伸查看区粮食局、环保局、旅游局、检察院、卫计局、商务局、规划局、常州市公安局金坛分局8个部门预算执行及其他财政收支情况。

【民生资金和项目审计】 年内,相继开展城镇保障性安居工程、城乡居民基本医疗保险基金、公交企业亏损情况、2016年粮食生产全程机械化省补资金专项审计。由区统计局参与审计的武进区审计项目认真做好反馈,针对发现的武进保障房棚改项目贷款需求测算不合理使部分资金闲置、购买棚改服务实行公开招投标以外的采购方式未按规定履行报批手续等问题,武进区政府主要领导作出专门批示,要求高度重视,积极整改到位。武进区公共资源交易管理委员会根据审计建议出台《进一步加强镇级公共资源交易工作的指导意见》,加强对镇级工程建设、政府采购等管理力度。

【公共投资项目审计】 年内,完成金城镇元巷小区安置房,开发区标准厂房,段玉裁实验小学、中学等389个工程结算1915份,送审金额66.39亿元,直接核减项目工程款9.63亿元。同时,审计部门采用定点与定期审计方法,对区人民医院整体迁建、茅山旅游大道、华罗庚中学等96个重点工程开展跟踪审计,跟踪审计投资金额198.21亿元。

【经济责任审计】 年内,完成粮食局、商务局、常州市公安局金坛分局等11家单位原主要领导经济责任审计。全面推进领导干部离任自然资源资产审计,与农林、国土、环保等部门协调,成立自然资源资产审计专家库。开展指前镇、东城街道、尧塘街道自然资源资产审计。 (孙 蕾)

(编辑 刘士科)

发展计划管理

【概况】 2018年,全区以“两个加快攻坚突破年”为主旋律和主基调,克难奋进,苦干实干,经济社会继续保持快速发展的良好态势。实现地区生产总值801.93亿元,比上年增长11%;一般公共预算收入56.55亿元,增长10.5%,税收占比87.47%;固定资产投资增长12.4%;社会消费品零售总额305.7亿元,增长9.7%;外贸进出口总额156.7亿元,增长11.2%;城镇居民人均可支配收入50770元,增长8.3%;农村居民人均可支配收入26283元,增长8.6%,主要经济指标增幅连续5年位居常州6个辖市区、苏南43个县(市、区)前列;单位地区生产总值能耗和主要污染物减排完成目标。

【规划修编】 2018年,立足高起点谋划城镇发展空间,为金坛高质量发展提供载体,全面完成各镇、板块总体规划、控制性详细规划和城市设计,发挥城乡规划在功能完善、产业发展、资源集约和乡村振兴中的统筹引领作用。加强各行业专项规划研究,高起点规划编制“三新一特”产业发展报告暨招商指南;高质量完成“十三五”规划中期评估,经人大常委会审议通过;高标准完成区域道路交通深化规划和道路红线系统规划、滨湖新城建筑色彩规划、居住社区发展规划等,全面启动金坛区轨道交通站点枢纽及金坛大道快速化研究、城市公共空间设计引导研究。

【资金争取】 年内,积极向上争取各类专项扶持资金15.7亿元,其中,大乘汽车获中央财政补助资金1.8亿元,中航锂电、盛利维尔分别获省战略性新兴产业专项扶持资金2000万元和1000万元,同方威视获省科技成果转化奖励资金1000万元。加大企业股改上市支持力度,全年发放奖励资金超1700万元。创新银政企合作机制,深入开展“行长园区行”活动,全年达成综合授信意向超200亿元,有效缓解民营企业融资难问题。着力协助小微企业吸纳外部创新资源,邀请清华博士入驻企业,提供创新支持。清华大学博士生社会实践金坛基地被授予四星级基地称号。

【项目突破】 年内,签约引进项目150个,协议总投资622亿元,其中新能源汽车、移动智能终端、5G移动通信网络和光伏新能源产业占60%。重大项目连续突破,先后引进协议投资80亿元的蜂巢能源动力锂离子电池项目、52亿元的中晟精密智造项目、32亿元的微宙信息电子精密元器件项目、30亿元的诚镓消费电子精密结构件项目、3.5亿美元的韩国SK新能源汽车电池隔膜研发与产业化项目。德国工业4.0(金坛)制造基地挂牌成立,新光凯乐、埃斯杰贝等4个德国行业隐形冠军项目签约落户,协议总投资4493万欧元,特色产业加速集聚,为全区加速发展奠定坚实基础。项目推进成绩斐然,北电爱思特、海目星、信维通信、飞荣达、鹏辉锂电等一批重点项目加快推进,贝特瑞、大唐热电联产等一批项目竣工投产。强化要素保障,推进政府性投资项目建设,全年完成投资64.9亿元,其中,区第一人民医院、华罗庚中学滨湖校区等项目加快推进,人力资源市场和培训中心、殡仪馆移址新建、常州市动物卫生处理中心等项目竣工。

【旧城更新】 年内,金沙老城改造更新稳步推进,启动司马坊、西环二路、市场路等提升改造工程,完成下塘河二、三期贯通改造,南一环、虹桥路改造基本完工,金坛第一污水处理厂移址新建、区第三人民医院(金坛妇幼保健院)综合病房大楼等一批项目启动建设。

【安居工程】 全年新开工建设棚户区危旧房(安置房)改造7164套,完成省定目标179.1%;安置住房困难家庭经济适用住房235套,完成全年目标任务117.5%;对97户住房困难家庭发放租金补贴,完成全年目标任务121.3%;公共租赁住房实物配租28户,完成目标任务140%。

(范丞明)

国土资源管理

【概况】 2018年,区国土资源管理工作紧紧围绕全区“加快项目引进、加快项目建设”攻坚突破,坚持抓重点,破难题,求实效,着力推动保护更加精细、保障更加精准、调控更加精明,有效服务全区经济社会高质量发展,区国土分局连续三年获区集体三等功。

【发展保障】 年内,先行开展土地利用总体规划“十三五”中期评估省级试点,成功争取新增规划流量指标1000公顷。在全省率先完成土地利用总体规划修改方案编制,并获得省人民政府批复实施。组织报批各类项目用地818.4公顷,保障一批重点产业项目和基础设施建设用地需求。全年供地230宗、面积690.96公顷,出让金总额150.28亿元。

【资源保护】 年内,完成耕地占补平衡项目53个,新增耕地324.24公顷;增减挂钩复垦项目109个,新增农用地255.16公顷;工矿废弃地复垦项目30个,新增农用地50.9公顷。渚山矿山、狮子山膨润土矿完成环境恢复治理方案编制并进入招投标。出台《常州市国土资源局金坛分局2018年大气污染防治攻坚工作专项方案》,对两家矿山企业的3个露采矿山就抑尘设备和相关措施进行跟踪检查;全面排查收储地块,对需要拆除相关建筑物的地块,派专人进行日常监督。开展违法违规用地整改工作,违法违规用地整改工作纳入各镇(区)综合考核。

【节约集约】 年内,调整工业用地出让最低价标准,10月1日起,金坛经济开发区范围内不低于450万元/公顷,乡镇园区不低于420万元/公顷,在全市率先推行工业用地容积率必须大于1.0的政策。全年盘活存量用地405.33公顷。开展全区工业用地资源节约集约利用绩效评价工作,以单位用地税收、单位用地产出、单位能耗税收等为主要评价内容,将企业分为A、B、C、D四类,建立正向激励和反向倒逼机制。

【自然资源调查试点】 年内,金坛区作为全省第三次国土调查四个先行试点单位之一,按照“实事求是保质量”的原则,全面完成国家下发卫片覆盖区域所有调查任务并形成阶段性工作总结,为全区经济社会发展提供最大化资源保障,同时为下一步编制国土空间规划提供翔实基础数据。6月,自然资源调查试点工作正式启动,采取“先整合后调查”方式,完成水资源、矿产资源、林业资源资料收集工作,下一步将形成全区自然资源调查数据库。

【服务优化】 年内,不动产登记服务“放管服”改革成效显著,当前承诺时限(继承等复杂登记事项除外)从30个工作日全部缩减至3个工作日完成,查解封登记和抵押权注销登记立等可取。制定下发全区拆迁安置房不动产登记工作方案,实现不动产登记进社区,拆迁安置群众不出小区即可领取不动产权证,在金城镇、直溪镇安置小区受理4000余份,发放证书3600余份。9月,金坛不动产登记党支部被省自然资源厅授予全省第一批“党员先锋岗”称号。 (陆思民)

城乡规划管理

【概况】 2018年,全区规划工作紧扣区“两个加快攻坚突破年”目标,围绕“规划提质、管理提升、数据完善、布展有序、从严治党、党建创优”攻坚突破,进一步解放思想,担当作为。在“2+8+2”12个板块(即滨湖新城、金沙老城两大城市发展板块,金坛经济开发区、华科园、金科园及5个镇现代产业园8个工业发展板块,茅山、长荡湖两大旅游发展板块)规划的指引下,以生态红线为底线,以城乡融合发展和乡村振兴为目标,规范规划编研管理,稳步推进各项规划编制工作。

【规范规划编研管理】 年内,出台《金坛区城乡规划编研审批流程》《金坛区规划局规划编研项目实施管理规定》《金坛区控制性详细规划管理规定》《金坛区规划局规划编研项目归档标准》《金坛区规划局规划编研项目合同管理规定(试行)》《常州市金坛区城乡规划类专家评审管理暂行办法》《常州市金坛区区级规划专项资金管理办法》《常州市金坛区规划局政府采购内部控制管理暂行规定》8项规划编研管理制度,进一步规范规划编研全流程管理。

【推进规划编制】 年内,完成《2018年度金坛区重点规划编制及策划项目计划清单》的制定,并根据清单及规划建设需要开展全年编研工作。完成12个重点板块的总体规划、城市设计、控规的报批、归档;会同茅山旅游度假区完成茅山风景名胜区总体规划的修编;会同环保等部门开展生态保护红线校核工作,结合金坛保护与发展实际,优化生态红线;配合国土部门开展土地利用总体规划局部修改和建设用地布局研究,为项目建设提供规划依据和空间;优化完善乡村振兴战略村庄布局规划成果;开展城市建设用地现状数据处理工作,为金坛城乡规划提供信息化技术支撑;完成茅山飞行营地、垃圾焚烧厂以及滨湖新城内学校、医院等重点项目的初步选址研究;参与城乡融合发展试验区总体方案的研究,重点完成“总体布局”章节的起草。

【管理提升】 年内,全面落实会议及公示制度,召开规划委员会1次、规划评审会13次、部门论证会56次、专家评审会29次、项目审查例会42次,全力推进钱资湖大桥、金沙科技金融中心、第一污水处理厂等53个政府投资重点项目的建设,有力推进定销商品房规划方案设计,保障茅山颐园等9个开发类项目建设。创新举措服务工业项目,制定出台《工业类项目服务操作细则》,为东方日升等38个重点工业项目提供全程跟踪服务。

【数据完善】 年内，完善数据库，各板块规划成果及地下空间普查、公共公用设施普查成果全部入库。继续推行数据共享，免费为各镇、街道、园区以及住建、交通、农林等30多家单位提供77次数据服务。

【城市形象馆开馆】 12月16日，金坛城市形象馆正式开馆。该馆面积约5700平方米，主体三层，主要展示介绍金坛的城市概况、历史文化、发展成就、规划愿景、交通规划、重点板块规划、产业发展情况等。该馆已成为展示区情的窗口。（邓丽萍）

市场监督管理

【概况】 2018年，全区市场监管工作全面履行简政放权、帮企助企、监管执法、消费维权等工作职责，切实为金坛高质量发展和高速度增长营造宽松便捷的市场准入环境、公平有序的市场竞争环境和安全放心的市场消费环境。

【市场主体发展】 2018年，全区新设各类市场主体7026家，注册资金260.21亿元，月均诞生市场主体586家。其中，新设私营企业1772家，注册资金156.26亿元；新设个体工商家4924家，注册资金11.34亿元。截至2018年12月底，全区各类市场主体48775家，注册资金2389.44亿元。全年引导104户个体工商户转型升级为企业，注册资金2.79亿元。

【优化市场准入环境】 2018年8月1日起，在全区范围内全面推行市场主体名称自主申报。12月，全区名称自主申报率86.4%，位列常州辖市区第一。全面深化"3550"（开办企业3个工作日内完成、不动产登记5个工作日内完成、工业建设项目施工许可50个工作日内完成）改革，积极推广应用不见面审批，全区新创企业全程电子化登记率6.76%，新创企业工商登记审查和办结平均时间分别为1.15天和1天，"3个工作日完成企业开办"达标率100%。

【融资登记】 年内，办理动产抵押登记64件，担保主债权12.48亿元；办理股权出质登记58件，助企融资139.28亿元。

【商标品牌标准建设】 年内，全区新增国内商标注册646件、马德里国际商标3件。"正信"被认定为中国驰名商标，"金坛红香芋"成功注册为国家地理标志商标。完成标准备案153个，东方盐湖城文旅闲养小镇服务业标准化试点获批省级服务业标准化试点，填补全区省级服务业标准化空白。

【质量强区建设】 年内，成功组织第一届和第二届"金坛区区长质量奖"评选活动，常州斯威克光伏新材料有限公司、正信光电科技股份有限公司获评首批"金坛区区长质量奖"企业。新发展常州市质量管理先进单位1家（正信光电科技股份有限公司），质量信用等级评价AA级企业1家（正信光电科技股份有限公司）、A级企业5家；中盐金坛盐化谢兴胜、大乘汽车朱琛琦获评常州市"最美质量人"。

【诚信建设】 2018年，积极组织企业参加第四届江苏省"十大诚信标兵""百名诚信之星"评选、"江苏好人""常州好人"评选等各类活动。易成电力公司潘荣粉获江苏省"最美诚信之星""十大诚信标兵"和"诚信之星"称号，五香居孙洪留先后获江苏省"诚信之星""常州好人"和"江苏好人"称号。

【市场主体信用信息公示】 年内，10844家企业、27248户个体工商户和786户农民专业合作社完成信用信息公示，分别占应报数的89.6%、92.4%和78.4%，企业和个体工商户年报率均位列常州辖市区第一；列入经营异常名录企业1462家。

【"双随机一公开"】 年内，针对全区企业组织开展"双随机一公开"（随机抽取检查对象，随机选派执法检查人员，抽查情况及查处结果及时向社会公开）工作，共双随机抽查企业763家。

【市场综合监管】 年内，研究制定《市场综合监管实施办法》，针对不同监管对象类型分别制定《市场综合监管检查表》，对企业一次检查涵盖全部市场监管事项，实现一次上门、全面体检、综合会诊，组织实施市场综合监管检查企业200余家。

【食品安全监管】 2018年，启动省级食品安全示范区创建，围绕食品"三小"（食品小作坊、小摊贩和小餐饮）、网络餐饮、大桶水、非洲猪瘟等热点组织开展11项专项整治行动，检查食品生产流通餐饮企业5772家次；针对投诉举报多、问题隐患多、媒体曝光多的食品组织抽检2860批次，占全年计划的102.14%，其中不合格食品63批次（均已责令整改），合格率97.8%；建成食品小作坊集中加工区1家并率先通过市级验收，建成食品小摊贩集中示范区2家，超额完成全年目标任务。

【特种设备安全监管】 年内，组织开展"特种设备安全执法提升年"活动，检查特种设备使用单位334家、设备350台。积极推进特种设备数据信息采集工作，采集上传数据信息1.23万条，占设备总数的98%，在全市率先通过考核验收。

【药品药械安全监管】 年内，围绕疫苗、冷链管理、"两票制"等热点组织开展11项专项检查，检查药械生产经营使用单位456家次。扎实开展药品药械不良反应（事件）监测，上报药品不良反应报告595份，其中新的严重不良反应报告119份，占比20%；上报医疗器械不良事件报告

474 份,其中新的严重不良事件报告 32 份,占 6.75%。

【执法稽查】 年内,全面加大执法稽查力度,不断优化行刑对接、联动执法机制,严厉查处重点行业、假冒伪劣商品、商标广告合同违法行为,查处违法案件 132 起,案值 34.03 万元,向公安部门移送案件 8 起。

【消费维权】 年内,组织开展食品安全宣传周、安全用药月等各类宣传活动,积极推进消费投诉举报受理规范化建设,受理消费投诉举报 1985 件,其中投诉 1364 件、举报 520 件、投诉兼举报 101 件,按时办结率 100%。

【放心消费创建】 年内,创成省级放心消费先进单位 2 家(常州金坛大众酒店管理公司、江苏五香居食品有限公司),市级放心消费先进单位 16 家,放心消费创建活动知晓率 92.9%,位列常州辖市区第二。园林大酒店“打造 4D 安全厨房守护舌尖上安全”入选常州市十大“百姓最有获得感和幸福感”惠民实事工程。

【平安市场创建】 年内,围绕商品交易市场参创率 90%、达标率 85% 目标,扎实推进平安市场创建工作,评定平安市场创建达标单位 19 家。常州市金坛城南综合市场有限公司和常州金坛春风综合市场有限公司获评常州市平安市场创建“十佳”示范点市场。

【药品回收】 年内,全力推进药品回收工作,推动 300 余家药品零售企业设立药品回收点,鼓励引导药品零售企业建立药品回收奖励机制,结合“安全用药月”组织开展“清理家庭小药箱、安全用药保安全”活动,引导群众积极参与药品回收,回收过期失效药品 5.92 万盒,回收点累计发放药品优惠抵用券 2 万余元。

【餐饮质量提升】 年内,全面推进餐饮行业质量提升,致力培育一批餐饮质量安全示范街(区)和示范店(食堂),建设餐饮质量安全示范街 1 条(茅山仙姑旅游风情小镇餐饮示范街)、示范店 41 家。

【计量惠民工程】 年内,组织对全区 19 家集贸市场,96 家村级卫生室、计生站、福利机构的 1201 件在用计量器具实施免费检定,计量器具调试后合格率 100%。在元旦、春节、端午、中秋等重点时段组织针对超市、大米、月饼、加油机等热点开展计量专项监督检查,确保商品净含量及标注合格率和企业在用计量器具计量性能稳定可靠。积极推进诚信计量体系建设,在集贸市场、商店(超市)、眼镜店、加油站中组织开展诚信计量示范单位创建活动,申报诚信计量示范单位 5 家。全面实施强检免费政策,通过网上申报、核定并免费检定强检计量器具 5452 台(套),为企业减负 48.81 万元。

【“阳光餐饮”工程】 年内,大力推进“阳光餐饮”民生实事,以“一老一小”(养老院和学校)食堂、大中型餐饮服务单位、规模企业食堂为重点对象,推动全区餐饮单位依托“阳光餐饮”亮信息、晒厨房,建成“阳光餐饮”单位 634 家(任务数 462 家),在常州辖市区率先超额完成全年“阳光餐饮”建设任务。

【“安心菜场”建设】 年内,继续推进“安心菜场”建设,引导农贸市场严格落实开办者管理责任和销售者“第一责任人”责任,实现农贸市场主体责任、检测结果、监管结果和社会监督“四公开”,建成“安心菜场”8 家。

(李　泉)

安全生产监督管理

【概况】 2018 年,区安全生产监督管理工作以习近平新时代中国特色社会主义思想为指导,从全区“两个加快”攻坚突破、各类风险挑战不断增多的客观实际出发,加强领导、落实责任、强化法治、打非治违,促进安全生产形势保持总体平稳。

【组织领导】 2018 年,全区严格落实安全生产“党政同责、一岗双责”责任。区委常委会、区政府常务会定期研究安全生产工作,听取安全生产工作汇报。区安委会制定安全生产巡查办法、约谈办法等规范性文件。年内,部署开展重点行业(危险作业)专项整治。组建工矿商贸等 14 个安全生产专业委员会,第一主任由区政府各分管负责人担任。部署开展全国“两会”、进博会、夏季高温、元旦、春节等安全生产大检查,区委、区政府领导带队开展检查。7 月,区政协视察调研安全生产工作。11 月,区人大视察《中华人民共和国安全生产法》贯彻实施情况。

【专项整治】 2018 年,开展危化品、烟花爆竹、建筑施工、道路交通、简易升降机等安全生产专项整治。全区危化品从业单位 248 家,其中生产 9 家、使用 8 家、经营 231 家。抓好培丰化工集中区和江苏宝联等 24 家化工企业安全关停工作;全区烟花爆竹零售经营证 219 家,抓好销售旺季专项整治和城区禁放准备工作,查处违法销售窝点 1 处,没收违法销售制品 465 箱;全区监督在建工程项目 154 项,建筑面积 558.15 万平方米,抓好施工现场监控系统等三大信息系统推广使用;落实“平安交通”建设三年行动计划,抓好交通基础设施安全保障能力提升工程等“五项工程”;全区特种设备使用单位 1000 余家、特种设备 1.1 万余台,抓好简易升降机专项整治。开展危化品运输车辆、群租房火灾隐患、电动车火灾隐患、瓶装液化气等专项整治,提高火灾防范水平;开展城镇燃气管网专项整治,制定下发《关于进一步加强城镇燃气管道安全监管工作的通知》,严防第三方施工不当引发的事故。开展有限空间作业专项整治,排查具备有限空间企业 180 家全部建立监管台账，开展有限空间作业交叉执法，立案查处企业7家。开展金属融熔专项整治，对全区46家高温金属融熔企业全部建立监管档案。开展粉尘涉爆专项整治，督促47家木质、粮食和金属粉尘企业落实防爆控爆措施。开展尘毒危害专项整治，督促51家汽车制造、零部件生产、维修企业和铅酸蓄电池企业落实职业病防护措施，责令关闭2家。

【安全生产执法提升】 2018年，全区开展"安全生产执法提升年"活动，制订年度安全生产执法计划，270家高危行业领域企业、存在危险作业企业等纳入执法计划，检查企业375家次，核查举报22起，发现并责令消除事故隐患2300余处，立案查处行政许可类、隐患管理类、应急救援类、承包租赁类等违法案件126起，罚款721.71万元。开展事故调查处理和问责，公开曝光典型案件、事故36件，建议追究刑事责任11人。

【主体责任落实】 2018年，全区开展落实企业主体责任三年专项行动，督促企业做到安全责任、培训、管理、投入和应急救援"五到位"。开展安全设施、职业病防护设施检查，为项目建设保驾护航。开展安全生产标准化创建，295家企业创建三级标准化。开展安全风险辨识与隐患排查治理双重预防机制建设，369家医化、冶金、机械、建材等企业建立双控机制。开展诚信体系建设，切实摸清企业底数，1952家企业开展诚信承诺申报。推广安全生产责任险，强化风险共担，151家企业投保安责险。开展三级安全生产教育，督促企业抓好企业、车间、岗位安全生产教育和技能培训，防范违反安全生产问题。开展各镇（区、街道）安监办规范化建设，各镇（区、街道）安监办基本做到机构、编制、人员、装备、经费、办公场所"六落实"，同时初步建立行政村（社区）安全管理网络。

【营造舆论氛围】 2018年，区开展第十七个"安全生产月"和安全生产宣传教育活动，印发安全生产宣传资料1万余册，制作安全生产责任体系、警示教育展板80块，在各镇（区、街道）进行巡展。在新闻媒体开设"聚焦安全""安全生产整点报时""安全生产在身边"专题，通过"金坛安监"微信公众号等载体，加大宣传力度。充分利用"金沙大学堂"暨区委理论中心组学习扩大会，专题宣讲《关于推进安全生产领域改革发展的实施意见》和《地方党政领导干部安全生产责任制规定》。开展高危行业企业负责人、安全管理人员和电焊工、登高作业等特种作业人员安全培训以及一般企业安全轮训，举办培训班49期，培训人员5704人。开展应急救援演练，举办东方盐湖城旅游公共安全突发事件、危化品泄漏、茅山旅游大道防汛、中小学校车逃生、公交车消防等应急救援演练30余场次。 （王俊华）

物 价 管 理

【概况】 2018年，区价格工作坚持改革创新和监管服务、促进民生保障和改善，努力为全区经济健康平稳增长与社会和谐稳定发展创造新作为、实现新担当。全区主动落实房地产价格调控政策，深入实地调查、客观分析情况，采取集体审议的方式，严格按照政策调控住房价格，有效抑制房价的过快上涨。稳妥推进资源性产品价格改革，调整供热价格1次、非民用天然气价格2次、工商业电价4次。其中4次降低工商业电价为全区工商企业节省电费成本支出3000多万元。进一步发挥平价商店稳价惠民作用，作为全省平价商店优惠券活动7家试点之一，在主动调动平价商店积极性的同时，全力做好精准扶贫的惠民举措，向金坛主城区低保家庭和困难职工发放平价商店优惠券917张，回收使用881张，使用率96%。积极开展调查研究为经济工作提供决策依据，特别围绕领导关注的重点问题和群众关心的热点问题开展研究，先后完成2018年农户存粮情况调查、粳稻成本预测调查等20多项市场调查，提供可靠管用的资料，推进价格工作落实。

【价格监管】 2018年，认真开展年度收费情况报告，审查各收费单位上报的2017年度收费情况（报告率100%），统计全区2017年行政事业性收费总额2.83亿元，占一般公共预算收入的5.54%，比上一收费年度下降7.21%。积极推进清本降负减费工作，全年取消收费项目6项，停征收费项目2项，降低收费标准项目4项，减轻企业和群众负担1500余万元。及时出台相应收费政策，对全区基层医疗卫生机构医疗服务价格政策进行调整。

【规范市场秩序】 年内，着重开展市场价格巡查，对主要街区的商家进行重点巡查，对城区主要商场卖场（超市）、专业市场等近460户经营者继续实行等级登记管理制度，做到常监督、常提醒、常规范。加强节日市场价格监管，在传统节假日期间安排60余人次，认真监管大型商场、超市、农贸市场、停车场、旅游景点、客运车站等消费热点经营户近300户次，纠正明码标价不规范行为40余起，发放宣传资料200多份，引导广大经营者规范自身价格行为。组织完成创建工作，组织2017年度金坛区价格诚信单位创建活动，评选出15家区级价格诚信单位，其中百姓大药房获得"2017年度常州市价格诚信单位"称号，东方盐湖城旅游发展有限公司获得"2017年度常州市价格诚信单位"和"2018年度江苏省价格诚信单位"的荣誉称号。积极开展价格专项检查，认真受理价格举报投诉，全年收到停车收费类、医药价格收费类、房地产及物业管理收费类价格举报（咨询）件112件，100%处理完成，退还消费者1640万余元。

【精准价格认定】 年内，扎实做好价格认定，依据相关制度程序，做到认定规范化、程序化、阳光化，确保本级认定

"零争议、零复核"的良好态势,助力司法维稳和社会稳定。全年完成价格认定1567件,认定金额23401.9万元。创新优化工作程序,对接运用常州市价格认定系统软件,推进信息化建设,逐步实现价格认定工作的"线上管理""不见面审批"和"无纸化办公"。

(姜涛晔)

【供气经营服务性收费】 年内,根据省物价局和常州市物价局相关文件要求,明确供气经营服务性收费项目。实行政府定价管理的项目有4项,具体收费标准为补办燃气交费证工本费5元/户,燃气复供费和燃气设施移改费180元/户/次,新建普通商品住宅管道燃气设施建设安装费2900元/户。燃气表后设施改装费、燃气户内设施拆除费、民用燃气表校验费、居民用户上门费、非居民用户服务费等供气经营服务性收费项目实行市场调节价。 (李献智)

【调整非民用管道天然气销售价格】 2018年11月1日至2019年3月31日,对非居天然气价格实行阶段性调整,中准价上调0.47元/立方米,按照上浮15%,最高销售价格上调0.53元/立方米,由3.27元/立方米调整为3.80元/立方米。2018年8月起,对残疾人康复托养机构用自来水和管道天然气价格实行优惠,按居民生活用水、用气价格中的非居民用户价格标准执行。 (冯鲁明)

【存量房涉税价格认定】 4月10日,区存量房涉税价格认定工作管理平台正式上线运行,标志着区涉税价格认定工作全面实现"线上管理""不见面审批"和"无纸化办公",即从存量房交易纳税人涉税申报开始,整个工作流程从线上运作,纳税人与税务工作人员、税务工作人员与价格认定工作人员不需要见面沟通,涉税价格认定不需要人工计算,涉税认定档案系统自动保存。平台的运行保障涉税认定工作的高效准确性,节约行政运行费用,方便群众"办快事、办好事"。

(姜涛晔)

统　计

【概况】 2018年,全区统计工作认真贯彻落实区委十三届五次全会和上级统计工作会议精神,深化统计管理体制改革,高点定位,突出重点,大力解放思想,齐力攻坚突破,经济普查各项工作稳步有序推进。

【经济普查工作】 2018年,按照新时期开展经济普查面临的新形势和新要求,扎实组织第四次全国经济普查各项工作。区统计局及时成立第四次全国经济普查领导小组,切实加强对普查工作的组织领导。提请区政府下发《关于我区做好第四次全国经济普查工作的通知》,明确各级各部门开展普查工作的具体内容。区政府分管领导多次组织召开会议,研究部署经济普查工作,率队深入社区、企业等普查一线,考察指导单位清查登记工作。制定以政治素质、业务素质、身体素质为主要内容的选调标准,按照全区普查工作的需要,选调组建600人的普查队伍。通过微信公众号、网站、《金坛时报》经普专栏和区电视台经普系列报道,营造普查氛围。

【统计改革】 2018年,根据国家、省、市统计局地区生产总值统一核算改革要求,认真研究季度地区生产总值核算方案,强化与各部门、各专业的沟通联络,利用统计新干线建立国内生产总值核算指标数据台账,每月做好核算指标数据监测,季前做好各项核算指标数据评估测算,为统一核算工作奠定基础。为了体现科技创新和技术进步应有的经济价值,准确反映研发活动对地区经济的贡献,严格执行国家统计局《研发支出计入地区国内生产总值核算方法》,组织完成研发投入计入国内生产总值核算的历年数据调整工作,逐步实现国内生产总值总量、增速与结构的基本衔接。

【服务成效】 2018年,区统计局创新工作思路,主动和发改、经信等部门进行沟通联络,积极探索构建与经济发展新常态相适应的产业统计监测体系。加强区域发展比较分析,开展课题研究,努力在服务区委区政府实施经济管理实践中提升统计地位。围绕"十三五"时期"1281"(实现"十三五"末,即2020年,全区工业实际投入超1000亿元;工业开票销售收入、一般公共预算收入、地区生产总值分别超2000亿元、80亿元、1000亿元)目标,对照指标、跟踪进度、分析难点、开展预判、寻求对策,坚持把优化统计调查作为履行统计职能主要求,坚持以数据质量为中心,严格落实各统计专业方法制度要求,建立以质量和效益为核心的工业企业资源集约利用综合评价机制,优化产业发展要素资源配置,激励企业创新发展,为区委、区政府和有关部门及时掌握重点工作推进情况提供有力的信息支撑。

(郑鑫磊)

(编辑　储　劼)

科学技术

综述

【概况】 2018年,区科技部门全面实施创新驱动发展战略,制定出台《常州市金坛区科学技术局项目管理办法》,修订《金坛区科技局资金管理办法》,引导企业做好科技创新工作。产学研合作深入开展,先后与中科院山西煤化所、山西大学、中北大学、苏州大学、江南大学、常州工学院、江苏大学、河海大学等高校院所开展专题精准对接19场次。同时,抓实清华大学博士生社会实践金坛基地建设,金坛基地晋升为四星级基地。创新主体培育有力推进,全年新增高新技术企业38家,累计达124家。各级创新政策有效落实,向上争取科研经费3300万元。创新创业活力不断增强,在常州市创新创业大赛上,金坛10家企业获奖,其中常州万容新材料科技有限公司、江苏亿和新材料有限公司、江苏金坛绿能新能源科技有限公司获二等奖。

【项目与成果】 2018年,区科技部门组织科技攻关,加大推进企业科技成果转化工作力度,全年组织申报省级科技项目25项,获立项6项;申报常州科技计划项目79项,获立项44项。其中,中盐金坛承担的“基于盐穴的绝热非补燃压缩空气储能关键技术研发”立项省产业前瞻与共性关键技术项目,获支持资金170万元,同方威视科技江苏有限公司“基于深度学习的海关智能查验成套系统研发及产业化”获成果转化项目立项,获专项资金1000万元。积极筹备国家农业科技园区创建,新建国家级“洮湖渔夫”星创天地与省级茶叶机械化产业技术创新联盟各1个,江苏省特种水产产业和蔬菜产业农村科技服务超市2家,区级水产和稻麦工程技术研究中心2个。

【人才队伍建设】 2018年,区科技部门按照建设创新型城市要求,全面实施金沙英才计划。年内入选省双创人才1人,获资金资助100万元(常州唯一);入选省双创博士3人,各获资助资金15万元;获批常州市领军型创新人才培育项目2项,获资金资助30万元。至年底,建有院士工作站1个,入选国家千人计划1人,全区现有双创团队3个、双创人才14人、双创博士11人。

【产学研对接】 2018年,金坛区构建以企业为主体、市场为导向、产学研相结合的技术创新体系,深化科技经济对接,做好产学研合作工作。组织企业参加常州“5·18”暨第十三届中国常州先进制造技术成果展示洽谈会活动。其间,共收集企业技术需求30项、高校院所科技成果71项;组织邀请中北大学校长沈兴全、清华大学科研院主任张虎等8所高校院所领导专家30人参加专题产学研活动5次;签订合作协议15项,其中江苏亚邦强生药业有限公司——中国药科大学“头孢地尼(抗菌类化药)制剂新工艺的研发及产业化”等4个项目现场签约。全年组织各类专题产学研对接活动19场次,其中较大规模的有中科院山西煤化所——金坛区产学研对接洽谈会、金坛区政府与山西大学产学研对接洽谈会、中北大学——金坛产学研对接洽谈会、金坛区政府与中北大学全面战略合作协议签约活动、无锡职业技术学院——金坛产学研交流对接会。

【清华大学博士生社会实践金坛基地晋级】 2018年,清华大学发布博士生社会实践基地星级评定榜,金坛成为第一批晋升四星级的5家基地之一。自2005年起,金坛与清华大学进行全面产学研合作,双方共建博士生社会实践基地。14年中,金坛基地共接待156名博士生,涉及企业47家,帮助企业和单位完成124项课题研究,取得较好社会和经济效益。年内,金坛基地又接待13名博士生,开展8个课题研究和攻关。在金晟制药实践的博士胡佳宇,通过反复试验,工艺小试显示已经能够生产出纯度达99.5%以上的合格产品,这一项目获全校博士生社会实践成果二等奖。

知识产权管理

【概况】 2018年,区科技部门加强知识产权管理和宣传,组织开展以“变革

中北大学——金坛产学研对接洽谈会　　（区科技局　供稿）

的动力:女性参与创新创造”为主题的知识产权宣传月系列活动。邀请资深行业专利代理人与专家到中航锂电、埃马克、五香居、天马光伏、凡登等重点企业及开发区、直溪镇、薛埠镇、金城镇等相关园区作知识产权公益讲座,促进企业在生产经营中规避侵权、高效维权而健康发展。全区完成专利申请2423件,其中发明专利申请740件;获专利授权1444件,其中发明专利授权151件。万人有效发明专利达13.54件,PCT申请14件,获境外专利授权4件,其中美国专利授权3件。中盐金坛盐化有限责任公司《以石灰烟道气法二级盐泥为原料的二氧化硫吸收剂》获中国专利奖优秀奖。

【常州知识产权维权援助金坛分中心成立】　4月,常州知识产权维权援助中心金坛分中心在开发区高创中心挂牌成立,副区长王斌为分中心揭牌。近年来,金坛引进一大批旗舰型大项目和科技型中、小项目,全区每年专利申请量超2000件,专利授权量超800件,PCT国际专利申请量10余件。创新主体知识产权保护的高需求,使知识产权维权工作越来越重要。常州知识产权维权援助中心金坛分中心的成立,标志着金坛知识产权保护工作又迈上一个新台阶。

2018年金坛区获常州市创新创业大赛奖企业一览表

表11

序号	企　业　名　称	获　奖　等　级
1	常州万容新材料科技有限公司	二等奖
2	江苏亿和新材料有限公司	
3	江苏金坛绿能新能源科技有限公司	
4	凡登(常州)新型金属材料技术有限公司	三等奖
5	正信光电科技股份有限公司	
6	重庆长江造型材料常州有限公司	
7	常州斯威克光伏新材料有限公司	
8	常州市沃科科技有限公司	
9	江苏悦智生物医药有限公司	
10	中航锂电技术研究院有限公司	

2018年金坛区获认定高新技术企业一览表

表12

序号	企　业　名　称
1	常州市沃科科技有限公司
2	凡登(江苏)新型材料有限公司
3	江苏金盛陶瓷科技有限公司
4	江苏新永良线缆机械有限公司
5	乐庭电线工业(常州)有限公司
6	新鸿电子有限公司
7	信维通信(江苏)有限公司

续表12

序号	企 业 名 称
8	中盐金坛盐化有限责任公司
9	江苏华盛天龙光电设备股份有限公司
10	江苏来义包装机械有限公司
11	江苏顺丰铝业有限公司
12	索拉特特种玻璃(江苏)股份有限公司
13	中航锂电技术研究院有限公司
14	常州金坛群英机械有限公司
15	常州市金坛磁性材料有限公司
16	常州市金坛华兴汽车配件有限公司
17	常州市裕能石英科技有限公司
18	常州兆达睿光伏科技有限公司
19	常州志得电子有限公司
20	江苏铭纳阳智能装备有限公司
21	江苏福坛车桥科技有限公司
22	江苏新蓝智能装备股份有限公司
23	中航锂电(江苏)有限公司
24	江苏宝辰环保科技有限公司
25	江苏科凯新材料科技有限公司
26	常州源通电子科技有限公司
27	安普科技有限公司
28	江苏易成电力器材有限公司
29	常州市金坛奉献橡塑有限公司
30	江苏汤姆森智能装备有限公司
31	江苏万纳普新材料科技有限公司
32	江苏宏艺天地节能科技有限公司
33	常州科林线缆有限公司
34	常州瑞峰新能源有限公司
35	江苏东禾电声配件有限公司
36	常州金坛超创电池有限公司
37	常州中晶自保温墙体材料有限公司
38	常州市益瑞高分子材料有限公司

2018年金坛区获省知识产权管理标准化示范创建单位一览表

表13

序号	企 业 名 称
1	常州市双成塑母料有限公司
2	江苏鹿山光电科技有限公司

2018年入选省双创人才(企业创新类)一览表

表14

序号	姓名	所在单位	类别
1	于申军	中航锂电技术研究院有限公司	双创人才
2	戴静闻	中航锂电技术研究院有限公司	双创博士
3	李文斌	中航锂电技术研究院有限公司	双创博士
4	马旭强	中盐金坛盐化有限责任公司	双创博士

2018 年金坛区领军型创新人才引进培育项目一览表

表 15

序号	项目名称	承担单位
1	PHEV 用高安全功率型锂离子动力电池开发	中航锂电技术研究院有限公司
2	长寿命锂离子动力电池寿命仿真模型研究及应用	

2018 年金坛区获省科技企业家名单一览表

表 16

序号	姓名	企 业 名 称
1	房国荣	江苏金旺包装机械科技有限公司
2	胡丽萍	常州恒方大高分子材料科技有限公司
3	钱海鹏	凡登(常州)新型金属材料技术有限公司
4	盛荣生	盛利维尔(中国)新材料技术股份有限公司
5	宋大春	常州市沃尔核材有限公司
6	汪加胜	江苏鹿山光电科技有限公司
7	徐汉新	江苏亿和新材料有限公司
8	殷国亮	江苏南方光纤科技有限公司
9	张月平	江苏金昇实业股份有限公司
10	吴 潇	江苏金坛长荡湖新能源科技有限公司

2018 年金坛区实施省级科技计划项目一览表

表 17

序号	项目名称	承担单位	计划类别
1	新能源纯电动汽车轻量化关键技术研发及整车集成应用	江苏金坛汽车工业有限公司	工业支撑
2	基于整车轻量化集成技术的纯电动汽车研制		
3	异种材料结合的高强度轻量化车身研发	江苏金坛大迈汽车工程研究院有限公司	工业支撑
4	纯电动汽车高性能、轻量化的一体化动力总成系统关键技术的研发	江苏金坛绿能新能源科技有限公司	工业支撑
5	基于盐穴的绝热非补燃压缩空气储能关键技术研发	中盐金坛盐化有限责任公司	工业支撑
6	超深井钻探用高强耐蚀抗疲劳铝合金套管材料研发	江苏亿和新材料有限公司	工业支撑
7	高性能锂硫电池用多孔碳/硫复合材料的构筑、制备与性能研究	中航锂电技术研究院有限公司	工业支撑
8	三维大孔 PDMS 离子印迹复合膜的制备及其选择性分离钯离子的行为机理研究		
9	有限元仿真技术在锂离子动力电池开发中的应用研究		
10	保鲜酱卤肉制品品质、安全协同关键加工技术研究及产品开发	江苏五香居食品有限公司	农业
11	倒置式系列数控机床国际合作研发及产业化	江苏金昇实业股份有限公司	工业支撑
12	地下盐矿资源化综合利用技术的研发及产业化	中盐金坛盐化有限责任公司	工业支撑
13	新一代智能化宽幅高产梳棉机的合作研发	卓郎(常州)纺织机械有限公司	工业支撑
14	基于深度学习的海关智能查验成套系统研发及产业化	同方威视科技江苏有限公司	工业支撑

(王辰罡)

防震减灾

【概况】 2018年,金坛区地震局以高效有序的震情处置机制,抓好震情监视,加强台站监测设备管理工作,保障地震台站仪器正常运行。落实震情值班工作责任制,值班工作人员手机24小时开通,确保通信联络畅通。坚持震情分析会商制度,按时参加常州市地震局组织的季度震情会商会。做好地震监测设施设备的运行维护和地震观测环境保护工作,确保监测设备正常运行、地震监测资料持续可靠、信息传输及时准确。同时,对测震摆进行维修,确保测震系统稳定工作。年内,区地震局行政职能划入金坛区住房和城乡建设委员会。区地震局主动与区住建委抗震办和审图中心开展工作对接,依托住建委抗震办和审图中心对全区建设工程展开抗震设防审查工作,确保建设工程抗震设防工作规范有序。

【科普宣传】 5月,在全国第十个“防灾减灾宣传周”期间,区地震局联合红十字会、西城街道围绕“行动起来,减轻身边的灾害风险”主题,在文化社区广场开展“安全知识进社区,减灾意识入人心”的防灾减灾科普知识宣传活动,现场以发放宣传用品、图片展示、急救培训等形式,向社区居民宣传应急救援知识,提高预防避险、自救互救的能力。同时,区地震局组织机关工作人员到区地震台和区综合防灾减灾体验馆参观学习,详细了解地震科普知识,掌握防震避震基本技能,认识自身工作重要性。

【项目建设】 2018年,为支持苏南沿江铁路工程和茅山旅游大道的规划建设,金坛区地震局协助江苏省地震局,对铁路规划线路开展地震影响评估并获得通过。对影响茅山旅游大道工程建设的茅山断裂带监测点,配合省局做好项目搬迁论证和协议签订等工作,新建地震监测点正在施工当中。5月,国家地震裂度速报与预警工程项目的初步设计方案获国家发展改革委员会批复,工程项目已全面启动。为配合江苏省子项目实施工作,按照国家工程总体实施方案和工作计划要求,金坛区地震台站的观测室位置调整、速度计信号电缆改造、光纤增加及供电设施改造和观测室防雷改造将顺利实施,为省工程项目建设做好必要准备工作。 (赵亚平)

气象科技

【概况】 2018年,金坛气象工作以优质服务为宗旨,不断提高预警预报准确率,增强应对灾害性天气和气候变化的能力。全年共发布天气公报35期、旅游专报52期。此外配合上级部门完成风云四号卫星接收站的建设,并制定专门的工作制度和流程,确保风云三号、四号卫星接收装备的运行、维护和资料处理。地面综合气象探测业务质量和农气观测气象观测质量均达到上级部门要求,常规气象观测资料传输率、新长Z数据资料传输及时率、自动土壤水分观测数据资料传输及时率、自动站质量控制反馈率达到99%以上,名列全省区县综合业务质量第38位、常州市业务质量第一名。按照精简、统一、效能原则,气象服务窗口深入推进“3550”和“不见面审批”改革,做好简政放权“减法”、做强监管“加法”和优化服务“乘法”。4月,在政务服务事项管理平台上同步完成市、县(区)级公共服务事项清单和指南入库工作。全年在金坛政务网一体化平台网上办结审批事项51件。其中,施放气球活动许可39件;防雷装置设计审核许可11件;防雷竣工验收许可1件,办结率100%。

【气象服务】 2018年,区气象局较好完成春运、“五一”、国庆等重大节假日及中考、高考的气象服务任务,对1月的暴雪、连续高温、四次台风等灾害性天气发生前后,通过发布天气公报、信息专报、预警信息传真、短信、电视、微信、微博和钉钉平台等方式做好全程预警预报等服务工作。在茅山山地半程马拉松赛、第四届中国·金坛雀舌茶道会、第三届中国河蟹产业发展高峰论坛暨2018海峡两岸河蟹大赛等重大活动期间,依照组委会总方案,制定专门的气象服务方案,以精准的预报、优质的服务为活动顺利开展提供保障。在春耕春播、夏收夏种、秋收秋种等重大农事发生灾害性天气时,深入田间地头,详细了解种植大户的农业气象服务需求,制作专题材料40期,服务人员对农业点对农户专程上门现场指导,实施“保姆式”气象服务。

【安全工作】 2018年,区气象局对安全生产工作各个环节进行系统排查,重点排查以道路交通安全、人工影响天气作业安全、消防安全、用电安全、防盗安全、食品安全等工作生产环节的安全隐患。7月,参加常州市气象局组织的对江苏省天然气公司薛埠分输站两个阀室防雷安全检查;10月,参加省文物、气象、消防、公安部门对金坛博物馆进行联合安全检查,发现安全隐患,立即签发整改通知,督促其及时整改到位,杜绝安全事故发生。对应当安装防雷装置而未安装的单位和场所以及应当定期申报检测的防雷装置,按照国家防雷技术标准和法规规定,督促其尽快安装到位或定期申请检测。全年共检测企事业单位221家,其中易燃易爆场所106家,新建工程竣工检测27家单位103个项目。组织开展“安全生产月”宣传咨询活动,利用“3·23”气象日和“5·12”防灾减灾日主动到学校、南洲加油站、瑞东农药公司等企事业单位进行防雷知识宣传。 (夏子晴)

(编辑 钱国新)

教　育

综　述

【概况】　2018年，金坛区共有各级各类学校105所(幼儿园47所、小学31所、初级中学17所、九年一贯制学校4所、高级中学4所、职业学校与特殊教育学校各1所)，另有中小学生综合实践基地1个。在校学生62442人(幼儿园14017人、小学27644人、初中11769人、高中6922人、职教2037人、特殊教育53人)。年内教育经费支出20.3亿元，其中国家财政性教育经费18.27亿元(公共财政预算安排教育经费18.23亿元，政府性基金预算安排教育经费0.04亿元)。公共财政教育经费占公共财政预算支出22%。幼儿园、小学、初中、高中、职业教育生均公共财政预算教育事业费支出分别是3557.44元、17022.1元、24781.78元、26156.96元、21542.89元；生均公共财政预算公用经费支出分别是775.22元、1549.58元、2157.92元、2186.14元、1885.48元。在校安工程、设备购置等方面投资6.79亿元，全年财政性教育经费投入比上年增长7.1%。改善办学条件，加强教育基础设施建设。全年总投资25.03亿元，新建、续建学校(幼儿园)11所，总建筑面积31.25万平方米，其中常胜小学改扩建项目全面竣工并投入使用。投资3212万元，对20所学校(幼儿园)运动场地按照化学性能《上海市塑胶跑道标准》、物理性能《江苏省塑胶跑道标准》实施塑胶化建设，年内全部完工且通过省权威部门检测验收。全年共投入1526万元，为全区50所学校197个基建项目实施维修。为400个教室更新电脑、投影仪和展台，更新计算机教室7个，装备录播教室6个，添置交互式一体机100台。100%学校创成常州市依法治校先进单位。

【省教育厅领导检查高考工作】　5月30日上午，省教育厅副厅长苏春海一行到金坛检查指导2018年高考工作。苏春海一行先后考察金坛区教育考试指挥中心和省华中考点，并通过视频调阅和实地检查方式，对金坛区标准化考试设备运行等考务工作准备情况给予充分肯定。常州市教育局副局长常仁飞、金坛区副区长刘明江等陪同检查。

【省委宣传部领导调研金坛国防教育工作】　8月16日上午，省委宣传部国防教育处处长赵清林、《铁军·国防》杂志副总编徐仕国在常州市委宣传部宣传处处长白赛雪、金坛区委宣传部副部长匡小红等陪同下，走进常州市金坛中小学生综合实践基地实地调研国防教育工作。金坛区民政局、人武部、薛埠镇与直溪镇人武部等部门分别汇报组织开展国防教育工作情况。匡小红详细介绍区国防教育工作特色及发展规划。

【校车应急逃生演练】　10月31日下午，区教育局在社头小学组织校车应急演练活动，珠航校车服务公司、蓝天救援队、社头卫生院、护航教育协会以及洮西、罗村、唐王等小学分管领导与学生100余人参加。演练活动围绕科学使用安全锤、用灭火器扑灭火源、紧急心肺复苏、校车安全事故紧急疏散逃生等项目对学生进行安全教育及现场操作培训。整场演练严格按照校车突发事件应急预案进行，场景真实逼真、过程安全有序，教育深刻，达到预期目的。

学 前 教 育

【概况】　2018年，区教育局推进学前教育优质均衡发展，深化办学模式改革，出台《关于深入推进全区幼儿园、义务教育学校集团化办学工作的实施意见》，组建实验幼儿园、春风幼儿园、翠园实验幼儿园、新城实验幼儿园、华城实验幼儿园、尧塘镇中心幼儿园、薛埠镇中心幼儿园7个幼教集团，促进全区幼儿园资源共享，发展共赢。继续设立年度专项考核经费，对差额拨款以及普惠性幼儿园园所建设、设施设备投入等方面予以扶持，提升整体办园水平；继续与镇江高等师范专科学校合作定向培养幼师，充实金坛学前教育师资队伍。抓好培训工作。区教育局组织教育科、教师发展中心相关人员及全区幼儿园园长、主动发展规划撰稿人等,在区教师发展中心召开全体幼儿园主动发展工作培训会议,特邀常州市教育局基教处处长戚宝华作《关于学校主动发展之发展规划制定的若干思考》主题讲座。教育局与人社局联合举办保育员上岗培训,全区179名保育员全部持证上岗。组织开展各类创建活动。南洲幼儿园晋升省优质幼儿园,尧塘中心幼儿园创成江苏省课程游戏化项目基地,新城实验幼儿园创成常州市绿色幼儿园,儒林镇创成常州市学前教育现代化乡镇。

2018年金坛区幼儿教育基本情况一览表

表18

班级数	入园(班)人数	离园(班)人数	在园(班)总人数	学前两年入园率(含流动人口)	学前三年入园率(含流动人口)	教职工数(人)
365	4840	5038	14017	111.3%	106.3%	1360

2018年金坛区幼儿园办园情况一览表

表19　　单位:所

教育部门办园数		乡镇(街道)办园数		私人办园数	股份制办园数	合　计
公办性质	集体性质	中心园	分　园			
10	6	5	6	17	3	47

中小学教育

【概况】 2018年,全区普通高中4所,在籍学生6922人;九年一贯制学校4所,初级中学17所,小学31所,特殊教育学校1所(启智学校),初中在籍学生11789人,小学在籍学生27677人,小学入学率、巩固率、合格率、毕业率100%;初中入学率、毕业率100%,毕业生升学率98.97%。高考本二达线人数1840人,本一达线人数638人,达线率分别为93.16%和32.3%,比上年提高3%。总分400分以上考生4人,其中2人列常州市文理科前10名,清华大学录取1人。积极推进优质教育资源均衡覆盖,西城实验小学教育集团和实验幼儿园教育集团获评常州市集团化办学先进集体。不断优化教师结构,提升教师专业化水平。第二中学教师黎岚入选江苏省青年教育家型教师培养工程,华罗庚实验学校教师虞翠和第三中学教师丁华宇获省课堂教学现场展评一等奖,华罗庚实验学校教师张荣琴、吕书乐获省"杏坛杯"苏派青年教师课堂教学展评一等奖,邓法珍、房烂萍等24位教师获省"五四杯"微课评比一等奖。儒林中心小学教师于莉撰写励志故事《我是一棵小小草》获江苏省首届"冰凌花"十佳优秀励志故事奖,学生周网瑶获"冰凌花"奖学金,两人赴南京领奖并参加江苏教育频道主办的第一届"冰凌花"励志故事分享会现场录制节目。推进素质教育,开展不同形式教育活动,激发学生兴趣,提高教育成效。华罗庚实验学校学生汪文韬、邹佳辰获第24届全国青少年信息学奥林匹克联赛(NOIP2018)普及组一等奖,华罗庚实验学校学生陈启杭获第18届省青少年机器人竞赛小学组"超级轨迹赛"冠军;江苏省华罗庚中学队在第29届省科创比赛中获一等奖1个、二等奖2个;少年体校代表队在省第19届运动会田径竞走决赛中夺得金牌3枚。

校外培训机构专项治理　　(区教育局　供稿)

【特色教育】 2018年,区教育局坚持以人为本、全面发展的办学理念,加强学校特色教育建设指导,丰富办学内涵,提高办学品位。朝阳小学“小学数学主题拓展课程特色文化建设”和第三中学“初中心理健康教育课程基地”被列入江苏省中小学课程基地。华罗庚实验学校“基于自觉文化的〈促进式教学〉研究”和西城实验小学“小学〈绿色作业〉的探索”被列入常州市义务教育新优质学校高品质项目。东城实验小学、河头小学成为常州市首批食育教育试点学校。华罗庚实验学校新城分校创建成常州市生态文明教育示范学校。华城实验小学“童扬家风”入围江苏省基础教育学校品格提升工程。

【韩国师生访问华罗庚实验学校新城分校】 4月12日,韩国大邱智妙小学师生访问团一行29人走进华罗庚实验学校新城分校(殷雪梅小学),开展国际文化交流活动。华罗庚实验学校教育集团校长吕水庚陪同韩方访问团师生参观校园,观摩体验该校竹竿舞、抖空竹、戏曲基本练习等传统特色教育项目。韩国大邱智妙小学校长金然日一行对新城分校高品位办学模式、打造品牌教育、促进学生全面发展所取得成就给予高度评价和充分肯定。两校领导就友好学校关系、师生教育交流等方面签订协议书,并互赠礼品。

2018年金坛区普通中小学学校数、班级数、学生数一览表

表20

单位:所、个、人

小学(含九年一贯校)			初中(含九年一贯校)			高 中			合 计		
学校数	班级数	学生数	学校数	班级数	学生数	学校数	班级数	学生数	学校数	班级数	学生数
36	656	27677	22	281	11789	4	154	6922	62	1091	46388

2018年金坛区高级中等学校招生考试及录取情况一览表

表21

单位:人

参考人数	录取人数			录取率
	普通高中	职业学校	合计	
3616	2571	1008	3579	98.97%

2018年金坛区普通高校招生考试及录取情况一览表

表22

单位:人

参考人数	录取人数	录取率
1975	1866	94.48%

中等职业技术教育

【概况】 江苏省金坛中等专业学校占地面积19.8万平方米,建筑面积11万平方米,装备实验、实训场室64个,专任教师262人,全日制在校生2400人。学校实行二级管理,内设电子信息系、机电技术系、经贸管理系和继续教育学院。学校紧密对接金坛“三新一特”(新能源汽车、移动智能终端、5G通信网络和特色光伏产业)重点产业,优化专业设置,开设9个专业大类、7个主干专业群,毕业生就业率99%,为金坛经济社会发展提供人力支持。不断丰富办学内涵,打造专业品牌。建成省品牌专业4个、省现代化专业群2个;拥有国家级实训基地、省高水平示范性实训基地各2个、省现代化实训基地1个。坚持校企合作、推动产教融合,199名学生就读中德合作中高端汽车维修课程班。年内,组织教师参加江苏省职业学校教学大赛,获二等奖2人;组织参加江苏省职业学校技能大赛,获3金7银16铜;组织参加江苏省职业教育创新大赛,获3金2银2铜;在青少年VEX机器人亚洲锦标赛中获1金1铜。同时,新增省名师工作室1个、省职教领军人才1人。

2018年江苏省金坛中等专业学校招生情况一览表

表23

单位:个、人

中专类(含综合高中)		高职类		技工类	
班级数	学生数	班级数	学生数	班级数	学生数
15	523	6	178	3	89

高等教育

【概况】 金坛开放大学是面向成人开展远程开放教育的新型高等学校，学校现开设法学、行政管理、会计学、计算机科学与技术、土木工程、机电一体化等20多个本、专科专业。2018年，学校获全省办学系统科研工作先进集体、网上教学优秀单位、优秀管理团队、全省办学系统招生工作先进集体称号。

2018年金坛区高等教育自学考试报名、考试情况一览表

表24　　单位：人

报名人数	参考人数	参考率	毕业人数		
			专科	本科	合计
906	495	54.6%	2	15	17

2018年金坛区成人高校招生考试及录取情况一览表

表25　　单位：人

报名人数	录取人数	录取率
913	805	88%

社区教育

【概况】 2018年，金坛社区教育从《乐学金沙》"六进"项目(非遗文化进校园、志愿义工进社区、法制宣读进村落、"2+1工程"进家庭、能工巧匠进企业、五型工作风进机关)培育到《金家美传扬》"三美"(美丽乡村、美满家庭、美誉企业)品牌发布，从教育服务"三农"高水平示范基地到国家级农村职业教育和成人教育示范县(市、区)，从社区教育到社区校外培训机构专项治理，取得明显成效。西城街道创成常州市社区教育示范街道，朱林镇创成常州市数字化先行乡镇，儒林镇社区教育中心被命名为"常州市首批社区教育集团""江苏省优秀成人继续教育院校"，直溪镇"健倡"红香芋种植基地被评为江苏省教育服务"三农"高水平示范基地。区教育局承担省级重点课题"本土视野中'2+1工程'校外拓展课程基地建设的研究"获江苏省首届社会教育(教学)成果二等奖并被授予"江苏省社会教育先进集体"。

教师队伍建设

【概况】 2018年，全区有专任教师5023人(幼儿园710人、小学1634人、初中1180人、九年一贯制学校443人、高中789人、职教256人、特殊教育11人)。在职特级教师14人，中小学正高级教师5人，学术类优秀教师1371人，其中常州市级635人，常州市名师工作室领衔人10人，优秀教师群体占专任教师27.3%。全年通过中小学教师职称晋升62人。其中，高级教师17人，一级教师45人。完成教师资格认定206人，教师资格注册初审78人。年内招聘新教师63人，其中赴南京师范大学、苏州大学招聘优秀硕士毕业生6人。组织教师参加国家级培训9人次、省级培训564人次，面向全区教育系统举办金坛公开课18期，建立省级乡村骨干教师培育站4个。年内，轮岗交流校级领导22人，选拔学校中层干部9人到教育局科室挂职。出台《关于做好教育系统优秀中青年干部选拔工作的通知》，公开选拔优秀中青年干部34人。组织79名校长、科室负责人到重庆大学培训，16名骨干教师和校长出国培训，选派36名校长参加名校长培养基地学习，27名局属党组织书记赴井冈山接受党性教育。全年有110名教师被区政府表彰为优秀教育工作者，32人获评常州市教育系统优秀共产党员，46人获评常州市优秀教育工作者，28名教师入选教育部等人才培养计划，1人被评为江苏省特级教师，7人被评为市三级名校长。其中，涑渎小学副校长杨晔被确定为"教育部乡村优秀青年教师培养奖励计划人选"，西旸小学副校长王瑾入选江苏省乡村优秀青年教师培养奖励计划。

【虞翠、丁华宇等获省课堂教学展评奖】 4月26至28日，由江苏教育报刊总社、江苏省初中教育委员会主办的江苏省第五届"五四杯"课堂教学展评活动在泰兴市洋思中学举行。区华罗庚实验学校教师虞翠、第三中学教师丁华宇获一等奖，王芳、丁银花、陶海华、庄赟、胡玲玲、仇春花、姜华7位教师获"我最喜爱的微课"奖。

2018 年金坛区中小学、幼儿园专任教师数及学历达标情况一览表

表 26　　　　单位:人、%

普通高中		职业高中		初　中			小　学			特殊教育			幼儿园		
专任教师数	学历达标率	专任教师数	学历达标率	专任教师数	学历达标率	本科达标率	专任教师数	学历达标率	专科达标率	专任教师数	学历达标率	专科达标率	专任教师数	学历达标率	专科达标率
789	100	256	98. 4	1386	100	97. 1	1871	100	99. 7	11	100	100	710	100	93. 8

教 育 督 导

【概况】 2018 年,区人民政府教育督导委员会办公室认真履行监督、检查、评估和指导职责,坚持开展多种形式教育督导工作,推动教育均衡发展。全年组织开学工作、中小学校舍安全、规范办学(园)行为、校园欺凌、化解教育热点难点问题、改薄 20 条底线、教育技术装备等进行专项督查。按照督导要求,在春、秋学期开学期间,完成对全区中小学、幼儿园的专项督导检查工作。同时,完成第二中学等 5 所初中和东城实验小学等 8 所小学素质教育督导评估,完成指前中心幼儿园等 11 所幼儿园综合督导评估,第一中学和朝阳小学分别接受常州市素质教育督导评估。金坛被授予“全国中小学责任督学挂牌督导创新县(市、区)”称号。

【组织参加高级研修班】 7 月 22 至 28 日,区责任督学一行 28 人赴长沙参加全国责任督学专业能力提升高级研修班学习。湖南省教育督导与评价协会副秘书长党朝荣、湖南师范大学教授范晓玲、湖南省长沙市第一中学副校长高阳平分别作《教育督导测评技术——数据的等值比较法》《督学的视野与权威》《指向教育根本的课改和考改》专题报告。湖南省株洲市教育督导室主任刘华、株洲市醴陵区教育督导室主任张云、长沙市天心区教育督导室副主任申四军、长沙市宁乡市教育督导室主任李命军等分别从不同角度介绍该地区责任督学挂牌督导工作经验。　(顾　勇)

(编辑　钱国新)

综　述

【概况】　2018年，全区坚持以文化惠民育民为宗旨，优化公共文化服务，加快文化基础设施建设。基层综合性文化服务中心建设被列为金坛区为民办实事项目，全年建成基层综合性文化服务中心34个。区图书馆全年接待读者40余万人次，借阅图书45万册次，图书馆数字服务端口总访问量近1000万次，图书馆总分馆建设有序推进，新建众泰大迈分馆1个，新增农家书屋通借通还点30个，新增图书流动服务点2个。开展系列文艺惠民活动，组织“六一杯”少儿书画赛、红领巾读书征文等各类公益阅读推广活动300余场次，以“城乡联动·舞动金沙”为主题的文体惠民城乡行11场次；整合“欢乐金沙大舞台”“文明社区天天乐”等各类品牌活动，组织“金坛区庆祝改革开放四十周年专场文艺演出”等各类大型专场演出70余场次；举办“宣传十九大·共筑中国梦”迎新春书画摄影作品展等各类文艺作品展览20余次。主动适应群众需要，开展免费艺术培训，全年开办三期共30多个免费文化艺术培训班，举办第二届公益书画培训班，免费培训学员2000余人。做好文物保护利用工作，首次开设博物馆馆长讲堂，开展“5·18国际博物馆日”“文化和自然遗产日”等文物保护宣教活动，举办“山下青山——2016～2018土墩墓考古发现展”等文博展览及“南寻北找”杨兆群剪刻纸精品收藏展、直溪巨龙出会、金坛民俗文化旅游节暨乡村旅游嘉年华等非遗展演活动各10余场次。圆满完成“茅山互通至金坛滨湖新城连接线建设工程项目”野外考古发掘工作，并通过省文物考古专家组验收。3名非遗传承人被文化和旅游部列为国家级非遗项目代表性传承人。金坛刻纸国家级非遗传承人杨兆群登“中国好人榜”榜单。（张　磊　石　勇）

文学创作

【概况】　2018年，金坛区作家协会组织全体理事学习《坚定文化自信，推动社会主义文化繁荣兴盛》报告和习近平总书记在文艺座谈会上重要讲话精神，树立文化自信，激发文化自觉，以电影表演艺术家牛犇为表率，做有信仰、有情怀、敢担当的文艺工作者。至年底，作家协会有会员138人，其中中国作协会员4人，省作协会员25人，常州市作协会员60人。年内，沈成嵩加入中国作家协会，汤云祥加入江苏省作家协会，李永兵成为江苏省文学院签约作家并入选《雨花》写作营。

【洮湖船上读洮湖】　1月19日，由儒林镇人民政府、区文联、《洮湖》编辑部、区作家协会、区诗词学会共同设立的“洮湖船上读洮湖”长荡湖水街读书点举行揭牌仪式，区文联党组书记李平出席并讲话。长荡湖水街读书点分别设立在8条游船上，方便游客阅读。揭牌仪式上，区文联、区作家协会、《洮湖》杂志社向读书点赠送书籍240多本。

【新年诗会文艺演出】　1月20日，区卫计局、区文联联合举办“诗雅水韵长荡，健康和谐金坛”流动人口关怀关爱专项行动启动仪式暨长荡湖新年诗会文艺演出。全场演出通过“健康幸福过大年”系列活动，促使广大市民主动学习健康知识，增强自身保健意识。活动现场对2017年度金坛区流动人口服务管理示范单位和健康家庭进行表彰。

【第三届茅山春天诗歌节】　4月22日，由区文联、团区委、区卫计局、区文广体局主办的第三届茅山春天诗歌节在茅山半边山下拉开帷幕。区文联党组书记李平出席开幕式并致辞，区文联主席姚锁生为获奖者颁奖，同时为区作家协会创作基地及茅山民俗文化研究会揭牌。

2018 年金坛区主要文学创作作品一览表

表 27

姓　名	作　品　名　称	发　表　或　获　奖
葛安荣	短篇小说《菩萨醉了》	发表在《钟山》
	短篇小说《鱼祸》	发表在《湖南文学》
		入选 2018 年第六期《小说选刊》
张留生	诗歌《秋韵》《春日公园闲步》	发表在《中华辞赋》
金文琴	长篇小说《半亩地茶园》	获常州市精神文明精神“五个一工程”奖
韩献忠	故事《报模范》	获长三角故事大赛创作银奖、讲演最佳人气奖
	诗《金坛要通火车》	获庆祝改革开放四十周年诗歌大赛三等奖
	长篇传记文学《梅兰珍传》	常州电台长篇作品连播
黄晓春	图书《小庄物语》	江苏凤凰文艺出版社出版
	文学《夏之精灵》	获第九届“良春杯”常州市大赛三等奖
王　群	图书《山水歌》	中国出版集团现代出版社编印出版

美术·书法·摄影

【概况】 2018 年,全区多次举办各类书画摄影展,有百余件作品参加国家级、省级、市级展出或获奖。摄影家协会全年收纳新会员 12 人,发展省级摄影协会会员 14 人。年内聘请专家授课 15 人次。

【青年油画家徐锁象画展】 2 月 4 日,举办金坛籍青年油画家徐锁象以农村拆迁为素材而创作的系列油画作品展。区文联领导李平、李国平、程云仲等参加画展开幕式。

徐锁象画展海报　　（区文联　供稿）

【2018 迎新书画展】 2 月 14 日,由区委宣传部主办,区文广体局、区广电台、区文联、常州江东现代传媒有限公司承办的“水墨金沙情·共绘中国年”——2018 迎新书画展在金沙美术馆开展。此次书画展展出范石甫、吴炜栋、程云仲、陈曦、张勤等人的优秀作品 102 幅,其中油画作品 21 幅,书法作品 40 幅,水墨、花鸟等作品 41 幅。区领导陈锁龙、刘明江、葛惠明参加活动。

【举办摄影讲座】 4 月 24 日,邀请大扬摄影讲师杨锦炎到金坛讲授摄影后期公益课;5 月 12 日,邀请中国摄影家协会副主席杨越峦作“从风光摄影到风景摄影的探索与实践”摄影讲座;10 月 5 日,邀请全国著名摄影家汤德胜作摄影讲座;11 月 1 日,组织区摄影家协会 54 人,赴常州大酒店听中国摄影家协会主席李舸作“摄影是有重量的精神运动”讲座;11 月 10 日,邀请中国摄影家协会副主席雍和与《申江导报》摄影部主任周雷到金坛作“摄影的味道”讲座;11 月 16 日,邀请江苏省摄影奖获得者沈佳宾到金坛作“拍出不一样的作品”主题讲课。

【倪罗强中国画作品展】 4 月 26 日,由区文联、区教育局主办的“醇墨溢彩”——倪罗强中国画作品展在园林大酒店举行。倪罗强从事艺术教学工作,长期坚持书画艺术学习研究,师法古今、博采众长,他的画以花鸟为主唱,辅之山水渲染,风格清新典雅,是金坛新生代书画家优秀代表。区文联党组书记李平主持开展仪式。区领导王艳红、刘明江、吴欲晓出席并为画展剪彩。

2018年金坛区美术、书法、摄影主要作品一览表

表28

姓　名	作品名称	发表或获奖
卜　灵	《远山的呼唤》	获“流芳华彩”——常州首届青年美术作品展二等奖
	《茅山·初霁》	获“筑梦丹青”——首届江苏省中小学教师美术作品展优秀奖
陈　刚	《乐》	获“流芳华彩”——常州首届青年美术作品展一等奖
	《老有所乐》	入选“筑梦丹青”——首届江苏省中小学教师美术作品展
耿慧红	《春天从这里路过》	
佘云祥	《左撇子娘》	入选“江海门户通天下”全国中国画作品展
王爱俊	《渔民系列之滩捕》	入选第三届中国粉画作品展
	《渔民系列》	入选江苏省改革开放四十周年美术作品展
	《持叉的渔夫》	获第十届江苏省油画展凤凰艺术奖
	《扎尕那》	入选江苏省第十三届五星工程奖美术作品展
	《运河之晨》	入选大运河主题美术作品展览
	《上阮风景》	获“流芳华彩”——常州首届青年美术作品展二等奖
孔祥贞	《故乡》	获“筑梦丹青”——首届江苏省中小学教师美术作品展优秀奖
贺建中	《澄怀遗风》	入选“国风盛典”——首届全国中国画作品展
	《佳年华》	入选“翰墨青州”2018全国中国画作品展
赵琛姣	《和畅》	获“流芳华彩”——常州首届青年美术作品展三等奖
毛晓海	《山水》	获2018常州市美术家协会新人美术作品展优秀奖
殷玉莲	《母与子》	获2018常州市美术家协会新人美术作品展佳作奖
顾海燕	《溪山云外》	
赵建明	《皖南东．柳村》	获“流芳华彩”——常州首届青年美术作品展一等奖
吴保乾	《春树鸣琴》	获“流芳华彩”——常州首届青年美术作品展三等奖
武琴芳	《风含情水含笑》	获“海丝情，中国梦”——中国福州“海上丝绸之路”全国中国画作品展
朱竹青	《无题》	获2018常州市美术家协会新人美术作品展佳作奖
孔玲霞	《风烟俱净》	获“流芳华彩”——常州首届青年美术作品展三等奖
	《天山共色》	获2018常州市美术家协会新人美术作品展佳作奖
李国平	《烟云叠嶂》	入选“加中建交年年庆，民办民助庆建交”作品展
	《中国画》	入选“知行合一，不忘初心”全国书画名家作品邀请展
	《旷谷秋浓图》	入选国家艺术基金组织2017年度立项资助项目“新金陵画派运河沿岸艺术交流展”
杨晓春	《接天莲叶无穷碧》	入选“影响·巨变”——庆祝改革开放四十周年全省群众美术书法摄影优秀作品展
彭光前 顾建花 陈　婷 赵琛姣	《心如莲花》套壶	获2018江苏工艺美术精品博览会暨“艺博杯”工艺美术精品大奖赛银奖
陈雨馨	《太行春早》	获“流芳华彩”——常州首届青年美术作品展二等奖
王　斌	《空山新雨后》	获“流芳华彩”——常州首届青年美术作品展三等奖
韩　昶	《嘉木清阴》	入选“神圣长白”——全国中国画作品展
杨罗生	《新农村》	获“夕阳美·社保情”常州市企业退休人员书画作品展优秀奖
倪罗强	《倾阳一点丹心在》	获“流芳华彩”——常州首届青年美术作品展一等奖

续表28

姓　名	作　品　名　称	发　表　或　获　奖
孙冬良	书法行书	入展"全国第二届行书作品展"
		获"凤凰职教杯"书法篆刻作品展一等奖
		入展"食安江苏书法作品展"
		获"中国梦·翰墨朝阳"第三届全国书法大赛优秀奖
		入选纪念关晓峰诞辰一百周年全国书法斗方作品大赛
冯建国	书法	获"陆羽杯"首届全国茶文化书法大赛二等奖
		获第十届"观音山杯"全国书法艺术大展优秀奖
		获王弼文化奖全国书法作品展奖
		获"田茂杯"开慧故里好家风书报、书法海选现场决赛中青组优秀奖
		获第二届"浙商杯"中国酒文化书画创作大展一等奖
		获"食安江苏书法作品展"获奖作品最高奖
		入展第五届林散之书法作品双年展
		入展颜真卿书法艺术奖作品展
王云波	刻字《茶瓯香篆》	入选江苏省第六届刻字艺术展
秦建华	郑文原《题水长幅》	获"食安江苏书法作品展"提名奖
谢卫平	刻字	入选江苏省第六届刻字艺术展
谢金昌	刻字《金石寿》	
李国华	刻字《五花马》	
许小定	行书	入选"凤凰职教杯"书法篆刻作品展
	刻字《造化钟神秀》	入选江苏省第六届刻字艺术展
	粉笔	获"七彩语文杯"江苏省第十届中小学教师正书比赛获粉笔组一等奖
	硬笔	获"七彩语文杯"江苏省第十届中小学教师正书比赛获硬笔组二等奖
孟　飞	陶刻行香子述怀	入选江苏省第六届刻字艺术展
凌俊华	行书	获"凤凰职教杯"书法篆刻作品展三等奖
	硬笔	获"七彩语文杯"江苏省第十届中小学教师正书比赛获硬笔组一等奖
	行书	入选新时代宪法新征程力量——常州市首届法治文化节书法作品展
李　青	行书	入选第二届"江苏书法奖"
	行书	入选"食安江苏书法作品展"
郭志荣	行书	入选第二届"江苏书法奖"
	行书	入选第三届王羲之奖全国书法作品展
	行书	入选"纪念杨升庵诞辰530周年全国书法作品展"
	行书	获常州市第二届书法篆刻刻字大展金奖
徐锅洪	行书	入选"第十一届江苏省新人书法篆刻作品展"
杨　旸	刻字《浮萍一道开》	入选江苏省第六届刻字艺术展
	《月满西楼》	获常州市第二届书法篆刻刻字大展金奖
	隶书	入选"凤凰职教杯"书法篆刻作品展
戴朝青	刻字《岁月如流》	入选江苏省第六届刻字艺术展
范珊珊	刻字《萍花汀草》	
吴炜栋	行书	获"食安江苏书法作品展"获奖作品最高奖
	隶书	入选"影响巨变——庆祝改革开放四十周年全省群众美术书法摄影优秀作品展"
	行书	入选常州市第二届书法篆刻刻字大展

续表 28

姓　名	作　品　名　称	发　表　或　获　奖
陈　曦	隶书	入选“影响巨变——庆祝改革开放四十周年全省群众美术书法摄影优秀作品展”
谈惠娟	行书	入选《龙腾盛世·弘扬经典》2018 全国书法名家系列展
江卫东	行书	入选全国第二届行书作品展
金寿彭	摄影《文化到渔家》	获改革开放四十年“辉煌巨变”江苏摄影艺术节优秀作品
	摄影《沸腾的鸡场》	
潘一平	摄影《数字化加工》	入选“我为十九大添光彩”档案工作者时代风采摄影展
	摄影《照片档案征集》	
王玉华	摄影《送子参军》	获改革开放四十年“辉煌巨变”江苏摄影艺术节优秀作品
储和平	摄影《科技养鱼》	获“景在三河”摄影大赛优秀奖

戏曲·音乐·舞蹈·民间文艺

【概况】 2018 年，区戏曲家、音乐家、舞蹈家协会组织举办惠民文艺演出上百场次。民间文艺家协会坚持民间文学多出作品、多出精品，受到各界人士青睐。

【举办锡剧名家大课堂】 1 月 13 日，由区委宣传部、区文广体局、区文联主办，区戏曲家协会、园林大酒店开办的“宣传十九大文化进基层”之“锡剧名家大课堂”在园林大酒店开讲。该活动特邀国家一级演员、中国剧协会员、著名锡剧表演艺术家、江苏省戏剧学院资深教授卞雁敏作首场专题讲座。她结合自己的艺术生涯，从唱腔发展、四功、五法、流派艺术、演唱技巧、表演身段等多方面与戏迷们进行切磋交流，为全区文化志愿者和戏曲爱好者进行辅导与互动。卞雁敏师承锡剧沈派创始人、国家非遗传承人沈佩华，曾在全国、省戏曲大赛中多次获奖，领衔主演《玲珑女》《庵堂相会》《双珠凤》《白蛇传》《珍珠塔》等锡剧经典曲目，其中《庵堂相会》作为学术交流赴台湾等地演出。

【首届“坤凤杯”少儿戏曲比赛】 3 月 17 日，由金坛区文广体局、教育局、文联、尧塘街道办事处、坤凤公益基金会主办，区文化馆、区锡剧团、区戏曲家协会及水北文化站、尧塘街道社区教育中心承办的金坛区首届“坤凤杯”少儿戏曲比赛暨省锡剧团演出实践基地揭牌仪式在水北文体站举行，副区长刘明江，区文广体局局长王浩明，省演艺集团副总经理、锡剧团团长周冬亮出席并参加活动。

2018 年金坛区戏曲、音乐、舞蹈、民间艺术主要作品一览表

表 29

姓　名	作　品　名　称	发表、出版或获奖
彭爱珍	合唱《九儿》	获“益安宁丸杯”第二届江苏省合唱大赛优秀合唱团队奖
	合唱《龙的传人》《思恋》	获常州市中小学社会主义核心价值观歌曲合唱比赛一等奖
翟利华	歌曲《水生水长水姑娘》	获常州市“五个一”工程奖
	歌曲《水生水长水姑娘》	发表在《歌曲》杂志
	歌曲《纸花谣》	获江苏省五星工程奖
	歌曲《老书记》	获常州市第十届音乐舞蹈新作品大赛三等奖
	舞蹈《鼓儿声声龙舟情》	
顾利华 陈瑜华	合唱《卢沟谣》《赋得古原草送别》	获常州市中小学社会主义核心价值观歌曲合唱比赛三等奖

（朱　瑜）

群　众　文　化

【概况】 2018 年，金坛区文化系统遵循社会主义文艺“二为”方向和“双百”方针，树立精品意识，繁荣文艺创作，文学艺术创作成果丰硕。5 月 29 日，华罗庚艺术团排演的音乐儿童剧《青铜葵花》在江苏荔枝大剧院首演成功，《时代周刊》《中国文化报》《中国艺术报》等主流媒体相继报道；10 月 6 日，该剧参加江苏省紫金文化艺术节并获创新剧目“特别奖”。翟利华创作的音乐作品《纸花谣》获第十三届江苏省五星工程奖，摄影作品《文化到渔家》《沸腾的鸡场》获2018紫金文化艺术节庆祝改革开放40周年“辉煌巨变”江苏摄影艺术展优秀奖。金寿彭摄影作品《我们走在大路上》发表在《中国摄影报》,《缅甸三人行》系列作品入选《常州摄影报》。王爱俊油画作品《渔民系列之滩捕》入选第三届中国粉画作品展,《军魂系列》《渔民之八》入选常州画院油雕院学术邀请展。吴凯琪作品《秋荷》入选2018年常州市美术家协会新人美术作品展并获佳作奖。组织刻纸代表性传承人创作的刻纸作品入围第十四届中国民间文艺山花奖·优秀民间工艺美术作品评选，多幅刻纸作品参加“枫林杯”江浙沪2018剪纸艺术大赛并获优胜奖。

【常州市儿童艺术剧院揭牌】 11月21日，常州市儿童艺术剧院揭牌仪式在金坛区华罗庚艺术团举行。省委宣传部副部长徐宁，常州市委常委、宣传部部长陈涛，金坛区委书记狄志强等领导出席揭牌仪式。金坛区华罗庚艺术团成立以来，致力于现实主义题材的大型现代儿童剧创作与排演，创作排演的《少年华罗庚》《飞吧，大雁》《永远的雪梅》《留守小孩》《黎明的河边》《从长荡湖来的女孩》《田梦儿》《寻找红头发》《青铜葵花》九台儿童剧，先后在江苏、北京、上海、广东、浙江等省内外巡演8000多场次，观众超过800万人次。常州市儿童艺术剧院的成立，标志着常州市儿童艺术作品创作演出进入全新阶段。

【音乐儿童剧《青铜葵花》】 “六一”儿童节前夕，由江苏省文明办、常州市委宣传部、金坛区委宣传部等多家单位联合打造，华罗庚艺术团创作排演的音乐儿童剧《青铜葵花》与小观众们见面。该剧是华罗庚艺术团成立以来排演的第九部音乐儿童剧，主要讲述在特殊岁月与境遇下，没有血缘关系的两兄妹青铜与葵花的故事，生动展现困境之中普通劳动人民善良而淳朴的优良品格，热情赞美根植于中华民族灵魂深处的人性美。作品情节跌宕起伏，场景自然清新，文笔优美纯净，情感真挚深沉，是高扬“以善为美”美学旗帜优秀之作。音乐儿童剧《青铜葵花》由著名编剧薛梅根据著名作家曹文轩创作的长篇儿童文学小说改编，国家一级导演胡一飞担任导演，参加江苏省紫金文化艺术节并获创新节目特别奖。

(郑　敏　严　莉)

11月21日，常州市儿童艺术剧院揭牌　　(区文联　供稿)

文物·博物

【概况】 2018年，区博物馆共接待观众12.7万人次，举办大型书画、集邮展览6次，举办文博讲座12场次。区博物馆配合相关文物部门，完成3项大型考古发掘工作。首次开设馆长讲堂，充分发挥文博场馆教育功能。

【考古发掘】 1月，区博物馆与南京博物院(省考古研究所)、镇江博物馆、常州博物馆、徐州博物馆、淮安博物馆等单位联合完成茅山互通至金坛滨湖新城连接线建设工程项目道路沿线21处土墩墓及井头村2号土墩墓抢救性考古发掘工作。距今3000年左右的2号土墩墓有483平方米，为一墩多墓结构，墓葬8座，所有墓葬呈向心型排列。3月，配合南京博物院考古研究所完成面积约6万平方米的新孟河延伸拓浚工程邵庄遗址抢救性考古发掘。5月，协同南京博物院(省考古研究所)、镇江博物馆、常州博物馆、徐州博物馆、淮安博物馆等单位，完成265省道沿线8处土墩墓和2处窑址的大规模抢救性考古发掘工作。

【首次开设馆长讲堂】 2018年，为进一步完善文博教育传播体系，充分发挥文博场馆教育功能，区博物馆首次开设馆长讲堂，改变以往被动接受的参观形式，变为主动宣讲，全年在多所学校、社区、窗口单位开设馆长讲堂，受众1万余人。

【3人入选第五批国家级非遗代表性传承人】 5月16日，文化和旅游部公布第五批国家级非遗传承人名单，常州市金坛区直溪巨龙非遗传承人欧阳洪福、金坛抬阁非遗传承人姚汝明、金坛封缸酒酿造技艺非遗传承人王浩平3人入选。　(许倪恒　石　勇)

图　书

【概况】 2018年,区图书馆共接待读者44.9983万人次,借还图书51.3266万册次,办理家庭读者新证1.3万余张,新增图书3766种19674册,征订期刊、报纸811种;图书馆分馆新增2个,全区分馆总数达91家。

【成立阅读推广活动中心】 2018年,为联络和负责图书馆对外开展的各项读书活动,金坛图书馆与江东现代传媒有限公司联合成立阅读推广活动中心。该中心以"六一杯"少儿书画赛、红领巾读书征文、新春智力大冲浪三大传统品牌活动为基础,重点打造"亲子阅读""金沙讲坛"两大活动。同时组织各类培训、读书会、展览、英语沙龙、科普阅读等活动,并邀请杨筱艳、徐小跃、金元浦等知名作家、教授、专家作专题讲座。全年共举办阅读推广类、特色文化类等一系列公益活动357场次,参与者达4.1万人次,免费播放优秀电影500余场次。

【电子媒体推介】 2018年,区图书馆多渠道发挥社会教育职能,利用图书馆阅读推广中心、金坛图书馆2个公众号和图书馆网站3个渠道及时推介数字资源和发布活动预告。图书馆微信公众号关注量达1万人次,图书馆官网访问量达3.6万人次。

（王　玲）

文化市场管理

【概况】 2018年,区文化市场管理工作以管理促繁荣,开展寒暑期文化市场专项整治,加强农村集贸市场文化监管,推进全区网吧分级分类管理工作,完成全区游戏室机种机型的认定和贴标工作。开展"扫黄打非"——"净网""清源""秋风""护苗"四项专项行动,在全区9个镇(街道)全部建立"扫黄打非"工作领导小组办公室,37个村(社区)成立"扫黄打非"工作站,形成区、镇(街道)、村(社区)分级负责、协同管理的三级管理机制,对全区出版物市场进行集中检查清理,开展虚假违法广告专项整治和非法卫星电视地面设施专项治理行动,完成重要活动期间广播电视安全生产和安全播出工作。全年共出动检查人员1000余人次,出动车辆400余台次,检查经营场所700余家次,处罚违规网吧11家;检查印刷企业200家次,检查图书音像出版物店铺200家次,查缴非法出版物519份(件);共拆除违规安装的地面卫星接收设备50余个。办结各类行政处罚案件36件,查处率100%。

【星级场所创建】 2018年,推进文化市场星级场所创建工作,实行文化市场管理领导小组主导,文化执法队伍执行实施与行业协会协助、经营业主自主申报、社会监督三方机构测评的运行机制。同时,健全文化市场主体管理评价体系,对文化市场实施定级分类管理,全区网吧和KTV等娱乐场所100%达到三星级平安文化市场标准,50%达到四星级诚信文化市场标准,30%达到五星级文明文化市场标准。

（王　莹）

广播电视

【概况】 2018年,区广播电视台深入宣传贯彻习近平新时代中国特色社会主义思想和中共十九大精神,围绕区委十三届四次全会决策部署,突出改革创新,加强舆论引导,推进媒体融合,拓展宣传平台,强化技术支撑,保障安全播出,推动事业发展,较好完成全年目标任务。广播节目中心《准点新闻》播出各类新闻1830多档5500余条,《行业之声》专栏共计播出100多期;电视新闻中心制播《金坛新闻》《第一时间》730期,节目时长29200多分钟;《金坛时报》出版249期、电子微报249期,总发稿5000余篇;新媒体中心网络直播80场次,原创微视频24期,原创稿349件,总阅读量420万人次,金坛网微信公众号全年发稿2000多件,日均访问量达15000人,跻身全国县级广电微信公众号排行榜百强。全年外发稿200多件(篇),其中常州电视台采用新闻稿件128篇,江苏电视台采用43篇,中央电视台用稿14条(篇)。年度新闻长、短消息类,专题类分获常州市二等奖1个;知识类节目获常州市二等奖1个;专题片《文明之光,照耀金坛大地》获常州市二等奖;公益广告获常州市一、二、三等奖各1条;广播播音社教类获常州市一等奖1个。

【新闻宣传】 2018年,区广电台牢牢把握正确导向,精心题材策划,做深主题宣传,做强栏目宣传,做活民生宣传,做优活动宣传,内外宣并举,为全区改革发展提供正确舆论支持。抓重大主题宣传。全媒体推出贯彻党中央十九大与区委全委会、区"两会"精神、"年中经济观察""上市公司巡礼""263在行动""文明城市创建""乡村振兴七日谈""解放思想再出发""坚决打赢污染防治攻坚战""新发展理念的金坛实践""庆祝改革开放四十年"等主题宣传,立体式、全方位、多角度报道全区中心工作和重大活动。"攻坚2018"大型新闻行动开设《攻坚突破开局》《推进篇》《风采录》等栏目,全媒体报道全区各部门、各板块在优化发展环境、招商引资、项目建设等方面取得的新进展新成效新典型。该新闻行动专栏播出新闻及专题报道560多条,《金坛时报》、金坛网、金坛手机台同步播发。有关沿江高铁开工、信维通信、同方威视、东方日升、港华储气库等项目建设情况报道先后被央视、省、市台录用。办好特色专栏,提高宣传质量。《庆祝改革开放四十周年》专栏,结合做好"在习近平新时代中国特色社会主义思想指引下——建功新时代"系列报道,策划《新发展理念在金坛》栏目,通过"辉煌岁月·点赞四十年""身边的获得感""讲述"、征文等多种形式宣传报道改革开放四十年金坛巨大变迁和历史成就。电台《89关注》专栏关注民生热点。

围绕暴雪天气、大气污染防治、垃圾分类等社会热点问题,创新直播方式,做好连线访谈,丰富节目内容。全媒体开设《政风热线》专栏。全年播出报道500多篇,收集市民投诉线索近800个,直接帮助市民解决问题110多件。同时对文明城市建设中不文明行为、环境问题典型案例进行适度曝光,实时跟踪整改情况,有效促进文明城市建设和环境治理。优化选题策划。广播节目中心策划播出《主播约你过大年》,其中《金坛方言大拜年》《说金坛民俗》《年味儿说金坛特产》栏目受到听众好评。《主播课堂》普法系列成为江苏省司法厅样板普法项目,并向全国推广。社教节目中心拍摄制作《讲述》栏目47期,《拍拍看》短视频32期,《金坛2017》《阳光路上》、禁毒宣传、长荡湖河长制等宣传片13部,摄制《人人讲文明处处是风景》《请文明阅读》《礼让斑马线文明新金坛》等公益短片7部。

【媒体融合】 2018年,区广电媒体全新改版。广播《89整点新闻》融合新闻故事元素,改播新闻变说新闻。电视《金坛新闻》《第一时间》栏目重视深度报道,时长从原来每天15分钟延长到20分钟。《金坛时报》增设时报观察、政策解读、财经速递、科技教育、美丽乡村、政风热线、学习与实践、他山之石、金沙文明行等内容,并从周三刊扩至周五刊。整合全台媒体资源,打造融媒体平台,金坛手机台2月4日正式上线,全年下载量突破5.5万人次,成为重要新媒体"喉舌"。金坛手机台(基于新闻APP的县域融媒体架构)获"江苏省县级广电媒体融合创新案例优秀奖"。区重点移动端宣传阵地(金坛网微信公众号)年发稿2000多件。作为新闻和政务信息权威网站——金坛网,每天及时把音视频节目发布到网站。金坛网人民号自8月开通以来,粉丝达1.6万人,阅读量超220万人次。全媒体报道协同化。通过"新闻交汇点"、微信指挥平台和月度重点宣传规划、编前会、临时重点采访协调会等,统一安排选题和口径,统一调配人员和车辆,统一稿件审核和发布,初步实现报刊、广播、电视和网络等媒体资源"一次采集、多维发布"。

【安全保障】 2018年,区广电台强化管理,筑牢安全播出防线。做好日常管理。除每周二维护例检外,全年日常设备维修430余次,定期巡查550余次,处置重大故障12次。优化应急措施。举行应急演练30余次,强化技术人员应急处置能力。推进高清技术平台建设。年内以中心机房建设为龙头、高清化改造项目为框架,完成高清新闻制作网、高清摄录设备采购、150平方米演播室灯光改造、交警直播间等工程项目,实现高清新闻节目采、存、转一体化。严把节目审核关。制定《广电台各媒体平台内容发布审核流程及细则》,对广播电视节目、报纸出版内容和新媒体发布内容,严格执行三级审查、四级把关制度,对所有引进的广播电视节目组织播前审听审看,确保安全播出。年内,完成全国"两会"等重要保障期安全播出工作。

(吴建中)

(编辑　钱国新)

综 述

【概况】 至2018年年底，全区拥有各级各类医疗卫生机构204家。其中，医疗机构190家，公共卫生及其他卫生机构14家。医疗机构中，区属医院3家，乡镇卫生院11家，城市社区卫生服务中心2家，社区卫生服务站15家，村卫生室93家，民营医院7家。门诊部27家（民办21家），诊所20家，企事业单位医务室12家。

全年自主、公开招录卫生技术人员43人、高层次专业技术人员12人，引进高层次实用人才2人，柔性引进实用性高层次人才6人，柔性引进实用型团队5个。年末，全区总床位2660张。其中，区级医院实际开放床位1737张（区人民医院800张、区中医医院362张、区二院575张），乡镇卫生院（含城市社区卫生服务中心）503张，民营医院350张，平均每千人拥有床位4.74张。床位使用率区属医疗单位114.5%，乡镇（中心）卫生院71.9%。

全区共有卫生技术人员3152人，其中执业（助理）医师1392人，执业护士1398人；每千人拥有卫生技术人员数5.62人、执业（助理）医师数2.48人（省现代化指标2.47）、执业护士数2.49人。

2018年金坛区级医院、卫生院、专科医院情况一览表

表30

单位：张、人

医　　院	卫技人员	床位	门急诊人次	出院人数	重点（特色）专科
金坛区人民医院	808	800	734458	31835	肿瘤科、泌尿外科、神经内科、消化内科、脑外科、骨科、心内科、急诊医学科、儿科、检验科、麻醉科、药剂科、放射科、神经病学学科、妇科
金坛区中医医院	504	362	370862	13156	皮肤科、骨伤科、中西结合心内科、脑病专科、中西结合妇产科、中西结合肿瘤科、中西结合呼吸科、中西结合消化内科、中西结合肛肠科、肺病科
金坛区第二人民医院	352	575	326079	6389	精神病专科、消化内科、妇产科
金坛区直溪中心卫生院	119	100	117138	3447	小针刀专科、省级示范中医科、疼痛科
金坛区薛埠中心卫生院	110	79	101310	2482	老人山伤骨科
金坛区社头中心卫生院	43	20	48698	440	—
金坛区水北中心卫生院	45	25	92177	523	—
金坛区尧塘中心卫生院	58	36	70080	1032	省级示范中医科
金沙医院	79	60	68300	1459	—
金坛区金城镇卫生院	213	100	246448	4328	妇产科、口腔科
金坛区指前镇卫生院	32	20	43810	448	—
金坛区建昌卫生院	32	22	57844	618	—
金坛区儒林镇卫生院	59	30	105762	1030	省级示范中医科（中医妇科、针推、骨伤）

续表30

医 院	卫技人员	床位	门急诊人次	出院人数	重点(特色)专科
金坛区茅麓卫生院	32	20	53034	720	—
金坛区朱林镇卫生院	63	36	80655	1238	—
金坛区洮西卫生院	27	15	38267	410	—
金坛区博爱医院	56	70	22485	2203	—
金坛爱伦医院	29	40	15000	440	—
金坛韩氏中医关节病专科医院	15	30	2449	570	—

公立医院改革

【概况】 2018年,区政府全年对公立医院改革投入2851.2万元,各级政府补助共计3241.28万元。药品零差价率专项补助资金833万元。重点推进分级诊疗制度建设,出台《金坛区公办医疗机构功能定位和临床专科技术发展指导意义(2018——2020年)》,对区域医疗机构进行分级分类定位,厘清服务范围,形成职责明晰、分工协作、服务互补的整合型服务网络。区人民医院和区中医医院实现临床路径的信息化管理。积极实施日间病房和日间手术。公立医院全年门诊均次费用比上年下降0.9%,住院均次费用增幅低于5%。出台《关于建立医疗保险经办机构与医疗机构谈判协商机制的指导意见》,与医疗保险经办机构谈判协商机制逐步形成。推进医联(共)体建设,出台《深入推进医共体建设实施意见》,新建2家紧密型医共体。组建集团麻醉中心2个。区级医院与名院名医先后建立16个教授工作站。积极提升"病理中心、远程会诊中心、检验中心、影像中心、消毒供应中心、心电中心"运行效能,落实检查报告的"同城同质互认"。金坛区获"江苏省基层卫生十强(县)区"称号。

【肝胆外科专家李相成工作站成立】 7月22日,肝胆外科专家李相成工作站在区人民医院成立。区人民医院与江苏省人民医院肝胆外科开展学术和业务合作,依托江苏省人民医院学科和人才优势,提升区人民医院肝胆外科疾病诊治能力,充分发挥医院区域影响力和技术潜力,共同扩大双方的专科品牌影响力,更好地服务社会、造福患者。双方签约后,每周六有一名李相成团队里的专家到区人民医院坐诊。 (蔡 洪)

医 疗 服 务

【概况】 2018年,区人民医院创建成三级综合医院,金城镇卫生院和直溪中心卫生院创建成二级综合医院。直溪中心卫生院、薛埠中心卫生院、尧塘中心卫生院被列入农村区域医疗卫生中心。区人民医院大力发展卒中中心、胸痛中心、高危孕产妇及新生儿急救中心建设,有效提升区急救医疗水平。加大落实医疗服务行动计划,多方位推进二、三级医院分时段预约诊疗、优质护理服务、专家门诊"全日制"、多学科联合诊疗等服务。落实疾病应急救助制度,全年兑付救助基金20万元。全面推进医疗质量管理,成立区级20个质量控制小组,加强临床技术准入,严格手术分级管理,完成限制类技术备案。加强血液安全保障,全年无偿献血总量增长14.4%,核酸检测100%。实现辖区内临床用血100%来自自愿者无偿献血,血液成分制备使用率99.9%以上。

7月22日,肝胆外科专家李相成工作站成立 (区卫生局 供稿)

【家庭医生签约服务】 2018年,全区家庭医生签约更普惠。家庭医生签约服务项目参加健康长三角医疗卫生领域最佳实践案例评选。截至年底,全区常住人群签约198266人,签约率35.3%;重点人群签约148773人,签约率75.2%;特殊人群签约24557人,签约率93.2%。建成工作总站1家,家庭医生工作室23家。

【区人民医院成功晋升三级综合医院】 2月13日,区人民医院被江苏省卫计委确认为三级综合医院。2015年,金坛人民医院启动三级医院创建工作,以人才建设为抓手,推进以重点专科、专业技术为核心的综合服务能力建设。2017 年,医院消化科、泌尿外科等 10 个科室通过金坛区临床重点专科复评。

【直溪中心卫生院获评全国“2016—2017 年度群众满意的乡镇卫生院”】 1 月 26 日,位于茅山老区的金坛区直溪中心卫生院获得国家卫计委授予的“2016—2017 年度群众满意的乡镇卫生院”称号。直溪中心卫生院针对老区老年人口居多的现状,以老百姓的健康需求为服务导向,坚持传承和发扬中医特色,小针刀中医科成为省级重点特色专科。2015 年以来,直溪中心卫生院以创建二级医院为契机,提升综合服务能力,加大基础设施投入,与区人民医院建成医联体,不断提升自身医疗技术水平,真正做到让百姓小病、常见病不出镇。

【区人民医院获“最具成长力中国医院创新之星”称号】 6 月 8 日,一年一度的“星耀中华——最具成长力中国医院”评选结果在第六届中国市县医院论坛开幕式上揭晓。金坛区人民医院获“星耀中华——最具成长力中国医院创新之星”称号。该次评选经过近 3 个月的激烈角逐,共有来自全国 28 家地市、区县级医疗机构获此荣誉称号。 (蔡 洪)

医疗机构建设

【概况】 2018 年,金坛依据《全区“十三五”卫生事业发展空间布局规划》,加快推进区第一人民医院、第三人民医院(金坛妇幼保健院)等医疗机构建设。年内,第一人民医院整体迁建工程完成主体结构建设和室内装饰的招投标,第三人民医院(金坛妇幼保健院)综合病房大楼桩基工程初步完成,新建茅麓卫生院病房楼、西岗分院按期投入使用,24 家村级卫生室提档升级工程全面验收合格。

医 疗 医 学

【概况】 2018 年,金坛共招聘硕士研究生 12 人。先后评选首批区卫计系统学科带头人 12 人,优秀专业技术骨干 23 人,第二批基层卫生骨干人才 36 人。加强对外人才交流,区人民医院先后派遣 3 名骨干到法国研修。专科建设有成效,区人民医院骨科、妇科创建成常州市临床重点专科,心内科被列为常州市临床重点专科建设单位,区二院消化内科、妇产科分别被列为省级基层医疗机构特色科室和特色科室建设单位,新增区临床重点专科 4 个。加强中医药建设,区中医医院名医馆建设完成;11 家乡镇(中心)卫生院中医馆建设通过验收;初步完成全区中药材同质同价管理工作;区中医医院肺病科、肛肠科建成常州市中医重点临床专科建设单位,眼科被确认为区级中医重点临床专科。

【区人民医院完成首例单孔胸腔镜肺叶切除术】 3 月 17 日,金坛区人民医院完成全区首例单孔胸腔镜右肺下叶切除手术。患者入院前 3 个月,在区人民医院 CT 检查时发现右下肺玻璃样结节,一直未觉异样,没有进行治疗。之后到医院门诊就诊,考虑右下肺占位。经上海瑞金医院胸外科主任李鹤成、区人民医院胸外科主任林啸会诊,对患者病情及治疗方案进行反复探讨与研究,并与患者及家属细致沟通,达成一致,决定对其行单孔胸腔镜右肺下叶切除手术。术中,通过取右第五肋间腋中线处一长约 4 厘米切口,逐层进胸,放置切口保护套,置入胸腔镜。由于单孔胸腔镜手术仅通过肋间隙较宽处的一孔完成手术,避免之后操作孔常见的出血及术后疼痛,而且视野更接近开放手术,更符合固有习惯,全程输血量为 0。该例手术为金坛区首例单孔胸腔镜肺叶切除手术,病人恢复情况良好。 (林 啸)

【区人民医院神经内科举办省级继教班】 6 月 2 日,由区人民医院神经内科主办的省级继续医学教育项目“脑卒中相关疾病诊治”在区樱花大酒店举办。来自镇江、常州、溧阳及全区各医疗单位相关专业的 150 余名医务人员参加学习。培训班邀请上海交通大学医学院附属瑞金医院神经内科主任陈生弟、常州市第一人民医院神经内科主任吴坚、江苏大学附属医院神经内科主任于明进行授课。各位专家分别对帕金森病的精准治疗策略、卒中相关性肺炎、卒中后认知功能障碍的诊治等内容做讲解。 (汤彩云)

疾病预防控制

【概况】 2018 年,区疾控部门做好

区人民医院获评“最具成长力中国医院创新之星” (区卫生局 供稿)

疾病预防控制工作,全区无甲、乙类传染病暴发疫情。完善联防联控机制,人禽流感、结核病、艾滋病等重大传染病防控工作积极有效。全年共规范处置18起突发公共卫生事件。东城街道社区卫生服务中心三级一般预防接种门诊通过省卫计委复核。及时规范处置长春长生狂苗事件和百白破事件。全区14类55项基本公共卫生服务项目资金人均65元,总经费3650万元,服务基本覆盖居民生命健康全过程、全周期。全区建立居民电子健康档案498646份,建立90支健康管理团队。金城镇卫生院《国家基本公共卫生服务项目实施方案》获江苏省三等奖。金坛区基本公共卫生服务考核获得全省优秀、常州第一的成绩。

【金坛疾控人首次踏上援非征程】 2月27日,金坛区疾控中心许大成赴东非桑给巴尔进行为期半年的血吸虫病防治技术援助。援助桑给巴尔血吸虫病防治项目,是中国、桑给巴尔、WHO(世界卫生组织)三方合作的公共卫生项目,也是继抗击埃博拉疫情之后,中国第二个援非的公共卫生项目,更是由中国政府主导并首创在公共卫生领域实施的援非项目。

【常州市卫计委指导金坛区三级预防接种门诊】 3月1日,常州市卫计委及常州市疾病预防控制中心专家对金坛区三级预防接种门诊现场复核工作进行指导。金坛区东城街道社区卫生服务中心是常州市唯一一家申报三级预防接种门诊的单位,常州市卫计委领导依照《江苏省三级预防接种门诊复核方案》对其逐条检查,对薄弱环节提出建议,希望金坛区提高预防接种门诊宣传氛围,打造服务品牌,增加亮点工作。区卫计局领导表示尽快整改到位,做好充分准备,迎接江苏省卫计委三级预防接种门诊复核工作。

(韩晶芸)

卫 生 监 督

【概况】 2018年,区卫生局加大综合监管力度。出台《金坛区卫计系统法律顾问服务实施方案》,全面落实法律顾问服务制度。全面推进执法全过程记录,监督执法实现全流程、可回溯管理。以"互联网+政务服务"、线上"一网通办"、线下"只进一扇门"等创新模式为突破口,建立起诚信评价、失信惩戒的医疗监管体系。建成全国领先的饮用水在线监测、放射卫生监管网络。加强公共场所监督巡查,对全区835家公共场所量化分级评定,实施率100%。全年实施行政处罚58起,移送公安机关案件3起,其中追究刑事责任1起。

9月,加拿大医学专家克劳德·布鲁到区人民医院访问 (区卫生局 供稿)

妇幼卫生保健

【概况】 2018年,妇幼保健工作取得实效。启动区常住人口孕妇唐氏筛查免费服务。全年规范完成"两癌"检查任务25679例。区二院、金城镇卫生院和直溪中心卫生院创建成市级基层医疗机构妇幼健康规范化门诊。

【金坛区获江苏省妇幼健康优质服务示范区称号】 1月9日,江苏省卫生计划生育委员会授予金坛区江苏省妇幼健康优质服务示范县(市、区)称号。自创建活动开展以来,区卫计局统一部署,优化资源配置,不断完善新型妇幼健康服务体系,形成一个健全的三级妇幼保健服务网络。全区承担妇幼保健工作的医疗机构包括区级2个、妇幼保健计划生育服务中心1个,镇级卫生院(社区卫生服务中心)13个、村卫生室(社区卫生服务站)100所。

(顾夕英)

卫生信息化

【概况】 2018年,全区卫生信息化建设有新拓展。建立涵盖全人群、全周期信息的电子健康档案管理系统,形成居民医疗与健康服务的全景视图。综管平台进一步升级,新开发医院业务统计报表上报系统,发挥平台在日常管理、绩效考核、决策分析方面的作用。家庭医生移动管理服务平台实现重点人群分类显示。拓展基层用户体验功能,推进"健康金坛"微信公众号建设。通过"健康金坛"微信公众号向居民本人开放健康档案35万份。医疗机构全面实施第三方支付(即微信、支付宝扫码付)及统一对账功能。

计划生育

【概况】 2018年，圆满完成省“十三五”时期人口协调发展先进区中期评估各项任务。稳妥实施全面两孩政策，落实相关配套措施，计划生育奖励扶助政策全面兑现。

【依法行政】 2018年，加强再生育审批工作，对申请所需材料、文书格式要求进行统一，全年共审批106对，无一例错批。督导镇（街道）做好生育服务登记工作，大力推进生育登记网上登记工作，年内登记2879对，其中一孩1721对，二孩1158对。严格计划生育证明的出具，防止出现虚假证明或不作为行为，全年出具计划生育证明343份。加强对行政执法案卷的法制审查，主要在主体合法、证据齐全、适应法律准确、程序合法上进行严格审查。

【政策优抚】 2018年，全面落实计划生育各项奖励优惠扶助政策，做好奖扶、特扶、企业退休职工一次性奖励、城镇非从业居民一次性奖励登记、审核、公示工作。全年共发放农村部分计划生育家庭奖励扶助金2639.52万元，特别扶助金1180.53万元，一次性奖励金4080.08万元，独生子女父母奖励金80.72万元，公益金8.4万元。

【人口统计】 根据2018年年报，全区总人口数为595697人，育龄妇女130579人，已婚育龄妇女98125人，初婚1885人。出生人数4417人。其中，一孩出生2348人；二孩出生1945人；多孩124人，人口出生率7.42‰。死亡人数3538人，人口死亡率5.94‰，计划生育率99.73%。

【计生协会工作】 2018年，以促进人口均衡发展与家庭和谐幸福为主题，开展生殖健康咨询、优生优育指导、科学育儿、老年健康服务、计生家庭权益维护和流动人口服务等方面的特色宣传活动334场次，宣传服务9.6万人次，发放宣传品3.7万余份。利用春节、“5·29”、端午、中秋等重大节日和日常亲情关爱，为计生特殊家庭成员送上党和政府的关怀、社会的关爱和计生协会的温暖。开展“春晖关爱行动——连心活动”“春晖送暖行动”，帮扶活动185场次，帮扶人数5813人次。巩固推进组织、阵地建设。至年底计生协会组织195个，会员人数55366人，其中集贸市场、企业、流动人口计生协59个；新建常州市“春晖家园”示范基地1个（朱林镇龙溪春晖家园）、常州市生育关怀帮扶基地2个（薛埠镇下杖村、儒林镇河下社区生育关怀帮扶基地）、金坛区生育关怀帮扶基地3个（朱林镇朱林村、金城镇前庄村、直溪镇新河村生育关怀帮扶基地）。

爱国卫生

【概况】 2018年，区爱卫委制定《“健康金坛”工作实施方案》，通过推进健康宣传阵地建设、卫生应急和自救互救素养提升工程，有力提升城乡居民健康素养综合水平。健康城市、健康村镇建设步伐加快。直溪镇创建成国家卫生镇，儒林创建成省健康镇，直溪镇坞家村等9个村（社区）创建成省级健康村（社区）。新增健康教育园、健康公园8座，健康广场、健康一条街、健康步道8条和健康食堂（餐厅）、健康小屋9个。

【上级部门到金坛督导国家级戒烟门诊创建】 6月19日，江苏省疾病预防控制中心健康教育所曲晨、何楚一行到区中医医院督导国家级戒烟门诊创建工作情况。自2017年12月区中医医院开设全区首个戒烟门诊以来，通过提供药物、针灸治疗、理疗等多种方式来帮助吸烟者戒除烟瘾。到2018年5月底，已接受90多名吸烟者咨询，成功为20名吸烟者戒烟。督导组领导充分肯定区中医医院为创建工作所做的努力。同时，对下阶段创建工作提出建设性意见，为区中医医院创建国家级戒烟门诊开阔思路，确保年底国家评估验收顺利通过。 （陈丽园）

（编辑　盛南萍）

体育

综述

【概况】 2018年，金坛成功举办茅山山地半程马拉松赛，承办常州市第十五届运动会农村部、老年人部、青少年部、社会部等部分赛事。

在江苏省第十九届运动会上，金坛区获金牌51枚、银牌16枚、铜牌17枚和665分的优异成绩。同时通过政府购买公共体育服务的形式，组织开展区第三届体育四季联赛，联赛贯穿全年，参赛人数5万人次。

在体育产业方面。奥体体育产业有限公司采取商业运作模式，举办2018年“金坛体彩杯”中美篮球对抗赛等大型体育赛事。体彩销售额2.18亿元，比上年增长113%，全省排名21，上升13个位次。 （石　勇）

竞技体育

【举办金坛茅山山地半程马拉松赛】 4月15日，由中国田径协会、江苏省体育局、金坛区人民政府、常州市体育局主办的2018金坛茅山山地半程马拉松赛在金坛茅山开赛。此次山地半程马拉松路线是获“江苏最美跑步路线”奖的金坛茅山跑步路线，位于茅山道教景区，沿途有东方盐湖城、华夏宝盛园等多个特色景点串联，参赛选手们全程奔跑于山美水秀之中，领略独特的道文化韵味。此次茅马半程马拉松的完赛奖牌以“八卦”作为主要元素，沿袭茅马祈福概念，太极八卦的原型凸显了“道”文化的精髓。此次赛事设半程马拉松和迷你健身跑两个组别，比赛规模扩大至8000人。此次半程赛除常规赛事外，还专门为金坛籍参赛选手设置“金坛本土选手半程马拉松奖”，经过激烈的角逐，金坛籍选手陆文旋以01:21:42的成绩夺得半程赛事男子组和本地男子组冠军，王芳以01:48:22的成绩夺得本地女子组冠军。

【参加江苏省第十九届运动会】 4—10月，江苏省第十九届运动会在扬州举行，金坛区在该届省运会上获金牌51枚、银牌16枚、铜牌17枚和665分的成绩。其中青少年部男子篮球比赛（14～15岁组）以全胜战绩获得冠军；自行车队在山地和场地比赛中获得5枚金牌；华城实验幼儿园代表常州参加快乐体操获得金牌1枚；组队仅有两年的金坛区竞走队6名运动员首次参加省运会，取得3枚金牌，创造常州竞走历史最好成绩。常州市体育代表团专门向金坛区人民政府发贺电。

【参加常州市第十五届运动会】 4—11月，常州市第十五届运动会举行，金坛区组织80多支代表队、1400名运动员参加青少年部、中技部、职工部、农村部、老年人部和社会部共80余个大项的比赛，同时还承办常州市农村部、老年人部、青少年部、社会部等部分赛事。金坛区在职工乒乓球比赛中获得男子团体总分第一，在青少年部幼儿组足球赛和农村部男子篮球中获得冠军。 （石　勇）

金坛区女子田径最高纪录一览表（截至2018年12月31日）

表31

项目	成绩	创造者	比赛名称	时间	地点
60米	8″3	彭　芳	县中小学生田径对抗赛	1983	金坛
100米	12″26	孙小兰	市中小学生田径比赛	2011	金坛
200米	26″3	符真云	省县级田径比赛	1998	锡山
400米	59″5	王　月	市中小学生田径比赛	2004	金坛
800米	2′18″59	王　丹	市中小学生田径比赛	2004	金坛
1500米	4′56″8	徐明芳	常州市中小学生田径比赛	1993	常州

续表31

项目	成绩	创造者	比赛名称	时间	地点
3000米	11′36″9	汤丽仙	省县级田径比赛	1994	金坛
5000米	20′27″4	詹玉华	省第二届农民运动会	1991	徐州
100米栏	15″0	马　蕾	省县级田径比赛	1998	锡山
4×100米接力	51″7	华罗庚中学队	市中小学生田径比赛	2004	金坛
跳高	1.63米	史腊华	省县级田径比赛	1986	沛县
跳远	5.68米	张俊俊	2018年江苏省青少年田径锦标赛	2018	江阴
三级跳远	12.42米	张俊俊	2018年江苏省青少年田径锦标赛	2018	江阴
铅球(4千克)	10.83米	徐　萍	市第三届全民运动会	2002	金坛
铁饼(1千克)	32.16米	徐　萍	市第二届全民运动会	1998	金坛
标枪(600克)	33.88米	吴玉权	县中小学生田径比赛	1978	金坛

金坛区男子田径最高纪录一览表(截至2018年12月31日)

表32

项目	成绩	创造者	比赛名称	时间	地点
60米	7″7	姜　涛	市中小学生田径运动会	2004	金坛
100米	10″65	周学文	市第四届全民运动会	2006	金坛
200米	22″	周学文	市第四届全民运动会	2006	金坛
400米	50″2	吴　健	市第五届全民运动会	2010	金坛
800米	1′55″92	陶沛林	2018年江苏省青少年田径锦标赛	2018	江阴
1500米	4′05	陈建喜	省第十届运动会	1982	南京
3000米	9′02″45	仇　磊	市中小学生田径运动会	2003	金坛
5000米	15′51″8	陈建喜	镇江地区第七届运动会	1982	镇江
10000米	33′37″4	陈建喜	镇江地区春季中长跑比赛	1982	宜兴
110米栏	14″6	王　伟	省县级田径比赛	1998	锡山
4×100米接力	44″0	华罗庚中学队	市中小学生田径运动会	2005	金坛
跳高	1.95米	钱　鹏	市第四届全民运动会	2006	金坛
跳远	7.05米	韩勇超	市第四届全民运动会	2006	金坛
三级跳远	13.90米	钱　鹏	市第四届全民运动会	2006	金坛
铅球(7.26千克)	11.55米	刘国洪	市第二届全民运动会	1998	金坛
铅球(5千克)	12.72米	张锁华	市中小学生田径运动会	1994	金坛
铅球(6千克)	14.37米	杨　俊	市中小学生运动会	2008	金坛
铁饼(1.5千克)	39.98米	黄志俊	县首届全民运动会	1993	金坛
铁饼(2千克)	41.92米	杨　俊	市中小学生田径运动会	2008	金坛
标枪(700克)	52.31米	岳云萍	市第五届全民运动会	2010	金坛
标枪(800克)	50.06米	岳云萍	市第四届全民运动会	2006	金坛

金坛籍运动员大赛成绩统计表(截至2018年12月31日)

表33

项目	运动小项	运动员	性别	赛事	举办地	名次
赛艇	男子轻量级双人双桨	朱贵颖	男	2018年全国赛艇锦标赛	山东日照	1
赛艇	男子轻量级四人单桨	朱贵颖	男	2019年全国赛艇锦标赛	山东日照	2
篮球	初中组	张承阳	男	2018年全国初中“李宁杯”总决赛	吉林长春	1
篮球	初中组	孙伟航	男	2018年全国初中“李宁杯”总决赛	吉林长春	1
篮球	初中组	曹芸畅	男	2018年全国初中“李宁杯”总决赛	吉林长春	1
篮球	初中组	任天和	男	2018年全国初中“李宁杯”总决赛	吉林长春	1

续表 33

项目	运动小项	运动员	性别	赛事	举办地	名次
篮球	初中组	李 洋	男	2018 年全国初中“李宁杯”总决赛	吉林长春	1
篮球	男子 U15	杜丰骅	男	2018 年高水平后备人才基地 U15 总决赛	浙江横店	3
篮球	男子 U15	任天和	男	2018 年高水平后备人才基地 U15 总决赛	浙江横店	3
篮球	男子 U15	李洋	男	2018 年高水平后备人才基地 U15 总决赛	浙江横店	3
篮球	男子 U15	曹芸畅	男	2018 年高水平后备人才基地 U15 总决赛	浙江横店	3
摔跤	73 公斤	党 梦	女	2018 年全国 U17 女子自由式摔跤锦标赛	山东博兴	3
拳击	56KG 级	张开天	男	2018 全国男子拳击锦标赛	重庆	2
垒球		刘彦敏	女	2018 年全国女子垒球冠军杯赛	广东广州	1
田径	110 米栏	李继明	男	2018 年全国室内田径锦标赛分区赛(南京站)	江苏南京	3
蹦床	网上女子双人同步	周思琪	女	2018 年全国青少年蹦床锦标赛	山东高密	1
蹦床	网上团体	周思琪	女	2019 年全国青少年蹦床锦标赛	山东高密	2
蹦床	网上女子双人同步	文婧婧	女	2018 年全国蹦床冠军赛	安徽合肥	3
技巧	男子四人动力套	祁鑫杰	男	2018 年全国技巧锦标赛	四川汉源	3
技巧	男子四人全能套	祁鑫杰	男	2018 年全国技巧锦标赛	四川汉源	3
技巧	男子四人大集体	祁鑫杰	男	2018 年全国技巧锦标赛	四川汉源	1
技巧	男子四人平衡套	祁鑫杰	男	2018 年全国技巧冠军赛	徐州沛县	2
技巧	男子四人动力套	祁鑫杰	男	2018 年全国技巧冠军赛	徐州沛县	3
技巧	男子四人全能套	祁鑫杰	男	2018 年全国技巧冠军赛	徐州沛县	3
技巧	男子四人大集体	祁鑫杰	男	2018 年全国技巧冠军赛	徐州沛县	1
手球	女子	蓝小玲	女	2018 年第 18 届亚运会	印度尼西亚	2
手球	女子	莫蒙萌	女	2018 年全国女子手球锦标赛	辽宁朝阳	1
手球	女子	蓝小玲	女	2018 年全国女子手球锦标赛	辽宁朝阳	1
手球	女子	渠文娜	女	2018 年全国女子手球冠军杯赛	广西南宁	2
手球	女子	渠文娜	女	2018 年全国青年女子手球锦标赛	山东淄博	1
手球	女子	庄红艳	女	2018 年全国青年女子手球锦标赛	山东淄博	1
手球	女子	练素琪	女	2018 年全国青年女子手球锦标赛	山东淄博	2
手球	女子	高静	女	2018 年全国青年女子手球锦标赛	山东淄博	2
手球	女子	朱梦妮	女	2018 年全国青少年手球 U18 总决赛	安徽合肥	1
手球	女子	渠文娜	女	2018 年全国青少年手球 U18 总决赛	安徽合肥	1
手球	女子	庄红艳	女	2018 年全国青少年手球 U18 总决赛	安徽合肥	1
篮球	男篮	佟鑫	男	2018 年全国篮校杯 U17 男子篮球决赛	广东东莞	2

(石 勇 刘井泉)

群众体育

【承办江苏省门球大联赛】 9月8—10日，金坛承办2018年江苏省门球大联赛（县级市站）暨第52届江苏省县级市门球比赛。全省各县（市）、区26支门球代表队300名选手参赛。经过激烈争夺，南通海门和苏州昆山代表队分获该届门球赛冠亚军。

【“金坛小龙人”龙灯队在全国竞标赛上获奖】 10月10—15日，区明珍实验学校和直溪中学组成的“金坛小龙人”龙灯队，参加在溧阳市举办的第十一届全国舞龙舞狮竞标赛，在“传统舞龙”和“自选动作”两个比赛项目中，分别获得全国第三名和优胜奖。

【举办《国家体育锻炼标准》达标赛】 11月23日，区文化广电体育局、区委区级机关工委联合主办的金坛区《国家体育锻炼标准》达标赛在区体育场开幕。来自各部委办局的18支代表队300余名机关工作人员参加达标赛。《国家体育锻炼标准》是经国务院批准推行的一项重要体育制度，目的在于鼓励广大群众自觉锻炼身体，增强体质，锻炼标准实现6～69岁人群的全覆盖，在项目设置上删繁就简，在保持测验项目一致性的同时，兼顾各年龄组的身体特点。经过角逐，区城管局、区交通运输局、区教育局分获团体总分前三名。

（石　勇）

学校体育

【概况】 7月，区华城实验幼儿园被常州市体育局、常州市教育局命名为第二批“市队校办”训练点。

9月，直溪初级中学被教育部认定并命名为“全国青少年校园足球特色学校”。

11月，区第二中学被命名为“常州市校园足球特色学校”。

（刘井泉　石　勇）

（编辑　储　劼）

人力资源和社会保障

【概况】 2018年，全区坚持"民生为本、人才优先"工作主线，落实新发展理念，统筹抓好保障改善民生、服务"两个加快"各项任务落实，加强行风建设、提升服务效能，人力资源和社会保障各项事业保持健康、和谐、高质量发展。区人社局获"常州市五一劳动奖状"。

【就业创业】 2018年，全区出台创业担保贷款、职业技能培训鉴定、就业创业社保补贴等多项政策。开展失业保险"援企稳岗"行动，为152家企业发放稳岗补贴599.9万元，兑现失业金2422.9万元。组织金城镇、东城街道、尧塘街道和32个社区（村）创建"创业型街道""创业型社区（行政村）"。开展创业技能培训进镇（街道）、社区专项活动，支持成功自主创业1518人，引领大学生创业230人，获评"江苏省优秀大学生创业项目"5个、"常州市优秀大学生创业项目"13个。开展就业技能培训4560人、企业职工岗位技能培训2.04万人。举办第二届"金工匠"系列职业技能大赛，20多家企业200余名职工参赛，助推技能人才队伍建设。组织开展各类人力资源招聘会60余场，提供就业岗位2.8万个，达成就业意向1.14万人。组织常州市13家知名人力资源服务企业与区70多家规模以上企业对接合作，帮助企业引进紧缺人才。加强苏陕劳务对接，在陕西汉中4个县的基础上，拓展安康石泉、宁陕、白河等县，组织亿晶光电、朗博汽车、斯威克、沃尔核材等企业跨省招工。苏陕劳务对接"管家式"模式经验做法被省借鉴推广到南通等地。全区城镇新增就业1.2万人，城镇登记失业率1.82%，就业形势总体保持稳定。

【社会保障】 年内，全区推进全民参保登记核查工作，全年完成差额核查人数61059人，完成应保未保整改11293人。对未参保困难群众采取电话联系、上门走访等方式进行政策宣讲，帮助19764名困难群众免费参保。对城乡困难群体，采取降低大病保险起付标准、提高分段支付比例、提高医疗救助最高补助限额等措施，实现精准帮扶。企业和机关事业单位退休人员养老金人均上调比例超过5%。城乡居民养老保险基础养老金标准从180元提高到220元，缴费满15年的由210元提高到250元，被征地农民养老补助金由510元提高到580元。城乡居民基本医疗保险财政补助标准由600元提高至740元。

【人才工作】 年内，全区入选省"双创计划"创业类人才3人，入选常州市"龙城英才计划"领军人才优先支持项目12个。申报引进外国智力项目10项。申报国家级博士后科研工作站和省级博士后创新实践基地各1家，在站博士后12人。开展"百家企业校园行"活动，组织98家企业前往东北、四川等地32所高校开展校园招聘。举办"名校学子金坛行"活动，组织南京工业大学、江苏理工学院等5所院校200名即将毕业的大学生到金坛参观考察、入企体验，达成就业意向109人。召开"精英人才·智汇金坛"中高端人才专场招聘会，328名各类人才进场面试，现场意向签约136人，填补金坛中高端人才专项招聘空白。联合团区委冬夏两次开展"乡思乡伴·筑梦金坛"主题活动，邀请600余名金坛籍高校学子欢聚家乡，主动为本土人才回流搭建平台。加强校政企合作，成立金坛—常州高职院校人力资源区域合作联盟，组织40多家企业与常州高职院校签订人才引育合作协议。组织企业与安康职业技术学院、淮安职业技术信息学院、江苏建筑学院合作交流，以订单班、冠名班、现代学徒制、技能培训合作等模式，满足金坛急需的各类技术技能人才需求。全区新增各类人才4860人，引进高层次人才245人，新增高技能人才1820人，纳入省委、省政府监测考核的高质量发展指标"每万名劳动者中高技能人才数"达1066人，连续三年位居常州各辖市区前三名。

【人事管理】 2018年，加强人事管理力度，开展全区机关事业单位人事编制管理信息系统数据维护情况专项检查。开展全区机关事业单位社会化用工调研，为下一步出台管理办法打好基础。积极推进教育系统“区管校聘”管理体制改革，调整城乡教师岗位数，实行区域内教师岗位数合理调剂，全面推行教师竞聘上岗、交流轮岗。全区294名教师参与“区管校聘”交流轮岗。做好企业军转干部春节、“八一”慰问工作。组织退休、下岗失业的企业军转干部和自主择业军转干部进行健康体检。按照常州市的标准，为企业退休军转干部发放生活补助、医疗补助816万元。

【劳动关系】 全年立案查处劳动监察投诉举报案件270件，受理各类劳动争议案件1157件。移送公安4件，申请法院强制执行6件，处置劳动保障群体性突发事件27件。帮助2100余名劳动者追讨劳动报酬等待遇4300多万元。按季度对13起重大劳动保障违法行为向社会公布，将3家企业列入欠薪失信“黑名单”并推送至信用部门实施联合惩戒。对全区175个在建工程项目开展农民工工资支付情况专项检查，设立农民工工资专用账户76个，提请区政府落实应急周转金100万元。制定落实《提高仲裁效能建设实施方案》，强化仲裁办案人员培训考核，全面提升办案能力。积极构建预防、补偿、康复“三位一体”工伤保险制度体系，推进建筑企业按项目参加工伤保险工作。受理工伤案件1725件，支付工伤待遇6900万元。金坛首创和谐劳动关系道德讲堂，金坛经济开发区成功创成省级和谐劳动关系示范园区，江苏金昇实业股份有限公司被评为全国模范劳动关系和谐企业。　（张卫全）

民政工作

【概况】 2018年，全区以“抓重点、求突破、促发展”为主线，坚持重点突破与整体推进相结合，不断推进现代民政工作高质量发展。金坛创成“江苏省现代民政示范区”，实现“江苏省双拥模范区”五连冠。

【养老服务】 2018年，探索养老领域公建民营合作模式，通过公开招标，委托第三方公司运营区社会福利院，开启区养老机构“公建民营”试点。鼓励社会力量参与养老事业，年内全区社会力量参与运营日间照料中心1家——桑榆堂日间照料中心。搭建“中央厨房＋社区配送”的助餐新模式，老年人助餐服务实现城市社区全覆盖。开展社区“夕阳红”服务中心建设，落实2018年区政府为民办实事工作要求，出台《社区“夕阳红”服务中心考核细则》，通过第三方评估，建成社区“夕阳红”服务中心20家。成立全区养老机构安全专业委员会，联合消防、安监、市场监管等部门，定期开展联合检查，推动养老服务机构规范管理。

【社会组织管理】 2018年，推动社会组织中党的建设，全区社会组织建有6个基层党组织，在册党员101人。通过实地走访、问卷、翻阅档案和年检情况分析，对社会组织进行调查摸底，总结梳理问题，制定具体措施并加以落实。建立部门协调机制，明确双重管理职责。把好登记、年检关口，对年检不合格和基本合格的39家社会组织逐一下发整改通知书，限期整改。完成49家社会组织实地抽查，对发现的问题要求及时整改，并制定跟踪回访机制。出台《金坛区社会组织重大事项报告制度》，落实相关负责人承诺制。推进孵化基地建设，通过公开招标与经验丰富的第三方专业团队合作，积极指导评估。2018年，春江健身艺术协会等4家社会组织获评常州市AAAA等级。

【殡葬事业】 年内，推进新殡仪馆建设，同步开展人员培训、流程设置、家具采购、物业招标等工作。完成城东、汇贤公墓的搬迁，搬迁墓穴6859个，净化城市发展空间。组织第二届清明文化节，举办首次集体免费生态葬安葬仪式，设立海葬纪念碑。全年生态殡葬有5例海葬、15例花坛葬、13例树葬、120例草坪葬。加大殡葬市场规范管理，对新殡仪馆的灵车运营、殡仪服务、餐饮住宿对外公开招标，实现统一管理、专人负责。全面开展殡葬领域突出问题专项整治行动，认真清理殡葬领域存在的突出问题，完善6家公益性公墓的合法手续，并针对实际出台寿墓购买相关规定。

【民生保障】 7月1日起，区城乡低保标准提高到每人每月800元，孤儿养育、城市“三无”（无劳动能力，无生活来源且无法定赡养、抚养、扶养义务人，或者其法定赡养、抚养、扶养义务人无赡养、抚养、扶养能力的老年人、残疾人以及未满16周岁的未成年人）、农村五保供养标准提标工作同步实施。完成低保外农村困难残疾人生活补贴标准提标工作，并实行城乡一体化。实施低保专项核查，集中治理“人情保”“关系保”“错保”，全年清退不符合低保条件对象754户、1205人。开展自然灾害救助和保障工作，以“5·12”防灾减灾日为契机，在华胜社区开展以“行动起来，减轻身边的灾害风险”为主题的防灾减灾宣传活动，普及防灾减灾知识。东城街道华胜社区创成国家级“综合减灾示范社区”。

【双拥优抚】 2018年，向驻金坛部队发放慰问金125万元。投入60万元为部队办实事，持续开展特色双拥活动，进一步增强双拥工作活力。积极落实优抚安置政策，完成重点优抚对象抚恤补助标准动态调整；广泛开展重点优抚安置对象精神、健康和生活关爱活动；向全区优抚安置对象家庭发放“光荣人家”牌，激发军人荣誉感；认真做好义务兵家庭优待金、现役军人立功荣誉金、自主就业补助金的发放工作，做好2017年度秋冬季退役士兵职业技能培训工作。完成优抚对象数据核查工作，启动退役军人及其

端午节双拥慰问驻金坛部队　　（区民政局　供稿）

他优抚对象信息采集工作。增发生活困难下岗志愿兵生活补助370.7万元，协调相关部门将优抚安置对象优先纳入经济房、廉租房保障范围，解决优抚对象住房难题。

【基层治理与社区建设】 2018年，全区完善基层民主自治建设，推进村(居)委会政务、村(居)务、服务三公开工作，实现城乡社区三务公开覆盖率100%。配合组织部门完成村务监督委员会规范化建设，全区93个村务监督委员会组织架构均已齐全，并依法履行监督职责。推进城乡社区建设，提升社区服务设施硬件水平，完成8家综合服务中心提档升级工作；与规划等部门联合编制出台《金坛区居住社区发展规划(2016—2030年)》，为居住社区合理划分、硬件设施、配套服务等提供了科学依据。提升社区治理与服务水平，强化社工人才建设，扩大全国社会工作者职业水平考试奖励范围，全年考试通过人数146人，全区持证社工人数345人。邀请上海知名社工机构对在职社工开展社会工作实务培训，提升实践水平，初步建立起一支既有扎实理论知识又有较强实践经验的社会工作专业人才队伍。

【社会专项事务】 2018年，区民政局认真做好地名管理工作，完成全国第二次地名普查，梳理出域内地名数据6636条。加快地名普查成果转化，拍摄制作诸葛八阵图村落和茅山地名文化宣传短视频；与常州工学院对接商讨金坛地名历史文化大辞典编撰工作。在全区范围内开展不规范地名清理，对145条不规范路名牌、楼栋牌进行收集和整改。规范生活无着流浪乞讨人员救助管理工作，全年救助流浪乞讨人员102人次。开展困境儿童关爱保护工作，切实落实困境儿童分类保障政策，扎实开展孤弃儿童大排查活动，将符合条件的困境儿童全部纳入基本生活保障范围，同时发出倡议，号召更多的爱心人士投入到关爱困境儿童的行列中来。规范婚姻和收养登记工作，开展婚姻登记和收养登记标准化建设，规范办理流程，全年办理婚姻登记7353对，收养登记10件，登记合格率100%。加大福彩销售工作，全年销售福利彩票1.69亿元。　（陈　千）

2018年金坛区新成立社会团体情况一览表

表34

序号	业务主管单位	社团名称	办公场所	法　人
1	常州市金坛区商务局	常州市金坛区农村电子商务协会	金坛区西门大街86号	姜方俊
2	常州市金坛区农林局	常州市金坛区黄金村软米协会	金坛区朱林镇黄金村黄金大道1号	严清华
3	常州市金坛区文化广电体育局	常州市金坛区茶文化协会	金坛区滨湖星城2－108	李　旭
4	常州市金坛区文化广电体育局	常州市金坛区石锁运动协会	金坛区薛埠镇罗村集镇原建筑公司内	王柏松
5	常州市金坛区文化广电体育局	常州市金坛区儒林乡土文化研究会	金坛区儒林镇便民中心208室	周文良
6	常州市金坛区文化广电体育局	常州市金坛区诸葛亮文化研究会	金坛区儒林镇便民中心208室	诸葛佩圣
7	常州市金坛区科学技术协会	常州市金坛区老科技工作者协会	金坛区西门大街9号	徐金福
8	常州市金坛区文化广电体育局	常州市金坛区汉服文化协会	金坛区沿河西路102～107号	姚海霞
9	常州市金坛区文化广电体育局	常州市金坛区定向运动协会	金坛经济开发区汇贤南路1号体育馆105室	段建春
10	常州市金坛区科学技术协会	常州市金坛区农村专业技术协会	金坛区金城镇弘化路8号	陈菊梅
11	常州市金坛区文化广电体育局	常州市金坛区汽车摩托车运动协会	金坛区西城路96号	冯　正

2018年金坛区新成立民办非企业情况一览表

表35

序号	业务主管单位	民非名称	办公场所	法　人
1	常州市金坛区妇女联合会	常州市金坛区蒲公英妇女儿童关爱服务中心	金坛区汇贤南路汇贤苑内社区居委会	王　娟
2	常州市金坛区妇女联合会	常州市金坛区益初心社工服务中心	金坛区文化路7～42号(西门社区服务中心二楼)	陈月兰
3	常州市金坛区妇女联合会	常州市金坛区海豚妇女儿童心灵驿站	金坛区华阳南路15～17号峨嵋社区三楼	储孝歆

老龄事业

【概况】 2018年,全区贯彻"党政主导、社会参与、全民关怀"的老龄工作方针,紧紧围绕老有所养、老有所医、老有所为、老有所教、老有所学、老有所乐的工作目标,以切实维护和保障老年人的合法权益,提高他们的生活质量为重点,各项工作取得新成效。区老年协会换届工作圆满完成。

扎实做好"邻里守护"志愿互助,为70岁以上独居、80岁以上空巢老人等特殊、困难老年群体提供邻里结对守护服务,进一步规范"时间银行"的登记工作,提高老年志愿者结对守护的积极性。全年评选表彰市、区两级优秀老年志愿者36人;金坛地税第五分局被常州市表彰为第三批"敬老文明号";3人被常州市表彰为第二届"十佳老年道德模范"奖及提名奖;2对金婚夫妇被常州市表彰为第四届"幸福金婚夫妻"。

稳步推动"安康关爱行动"持续健康发展。从规范操作行为和操作流程,提升服务水平和服务质量入手,持续扩大老年人意外伤害综合保险覆盖面,2018年,全区参保率65%。

积极开展敬老系列活动。在区老年协会统筹下,各街道、社区老协组织老年志愿者和专业为老服务队伍,为高龄、空巢、失独、失能、困难等有需要的老年人进行慰问服务,把党和政府的温暖及时送到高龄老人心中。各社区老年人协会于敬老月期间先后开展文艺、体育以及邻里节座谈会等活动中,让参加活动的老人们获得幸福感。

(戴华云)

民族宗教事务

【概况】 2018年,全区民族宗教工作以习近平新时代中国特色社会主义思想为指导,深入学习贯彻中共十九大精神,认真落实党的民族宗教工作方针政策,以"学习"为主题开展和谐寺观教堂创建,积极引导区域内民族宗教事务与社会主义相适应,维护全区民族宗教领域和睦稳定。

【民族工作】 2018年,着眼民族团结,加强民族致富工程建设。全面贯彻落实常州市民宗局《关于全市少数民族实现全面小康2018—2020三年行动方案》,摸清全区少数民族家庭情况,建档立卡,因户而异采取帮扶措施,实现精准扶贫,确保少数民族困难家庭生活水平逐年提高。围绕共同团结奋斗、共同繁荣发展目标,推进少数民族项目致富工程,通过示范基地建设、开展科技培训、争取资金支持等方式,积极引导、扶持少数民族家庭致富奔小康,使在金坛区生活的少数民族群众与全区人民共同发展致富。全年争取中央、省级帮扶资金60万元,扶持2个合作社,惠及42户少数民族家庭年增收6000元/户。落实少数民族政策,尊重少族民族风俗习惯和宗教信仰,宣传贯彻落实《江苏省少数民族权益保障条例》《中国公民民族成份登记管理办法》。

【宗教工作】 2018年,区宗教事务工作主要围绕宗教意识形态领域安全、提高政治站位、加强组织领导、落实责任,加强宗教场所风险隐患排查,依法管理宗教事务。开展"和谐寺观教堂"创建和"教风建设"工作,弘扬宗教文化,加大宗教人才培养等方面开展。全年组织"学习十九大坚持中国化共筑中国梦"主题教育活动培训班、十九大精神宣讲、《中华人民共和国宪法》解读和《宗教事务条例》解读等12期,参加人员150余人次。开展农村民间信仰调查,全面治理佛道教商业化、基督教私设聚会点等问题,依法取缔非法宗教场所2处。1月2～4日,江苏省第三届道教文化艺术节在茅山乾元观、东方盐湖城成功举办。2018年江苏省佛教讲经交流会于6月7日在南京鸡鸣寺举行,区弥陀寺光超法师获第二名。7月30日,江苏省道教协会第十一届玄门讲经活动在宜兴市举行,茅山元阳观端木子翀道长获一等奖。

(俞　萍)

关心下一代工作

【概况】 2018年,全区关心下一代工作坚持正确政治方向,教育青少年立德树人,为青少年健康成长传播正能量。区东城街道关工委等9家单位获评常州市关心下一代工作先进集体,毕东升等19人获评常州市关心下一代工作先进个人。

主题教育。深入开展"传红色基因,共话新时代,放飞青春梦"主题教育活动,帮助青少年树立正确的世界观、人生观、价值观。在全区六镇三街道的52所中小学校举办报告会、座谈会、故事会、演讲比赛、参观展览等丰富多彩的教育活动,受教育人数5万多

9 月,民政系统举办慈善一日捐活动　　（区民政局　供稿）

人。区关工委联合建昌小学开展的“孝道文化进校园”获得省校外教育辅导站优秀项目评比一等奖。华兴社区电子阅览室被评为省先进电子阅览室、水北社区、朱林村电子阅览室被评为常州市先进电子阅览室;华胜社区儿童之家被评为省优秀儿童之家;蔡炳照获评省民营企业关工委先进个人。

结对帮扶。开展“结对帮扶,引领人生”活动,引领青少年成长成才。对青少年中失足、失管、失学、失业、失依人群和留守流动儿童,组织开展结对帮扶活动。参与“蒲公英”爱心活动,区各级关工委全年捐资 22.1 万元给予 71 名困难家庭青少年救助慰问。开展法制宣传教育。配合公安部门开展毒品预防教育活动,配合司法部门做好社区矫正工作,配合做好网吧义务监督工作。

组织建设。推行常态化建设,配好配强基层关工委班子。2018 年,全区新增 78 家民营中小企业关工委组织。调整充实志愿者队伍,组织更多的老干部职工参与关心下一代工作。区关工委与区教育局关工委联合组建关工委工作报告团。报告团针对家庭教育,革命传统教育,法制教育等方面内容进行宣传。

（王一鸣　周美芳）

慈善事业

【概况】 2018 年,区慈善工作贯彻落实《中华人民共和国慈善法》,扶贫济困,凝聚多方慈善力量,补充完善社会保障体系。全年慈善资金总收入 2051.53 万元,其中,“慈善一日捐”活动善款募集收入 1129.19 万元,慈善冠名、定向捐赠收入 401.43 万元,慈善资金保值增值收入 520.91 万元。全年各类慈善资金支出 1517.43 万元,其中,慈善项目救助支出 1033.19 万元,慈善冠名、定向捐助支出 448.33 万元,慈善活动和管理费用支出 35.91 万元。历年慈善资金结余 10300.44 万元,救助人数 13 万余人次。

【善款募集】 2018 年,全区推动开展“慈善一日捐”活动,区四套班子领导带头捐款,机关、企事业单位干部职工和城镇居民踊跃参与,为慈善事业捐赠资金和提供志愿服务,接受慈善捐款 1024.19 万元,企业协议兑捐 105 万元。

【慈善救助】 2018 年,全区慈善项目救助支出 1033.19 万元。“春节送温暖”助困项目慰问救助困难群众 2400 余人(户),发出助困慰问金 373.63 万元;临时救助项目为家庭遭遇突发事件的特困群众发放应急救助资金 13 万元;慈善助医项目为恶性肿瘤(癌症)、白血病、血友病等重大疾病患者 2245 人,发放医疗救助金 467.9 万元;慈善爱心助学项目为贫困家庭大中专院校学生 243 人,发出助学金 49.12 万元;慈善助老项目为金城镇、朱林镇、薛埠镇、指前镇、儒林镇、直溪镇、尧塘街道改善敬老院环境提高老人生活质量提供建设资金 81 万元;省区联动儿童重大疾病慈善救助项目为全区 22 名重大疾病患儿发放配套救助资金 12.54 万元;慈善助残项目为残疾人贫困家庭发放救助金 36 万元。全年冠名基金救助支出的 207.49 万元中,“荀姚光彩基金”发放奖教、奖学金 51.29 万元,“周氏志成冠军扶贫助学基金”发放低保家庭子女助学金 25.8 万元,“晨风工友爱心基金”发放职工助困金 97.95 万元,“蔡炳照大爱基金”发放残疾儿童助学金 7.5 万元,“共青团爱心基金”“双拥优抚基金”等发放助医助困金 24.95 万元。按照捐赠人意愿,全年及时接转定向捐助支出扶贫济困、大病医疗、保护和改善生态环境等各类慈善资金 240.84 万元。

【自身建设】 区慈善总会依法规范管理、公开透明使用慈善资金,提升慈善救助精准化。聘请区金信会计师事务所全面审计区总会 2018 年度慈善财务收支情况,延伸审计各镇、街道慈善分会慈善救助资金使用情况,追溯调查审计全年慈善项目实施情况;审计结果通过《金坛时报》向社会公布。召开理事、监事会议,听取全年慈善工作及资金收支报告,汇报 2019 年度慈善工作安排和善款收支预算情况,发挥理事、监事议事决策和监督作用。

积极争取各类媒体的支持,借助报刊、电视、网络等媒体,进一步营造全面向善的良好氛围。　（眭震球）

（编辑　储　劼）

各镇（街道）概览

金城镇

【概况】 金城镇镇域总面积92.8平方千米，其中耕地3578.3公顷。全镇辖11个行政村、165个村民小组，总人口5.99万人。2018年，全镇地区生产总值85.8亿元，可比价比上年增长9.2%；完成一般公共预算收入4.64亿元，增长23.7%；农村居民人均可支配收入3.33万元，增长9%。2018年，金城镇入选全国千强镇。

【工业经济】 2018年，金城镇完成工业开票销售201亿元，比上年增长16.9%；完成工业实际投入34.2亿元，增长71.2%。全镇新增股改企业3家，蓝色星球、凌云药业、凯丰橡塑等36家企业成功挂牌江苏股权交易中心。新增高新技术企业6家、江苏省民营科技企业30家、工程技术研究中心3家、企业技术中心1家、市级智能车间1家。申报各类科技项目10个、申报省级科技企业孵化器1个；帮助企业申请专利217件，中盐金坛获中国专利优秀奖；开展产学研对接12次，院校大型人才、技术对接活动3场、组建校企联盟3家，招聘中高层人才41人。

【招商引资】 2018年，全镇新增签约引进工业项目32个，协议总投资150.89亿元。其中协议总投资50亿元以上项目1个，10亿元以上项目7个，中晟精密制造项目总投资52亿元。完成注册外资实际到账2500万美元。

【集镇建设】 严厉查处占道经营、违章搭建、违规施工、乱停乱放、乱倒垃圾、乱栽乱种、乱贴乱画、损绿毁绿等违法行为，园区和集镇面貌明显改善。全年共查处违法建设105起，拆除违建68个，面积5200平方米。大力推进农村公路提档升级工作，完成全镇村庄道路整治提升方案编制，完成兆管线、白乾线、南午线、沈渎村改移道路、蒋庄路等提升改造。开展全镇交通干线沿线环境综合整治行动，对白塔路及盐港路、后阳建西路两侧和340省道后阳集镇段路域进行环境整治，道路景观得到有效提升。后阳、沈渎和白塔3个村完成“江苏省绿化示范村”“常州市三化示范村”建设。南瑶白龙荡村通过美丽乡村创建市级验收，后阳大亭村通过江苏省“水美乡村”验收。

【污染防控】 依法关停“散乱污”企业91家，完成整改42家。大力度推进建设工地扬尘管控，全力做好预拌混凝土搅拌站管理、码头堆场整治等工作。取消培丰化工集中区省级化工园区定位，依法关停园内外化工生产企业19家，完成10家化工生产企业提档升级和“一企一策”环境综合整治。完成连心河、赵巷北河塘、赵巷南河塘、兆歧河塘等河道黑臭水体整治。关停畜禽养殖场23家，减少化肥施用量和推进农药零增长，农业面源污染得到有效控制。实施重点工业行业挥发性有机物治理，安装在线监控设施企业8家，并与园区环境监测预警平台联网运行。全年受理中央环保督察“回头看”交办件7件、省级环保督察交办件9件及各级“263”曝光的突出环境问题20件，完成率100%。建立环保工作周例会和纪检督察通报制度，对辖区内存在的突出环境问题、进展滞后的重点工程进行强势推动。

【农业农村】 结合村庄、水系、交通、公共设施、产业等完成金城镇总体规划编制和村庄布点优化规划编制，明确全镇范围内一般村、重点村和特色村，开展全镇北部、中部、南部片区乡村振兴规划方案研究工作。持续推进农村各项改革，鼓励多种形式的参股、联营、投资等，促进村级资产保值增值。2018年，村级总资产4310.66万元，比上年增收400多万元。开展“三资三化”（资金、资源、资产，制度化、信息化、公开化）专项提升行动，开通“金城E阳光村务平台”，全面实施非现金结算。全面完成清产核资，开展农村产权交易服务，累计完成村组集体资产资源交易金额729.82万元。农业生产稳定向好，全年实现农林牧渔总产值11.27亿元，比上年增长4.16%，其中农业产值4.3亿元，畜牧业产值1.54亿元，渔业产值4.01亿元。全年夏粮总产量3.01万吨，夏粮公顷单产4755千克、秋粮公

胜伟策电子(江苏)有限公司奠基仪式　　　　（金城镇　供稿）

顷单产9060千克,油料总产量391吨,水产品总产量11964吨,水果总产量756吨,出栏生猪2.84万头,出栏家禽190万只(羽),大力开展"大棚房"问题专项清理整治行动,积极做好非洲猪瘟防控工作。农业产业化发展迈开步伐,江苏你好鸭食品有限公司获"常州市农村创业创新创意大赛一等奖",并成功申报市级农业产业化龙头企业;常州圣贝特、金坛江南春米业成为江苏股权交易中心农业版首批挂牌企业。

【社会事业】 基层综合文化服务中心创建工作全面完成,后阳村被评为常州市基层文化服务中心示范点。

基础教育不断夯实,金城镇中心幼儿园完成江苏省优质园创建评估验收,白塔中学2018年中考生均总分位列全区第一,获区办学水平考核一等奖。

开展社区天天乐、送电影下乡等文化惠民活动,在常州市第十五届农运会和区第三届四季联赛职工篮球赛上获得三项冠军,金城镇被评为常州市群体工作先进单位。

全力推进医药卫生体制改革,深化卫生惠民工程,提升医疗服务水平,促进卫生事业可持续发展。镇卫生院创建成二级综合医院。全镇共有卫生机构12个,拥有固定资产6834万元,病床100张,拥有卫生技术人员170人。卫生服务网络覆盖率100%,初级卫生保健普及率100%。农村新型医疗保险参保率100%。新农合参保37338人,共筹集资金1272万元。

全面落实残疾人"两项补贴",全年发放两项补贴6200人次,总计480余万元。持续开展"扶贫攻坚",84户169人实现脱贫。开展优抚对象核查工作,退役士兵权益得到充分保障。将元巷等4个行政村共计6164名失地农民及时纳入社会保障工作,做到即征即保。

人口和计划生育事业健康发展,全面两孩政策有序实施。全镇出生政策符合率99%以上,人口文化建设达标率95%以上,依法行政达标率100%,各项奖励扶助政策兑现率100%,流动人口计划生育服务管理率95%以上。

2018年金城镇各村基本情况一览表

表36

村　名	党总支书记 村委会主任	基本情况			农民人均可支配收入(元)
		耕地面积(公顷)	户数(户)	人口(人)	
南　瑶	曹　斌	3311.3	1615	5490	33329
长竹埂	周小平	2419.73	1017	2671	
后　阳	陈　康	8082	2367	5070	
培　丰	庄　俊	3421	1049	2952	
沈　渎	杨国华	3740.36	1316	3683	
元　巷	王罗忠	775.83	2906	8764	
冯　庄	蔡达成	4350.95	1524	5964	
白　塔	靳吉庚	9874.5	2607	8564	
庄　城	蔡粉祥	8208	2022	5900	
前　庄	周　磊	3667	861	2301	
联　丰	艾国平	5785	1285	3606	
合计		53635.67	18569	54965	

2018年金城镇骨干企业情况一览表

表37

企业名称	销售收入(万元)	利税总额(万元)	法定代表人	企业名称	销售收入(万元)	利税总额(万元)	法定代表人
江苏富润生化科技有限公司	43249	1104	孙雪平	江苏翔发丝绸服饰有限公司	61735	2713	蒋云涛
常州天马光伏电子有限公司	51883	-3133	马庆晓	常州佳诚服饰有限公司	764265	172794	王国昌
上海建工常州建亚建筑构件制品有限公司	90117	-3685	何群伟	江苏登冠医疗器械有限公司	37476	798	单叶英
重庆长江造型材料常州有限公司	100108	5314	熊　杰	常州市虹亚服饰有限公司	24162	1701	陈雅平
常州市阿碗精密机械有限公司	86479	-366	李婉京	江苏易成电力器材有限公司	2541604	541199	王粉美
江苏科凯新材料科技有限公司	80860	793	陈凤华	常州市金坛华盛服饰有限公司	26772	2142	王　青
江苏中远消防设备有限公司	32116	7961	史乃德	江苏云康药用包装有限公司	44250	1685	李国云
常州金坛金源电子有限公司	63514	7043	周卫民	江苏东宝印染有限公司	68277	-2072	孙　文
江苏源力汽车内饰件有限公司	48799	-2488	姚卫军	常州市金坛区华祥织布厂	18437	509	冯荣华
江苏通洋船舶有限公司	63575	3734	杨光辉	常州金坛鑫龙服装有限公司	120951	6058	陈鑫元
华君电力(常州)有限公司	1043709	121019	李红波	江苏金旺包装机械科技有限公司	254092	25815	房国荣
高树(常州)饰品有限公司	58506	3455	洪金锥	常州金坛鑫捷绝缘材料有限公司	15527	-6819	朱斌兰
常州源通电子科技有限公司	11392	-1382	蔡玉华	常州市金坛鸿羽织造厂	23405	354	王菊琴
江苏凌云药业股份有限公司	53326	8971	相良斌	江苏威龙制药机械科技股份有限公司	25676	2306	蒋玉华
常州德源箱包制造有限公司	93368	3789	李　德	常州天成箱包有限公司	19208	624	高　辉
常州三佳服饰有限公司	64715	5829	王国昌	常州金坛鑫隆防水塑胶制品有限公司	65341	3241	史龙孝
常州广裕橡塑科技有限公司	96976	14139	陆　俊	常州市金坛荣盛化工有限公司	39408	1222	王　飞
常州三源光伏材料有限公司	52646	2963	蒋国义	江苏汇和制衣有限公司	27928	1916	夏　薇
常州市金坛区城市污水处理有限公司	41372	6228	张岳庆	江苏蓝色星球环保科技股份有限公司	514890	62660	尹和平
常州高瑞时装有限公司	104530	5027	吴　丹	常州凯格努服饰有限公司	35710	957	岳美英
江苏新先制药有限公司	4801	-8936	徐　岩	常州佳恒服饰有限公司	35128	118	吴建生
江苏科达化工科技有限责任公司	5659	189	单桂冠	江苏晨阳机械有限公司	1070526	136751	谢　军
常州立渝弹簧有限公司	68377	3254	俞海林	常州强达宝成化工有限公司	38753	2381	唐　伟
常州市金坛成龙橡塑制品有限公司	1272112	282027	艾　晶	常州润雨服饰有限公司	952069	204694	袁湘勤
常州华诚电子有限公司	50618	8411	陈　烈	常州市南岗鞋业有限公司	44883	1835	杨　敏
江苏金鹏汽车座椅有限公司	812330	124998	严乔成	江苏润泽农化有限公司	740802	211795	朱小平
常州市金坛华龙塑业有限公司	49698	2667	孔　玮	常州市金坛康达医用器材制造有限公司	32723	2664	曹书保
常州市金坛中兴医药化工有限公司	19746	3190	赵　剑	常州翔润丝绸服饰有限公司	15998	769	蒋云涛
常州市天华制药有限公司	45985	10394	周益芳	常州市凯丰橡塑制品有限公司	67332	565	冷荣平
常州金坛鑫达医药化工有限公司	17248	733	陈　鑫	江苏索特动力工程有限公司	22978	-3253	汤　俊
江苏伊思灵双第弹簧有限公司	42060	6311	楼静先	江苏三方医药原料有限公司	42061	4048	张国涛
江苏鑫田柴油机有限公司	147548	1366	许　强	常州华南化工有限公司	19915	1486	魏巍
协成(江苏)安全护栏有限公司	18456	-787	仲　文	江苏鑫隆复合工程材料有限公司	31334	874	史月香
常州金坛金军动力机械有限公司	27291	2322	张水军	常州双益化工有限公司	18358	676	吴田荣
江苏力合粘合剂有限公司	1150626	262227	蔡炳照	常州苏琦服装有限公司	60671	3276	孙兆炳
常州市金坛区华邦化工有限公司	93985	-2488	王华琴	江苏大力士云石护理材料有限公司	303449	19388	杜昆武
常州市金坛微特电机有限公司	74787	6135	王国俊	常州市华东化工研究所	45720	-840	朱金富
常州远方卓越汽车部件有限公司	28092	1076	陈林芳	常州金晟制药厂	63851	7921	郑锁庆
江苏绿盛工程材料有限公司	35161	4538	蒋一成	常州市西南化工研究所	30643	1199	魏　巍
江苏成松防水材料有限公司	43095	4600	艾成松	常州市金坛成达汽车附件厂	20078	-1506	陶相生
常州市金坛经编装饰品厂	703804	148423	冯罗生				

薛埠镇

【概况】 金坛区薛埠镇位于茅山东麓，为全国重点镇、全国小城镇建设示范镇、国家卫生镇、江苏省小城镇综合改革试点镇、江苏省园林小城镇、常州市西部中心镇。2018年，全镇土地总面积132.63平方千米，其中耕地面积4147公顷，下辖16个行政村、2个场圃、3个居委会、194个村民小组，总人口5.26万人。全镇实现地区生产总值40.4亿元，财政收入5.76亿元，农民人均可支配收入31122元。

【农业】 2018年，全镇农业总产值62805万元，粮食产值9010万元，夏粮每公顷单产4416千克，秋粮每公顷单产8142千克，粮食总产量23075吨；拥有大中型农机632台，农机总动力63105千瓦；种植养殖专业户73户，年出栏生猪62887头，年出栏家禽154余万羽，水产品产量1263吨，水果产量468吨，蔬菜产量23539吨。全年完成秸秆还田面积2333公顷。大力推广测土配方施肥技术，建立土壤肥力监测点15个。建成3个水稻绿色高产示范片区，共计500公顷，打造下杖、罗村2个优质稻米产业化基地。推广“有机肥＋配方肥”“有机肥＋水肥一体化”、肥料机械深施、茶园秸秆覆盖、茶园套种绿肥等技术模式，新增水肥一体技术应用面积113公顷，建成核心示范区8个，总面积433公顷。“金坛雀舌”被授予“全国首批通过森林认证茗茶品牌”。江苏鑫品茶业建设的国家抹茶加工技术研发专业中心被评为国家农产品加工技术研发专业中心。露源、福地春2家茶企被认定为常州市级农业龙头企业。全年共完成新造林84公顷，创成1个省级绿化示范村和1个省级“三化”示范村。石家山林场榉树野外种群保护项目顺利通过验收。全年共有25户农户、41台农机具享受到财政补贴，计38.71万元。完成农业项目入库上报35个，23家企业争取到市级以上农业发展扶持资金。

【工业】 2018年，全镇有企业766家，其中工业企业320家。工业产品销售收入83.56亿元，工业利税总额10.99亿元，完成技改项目28项，技改投入2.99亿元。全年实现注册外资实际到账523万美元。完成工业开票销售收入81.99亿元，比上年增长19.83%。34家规模企业实现工业开票销售收入72.32亿元，占全镇总量的88.21%，开票销售超10亿元企业3家，超亿元企业7家，其中，盘固集团首超20亿元。盘固集团、奥托立夫首次入库税收超亿元。全年新增股改企业1家。全年共签约引进工业项目12个，协议总投资33.1亿元，其中5亿元以上项目4个，平均单体投资规模达2.76亿元。主动对接全区“三新一特”主导产业，全年引进产业链项目协议总投资6.8亿元。全年完成工业实际投入12.31亿元，增长53.49%。超创电池、中晶自保温、东禾电声获评省高新技术企业，全年新增省民营科技企业11家，新增常州市高新科技产品3个，申请专利75件。产学研和高层次人才引进取得实效，新增产学研合作项目3项，获批常州“龙城英才”项目1项。

10月13日，仙姑村美丽乡村示范项目揭牌 （薛埠镇 供稿）

【第三产业】 2018年，全镇实现服务业增加值16.8亿元，茅山旅游品质和效益快速提升，花谷奇缘创成国家AAAA级旅游景区，一号农场被评为省五星级乡村旅游区，华东玫瑰风情园成功创建全国休闲农业与乡村旅游三星级示范企业。半边山下、长山行舍等一批精品民宿逐渐兴起。积极承办金坛民俗旅游节、茅山国际山地半程马拉松赛，茅山地区旅游的品牌影响力进一步提升。

【镇村建设】 2018年，江苏南沿江城际铁路先导段在花山打下首个桩基，拉开金坛交通由高速时代进入高铁时代的帷幕。茅山旅游大道加快建设，265省道薛埠段全线完工，东环一路北段、仙湖东路、仙湖北路、夏霄路东延等集镇主干道竣工通车。现代产业园扩建一期、二期“七通一平”基本完成，百花路、薛埠大街道路两侧楼宇亮化工程竣工投用。扎实推进“文明城市建设提升年”活动，推行环境网格化管理，加大违法用地和违章建设整治力度，全年拆除违法建设82起4010.78平方米，开展集镇环境专项清理检查40余次，环境得到明显提升。全力推进国土八期、十期整治工程，实施坑塘复垦占补项目10个，全年新增耕地212.8公顷，完成工矿整治和土地增减挂钩46.14公顷，为全区土地资源综合利用提供保障。

【生态环境】 扎实推进“263”专项行动,积极开展大气污染防治攻坚战,严格落实限停产措施,对辖区内73家“散乱污”企业开展专项治理,依法关停整治轧石企业30家、内河码头20家,拆除非法预拌混凝土搅拌站6家。加强黑臭水体治理,完成重点水域清理整治12个。铺设集镇污水管网2.06千米,新建农村生活污水设施38套,铺设管网82.73千米,惠及村民3156户,规划发展村庄生活污水设施覆盖率80%以上。持续开展垃圾分类,罗村垃圾中转站建成投用。强化森林保护,全年新增绿化造林84.77公顷,茅庵村创成省级绿化示范村,泉江创成省级“三化”示范村。加强大小石包宕口环境整治和扬尘管控,积极开展“绿色矿山”创建。仙姑作为常州市美丽乡村示范工程正式开园,获评2018“中国十大美丽乡村”,成为江苏省唯一上榜单位。

【社会事业】 2018年,比上年净增企业职工保险483人,完成农保续保缴费6937人、医保缴费45535人,累计发放社保卡10272张,实现应保尽保。全年新增就业420余人。全镇参加社会保险人数37011人,新型农村合作医疗参保率95.06%。对符合停保条件的134户低保家庭妥善处理,其中转为特困户的31户,转为重残的26户,转一户多残的6户,其余及时予以停保。新增低保户9户16人。保障困境儿童140人次,发放保障金17.73万元。扎实开展农村留守儿童“合力监护、相伴成长”专项行动,全镇11名农村留守儿童全部签订委托监护责任确认书。重点医疗救助工作对符合医保补偿规定的,个人自负医疗费用救助比例由2017年7月1日的75%提高到80%,年度封顶线提高到城乡基本医保封顶线的50%。全镇有中学2所,小学5所,在职教师330人,在校学生数2329人;医院1所,卫生室13个,初级卫生保健普及率99%,自来水普及率98.7%;文体事业日趋繁荣,全镇行政村全部建有农家书屋,开通数字电视户11500余户;农民家庭收入稳步增加;电话普及率100%。有健身广场9个、健身室9个。全年共办理生育服务联系单305份(网上申请办证201份),办理独生子女父母光荣证30份,受理照顾再生育15对,审核登记新增农村奖扶505人,特扶45人,发放独生子女父母奖励金8.53万元,企业持证退休职工一次性奖励登记829人,城镇非从业居民一次性奖励3人,统计上报计生特困家庭141户,确认当年年关救助85户。 (李志斌)

2018年薛埠镇各村基本情况一览表

表38

村　名	党总支书记 村委会主任	工农业总产值 (万元)	利税总额(万元)	农民人均可支配收入(元)
上阳		44786	1622	26829
薛埠	王春才	272851	71412	44556
连山	虞福庚	51806	5434	27949
方麓	朱锁良	42482	3811	28997
长山	陈　云	35774	3337	23556
罗村	钱国忠	44864	2435	26526
花山	袁箭峰	96689	3833	43227
东窑	周国忠	39249	840	17885
茅庵	杨伟斌	31407	548	24654
泉江	高锁春	8017	329	16879
下杖	钱一忠	14710	390	21998
石马	黄文庆	94751	8327	23604
神亭	丁家保	11420	373	20116
倪巷	王息保	1599	251	16752
西旸	李雪兵	65508	5531	40123
茅东	王国华	12075	1383	16889

说明:东进、仙姑、政和、山蓬、上阮五村已纳入茅山旅游度假区统计

2018年薛埠镇骨干企业情况一览表

表39

企业名称	销售收入(万元)	利税总额(万元)	法定代表人	企业名称	销售收入(万元)	利税总额(万元)	法定代表人
奥托立夫(江苏)汽车安全零部件有限公司	184777.8	51675.8	李洪瑞	常州超越特种电缆有限公司	5791.9	58.3	荆庆福
常州市金坛华鑫机械装备科技有限公司	154424.1	-1428.5	柯顺敏	常州金坛盘固采石有限公司	5607	460.3	张晓平
常州盘石水泥有限公司	99954.4	25627.4	张锁林	常州市金坛区昌鑫制衣厂	4243.5	182.6	王昌明
江苏兢业制药有限公司	79066.3	11765.3	叶锡培	常州市鑫盛印刷科技有限公司	3657	314.7	唐建惠
常州市金坛区金陶农配有限公司	24180.5	2743.7	王素花	江苏壹诺电力器材有限公司	3402.9	30.9	郭　乐
江苏中广核金沃电子科技有限公司	20386.9	5321.9	吴　翰	常州万宏塑胶制品有限公司	3216.5	6.6	吴世诚
常州杰达制衣有限公司	13274.3	820.8	徐亚东	常州市金坛盘固塑业有限公司	3129.4	116.8	萧金铅
江苏亚邦矿业有限公司	11936.5	495.1	杨建华	常州金坛金星包装有限公司	3033.5	222.8	徐国亮
常州金坛超创电池有限公司	10621.5	1048.4	解玉新	科威尔焊接(江苏)有限公司	2946.9	-359.1	张晓平
常州金坛祥盛精制钙化有限公司	8236.2	419.9	陈国祥	常州鼎新箱包制造有限公司	2532.5	296.8	周国平
常州市金坛茅麓溶剂厂	7372.5	704.4	曹荣庚	常州市金鹿电缆材料有限公司	2502.5	140.2	吴长全
常州浦港物资有限公司	7088.4	-159	王冠荣	常州市金坛区溶解乙炔有限公司	2176.2	163	王粉祥
常州万容新材料科技有限公司	6490	-208.8	王国芳	凯姆乐(常州)电子有限公司	1989.3	46.8	李克峰
常州市舜尧服饰有限公司	6455.6	1378.3	王开平	常州茅麓塑料有限公司	1924.3	178.2	杨其斌
常州卓雅箱包制造有限公司	6219	346.7	周国平	常州市金坛天敏电工材料有限公司	1847	54.6	许照根
常州市金坛茅麓晨丽制衣厂	6072.6	287.4	陈生根	常州旭普汽车零部件有限公司	1813.1	52.9	马瑞红
江苏东禾电声配件有限公司	6061.4	1230.4	陈俊隆	江苏平丰玻璃科技有限公司	1273.6	92.8	丁加平
江苏晶昇服饰有限公司	5874.5	1324.2	刘　辉				

直溪镇

【概况】 直溪镇位于金坛区西北部，与镇江市丹徒区、丹阳市接壤，属茅山老区乡镇。全镇总面积106.6平方千米，总人口6.3万人，辖12个行政村，224个村民小组、1个养殖场和2个社区居委会，耕地面积5345公顷，水域面积1675公顷。直溪镇“董永传说”“巨村龙灯”被列为国家级非物质文化遗产名录。是“国家卫生镇”、江苏省“生态文明示范镇”、江苏省龙舞之乡、江苏省和谐社区建设示范乡镇。西气东输江苏储气库完成分公司注册，港华储气库一期项目投产。2018年实现工业开票销售152.1亿元，比上年增长29%；实现地区生产总值59.5亿元，增长11%，一般公共预算收入2.31亿元；实现工业实际投入46.2亿元，增长358%。农村居民人均可支配收入31133元。

【农业】 2018年，该镇共计发放农业支持保护补贴588.54万元，惠及1.59万户农户。大力发展现代农业体系，投入农业项目资金200万元，推动千亩示范片基地建设，创成2个农业部渔业示范基地、35个示范家庭农场，基本实现渔业现代化和农业机械化。全年新增高效设施农业155公顷，完善高标准红香芋、大蒜等永久性蔬菜基地建设以及发展坞家、溪滨村食用菌高效农业基地。进一步促进产业融合，将建昌圩特色农业产业园建成充分展示建昌圩农业文化基地、传统农耕文化集中展示窗口。实施王甲村水果园建设和井庄村3万平方米蔬菜大棚项目建设。对纳入监管体系种植，养殖户9137户，农业企业53家，合作社20家，农资店37家和收储运4家，开展农产品安全生产指导，加大检测力度，全年共完成4800个检测指标。新增高效养殖渔业面积180公顷。培植产值超100万元的家庭农场5家，300万元产销大户6家。培育一批公顷效益15万元的高效渔业产业集群，渔业科技进步贡献率85%。鼓励农机户加入农机合作社，推行“社社联姻”，推进“企社共建”，成立农机合作联社。加速涉农工程建设，完成总投资3000万元的省级土地整治；王甲村高标准农田建设项目通过省级验收；全面完成村级清产核资工作。多渠道推进富民增收，申报各级增收项目7个。争取帮扶资金130万元，王甲、建昌、井庄等村获得对口帮扶。坞家、新河、溪滨三村分别将土地流转统一种植，集中收割、烘干、脱谷后向市场销售，走出集体增收新路径。直溪、巨村、汀湘、天湖、坞家、迪庄等村实现秸秆综合利用，完成小麦秸秆还田任务3200公顷，比上年增加130公顷，争取上级资金90万元，小麦秸秆还田率90%。天湖、迪庄、溪滨、西溪、直溪等村便民服务中心改造新建。拓展集体经济增收路径，新河农机合作社、金锁家庭农场新型主体规范提升;完成直溪社区、坞家村集体经济股份制改革。持续开展“百千万”帮扶,全年争取各类扶助资金1200万元,完成共建项目22个,江南大学携手王甲村建立同心实践基地。着力打造特色农产品品牌,“董永软米”“坞家村大米”走向高端市场;建昌红香芋创成国家地理商标及全国名特、优、新农产品品牌;昌玉红香芋协会入选国家级“科普惠农兴村”先进单位。

【工业】 2018年,直溪镇有产值亿元以上企业17家、省级高新技术企业9家,完成股改企业1家,入库税收500万元以上工业企业13家,其中东方日升入库税收5762万元。特色光伏新能源产业加速集聚,12家企业开票总量111.5亿元,增长43%,首次实现行业过百亿;东方日升开票销售32.6亿元,正信光电开票销售30.5亿元,斯威克开票销售20.3亿元,中信博开票销售16.8亿元。盐卤资源综合利用取得突破。积极推动久诺、健尔康、科谷等企业在资本领域走向更宽广的市场,健尔康开票销售8.6亿元;久诺建材开票销售4.7亿元,增长33%;长河、圣鑫等5家企业在省股权交易中心挂牌。

2018年共签约项目20个,协议投资总额49.4亿元,其中5亿元以上项目4个。积聚盐卤资源开发“潜力”,围绕探索储气、储能开发新途径,年内有签约总投资8.9亿元的港华储气库二期项目,总投资4.5亿元和7亿元的两个中盐新金冠盐矿盐穴造腔项目。拓展新能源产业,签约5亿元的“光伏、光热跟踪器项目”及一批产业链高质量中小项目。项目建设扎实推进。全年签约引进的19个项目中,认定开工18个,开工率94.7%,累计完成投资34.5亿元。健尔康医用组合包、斯威克高分子产业园、亿晶渔光互补等5亿元以上项目先后建成,中信博二期、三期,泰力松漆包线等一批科技型项目加速推进。2018年共争取各类工业用地指标880公顷,国家电网220千伏坞家变电站竣工;水南路、直里南桥、邻里中心二期等配套项目相继建成。为重点项目推进提供保障,协助企业破解融资、用电、用工等难题,在园区内开设城乡公交站点和共享新能源汽车网点,方便园区职工出行。正信光电生产基地被工信部认定为绿色工厂,“ZNSHINE”商标被评为中国驰名商标;斯威克获常州市明星企业称号,“EVA胶膜”产品被评为常州市名牌产品。上述两家企业还顺利通过“区长质量奖”评选。泰力松、瑞翔等4家企业列入自愿性清洁生产企业。

【建筑业】 2018年,发挥“建筑之乡”文化向心力,弘扬建筑铁军筚路蓝缕的创业精神,出版发行《劲旅印记》,促成5家建筑业企业回乡注册。常州市金坛总建筑工程有限公司申报建设工程总承包一级资质,拓展建筑文化新内涵。深化现代建筑业服务水平,积极开拓国内外市场。全镇共有规模建筑企业35家,涵盖劳务、土建、水电、家居装潢、园林绿化多个领域。直溪建筑公司升格为二级资质,建昌建筑公司升格为一级资质。全年实现建安产值43亿元,比上年增长5.8%。

【第三产业】 2018年,该镇服务业实现总产值40.5亿元,增加值18.5亿元,其中生产税额5.36万元。年度注册登记各类三产实体685个,新增个体工商户28户,从业人员2361人,人均收入4.18万元。该镇以“福孝文化、红色文化、道教文化、水乡文化为”主题,全面开发建昌片区特色文化旅游资源,挖掘建昌圩文化、董永孝文化,主动对接茅山旅游度假区,推动“如意小镇”休闲度假项目,带动周围农家乐等乡村旅游蓬勃兴起。吕坵村的真武庙,展现宗教文化特色。蔡甲村中共苏皖区一大会址革命传统教育基地全年接待教育参观旅客6.6万人次。

【镇村建设】 2018年,投资3.1亿元,实施投资项目44项,完成纵一路、北溪城路、港华路等道路延伸新建,湿地公园、中心幼儿园迁建、垃圾中转站新建等镇区建设取得重大进展,完成溪城嘉园二期工程交付、溪城雅苑四期安置房前期准备工作,集镇和园区亮化美化、老集镇部分道路改造和杆线下地、雨污分流工程竣工,直溪工业污水厂完成前期调研。镇村建设品位提升,对登冠、建昌老集镇村实施综合整治、道路改造;10.5千米“四好农村路”道路铺设完工;顺利对560户、近10万平米房屋进行搬迁,减少零散村庄布点,加速资源向集镇集聚。着力补齐水利防洪短板,建丰枢纽、董永低涵、荣登桥北侧驳岸等防洪排涝工程建设;建昌圩圩堤加固完成方案设计和前期准备。多方筹资1900万元,用于“一事一议”“以奖代补”村级项目建设。镇域环境持续优化。完成直溪、建昌、登冠三个雨污分流项目建

初具规模的直溪工业园区 （直溪镇 供稿）

设。全年新铺设污水管网建设长度达9千米;落实河长制和黑臭水体整治,完成11条河道疏浚工作;推进大气、水、土壤污染防治,实施内河港口码头、扬尘污染防控、减煤减化、挥发性有机物治理等专项工程。"散乱污"企业整治5家、关停27家。完成畜禽养殖污染整治任务。持续深化镇村环境工作常态长效治理,在巨村村、溪滨村试点垃圾分类工作。年内创成省"三星级康居乡村"5个、"二星级康居乡村"13个、生态村12个、环境整洁村196个。天湖村、巨村村创建省级"美丽乡村建设示范村",汀湘村、天湖村创建国家级"生态文明示范村"。

【社会事业】 2018年,文教事业精彩缤纷。注重挖掘直溪福孝、红色、巨龙、水圩、建筑等特色文化内涵,以优秀传统文化丰富群众精神生活,塑造直溪新人文。完成坞家、巨村等7个综合文化服务中心标准化建设。组织开展正月十四巨村巨龙出会、龙狮表演活动。举办"久诺杯"篮球赛、"凌云杯"象棋比赛。建成巨村"龙宫"。建昌圩入选江苏"最美水地标"。促进妇女儿童公益促进会、建昌圩爱心基金会等社会组织资助困难群众,弘扬福孝爱心。以推进教育现代化为统领,以立德树人为根本,努力办人民满意教育。由明珍实验学校、直溪初级中学两校组成的"金坛小龙人"龙灯队,参加第十一届全国舞龙舞狮锦标赛,"金坛小龙人"龙灯队在"传统舞龙"和"自选动作"两个比赛项目中,分别获得第三名和优胜奖的成绩。直溪初级中学被命名为"全国青少年校园足球特色学校";直溪中心小学、明珍实验学校分别获常州市2016—2018年度首批文明校园标兵和文明校园称号;直溪中心小学黄玲玲、明珍实验学校姚京、建昌中学邓瑞平分别获2018年度常州市优秀教育工作者称号;直溪初级中学林永佑、建昌小学潘琴分别获常州市中小学优秀班组任称号;建昌小学副校长孙保华获评江苏省第十五批特级教师。普惠民生均衡推进。直溪中心卫生院创成二级综合医院,直里社区卫生室、汀湘村卫生室创成省级示范卫生室。对23户低保边缘家庭、107户计生特殊家庭开展关爱活动。全年累计发放各类扶贫、扶困、助残等救助资金1295万元,对集中和分散供养的370名五保老人提供全方位服务。2018年认定脱贫47户,该镇仅剩16户低于人均8500元收入标准线。发放优抚经费759万元,净增五险保障897人,新增被征地农民进保793人。全年未发生一起工贸企业死亡事故。落实综治和平安建设责任制,积极开展"扫黑除恶"行动,做好重点人群管控。推进镇域网格化社会治理,投入260万元建成网格化服务中心。调处矛盾纠纷共计126件,累计接待信访286项,办结282项。深入开展"七五"普法宣传、平安创建活动,坞家村获评省"民主法治示范村"。 (耿新如)

2018年直溪镇各村(社区、场)基本情况一览表

表40

村 (居、场)名	党支部书记 村委会主任(场长)	工农业总产值 (万元)	利税总额 (万元)	农民人均可支配收入 (元)
坞　家	王洪生	22861	2562	31054
直里社区	王明华	29173	3264	31072
直溪社区	蒋国俊	45729	3703	31435
汀　湘	汤军强	54027	3943	32450
西　溪	褚　茂	42407	3215	32428
王　甲	李延香	50564	5195	22584
溪　滨	孟国强	27439	4104	21107
巨　村	欧阳林	31034	2600	32453
建　昌	巫中卫	24485	1518	22304
天　湖	虞冬雷	27244	2237	22310
迪　庄	邓中一	37830	2903	22090
井　庄	刘生庚	34085	2478	32182
新　河	刘斌华	41972	3862	22214
吕　坵	王才林	49758	4174	22463
建昌养殖场	虞冬保	9762	451	35512

2018 年直溪镇骨干企业情况一览表

表 41

企业名称	销售收入(万元)	利税总额(万元)	法定代表人	企业名称	销售收入(万元)	利税总额(万元)	法定代表人
东方日升(常州)新能源有限公司	328034.46	6016.27	娄秀春	江苏金阳玻璃制品有限公司	6220.62	130.34	杨小军
正信光电科技股份有限公司	184943.19	2228.2	王桂奋	常州正达环保科技有限公司	4750.96	9	耿正明
常州中信博新能源科技有限公司	170955.44	105.93	蔡　浩	常州雅迪服饰有限公司	5549.84	131.25	李国群
常州正信电力科技有限公司	109487.41	88.09	王桂奋	江苏科谷电子有限公司	4751.9	124.95	李锦虹
常州斯威克光伏新材料有限公司	106468.05	2992.93	吕　松	江苏五信新材料科技股份有限公司	4936.9	59.04	胡兴胜
江苏省健尔康医用敷料有限公司	67968.9	3699.61	陈国平	常州市圆艺玻璃制品有限公司	5561.37	1.73	杨小军
江苏斯威克新材料有限公司	89418.3	69	吕　松	常州市金坛天虹管业科技有限公司	4153.63	180.2	刘和平
江苏久诺建材科技股份有限公司	46926.08	3706.58	王四九	常州亚珺制衣有限公司	3973.53	367.99	叶国金
江苏圣鑫光伏科技有限公司	35333.5	98.2	李朝富	常州市金坛文博服饰有限公司	3584.01	155.9	王文华
江苏丰登作物保护股份有限公司	28031.18	404.73	纪立新	江苏龙泉太阳能科技有限公司	3265.44	113.47	黄　慧
常州健泽卫生材料有限公司	15904.24	723.99	陈国平	常州瑞翔金属制品有限公司	3213.26	28.2	王　强
常州市金坛区直溪亿晶光伏发电有限公司	13329.27	741.58	荀建华	江苏泽润新材料有限公司	4391.93	56.63	陈泽鹏
常州港华丝绢工艺制品有限公司	11564.97	874.96	李壮民	常州金冬毛纺有限公司	3100.44	121.77	李冬法
常州金坛江南制粉有限公司	13276.79	52.98	严　俊	常州斯威克新材料科技有限公司	3326.8	581.42	吕　松
常州市鑫宝油脂有限公司	8658.42	127.36	倪晓东	江苏长河电子有限公司	2626.17	103.37	陈荣昌
常州市金坛新金冠盐矿有限公司	8069.54	2062.64	徐孜俊	常州金浩绝缘材料有限公司	2257.3	244.51	徐国平
常州瑞通光伏设备有限公司	6853.73	212.04	卢小玉	常州金坛博华冶金科技有限公司	2255.83	19.72	王　俊
常州金坛金法码制衣有限公司	6709.39	314.19	王维荣	常州市金坛区裕华毛纺厂	2111.36	51.24	吴美琴
常州亚细制衣有限公司	5474.92	362.45	王建俊				

朱 林 镇

【概况】 朱林镇地形以平原为主,水陆交通发达,常合(原沿江)、扬溧高速公路和340省道贯穿朱林镇境内。全国重点文物保护单位三星村文化遗址坐落在境内。2018年,全镇总人口36657人,区域面积7699公顷,辖9个村民委员会和2个居民委员会、144个村民小组,耕地总面积3231公顷。全年实现地区生产值33.78亿元,完成财政收入2.47亿元,其中公共预算收入1.27亿元,农民人均可支配收入27992元。

【农业】 全年实现农业总产值7.23亿元,农业增加值3.61亿元。粮食播种面积4258公顷,总产量2.93万吨,油料播种面积339.27公顷,总产量0.64万吨,生猪全年饲养量67163头,肉类产量0.63万吨,家禽饲养量37.60万羽,水产品总产量0.56万吨。种植业推进结构调整,无节水芹、黄金软米、畜牧产业等主导产业优势显现。

【工业】 全年工业开票销售48.25亿元,实现工业增加值18.71亿元。全镇销售收入1000万元以上企业30家,工业实际投入8.62亿元,注册外资实际到账1020万美元。工业经济装备制造、化工新材料、光伏新能源产业实现增长,超亿元企业6家,日新树脂超5亿元。全年入库税收超500万元工业企业3家,超千万元1家。新增高新技术企业2家,总数达10家。新增股改企业1家,金动动力、黄金食品公司等9家企业在省股交中心挂牌。围绕"工业企业资源集约利用综合评价",对企业亩均税收、亩均销售收入、单位能耗税收、单位主要污染物税收等指标进行评价,倒逼落后和低效产能退出。加快布局以天成涂装、思泉汽车、智越电池为代表的汽车零部件产业。加大低效闲置资源挖掘盘点和综合处置力度,盘活闲置土地4公顷,盘活低效企业闲置厂房3万平方米。推动全镇上下形成服务企业发展帮助其解决融资、指标、用工、供气等难题,切实减轻企业负担。全年新引进项目8个,协议总投资18.6亿元,其中引进协议投资5亿元以上重点项目2个。老项目建设实施清单式目标管理,8个项目规划方案设计和建设手续报批,12个项目开工建设,14个项目竣工投产,累计完成投入13.02亿元。完成区级以上科技计划项目申报8项,江苏金动动力机械有限公司承担的省重点研发计划产业前瞻与共性关键技术开发应用项目"节能低排放小缸径柴油机高效洁净燃烧技术开发与运用”获得省科技厅补助100万元。江苏科林线缆和常州瑞丰有限公司2家新能源企业完成申报江苏高新技术企业。同时完成申报12只省、市高新技术产品。专利申请135件,专利授权38件,省民营科技型企业申报5家。江苏帕卓管路系统股份有限公司被列入知识产权战略推进培育计划。2018年,17家建筑企业实现建筑业总产值15.05亿元,建筑业增加值2.55亿元,入库税收0.85亿元,其中苏南建筑公司纳税超6000万元。

【第三产业】 全年完成三产增加值8.91亿元,占地区生产总值比重26.38%。朱林现代产业园集职工公寓、商贸、商务办公等功能为一体的邻里中心的装修、物业管理服务采购和商业招租到位运行。

【镇村建设】 2018年,通过精致规划、精心建设、精细管理,提升投资环境和人居品质。产业新镇建设成形,龙溪大道东延、文化路南延和镇南公路三期、薛埠北河整治一期工程以及绿化、亮化、景观节点、地块平整等基础设施加速建设,华林路改造进场施工,新建道路5千米,完成动迁9万平方米。实施土地治理项目22公顷。向上争取、新增土地规划流量指标20公顷。水岸风华定销商品房、镇区污水管网等民生工程加快推进,功能配套健全。开展渣土运输、违章搭建和交通干线沿线、砂石堆场综合整治,老集镇乱出摊、乱停放和安置小区物业管理等重点难点问题得到有效治理,“四好农路”整治任务全面完成。省级卫生镇复审顺利通过,城乡一体化考评稳居全区前列。美丽乡村加速振兴。农村“三资三化”提升行动成效明显,集体产权制度改革取得阶段性成果。通过购置商业用房、改建标准厂房出租等多种方式,加速村级集体经济发展壮大。建成高标准农田300余公顷,2018年水利重点县等6处农村水利工程建成投运。积极做好非洲猪瘟防控工作,农产品质量监管站及检测室提档升级,助力常州创成国家农产品质量安全市。

推进生态环保“263”专项行动,减煤、垃圾分类、黑臭水体治理等七大类、10项任务完成。深化“河长制”责任落实,加强河道“三乱”整治,圩桥河综合整治工程全面完成。污染防治强力推进。严格落实工地扬尘管控、工业企业停产限产等重点工作,依法关停取缔“散乱污”企业19家、非法混凝土搅拌站4家、内河码头4个,淘汰3吨以下小冲天炉2台、手工电镀生产线2条等落后产能。建成动物无害化处理收集点。环境执法狠抓水、大气、土壤重点领域环境监管,强化重点环境问题督导,2件中央环保督察“回头看”和3件省环保督察等巡查交办问题全部整改销号。

朱林镇舞蹈队表演 (朱林镇 供稿)

【社会事业】 2018年,全镇新增就业1300人,援助困难群体就业70人,发放扶贫帮困资金343.5万元,最低生活保障和被征地农民养老补助金分别提高到800元/月、580元/月。城乡居民养老保险应保尽保,新型农村合作医疗保险做到全覆盖。城乡居民基础养老金、低保标准、优抚安置标准稳步提高,三星级标准残疾人之家、科林线缆建成人口康健驿站高质量运行。深入开展“阳光扶贫”,持续完善兜底保障,全镇确定的建档立卡贫困户全部完成脱贫。教学质量稳步提升,西岗中学中考均分、优秀率全区第一。镇文体站巩固“国家一级文化站”成果,完成行政村健身广场全覆盖,新建唐王、红旗圩村基层综合文化服务中心,健全夕阳红社区服务功能。全镇有文化艺术团体16个、会员1416个、剧院(场)2座、座位1420个。文化站1个,建筑面积350平方米;公共图书室13个,建筑面积1200平方米,藏书56000册。文化行业从业人员520人,占全市社会从业人员5%,其中事业单位从业人员5人。主要文化艺术团体有故事协会、戏迷协会、篮球协会、西岗村锡剧团、三星女子龙灯队、西岗龙船队、朱林健美队等。地方特色民间艺术有农民故事创作演讲、民歌演唱等。农村公共体育设施面积21200平方米,公共文化设施面积8300平方米。朱林卫生院西岗分院交付使用,区民生实事省标准卫生室三年创建目标提前一年完成,龙溪村创成省示范卫生室。社会治理精准高效。“全要素网格化”治理模式加快推进,一站式服务平台实现村级全覆盖。文明城市创建常态长效,先后涌现“全国最美家庭”1户、“中国好人”1人、“江苏好人”2人、“常州好人”7人。全镇有幼儿园6所,在园幼儿372人,专任教师29人。小学3所,在校生1089人,专任教师99人,小学适龄儿童入学率100%。初中2所,在校生513人,专任教师105人,初中适龄人口入学率100%,小升初升学率100%,九年义务教育覆盖率100%。镇卫生院1所,病床123张,专业卫生人员83人。农村安全饮用水普及率100%,农村卫生厕所普及率90%,新型农村合作医疗参保实现全覆盖。农村最低生活保障户数422户,人数662人。农村各种福利收养单位2个,收养252人。农村五保户143人,其中集中供养93人,分散供养50人。全年共受理人民群众来信来访65件,均按质按期办结,成功化解重点信访积案5件。做好退役军人信息采集,高标准完成征兵工作。

【新华社报道黄金村坚信土地能刨金走上黄金大道】 新华社2018年11月5日报道:朱林镇黄金村,三面环水,偏处一隅。农产品运不出去。人车进来不易,贫困曾经远近闻名。黄金村人在外出打工改变命运的同时,不断改善交通环境,培植文化精神,坚持土里刨金,走出一条靠种植致富的黄金大道。黄金村1000亩有机稻软米,就可以打下34万千克稻谷,按稻米每斤22元的价格,产值上千万,纯利润一亩能有3500元。十多年前,黄金村买来种子,与农业科技部门一起提纯复壮,开始大田种植。米质柔软,耐咀嚼,有异香,油性大,一推向市场便赢得一片叫好,每年产多少卖多少。上海等地的不少大粮商对黄金村都很熟悉。黄金村抓农业思路独特,土地多流转,坚持做高端。全村92%的土地流转到专业合作社。过去700多户家家种田,现在19人就能全部做完。4000亩农田种植的,除了1000亩是品质最高的有机稻,其他至少也是绿色认证稻或无公害稻。专业生产出的大米,成本低、产出高、质量好,平均每亩产出近万元,比传统种植收益高好几倍。现在黄金村农民年人均纯收入2.5万元,村集体收益五六百万元,村积累几千万元。先后获全国文明村镇、全国"一村一品"示范村、江苏省生态村、江苏省民主法治示范村等荣誉。

【江苏农民读书节走进朱林农家书屋】 10月27日上午,第八届江苏省农民读书节"农家书屋阅读推广示范活动"走进朱林镇黄金村。书香大使、著名作家祁智,江苏交通广播网主持人文岚、杰思、苹果带领乡村孩子晨读经典,分享阅读快乐。此届农民读书节让农民自己来组织,让专业的阅读推广人促进,让全社会更多的人来参与。江苏省农民读书节"农家书屋阅读推广示范活动"通过试点先行、逐步推开的方式,在全省范围内推动农家书屋的建设、管理,提升农家书屋作为阅读基地的活力,切实提高农村综合阅读率。活动由江苏省新闻出版局、江苏省全民阅读办联合主办,江苏交通广播网、金陵之声、金坛区文化广电体育局共同承办。

【唐王故事会成立30周年】 4月19日,是唐王故事会成立30周年纪念日。当天,该镇与环保、文化等部门联办的"绿色金坛"故事征集大赛颁奖,40多名新老会员以及常州、武进等地的获奖作者欢聚一堂。早在1988年,原唐王乡就成立全省首个农民故事协会,并每年举办故事艺术节,被省文化厅授予"故事之乡"。30年来,故事会会员从近20人发展到200多人,其中,国家级会员3人,省市级30多人。会员先后在国内各大故事期刊发表故事600多篇,出版故事图书20多部。"故事大王"叶林生获中国民间文艺最高奖"山花奖",韩献忠被评为"江苏省特色文化标兵"。唐王故事会被评为常州市"阅读人生·书香常州"全民阅读好活动。朱林镇把故事会与道德讲堂、文化礼堂活动结合起来,以老带新,培养更多振兴乡村文化的乡土人才。 (韩献忠)

2018年朱林镇各村基本情况一览表

表42

村 名	党总支书记 村委会主任	工农业总值 (万元)	利税总额 (万元)	农民人均可支配收入 (元)
朱林村	王卫中	161100	16061	27522
龙溪村	陶小兵	192223	17120	26210
长兴村	王爱平	907938	8780	26110
红旗圩	朱小群	64440	5515	25123
三星村	蒋建华	130150	11210	27126
沙湖村	蒋锁政	67112	5951	25814
西岗村	梅家乐	89980	9262	26130
唐王村	丁沧宇	93118	9010	24520
黄金村	王 娟	57570	5380	29090

2018 年朱林镇骨干企业情况一览表

表 43

企业名称	销售收入(万元)	利税总额(万元)	法定代表人	企业名称	销售收入(万元)	利税总额(万元)	法定代表人
凡登(常州)新型金属材料技术有限公司	404704	112495	钱海鹏	江苏科菱库精工科技有限公司	225487	8698	徐晓东
常州市日新树脂有限公司	415870	15392	陈　敏	常州帕卓工程机械配件有限公司	46781	6118	詹以哲
江苏金动动力机械有限公司	128544	360	征华富	常州沃施莱格金属制品有限公司	1651	-40	孙　平
常州海华化工有限公司	50450	1125	张　布	常州日新模塑科技有限公司	86167	12158	王向东
金坛市环保设备厂	24006	3077	褚世卿	常州韩利壁纸制造有限公司	12715	-3908	刘升炫
金坛市大地复合肥制造有限公司	991115	199830	宋乐东	常州苏昊服装有限公司	66379	7108	刘　昊
江苏欧美达汽轮机配件有限公司	22395	4273	陈春雷	常州银丰电力装备有限公司	86546	2388	薛　蔚
金坛市晨泰粮油购销有限公司	23686	-360	张之初	常州市和顺玻璃制品有限公司	36445	-1389	周用臣
金坛市中特轴承有限公司	443738	64170	唐秀庚	金坛市朱林雄风五金装饰厂	27105	2021	陆明荣
常州市旺达变压器有限公司	32030	2714	蔡旺罗	江苏科祥防腐材料有限公司	74847	3069	郑国成
金坛市建明机械制造厂	45185	679	何建明	江苏三德利食品有限公司	41712	1101	代素萍
金坛市朱林宏达电镀有限公司	573863	115557	蒋志刚	江苏立华食品有限公司	197453	3572	王咏梅
金坛市天驰轴承有限公司	63706	7069	李钟平	常州科林线缆有限公司	62101	8199	戴根洪
常州锐联卫生用品有限公司	96151	3034	周立新	江苏富沃德电子科技有限公司	37563	2477	黄扣才
金坛市远岫工艺制品有限公司	46025	3818	孙小军	常州瑞峰新能源有限公司	157332	899	徐淑珍

指 前 镇

【概况】 指前镇位于金坛区西南部，地处长荡湖西畔，有金坛“南大门”之称。具有从事标糯米种植、水产养殖的悠久历史，233 国道、常合高速、扬溧高速公路贯穿相依，地理位置和资源优越。全镇总面积 105.2 平方千米，其中耕地面积 4471 公顷。由原指前、社头、洮西 3 个镇合并形成，下辖行政村 12 个。2018 年全镇总人口 5.35 万人，其中非农业人口 5441 人。全年完成地区生产总值 30.5 亿元，一般公共预算收入 1.02 亿元。

【农业】 推广高效增质新技术，优质食味水稻种植面积扩大至 2000 余公顷，农机合作社成为粮食生产全程机械化的主力军，粮食高产创建水平位居全区前列，获江苏省第二批“味稻小镇”称号，标米知名度进一步扩大。同步推进国家农业科技园区和国家农业高新技术示范区创建，东浦村 70 公顷核心区“数字化渔场”项目加快推进。江苏长荡湖水产科技有限公司成为全市最大的河蟹集散交易中心，年销售额突破 10 亿元。加强农产品质量安全监管，实现农产品“二维码溯源”全程纪实。第四次全国经济普查第一阶段工作在全区率先完成。创新产业精准扶贫模式，加快推进天牧禽业与指前建春村村企联盟“美丽牧场”建设，着力打造优质家禽规模化、标准化、生态化养殖“国标”。

【工业】 2018 年实现工业开票销售 55.2 亿元，新增规上企业 7 家，总数达 47 家；新增开票销售超亿元企业 4 家，总数达 12 家；规上企业实现开票销售收入 49.86 亿元，占全镇总量 90%。卿卿针织、益瑞高分子、南顺面粉 3 家企业全年入库税收超 1000 万元，华德机械、华越毛纺、长海焊材 3 家企业全年入库税收超 500 万元。全年申报省民营科技企业 6 家，新增高新技术企业 1 家，长荡湖科创园被评为常州市级科技企业加速器，指前“智造”水平不断提升。

围绕新能源汽车、移动智能终端、5G 移动通信网络、光伏新能源产业链及战略性新兴产业，精准开展招商引资，2018 年共签约项目 5 个，协议总投资 10.03 亿元，其中投资 5.2 亿元的汽车结构件精密压铸模框项目，填补了该镇 5 亿元以上项目的空白。全年完成工业实际投入 7.15 亿元，上年签约引进的 12 个项目开工率达 92%。落地的 8 个项目全部开工，其中科莎橱卫、科奥新材料、华彬新材料 3 个项目已竣工投产；睿阳机械、易帕机电 2 个项目已完成厂房建设；金鼎二期、望胜二期、塑木生产 3 个项目正在建设中。

【建筑业】 指前建筑公司、社头建筑公司、洮西建筑公司、兴业古典园林建设有限公司、鑫磊建设工程有限公司等本土建筑企业不断突破传统模式，实施快速转型发展。建筑产业市场不断拓展，积极开辟上海、苏州、无锡、常州、镇江等大中城市的建筑市场，不断扩大行业板块施工规模，全年新增各类建筑企业 8 家，常州金祥房地产开发有限公司、江苏中益建设工程有限公司、江苏华源园林建设工程有限公司异军突起。2018 年,建筑业实现入库税收 2680 万元,比上年增长 560%。

【第三产业】 积极研究第三产业发展策略,充分发挥产业资源和水域优势,以东浦村美丽乡村建设为契机,打造特色渔业产业村,深度挖掘省级非物质文化遗产"指前鱼灯"的文化内涵,推进农业、文化旅游、健康养老等产业的深度融合。以江南百果园为代表的农家休闲服务行业,集自然风光、休闲娱乐为一体,实现生态、经济和社会效益有机统一。水产品交易、集贸市场和各类商业网点成交额增幅明显,全年新增个体工商户 87 户,共有第三产业实体 2641 个。拥有各类运输车辆 8015 辆,其中家用汽车 6067 辆。电话普及率 99.4%。全镇 7 家银行年末存款余额 20 亿元,年储蓄存款 14.5 亿元,年末贷款余额 2.5 亿元,服务业增加值 7.7 亿元。

【村镇建设】 长荡湖西路、学府路东延、东胜路、204 县道水沿墩段、湖滨路竣工通车,延西线已完成水稳摊铺,205 县道东延段、园区大道东延段正式进场施工,205 县道社头集镇东、西出入口改造工程已完成招投标。241 省道洮西集镇段沿街立面改造和店招出新工程正在进行,老集镇焕发出新气象,241 省道至社头集镇段路灯全部安装到位,实现洮西、社头、指前 3 个集镇进城道路的全程亮化。工业集中区和集镇 241 省道以东区域污水主管网工程基本完成,天然气管道已连接至西湖馨宁、紫云湖、喜盈门等集中居住小区,集镇新污水处理厂正在加快推进。长荡湖科创园项目主体封顶,新客运站全面竣工,西湖馨宁二期主体完工,集镇商贸中心地块土地完成招拍挂。洮西集镇和 12 个规划发展村庄生活污水处理设施及管网建设全部投用,4 条入湖河道整治工程基本完成,大浦港、白石港进入景观建设阶段,骨干河道护岸工程一期已进场施工。

【生态环境】 围绕"263"专项行动年度工作目标任务,推进区级河湖"三乱"治理,实施 11 个河塘黑臭水体的整治,畜禽养殖整治关闭养殖场 31 户,整治 140 户,农村污水管网和污水处理设施在 34 个规划发展保留村实现全覆盖。开展集镇区域背街小巷市容环境卫生的专项整治,规范集镇商户出摊经营行为,顺利通过省卫生镇复审。大力推进农村环境城乡一体化提标整治,完成指前、建春、解放 3 个村委的垃圾分类试点工作,解放许家咀村、芦溪张桥村成功创成省级绿化示范村。全面提升辖区内 233 国道两侧及村道沿线的路域综合环境,完善环卫保洁的市场化运作,提高绿化管养水平。

【资源资产】 按照"保稳定、控增量、调结构、降成本"的原则,积极稳妥落实化债方案,积极对接金融机构,依托农业特色探索国有公司实体化运作模式,江苏指前港建设发展有限公司通过评级机构 2A 级评级,强化财政和国有公司内部管理,规范财政收支,挖掘融资潜力,合规融资保障。对照产镇融合发展规划和村庄布局规划,2018 年共完成 21 个自然村 646 户 10.2 万平方米的房屋动迁,完成 322 亩的土地复垦任务。强化国土资源管理意识,严格落实管控措施,全年共发现并制止苗头性违建 93 处,完成"卫片执法"整改图斑 27 个,拆除各类违章建设 11000 多平方米,区投国土项目解放村高标准农田整治项目工程全部完成,农村土地承包经营权确权登记颁证通过省级验收。扎实推进农村"三资三化"和村级清产核资工作,实现镇、村两级财务联网和资金收支全程无现金结算,村组资金管理更加规范。引导和促进各村集体资源主动、规范进入农村产权交易市场,全年通过平台发包的土地面积超过 400 公顷,土地收益比上年增长 15% 以上。全年实行"一事一议"项目 6 个,获得财政奖补 104 万元。新建农民专业合作社 5 家、家庭农场 5 家。建设市级星级合作社 1 家、市级优秀农场 4 家。镇财政投入 22 万元,为 5666.67 公顷小麦、油菜、水稻投保,解决农户生产经营的后顾之忧。

【社会事业】 农村低保实现应保尽保、动态管理。认真做好全国性退役军人和优抚对象信息采集、退役士兵城乡一体化安置工作,全年共发放各类救助抚恤资金 2600 余万元。积极推进"阳光扶贫",全年脱贫 24 人。对全镇 2347 位生活困难群众免交合作医疗保险,对 1384 名退休职工进行免费健康体检。辖区内 15 家重点企业通过区人社局的社保稽核,职工应保参保率在全区继续保持领先地位。出台《关于指前镇村级民生项目补助的实施意见》,加大对村级民生项目支持力度。推进指前、社头卫生院改扩建工程,3 个村综合文化服务中心通过常州市级验收。实施社会治理联动机制,全面开展"三项排查"(排查化解社会矛盾纠纷、排查整治治安混乱地区和突出治安问题、排查管控高危人群)工作,"全要素网格化社会治理"联动平台全面建成。率先在全区化解下岗志愿兵集访矛盾,社头村法治公园改造完成,较好地实现了社会大局的稳定。积极落实"3550"工作、政务服务一体化平台、"一网通办"工作机制,推进阳光服务和政务公开,全年办理"12345"热线诉求 157 件、政务公开申请 21 人次,累计办理人大代表书面意见建议 9 件,办结率 100%。

【"数字化渔场"建设】 配合区"国家级农业科技产业园"创建,指前东浦村"数字化渔场"项目于 2018 年年底正式立项,占地面积 73.33 公顷,计划投资 5000 万元,力争打造全省乃至全国水产养殖的亮点工程。

【指前镇获省"味稻小镇"称号】 2 月,经第二届江苏优质稻米博览会暨五彩农业展示会组委会评选,金坛区指前镇等 30 个镇获第二届江苏省"味稻小镇"荣誉称号。

(张 旭)

2018年指前镇各村基本情况一览表

表44

村名	党总支书记 村委会主任	工农业 总产值 (万元)	利税 总额 (万元)	农民人均可 支配收入 (元)	村名	党总支书记 村委会主任	工农业 总产值 (万元)	利税 总额 (万元)	农民人均可 支配收入 (元)
社头村	张国庆	35247	3326	22653	庄阳村	殷美成	23532	2142	20182
解放村	柏罗庚	22139	1932	20191	清水渎村	鲍卫强	21549	2435	20165
建春村	潘一炳	27540	2712	22015	东浦村	吕建民	32892	3014	31548
丰产村	邹正福	20756	2074	21712	新河村	汤明富	32074	5496	30521
芦溪村	张志敏	17823	1554	19452	王母观村	强桂生	28153	2795	22672
指前村	王国强	60326	5592	41228	岳阳村	骆卫忠	18668	1826	20047

2018年指前镇骨干企业情况一览表

表45

企业名称	销售收入 (万元)	利税总额 (万元)	法定 代表人	企业名称	销售收入 (万元)	利税总额 (万元)	法定 代表人
江苏南顺食品有限公司	87042	10035	梁玄博	江苏大隆铸造有限公司	4906	153	金宇裕
常州约特新材料科技有限公司	88248	0	孙　文	常州赛丽家纺有限公司	5413	153	杨志强
常州市卿卿针织厂	15134	1215	姚幼卿	常州市金坛区恒利精纺有限公司	3920	172	周金洪
常州市倩友服饰厂	12847	512	姚　青	江苏金鼎新材料科技有限公司	5499	14	呙　平
江苏华越毛纺有限公司	22383	608	俞建强	江苏尚革卓越新材料科技有限公司	3106	106	彭丽琴
常州世越羊绒纺织有限公司	1778	51	俞建强	江苏华竑非金属矿科技有限公司	5488	-636	高押财
江苏欣越制衣有限公司	2182	-130	俞建强	江苏安顺船舶有限公司	2082	113	翟树兵
江苏博越羊毛科技有限公司	6188	-1130	俞建强	江苏安顺压力容器制造有限公司	2782	246	翟树兵
常州长海焊材有限公司	22702	686	刁仁根	常州市金坛区望胜合金铸钢有限公司	3892	279	王丰明
常州华德机械有限公司	18247	2804	丁建中	常州瑞华电力电子器件有限公司	4826	732	陈兴中
江苏苏标纺织有限公司	2821	-1260	邹斌俊	常州司迈特服饰有限公司	3459	253	高琴仙
常州金坛鑫豪特种机械配件有限公司	12193	382	吕存石	江苏路博减振技术有限公司	4875	544	王　群
江苏金标毛纺有限公司	16478	798	邹旺生	常州市金坛瑞凌焊接器材有限公司	2587	34	邱　光
常州市益瑞高分子材料有限公司	22485	4161	张明杰	江苏金洋造船有限公司	3702	99	练文林
江苏群达机械制造有限公司	11077	107	雷羽平	江苏海定工程机械有限公司	3777	278	王　俊
常州凯丽纺织有限公司	8209	348	姚晓东	常州市金坛区衡欣化学研究所	3137	90	衡志平
江苏德邦铸造科技有限公司	8929	746	王国华	常州金坛茂盛精细化工厂	3371	204	王卫忠
江苏华兴电子有限公司	5930	701	徐志明	常州市科宇重工科技有限公司	14906	192	孙木清
常州奥硕能源科技有限公司	10629	844	李震旦	江苏齐强新材料有限公司	3069	264	贾　婷
江苏华荣绝缘材料有限公司	4341	1174	陆帮荣	江苏铭鼎新材料科技有限公司	1922	24	李立仁
常州卉意铝业有限公司	13003	28	呙　平	江苏华彬新材料有限公司	5389	14	黄　华

儒林镇

【概况】 儒林镇位于金坛区东南部，是全国重点镇、全省首批国家新型城镇化综合试点镇和常州中心镇。镇域面积62.2平方千米，人口3.5万人，下辖6个行政村和1个社区、385个村民小组。先后获"全国环境优美乡镇""中国河蟹生态高效养殖第一镇""江苏省卫生镇""江苏省特色景观旅游名镇""江苏省湖鲜美食名镇"等荣誉称号。2018年，全镇完成工业开票销售收入155.59亿元，比上年增长29.6%；一般公共预算收入1.6亿元，增长26.2%；工业实际投入16.5亿元。

【农业】 现代农业提档升级，万叶饲料获评省级农业产业化重点龙头企业，建成常州市级龙头型合作社1家，新增区级优秀家庭农场2家、示范(星级)农民专业合作社2家。积极推进农村产权制度改革，儒林村、后庄村等5个村成立集体经济合作社，农民集体收益分配权得到有效保障。湖头村、南社村被评为江苏省"一村一品一店"示范村，柚山村成功创建"常州市现代农业产业园区"，成为2018年全区唯一挂牌市级农业园区，并被纳入常州市现代农业"310"发展计划。

【工业】 支柱产业贡献突出，金属材料加工业工业开票销售收入比上年翻一番，装备制造业和汽车零部件业增长均超过50%。特色产业逐步壮大，实施"互联网+金融+特色产业"发展模式，加快传统产业改造提升为二三产融合发展新产业。新增长点企业发展迅速，星光电缆、法博智能装备、丽龙新材料工业开票销售收入增长均超过一倍。全年实现工业开票销售收入155.59亿元，比上年增长29.6%。

【旅游业】 深入挖掘文化底蕴，成立儒林乡土文化研究会、诸葛亮文化研究会，出版发行《儒林春秋》，多层次开展本土文化研究，进一步宣传儒林的风土乡情、人文历史和旅游资源。扎实推进长荡湖综合整治工作，完成820公顷退田还湖一期工程，处置各类废弃船舶2871艘，为长荡湖旅游开发打造良好的生态环境。大力提升水街环境，投入5000余万元完成长荡湖水街基础设施改造工程，对码头栈桥、污水管网、景观亮化等方面进行了全面提升。

【招商引资】 2018年，紧盯"三新一特"和新材料等主导产业，实施重点产业靶向招商、重点企业"敲门招商""以企引企"联动招商。全年共签约引进项目23个，其中10亿元以上项目3个，5亿元以上项目2个，累计协议总投资65.6亿元。

【项目建设】 建立项目管理台账，实行项目动态管理，完善项目推进例会制度，畅通服务流程、形成绿色通道，全力以赴推动项目建设。着力破解土地、资金等各种要素制约，列入区重点的22个项目进展顺利，瑞凯化工装备、新欧新材料等项目开工建设，利和新能源、环宇弹簧等项目加快推进，威丽新材料、洪记两轮等项目竣工投产，全年完成工业实际投入16.5亿元。

【园区建设】 坚持基础设施完善和综合服务配套并举，着力提升一期园区服务水平，加快推进二期园区建设，园区二期基础设施工程已完成土地清表和河塘土方回填。不断提升园区承载力，拓宽发展空间，优化发展要素资源配置，实施15.8公顷土地增减挂钩项目。

【科技创新】 鼓励科技型企业加快自主创新，汤姆森、万纳普、奉献橡塑、宏艺天地4家单位成功获批江苏省高新技术企业，金土木、众用等4家单位在江苏股权交易中心挂牌。突出创新人才开发，实质性高层次人才引进1人，瞬炎石墨烯成功获批常州市第十批"龙城英才计划"。

【环境保护】 深入实施"263"专项行动，严格落实企业限停产、工地扬尘管控、秸秆禁烧等措施。推进"散乱污"企业(作坊)专项集中整治行动，整治取缔24家污染源。开展畜禽养殖污染专项整治行动，关停生猪养殖户5户、家禽养殖户3户。继续推行"河长制"，全年巡河610余次，大力整治河道"三乱"，投资112万元完成西塘河、钱家河、三叉河等清淤疏浚工程。成功创成江苏省生态文明示范镇。大力开展安全生产隐患大排查、大整治行动，安全生产形势稳定好转。全面整顿规范餐饮行业，完成75家食品"三小"(小作坊、小经营店、小摊贩)专项整治和66家"阳光餐饮"建设，投资400余万元实现水街餐饮船油水分离。

【镇村建设】 加快安置房建设，天香苑三期和湖香苑一期提前封顶，进入装饰阶段；儒风苑一期完成场地平整；湖香苑二期进行桩基施工。统筹协调城管、物业、环卫等职能单位，对集镇和园区的物业服务实施社会化外包，强化对物业公司的管理和考核，安置小区物业管理模式向规范化、精细化转型。加大村庄环境整治力度，完成全域生活垃圾收运体系建设试点，为全区复制推广提供示范。完善基础设施，完成大塘村、蒋家桥、双坝头、前鲁塘等农村生活污水处理设施建设工程。完成小鲁墅灌溉站、小鲁墅渠道、五叶沱塘村暗渠等水利改造工程，完成13个河塘、7条河道的疏浚整治工程。启动污水处理厂移址新建工程，投入300万元实施污水处理设施提标改造和配套管网工程。柚山村被列为常州市美丽乡村示范村。

【道路交通】 不断完善交通体系，长荡湖旅游大道建成通车，240省道拓宽改造工程扎实推进，233国道南延线、239省道南改线工程完成方案设计，县乡道及村道网进行规划修编。大力推进交通综合整治五项行动，重点改善常溧高速、201县道沿线环境，有序归并239省道中分带开口，切实保障群众出行安全。完成新城路、儒香路铺装改造工程和圩高头路、儒南线—儒汤线、南社广场—柚山新河桥等“四好农路”建设工程,确定卧龙大道工程方案。

【社会事业】 2018年,全镇有初级中学1所、小学2所、幼儿园2所,在校学生1455人,在职教师219人。镇卫生院床位30张,卫生专业技术人员61人。广泛开展社会救助,发放低保、救助、残疾人、五保户、双拥优抚等各类补贴1297.4万元,2432人纳入失地保险。成立残疾人之家,免费为全镇1092名三级以上残疾人缴纳大病意外保险。江苏省健康镇创建顺利通过省级验收,柚山村建成“夕阳红”养老服务中心。积极推动文体事业发展,建设2000米文化墙,改造提升健身广场2座,休闲游园3处,儒林村、五叶村基层综合性文化中心通过验收,建立金坛首个本土作品读书点——长荡湖水街读书点、区最美读书点——儒韵书屋,举办“洮湖船上读洮湖”特色读书活动。有序推进校外非法培训专项整治行动,成功创建“常州市学前教育现代化乡镇”,五叶幼儿园获评“江苏省优质幼儿园”,儒林中心小学获评“江苏省绿色学校”。扎实推进“全要素网格化社会治理”试点工作,不断提升社会治理社会化、法治化、智能化、专业化水平。加强精神文明建设,组织开展各类志愿者活动30余次,开展道德讲堂4次。

(王 群)

2018年儒林镇各村(社区)基本情况一览表

表46

村(社区)名	党组织书记 村(居)委会主任	工农业总产值 (万元)	利税总额 (万元)	农民人均可支配收入 (元)
柚 山	蒋赤卫	35467	1541	39687
南 社	胡伟云	30800	1461	30471
儒 林	许国良	87117	5155	29115
后 庄	刘宏新	13873	294	29214
五 叶	陈华芳	92623	5408	26112
湖 头	曹浩华	32589	1540	35466
河 下	徐云中	537578	35950	25905

2018年儒林镇骨干企业情况一览表

表47

企业名称	销售收入 (万元)	利税总额 (万元)	法定 代表人	企业名称	销售收入 (万元)	利税总额 (万元)	法定 代表人
常州源美新材料科技有限公司	921553	125793	潘江峰	法博智能装备工程(常州)有限公司	4795	23	潘 沥
常州儒祥金属材料科技有限公司	309118	55564	张 程	常州洪记两轮智能交通工具有限公司	9130	1318	徐洪军
常州市苏优辐照科技有限公司	20842	199	蒋旭峰	常州市金坛奉献橡塑有限公司	6143	718	钱 峰
常州市星光电缆有限公司	12856	143	将亚军	常州金坛鑫奥电子元件厂	3545	81	汤小平
常州市起帆线缆科技有限公司	20702	131	孙 峰	常州金坛环宇弹簧有限公司	3399	576	柳 尉
常州市金坛鹏飞铜业有限公司	3077	62	胡金龙	常州市腾利汽车配件有限公司	2606	-16	左家梅
常州友恒精密铸造有限公司	2243	-1689	周 良	常州市众用汽车部件有限公司	2334	193	潘玉兴
常州市旺旺线缆有限公司	2432	53	史文娟	常州杰克服装有限公司	21238	782	李海骄
常州金坛万达线缆有限公司	2333	64	陆和凤	江苏君诚新材料有限公司	27867	585	卢君贤
江苏汤姆森智能装备有限公司	17471	1018	汤建华	常州市明峰化纤有限公司	3282	76	施凤秀
常州新蓝天汇丰钢结构有限公司	21351	390	刘桂荣	常州信泰包装有限公司	4784	352	刘桂兰
常州瑞凯化工装备有限公司	9267	2068	徐志刚	江苏安博特实业有限公司	4700	-52	符建平
常州市金坛金鸥水处理有限公司	5569	829	金敖大	江苏万纳普新材料科技有限公司	6613	60	李翰卿
江苏海锋能源科技有限公司	3565	272	于伯全	常州市金坛昕博清洁材料厂	2554	106	蔡云彬
江苏恒宏链传动有限公司	5394	300	汪 芸	江苏宏艺天地节能科技有限公司	2851	216	缪建军
江苏瑞科停车系统科技有限公司	2747	25	王建华	常州丽龙新材料有限公司	3402	-29	邱校兴

东城街道

【概况】 东城街道地处金坛城区东部,北与丹阳市里庄桥镇、东与丹阳市皇塘镇毗邻,南与尧塘街道、西与西城街道接壤。行政区域面积74.49平方千米,常住人口10.04万人。下辖行政村(社区)21个。其中,社区16个,村(居)委会合一3个,农业行政村2个。

【招商引资】 12月12日,东城街道签约引进"锂电池模组生产基地"项目。该项目由北京电控爱思开科技有限公司投资建设,投资总额5.5亿元,主要建设用于生产锂电池模组的生产基地。

【征地清障】 2018年,东城街道共完成搬迁拆除各类建筑物3.3万平方米,项目清障交地540公顷,确保了蜂巢能源、诚镓精密、当升科技、鹏辉能源等重大项目的落户。

开发区核心区域大力保障项目落地及基础设施建设用地,全面完成大唐杆线项目、尧塘河沿线遗留户及企业的搬迁及拆除,重点推进东光河北侧兴隆路东侧13家企业及12户民房的搬迁工作,完成供电、通信管道、自来水管网、雨污分流、道路拓宽等基础配套民生工程,全力推进华城中路东延段附属物清障及大唐、茅河、华科、河水线4条重点高压杆线接入及改线工程清障工作。

金科园区域顺利完成金博通、消防特勤站、安置房地块、邻里中心共计146.67公顷的清障交地,完成五联周家村、中塘水西村、垂钓中心、爱国村委会、众泰及墩上遗留计31户7400余平方米的拆迁工作。

滨湖新城区域,强化组织领导,顺利完成城东公墓4041个墓地、汇贤公墓2613个墓地的搬迁清障工作。

【城乡管理】 按照建设金坛东部新城的定位,持续推动城市长效管理、农村治理等工作,为经济发展营造良好的社会环境。

2018年共投入267万元在街道范围内的27个住宅小区和13家单位试点开展垃圾分类工作,投入38.2万元在圣东福地等47个住宅小区新建便民晾衣架8000米。投入2000余万元对华苑二村B区、玉山花园创建省级宜居示范小区进行环境综合整治,投入1200多万元实施河头集镇环境综合整治和雨污分流改造工程。

严格落实违法用地、违法建设管控,全年共拆除130处共5374平方米的违法建设,投入45.8万元用于340省道薛庄路段路政的清理和整治工作。

全年共发动"红马甲"志愿者2934人次参与住宅小区环境卫生大扫除,投入超过80万元用于提升村、社区公益广告质量。

农村资产、资金、资源的制度化、信息化、公开化程度进一步提升。主要体现在农村各类资产资源全部纳入农村产权交易平台进场交易,农村预决算制度的执行,村务卡及非现金结算方式的使用,财务公开三大平台的发布。申请"一事一议"项目及新农村建设项目奖补资金,对五联村东群路、东星路路灯,中塘、明星两村便民服务中心等项目进行建设,完成栢荡村、明星村、河头村3个土地复垦项目共计16.6公顷的整治工作。

【民生保障】 街道强化执行力度,全方位推进各类民生政策实效落地,多措并举改善居民生活条件。

辖区企业社会保险扩面征缴工作共计净增加2119人次,超额完成全年目标任务。全面完成金科园、华城中路延伸、长城汽车等几个重大项目地块涉及的共计5430人的土地置换保障工作。民政低保动态管理,严格把关新增和取消低保户名单,全年累计发放低保资金218万元,为各类优抚对象发放优抚资金585万元。

街道首家老年人助餐点——华胜社区夕阳红服务中心老年人助餐点顺利建成,广受好评。东城实验小学二期扩建项目、华城幼儿园华胜分园扩建项目等一批民生实事工程都在快速推进实施。

街道被评为全省基层党员冬训工作示范街道,并成功创建省级创业型街道、省级和谐劳动关系示范园区。华胜社区分别获得全国民主法治示范社区、全国无邪教示范社区、全国综合防震减灾示范社区等荣誉称号。金河社区"乐享阅读 书香金河"被评为常州市"终身学习品牌项目",并获评江苏省志愿服务优秀社区。社教中心拍摄的《非遗文化进社区,面塑绝技传万家》获常州市优秀微课。华胜、河头、

街道服务进社区

(东城街道 供稿)

明星、五联4个行政村(涉农社区)顺利通过三星级档案工作省级规范测评。

【综治维稳】 街道始终将治安维稳作为中心工作来抓,努力为开发区发展筑牢稳定之基。

2018年共受理信访案件78件,办结65件,其中成功化解2个汇贤公墓迁移矛盾。联合东城派出所警民联调室共受理各类纠纷522件,全部成功化解。排查出的街道信访重点问题37件,共计1566人,全部纳入街道驻村(社区)领导包案。"12345"平台共收到1254件工单,完成1231件,办结率98%。有效缓解下岗志愿兵上访、阻扰新城垃圾中转站施工等重点群体性矛盾。

按照全区的试点单位要求,完成对辖区内所有基础网格、专属网格的划分、网格人员及网格长"全要素网格通"终端的配备工作,网格化社会治理联动指挥中心已正式投入使用。全年共受理网格事项13334件,办结率99.97%。

联合多部门对中塘桥开展出租房安全隐患集中整治,中塘村委投入3万多元购置小型消防车、水管等设备在街道范围内建成了首家村级微型消防站。

【环境治理】 街道切实解决影响经济社会发展和损害群众健康的突出环境问题,促进辖区环境质量持续改善,坚决打赢环境污染防治攻坚战。

"263"专项整治。投入600多万元,实施河头集镇雨污分流项目及长沟自然村生活污水处理设施项目。东下塘、西下塘体育公园完成生态绿城建设提升工程。

对照任务清单,加强对街道范围内的畜禽养殖场、废品收购站、食品小作坊、码头装卸作业单位等重点区块的"散乱污"企业(作坊)的治理改造和关停取缔。 (陈 琪)

2018年东城街道各村(社区)基本情况一览表

表48

村(社区)名	党组织书记、村(居)委会主任	村(社区)名	党组织书记、村(居)委会主任
华城社区	杨芬芳	电胜社区	樊建平
华苑社区	王黎君	南苑社区	杨 峥
华兴社区	王建伟	金河社区	李 伟
华胜社区	王月平	新城社区	沈 俊
东方社区	史跃忠	汇贤社区	夏小俊
峨嵋社区	虞国新	聚贤社区	林国新
柘荡村(社区)	王金富	明星村	陈息定
中塘村(社区)	沈建华	五联村	蒋雪芹
河头村(社区)	马金芳		

西城街道

【概况】 西城街道东依金坛经济开发区,西临北连金城镇,南接指前镇,境内有241、340两条省道和233国道环绕,常合高速及规划新建的南沿江城际铁路横穿南部区域。区域总面积74.97平方千米,总人口17.78万人,下辖18个社区、6个行政村。

【经济发展】 2018年,街道围绕"适度控制农业、逐步退出工业、致力发展三产"的经济发展思路,进一步优化产业结构,推动发展方向转型升级,经济发展稳中向好。全年地区生产总产值完成118.1亿元,比上年增长10.8%,其中三产服务业86.6亿元,增长14.24%,占地区生产总值的73.3%;工业开票销售15亿元,增长25%;完成公共财政预算收入2.8亿元,增长12.8%;全年重点服务业营业收入16.1亿元,增长15%;服务业投资21.1亿元,增长2%;社会消费品零售总额57.7亿元,增长18.2%。

【拆迁清障】 2018年,平稳实施房屋搬迁,全面完成岸头村3个自然村119户的拆迁安置。有序推进土地征用和附着物清障工作,完成长荡湖沿湖区域约1万亩的土地征用,完成长荡湖沿湖区域岸头、涑渎、方边3个行政村233.33公顷土地的附着物清障,水洮路北侧50米范围内、金山路高速南侧段、岸头房屋搬迁地块、钱资湖北区环境提升工程的附着物清障工作基本完成,为重点项目开工建设提供有力保障。会同国土部门累计完成岸头、涑渎村区域内挂钩及占补土地复垦项目约33.33公顷。完成长荡湖网围整治47户,拆除网围近50公顷,整治处理废弃船舶792艘、6450吨,全面改善水域生态环境。

【城市管理】 全年投入3000万元用于城市环境综合整治提升。推进北园新村、南园二村2个省级宜居示范小区建设。规范城区市容环境秩序,对翠北路、常胜路2条背街小巷,金沙花园等21个老旧小区实施违章拆除,新建集中晾晒点,对东园新村、岸头集镇、城南村等地进行基础设施更新维护和环境整治。强力推进垃圾分类,全面完成30个住宅小区、32家企事业单位垃圾分类摆放点、15座建筑垃圾临时集中堆放点建设。加大考核巡查力度,对社区、老集镇、村和物业企业实行差别化考核,累计投入173万元用于年度物业企业以奖代补。全年处理数字化城市管理平台各类案件31283件,处置率99.78%,有效处理“12345”公共热线平台诉求1786件,城市长效管理水平有力提升。

【民生事业】 2018年,街道累计发放优抚安置、重残补贴、尊老金、城乡低保、大病救助等各项补助2314.8万元,“慈善一日捐”获得捐款77.5万元。有序推进城乡最低生活保障专项治理工作,动态取消92户147人,转享受重残补助14户。完成优抚对象信息采集2994人,组织年审603人,集中体检429人。审核大病救助对象430人次,认定边困对象78户。全力做好社会保障工作,完成城镇企业养老保险、医疗保险、失业、生育保险各净增681人。完成城乡居民医疗保险征缴36123人,养老保险净增2031人,老年人意外保险7060人。大力开展老年人“安康关爱行动”,走访核查“三无”(无劳动能力、无生活来源、无法定义务赡养人)老人20人,五保老人92人。首推“中央厨房+社区配送”老年人助餐服务运行模式,花街等4个社区老年人助餐点正常运行。优化提升计生服务工作,全年发放生育服务手册549本、独生子女父母光荣证138本,2460名企业退休人员的独生子女一次性奖励已经全部纳入区财政发放。

【农业农村】 2018年,完成脱贫攻坚任务,293户农村低收入户已全部脱贫。完成渔业、园艺和稻麦科技入户工作,职业农民培训60人次,接待省、市、区周边的水产条线专家和养殖户来方边“小精高”养殖模式现场观摩学习6批次。开展政策性农业保险工作,水稻投保面积232.23公顷,投保农户613户,做到应保尽保。顺利推进农村集体“三资三化”提升行动,成立西城街道会计服务站,探索实施村级财务预决算,依托农村集体“三资”网络监管平台,做到村级财务按季公开,村级资金全部实现非现金结算。

【综合治理】 全年共办理信访件60件,接待来访群众684批人次。政府信息公开答复4件,劝阻赴京上访14起。共排查受理各类矛盾纠纷案件1914件,涉及人员3830人,涉及金额87.1万元。有序开展基层人民调解能力提升工作,组织基层人民调解员专项培训2次,开展点对点业务指导45次。累计接收社区矫正人员74人,解矫76人,年底仍在册65人。完成西城街道网格化社会治理联动中心的硬件、软件建设,在西门、春风、小南门社区深入推进网格化试点,建立专职网格巡查队伍。强化各级平台事件办结流转,全年共办理社会治安、公共安全、城市管理等各类事件17549件,办结率99.58%。

【安监环保】 全年开展安全生产日常督查、专项检查226家(次),其中企业101家(次),烟花爆竹零售店50家,养老院9家,托儿所4家,非法办园9家,校外培训机构53家,提出各类整改建议228条。加强消防安全监管,全年多批次重点检查12家群租场所和9处煤气充气点消防安全,完成翔峰大厦消防隐患整改。打好污染防治攻坚战,开展大气污染管控,产生油烟的476家餐饮店油烟净化器安装率达97%。开展“散乱污”专项整治,关停食品小作坊、养猪场10家,整治非正规垃圾堆放点23处。推进水污染防控,完成岸头集镇污水管网建设和岸头沟水环境综合整治。新建钱资湖体育公园并投入使用,着力提升生态保护水平。

【第九个“全国敬老月”活动】 走访慰问20位百岁老人和空巢独居老人代表。举办“庆重阳”老龄工作表彰大会暨文艺演出,并评选表彰5个老龄工作先进集体、9名老龄工作先进个人、10个“敬老孝亲”好家庭和10名助老优秀志愿者。 (谢杏林)

西城街道数字化城市管理平台 (西城街道 供稿)

2018 年西城街道各村(社区)基本情况一览表

表 49

村别	书记(主任)	户数(户)	总人口(人)	村民小组(个)	总面积(公顷)	村集体收入(万元)
城南村	钱卫军	3131	12826	25	980	1474
小圩村	孙志俊	50	90	10	400	305
黄　庄	陈阿平	762	2806	9	360	162
方　边	田松青	1826	5180	15	920	393
涑　渎	顾建华	1985	5986	18	965	150
岸　头	张乔关	2302	6281	16	1040	380
五星社区	高小燕	659	1608	3	44	
丹阳门社区	王惠霞	2012	4693	5	60	
春风社区	贺素珍	2615	6767	5	71	
北园社区	谈英桃	1179	2868	6	53	
文化社区	符金和	3317	8554	5	79	
小南门社区	陈腊美	3185	8119	6	73	
西门社区	张勤芳	3035	7702	5	77	
北门社区	李富琴	2099	3493	3	40	
虹桥社区	徐小珍	4436	8651	5	50	
东园社区	袁建霞	4103	5779	5	39	
南洲社区	俞　燕	783	1763	3	40	
朱庄社区	储霄花	447	1122	2	28	
愚池社区	谢月华	1135	3335	2	29	
花街社区	徐晓珍	2999	6297	4	48	
河滨社区	唐慧娟	3498	5593	5	57	
翠园社区	刘粉英	4617	5983	3	57	
九洲里社区	袁粉美	12	34	1	28	
金安社区	王　宇	37	61	2	25	

尧塘街道

【概况】 尧塘街道位于金坛区东南部,隶属于金坛经济开发区,东邻武进,南望宜兴,北接丹阳。尧塘河、湟里河穿境而过,常合(沿江)高速、常溧、金宜、金武公路等省、市干线公路贯穿境内。至2018年年底,街道面积83.8平方千米,辖11个行政村,常住人口5.6万人。

【农业农村】 2018年,持续推进农村"三资三化"专项提升行动,完善村级党务、政务、财务、村(居)务、服务公开,增效村级资金的开源节流。深入推进农村集体产权交易,完成农村集体产权交易项目18个,交易金额120余万元,完成资产类交易面积2公顷、土地类交易面积近13公顷、其他土地类交易面积1.4公顷。全面完成11个村级经济合作社组建工作。

生态循环农业治理行动初见成效。全年完成常州市级高标准农田建设项目100公顷,推进种植业清洁化生产,全面开展苗木生产化肥施用量减肥和化学农药施用量零增长行动,科学合理使用农业投入品,建设农药包装废弃物回收点8个,开展水产养殖污染管控,推进池塘标准化改造和池塘循环水养殖技术,新创建高效设施渔业6.67公顷,加强农作物秸秆综合利用,完成秸秆机械化还田66.67公顷。提升村庄的绿化水平和人居生态环境,西华村长沟组成功创建江苏省绿化示范村、迎春村东元庄创建成常州市"三化"(彩色化、珍贵化、效益化)示范村。进一步落实农产品生产经营单位主体责任,实现农业投入品全部纳入平台管理。开展农业品牌化建设,谢桥村创建成常州市“一村一品”十佳示范村。对照益农信息社的建设标准,完成6个益农信息社村级站建设,相关设备全部安装到位。培育壮大职业农民队伍,不断提升新型职业农民培育程度,全年培育生产经营型、专业技能型新型职业农民195人。

【招商引资】 2018年,组织推进好招商引资工作,制定《尧塘街道“两个加快”目标管理考核意见》,传递压力,营造氛围。经常性走访企业,与企业家交朋友,及时了解企业发展现状,深入分析项目需求与地方特色、优势,围绕“三新一特”产业招商要求,充分利用在外优秀人士资源,拓展项目信息渠道,挖掘项目信息,服务“两个加快”。全年多次赴常州、上海、苏州、广东、深圳等地捕捉、收集有效项目信息。成功签约总投资8亿元的高登新能源项目。

【村镇建设】 全年完成建设用地增减挂钩复垦项目共16个,计129个地块,涉及谢桥、下庄、尧塘、红旗、林丰5个行政村,面积41.3万平方米,拆除生产用房12户、建筑面积683.77平方米,通过项目实施新增农用地41.2万平方米,新增耕地41.1万平方米,10月中旬通过常州市国土部门验收。对照常州城乡一体化标准,对尧塘、水北、汤庄集镇进行集中整治,街道的市容秩序有了明显的提升。完成尧塘、水北、汤庄三大集镇塑料垃圾桶的拆除更新工作,投资约5万余元重新安置投放240升塑料垃圾桶300个。对尧塘安置小区内下水道进行清理维修,改善下水道堵塞的现象。投资8万余元在集镇区域内设施12座垃圾分类亭,下庄、尧塘村内安设32个分类垃圾桶摆放点。围绕街道整治提升,共查处违章建设29起,共1183平方米,其中组织拆除17起、自拆3起,其余均在苗头上得到控制。以卫片整改为契机,共拆除违法建设面积约5200平方米,复垦土地面积约24000平方米。全面排出农村污水管网改造、集镇雨污分流建设等新一批民事实事工程。尧塘、汤庄、水北3个集镇雨污分流工程完成施工。继续实施农村公路提档升级工程,改造道路2条(西华新丰线、迎春水圣线)、绿化整治道路1条(谢桥幸福路),涉及3个行政村,总里程约20千米。日常开展各级河长巡河工作,推进新孟河延伸拓浚、水北集镇排涝站等重点水利工程建设工作。按照环境专项整治行动和区大气污染防治攻坚战工作要求,对街道135家“散乱污”企业(作坊)进行排查治理,关停取缔6家,治理改造类129家。

【征地动迁】 为保障园区基础设施建设,全年完成动迁房屋共计43户5585.28平方米。其中,完成辖区内老旧危房拆除及枪架桥拓宽项目房屋搬迁等零星房屋搬迁工作9户971.98平方米,影响重点工程、基础设施建设遗留户房屋搬迁15户2150.88平方米,迎春村农村道路提档升级搬迁19户2462.42平方米。华科园及尧塘街道范围内规划搬迁企业35家,全年完成企业搬迁3家,并整理华科园范围内项目工程截点范围内的遗留户名单与资料档案。重点围绕园区项目、政府性投资项目等重点工程,继续做好土地清障交地工作。全年完成土地清障面积276.67公顷。其中,完成华科园重大项目片区清障面积约169公顷,华科园政府性投资项目(基础设施)清障面积约18.67公顷,其他项目清障面积89公顷。

【社会事业】 全年完成香树苑(原农民公寓)安置小区1~25幢房屋单位的权属登记,取得不动产证书。陆家庄新村安置小区按工程竣工存档要求收集资料进行完善。集中开展岸头佳园南区交付工作,完成43幢房屋,共涉及1998户计2804套,安置房交付完成率99%,完成车库退换51套。完成基层调解室、司法行政工作站建设,开展矛盾纠纷调解和信访积案化解,街道与村两级调委会共排查纠纷90次,排查出纠纷291件,简易纠份141件,疑难纠纷50件,调处26件,调解卷宗20份,化解信访积案5个。受理“12345”热线电话169件,其中受理要求信息公开1件,办理信访复查、复核各2件。全面推进法制宣传,开展法制课2场、法制宣传1场,发放资料500余份,组织法制文化巡回演出4场,800余人观看,征订宣传资料50本,完成红旗村省

杜鹃园安置小区 (尧塘街道 供稿)

水北小学坤凤少儿戏曲班汇报表演　　（尧塘街道　供稿）

级民主法治村的验收，完善街道、村“七五”普法中期考核台账。接受常州市委“阳光扶贫”的专项巡察，并根据巡察整改反馈意见全面抓好有关问题的整改工作。做好2018年年度低收入户建档立卡动态调整工作，按相关规定规范完成贫困户脱贫退出、新识别和返贫纳入各项程序，完成扶贫对象各类信息采集和更新，对1024户建档立卡户进行走访登记。对涉及计生失独家庭49户，计生伤残40户开展专项慰问。落实精准扶贫各项措施，其中走访慰问按规定程序共实施34户66人精准脱贫。积极做好汤庄、水北两个经济薄弱村结对帮扶工作，落实各项措施，实施富民强村工程，充分利用职工书屋、文体活动室等学习场所，大力开展岗位技能培训、充分发挥居民学习作用，全年开展新市民教育、劳动力转移、人口理论、法律法规和政策宣讲20余次，组织亲子活动2次，组织法制宣传活动3次。3月，举办金坛区首届少儿戏曲大赛。与水北小学合作，共建少儿戏曲培训班，探索非遗文化教育的新途径。11月，在水北文化站坤凤戏院举行2018—2019全民终身学习活动周启动仪式，表彰40余名在全民终身学习活动中成绩突出的个人与单位，营造浓厚的全民学习氛围。

（于轩栋）

2018年尧塘街道各村基本情况一览表

表50

村　名	书　记	主　任	村民小组(个)	面积(平方千米)	集体收入(万元)	人口(人)
西　华	孙华东	孙华东	27	12.8	171.5	5320
谢　桥	周国平	周国平	18	10.6	227.2	5529
尧　塘	彭华平	彭华平	43	3.18	236.1	5071
下　庄		孙文俊	21	2.5	153.3	2418
红　旗	王国方	赵志忠	24	9.38	241.7	6663
汤　庄	王国银	王国银	25	5.35	244.3	4814
水　北	周小平	周小平	15	3.0	190.1	4379
水　东	陈　忠	陈　忠	27	14.8	224.9	5828
迎　春	王明生	张卫星	13	8.1	207.7	4805
万　新	秦建明	秦建明	13	7.47	139.7	4332
林　丰	夏建新	王国林	13	6.7	143	3804

（编辑　夏　冰）

新任区领导

纪海平

女，中共常州市金坛区委员会常委，中共常州市金坛区纪律检查委员会书记，金坛区监察委员会主任。

1969年3月生，河南周口人。1986年9月参加工作，1995年8月加入中国共产党。党校研究生学历，学士学位。

1986年9月至1989年9月，在解放军信息工程学院电子工程专业学习；1989年9月至1996年12月先后任总参谋部第三部第三局第六处见习学员、技术员、助理工程师；1996年12月至2002年12月先后任解放军信息工程学院政治部宣传处正连职干事、第六系第三队副营职教导员、解放军信息工程大学通信工程系正营职教导员、解放军信息技术学院政治部正营职干事（其中2001年12月解放军高等教育自学考试军事高技术应用与管理专业大学毕业，被授予学士学位）；2002年12月至2004年9月先后任总参谋部第三部第二局训练大队正营职政治干事、副团职政治干事；2004年9月至2004年12月任中共常州市纪律检查委员会工作人员；2004年12月至2008年12月先后任中共常州市纪律检查委员会党风廉政建设室、干部管理室副科级纪检监察员、副主任（其中2005年9月至2008年7月在江苏省委党校宪法学与行政法学专业研究生学习）；2008年12月至2011年11月任中共常州市纪律检查委员会信访室主任；2011年8月至2015年11月任中共常州市纪律检查委员会常委；2015年10月任中共常州市金坛区委员会常委，中共常州市金坛区纪律检查委员会书记。2018年1月任现职。

（刘　晓）

新闻人物

潘雪平

江苏金昇实业股份有限公司董事长、高级经济师。2018年1月30日，在江苏省第十三届人民代表大会第一次会议上当选为第十三届全国人民代表大会代表。

1963年1月出生，常州市金坛区人。大专学历。1985年9月参加工作。1987年5月加入中国共产党。历任金坛第一建筑安装工程公司综合厂厂长、上海纺织机件总厂钢领制造公司总经理、金坛纺织机械总厂厂长等职。2000年12月，发起设立江苏金昇实业股份有限公司并任董事长，兼任党委书记。他带领公司员工将一家生产经营亏损企业，发展成为一家拥有先进纺织机械、绿色纺织、高端数控机床等产业集团的江苏省百强民营企业。从自主创新到中外合资，从跨国并购德国埃马克集团、瑞士欧瑞康集团再到布局“一带一路”，他带领金昇成功走出一条国际化道路。至2017年，金昇实业在35个国家及地区拥有14000余名员工、103家工厂及公司；在全球拥有16家研发机构，2000多项专利，2000多位研发人员。2018年，集团全球销售收入超220亿元，利税超20亿元；在金坛的开票销售收入77亿余元，税收2.3亿元。金昇集团连续4年跻身“中国民营企业500强”，先后被评为国家火炬计划重点高新技术企业、江苏省高新技术企业等。2018年11月，金昇旗下的海外子公司卓郎智能纺织机械、埃马克高端数控机床、赫伯精密陶瓷参展首届中国国际进口博览会。

作为深耕纺织20多年的企业家，潘雪平同时兼任中国纺织工业联合会副会长、中国纺织机械协会副理事长、中国纺织工程学会副理事长、中国循环经济协会副会长、江苏省纺织机械器材工业协会副理事长、江苏省工商业联合会副会长等社会职务。先后获“江苏省劳动模范”“江苏省十大领军人物”“江苏省优秀民营企业家”“江苏省百名诚信之星”“改革开放四十周年纺织行业突出贡献人物”“改革开放四十周年常州市杰出民营企业家”等荣誉称号。2011年以来,连续8年被常州市委、市政府评为“明星企业家”。 (陈书明 潘建方)

柳灯荣

1965年12月生,常州市金坛区朱林镇人,大专文化。1984年11月入伍参军,1987年加入中国共产党,1988年12月退役后在朱林镇企管站工作,2004年8月起至2018年任朱林镇司法所所长、朱林镇人民调解委员会主任。在此期间,他关注民生、维护群众利益,以强烈的工作责任感投入到基层司法行政工作中,化解各种矛盾纠纷,宣讲法律知识。15年来,他带领调解员成功化解各类矛盾纠纷案件1000余起,涉及金额8000余万元,调解成功率达98.5%,为维护地方的和谐稳定做出积极贡献。先后获评江苏省刑释解教人员安置帮教工作先进个人、人民调解工作防激化先进个人、江苏省优秀人民调解员。2011年被中共常州市委、常州市人民政府评为“2006—2010年法制宣传教育工作先进个人”。2018年被司法部评为“全国人民调解工作先进个人”。其所在单位分别被授予“全国先进司法所”“全国模范调委会”等称号。

何云华

1968年7月生,金坛区尧塘街道水北人,1990年8月参加工作,2002年9月加入中国共产党。大学本科学历。任区委政法委副书记、综治办主任。曾获全省基层依法治理工作先进个人、常州市人民政府记二等功等表彰。2018年12月,被省委、省政府授予“2015—2018年全省社会治安综合治理先进个人”称号。

他长期从事政法工作,群众工作经验丰富,善于把握规律、破解难题、推动创新。他始终以强烈的政治意识和责任担当,聚焦影响社会稳定的重大矛盾问题,站位全局、协调各方,从健全目标责任体系、发挥职能作用、夯实基层基础入手,积极推动党政统揽、部门担当、社会参与的工作格局。坚持维护社会秩序与激发社会活力相结合,善于运用法治思维和法治方式化解矛盾,充分发挥公共安全感、法治建设满意度和政法队伍满意度等评价指数“指挥棒”作用,推动社会治理工作向纵深拓展。圆满完成全国“两会”、G20峰会、十九大等重大活动安保任务,金坛区连续15年被评为江苏省平安区,先后获江苏省法治县(市、区)创建工作先进、全国法治县(市、区)创建活动先进单位、江苏省法治建设示范区等荣誉称号。

史国生

男,1964年8月生,金坛区锡剧团(华罗庚艺术团)团长,国家二级演员。

1982年,史国生以全能考试第一名的成绩毕业于金坛戏校。出于对锡剧事业的热爱,毕业后史国生一直在区锡剧团工作。他专业精湛,成为剧团文武兼备的当家小生,一直担任剧团的主要角色。《蝴蝶杯》《何文秀》《孙悟空大破波月洞》等剧目在省、市获奖。2002年,金坛市政府对剧团进行了文化体制改革,史国生成立了华罗庚艺术团并兼团长。十余年来,排演了《少年华罗庚》《飞吧!大雁》、《永远的雪梅》《留守小孩》等8部原创儿童剧目,在全国各地巡演了8000多场。2010年推出的《留守小孩》先后江苏省舞台艺术精品工程奖、第21届上海白玉兰戏剧表演艺术奖“集体奖”、第七届全国儿童剧优秀剧目展优秀剧目奖、国家舞台艺术精品工程精品剧目等奖项。2013年,《留守小孩》更一举摘得第十二届全国“五个一”工程奖。

2017年9月,史国生获评全国未成年人思想道德建设先进工作者。2018年4月,史国生被中央文明办评为“中国好人”。

杨兆群

男,1955年11月生,江苏常州人。国家级非物质文化遗产项目金坛刻纸代表性传承人,江苏省工艺美术师。杨兆群从小喜爱刻纸,他的刀法细腻、线条流畅、顿挫有力、内柔外刚,人称“杨一刀”。多年来,杨兆群主动承担起刻纸非遗保护工作,开辟刻纸展馆,收藏45000余件中国历代刻纸作品。作为金坛刻纸的国家级非遗项目剪纸传承人,杨兆群先后有百余幅作品在全国各类报刊发表或入选国内外大展并获奖,其中《从雅典到北京》《丰收的喜悦》被中国国家博物馆收藏;《大团结》被中国农业博物馆、江苏省档案馆收藏;《江南抗日之春》《水乡盛开大寨花》被江苏省美术馆收藏。《丰收的喜悦》《鹊桥会》等作品还在国际上获奖。

2018年11月,杨兆群被中央文明办评为“中国好人”。

逝世人物

韦东生

中共常州国家高新区工委副书

记、新北区委副书记，原中共金坛市委副书记、纪委书记。2018年12月4日病逝，享年54岁。

韦东生1964年10月出生，江苏丹阳人，大学本科学历。1992年9月加入中国共产党，1986年7月毕业于华东政法学院法律系法律专业。1986年7月至1993年7月为中共常州市纪委工作人员，1993年7月至1995年4月任中共常州市纪委副科级纪检员，1995年4月至1999年5月任中共常州市纪委纪检监察一室副主任，1999年5月至2001年1月任中共常州市纪委纪检监察一室主任。2001年1月至2001年12月任中共金坛市委常委、纪委书记，2001年12月至2006年2月任中共金坛市委副书记、纪委书记。2006年2月至2016年6月任中共常州市天宁区委副书记、纪委书记，2006年3月至2009年4月兼任中共常州市天宁区委党校校长。2016年6月至2018年12月任中共常州国家高新区工委副书记、新北区委副书记、政法委员会书记。

（陈书明　何永才）

徐国平

常州市公安局金坛分局巡特警大队二级警员、二级警司。2018年2月1日在工作岗位上突发心肌梗死，经抢救无效，不幸逝世，时年35岁。

徐国平1983年10月6日出生，常州市金坛区人。2003年12月参军入伍，在部队期间，荣立三等功1次，受到嘉奖2次，获评“优秀共产党员”“优秀基层干部”。2016年11月，从部队转业至金坛公安分局巡特警大队工作。他谦虚负责的工作态度、过硬的能力素质和细致的工作作风得到同事们的一致好评。2017年8月至9月“金砖会晤”期间，他在厦门开展安保工作，因成绩突出受到省公安厅嘉奖；中共十九大安保，因表现突出受常州市公安局政治部通报表扬。在2018年江苏省“两会”安保期间，他顾不上身体不适，积极参加巡逻处突、安保维稳等各项工作。从警一年多来，他带领巡逻队员盘查可疑人员3121人次、可疑车辆1263车次，参与处置群体性突发事件20余起，参与设卡盘查6次，抓获违法犯罪嫌疑人23人，查获管制刀具4把，救助群众15人，追回逃犯6人，巡逻过程中参与突发警情处置12次。

2018年2月7日，《常州日报》等媒体以《不朽的青春》为题，报道了徐国平的事迹。5月11日，江苏省公安厅为徐国平追记个人一等功。2019年1月19日，第四届“常州最美警察”报告会举行，江苏省副省长，省公安厅党委书记、厅长刘旸等出席报告会，为徐国平追授第四届“常州最美警察”特别奖。　（陈书明）

（编辑　夏　冰）

2018 年金坛区获得综合荣誉情况一览表

表 51

荣誉称号	授予单位	授予时间
2018 中国茶业百强县	中国茶叶流通协会	2018 年 11 月
全省首批粮食生产全程机械化示范县(市、区)	省农业农村厅	2018 年 12 月
江苏省妇幼健康优质服务示范县(市区)	江苏省卫生计划生育委员会	2018 年 1 月
全省工会阳光法律援助志愿服务走基层活动十佳项目之一	江苏省总工会	2018 年 8 月
江苏省基层卫生十强(县)区	江苏省卫生健康委员会办公室	2018 年 12 月

2018 年度国家部、委、局等表彰的先进集体情况一览表

表 52

获奖单位	荣誉称号	授予单位	授予时间
金坛科协	2018 年全国科普日予以表扬组织单位	中国科协	2018 年 12 月
金坛区供销合作总社	全国供销合作社系统先进集体	中国人力资源和社会保障部、中华全国供销合作总社	2018 年 1 月
原金坛地方税务局	志愿服务“四个 100”先进典型(“税妈妈关爱”项目)	中宣部等 11 部门	2018 年 4 月
原金坛地方税务局团支部	全国五四红旗团支部	共青团中央	2018 年 4 月
东城街道华胜社区	全国民主法治示范村(社区)	司法部、民政部	2018 年 7 月
东城街道华胜社区	全国综合防震减灾示范社区	国家减灾委员会、民政部	2018 年
金坛区指前镇人民调解委员会	坚持发展“枫桥经验”实现矛盾不上交试点工作表现突出集体	司法部	2019 年 1 月
花谷奇缘景区	国家 AAAA 级旅游景区	全国旅游景区质量等级评定委员会	2018 年 9 月
仙姑村	2018 年中国最美乡村	中国宋庆龄基金会、中国农业电影电视中心、海南省人民政府	2018 年 12 月
仙姑村	全国百佳乡村旅游目的地	中国宋庆龄基金会、中国农业电影电视中心、海南省人民政府	2018 年 12 月

续表52

获奖单位	荣誉称号	授予单位	授予时间
长荡湖湿地公园	国家湿地公园	国家林业和草原局	2018年12月
金坛电信分公司	中国电信集团“创优杯”营销技能竞赛团体一等奖	中国电信集团公司	2018年12月
区水产站	十佳全国水产技术推广示范站	全国水产技术推广总站	2018年10月
金坛区建昌小学星火中队	全国优秀“动感中队”	全国少工委	2018年1月
华罗庚实验学校快乐种子中队	全国优秀“动感中队”	全国少工委	2018年1月
华城实验小学四(8)中队	全国优秀“动感中队”	全国少工委	2018年1月
区卫生和计划生育局	2017年全国生育状况抽样调查优秀单位	国家卫生健康委员会办公厅	2018年6月
区卫生和计划生育局	2009—2017年全国流动人口动态监测调查优秀单位	国家卫生健康委员会办公厅	2018年9月

2018年度金坛区获评省条线先进集体情况一览表

表53

获奖单位	荣誉称号	授予单位	授予时间
仙姑村	2017年度江苏“旅游百佳”单位	江苏省旅游局	2018年1月
一号农场	2017年度江苏“旅游百佳”单位	江苏省旅游局	2018年1月
区供销合作总社	2018年度县级供销合作社综合业绩考核前二十位	江苏省供销合作总社	2019年2月
区供销合作总社	2018年度完成重点工作任务先进单位	江苏省供销合作总社	2019年2月
区供销合作总社	2018年度基层工作先进单位	江苏省供销合作总社	2019年2月
区供销合作总社	全省供销合作社系统信息宣传工作先进集体	江苏省供销合作总社	2018年11月
金坛公交公司工会	模范职工之家	江苏省总工会	2018年7月
东城街道	江苏省创业型街道	江苏省人力资源和社会保障厅	2018年12月
东城街道总工会	江苏省模范职工之家	江苏省总工会	2018年
东城街道金河社区	江苏省优秀志愿服务社区	江苏省文明办	2018年9月
东城街道华城社区	科普示范社区	江苏省科学技术协会、江苏省财政厅	2018年11月
东城街道新城社区	千佳单位	江苏省统计局	2018年11月
东城街道华胜、华兴、五联、电胜、新城、南苑、峨嵋、华苑、金河、中塘、东方、柘荡、汇贤、华城社区(村)	江苏省级创业型社区(村)	江苏省人力资源和社会保障厅	2018年12月
金城镇人民武装部	基层武装工作先进单位	江苏省军区	2019年1月
区信访局	全省信访系统微信创作大赛优秀入围作品	江苏省政府信访局	2018年11月
金城镇	2015—2018年全省社会治安综合治理先进集体	省委、省政府	2018年12月
原金坛地方税务局工会	省模范职工之家	省总工会	2018年4月
原金坛区国家税务局第一分局团支部	2017年度“江苏省五四红旗团部(总支)”	共青团江苏省委	2018年4月
常州市金坛区政务服务中心税务局窗口	2017—2018年度江苏省青年文明号	共青团江苏省委	2018年12月
区委农村工作办公室	全省扶贫系统先进集体	省扶贫工作领导小组办公室	2018年3月
区委农村工作办公室	全省农经农业系统工作效能成效显著单位	省农委	2018年1月

续表53

获奖单位	荣誉称号	授予单位	授予时间
区司法局	2018年全省司法行政系统信息工作先进集体	江苏省司法厅	2019年1月
区司法局	2018年全省司法行政先进集体	江苏省人社厅、江苏省司法厅	2019年1月
农林局	全省动物检疫规范化管理示范县	省农委	2018年5月
农林局	2017年全省农经农业系统工作效能建设成效显著单位	省农委	2018年2月
农林局	2017年度江苏省现代渔业建设先进集体	省海洋与渔业局	2018年2月
农林局	2018年第二届中国国际茶叶博览会	省茶叶协会	2018年5月
农林局	2017—2018年度全省农业“两刊”宣传工作成效显著单位	省农委办公室	2018年9月
农机推广站	2018年度省农机推广工作先进单位	省农机推广站	2018年12月
水产站	江苏省渔业技术推广工作先进集体	省渔业技术推广中心	2018年1月
水产站	江苏省渔情信息采集工作先进单位	省渔业技术推广中心	2018年1月
水产站	江苏省渔业技术推广系统信息工作先进单位	省渔业技术推广中心	2018年1月
农广校	2018年度省新型职业农民培训工作先进集体	省农广校	2018年12月
林业站	全省农林农经系统先进集体	省人社厅、省农委、省林业局	2018年2月
水产站	江苏省渔业科技入户工程先进集体	省海洋与渔业局	2018年1月
水产站	江苏省水生动物疫病监控工作先进集体	省海洋与渔业局	2018年4月
农机监理所	2017年度全省农机安全监理宣传信息工作先进单位	省农机监理所	2018年6月
植保站	2017年度十佳植保站	省植保植检站	2018年2月
植保站	2018年农作物病虫监测预警工作先进集体	省植保植检站	2018年11月
金坛公安分局科技信息通信大队	全省技防城建设先进集体	省公安厅	2018年1月
常州金坛韩磊等人聚众斗殴案专案组	集体嘉奖	省公安厅	2018年4月
常州市住房公积金管理中心金坛分中心业务服务大厅	江苏省巾帼文明岗	江苏省城镇妇女“巾帼建功”活动领导小组、江苏省妇女“双学双比”竞赛活动领导小组	2019年2月
区人武部	军事训练先进单位	江苏省军区	2018年12月
金坛汽车工业有限公司团委	2017年江苏省五四红旗团委	团省委	2018年5月
金坛区国家税务局	2017年省五四红旗团支部	团省委	2018年5月
江苏省金坛中等专业学校机电部数控加工与机电一体化专业14222团支部	活力团支部、人气团支部	团省委、省学联	2018年1月
共青团常州市金坛区委	第四届江苏省“母亲河奖”组织奖	江苏省保护母亲河行动领导小组	2018年5月
共青团常州市金坛区委	2017年度全省共青团工作“10100”创新创优工程优秀项目三等奖	共青团江苏省委	2018年1月
“半边山下”森林特色小镇	首批国家森林小镇建设试点单位	国家林业和草原局	2018年8月

2018年度金坛区获评常州市级先进集体情况一览表

表54

单位名称	荣誉称号	授予单位	授予时间
金坛区人力资源和社会保障局	2017年度常州市五一劳动奖状	常州市人民政府	2018年4月

2018年度金坛区获评省条线先进个人情况一览表

表55

姓 名	单位职务	荣誉称号	授予单位	授予时间
殷 欢	金坛区税务局	2018年入选江苏省好青年百人榜	团省委	2018年11月
高 珅	区青少年宫	江苏省优秀青年志愿者	团省委、省志愿者协会	2018年3月
于天行	江苏省华罗庚中学	省最美中学生	团省委、省学联	2018年12月
王湛源	常州市金坛区第二中学	省最美中学生	团省委、省学联	2018年12月
杜远巧	常州市金坛区白塔中学	省最美中学生	团省委、省学联	2018年12月
吴顺秀	常州市金坛区建昌中学	省最美中学生	团省委、省学联	2018年12月
刘思琪	常州市金坛区洮西中学	省最美中学生	团省委、省学联	2018年12月
吴 娟	指前实验学校	2017省魅力团支书	团省委、省学联	2018年1月
杜秀玲	区税务局耕契所负责人	江苏省“最美家庭”	江苏省妇女联合会	2018年10月
殷 欢	国家税务局常州市金坛区税务局一分局科员	2018年江苏好青年百人榜	共青团省委、省文明办、省通信管理局、省青年联合会	2018年11月
常 悦	国家税务局常州市金坛区税务局一分局科员	省局业务比武专业人才库	原江苏省国家税务局	2018年3月
陈 嵘	区综治办副主任	全省创新网络化社会治理机制专项工作二等功	省政法委	2018年10月
杨 静	中共常州市金坛区委农村工作办公室、经管科科长	全省农林农经系统先进工作者	江苏省人力资源和社会保障厅、江苏省农业委员会、江苏省省林业局	2018年9月
李 垚	中共常州市金坛区委农村工作办公室发展科科员	全省农工办系统先进工作者	中共江苏省委农村工作领导小组办公室	2018年4月
刘罗平	区供销合作总社	劳动模范	省人社厅、省供销合作总社	2017年12月
郭 兵	区供销合作总社	劳动模范	省人社厅、省供销合作总社	2017年12月
陈安琪	金坛区司法局法制宣传科科员	2018年全省司法行政系统信息工作先进个人	江苏省司法厅	2019年1月
曹 慧	金坛电信分公司	省公司优秀共产党员	中国电信江苏分公司	2018年12月
陈亚蓉	金坛电信分公司	中国电信集团“创优杯”营销技能竞赛中荣获“中国电信集团技术能手”	中国电信集团公司	2018年12月
刘会平	金坛电信分公司	中国电信集团“创优杯”营销技能竞赛中荣获个人铜牌	中国电信集团公司	2018年12月
罗 明	区水产站工作人员	江苏省水生动物疫病监控工作先进个人	省海洋与渔业局	2018年4月
李 勇	区土肥站站长	黄瑞采教授奖学奖	南京农业大学	2018年12月
孙亦诚	区农林局科教科工作人员	2017—2018年度全省农业“两刊”宣传工作成效显著个人	省农委办公室	2018年9月
陈 乐	区农林局科教科副科长	“送科技、添动能、促增收”活动表现突出个人	省农委办公室	2018年3月

续表55

姓　名	单位职务	荣誉称号	授予单位	授予时间
莫锁龙	区农林局农机科工作人员	2017年度全省农机安全监理宣传信息工作先进个人	省农机监理所	2018年6月
沈家禾	区土肥站工作人员	江苏省耕地质量监测能手	省耕环站	2018年12月
周　威	区水产站副站长	江苏省渔业技术推广系统信息工作先进个人	省渔业技术推广中心	2018年1月
徐志辉	区公安分局科技信息通信大队四中队中队长	全省技防城建设先进个人	省公安厅	2018年1月
于云英	区公安分局出入境管理大队副大队长	个人二等功	省公安厅	2018年5月
徐国平	区公安分局民警	个人一等功	省公安厅	2018年5月
王荣珠	区公安分局民警	个人二等功	省公安厅	2018年8月
黎爱华	区公安分局政治处副主任	个人三等功	省公安厅	2018年12月
王荣珠	区公安分局民警	全省公安机关优秀共产党员	省公安厅党委	2018年6月
袁惠芳	民警	创建五星级档案工作突出个人	江苏省档案局	2018年11月
潘一平	区公安分局后勤保障中心职工	创建五星级档案工作突出个人	江苏省档案局	2018年11月
丁　屹	区人民医院妇产科主任	第四届江苏省"百名医德之星"	中共江苏省委宣传部、江苏省文明办、江苏省卫生和计划生育委员会	2018年8月
崔华强	东城街道新城社区副书记	全为农业普查省级先进个人	江苏省第三次全国农业普查领导小组办公室	2018年4月
臧林辉	东城街道五联村经济合作社社长	全国农业普查省级先进个人	江苏省第三次全国农业普查领导小组办公室	2018年4月
杨志超	东城街道金河社区副书记、居委会主任	"青春建功新时代　七彩志愿社区行"志愿服务主题月活动"七彩志愿服务之星"	共青团江苏省委、江苏省志愿者协会	2018年6月
芮晓霞	东城街道华胜社区妇代会主任	江苏省最美妇联基层干部	江苏省妇女联合会	2018年12月
薛惠芳	金城镇总工会副主席	江苏省优秀工会工作者	江苏省总工会	2018年4月

2018年度金坛区获评常州市级先进个人情况一览表

表56

姓　名	单位职务	荣誉称号	授予单位	授予时间
胡雪峰	国家税务总局常州市金坛区税务局开发区分局局长	常州市五一劳动奖章	常州市人民政府	2018年4月

（编辑　汤芬娣）

中共常州市金坛区委办公室
常州市金坛区政府办公室
关于印发《金坛区乡村振兴十项重点工程实施方案(2018—2022年)》的通知

坛办发〔2018〕52号
(2018年7月27日)

各镇党委和人民政府,各街道党工委和办事处,各园区党工委和管委会,区各部委办局,各区管国有公司、区直属单位:

《金坛区乡村振兴十项重点工程实施方案(2018—2022年)》已经区委、区政府同意,现印发给你们,请认真贯彻执行。

金坛区乡村振兴十项重点工程实施方案(2018—2022年)

为全面落实中央、省和常州市关于推动乡村振兴战略的各项决策部署,按照《区委区政府关于贯彻落实乡村振兴战略推动农业农村新发展的意见》(坛发〔2018〕1号)的部署要求,在2018—2022年5年中,重点组织实施规划引领、农村基础设施和公共服务建设等10项工程。现制定实施方案如下。

一、规划引领工程

1. 编制镇村布局规划。结合“2+8+2”板块总体规划,对全区镇村布局规划进行优化调整,形成合理的空间布局。区分特色村、重点发展村和一般村,全区特色村和重点发展村数量控制在自然村总数的15%左右(不含城镇和园区规划范围)。(责任单位:规划局,开发区、茅山旅游度假区、长荡湖旅游度假区,各镇、街道;配合单位:农工办、发改委、教育局、金坛国土分局、住建委、交通局、水利局、农林局、文广体局、卫计局、金坛环保局、民宗局、旅游局等)

2. 筛选特色村、重点发展村。按照分期实施、稳步推进原则,筛选200个左右传统文化特色明显的特色村、重点发展村作为保留发展村,近期明确30个左右先行先试,优先发展。(责任单位:规划局,开发区、茅山旅游度假区、长荡湖旅游度假区,各镇、街道;配合单位:农工办、发改委、教育局、金坛国土分局、住建委、交通局、水利局、农林局、文广体局、卫计局、民宗局、旅游局等)

3. 编制村庄建设规划。编制特色村、重点发展村村庄建设规划和村庄土地利用规划,确保乡村建设依据规划实施。根据不同乡村特色,高质量设计符合农村特点、具有江南水乡特色的建筑,供居民选择建造。(责任单位:规划局、金坛国土分局,开发区、茅山旅游度假区、长荡湖旅游度假区,各镇、街道;配合单位:农工办、发改委、教育局、住建委、交通局、水利局、农林局、文广体局、卫计局、民宗局、旅

游局等)

4. 组织多规编制。做到多规合一,组织编制美丽乡村环境提升指引导则、农村公路网和城乡公交一体化规划;优化农村教育布局,编制全域旅游规划和文保设施保护开发利用规划;完成现代农业产业发展总体规划、水利总体规划等。(责任单位:规划局、教育局、住建委、交通局、水利局、农林局、文广体局、卫计局、金坛环保局、民宗局、旅游局;配合单位:开发区、茅山旅游度假区、长荡湖旅游度假区,各镇、街道等)

二、农村基础设施和公共服务建设工程

1. 推进农村“四好农村路”建设。按照建设好、管理好、养护好、运营好的“四好”要求,实施“交通+”,大力推进“四好农村路”建设,着力打造乡韵文化路、美丽乡村路、美好生活路、共享普惠路和特色惠民路,改造提升区域内1995千米农村公路品质,整治农路环境,完善长效管理机制。加强绿化景观建设,拓展公交服务范围,建立农村物流网络,创建金坛农路特色。(责任单位:交通局,开发区、茅山旅游度假区、长荡湖旅游度假区,各镇、街道;配合单位:农工办、发改委、金坛公安分局、财政局、金坛国土分局、水利局、农林局、金坛环保局、文广体局、规划局、城管局、安监局、旅游局、供销总社、供电分公司、邮政分公司等)

2. 深入实施农村饮水安全巩固提升工程。推进区域供水,健全制水设施,改进制水工艺,形成片内双(多)水源联网,确保水质达标率90%以上、集中供水率达到99%、自来水普及率达到98%、农村区域供水覆盖行政村比例达到95%以上。(责任单位:住建委,茅山旅游度假区、长荡湖旅游度假区,各镇、街道;配合单位:农工办、财政局、水利局、农林局、金坛环保局等)

3. 农村信息基础设施提档升级。实现4G全覆盖,新建5G基站1500个、管道300孔千米、光缆5000皮长千米,累计投资超过4亿元。(责任单位:电信分公司、移动分公司、联通分公司,开发区、茅山旅游度假区、长荡湖旅游度假区,各镇、街道等)

4. 推进基层农村文化设施建设。打通公共文化服务最后一千米,到2019年,完成101个行政村(含农村社区)基层综合性文化服务中心建设。到2020年,农村书屋与区图书馆通借通还率达100%,基本完成农家书屋数字化建设。(责任单位:文广体局,各镇、街道;配合单位:组织部、农工办、民政局、财政局等)

5. 优先发展农村教育事业。按照省定义务教育优质均衡发展要求,对被撤并乡镇集镇区学校(含幼儿园)进行科学规划,优化农村教育设施布局,适时推进水北小学改扩建,建昌、社头2所幼儿园移址新建以及社头小学、茅麓小学、茅麓幼儿园、五叶幼儿园4所学校(幼儿园)移址新建等工程。深入推进“区管校聘”管理体制改革,优化全区教师资源配置。(责任单位:教育局,各镇、街道;配合单位:政府办、民政局、财政局、残联、相关区管国有公司等)

6. 大力实施乡村健康行动。到2022年,完成40家村卫生室提档升级,新增村医210名,家庭医生签约覆盖率达到55%;新创建江苏省健康村46家,占比达65%;新创建江苏省健康促进医院1家;为贫困患病失能人员提供医养结合床位180张。(责任单位:卫计局,各镇、街道;配合单位:民政局、财政局、残联、相关区管国有公司等)

7. 提升农村养老服务能力。到2022年,实现所有乡镇敬老院向综合性养老服务中心转型,每个行政村建设一个社区“夕阳红服务中心”,为居家老人提供日托及上门照料等服务。(责任单位:民政局,各镇、街道;配合单位:财政局等)

8. 大力推进区、镇(街道)村(社区)三级便民服务平台建设。加强镇(街道)村(社区)便民服务大厅(室)标准化建设,推进政务服务向基层延伸,电子政务平台实现全覆盖。镇(街道)村(社区)服务事项与省、市、区服务事项同名称、同类型、同依据、同编码,并集中到大厅办理、集中到网上办理。(责任单位:政务办,各镇、街道;配合单位:各相关单位)

三、美丽乡村建设工程

1. 提升被撤并乡镇集镇区整体面貌。按照提升环境、完善功能、盘活资源的要求,开展三整治(生活垃圾、脏乱差、黑臭水体)、两提升(绿化水平、文明素质)、一保障(管理规范)行动,重点对被撤并后的白塔村、后阳村、白龙荡村、西旸村、石马村、花山村、罗村村、王甲村、迪庄村、唐王村、西岗村、社头村、新河村、五叶村、水北村、涑渎村16个村实施整体提升。健全组保洁、村收集、镇(街道)转运、区处理的垃圾处理机制,做到“制度、人员、经费、考核”四到位,确保被撤并乡镇集镇区日常管理规范化。盘活原乡镇七站八所、粮食供销、学校企业等存量资源,完善公共教育、医疗卫生、文化体育、社会服务、公共交通、市政公用等功能。(责任单位:住建委、城管局,各镇、街道;配合单位:政府办、农工办、民政局、财政局、残联等)

2. 打造特色产业村。选择产业基础好、资源禀赋好的仙姑村、上阮村、黄金村、谢桥村、花山村、柚山村、东浦村等一批特色村,推进农业、文化旅游、健康养老等产业的深度融合发展,发展“互联网+”“产业+”“文化+”“旅游+”等特色优势产业。到2022年,打造10个以上产业特色鲜明的美丽乡村示范点(片区),创建省级特色田园乡村5个以上。(责任单位:农林局、农工办、住建委、规划局,茅山旅游度假区、长荡湖旅游度假区,各镇、街道;配合单位:发改委、财政局、交通局、水利局、金坛国土分局、文广体局、审计局、民宗局、旅游局、供销总社、相关区管国有公司等)

3. 建设美丽宜居村。以农村生活垃圾、生活污水治理和村容村貌提升为抓手,深入推进美丽宜居村庄建设,持续改善提升乡村人居环境。大力推进农村污水治理,实施全区规划发展村生活污水处理全覆盖,按照推进城乡污水处理一体化要求，完成薛埠、直溪、朱林、指前4个镇污水处理厂新建扩建工程。到2022年，重点建设100个左右美丽宜居村落，有效保护10个左右传统村落。（责任单位：住建委、金坛环保局，茅山旅游度假区、长荡湖旅游度假区，各镇、街道；配合单位：政府办、农工办、财政局、交通局、水利局、文广体局、规划局、民宗局、旅游局、相关区管国有公司等）

四、富民强村深化推进工程

1. 发展壮大农村集体经济。全面完成农村“三资”管理规范化建设，农村产权线上交易平台全面建成运行。积极开辟资产租赁、农业开发、生产服务、联合发展等途径，拓宽集体经济发展路径，壮大集体经济。到2022年，全区所有行政村集体年经营性收入达到80万元以上，其中200万元以上村50个，500万元以上村10个。（责任单位：农工办，各镇、街道；配合单位：财政局、金坛国土分局、交通局、水利局、农林局、审计局、规划局、统计局、政务办、供销总社等）

2. 促进农民持续增收。着眼于提升农民就业质量和农民创业能力，培育和引导发展合作社、家庭农场等新型农业经营主体；实施农民就业技能和创业培训，落实农民工就业前免费培训等政策。全面推行“企业订单、劳动者选单、培训机构列单、政府补贴”培训服务模式。到2022年，开展新生代农民工职业技能培训6000人，就近就地转移劳动力85%，成功扶持2000名农民创业。加快推动农业主导产业提质增效，开展农超对接，有效提升农产品经营效益，到2022年农村居民人均可支配收入比2017年增加1万元。（责任单位：农工办、人社局，各镇、街道；配合单位：党校、财政局、水利局、农林局、统计局、供销总社等）

3. 扎实推进精准扶贫阳光扶贫。主动对接常州新一轮百千万帮扶工程，抓好市级以上扶贫开发项目的立项、实施、监管，确保项目引得进、能实施、成效好。有序推进区第五轮结对帮扶工作，集中各类帮扶资金，实施物业增收、产业增收、服务增收“三管齐下”。扎实推进阳光扶贫工作，做到产业帮扶、就业帮扶、保障兜底“三结合”，确保贫困人口医疗、教育、住房有保障。（责任单位：扶贫办、各部委办局，各镇、街道）

五、现代农业提质增效工程

1. 推进农业园区建设。建设一二三产融合载体，加快实施指前镇一二三产业融合试点，推进国家农业科技园区和国家农业高新技术产业示范区创建，推进粮食生产功能区和现代茶产业示范区建设，以省级现代农业产业园区、省级现代渔业产业园区为重点，持续推进园区提档升级工程；以村为实施主体，创建市级现代农业产业示范园2—3个，引领全区现代农业科学发展。到2020年，全区基本形成20万亩优质稻米、20万亩生态林业、20万亩现代园艺、20万亩高效渔业的产业格局。（责任单位：科技局、农林局，各镇、街道；配合单位：政府办、发改委、财政局、金坛国土分局、交通局、水利局、市场监管局、规划局、粮食局、供销总社等）

2. 推动农业特色小镇建设。因地制宜，重点打造圩区优粮、沿湖河蟹、直溪青虾、城郊果蔬、薛埠林茶、朱林水芹、尧塘花木、上阮经济林果、建昌芋蒜、白塔小香葱等10个优势特色产业集聚区。依托茅山、长荡湖特色资源，突出三星农耕文化与现有农业主导产业相结合，打造产业升级新平台，培育经济发展新动能，重点盘活茅东林场森林资源，推动湿地公园系统化建设。到2022年，全区森林资源不减少，自然湿地保护率达到60%以上。更加突出休闲农业与乡村旅游的深度融合，五年内创成全国休闲农业与乡村旅游星级示范企业10个（一号农场、花谷奇缘、长荡湖水庄、久红生态农业观光园、华东玫瑰风情园、茅山茶海、长山行舍、京东农业、森农生态观光园、半边山下）、省级以上农业特色小镇3个（薛埠茶香小镇、指前味稻小镇、茅东林场森林特色小镇）、省级休闲观光农业示范村6个（仙姑村、上阮村、谢桥村、山蓬村、花山村、柚山村）、省级创意主题农园2个（花谷奇缘、华东玫瑰风情园）。（责任单位：农林局、旅游局，茅山旅游度假区、长荡湖旅游度假区，各镇、街道；配合单位：政府办、发改委、财政局、金坛国土分局、住建委、交通局、水利局、规划局、粮食局、供销总社等）

3. 推进农业绿色发展。推进生产过程清洁化、废弃物利用资源化、化肥农药减量化、产业链条生态化、产品供给优质化。2019年全面完成畜禽养殖污染整治，落实畜禽养殖污染长效监管机制，到2022年，全区优质农产品占比达70%以上、化肥使用量削减10%以上、农业废弃物综合利用率达97%以上。（责任单位：农林局，各镇、街道；配合单位：经信局、财政局、交通局、水利局、金坛环保局、粮食局、供销总社等）

4. 大力发展农业龙头企业。挖掘农业龙头企业“新动能”，打造1家10亿级（南顺食品）、3家3亿至5亿级（金坛肠衣厂、江南制粉、你好鸭等）、4家亿级（江南春米业、常丰食品、立华食品、鑫品茶叶等）以上农产品加工企业集群。探索农业龙头企业股改上市，建立拟股改上市农业企业名录。到2022年，全区新增股改上市农业龙头企业2至3家（你好鸭、常丰食品等）。（责任单位：农林局，开发区，各镇、街道；配合单位：金融办、农工办、经信局、财政局、旅游局、供销总社、国税局、金坛地税局等）

六、农产品重点品牌培育工程

1. 主打“长荡湖大闸蟹”品牌。以“长荡湖大闸蟹”区域公用品牌为突破口，着力构建“企业+基地+品牌+市场+蟹农”运作新模式。实施母子双商标策略，推行品牌统一包装，推进标识授权有偿使用，试水品牌商标抵押融资、出资入股等多种方式，实现品牌变现增值。（责任单位：农林局，各镇、街道；配合单位：政府办、农工办、广电台、财政局、文广体局、市场监管局、旅游局、供销总社等）

2. 聚力“金坛标米”品牌。整合

资源、提升品质、加大宣传,将“金坛标米”打造成具有较高市场知名度和美誉度的区域公用品牌。(责任单位:农林局,各镇、街道;配合单位:农工办、广电台、财政局、商务局、市场监管局、粮食局、供销总社等)

3. 提升“金坛雀舌”品牌。强化部门联动监管和行业协会自律,适时推进国有企业参与统一运作管理“金坛雀舌”区域公用品牌,推行“公用品牌+行业协会+农户”模式,建立健全茶叶品牌名录制度,探索品牌使用准入和退出机制,打响茶叶区域公用品牌。(责任单位:农林局,各镇、街道;配合单位:政府办、农工办、广电台、财政局、商务局、市场监管局、旅游局、供销总社、相关区管国有公司等)

4. 加大农产品推介营销力度。加快建立政府主导,行业协会、联合社牵头,市场主体参与的区域农产品推介营销机制。精心策划农业节庆活动,提升长荡湖湖鲜美食节、金坛雀舌茶道会等办节水平,不断扩大知名度和影响力。提升茅山竹海品牌,充分运用互联网+,建立线上+线下农产品推广营销和仓储物流体系,整合农产品生产销售资源,在淘宝、京东等主要电商平台开设金坛特产馆、旗舰店、专卖店,在沪宁线城市开设金坛农副特产专卖店,让金坛农产品更好地走向市场。(责任单位:农林局、旅游局、粮食局、供销总社,各镇、街道;配合单位:区委办、政府办、农工办、财政局、商务局、文广体局、市场监管局等)

七、农村改革创新工程

1. 推进土地制度改革。完善承包地“三权分置”制度,全面完成农村土地承包经营权确权登记颁证工作。加强土地流转规范管理服务,实现每年新增流转面积1万亩以上。重点探索开展面向新型农业经营主体的精准化土地流转管理服务,扶持家庭农场健康发展,激发农民合作社多元、创新、融合、共享、规范发展,有效提高农民合作社适应市场能力和带动农民增收致富能力。(责任单位:农工办、金坛国土分局,各镇、街道;配合单位:财政局、农林局、粮食局、供销总社、相关区管国有公司等)

2. 推进农村宅基地资源退出和置换试点改革。探索宅基地所有权、资格权、使用权“三权分置”改革,制定民居规划建设管理办法,坚持以保障和维护农民宅基地权益为出发点和落脚点,努力使宅基地总量得到有效控制,用益物权得到充分体现,市场配置得到有效运行,探索形成良好的改革经验和模式。到2022年,全面推开农村宅基地资源退出和置换工作。(责任单位:农工办、金坛国土分局,各镇、街道;配合单位:区委办、住建委、规划局、相关区管国有公司等)

3. 推进农村集体资产股份合作制改革。建立健全村级集体经济组织,在经营性资产较多的村(社区),特别是城中村、城郊村、园中村和经济发达村,全面开展股份合作制改革,成立村(社区)集体资产股份合作社。经营性资产较少的村(社区),成立村经济合作社;已进行股份合作制改革的村(社区),探索完善农民集体资产股份权能和社区股份合作社财务管理、股金分配等运营监管制度,并积极探索农村集体经济组织与村民委员会政经分离管理模式。到2022年,全区村集体经济股份合作社达到25家。(责任单位:农工办,各镇、街道;配合单位:民政局、财政局、农林局等)

4. 统筹推进供销合作社综合改革和国有林场改革。以茅山竹海新零售平台建设为重点,构建区、镇(街道)、村(社区)三级电子商务服务网络,实现区级有平台、镇(街道)有中心、村(社区)有服务站的目标。加快推进镇级为农服务综合社改革试点,扩大“生产、供销、消费、信用”四大合作,为农民提供综合生产生活服务。着力推进基层社建设改造工程,到2022年,完成镇(街道)基层供销社改造达标,实现“三体两强”目标。扎实推进茅东林场改革,实现“生态功能显著提升、生产生活条件明显改善、管理体制全面创新”的预期目标,确保一次性通过上级验收。(责任单位:农林局、供销总社,茅山旅游度假区、各镇、街道;配合单位:区委办、政府办、商务局、金坛环保局、气象局、消防大队等)

八、乡风文明提升工程

1. 深化文明村镇和文明家庭创建。推动社会主义核心价值观进村入户,在集镇街道、乡村道路、人口密集场所等醒目位置,因地制宜设置各类公益广告,使其成为宣传社会主义核心价值观、优秀传统文化、文明礼仪知识的重要载体。到2022年,力争创成省级文明镇6个、省级文明村15个,建成30个区级农村精神文明建设示范点并适时进行表彰命名。将文明村镇和星级文明户创建纳入区级文明程度指数测评,加大考核权重,增加测评点位。建立和完善覆盖所有镇、街道和各级文明村的志愿服务站点,组织开展各类志愿服务活动。完善乡村学校少年宫建设,组织“青苗义教团”推广和普及金坛刻纸等民间艺术。推动移风易俗,加强对党员干部操办婚丧喜庆事宜的引导和监督,大力普及厚养薄葬观念,尝试建立红白理事会,在有条件的地方免费提供办事场地、厨房用具等服务,在便民利民中倡树喜事新办、丧事俭办新风。广泛开展“传家训、立家规、扬家风”活动,以良好的家风带动乡风民风。开展党员示范户、星级文明户、五好文明家庭创建活动,组织农村好媳妇、好儿女、好公婆等评选,举办寻找“新乡贤”和最美乡村教师、医生、村官等活动,打造“乡贤馆”,通过身边典型来教育人、感染人。(责任单位:宣传部、文明办,各镇、街道;配合单位:教育局、金坛公安分局、民政局、文广体局、妇联、文联等)

2. 传承发展农村优秀文化。加大监管力度,制定具体规划、方案措施,控制好划定的两线范围,对薛埠土墩墓群遗址和朱林三星村遗址等全国重点文物保护单位采取原生态保护,规划建设仙姑商周文化遗址公园和朱林三星村遗址公园。通过举办庙会、在非遗日、传统节日组织开展各类型的活动,传承和发展金坛刻纸、抬阁、舞龙、封缸酒、董永传说等非遗文化。

积极申请各级专项资金，针对性加大投入，为非遗文化的传承发展提供保障。广泛开展“小小非遗传承人”活动，组织非遗项目走进学校，为非遗项目的发展提供人才支撑。加强与文化旅游相融合，以旅游活动为传播介质，扩大传统文化的受众率和知晓率。加强与文化产业相结合，对董永传说等可创造经济效益的非遗项目进行生产性保护利用，开发品牌产业，形成项目保护的造血循环功能。（责任单位：文广体局，各镇、街道；配合单位：教育局、旅游局、文联等）

九、乡村治理提升工程

1. 深入开展平安乡村建设行动。扎实开展新一轮平安创建活动，完善社会矛盾纠纷多元化解机制，推进“雪亮工程”建设、乡村安全隐患治理，加强乡村公共安全管理工作。开展扫黑除恶专项斗争，依法打击乡村地区黄赌毒、盗拐骗、传销、网络诈骗、污染环境、危害食品安全等违法犯罪活动，技防村覆盖率达100%。创新乡村网格化社会治理机制，落实“一张网、五统一”要求，到2022年，农村社区网格化治理全覆盖。平安乡村建设达标率在98%以上，群众安全感保持在95%以上。矛盾纠纷排查化解机制运转高效，95%以上的矛盾纠纷得到化解。（责任单位：综治办，各镇、街道；配合单位：区纪委监委，组织部、文明办、农工办、信访局、广电台、金坛公安分局、民政局、司法局等）

2. 着力推进乡村村民自治实践。加强农村群众性自治组织建设，充实农村网格站、治保会、调委会力量；健全完善镇村志愿者服务站，实现村级全覆盖，网格志愿者总人数达到常住人口的4%以上。完善特殊人群服务管理机制，加强农村精神障碍患者、吸毒人员、社会服刑人员、安置帮教人员、闲散青少年的管控，加强对矛盾突出、生活失意、心态失衡、行为失常人群及性格偏执可能以极端方式报复社会人员心理危机干预工作。确保重点帮教对象接送率达100%。加强农村综合服务设施建设，2022年“一站式”综合服务平台建成率达到100%。（责任单位：综治办，各镇、街道；配合单位：区纪委监委，组织部、文明办、农工办、信访局、广电台、金坛公安分局、民政局、司法局等）

3. 切实加强乡村法治建设。深化普法工作，开展“法润村居”活动，按照“一村一景一特色”的工作要求，打造白龙荡法治文化公园、直溪法治湿地公园等一批具有金坛特色的法治文化阵地。开展“公共法律服务村居行”活动，开通法律援助绿色通道，推动“一村一法律顾问”制度落实到位。到2020年，镇村两级人民调解委员会规范化建设实现全覆盖，农村干部群众对乡村法治建设满意率保持在90%以上。（责任单位：综治办，各镇、街道；配合单位：区纪委监委，组织部、农工办、文明办、广电台等、金坛公安分局、民政局、司法局等）

十、农村基层党建创新提质工程

1. 全面加强党的领导。深入开展“不忘初心、牢记使命”主题教育。突出党组织的政治功能，强化农村党组织在同级组织中的领导地位，支持各类组织依法依规开展工作。制定镇村党组织书记抓基层党建责任清单，落实双向述职评议考核制度。制定《农村党组织议事决策规则》《村级小微权力清单》。着力打造“有保障持续发展的要素资源、有均等的公共服务、有山清水秀的美丽环境、有合力强大的基层党组织和不断强化村党组织领导责任”的农村“四有一责”升级版。（责任单位：组织部，各镇、街道；配合单位：区委办、政府办、农工办、发改委、教育局、民政局、财政局、金坛国土分局、住建委、交通局、水利局、农林局、文广体局、卫计局、金坛环保局、规划局、旅游局等）

2. 全面提升基层党组织的组织力。完善自然村、村民小组中党支部、党小组设置和工作机制。加大在农民专业合作社、农村电商企业、农业产业链等中的党组织组建力度，到2022年，实现党的组织和工作100%覆盖。实施村党组织星级管理和党员分类管理，研究开发“智慧金党建”云平台，落实“三会一课”、民主生活会、组织生活会、党组织统一活动日等基本制度，每年党员集中培训不少于32个学时。重视从专业合作社、非公企业等领域中发展青年党员。推进行政村党建阵地标准化、服务内容标准化、工作制度标准化、党员管理标准化、支部工作标准化建设，所有行政村到2022年全面达标，每个镇、街道至少建设2个村级党建工作示范点。建立党内关爱资金，加大对农村老党员、生活困难党员的帮扶力度，增强广大党员荣誉感归属感。（责任单位：组织部，各镇、街道；配合单位：宣传部、农工办、民政局、文广体局等）

3. 全面加强农村党风廉政建设。全面加强村务监督委员会建设，完善村务监督委员会工作规则，村务监督委员会每年向村党组织和村民会议或村民代表会议报告工作，接受村民民主评议和信任度测评。镇（街道）党（工）委全面履行党风廉政建设主体责任，落实好主要负责人“第一责任人”职责和班子成员“一岗双责”。镇（街道）纪（工）委切实履行监督职责，规范村级财务管理，完善勤廉双述、村“两委”干部廉政档案等制度，严肃查处发生在群众身边的“四风”和腐败问题，促进基层干部规范用权、廉洁自律。（责任单位：区纪委监委、组织部，各镇、街道；配合单位：区委办、农工办、民政局、财政局、审计局等）

4. 全面推进村干部队伍职业化管理。制定村干部选拔任用、目标管理、考核评议、经济责任审计等管理办法。深入推进村党组织、村党组织书记5A晋档升级常态化长效化管理，每年组织村党组织书记开展1次乡村振兴专题培训班、4次书记工作讲坛。加强村级后备人才队伍规划和建设，筹建一批村干部实训基地，45周岁以下的村干部具备大专及以上学历，为乡村振兴储备培育一批高层次人才。（责任单位：组织部，各镇、街道；配合单位：农工办、党校、财政局、人社局、审计局等）

中共常州市金坛区委办公室
常州市金坛区政府办公室
关于印发《金坛区农村人居环境整治三年行动实施方案》的通知

坛办发〔2018〕85号
(2018年12月26日)

各镇党委和人民政府,各街道党工委和办事处,各园区党工委和管委会,区各部委办局,各区管国有公司、区直属单位:

《金坛区农村人居环境整治三年行动实施方案》已经区委、区政府研究同意,现印发给你们,请认真组织实施。

金坛区农村人居环境整治三年行动实施方案

为改善全区农村人居环境,建设美丽宜居乡村,深入实施乡村振兴战略,根据《江苏省农村人居环境整治三年行动方案》(苏办发〔2018〕23号)和《常州市农村人居环境整治三年行动实施方案》(常办发〔2018〕54号)文件精神,结合金坛实际,制定本实施方案。

一、指导思想和行动目标

以习近平新时代中国特色社会主义思想为指导,全面贯彻党的十九大精神,坚持"绿水青山就是金山银山"的新发展理念,以深入开展乡村振兴战略为载体,以美丽宜居村庄建设为导向,围绕农村生活垃圾、生活污水治理和村容村貌提升等重点任务,持续改善和提升农村人居环境。到2020年,按照省、市相关目标任务要求,完成美丽宜居村庄建设任务,力争建成3个省级特色田园乡村,实现农村人居环境明显改善,村庄环境干净整洁有序,农民群众获得感、幸福感显著增强。

二、基本原则

(一)以人为本,关注民生。将农村人居环境整治作为保障和改善民生的重要内容,集中力量解决社会关注、农民群众反映强烈的突出问题。提高整治工作的组织化程度,切实做到整治体现民意、服务民生,杜绝形象工程、政绩工程。

(二)因地制宜,统筹规划。结合村庄特色,因地制宜,因村施策,科学制定村庄规划和年度行动计划,确定整治重点和措施。坚持分类指导,充分利用区域自然山水资源禀赋,注重挖掘保护人文历史资源,彰显特色,突出亮点。

(三)多措并举,疏堵结合。综合采取改造、改善、提升、规范等措施,加强典型示范引导,全面提升整治效果。在依法整治的同时,坚持疏堵结合、疏导在先,开展风险评估与防范,强化沟通协调,维护社会和谐稳定。

(四)科学整治,有序推进。按照既定的整治标准,实施项目化管理和标准化整治,合理配置人力、财力和物力,先易后难,分步实施、扎实推进。

(五)标本兼治,注重长效。加强源头管控,剖析问题根源,注重设施配套,着力完善功能,落实治本措施。坚持整治、建设与管理并重,以整治促建设、以建设促管理、以管理促规范,建立完善长效管理机制,切实巩固整治成果。

(六)协作联动,社会参与。坚持政府统一领导,注重上下联动、条块结合、部门协作,形成工作合力。广泛开展宣传发动,引导农民群众参与,赢得村民支持,努力形成"政府主导、部门联动、社会参与"的良好局面。

三、重点任务

(一)治理农村生活垃圾。按照"减量优先、鼓励分类、城乡统筹、综合治理"的原则,全面建立户投放、组保洁、村收集、镇转运、区处理的垃圾处置体系。全面落实《江苏省城乡生活垃圾分类和治理专项行动实施方案》,推动农村生活垃圾分类和资源化利用,鼓励各地积极探索农村有机垃圾就地生态处理。开展非正规垃圾堆放点排查整治,严禁城市污染、工业污染向农村转移。到2020年,全区农村生活垃圾得到有效治理,实现有齐全的设施设备、有成熟的治理技术、有稳定的保洁队伍、有有效的资金保障、有完善的监管制度。(区城管局牵头,区发改委、金坛环保局、区委农工办参与,各镇、街道实施)

(二)治理厕所粪污。实施农村厕所革命,加快推进农村户用厕所无害化建设和改造,同步实施粪污治理。到2020年完成全区农村户厕无害化建设改造,厕所粪污得到处理或资源化利用。鼓励农村中小学校、乡镇党政机关、乡镇卫生院、社区综合服务中心、集贸市场等公共场所的无害化公共厕所向社会开放。推动行政村村部、规模较大规划发展村庄、有乡村旅游发展等实际需求的村庄配建公共厕所。加强改厕与农村生活污水治理的有效衔接。(区卫计局、城管局牵头,区委农工办、区旅游局参与,各镇、街道实施)

(三)治理农村生活污水。深入实施《江苏省村庄生活污水治理工作推进方案》,根据农村不同区位条件、村庄人口聚集程度、污水产生规模,因地制宜采用污染治理与资源利用相结合、工程措施与生态措施相结合、集中与分散相结合的建设模式和处理工艺。推动城镇污水管网向周边村庄延伸覆盖,优先治理规划发展村生活污水。积极推广低成本、低能耗、易维护、高效率的污水处理技术。提高农村污水处理设施管网接户率,加强生活污水源头减量。优选专业企业推进村庄生活污水处理设施建设与运行维护,强化农村生活污水治理规划建设、专业化管护、一体化推进。到2020年,实现全区规划发展村污水处理设施全覆盖。开展农村河道轮浚工程,每年疏浚农村河道土方100万立方米。采取综合措施恢复水生态,逐步消除农村黑臭水体。将农村水环境治理纳入河长制管理。(区住建委、水利局牵头,区规划局、金坛环保局参与,各镇、街道实施)

(四)治理农业废弃物。深入推进秸秆综合利用,提升机械化还田质量,加强推进秸秆能源化、肥料化、饲料化、基料化、原料化等综合利用能力建设,切实巩固禁止露天焚烧成果。执行地膜生产新标准,加快可降解农膜推广应用,积极探索废旧农膜回收利用模式,到2020年,秸秆综合利用率达到97%,农膜回收率达到80%。加强农药生产经营管理,推动落实农药生产者、经营者的农药包装废弃物回收主体责任。落实《江苏省畜禽养殖污染及农业面源污染治理专项行动实施方案》,推进畜禽规模养殖场治理改造,加快小散养殖场(户)畜禽粪污社会化处理体系建设,到2020年,基本实现畜禽养殖场治理全覆盖,畜禽粪污综合利用率达到80%以上。(区农林局牵头,金坛环保局、区供销总社参与,各镇、街道实施)

(五)提升村容村貌。持续推进"四好农村路"建设,完善农村公路网路、管养和运输体系,实现行政村双车道四级公路全覆盖。到2020年建立农村公路管护长效机制。开展农村地区道路环境综合整治,实现田路分家、路宅分家。充分利用房前屋后等零散土地种植乡土植物和果蔬作物,鼓励庭院绿化,开展庭院美化行动。因地制宜地实施乡村绿化美化工程,选择生态环境基础良好、积极性较高、具有一定规模的自然村开展省级绿化示范村创建。到2020年建成省级绿化示范村19个。深入开展城乡环境卫生整洁行动,推进卫生乡镇、健康镇、村等卫生创建和健康乡村建设工作。到2020年,建成国家卫生乡镇2个,省健康镇2个,省健康村14个。深入开展乡村生态文明建设示范创建活动,到2020年,建成6个省级生态文明示范镇(街道),4个省级生态文明示范村。(区交通局、农林局、卫计局、金坛环保局牵头,区发改委参与,各镇、街道实施)

(六)提升村庄规划设计水平。2020年全面完成金坛区美丽乡村建设规划,与土地利用总体规划、土地整治规划、村土地利用规划、农村社区建设规划、生态文明建设规划等充分衔接,推行多规合一。优化完善乡村振兴战略村庄布局规划,合理确定集聚提升类、城郊整合类、特色保护类、搬迁撤并类村庄。推进实用性村庄规划设计,做到农房建设有依据、行政村有村庄整治安排、村庄功能布局逐步优化,实现村庄规划管理基本覆盖。村庄新建内容应与老村庄肌理融合,尺度、材料、风格要有乡土特征。编制金坛民居图集,引导建设地域特色鲜明、乡土气息浓厚、具有时代特征的当代宜居农房。推行政府组织领导、村委会发挥主体作用、技术单位指导的村庄规划设计编制机制。(区规划局牵头,区规划局、各镇、街道实施)

(七)提升传统村落保护水平。认真落实《江苏省传统村落保护办法》,按照"保护优先、兼顾发展、合理利用、活态传承"的原则,积极组织开展省级传统村落的申报工作,将具有一定历史沿革、保持传统空间格局、留存公共空间记忆的村落申报省级传统村落。到2020年有效保护2个省级传统村落。(区住建委牵头,区规划局、旅游局、文广体局参与,各镇、街道实施)

(八)提升建设和管护水平。明确各相关部门、运行管护单位的责任,建立有制度、有标准、有队伍、有经费、有督查的长效管护机制。鼓励专业化、市场化建设和运行管护,逐步推进城乡垃圾、污水处理统一规划、统一建设、统一运行、统一管理。推行环境治理依效付费制度,健全服务绩效评价考核机制。支持村级组织和农村"工匠"带头人等承接村内环境整治、村内道路、植树造林等小型涉农工程项目。组织开展专业化培训,把当地村民培养成为村内公益性基础设施运行维护的重要力量。探索简洁高效的农村人居环境整治建设项目审批、招投标、质量监督等工程建设管理制度,降低建设成本,确保工程质量。(区城管局牵头,区发改委、财政局、交通局、住建委、水利局、农林局、金坛环保局参与)

四、保障措施

(一)加强组织领导。建立金坛区农村人居环境整治工作联席会议,定期召开工作例会,统筹组织推进全区农村人居环境整治工作。各相关部门出台配套措施,密切协作配合,多方联动、形成合力,扎实推进各项工作的开展。

(二)完善保障机制。健全农村生活垃圾、生活污水治理技术、施工建设、运行维护等标准规范。根据排水方式、排放去向,明确农村生活污水治理排放标准。明确农村人居环境改善基本要求、政府责任和村民义务。加大区级财政投入力度,聚焦"四治理、四提升",整合资源,集中投入,合理保障农村人居环境基础设施建设和运行资金。吸引和调动社会力量参与农村人居环境整治项目,引导有条件的镇、街道将农村环境基础设施建设与特色产业、休闲农业、乡村旅游等有机结合,实现农村产业整合发展与人居环境改善相互促进。

(三)强化推进落实。强化责任落实,层层分解明确专项整治行动目标任务,签订或下达目标任务书,落实责任单位,明确资金安排、时序进度。严格工作标准,对明确的目标任务和工程项目,不允许打折扣、作选择、搞变通。建立督促检查制度,定期通报进展情况及存在的问题,定期召开人居环境整治工作推进会,研究解决整治过程中存在的问题。

(四)营造良好氛围。组织开展环境卫生光荣榜等活动,增强农民保护人居环境的荣誉感。充分利用报刊、网络、电视等新闻媒体,广泛宣传推广好典型、好经验、好做法,努力营造全社会关心支持农村人居环境整治的良好氛围。

常州市金坛区人民政府

关于深化审批服务便民化改革全面推进“一网通办”攻坚行动的实施意见

坛政发〔2018〕136号

(2018年9月18日)

各镇人民政府、街道办事处、园区管委会,区各委办局,各区管国有公司、区直属单位:

为切实深化审批服务便民化改革,有效提升政务服务“一网通办”的能力和水平,最大程度利企便民,根据省、市有关推进“互联网+政务服务”和“一网通办”工作要求,结合我区实际,特制订本实施意见。

一、总体要求

(一)指导思想

全面贯彻党的十九大和十九届三中全会精神,以习近平新时代中国特色社会主义思想为指导,深入推进简政放权、放管结合、优化服务改革,充分运用信息技术手段,优化服务流程,创新服务方式,提高政府服务效率和透明度,实现“一网通办、全区通办、一次办成”,为人民群众增便利,为市场主体添活力,共享“互联网+政务服务”发展成果。

(二)基本原则

坚持统筹规划。整合政府部门公共服务职能和资源,统筹利用现有政务服务一体化平台和部门业务应用系统,促进各层级、各部门的政务信息资源共享和业务联动,实现政务服务信息化集约发展。

坚持问题导向。以解决群众最为关注和反映最为强烈的问题为导向,紧紧围绕群众办事需求,加快推进“互联网+政务服务”向镇(街道)、村(社区)延伸,不断扩大政务服务惠及范围。

坚持统一标准。加大政务服务工作机构、队伍建设力度,进一步规范政务服务流程,优化综合政务服务平台建设,推行机构、队伍、流程、服务等标准化。

坚持开拓创新。运用“互联网+”思维,创新服务模式,简化优化办事流程,提升“一网通办”能力,增强政务服务的主动性、精准性、便捷性和智慧化水平。

二、工作目标

进一步完善政务服务“一张网”建设,全面梳理政务服务和公共服务事项清单,形成规范化、标准化办事指南,实现网上全流程审批管理。加快构建覆盖区、镇(街道)、村(社区)三级政务服务体系,做到“就近能办、多点可办、少跑快办”,扎实推进不见面审批服务,方便群众办事创业。依托政务服务“一张网”,加快区域内部门自建信息系统整合,实现各项业务事项在政务服务一体化平台全流程办理,区域内外数据汇聚共享。进一步优化营商环境,强化工作举措,高质量实现“3550”改革目标,为全区两个加快攻坚突破提供强有力支撑。

三、主要任务

(一)加快推进政务服务“一张网”应用,建立“一号一窗一网”政务服务模式

1.“一号申请”减材料。简化优化群众办事流程,将公民身份证号码作为唯一的身份代码,实现群众办事一号申请,避免重复提交办事材料、证明和证件,凡是能通过网络共享复用的材料,不得要求群众、企业重复提交;凡是能通过网络核验的信息,不得要求其他单位重复提供。在梳理公布政府权责清单和公共服务事项清单基础上,整合多环节事项的申请材料和表单,推行一次告知、一表申请。逐步提高现场办结率,减少企业和群众现场办理等候时间,让企业群众“来了就能办、现场能办完”。(由区政务办牵头负责)

2.“一窗受理”简环节。整合构建综合政务服务窗口,将原来分散在

各个部门的群众服务窗口整合集中到一个窗口，避免群众为办一件事折返于多个部门多个窗口重复跑路。推行全科政务服务机制，由“单一窗口”向“全科窗口”转变，实行一窗受理、集成服务，符合法定受理条件、申报材料齐全的原则上一次办结，需要现场踏勘、技术审查、听证论证的，实行马上响应、联合办理和限时办结，实现“一窗通办”。（由区政务办牵头负责）

3.“一网通办”少跑腿。依托政务服务“一张网”、区政府门户网站，打造网上政务服务统一入口和出口，提供实体大厅、互联网网站和移动端APP办事大厅等多渠道服务，凡与企业生产经营、群众生产生活密切相关的审批服务事项“应上尽上、全程在线”。实现政务服务渠道多联畅达，群众办事“一网通办”，切实解决群众办事的“堵点”和“痛点”。利用互联网技术，实现审批服务全程跟踪、全程监督，借鉴物流信息实时更新模式，在审批服务收件时同步生成二维码，让企业和群众实时掌握事项办理进度，实现对外办事便利化、对内管理痕迹化；不断完善网上审批系统和线上服务平台，稳步提高网上办理比例。（由区政务办牵头负责）

（二）完善“互联网＋政务服务”体系，推进政务服务平台向基层延伸

1. 梳理政务服务和公共服务事项清单。编制标准统一的办事指南（包括办理时限、办理条件、办理流程、所需材料、收费情况等）及下放镇（街道）、村（社区）的事项目录，及时将办事指南和事项目录录入政务服务“一张网”政务服务事项库，为基层群众提供规范、标准的办事指引。凡是镇（街道）能够受理、核准的事项的一律在镇（街道）受理；凡是村（社区）能够受理、核准的事项一律在村（社区）受理，让群众“就近办”。（由区审改办、区政务办牵头负责）

2. 推动政务服务一体化平台向基层延伸。镇（街道）、村（社区）不再单独建设政务服务业务办理系统，依托电子政务外网将政务服务一体化平台向镇（街道）、村（社区）延伸。对政务服务一体化平台进行升级改造，适应区、镇、村三级使用，加强三级政务服务平台上下层之间、线上线下之间工作协同。以基层群众需求为导向，在政务服务“一张网”镇（街道）服务频道上开设统一申报入口，实现在线受理、办理。（由区政府办、区政务办牵头负责）

3. 推进综合服务大厅标准化建设。推进镇（街道）、村（社区）基层综合服务大厅标准化建设，实现镇（街道）为民服务中心、村（社区）便民服务中心统一规范名称、统一建设标准。整合公共服务人员队伍、活动场所、服务设施和其它资源，将司法、民政、计生、农经、市场监管、税务、国土、城乡建设、人社、公安等职能集中统一管理，即镇（街道）各站所具有对外服务职能的工作人员集中办公，事项全部进驻窗口办理。（由区政府办、区政务办牵头负责）

（三）加快政务信息系统整合，实现信息数据汇聚共享

1. 编制政务信息系统资源目录。依据国家《政务信息资源目录编制指南》和省、市政务信息资源目录体系，编制区级部门政务信息资源目录，梳理信息资源，摸清数据底数，明确可共享的信息资源，逐步健全全区政务资源信息目录；清除长期处于空闲状态、运行维护停止更新服务，以及使用范围小、频度低的“僵尸”信息系统。（由区政府办、区政务办牵头负责）

2. 有序推进部门自建系统整合。按照“整合是原则、孤网是例外”的要求，加快推进部门机房整合，推动各部门协助常州市级以上部门将分散独立的政务信息系统整合，为各类政务信息实现信息汇聚交换和互认共享提供支撑。实施区级自建审批系统“清单式管理”，部门业务事项在一体化平台全流程办理的，停用自建审批系统；部门事项无法在政务服务一体化平台实现全流程办理的，部门负责对自建系统进行改造升级，主动对接一体化平台，实现数据共享，现有服务类移动客户端要集中整合到政务服务“一张网”客户端，避免多头开发重复投入，进一步夯实“一网通办”支撑基础。（由区政府办、区政务办牵头负责）

3. 稳步推进数据汇聚共享建设。根据常州市统一安排，推进共享数据平台建设，加快人口、法人、地理和自然资源、电子证照等基础信息在政务服务、商业活动、社会民生等领域应用，实现“一次采集、多方使用、即调即用”；建立区行政规范性文件和综合执法相关数据库，实现“一库查询”；推进政务诚信建设，开展网上政务服务诚信评价，将群众满意度评价、政务信息公开、行政事务办理效率、差异化服务、信用监测预警、联合奖惩落实等情况纳入政务诚信考核。（由金坛公安分局、区市场监管局、金坛国土分局、区经信局、区政府法制办、区政务办牵头负责）

（四）创新政务服务管理模式，持续优化营商服务环境

1. 扎实推进“不见面审批”。依托政务服务“一张网”平台，对照区级“不见面”事项清单，推动一般事项“不见面”，开展在线填报、在线提交和在线审批，凡是能实现网上办理的事项，不得要求到现场办理；推行审批（服务）结果移动端推送、快递送达、代办送达，让办事企业和群众“零跑动”，确保“不见面审批”改革成果落地生效。开展“减证便民”专项行动，全面排查行政区域内实施的证明事项，清理“奇葩”证明、循环证明、重复证明，减少繁琐环节和手续。（由区审改办、区政府法制办、区政务办牵头负责）

2. 高质量实现“3550”目标。贯彻落实《区政府办公室关于高质量实现“3550”目标进一步优化营商环境的通知》具体要求，细化任务分解，强化责任落实，全面应用“一网通办”，提升改革效能，确保30项改革任务按时序完成，逐步将强制性评估、中介服务、市政公用服务等事项纳入相关审批阶段办理或与相关审批阶段并行推进，全面优化我区营商环境。（由区审

改办、区政务办、区住建委、区市场监管局、区不动产登记交易分中心牵头负责)

3. 规范阳光中介服务。建设政务服务“一张网”中介超市平台,积极推进中介机构网上注册、中介服务网上备案;建立中介机构诚信体系,将中介机构基本信息、过程信息、结果信息记录在案,适时公开,对中介机构诚信实施阳光管理,扩大中介机构信用等级评价和结果运用范围,将信用等级评价结果在网上公示,让企业自主选择信用等级高、服务优的中介机构服务,优先将行业主管部门推荐、信用等级评价高的中介机构纳入区政务服务大厅,建立中介服务超市区,统一收银、统一数据监管,方便企业和群众自主选择中介机构,放心消费、阳光消费。(区政务办牵头负责)

四、组织保障

(一)强化组织领导。依托政务服务一体化平台建设,完善“一网通办”组织协调推进机制。各镇、(区、街道)和各相关部门主要领导作为第一责任人,将“一网通办”工作作为当前优化营商环境的重要工作,加大经费投入,“一网通办”服务便民相关费用按照上级要求纳入同级财政保障。区政务办要定期组织开展培训,把面向公众办事服务作为工作人员培训的重要内容,提高服务意识、业务能力和办事效率。

(二)广泛宣传解读。充分利用各类媒介广泛推介“一网通办”相关工作,引导百姓充分发挥“互联网+政务服务”便利功能,做好宣传推广和引导,方便更多群众通过网络获取政务服务,提高“一网通办”的社会认知度和群众认同感。加强政策解读宣传,积极回应社会关切,扩大公众参与,共同营造良好社会氛围。

(三)加强督查考核。将“一网通办”工作纳入综合考核体系,列入重点督查事项,定期通报并公开工作进展和成效。充分发挥“12345”咨询投诉、媒体监督、专家评议、第三方评估等作用,完善正向激励机制,建立问责机制,对工作开展不力的予以通报,对不作为、乱作为、慢作为,损害群众合法权益的依法依规进行问责。

常州市金坛区人民政府办公室关于印发《关于深入推进医共体建设的实施意见》的通知

坛政办发〔2018〕16号

(2018年3月6日)

各镇人民政府、街道办事处、园区管委会,区各委办局,各区管国有公司、区直属单位:

现将《关于深入推进医共体建设的实施意见》经区政府第16次常务会议讨论通过,现印发给你们,请认真贯彻落实。

关于深入推进医共体建设的实施意见

为深化医药卫生体制改革,推动医疗卫生工作重心下移、优质医疗资源下沉,优化医疗资源结构布局,提升基层医疗卫生服务能力,切实解决好群众看病就医问题,根据国家《关于开展医疗联合体建设试点工作的指导意见》(国卫医发〔2016〕75号)文件、省《关于推进纵向医疗联合体建设的指导意见》(苏卫医政〔2015〕42号)和常州市《关于深入推进医疗联合体建设的实施意见》(常政办发〔2016〕98号)文件精神,结合我区实际,特制定如下实施意见。

一、总体要求

(一)指导思想

全面贯彻落实党的十九大会议精神和省、市医改精神,以满足群众需求为立足点,以促进基本医疗卫生服务公平性和可及性为导向,以提升基层医疗卫生机构能力为重点,更好地落实分级诊疗制度,构建以新型医共体为基础的医疗卫生服务体系,为人民群众提供更加安全、有效、优质的基本医疗卫生服务。

(二)基本原则

1. 坚持政府主导与尊重意愿相结合。结合区域卫生规划和医疗机构设置规划,统筹规划医共体建设,支持和指导已组建的医共体健康发展,尊重已形成的合作协作或对口支援关系。

2. 坚持上下联动与分工协作相结合。以建设区域型医共体为重点,落实医共体内医疗机构功能定位和任务分工,上下联动实行分级诊疗服务。

3. 坚持因地制宜与创新探索相结合。以区域型医共体为主体,推进多种形式的医共体。

4. 坚持协同推进与健全体系相结合。坚持政府统筹领导、部门协同参与,相关制度政策同步配套建设,保障医共体长期、稳定、健康、可持续发展。

(三)主要目标

切实提高基层医疗卫生机构服务能力,继续促进国家基本公共卫生服务均等化和公平可及。全区社区卫生服务中心、乡镇卫生院与二级医院建立稳定的技术帮扶和分工协作关系。到2018年底,二级医院向基层医疗卫生机构、慢性病医疗机构转诊人数年增长率达10%以上,居民2周患病首选基层医疗卫生机构就诊比例达70%以上,基层医疗卫生机构诊疗量占总诊疗量比例在65%以上,区域内就诊率达90%以上。

二、主要任务

(一)统筹规划医共体建设

1. 全面推进医疗资源纵向联合。2017年,全区建立多种形式的医共体,并有进一步发展。完善区域内影像、检验、心电、病理、远程会诊、消毒供应六大中心建设,提升集约化运行效率。

2. 创新发展医共体建设路径。2018年,人民医院医共体和中医医院医共体分别组建1个以管理、技术为一体化的紧密型医共体,探索实行县乡村一体化管理。

(二)推进医共体内部资源整合

1. 整合服务资源。充分发挥医共体牵头单位的管理优势和品牌效应,医共体内各医疗机构实现统一的医疗护理管理制度、服务行为规范和诊疗规范。积极向基层医疗卫生机构大力推广适宜技术,推进技术资源共享。探索实行医共体内各医疗机构药品、耗材、设备等统一采购、统一配送。区域型医共体要打通双向转诊绿色通道,方便医共体内双向转诊。

2. 整合信息资源。医共体内统筹开展信息化建设,实现医共体内医疗机构之间信息系统的互联互通,依托卫生信息平台等现有资源,实现居民电子健康档案、电子病历核心内容等信息共享。开发和运用统一信息平台,有效支持医共体内的预约诊疗、双向转诊、远程医疗、慢病管理、资金结算等业务协同运行。建立医共体内部的知识共享系统,为医务人员提供临床诊疗培训和知识更新。

3. 整合设备资源。紧密型医共体应探索实行大型设备资源整合,医共体牵头单位根据医共体内各医疗机构的功能定位、服务能力等因素,按照集约化、系统化原则,统筹医共体内各医疗机构的设备资源以及大型医用设备的申请配置。

(三)完善医共体运行机制

1. 建立优质医疗资源纵向下沉机制。由医疗机构派遣人员在医共体内各医疗机构执业的,无须办理医师多点执业相关手续。医共体牵头单位通过挂职锻炼、专科帮扶、对口支援等多形式派出管理人员、医务人员在基层医疗机构中担任机构管理人员、科主任和部门负责人。医共体牵头医院对医共体内的每个医疗机构下派至少1名管理人员和临床医师。对双向转诊工作予以把关和指导,通过专科共建、临床带教、业务指导、教学查房、科研和项目协作、开设康复联合病房等方式,加强下级机构薄弱专科建设,建立统一的人员培训机制,提高基层管理和医疗业务水平。

2. 建立医共体内双向转诊机制。制定《常州市金坛区医共体双向转诊工作实施方案》。根据双向转诊的临床标准,结合专科会诊意见,本着急慢分治、治疗连续、科学有序、安全便捷的原则,引导患者自觉自愿参与转诊。上级医院诊断明确、治疗方案确定、病情稳定的慢性病以及病情稳定的其他恢复期(康复期)患者,应当转至医共体下级医疗机构治疗、康复。医共体内各单位要明确双向转诊管理责任部门和责任人,确保预约转诊优先诊疗、住院。

3. 建立基层医疗服务能力提升机制。一是各基层医疗机构定期安排医务人员到牵头医院进行形式灵活多样的进修、培训,每年进修培训至少2人以上,牵头医院应免费安排。二是医共体牵头医院负责对基层医疗机构医疗护理管理制度、服务行为规范和诊疗规范的培训,每年各类培训不少于4次。积极向基层医疗机构大力推广适宜技术,每年至少推广一项,推进技术资源共享。三是根据基层医疗机构技术特点,牵头医院至少选择一家基层医疗机构在建设周期内(3年)创成一个特色专科或者帮助提升原有科室的服务能力,至少引进一个新技术或开展一项新项目,重点建设康复、慢病诊疗等科室。鼓励和支持基层医疗卫生机构合理拓展医疗服务范围。

4. 建立科学有效的激励分配机制。以多劳多得、优绩优酬、同岗同酬为原则,医共体内基层医疗机构特色专科医疗业务收支结余部分的60%以上可用于再次分配。对医共体内服务能力强、内部管理规范有序、患者满意度高的基层医疗卫生机构,除基本工资按照国家统一规定执行外,绩效工资可自主分配。

三、保障措施

(一)强化政府投入责任。加大对医共体建设的投入力度,重点加大信息化的支持力度以及检验中心、影像诊断中心、病理诊断中心、消毒供应中心等集约化中心建设。各医共体牵头单位每年也要安排一定的经费用于医共体建设。

(二)创新医保支付模式。加强医共体内基层医疗机构医保政策与转诊患者治疗所需医保政策的衔接。区人社部门要会同相关部门协商确定医共体内患者诊疗的具体医保政策。

(三)完善医疗服务价格。认真贯彻落实省医药价格综合改革方案,按照比价合理和政策衔接原则,合理调整基层医疗卫生机构诊疗、诊察、检验、手术等医疗服务项目价格。根据医共体组织形式探索差别化价格管理。

(四)建立完善考核评价机制。制定《金坛区医共体建设考核办法》,考核内容包括:医共体建设的统筹建设、组织推进、措施落实、工作质量等方面,重点考核合作协议签订情况、牵头医院医师下基层帮扶情况、共建专科病房(区)建设情况、基层人才培养及临床业务发展情况、基层首诊及双向转诊情况以及群众、社会和职工满意度等指标。

(五)完善药品供应保障机制。制定《常州市金坛区医共体药品调拨管理规定(试行)》,满足基层医疗机构的特色优势专科、共建专科建设,以及慢性病患者的用药需求。完善基本药物制度,基层医疗卫生机构药品配备要满足常见病、慢性病等患者用药需要,适应专科、专病患者和康复期(恢复期)患者下转需求,为基层就诊、转至基层治疗患者提供必要的药品供应保障。

四、组织实施

(一)强化组织领导。成立区级医共体理事会,制订章程,明确治理结构。卫计、发改(物价)、财政、人社、市场监管、经信等部门要明确分工,落实责任,形成各司其职、各负其责的工作机制。区卫计局要建立工作例会制度,及时研究医共体建设中的问题,为政府决策提供依据。各医共体牵头单位要参照本意见抓紧制定本单位医共体建设的实施方案或者具体办法,明确医共体建设目标及序时进度,积极稳妥推进落实。

(二)强化督查指导。卫计部门要联合相关部门开展经常性督导,及时总结不同模式医共体建设经验,了解工作中出现的新情况、新问题,有针对性地提出改进建议,增强工作的主动性、预见性和创造性。充分借鉴其他地区的有益做法,加强研究,不断创新,探索更加切实可行的医共体建设和运行模式。

(三)强化宣传引导。加强舆论宣传,引导群众正确认识医共体建设的重要意义,形成推动改革的社会氛围。要通过电视、广播、报纸、网络、微信等媒介,广泛宣传,深入宣传,引导患者转变就医习惯,为发挥医共体作用、推进分级诊疗奠定群众基础。

常州市金坛区人民政府办公室
关于印发常州市金坛区湖泊管理与保护实施细则(试行)的通知

坛政办发〔2018〕34号
(2018年3月21日)

各镇人民政府、街道办事处、园区管委会,区各委办局,各区管国有公司、区直属单位:

《常州市金坛区湖泊管理与保护实施细则(试行)》已经区政府同意,现印发给你们,请认真贯彻执行。

常州市金坛区湖泊管理与保护实施细则(试行)

第一条 为加强湖泊保护,有效发挥湖泊功能,合理利用湖泊资源,维护生态环境健康,根据《中华人民共和国水法》《中华人民共和国防洪法》《中华人民共和国环境保护法》《江苏省湖泊保护条例》《江苏省河道管理条例》等法律法规,结合我区实际,特制定本细则。

第二条 本细则适用于本区内列入管护名录的湖泊,其他湖泊参照执行。

第三条 湖泊保护应当遵循统筹兼顾、科学利用、保护优先、协调发展的原则。

沿湖各镇政府、街道办应当增加投入,采取有利于湖泊保护的经济技术政策和措施,加强湖泊资源保护,规范湖泊开发、利用活动,防止现有湖泊面积减少,提高湖泊行水蓄水能力,防止湖泊水质污染,改善湖泊生态环境。

第四条 沿湖各镇政府、街道办及有关部门应当做好湖泊保护的宣传工作,增强公民的湖泊保护意识。

第五条 区水利局是本行政区域内湖泊的行政主管机关,负责组织湖泊的管理和保护工作。

沿湖各镇政府、街道办是湖泊管理与保护的责任主体,应当根据湖泊管理与保护的具体要求,做好相关工作。

金坛国土分局负责湖泊保护区和控制区土地利用的规划控制和管理,依法查处违法占地行为。

区住建委负责湖泊岸线绿化建设与管理。

区交通局负责湖泊水上交通安全管理,负责对船舶和浮动设施依法进行登记和检验,对船员进行培训、考试和发证,维护通航水域水上交通秩序。

区农林局负责农业面源污染防治,科学规划湖泊流域内禽畜饲养区,建设生态养殖场,减少禽畜养殖污染;负责对湖泊湿地的保护与绿地的管护,依法查处破坏湖泊湿地资源和野生动植物繁衍生息地的违法行为。

金坛环保局负责湖泊水质监测并发布水质公告,依法查处将未经处理或处理未达标的污水排入湖泊的行为。

区规划局负责对湖泊保护区和控制区建设项目的规划管理。

区城管局负责湖泊管理范围内的垃圾处理,依法查处湖泊管理范围内随意倾倒垃圾、渣土行为。

长荡湖旅游度假区负责长荡湖开发、利用及总体规划,专项规划经批准后组织实施。

长荡湖水产资源管理委员会负责长荡湖渔业管理。

第六条 湖泊管理与保护范围为湖泊设计洪水位以下的区域,包括湖泊水体、湖盆、湖滩、湖心岛屿、湖水出入口,湖堤及其护堤地,湖水出入的涵闸、泵站等工程设施。

第七条 湖泊保护范围内兴建建设项目的，应当由建设单位报有审批权限的水行政主管部门审批同意后实施。

第八条 在湖泊保护范围内，依法获得批准进行工程项目建设或者设置其他设施的，不得有下列情形：

（一）缩小湖泊面积；

（二）影响湖泊的行水蓄水能力和其他工程设施的安全；

（三）影响水功能区划确定的水质保护目标；

（四）破坏湖泊的生态环境。

第九条 湖泊保护范围内禁止下列行为：

（一）排放未经处理的或者处理未达标的污水；

（二）倾倒、填埋废弃物；

（三）在湖泊滩地和岸坡堆放、贮存固体废弃物和其他污染物。

（四）擅自捕鱼、采摘水生植物、捕杀受保护的飞禽。

第十条 在湖泊保护范围内，开发旅游资源项目应当符合湖泊保护规划的要求，并按审批权限依法报经批准。

经批准设置的各类旅游景观、水上运动、餐饮娱乐、度假休闲等设施，不得影响防洪安全，并应当与自然景观相协调。

第十一条 城镇建设和发展不得占用湖泊。城镇规划的临湖界限，由区水利局会同区规划局确定。

第十二条 禁止在湖泊保护范围内圈圩养殖、围湖造地，不得将湖滩、湖荡作为耕地总量占补平衡用地。

已圈圩从事水产养殖的，不得在现有的基础上加高加宽圩堤，不得转作他用，并按照退圩还湖实施方案实施。

第十三条 相关部门应当建立执法巡查、检查制度。湖泊执法巡查工作应当建立湖泊巡查日志，及时发现并迅速处理填占、侵害湖泊的行为。

第十四条 任何单位和个人都有保护湖泊的义务，自觉遵守相关法律、法规，对违反本细则的行为有权予以监督、检举；对保护湖泊有突出成绩的单位和个人，由区政府予以表彰和奖励。

第十五条 行政机关及其工作人员有下列行为之一的，由区纪委、监委或者上级主管部门给予党纪政纪处分；构成犯罪的，移交司法机关依法追究刑事责任：

（一）违反湖泊保护规划，批准开发、利用湖泊项目的；

（二）对填占、侵害湖泊的违法行为不予查处的；

（三）违反规定程序和条件实施行政许可的，不履行监督职责的；

（四）有其他玩忽职守、徇私舞弊、滥用职权行为的。

第十六条 本细则自发布之日起施行。

常州市金坛区人民政府办公室关于印发金坛区城市交通畅行工程三年行动计划（2018—2020）的通知

坛政办发〔2018〕165 号

（2018 年 9 月 28 日）

各镇人民政府、街道办事处、园区管委会，区各委办局，各区管国有公司、区直属单位：

《金坛区城市交通畅行工程三年行动计划（2018—2022）》已经区政府同意，现印发给你们，请认真贯彻执行。

金坛区城市交通畅行工程三年行动计划（2018—2020）

为全面贯彻落实公安部、中央文明办、住建部、交通运输部《城市道路交通文明畅通提升行动计划（2017—2020）》，和省委、省政府《城市治理与服务十项行动方案》，不断提高道路承载能力，完善绿色交通体系，提升城市道路交通组织和依法治理水平，让人民群众在城市生活得更方便、更舒心、更美好，特制定本计划。

一、指导思想

坚持以习近平新时代中国特色社会主义思想为指导，深入贯彻党的十九大精神，牢固树立以人民为中心的发展思想，从顺应城市建设新形势、改革发展新要求、人民群众新期待出发，从紧紧围绕推动全区高质量发展、高速度增长要求出发，按照“调控交通总量、优化出行结构、规范交通秩序”总体思路，坚持专项治理与依法治理、综合治理、源头治理、系统治理相结合，健全完善城市交通规划、建设、管理“三位一体”联动共治机制，大力治理交通拥堵、出行难和停车难等“城市病”，不断提升人民群众的获得感、满意度，为建设和谐宜居、富有活力、特色鲜明的现代化城市创造有序、畅通、安全、绿色、文明的城市道路交通环境。

二、基本原则

——系统思维、综合施策。坚持结合城市特点和现状,系统化研究制定实施方案,创新理念、机制和方法,集中力量解决城市道路交通管理的突出问题。

——政府主导、部门联动。坚持政府统筹,构建属地为主、部门推动、条块结合、齐抓共管的工作机制,打造共建共治共享的城市道路交通社会治理格局。

——规划先行、绿色发展。坚持规划引领,编制完善路网、公交、停车等专项规划,倡导公交优先、绿色出行,优化绿道、公共自行车等慢行交通,纾解出行压力。

——问题导向、突破难点。坚持以老城区、居住小区及学校、医院、商贸区等为重点,按照"什么问题突出就治理什么问题"的原则,探索实施针对性有效措施。

——依法治理、规范管理。坚持法治思维、法治方式整治城市交通堵点乱点,运用大数据、物联网等信息化手段,实现城市道路交通管理的智能化、精细化、规范化。

三、工作目标

通过实施城市交通畅行工程,到2020年实现下列工作目标:

1.路网体系更加科学合理。建成区平均路网密度≥8千米/平方千米,支路比例≥40%,道路面积率≥15%。快速路、主(次)干路和支路的路网级配趋于合理,行人和非机动车通行空间更有保障。

2.道路通行更加有序顺畅。交通组织精准科学,道路资源和通行权分配精细合理,中心城区主、次干路交叉口渠化率进一步提升,交通管理设施规范设置率≥95%,交通高峰拥堵延时指数、出行平均速度等监测指标保持全市第一方阵。

3.绿色交通更加便利惠民。公交线网持续优化,公交线路超过25条,中心城区公交站点500米覆盖率≥90%;公交服务满意率≥85%,市民出行更加便捷、舒适、安全。

4.停车供需更加优化适用。推动停车需求与供给的平衡,形成"配建停车为主导、公共停车为辅助、路内停车为补充"的停车结构。

5.文明交通更加自律和谐。城市文明交通指数测评位居全市第一方阵,中心城区4条"示范道路"(见附件1)机动车交通守法率≥98%,非机动车和行人交通守法率≥90%,机动车礼让斑马线率≥95%,市民交通法规和安全常识普及率≥80%。

6.依法管理更加精细规范。深化交通秩序综合治理,机动车乱停放、不礼让、电动车闯红灯、行人乱穿行等突出交通违法行为明显减少;工程运输车、电动车等交通事故得到有效遏制,城市交通安全形势持续平稳向好。

四、主要任务

重点组织实施好"六大专项行动":

(一)交通综合治理专项行动

1.健全完善城市交通联动共治机制

(1)加强党委领导,坚持政府主导,充分发挥区道路交通安全联席会议在城市道路交通规划、建设、管理上的统筹协调作用,推动相关部门各司其职、协同配合、落实责任,建立健全城市道路交通综合治理体系。

(牵头部门:区道路交通安全联席会议办公室,配合部门:各成员单位)

(2)区道路交通安全联席会议增挂区城市交通畅行工程领导小组,将交通畅行工程纳入政府重点工程和为民办实事项目。区规划、住建、交通、城管、公安等部门明确专人负责,建立健全部门联动综合执法机制。

(牵头部门:区道路交通安全联席会议办公室,配合部门:各成员单位)

(3)强化属地责任落实,履行突出动态交通问题整治、静态交通环境治理、拥堵区域路段路口改造等主体职能。

(牵头部门:区道路交通安全联席会议办公室,配合部门:开发区、金城镇、东城街道、西城街道)

2.健全城市道路交通规划体系

统筹编制完善城市道路交通安全管理规划、公共客运交通系统规划、慢行系统规划、路网规划、停车设施规划、路口渠化规划等交通专项规划,制定规划年度实施计划,推动城市交通规划有效落实。

(牵头部门:金坛公安分局,配合部门:区交通局、住建委、规划局)

3.实施城市建设项目交通影响评价制度

(1)严格落实《江苏省城市建设项目交通影响评价编制要点》及实施细则、技术规范,对新建改建道路、城市大型建设项目,规划、住建、交通、公安交警等部门联合开展项目工程交通影响评价和交通设计方案论证、监督审查、验收,强化与交通管理需求的衔接融合。

(牵头部门:区规划局,配合部门:区住建委、交通局、金坛公安分局)

(2)严格执行《关于进一步规范占用、挖掘道路施工影响道路交通审批与管理的意见》,对市政、公交等占道施工,明确交通安全责任单位,对长期占道施工、具有重大交通影响的,根据建设项目交通影响评价,编制施工期间交通组织方案,保障道路施工和交通安全。

(牵头部门:金坛公安分局,配合部门:区住建委、交通局、规划局)

(二)交通建设优化专项行动

1.持续优化城市路网结构

(1)改善城市道路交通设施,加快环路、放射道路建设。2018年,重点实施南环一路改造工程,启动金宏桥和沿河东路、新丹金溧漕河东路、西环二路、市场路、春风东路、司马坊改造、滨湖北路东段、环湖东路、金山路及钱资湖大桥、滨湖新城延伸道路等建设工程。

(牵头部门:区住建委,配合部门:区发改委、金坛公安分局)

(2)落实"窄马路、密路网"的城市道路布局理念,加大次干路、支路、街巷建改力度。2018年,重点实施县府路、虹桥路改造工程、钱资湖环湖路桥梁建设，提高城市路网通达性。

（牵头部门：区住建委，配合部门：区发改委、规划局、金坛公安分局）

（3）结合街区建设、修复和管线改造，编制电胜河片区、下塘河片区东环二路、华城路，虹桥片区南门大街、市场路等市政道路排水管网改造方案，于2018年至2020年实施到位。

（牵头部门：区住建委，配合部门：区发改委、金坛公安分局、规划局，开发区、金城镇、东城街道、西城街道）

2. 加强停车设施建设和管理

（1）合理配置停车资源，按照“供需统筹、以供定需”原则，推动公共停车、配建停车设施建设。积极发展地下、立体停车场（库）和学校接送中心等集约化停车设施。鼓励机关、企事业单位内部停车场分时、错时对外开放，提高停车设施利用率。结合老旧小区改造，因地制宜推进老城区及老旧小区停车泊位扩容建设。

（牵头部门：区住建委，配合部门：区发改委、教育局、金坛公安分局、规划局、城管局，开发区、金城镇、东城街道、西城街道）

（2）加强停车需求管理，按照“路内没有免费停车、人行道板没有自由停车、路外公共停车场没有封闭停车、住宅小区内部没有无序停车”原则，严控路内停车泊位总量，路内停车泊位数占城区停车泊位总数比例≤10%。在停车需求集中区域设置临时、限时停车泊位，在老旧小区周边设置夜间停车泊位，鼓励公共停车、配建停车设施社会化经营。

（牵头部门：金坛公安分局，配合部门：区住建委、城管局，开发区、金城镇、东城街道、西城街道）

（3）加强停车收费调节，按照计时为主、计次为辅以及包月的收费办法，实施差别化停车收费管理，充分体现“路内高于路外、地面高于地下（不包括住宅小区）、白天高于夜间”的政策导向。

（牵头部门：区发改委，配合部门：金坛公安分局、区住建委、城管局，开发区、金城镇、东城街道、西城街道）

3. 深入实施公交优先

（1）加快推进城市限时公交专用道设置和公交优先信号系统建设，新建或改造城市主干路公交港湾式站点设置率≥80%、路口公交优先通行措施设置率≥26%，其中“示范道路”公交港湾式站点设置率≥20%、路口公交优先通行措施设置率≥30%。中心城区公交运行速度≥20千米/小时，高峰平均运营车速≥18千米/小时，营运准点率≥95%，高峰期公交发车间隔符合率≥75%。

（牵头部门：金坛公安分局，配合部门：区住建委、交通局、规划局）

（2）规范公交站点设置，2018年，城区新建公交候车亭12个，改造提升39个，施划公交车专用停靠区，在商贸区、学校、医院、集中居住区等合理设置出租车专用候车点。

（牵头部门：区交通局，配合部门：金坛公安分局）

4. 保障行人和非机动车安全顺畅通行

（1）加强人行道、非机动车系统规划和建设，加大机动车、非机动车乱停放整治力度，保障行人、非机动车通行安全和畅通。推广设置行人、非机动车二次过街安全岛、驻足区和行人过街信号灯、地闪灯，在人流密集区域，合理设置地下通道等设施，形成连续、贯通的步行连廊。

（牵头部门：区住建委，配合部门：区发改委、规划局、城管局、金坛公安分局，开发区、金城镇、东城街道、西城街道）

（2）加强非机动车的停放管理，统一设置自行车、电动车集中停车区（点）。合理设定有桩公共自行车投放规模和停放地点，2019年，城区新投放有桩公共自行车1000辆。

（牵头部门：区城管局，配合部门：区住建委、规划局、金坛公安分局）

（三）交通组织提升专项行动

1. 优化道路交通组织

（1）优化区域交通组织，实施分类、分时、分段交通管理，综合采取单向交通、禁止左转、禁止掉头等管理措施，合理均衡城市道路交通负荷。2018年，在东门大街全路段实行与东门大街相交的非灯控城市次干道、支路枢道路禁止左转。分年度在南环一路实施禁止左转、禁止掉头，打通司马坊步行街、虹翠西路，并实施单行道路交通组织。

（牵头部门：金坛公安分局，配合部门：区住建委、规划局，开发区、金城镇、东城街道、西城街道）

（2）优化路口交通组织，开展路口交通组织和交通信号控制协同设计，精细渠化道路交叉口，分年度实施中心城区10个路口交通改造工程（见附件2），进一步提高路口通行效率。

（牵头部门：金坛公安分局，配合部门：区住建委、交通局、规划局，开发区、金城镇、东城街道、西城街道）

2. 优化道路交通管理设施

（1）坚持道路交通管理设施与道路同步规划、建设、验收和投入使用制度，在非市政道路规划建设中引入公安交警部门参与道路交通设施设计论证、项目验收机制。保障交通管理设施建设资金投入，按需建设改造更新道路交通标志、标线、信号灯等交通管理设施，禁令、指示标志、标线规范设置率达到100%，交通信号灯灯具、灯色转换规范设置率达到100%。

（牵头部门：区规划局，配合部门：区住建委、交通局、金坛公安分局，开发区、金城镇、东城街道、西城街道）

（2）推进道路交通管理设施标准化一体化建设，围绕快速路和主、次干路，分类制定交通标志、标线、信号灯、护栏、人行道板阻车桩、禁停桩等交通管理设施。2018年，重点实施中心城区5条道路人行隔离护栏（见附件3）。

（牵头部门：金坛公安分局，配合部门：区住建委、交通局，开发区、金城镇、东城街道、西城街道）

3. 深化交通堵点乱点治理

（1）加强城市交通拥堵重点道路治理，全面摸排堵点、乱点，建立基础台账，制定年度治理方案。对重要堵点、乱点由区政府挂牌督办，治理情况定期向社会公布。2018年,针对北环西路、西环二路、东环一路等3条交通高峰拥堵延时指数偏高道路,实行挂牌治理,缓解拥堵状况。

(牵头部门:金坛公安分局,配合部门:相关成员单位,开发区、金城镇、东城街道、西城街道)

(2)加强沿街学校、医院、商贸区等拥堵点(段)治理,配齐中心城区5家学校(见附件4)出入口周边150米范围内交通安全设施,实行错时放学、家校联动、专人值守等管理措施,对其中2家新建学校配建学生接送中心;重点解决3家大型医院(见附件4)内部停车设施不足、出入口交通组织不合理、高峰拥堵等问题。

(牵头部门:区道路交通安全联席会议办公室,配合部门:区教育局、住建委、卫计局、规划局、城管局、旅游局,开发区、金城镇、东城街道、西城街道)

(3)加强城市"示范道路"长效治理,推进中心城区4条"示范道路"全要素网格管理,全面实施"路长制",设定任务清单,明确考核标准,整合公安、规划、住建、交通、城管等部门力量,多方联动、属地共治,建立健全"全时段、全路段、全覆盖"网格化长效治理机制。

(牵头部门:金坛公安分局,配合部门:区住建委、交通局、规划局、城管局,开发区、金城镇、东城街道、西城街道)

(四)交通智能建设专项行动

1.建设城市智能交通管理系统

(1)紧抓智慧城市建设机遇,升级提优交通管理指挥中心功能,积极运用大数据、物联网、云计算等现代信息技术,加强与互联网地图导航公司、交通工程专业院校、智能交通领军企业等合作交流,综合评估城市路网交通运行状态,分析研判交通违法分布规律、交通警情升降变化和民警执法勤务质态等,预测交通态势、预警交通异常,指导治堵治乱、支撑科学管理、监督规范执法。

(牵头部门:金坛公安分局)

(2)依托数字城管和市级政务信息共享交换平台,整合城市道路基础信息、交通设施、道路施工、交通客流、营运车辆、景区客流、停车信息、保险信息、互联网出行数据等九类交通综合信息资源,推进交通大数据深度应用。2018年,重点做好道路拥堵延时和区域交通热点等专题研判,为优化城市交通规划建设、组织管理等提供依据。

(牵头部门:区道路交通安全联席会议办公室,配合部门:各成员单位)

2.建设完善交通感知智能控制系统

(1)建设完善交通智能感知系统,围绕区域周界出入口、环城区、环行政核心区,实施卡口监控、高清视频、电子警察加密"补盲"工程,推进"视频围路"建设,建成城市道路交通路况4G图传系统,基本实现道路状况自动感知、交通态势自动研判、交通事件自动监测、交通违法自动抓拍。

(牵头部门:金坛公安分局,配合部门:区住建委、交通局)

(2)建设完善交通智能控制系统,应用交通仿真等技术手段,实现交通信号控制自动调整,中心城区信号灯路口联网控制率达到70%,自适应控制率达到40%,40%主干路路口实行"绿波"控制。应用"车辆及驾驶员主动安全智能防控技术",强化"两客一危一重"重点营运车辆的实时监测和动态管控。

(牵头部门:金坛公安分局,配合部门:区住建委、交通局、安监局)

(3)创新应用交通智能管理手段,2018年,中心城区4条"示范道路"、50个主要路口高清视频、交通流量检测覆盖率100%,重点建设6套机动车不礼让斑马线抓拍系统,试点应用违法鸣笛抓拍系统。

(牵头部门:金坛公安分局,配合部门:区住建委、交通局)

(4)建设道路交通设施运维智能监管系统,对信号控制、流量采集、电子警察、视频监控、信息发布等内外场设施设备全面建档、监测,实时掌握设施设备底数和运行质态,智能分析诊断数据质量,交通管理设施设备使用效率提升20%以上。

(牵头部门:金坛公安分局)

3.优化城市交通出行诱导服务

(1)借助社会力量,充分利用互联网平台、新媒体、交通广播和公安交警96122热线、12123手机APP等渠道,为市民提供实时路况和交通管理信息,及时发布交通管制、恶劣天气等出行提示信息。为120急救车、抢险救援车、工程运输车和物流配送车、校车等提供"绿色通道"或定制线路。

(牵头部门:区道路交通安全联席会议办公室,配合部门:区委宣传部,区交通局、城管局、商务局)

(2)推广应用智慧停车系统,建设全区统一的"智慧停车平台",实现停车设施管理和诱导信息化,方便市民在线查询和预约停车泊位、便利支付、共享停车。

(牵头部门:金坛公安分局,配合部门:区住建委)

(五)文明交通提升专项行动

1.深化文明交通宣传教育

(1)落实《常州市文明城市建设三年行动计划(2018—2020)》和金坛区《关于开展"文明城市建设提升年"活动的实施意见》,把文明交通深度融入文明城市创建,结合"全国交通安全日""公交出行宣传周""绿色出行宣传月"等主题宣传活动,开展文明交通公益宣传,广泛传播自律、包容、文明、礼让的现代明交通理念。

(牵头部门:区创建办,配合部门:金坛公安分局、区交通局)

(2)深化文明交通进机关、进校园、进社区系列活动,大力宣传"文明金坛10条",举办"文明交通"主题道德讲堂;创新"开学第一课""文明交通小手拉大手"活动,开展"我是小小交通志愿者"活动;把文明交通融入社区天天乐、文化惠民、社区巡演等,提高公众知晓率。

(牵头部门:区创建办,配合部门:区委宣传部、区级机关工委,区教育局、金坛公安分局、团区委,开发区、金

城镇、东城街道、西城街道)

(3)办好道路交通安全教育学校,开展违法记分驾驶人文明交通再教育。建好交通安全宣传教育基地,开展文明交通进驾校“五个一”和“寻找好司机”“零违法加油”“安全文明驾驶技能大赛”等主题活动。

(牵头部门:金坛公安分局,配合部门:区交通局)

(4)制定《金坛区文明交通信用管理实施细则》,建立交通出行守信联合激励和失信联合惩戒机制,将严重交通违法行为纳入个人征信记录,与车辆保险、职业准入、个人信贷、评优评先等挂钩,提高市民文明交通素质。

(牵头部门:区经信局,配合部门:金坛公安分局,相关成员单位)

2.深化文明交通志愿服务和举报奖励

(1)扩大文明交通志愿者队伍,在实行“定岗定责”文明交通志愿服务的基础上,动员组织各级各类文明单位参与“示范道路”和主要路口文明交通共建。2018年,开展“文明交通代言人”推选活动。发挥行业协会、公共机构、保险公司、车友会等社会组织作用,引导广大交通参与者自觉守法遵规。

(牵头部门:区创建办,配合部门:区委区级机关工委,区经信局、金坛公安分局、团区委、区工商联)

(2)开展交通违法“随手拍”,借助手机客户端、官方微信、行车记录仪等,搭建城市交通管理民意云平台和“曝光台”,发动市民举报交通违法、道路管理问题及不文明交通行为,提高公众参与度。

(牵头部门:金坛公安分局,配合部门:区创建办、广播电视台)

(六)交通依法严管专项行动

1.深化“三乱”(乱停车、乱越线、乱穿行)综合治理

(1)严管机动车通行秩序。以中心城区4条“示范道路”为重点,紧盯机动车违法停车、违法变道、不按规定让行等突出交通违法行为,充分运用电子警察、人脸识别、记分处罚等手段,不断提升非现场执法的精准度、有效性。特别是针对机动车乱停放、不礼让斑马线,进一步加大严管重罚力度,在80条禁停路段全面实行违停车辆自动抓拍、强制拖移,确保禁停路段违法停放机动车数≤2辆/5千米,主干路全路段双向违法停放(占用行车道停车)机动车数≤4辆/千米;对420条无灯控斑马线,采用取消一批、灯控一批、抓拍一批、手控一批,强化交警现场查处,推动形成文明礼让社会新风。

(牵头部门:金坛公安分局,配合部门:区创建办、财政局、住建委、城管局)

(2)严管电动自行车通行秩序。发布《关于加强电动自行车安全出行管理的通告》,持续开展电动自行车专项整治,严查严管电动自行车越线停车、逆向行驶、走机动车道、违法载人等突出交通违法行为。加强电动三轮(两轮)车通行管理,对快递电动三轮车实行外观标识、车辆尺寸、编号放大、登记发证“四统一”,对外卖送餐电动两轮车实行着编号马夹(外套)、佩带安全头盔、登记上牌“三统一”,对闯红灯、逆行、走机动车道等交通违法实行集中抄告、失信惩戒、行业禁入。

(牵头部门:金坛公安分局,配合部门:区创建办、经信局、邮政分公司,开发区、金城镇、东城街道、西城街道)

(3)严管行人出行秩序。在行人闯红灯、乱穿行、翻越护栏等重点路口、路段,进一步加强交警现场查处和交通协管员、志愿者劝导,设置计时信号、语音提示、隔离护栏等,引导行人文明通行。为路面执勤交警统一配发具备人脸识别功能的智能警务通,对行人交通违法自动抓拍、比对认定,实施短信告知或集中抄告所在单位、社区,提升执法效能。

(牵头部门:金坛公安分局,配合部门:区创建办,开发区、金城镇、东城街道、西城街道)

2.加强“三车”(电动车、工程车、货运车)专项治理

(1)加强电动自行车治理。全面贯彻新修订的《电动自行车安全技术规范》,规范过渡期内电动自行车登记上牌工作,依法严查严管无牌无证电动自行车上路行驶。组织电动自行车生产、销售企业设立检修、上牌点,提供超速校正、超标换购、以旧换新和带牌购车等服务。推动建设电动自行车集中停放场所、安全充电设施。开展联合执法,依法查处生产销售不合规电动自行车、低速电动车、老年代步车和伪造电动车牌证等违法违规行为,严厉打击生产、销售假冒伪劣电动自行车及配件等犯罪活动。

(牵头部门:金坛公安分局,配合部门:区经信局、住建委、市场监管局、城管局、安监局,开发区、金城镇、东城街道、西城街道)

(2)加强工程运输车治理。按照《金坛区建筑渣土运输处置管理办法》,建设应用建筑垃圾运输处置监管指挥平台。制定《工程运输车交通安全管理工作规范》,严格运输企业资质和车辆安全性能、驾驶人资格审核,对不符合“七统一、一必须”规定的一律不批;严把工程运输车通行线路审批关,对发生亡人交通事故、闯红灯、未按规定线路通行的一律停批;对工程运输车交通违法、污损路面、随意倾倒的一律联动惩戒,巩固工程运输车专项治理成果。

(牵头部门:区城管局,配合部门:区委农工办,区住建委、金坛公安分局、交通局、金坛环保局)

(3)加强货运车辆治理。优化城市物流配送、货物运输、危险化学品运输等货运车辆的通行管理,推广货运车辆标准化、厢式化、纯电动化,推动建设危险化学品运输车辆专用停车场、划定临时停放区域,合理设置货运车辆商业区、居住区、生产区和大型公共活动场地等区域的行驶路线、时间。继续实行载货汽车分区域、分吨位限制通行,早晚高峰禁止载货汽车城区通行,适当扩大载货汽车限制通行区域,每天7时至19时,禁止载货汽车在金坛大道(含)、240省道(含)、340省道(含)、241省道(含)围成的中心

城区道路上通行,3吨(含)以下厢式或封闭式载货汽车除早晚高峰外可在上述限行区域内通行。按照打好大气污染防治攻坚战要求,继续严格执行高污染车辆全天区域限制通行,加快推动老旧汽车淘汰报废,全面实行新能源汽车绿色专用车牌,并保障通行便利。全面推进车辆超限超载、安全技术检验联合执法常态化、制度化。持续开展农用运输车、变型拖拉机专项治理。

(牵头部门:区交通局,配合部门:区委农工办、金坛公安分局、区商务局、市场监管局、金坛环保局、安监局、邮政分公司)

3.强化"三重"(方面、隐患、区域)集中整治

(1)整治重点方面交通秩序。大力推进主动勤务、机动勤务、效能勤务等城市交通管理机制创新改革,设立交通事故警情快处中心,强推轻微交通事故非现场快处快撤,破解"小事故、大拥堵"问题;按照不低于10辆标准组建"金坛交警铁骑",提高快速反应、快速干预、快速排堵能力;推广应用可查缉、移动式、智能化交通违法监控监测技术手段,开展"典型案例大曝光",发布严重交通违法"黑名单",严查严打无证驾驶、套牌假牌、酒驾醉驾毒驾等严重交通违法行为。

(牵头部门:金坛公安分局,配合部门:区司法局)

(2)整治重点隐患和事故黑点。滚动排查治理道路交通安全隐患,平面交叉路口事故多发点(段)整治完成率100%,挂牌重大事故隐患整改率100%。推进城市道路交通安全防护设施建设,2018年,重点完成丰田路、中兴路防护工程。严格交通安全源头监管,持续开展重点车辆、重点驾驶人安全隐患"清零"行动,严查"三超一疲劳"、不系安全带等违法违规行为。开展多部门参与的恶劣天气、客货车辆突发重大交通事故处置应急综合演练。

(牵头部门:金坛公安分局,配合部门:区交通局、旅游局,开发区、金城镇、东城街道、西城街道)

(3)整治重点区域交通秩序。建立部门联动综合执法机制,清理整顿"马路市场"、占路经营,广告牌、管线、树木及其他植物遮挡交通设施,停车设施挪用、占用,违规占道施工和挖掘道路等问题,清理整治面包车"三非"(非法改装、非法营运、非法超员),违规超标、拼装改装车辆。制定车站广场地区及周边道路交通管理规定,依法查处"黑车"和"车辆乱停,人员乱行"等违法行为,净化交通环境。

(牵头部门:金坛公安分局,配合部门:区住建委、交通局、规划局、市场监管局、城管局)

五、保障措施

(一)强化领导。建立健全党委领导、政府负责、部门协同、社会参与、法治保障的城市道路交通综合治理机制。各级各部门要切实承担起城市交通规划建设管理的主体责任,明确职责分工,加大工作力度,特别是区各牵头部门要按照行动计划,组织参与部门指导各地开展好专项行动,形成整体工作合力。区"道路交通安全联席会议"办公室要发挥统筹协调作用,制定实施方案和年度计划,建立定期会商和专题协商制度,全力抓好城市交通畅行工程各项目标任务的实施推进。

(二)加大投入。城市交通畅行工程建设是一项系统工程,各级各部门要加大对"六大专项行动"的资金投入力度,并纳入年度财政预算,充分保障道路交通基础设施、管理设施和执法管理方面人、财、物的刚性需求。通过政府购买服务方式,为开展城市交通组织优化、智能化系统维护、乱点堵点科学治理等提供社会化专业服务。建立市民参与机制,畅通参与渠道,聘请专家咨询和市民察访,落实城市交通重大问题及治理对策社会公示和新闻发布制度,营造良好舆论宣传氛围。

(三)严格督查。对照中央四部委制定的《城市道路交通文明畅通提升行动计划测评指标体系》,充分利用智能交通系统、互联网企业的监测数据和委托第三方抽样测评,对城市交通畅行工程行动计划实施推进情况加强检查督查,对专项行动实际效果进行科学客观动态的综合考评。将城市交通畅行工程进展情况纳入文明城市建设和城市长效综合管理点评通报,评价结果作为各部门综合考核的参考依据,确保各项任务不折不扣落实。

(编辑 盛南萍)

2017—2018 年金坛区人口、劳动力情况一览表

表 57

项　　目	单位	2017 年	2018 年	项　　目	单位	2017 年	2018 年
年末总户数	万户	20.01	19.94	社会劳动力	百人	3711	3723
年末总人数	万人	54.99	54.87	按登记注册分			
其中:男性	万人	27.19	27.09	(一)全部职工人数	百人		
女性	万人	27.80	27.78	其中:在岗	百人		
出生人数	人	4515	4144	(二)国有经济单位	百人		
死亡人数	人	5063	4329	其中:在岗	百人		
出生率	‰	8.2	7.4	(三)城镇集体经济单位	百人		
死亡率	‰	9.2	5.9	按三次产业分			
自然增长率	‰	-1	1.5	第一产业	百人	540	540
				第二产业	百人	1856	1828
				第三产业	百人	1315	1355

(因常州数据修订,2017 年数据有调整)

2017—2018 年金坛区城镇非私营单位从业人员工资及农村居民人均可支配收入情况一览表

表 58

项　　目	2017 年	2018 年
一、职工		
1. 职工工资总额(万元)	5756978	6073300
其中:国有	1979857	1900233
城镇集体	155625	351610
2. 年末职工人数(人)	83700	87493
其中:国有	18101	15335
城镇集体	2120	4842
3. 年平均工资(元)	69982	73888
其中:国有	109852	124190
城镇集体	66907	73206
年平均工资按行业分(元)		
1. 农、林、牧、渔业	58593	
2. 采矿业		
3. 制造业	65304	67938
4. 电力、燃气及水的生产和供应业	62923	65458

续表 58

项　　目	2017 年	2018 年
5. 建筑业	44018	50827
6. 交通运输、仓储及邮政业	48058	58385
7. 信息传输计算机服务软件业	58987	
8. 批发和零售业	60268	50523
9. 住宿和餐饮业	62955	54435
10. 金融业	130764	150000
11. 房地产业	64617	68041
12. 租赁和商务服务业	60974	60023
13. 科研技术服务地质勘查业	60624	68137
14. 水利环境公共设施管理业	69863	47351
15. 居民服务和其他服务业	87810	48419
16. 教育	111047	165117
17. 卫生社会保障和社会福利	96766	98370
18. 文化、体育和娱乐业	83340	56543
19. 公共管理和社会组织	128065	112634
二、农村居民人均可支配收入(元)(住户调查)	24202	26283

2017—2018 年金坛区主要社会经济指标情况一览表

表 59

项　　目	单位	2017 年	2018 年
一、国内生产总值(当年价)	亿元	708.34	801.93
第一产业	亿元	35.28	36.02
第二产业	亿元	358.01	403.46
第三产业	亿元	315.05	362.45
二、工农业总产值(当年价)	亿元	1670.56	1875.52
工业总产值	亿元	1597.27	1799.97
农业总产值	亿元	73.29	75.55
三、交通运输			
货物运输量	万吨	629.0	699.0
旅客运量	万人	728.0	691.0
港口货物吞吐量	万吨	180.0	128.0
四、固定资产投资额	亿元	455.24	
五、商业、外贸			
社会零售总额	亿元	278.76	305.7
自营出口	万美元	162760	190467
六、财政收入	亿元	294.02	297.09
财政支出	亿元	281.68	285.1
七、金融			
年末存款余额	亿元	1049.38	1094.33
其中:储蓄存款	亿元	368.436157	403.21
年末贷款余额	亿元	679.440067	690.83
八、教育			
普通中学在校学生数	人	18788	18691
小学在校学生数	人	26183	27644
九、卫生			
床位数	张	2680	2660
卫生技术人员数	人	3163	3152

2017—2018 年金坛区工业企业单位数及工业总产值情况一览表

表 60

项　　目	2017 年	2018 年
一、企业单位数(家)	3652	3765
1. 经济开发区	1366	1365
2. 镇级工业	2286	2400
其中:私营个体	3479	3598
二、工业总产值(当年价)(亿元)	1597	1800
1. 经济开发区	891	1039
2. 镇级工业	706	760
其中:私营个体	886	1152

2017—2017 年金坛区市、镇两级工业产品产量情况一览表

表 61

项　目	单位	2017 年	2018 年	项　目	单位	2017 年	2018 年
纱	吨	68705	70990	化学农药(折原药)	吨	8600	12601
布	万米	732	556	涂料(油漆)	吨	15487	11777
呢绒	万米	1246	1017	电动工具	台	565317	674993
铸钢件	吨	882373	13289	变压器	千伏安	332805	236569
服装	万件	16096	10444	发电量	万千瓦小时	35130	
化学纤维	吨	4197	3356	轴承	万套	17194	18294
盐酸	吨	91109	87965	泵	台	36690	27093
纸制品	吨	9955	10821	原盐	吨	5277441	5204218
烧碱	吨	196134	193967	民用钢质船舶	载重吨	4475	5658
钢材	吨	239186	279307	铜材	吨	17482	20895
小麦粉	吨	186660	186115	合成洗涤剂	吨	434	
塑料制品	吨	17008	15215				
水泥	万吨	258	255				

2017—2018 年金坛区农业总产值及主要农产品产值情况一览表

表 62

单位:万元

项　目	2017 年	2018 年	项　目	2017 年	2018 年
农业总产值(当年价)	732892	755485	农业增加值(当年价)	382421	395693
其中:农业	306026	326594	其中:农业	186941	197032
林业	4256	4442	林业	2960	3088
牧业	127209	106880	牧业	41916	35025
渔业	243024	253623	渔业	121000	125057
服务业	52377	63946	服务业	29604	35491

2017—2018年金坛区全社会外向型经济主要指标情况一览表

表63

项　目	单位	2017年	2018年
一、自营出口总额	万美元	162760	190467
其中:三资企业自营出口	万美元	70764	95424
二、新增工商登记注册外资	万美元	38968	116778
三、实际到账注册外资	万美元	10089	40500
四、投产开业的三资企业	个	287	297
五、新签对外承包劳务合同额	万美元	1983	9713
六、对外承包劳务实际完成营业额	万美元	9447	10972

2017—2018年金坛区供电、供水情况一览表

表64

项　目	2017年	2018年
一、全社会用电总量(万千瓦时)	445761	460066
1.农、林、牧、渔业	9966	10486
2.工业	345959	346243
3.建筑业	4073	5833
4.交通、运输、邮电业	1247	1363
5.商业、餐饮、物资	15654	17903
6.其他事业	20963	24486
7.城乡居民用电	47899	53752
其中:农村	25929	28417
城市	21970	25335
二、城镇全年供水总量(万吨)	2884	
其中:生产用水量	922.00	
生活用水量	894.00	
年末自来水厂生产能力(万吨/日)	5	
人均日生活用水量(升/日)	198	
用水普及率(%)	100	

(赵　峰)

(编辑　汤芬娣)

重要文件索引

·中共金坛区委·

坛发〔2018〕1 号　区委区政府关于落实乡村振兴战略开创新时代农业农村工作新局面的意见

坛发〔2018〕2 号　区委关于选举政协常州市金坛区第十届委员会主席选举结果的报告

坛发〔2018〕3 号　区委关于选举常州市金坛区监察委员会主任选举结果的报告

坛发〔2018〕4 号　区委关于十二届省委巡视整改实和问题线索办理情况的专题报告

坛发〔2018〕6 号　区委批转常州市金坛区残疾人联合会《关于筹备召开常州市金坛区残疾人联合会第五次代表大会的请示》的通知

坛发〔2018〕7 号　区委批转常州市金坛区妇女联合会《关于进行镇（街道）、城区妇联组织换届选举的请示》的通知

坛发〔2018〕8 号　区委关于加强人民政协协商民主建设的实施意见

坛发〔2018〕9 号　区委转发常州市贯彻《县以上党和国家机关党员领导干部民主生活会若干规定》实施细则

坛发〔2018〕10 号　区委区政府关于表彰 2017 年度两个加快工作先进集体和先进个人的决定

坛发〔2018〕11 号　中共常州市金坛区委 2018 年巡察工作要点

坛发〔2018〕12 号　区委区政府关于表彰全国文明城市建设工作先进集体和先进个人的决定

坛发〔2018〕14 号　区委批转常州市金坛区妇女联合会《关于筹备召开金坛区妇女第十四次代表大会的请示》的通知

坛发〔2018〕15 号　区委批转区总工会党组《关于筹备召开常州市金坛区工会第十三次代表大会的请示》的通知

坛发〔2018〕16 号　区委关于选派“科技镇长团”的请示

坛发〔2018〕17 号　区委区政府关于表彰 2015—2017 年度常州市金坛区劳动模范的决定

坛发〔2018〕19 号　区委区政府关于表彰 2017 年度农业农村工作先进集体和个人的决定

坛发〔2018〕20 号　区委关于在全区开展“解放思想再出发、追赶超越勇向前”大讨论活动的实施意见

坛发〔2018〕21 号　区委关于印发《区委常委会会议表决方式的补充规定》的通知

坛发〔2018〕22 号　区委区政府关于成立区农业科技园区投资管理委员会和明确园区投资管理公司的通知

坛发〔2018〕23 号　区委关于明确区委领导同志与党外人士联系交友对象的通知

坛发〔2018〕24 号　区委关于表彰 2016—2018 年度优秀共产党员、优秀党务工作者、先进基层党组织的决定

坛发〔2018〕25 号　区委区政府印发《中共常州市金坛区委关于贯彻落实〈中共中央政治局贯彻落实中央八项规定实施细则〉的具体办法》的通知

坛发〔2018〕26 号　区委区政府关于成立金坛区大气污染防治攻坚行动指挥部的通知

坛发〔2018〕27 号　区委区政府关于印发《常州市金坛区 2018 年大气污染防治攻坚行动方案》的通知

坛发〔2018〕28 号　区委关于区委常委分工的通知

坛发〔2018〕29 号　区委关于区四套班子领导挂钩联系重点板块分工的通知

坛发〔2018〕30 号　区委关于成立省委第八巡视组驻金坛巡视期间联络工作领导小组的通知

坛发〔2018〕32 号　区委区政府印发关于深入开展扫黑除恶专项斗争的工作方案的通知

坛发〔2018〕33 号　区委关于成立中央巡视反馈意见整改落实工作领导小组的通知

坛发〔2018〕34 号　区委区政府关于 2018 年度区级机关部门绩效考核的意见

坛发〔2018〕35 号　区委区政府关于上报政府隐性债务化解实施方案的报告

坛发〔2018〕36 号　区委关于庆祝改革开放 40 周年活动安排相关事项的通知

坛发〔2018〕37 号　区委区政府关于上报金坛区隐性债务化解方案的报告

坛发〔2018〕38 号　区委区政府关于 2018 年度金坛经济开发区(华罗庚科技产业园、东城街道、尧塘街道)工作考核的意见

坛发〔2018〕39 号　区委区政府关于 2018 年度金城科技产业园(金城镇)工作考核的意见

坛发〔2018〕40 号　区委区政府关于 2018 年度茅山旅游度假区工作考核的意见

坛发〔2018〕41 号　区委区政府关于 2018 年度长荡湖旅游度假区工作考核的意见

坛发〔2018〕42 号　区委区政府关于 2018 年度薛埠镇、直溪镇、朱林镇、指前镇和儒林镇工作考核的意见

坛发〔2018〕43 号　区委区政府关于 2018 年度西城街道工作考核意见

坛发〔2018〕44 号　区委区政府关于 2018 年度区管国有公司工作考核及其(高级)管理层绩效考核的意见

坛发〔2018〕46 号　区委区政府关于组建区退役军人事务局的通知

坛发〔2018〕47 号　区委区政府关于建设河海大学常州新校区的报告

坛发〔2018〕48 号　(1848)区委关于成立常州市金坛区机构改革领导小组的通知

坛发〔2018〕49 号　(1849)区委区政府关于全面加强生态环境保护坚决打好污染防治攻坚战的实施意见

·中共金坛区委办公室·

坛办发〔2018〕1 号　关于 2017 年度全区两个加快推进落实工作目标管理考核的情况通报

坛办发〔2018〕2 号　区委办公室关于印发《中共常州市金坛区委办公室主要职责、内设机构和人员编制规定》的通知

坛办发〔2018〕3 号　区委办公室区政府办公室关于认真做好 2015—2017 年度常州市金坛区劳动模范评选表彰工作的通知

坛办发〔2018〕4 号　区委办公室关于区委办公室(研究室、改革办、督查室、机要局、保密办)领导班子成员工作分工的通知

坛办发〔2018〕5 号　区委办公室区政府办公室关于认真做好 2018 年春节期间双拥工作的通知

坛办发〔2018〕6 号　区委办公室转发《关于在深化国有企业改革中坚持党的领导加强党的建设的实施意见》的通知

坛办发〔2018〕7 号　区委办公室区政府办公室关于开展 2018 年春节走访慰问活动的通知

坛办发〔2018〕8 号　区委办公室区政府办公室关于调整区信访工作联席会议和专项工作小组组成人员的通知

坛办发〔2018〕9 号　区委办关于下发 2018 年中共常州市金坛区委办公室部门预决算信息公开工作方案的通知

坛办发〔2018〕10 号　区委办公室区政府办公室关于 2018 年度全区两个加快攻坚突破工作目标管理考核的实施意见

坛办发〔2018〕11 号　区委办公室区政府办公室关于开展“文明城市建设提升年”活动的实施意见

坛办发〔2018〕12 号　区委办公室关于印发《中国人民政治协商会议常州市金坛区委员会年度协商计划制定办法》的通知

坛办发〔2018〕13 号　区委办公室关于印发《中国人民政治协商会议常州市金坛区委员会提案办理协商办法》的通知

坛办发〔2018〕14 号　区委办公室区政府办公室关于印发《金坛区升级版技防城建设方案》的通知

坛办发〔2018〕15 号　区委办公室区政府办公室关于做好 2018 年金坛区人大代表建议和政协提案办理工作的通知

坛办发〔2018〕16 号　区委办公室区政府办公室关于表彰 2017 年度全区党政信息工作优胜单位和先进个人的通知

坛办发〔2018〕17 号　区委办公室区政府办公室关于印发《常州市金坛区党政信息工作考核办法》的通知

坛办发〔2018〕18 号　区委办区政府办关于建立党政信息工作常态化交流制度的通知

坛办发〔2018〕19 号　区委办公室关于区纪委派驻纪检组更名及相关事宜的通知

坛办发〔2018〕20 号　区委办公室关于印发《区委办公室 2018 年工作考核办法》的通知

坛办发〔2018〕22 号　区委办公室区政府办公室关于清理规范创建示范活动的通知

坛办发〔2018〕23 号　区委办公室区政府办公室关于印发《第九届“金坛读书月”活动实施方案》的通知

坛办发〔2018〕24 号　2018 年区委理论学习中心组专题学习意见

坛办发〔2018〕25 号　区委办公室区政府办公室关于

印发《常州市金坛区党政领导干部包案督办处理重大复杂疑难信访问题实施意见》的通知

坛办发〔2018〕26 号　关于成立金坛区网格化社会治理综合改革工作领导小组的通知

坛办发〔2018〕27 号　区委办公室区政府办公室关于印发金坛区迎接江苏省环保督察工作方案的通知

坛办发〔2018〕28 号　区委办公室区政府办公室关于印发《常州市金坛区贯彻落实〈党政主要负责人履行推进法治建设第一责任人职责规定〉实施办法》的通知

坛办发〔2018〕29 号　区委办公室关于印发《2018 年法治金坛建设工作要点》的通知

坛办发〔2018〕30 号　区委办公室关于转发区关心下一代工作委员会《2018 年关心下一代工作意见》的通知

坛办发〔2018〕31 号　印发《关于进一步加强金坛籍化工从业人员非法生产买卖易制毒化学品违法犯罪专项整治工作意见》的通知

坛办发〔2018〕32 号　区委办区政府办关于成立全区扫黑打恶专项斗争领导小组的通知

坛办发〔2018〕33 号　区委办公室区政府办公室关于印发《2018 年全区法治宣传教育工作要点》的通知

坛办发〔2018〕34 号　区委办公室区政府办公室转发《省委办公厅、省政府办公厅关于公务接待和商务接待禁止饮酒有关事项的通知》的通知

坛办发〔2018〕35 号　区委办公室关于印发《区委常委会开展"解放思想再出发、追赶超越勇向前"大讨论活动方案》的通知

坛办发〔2018〕36 号　区委办公室关于成立区"解放思想再出发、追赶超越勇向前"大讨论活动办公室的通知

坛办发〔2018〕37 号　区委办公室区政府办公室关于成立常州市金坛区创建全省"四好农村路"示范区工作领导小组的通知

坛办发〔2018〕38 号　区委办公室印发《关于贯彻落实中国共产党党委(党组)理论学习中心组学习规则的实施细则》的通知

坛办发〔2018〕39 号　区委办公室区政府办公室关于印发《常州市金坛区农村集体"三资"管理责任追究办法(试行)》的通知

坛办发〔2018〕40 号　区委办公室区政府办公室关于印发《常州市金坛区科协系统深化改革实施方案》的通知

坛办发〔2018〕41 号　区委办公室区政府办公室关于调整常州市金坛区作风建设领导小组成员的通知

坛办发〔2018〕42 号　区委办公室区政府办公室关于印发《金坛区农村集体资产清产核资工作实施方案》的通知

坛办发〔2018〕43 号　区委办公室关于印发《中共常州市金坛区委党的建设工作领导小组 2018 年工作要点》的通知

坛办发〔2018〕44 号　中共常州市金坛区委办公室关于进一步加强离退休干部党建工作的意见

坛办发〔2018〕45 号　区委办公室区政府办公室印发《关于深入推进"基本解决执行难"攻坚决战分工方案》的通知

坛办发〔2018〕46 号　区委办公室区政府办公室关于认真做好"八一"期间双拥工作的通知

坛办发〔2018〕47 号　区委办公室关于深化驻村纪检员工作的实施意见

坛办发〔2018〕48 号　区委办公室区政府办公室关于成立区国税地税征管体制改革领导小组的通知

坛办发〔2018〕49 号　区委办公室关于狄志强同志赴英国参加"省生态文明建设专题研究班"的请示

坛办发〔2018〕50 号　区委办公室关于印发《常州市金坛区巡察整改工作问责办法(试行)》的通知

坛办发〔2018〕51 号　区委办公室区政府办公室关于印发常州市金坛区深化农村集体产权制度改革实施方案的通知

坛办发〔2018〕52 号　区委办公室区政府办公室关于印发《金坛区乡村振兴十项重点工程实施方案(2018—2022 年)》的通知

坛办发〔2018〕53 号　区委办公室印发《贯彻落实省委〈关于推进巡察工作向纵深发展的意见〉的实施办法》的通知

坛办发〔2018〕54 号　区委办公室关于印发《2017—2021 年区委巡察工作规划(修订)》的通知

坛办发〔2018〕55 号　区委办公室关于印发《深入学习习近平新时代中国特色社会主义思想和党的十九大精神工作方案》的通知

坛办发〔2018〕56 号　区委办公室区政府办公室关于在全区开展作风建设自查自纠专项行动的通知

坛办发〔2018〕57 号　区委办公室关于调整区委巡察工作领导小组的通知

坛办发〔2018〕58 号　区委办公室关于成立中央巡视专项检查反馈巡察工作问题整改工作领导小组的通知

坛办发〔2018〕59 号　区委办公室区政府办公室关于转发《区慈善总会 2018 年度"慈善一日捐"活动方案》的通知

坛办发〔2018〕60 号　区委办公室区政府办公室关于印发《金坛区金城建材市场违法建设治理行动实施方案》的通知

坛办发〔2018〕61 号　区委办公室关于建立党员涉嫌违纪违法信息通报和及时处理工作机制的意见

坛办发〔2018〕62 号　区委办公室区政府办公室关于印发《常州市金坛区湖长制工作实施方案》的通知

坛办发〔2018〕63 号　区委办公室关于印发《关于加强区委巡察整改和成果运用工作的意见》的通知

坛办发〔2018〕64 号　区委办公室印发区委《关于〈中央第七巡视组关于巡视江苏省的反馈意见〉整改工作方案》的通知

坛办发〔2018〕65 号　区委办公室印发区委《关于〈中央、省委巡视工作专项检查反馈巡察工作问题〉整改工作方案》的通知

坛办发〔2018〕66 号　区委办公室印发区委《关于〈十三届省委第四轮巡视 18 个县(市、区)发现的共性问题〉整改落实工作报告》的通知

坛办发〔2018〕67 号　区委办公室区政府办公室关于成立金坛区打好污染防治攻坚战指挥部的通知

坛办发〔2018〕68 号　区委办公室关于印发《金坛区村干部队伍建设"432 强链计划"(2018—2019 年)》的通知

坛办发〔2018〕69 号　区委办公室关于印发《常州市金坛区总工会改革实施方案》的通知

坛办发〔2018〕70 号　区委办公室关于印发《共青团常州市金坛区委改革实施方案》的通知

坛办发〔2018〕71 号　区委办公室关于印发《常州市金坛区妇联改革实施方案》的通知

坛办发〔2018〕72 号　区委办公室区政府办公室印发《关于创新网格化社会治理机制的意见》的通知

坛办发〔2018〕73 号　区委办公室印发《区委关于〈省委第八巡视组巡视金坛区进驻期间反馈的有关问题〉整改方案》的通知

坛办发〔2018〕74 号　区委办公室区政府办公室关于重申有关纪律并开展专项整治的通知

坛办发〔2018〕75 号　区委办公室区政府办公室关于做好 2019 年度全区重点党报党刊征订发行工作的通知

坛办发〔2018〕76 号　区委办公室关于印发《金坛区监委向镇、街道综合派出监察员办公室工作实施方案》的通知

坛办发〔2018〕77 号　区委办公室区政府办公室关于印发《公务接待、商务接待工作流程》的通知

坛办发〔2018〕78 号　区委办公室关于印发《开展习近平总书记对江苏重要指示批示贯彻落实情况"回头看"实施方案》的通知

坛办发〔2018〕79 号　区委办公室关于成立习近平总书记对江苏重要指示批示贯彻落实情况"回头看"工作领导小组的通知

坛办发〔2018〕80 号　区委办公室区政府办公室印发《关于落实市委第四巡察组〈关于对金坛区"阳光扶贫"工作巡察情况的反馈意见〉整改工作方案》的通知

坛办发〔2018〕81 号　区委办公室关于印发《金坛区党政干部鼓励激励实施办法》的通知

坛办发〔2018〕82 号　区委办公室关于印发《金坛区容错纠错机制实施办法》的通知

坛办发〔2018〕83 号　区委办公室关于印发《金坛区推进党政领导干部能上能下实施办法》的通知

坛办发〔2018〕84 号　区委办区政府办关于市委第四巡察组阳光扶贫巡察反馈意见整改情况的报告

坛办发〔2018〕85 号　区委办公室区政府办公室关于印发《金坛区农村人居环境整治三年行动实施方案》的通知

·金坛区人民政府·

坛政发〔2018〕20 号　常州市金坛区人民政府关于 2018 年兵役登记工作的公告

坛政发〔2018〕25 号　常州市金坛区人民政府关于公布 2015—2016 年度区"金沙英才奖"获奖名单的通知

坛政发〔2018〕27 号　常州市金坛区人民政府关于印发创建"国家生态园林城市"实施方案的通知

坛政发〔2018〕33 号　常州市金坛区人民政府关于进一步完善城市长效综合管理考核工作的实施意见

坛政发〔2018〕35 号　常州市金坛区人民政府关于印发 2018 年度金坛区重点产业项目实施计划清单的通知

坛政发〔2018〕44 号　常州市金坛区人民政府关于印发 2018 年金坛区打好污染防治攻坚战暨"两减六治三提升"专项行动工作方案的通知

坛政发〔2018〕78 号　常州市金坛区人民政府关于调整全区工业用地出让最低价标准的通知

坛政发〔2018〕79 号　常州市金坛区人民政府关于印发 2018 年度金坛区经济发展主要目标任务清单(二)的通知

坛政发〔2018〕87 号　常州市金坛区人民政府关于印发金坛区"城市管理提升年"行动方案的通知

坛政发〔2018〕95 号　常州市金坛区人民政府关于公布第四批区级非物质文化遗产名录及代表传承人的通知

坛政发〔2018〕99 号　常州市金坛区人民政府关于印发 2018 年度金坛区保障性住房建设项目实施计划清单的通知

坛政发〔2018〕100 号　常州市金坛区人民政府关于印发 2018 年度金坛区政府性投资项目实施计划清单的通知

坛政发〔2018〕101 号　常州市金坛区人民政府关于印发 2018 年度金坛区政府性投资重点前期项目计划清单的通知

坛政发〔2018〕100 号　常州市金坛区人民政府关于印发 2018 年度金坛区政府性投资项目实施计划清单的通知

坛政发〔2018〕182 号　常州市金坛区人民政府关于取消一批行政许可等事项的通知

坛政发〔2018〕183 号　常州市金坛区人民政府关于修订常州市金坛区农业贷款信用担保基金管理暂行办法的通知

坛政发〔2018〕184 号　常州市金坛区人民政府关于印

发常州市金坛区2018年度土地收储出让计划的通知

坛政发〔2018〕185号　长荡湖封湖禁渔通告

坛政发〔2018〕188号　常州市金坛区人民政府关于进一步规范全区城市基础设施配套费管理工作的通知

·金坛区人民政府办公室·

坛政办发〔2018〕16号　区政府办公室关于印发《关于深入推进医共体建设的实施意见》的通知

坛政办发〔2018〕20号　区政府办公室关于印发《关于建立医疗保险经办机构与医疗机构谈判协商机制的指导意见》的通知

坛政办发〔2018〕28号　区政府办公室关于转发《市政府办公室关于印发常州市工业企业资源集约利用综合评价办法(试行)》的通知

坛政办发〔2018〕29号　区政府办公室关于转发《市政府关于开展工业企业资源集约利用综合评价工作的实施意见》的通知

坛政办发〔2018〕34号　区政府办公室关于印发《常州市金坛区湖泊管理与保护实施细则(试行)》的通知

坛政办发〔2018〕39号　区政府办公室关于进一步加强老年教育工作的意见

坛政办发〔2018〕45号　区政府办公室关于印发《长荡湖生态渔业示范工程实施方案》的通知

坛政办发〔2018〕52号　区政府办公室关于印发《常州市金坛区深入推进社会保险全民参保计划"三年行动"实施方案》的通知

坛政办发〔2018〕58号　区政府办公室关于印发《金坛区春夏火灾防控四项整治攻坚行动实施方案》的通知

坛政办发〔2018〕62号　区政府办公室关于印发《常州市金坛区食品小作坊小摊贩和小餐饮专项整治工作方案》的通知

坛政办发〔2018〕81号　区政府办公室关于印发《常州市金坛区创建全省"四好农村路"示范区实施方案》的通知

坛政办发〔2018〕97号　区政府办公室关于印发《金坛区"散乱污"企业(作坊)集中整治工作方案》的通知

坛政办发〔2018〕120号　区政府办公室关于印发《常州市金坛区畜禽养殖废弃物资源化利用实施方案》的通知

坛政办发〔2018〕123号　区政府办公室关于印发《常州市金坛区内河码头专项整治工作实施方案》的通知

坛政办发〔2018〕145号　区政府办公室关于印发《金坛区义务教育学校教师"区管校聘"管理体制改革实施意见》的通知

坛政办发〔2018〕151号　区政府办公室关于进一步加强当前非洲猪瘟防控工作的紧急通知

坛政办发〔2018〕152号　区政府办公室关于提高城乡低保、农村五保供养、城市"三无"老人、孤儿养育和困难残疾人生活补贴标准的通知

坛政办发〔2018〕159号　区政府办公室关于调整2019年居民基本医疗保险筹资标准的通知

坛政办发〔2018〕160号　区政府办公室关于印发《金坛区2018年城市环境综合整治行动实施方案》的通知

坛政办发〔2018〕165号　区政府办公室关于印发《金坛区城市交通畅行工程三年行动计划(2018—2020)》的通知

(编辑　李华琴)

索　引

说　明

一、本索引采用主题分析法编制，按标引词的第一个字的汉语拼音字母（同音字按声调）顺序排列；同音同调，按第二个字的音序排列，以此类推。

二、标引词后的阿拉伯数字表示内容所在页码，数字后的拉丁字母 a、b、c 分别表示该页的左、中、右栏。

三、年鉴的特载、大事记、荣誉栏、文件选编、统计资料、彩页等均未作索引。

四、为方便读者检索，在金坛的企事业单位以及在金坛发生的事件名称前的“金坛”、“金坛区”，除易产生歧义者外，均予省略。

条目索引

A

B

C

D

E

F

K

L

M

N

P

Q

R

S

T

W

X

Y

Z

表格索引

D

G

H

J

L

M

P

Q

R

S

W

X

Y

Z

(编辑 方 骊 李华琴)

中国首个城镇燃气大规模盐穴储气项目港华金坛储气库一期投运

大唐金坛热电公司1号机组顺利通过168小时试运

学习小岗村、黄金村活动

2018年，区发改委发挥参谋助手作用，积极为全区“两个加快攻坚突破”提供优质服务和保障，高效率推进各项工作。

服务两个“加快”。纳入省重点项目9个，进入常州市重点项目12个，再次实现历史性突破；完善“阳光发改”网上系统，提升审批效能；争取资源要素，为13个项目争取到位资金1.42亿元，中航锂电48V专用锂电池项目、盛利维尔新型金刚线项目列入省战略性新兴产业资金名单，贝特瑞锂电池正极材料项目申报国家增强制造业核心竞争力专项资金通过专家评审。培育“四新”经济，港华储气库投运，大唐热电一期工程竣工，盐穴压气储能项目被列为国家试验示范项目，大乘城市E行共享汽车上线运营。

开展专项重点工作。对接上位规划，22个事项纳入《宁杭生态经济带发展规划（建议稿）》；发挥区级服务业引导资金作用，引导12家企业发展现代服务业；编制完成《金坛区能源系统规划》《金坛区加油加气站及充电设施建设规划》，优化能源消费结构、能源设施布局。

强化价费监管。受理举报（咨询）件112件，处理满意率100%；取消6项、停征2项收费，降低4项收费标准，4次降低工商业电价，累计减轻企业和群众负担超7000万元；开展全省平价商店优惠券试点工作，发放平价商店优惠卷917张。

2018年，区法院紧扣审判执行中心工作，深化司法改革，化解社会矛盾，提升审判质效，为金坛在苏南板块快速崛起提供有力司法保障。全年共受理案件17068件，其中新收案件14399件，同比分别增长6.44%和9.94%；审执结案14604件，同比增长9.42%，结收案比为101.42%，结案标的额达49.45亿元。

在区第十七届人大常委会第十六次会议上，于立峰被任命为区法院代院长

金坛区人民法院物业纠纷巡回法庭与金坛区物业纠纷人民调解委员会揭牌成立

接受区人大常委会关于“基本解决执行难”工作的专题询问

金坛区道路交通事故处理综合服务工作推进会

基本解决执行难——当事人赠送锦旗

金坛区人民法院组织宪法宣誓活动

金坛区人民法院开展模拟庭审进校园活动

区人大代表旁听评议一起职务犯罪案件

金坛区人民法院开展凌晨集中执行

开展集中执行

推进检察工作 切实关注民生

金坛区检察院检察长向区人民代表大会作工作报告

2018年，金坛区人民检察院紧紧围绕全区重大决策部署，突出“强化法律监督，服务保障大局”的工作主题，以办案为中心，以改革为动力，以队伍建设为保障。深化法律监督的产品理念，将工匠精神融入到司法实践的每一个环节，用精用准、用足用好法律监督手段，努力为人民群众供给更优质的检察产品，为全区“两个加快”提供有力司法保障。

区检察院检察长王强亲自送达《检察建议书》

学习习近平新时代中国特色社会主义思想宣讲辅导会

主动开展代表联络工作

与徐州市云龙区检察院开展共建学习

参加人大代表“听百案、议百事、评百员”暨“百庭考核”活动

大力开展“一村（社区）一检察官”活动

联合市场监督管理局开展校园周边食品玩具安全集中整治

金沙法学社组织干警开展读书活动

组织开展公诉辩论赛活动

江苏省省长吴政隆在区委书记狄志强陪同下到埃马克（中国）机械有限公司调研

大乘汽车整车生产线

同方威视技术人员对安检设备进行测试

2018年，全局广大干部职工全面贯彻落实区委、区政府的决策部署，积极作为、勇于担当，奋力攻坚两个加快，有力地推动了全区工业经济高质量发展和高速度增长。

全区工业经济各项主要指标增幅持续高位运行，连续五年跻身常州各板块及苏南各县市前列。工业开票销售高速增长。全区累计实现工业开票销售1399.22亿元，同比增长25.73%，高于常州市平均增幅13%。工业实际投入再上台阶。全区完成工业实际投入223.35亿元，同比增长30.13%；“三新一特”产业投资集中度进一步提升，投入占比达60.00%，同比增长81.13%；机械设备、建筑物及构筑物两大要素的投入占比近80%，工业项目投入质量进一步提升。重点企业支撑更加明显。全区462家规模企业实现开票首次突破1000亿元大关，达1040.32亿元，同比增长17.66%；年度新增规模工业企业50家；开票销售亿元以上企业173家、10亿元以上企业27家，净增5家，东方日升、信维通信、同方威视等一批新企业进入此列。工业经济质量、地位齐升。“三新一特”产业招引和产业投入集中度进一步提升，推进全区由化工、机械、纺织服装等传统产业向高端装备制造、5G通讯、新能源汽车等新兴产业拓展，产业布局不断丰富，产业层次不断提升。全年新增高新技术企业38家、总数达124家。全区获常州市工业五星级企业、常州市工业四星级企业各6家，获常州市工业三星级企业5家。

区经信局开展“学习日”活动

经信系统”七一“表彰大会颁奖

埃马克（中国）生产车间

东方日升光伏新能源项目位于直溪现代产业园，总投资80亿元，生产5GW高效太阳能电池、5GW高效太阳能组件。项目建成后，年销售收入将达110亿元。

强担当履使命 提效能展作为

金坛区自然资源局作为区机构改革组建的新部门，整合了区国土分局、区规划局的职责，以及区发改委组织编制主体功能区规划职责，区水利局水资源调查和确权登记管理职责，区农林局的林业管理和森林、湿地等资源调查和确权登记管理职责，区环保局、区住建委的自然保护区、风景名胜区管理职责，主要实施统一行使全民所有自然资源资产所有者职责和统一行使所有国土空间用途管制和生态保护修复职责。

2019年，金坛区自然资源局将始终紧扣区委“两个加快创新提升年”工作主线，按照新时代自然资源管理的总目标、总纲领，全面履行“两统一”职责，全面落实机构改革各项制度，全面凝聚自然资源管理各方力量，全力服务和保障全区经济社会发展，争取各项工作走在全省前列。

江苏省省长吴政隆视察金坛区森林防火工作

江苏省副省长费高云到金坛调研长荡湖生态修复工程

国家林草局上海专员办专员苏宗海到金坛调研森林资源保护情况

中共金坛区委书记狄志强与常州市自然资源局党组书记、局长贾金庚揭牌

到场领导与常州市金坛区自然资源局班子成员合影

区四套班子领导参加义务植树

金坛区自然资源局转隶组建工作部署会

召开“一学习两整治”专题会议

世界地球日宣传活动

“迎三八·秀厨艺”活动

强保障 优服务 抓实效

原江苏省国土资源厅副厅长祖耀升到金坛包案处理信访事项

区领导调研国土工作

2018年,常州市国土资源局金坛分局围绕“两个加快攻坚突破年”工作主题，按照年初部署的各项重点工作要求, 抓重点，破难题，求实效，全力以赴保障发展和保护资源，为全区经济社会高质量发展提供有力支持和有效服务，连续三年获区集体三等功。

进一步强化服务理念，提前了解全区重点项目申报动态，指导用地单位做好基础工作，做到早计划、早安排，并积极做好用地预审和规划衔接工作，确保上报用地项目能第一时间审批。

区不动产登记服务承诺时限（继承等复杂登记事项除外）从成立之初的30个工作日全部缩减至3个工作日完成，查、解封登记和抵押权注销登记立等可取；制定下发全区拆迁安置房不动产登记工作方案，实现不动产登记进社区、拆迁安置群众不出小区即可领取不动产产权证。

建立“政府主导、国土牵头、部门联动”的执法监管共同责任机制，上半年重拳出击，集中开展卫片执法整改专项行动，拆除、查处了一批违法用地，优化了全区的用地环境。

参加全省不动产业务技能竞赛取得佳绩

在全市国土资源系统党建知识竞赛中获团体第一

获2018年度“两个加快”集体三等功

开展“党员初心桥”主题活动

在中共苏皖一大会址建立党员学教基地

金坛国土第一部微电影《土魂》开机仪式

开展“大手拉小手”土地科普活动

举办”庆双节·悦跑步“活动

勇于担当 砥砺奋进
为实现生态环境高质量而不懈努力

副省长到金坛调研生态环保工作

区委书记狄志强专题听取环保工作汇报

区委书记狄志强现场督办中央环保督查“回头看”工作

督察迎检会

金坛区2018大气污染防治攻坚行动工作推进会

全局作风建设大会

全区生态环境保护大会暨污染防治攻坚战工作推进会

党的十九大精神、习近平新时代生态文明思想、纪法知识测试

“美丽中国，我是行动者”——金坛区儿童环保诗歌创作大赛

大气污染防治夜查

常州市金坛区交通运输局

中共常州市委书记汪泉到金坛调研南沿江铁路建设工作

2018年，全区交通运输系统围绕“两个加快”，以加快交通基础设施建设为重点，突出抓好交通行业管理，着力推进交通依法行政，全力构建现代综合交通运输体系，较好完成了各项目标任务。

5月26日，“第十四届职工职业技能竞赛客运驾驶员技能比赛”

茅山旅游大道丹金溧漕河大桥主桥斜拉索主塔现浇混凝土施工现场

5月28日，108路班组成员慰问河头小学贫困学生

2018年7月20日，筑路先锋战高温抢工期

水上安全进校园知识讲座

通检通认宣传

茅山旅游大道丹金溧漕河大桥于顺利合拢

扫雪除冰

严控扬尘污染 打造蓝天工程

11月1日起，金坛城市公交车移动支付上线

精细城管　美丽金坛

区长沈东督查金城建材市场违建治理情况

2018年，区城管局紧扣区委区政府中心工作，以“物业管理权”“住建领域行政执法权”划转为契机，扎实开展“城市管理提升年”行动，市容环境、人居环境得到全面改善，城市长效管理以全年平均超90分的成绩，跨入常州市优秀管理城市行列，荣膺2018年度全区“两个加快”攻坚突破工作集体嘉奖。

区城管局以转变管理理念，提高管理标准，提升管理水平为主线，坚持问题导向，“冬季大会战”“春雷行动”着力攻坚重难点问题，市容秩序明显规范；坚持管理创新，全面撤除城区沿街垃圾桶，深化垃圾分类治理。新建、改造公厕10座。严格工地扬尘管控，全力打造环卫作业亮点特色；坚持源头管控，推动城市管理服务下沉，以“片区治理”模式推进东园小区、金城建材市场等区域老违建治理；坚持整治提升，综合治理30个老住宅小区、30条背街小巷，打造2条特色街巷和4个省级宜居示范居住区，提升城市品位，美化人居环境；坚持从严治党，全面夯实党建工作基层基础，城市管理各项工作高效、有序开展。

物业纠纷调解中心成立

七一宣誓

“12319”城管服务热线进社区

金城建材市场违建治理行动

入户宣传

扫雪除冰

撤除沿街垃圾桶、生活垃圾上门收集

再生资源回收

提高站位勇担当　开拓进取谋发展

获常州市五一劳动奖状

全区人社工作大会

金坛区第二届"金工匠"职业技能大赛

苏陕劳务对接"管家式"模式被省厅借鉴推广

2018年，全区人社系统全力抓好保障改善民生、服务"两个加快"各项任务落实，加强行风建设、提升服务效能，人社各项事业保持健康、和谐、高质量发展，获常州市五一劳动奖状。

大力实施就业优先战略，出台创业担保贷款、职业技能培训鉴定、就业创业社保补贴等多项政策，推进大众创业、万众创新。组织开展各类人力资源招聘会60余场，提供就业岗位2.8万个，达成就业意向1.14万人。成功支持自主创业1518人，引领大学生创业230人，获评"江苏省优秀大学生创业项目" 5个、"常州市优秀大学生创业项目" 13个。开展失业保险"援企稳岗"行动，为152家企业发放稳岗补贴599.9万元。开展各类技能培训2.49万人，举办第二届"金工匠"系列职业技能大赛。苏陕劳务对接"管家式"模式全省首创，经验做法被省厅借鉴推广。

全区职工养老、居民养老、职工医保、居民医保、工伤保险、生育保险参保人数分别达20万人、5.8万人、20.5万人、32.8万人、12.9万人、11.5万人。机关事业单位养老保险制度改革推进工作领跑全省，改革成果受到省厅肯定与表扬。企业和机关事业单位退休人员养老金人均上调比例超过5%，城乡居民养老保险每月基础养老金标准提高到220元，缴费满15年的提高到250元，被征地农民养老补助金提高到580元。城乡居民基本医疗保险财政补助由600元提高至740元。实施医保精准扶贫，帮助19764名困难群众免费参保。

3人入选省"双创计划"创业类人才。入选常州市"龙城英才计划"领军人才优先支持项目12个。申报引进外国智力项目10项。以"百家企业校园行""名校学子金坛行""精英人才·智汇金坛""乡思乡伴·筑梦金坛"四大活动为载体，推进人才引育品牌转型升级。加强校政企合作，成立"金坛-常州高职院校"人力资源区域合作联盟，组织40多家企业与常州高职院校签订人才引育合作协议。全区新增各类人才4860人，引进高层次人才245人，新增高技能人才1820人，每万名劳动者中高技能人才数达到1066人，连续三年位居常州各辖市区前三名。

开展全区机关事业单位人事编制管理信息系统数据维护情况专项检查。推进教育系统“区管校聘”管理体制改革，全区294名教师参与交流轮岗。创新多元招聘方式，建立“四位一体”事业单位公开招聘体系。为企业退休军转干部发放生活补助、医疗补助816万元。军转安置工作连续两年位居常州第一，经验做法在全省交流发言。

全年立案查处劳动监察投诉举报案件270件，受理各类劳动争议案件1157件，处置劳动保障群体性突发事件27件，在全区175个在建工程项目中开展农民工工资支付情况专项检查，帮助2100余名劳动者追讨劳动报酬等待遇4300多万元。受理工伤案件1725件，支付工伤待遇6900万元。金坛首创和谐劳动关系道德讲堂，金坛经济开发区成功创成省级和谐劳动关系示范园区，江苏金昇实业股份有限公司被评为全国模范劳动关系和谐企业。

省厅专项督查社会保障相关工作

开展丰富多彩的退休人员活动

首次举办“精英人才·智慧金坛”中高端人才招聘会

区劳动监察大队服务效能获得群众认可

与多所高职院校成立人力资源区域合作联盟

苦干实干勇争先 担当履职促发展

获常州市五一劳动奖状

举办“3.15”广场宣传活动

开展“铭记历史 奋斗青春”主题活动

2018年，区市场监管局聚焦聚力“一新两高”。苦干实干、争先进位，努力让人民群众买得放心、用得放心、吃得放心，为金坛经济社会跨越发展作出积极贡献。获评常州市五一劳动奖状。

准入环境持续优化。全程电子化登记，“3个工作日完成企业开办”实现达标率100%，全年共新设各类市场主体7026户。

品牌打造更加有力。“正信”认定为中国驰名商标，“金坛红香芋”注册为国家地理标志商标；新增国内商标1000余件、马德里国际商标3件、常州市级“守重”企业37家。

标准建设日趋加强。完成标准备案153只，4家企业获省市标准化项目奖励；东方盐湖城文旅闲养小镇服务业标准化试点获批省级试点，填补了全区空白。

质量强区稳步推进。首届“区长质量奖”成功开评，评出“区长质量奖”企业2家；新发展质量信用等级评价AA级企业1家，A级企业5家；新增质量管理体系认证企业61家。

食药监管更加严格。深化省级食品安全示范区创建，组织开展22项专项整治，完成食品抽检2860批次，上报药械不良反应报告（事件）1069份，率先建成食品小作坊集中加工区1家，食品小摊贩集中示范区2家。

特设监管成效显著。检查特种设备使用单位334家、设备350台；数据信息采集工作累计上传信息12300条，占设备总数的98%，率先通过考核验收。

惠民实事掷地有声。建成“阳光餐饮”单位634家、“安心菜场”8家，率先超额完成目标任务；建设省级餐饮质量安全示范街1条、示范店41家；“两免费”检定计量器具1201件；创成平安市场创建“十佳”示范点市场2家。

消费维权提质增效。受理消费投诉举报1985件，按时办结率100%；创成16家市级放心消费先进单位，放心消费创建活动知晓率为92.9%，位列常州辖市区第二。

帮企助企担当有为。办理各类抵押登记167件，助企融资151.76亿元；新增“个转企”104户，注册资金2.79亿元；免费检定强检计量器具5452台/套，为企业减负48.81万元。

监管效能不断提高。健全随机监管、信用监管、综合监管“三位一体”监管体系，“双随机”抽查企业763户；企业和个体工商户信用信息公示率分别达89.6%和92.4%，均位列常州辖市区第一；建立市场综合监管机制，实现“一次上门、全面体检”。

举办2018年金坛区区长质量奖问询答辩会

启动省级食品安全示范区创建工作

召开2017-2018年度党员干部冬训暨总结表彰大会

走进政风热线

开展扫黑除恶专项斗争

强化市场监管

召开巡察工作动员会

2018年，金坛区获“江苏省基层卫生十强（县）区称号

医院心血管专科医联体揭牌

卫计系统党建工作会议

2018年，卫计系统以解放思想为先导，着力推进健康金坛建设，稳步实施综合医改，不断增进群众健康福祉。

健康金坛迈出新步伐。制定了《“健康金坛”工作实施方案》，直溪镇成功创建成国家卫生镇，儒林创建成省健康镇，直溪镇坞家村等9个村(社区)创建成省级健康村(社区)。家庭医生签约服务项目参加了健康长三角医疗卫生领域最佳实践案例评选，建成家医工作总站1家，家医工作室23家。

综合医改取得新突破。2018年荣获“江苏省基层卫生十强(县)区”称号，全年公立医院门诊均次费用同期下降0.9%;住院均次费用增幅低于5%。积极开展上海交大附属第一人民医院与区人民医院全面合作，区级医院与名院名医先后建立16个教授工作站。出台了《深入推进医共体建设实施意见》，新建2家紧密型医共体，开展了“同质化”管理。

医疗质量得到新提升。金坛区人民医院创建成三级综合医院，金城镇卫生院和直溪中心卫生院创建成二级综合医院。直溪、薛埠、尧塘中心卫生院被列为农村区域医疗卫生中心。区人民医院骨科、妇科创建成常州市临床重点专科，心内科被列为常州市临床重点专科建设单位。区中医医院名医馆建设已完成，11家乡镇(中心)卫生院中医馆建设通过验收。

计生工作有了新跨越。圆满完成新国优和省“十三五”人口协调发展先进区中期评估各项任务。荣获全国流动人口动态监测调查优秀单位。稳妥实施全面两孩政策，落实相关配套措施，全年出生4417人，其中二孩1945人，占出生总数的44.03%。共发放农村奖扶金2639.52万元，特扶金1180.53万元，一次性奖励金4080.08万元，独生子女父母奖励金80.72万元。

主题为“不忘初心 立德医人”的道德讲堂
被推荐为常州市道德讲堂总堂

2018年7月28日北京大学博士暑期实践团
来区人民医院院调研

与上海东方肝胆医院杨家和签约

重温入党誓词

参加全区改革开放40周年文艺演出

中共常州市纪委书记张春福参观政务大厅

2018年，金坛区行政审批局主动优化服务举措，深化“放管服”改革，完善政务服务“一张网”和“不见面审批”模式，提升营商环境和政务服务效能，为全区实现在苏南板块快速崛起而不懈奋斗。

政务服务中心全年共办理各类行政审批服务事项77.14万件，同比减少7.10%。其中即办件64.78万件，占83.98%，同比减少10.38%。公共资源交易金坛分中心共完成交易量1236项，交易金额366.75亿元，节约金额11.25亿元，土地溢价0.21亿元，交易量同比增长12.16%，交易金额同比增长6.62%。公共服务中心受理各类诉求5.57万件，办结率100%，满意率96.6%。金坛区获2018年度常州市重点项目推进服务奖；区行政审批局获评金坛区两个加快攻坚突破工作先进集体和项目推进工作先进集体。

区委常委、副区长陶伟慰问行政审批局

区行政审批局联合竣工验收

青海省互助县考察团一行考察公共资源交易分中心工作

“2018看我的”主题演讲活动

金坛青商会走进政务服务中心

理论学习中心组专题学习会

区行政审批局妇联观看“改革开放巾帼力量”网络访谈

第三届职工文化艺术周颁奖晚会

把握机遇 强化监督
在金坛经济社会大发展中履好责

局党组中心组学习会

2018年，区审计局以推进供给侧结构性改革为主线，着眼统筹推进稳增长、促改革、调结构、惠民生、防风险各项工作，聚焦打好“三大攻坚战”，创新审计理念，规范审计行为，突出审计重点，依法全面履行审计监督职责。

全年完成审计项目27个（不含区领导临时交办的跟踪审计项目），提交审计报告和专题报告等45篇，审计查出管理不规范金额22.42亿元，发出移送处理7份，审计决定9份，促进增收节支和避免损失9.81亿元，促进建立健全制度19项，制定整改措施46个。2017年同级审项目和农林局经济责任审计项目分别被常州市审计局评为优秀审计项目、表彰项目。先后被评为江苏省审计系统2017年度信息和宣传工作成绩突出的县（市、区）审计机关、常州市审计系统信息宣传工作先进集体和区党委信息工作先进集体。“红心护苗队”创成金坛区级机关优秀党建品牌。

党员活动日

党小组学习

“审计爸妈”关爱留守儿童

华罗庚中学滨湖校区跟踪审计现场

排污费审计现场

粮库延伸审计现场

长荡湖退田还湖工程审计现场

资源环境审计现场

自然资源审计现场

清华大学
Tsinghua University

证书

江苏省常州市金坛区基地：

在2018年度清华大学博士生必修环节社会实践工作中，贵基地建设卓有成效，为我校人才培养作出积极贡献，获评“四星基地”，有效期为2018年11月1日~2019年10月31日。

特发此证，以兹鼓励。

清华大学党委研究生工作部

2018年11月1日

2018年，区科技部门先后与中科院山西煤化所、山西大学、中北大学、苏州大学、江南大学、常州工学院、江苏大学、河海大学等高校院所开展专题精准对接19场次。同时，抓实清华大学博士生社会实践金坛基地建设，金坛基地晋升四星级基地。全年新增高新技术企业 38家，累计达到 124家。各级创新政策有效落实，向上争取科技经费3300万元。在常州市创新创业大赛上，金坛10家企业获奖，其中常州万容新材料科技有限公司、江苏亿和新材料有限公司、江苏金坛绿能新能源科技有限公司获二等奖。

中北大学 金坛区人民政府全面战略合作框架协议签订仪式

南京海关调研金坛区重点企业

2018年，金坛紧紧围绕常州“重大项目增效年”活动部署，积极响应常州推进企业国际化、产业国际化、园区国际化、城市国际化、人才国际化建设的号召，以“两个加快”攻坚突破年为主旋律和主基调，在高位平稳的基础上推动开放型经济提质增效。全年，全区完成实际到账注册外资4.05亿美元，同比增长301.43%，完成市级年度目标任务的135%、区级年度目标任务的101.25%，创8年以来注册外资到账完成率新高；完成进出口总额156.7亿元，同比增长11.2%，完成全年目标任务的106.2%；完成境外投资企业7家，同比增加2家，总投资额3.88亿美元，新签外经合同额9713万美元，完成外经营业额1.1亿美元，同比分别增长389.81%、16.14%。

区商务局局长汤文斌赴昆山对接印度项目

副区长周新生率领金坛代表团赴广州参加第123届中国进出口商品交易会

区商务局副局长杨颐华与区内境外投资企业家共同参加2018年度中国企业走出去风险发布会

第三届中国河蟹产业发展高峰论坛

2018年，全区农林系统坚持以农业供给侧结构性改革为主线，深入开展“重大项目推进年”活动，扎实推进乡村振兴战略的实施。

打好“特色牌”，金坛雀舌成为“全国首批通过森林认证茗茶品牌”，“金坛雀舌茶乡之旅”入选“全国首批20条茶乡旅游精品线路”，指前镇入选省级“味稻小镇”。打好“生态牌”，长荡湖国家湿地公园试点建设接受国家级评估验收。扎实推进“263”专项行动涉农工作，扎实开展“大棚房”整治、“亮剑2018”、家禽屠宰整治、农资打假专项行动。打好“科技牌”，区水产站被评为“全国十佳水产技术推广示范站”。12名专业技术人员助力宁陕、石泉产业精准扶贫。首家综合性农产品跨境电商店铺正式上线。

高分通过“江苏省粮食生产全程机械化整体推进示范县”验收，国家农产品质量安全市创建通过验收。争取两入选。薛埠镇茶果产业入选中央农业强镇示范项目，茅东林场半边山下入选全国首批50个国家森林小镇试点，为江苏唯一。全国果菜茶有机肥替代化肥推进落实会、第三届中国河蟹产业发展高峰论坛暨2018“长荡湖杯”海峡两岸河蟹大赛先后在坛举行，“金坛经验”全国推广。“金坛秋收节”被纳入全国首届“中国农民丰收节”系列活动。

区农林局获“全省海洋与渔业建设先进单位”

全国果菜茶有机肥替代化肥现场会

中国森林认证授牌仪式

金坛“半边山下”民宿入选首批国家森林小镇建设试点

仙姑村美丽乡村示范项目揭牌仪式

常州市儿童艺术剧院揭牌

金坛茅山山地半程马拉松赛

中美男子篮球对抗赛

欢乐金沙大舞台

金坛区总河长、区长沈东和副总河长、副区长朱霞巡查丹金溧漕河

金坛首家节水教育基地节水科普馆建成并投入使用

金坛水政监察员开展水政联合执法

2018年，全区按照“水利工程补短板、水利行业强监管”的要求，全面做好各项水利工作。

重点工程加快建设 实施防洪除涝、区域治理、农田水利等重点工程项目49个，总投资11.54亿元，其中政府性投资项目6个。长荡湖清淤一期工程完工，新孟河主线工程开工建设，龙山水利枢纽建成发挥效益，大墩枢纽工程完工并试运行，大浦港、白石港等入湖河道综合整治项目完成主体施工，滨湖新城防洪除涝节点工程达到时序进度要求，一批改善民生、提升生态的项目工程正在加快建设，山、水、林、田、湖、草系统治理的综合效益逐步显现，乡村振兴的基础不断夯实。

河、湖长制全面建立 完成43条区级河道“一河一策”编制，河长巡河7022人次，发现问题450起，落实整改率100%。完成21条河道黑、臭水体治理，拆除乱占、乱建、乱种842处，清理废弃船只5130艘。推行“电子河长”监管、无人机巡河，开通电脑PC端、河长手机APP、河长制公众号，“最美河道”网上票选全省首创。“夕阳红河长”“红领巾河长”等民间河长作为河长制工作新生力量成为河长制一道靓丽风景线。

防汛防旱组织有力 扎实做好汛前检查和消险，推进防汛应急项目建设和主城区易淹易涝排水设施改造；修订完善各类防洪防台预案、各类工程抢险方案；组织开展防汛知识培训、军地联合演练；完成农村防汛预报预警系统实施方案编制。全区防汛防旱体系趋于规范。

水资源管理更加严格 建立23个水功能区水质定期检测、规模以上入河排污口监督性监测、饮用水源地部门联动协作机制，长荡湖涑渎水源地达标建设通过省级

指前镇高效节水灌溉项目

验收；建成省级节水教育基地1个，新增节水型学校（社区、企业）8个、“水美乡村”6个，水生态文明城市建设试点通过验收。

改革创新持续深入 4个省、部级管理体制机制试点创建获多项省、市级成果，水生态文明城市试点创建、小型水利工程确权、河湖库管理范围划界、法治水利建设、最严格水资源管理全部通过考核验收；农业水价综合改革超额完成任务，小型农田水利工程管理获省级考核优秀，水利工程质量管理获省考A级，城防处通过省一级水管单位复验，茅东水库创成省二级水管单位，省级小型水库规范化管理单位创建率达92%。

金坛生态河道--钱资湖爱情岛

10月19日，大墩闸站项目通过水下工程阶段验收

整治后的入湖河道白石港

金城镇白龙荡中心河获“最美河道”称号

新孟河延伸拓浚工程金坛先导段

城市防洪骨干工程龙山水利枢纽建成投运

民政为民　民政爱民

社会组织培育发展中心开园仪式

区社会组织培育发展中心举办“金沙益课堂”活动

“庆六一，伴你同乐”关爱困境儿童活动启动仪式

金坛区民政局以“抓重点、求突破、促发展”为主线，坚持重点突破与整体推进相结合，不断推进现代民政高质量发展。

养老服务聚焦多元求突破。打造公建民营示范点。首次尝试养老领域“公建民营”合作模式，委托上海逸仙养老集团以房屋出租的形式运营区社会福利院。认真做好助餐点建设。搭建“中央厨房+社区配送”的助餐新模式，老年人助餐服务实现城市社区全覆盖。开展“夕阳红”服务中心建设。全区10个社区“夕阳红服务中心”新建任务已完成。

社会组织聚焦共治求突破。加强社会组织监管。召开全区社会组织管理工作推进会，进一步明确登记管理部门和业务主管部门的工作职责；对46家社会组织开展“双随机一公开”检查，并制定跟踪回访机制。加强社会组织规范管理。在常州地区率先出台《金坛区社会组织重大事项报告制度》，截至2018年年底共收到报告20余份；与公安联合开展打击整治非法社会组织专项行动；与区委组织部联合出台《关于进一步规范领导干部在社会团体兼职工作的通知》。开展社会组织孵化中心建设。投资200余万元建立的“金沙益站”区级社会组织培育发展中心于10月15日开园。

殡葬管理聚焦优化求突破。加大殡葬基础设施建设。加快推进新殡仪馆建设，同步开展人员培训、流程设置等工作。大力宣传绿色生态葬。精心组织第二届清明文化节，举办首次集体免费生态葬安葬仪式，设立海葬纪念碑，全区生态葬实现了零的突破。加大殡葬市场规范管理。对新殡仪馆的灵车运营、殡仪服务、餐饮住宿对外公开招标，实现统一管理、专人负责，从根本上改变全区殡葬市场的乱象；全面开展殡葬领域突出问题专项整治行动，完善6家公益性公墓的合法手续，并结合实际出台购买寿墓相关规定。

队伍建设聚焦规范求突破。按照从严治党要求，局党委全面落实主体责任，完善两个责任清单，健全“一把手负总责，分管领导各负其责，班子成员齐抓共管”的领导体制和工作机制。加强干部队伍管理，完善内部规章，切实改进工作作风，保证廉洁、公正、高效。扎实开展解放思想大讨论活动，着力破除民政事业发展中存在的差距与短板。开展学习品牌创建，设立“民政讲习堂”，形成爱学习、勤思考、精业务的良好氛围。加大宣传力度，多层次、多角度地挖掘工作亮点，提高民政工作社会影响力。

殡仪服务签约仪式

新殡仪馆主场馆

区社会福利中心公建民营签约仪式

统一标识的灵车

走访企业了解发展情况

2018年，全区税务干部职工讲政治、顾大局，甘于奉献、勇于争先，稳步有序推进国税地税征管体制改革，新税务机构平稳顺畅运转。区税务局始终坚持组织收入原则，通过税收分析、风险应对、打击涉税违法，推动组织收入量质齐升。全年累计组织各项收入101.79亿元，突破百亿元大关。其中，完成税收收入82.73亿元，同比增长6.39%；完成非税收入19.06亿元，同比增长13.35%。全口径一般公共预算收入达到51.6亿元，同比增长11.06%。不折不扣地落实各项税收优惠政策，全年共计减免税24.22亿元。

7月20日，新机构成立挂牌

“改革路上 正是青春勇担当”青年主题活动

“拥改革 强作风 作表率 促发展”党员领导干部承诺践诺活动

参加常州市局组织的运动会

开展“税妈妈”关爱活动

茅山马拉松税收宣传

青年干部主题教育活动

税法宣传志愿者

义务劳动

服务大厅获得“江苏省巾帼文明岗”荣誉称号

区人大常委会视察《条例》贯彻落实情况

直溪镇住房公积金工作站挂牌

2018年，金坛分中心在常州市住房公积金管理中心深化“放管服”改革，加快“智慧公积金”服务体系建设，全力推动住房公积金事业高质量发展。分中心按照区政府《扩面工作意见》要求，借助行政推动的力量大力推进住房公积金制度覆盖，积极支持职工刚性住房需求，不断强化内部管理、深化作风建设，严格执行各项操作规范和管理制度，为促进住房保障建设、服务地方经济发展做出了应有贡献。

分中心始终以职工满意为宗旨，持续深入推进“放管服”改革，精简业务流程、提升业务效率，不断完善便民利民措施。通过积极推进部门信息共享、优化业务办理流程，已初步建立起包括网站、服务热线、微信、第三方APP和自助服务机等五大平台八个服务渠道在内的远程服务体系，真正实现“数据多跑路，市民少跑腿”的服务目标。

2018年，分中心围绕全区住房公积金工作会议上区政府分管领导就2018年年住房公积金扩面工作提出“树立大局意识、强化宣传意识、遵循法律意识、加强责任意识、提高服务意识”的五点要求，响应并落实区人大常委会向区政府提出《关于贯彻实施〈住房公积金管理条例〉的工作建议书》，扎实做好全区住房公积金扩大覆盖面工作。全年，全区住房公积金扩面人数再超万人，达到10135人，完成区政府“社会保障新目标”（新增住房公积金缴存人数5000人）的202.70%；发放住房公积金贷款8.46亿元，完成区政府“社会保障新目标”（发放住房公积金贷款4亿元）的211.50%；归集住房公积金8.19亿元，提取6.52亿元。截至2018年12月31日，全区住房公积金归集余额为20.87亿元，住房公积金个人贷款余额为10337户26.03亿元。

主任：朱小君

地址：常州市金坛区南环一路116号

网址：http://gjj.changzhou.gov.cn/class/KHPQKHHN

电话：0519-82836313

服务热线：12329

邮编：213200

区人大常委会听取《条例》贯彻落实情况汇报

区政府召开全区住房公积金工作会议

在企业开展住房公积金知识讲座

党支部在嘉兴南湖开展学习教育活动

在市民广场开展政策宣传和咨询解答

一切围绕职工 一切服务职工

金坛区劳模表彰大会

送农民工返乡

常州市金坛区工会第十三次代表大会

金秋助学仪式

创新创业大赛获奖

职工歌手大赛

省住建厅到金坛区对2018年棚户区改造实地考察

2019年3月28日，省住房和城乡建设厅、省发改委、省财政厅组成联合考察组到金坛区对2018年棚户区改造激励支持拟推荐市县进行实地考察，区人民政府副区长周文俊，区住建、发改、财政、住房保障办等单位有关同志陪同考察。

考察组听取了金坛2018年棚户区改造工作情况汇报。副区长周文俊代表区人民政府就全区2018年棚户区改造任务实际完成情况、省政府下达任务的完成时间、中央和省补资金的使用情况及日常管理进行汇报。

会后，考察组查看了棚户区改造项目有关台账，并对九洲里花园三期、天香苑三期、湖香苑一期、海棠明都二区（海棠明都玉兰园）等棚户区改造项目进行了实地考察。按照2018年度住建部棚户区改造项目新开工标准和基本建成标准，考察组对全区棚户区改造项目工作所取得的成绩表示充分肯定。

九洲里花园三期

海棠明都

院党委书记、院长 苏建华

法国南塞纳马恩省立中心医院院长鲁瓦先生会见人民医院在法进修人员

金坛区人民医院创办于1919年，是一所集医疗、教学、科研和预防保健为一体的三级综合医院。是江苏大学附属医院，江苏医药职业学院的临床学院，是东南大学医学院、甘肃医学院、陕西安康职业技术学院等医学院校的教学医院，同时也是住院医师规范化培训国家级基地的协同医院。

医院占地面积3公顷，建筑面积8.1万平方米，开放床位1050张。现有职工1370名，其中卫技人员914名，高级职称232人，有博士生7名，硕士 87名，有区级以上人才60余人。医院年门急诊约73万人次，住院3.2万人次，手术13800台次，其中三、四级手术占比50%以上。具有较强的危重及疑难疾病诊治能力，承担着金坛地区近60%医疗业务和70%的危重病人救治任务，相继建立了CCU、NICU、RICU，已成为区域内综合性医疗服务中心。

2011年，医院成为江苏省首批16家公立医院综合改革试点县医院。近年来获得省卫生厅、国家卫计委授予的“群众满意的卫生计生机构”荣誉称号，并被国家卫计委列入全面提升县级医院综合能力第一批名单。2017年、2018年分别获得“国家级健康促进医院”、“最具成长力中国医院创新之星”称号，在2018年度“进一步改善医疗服务行动计划”活动中表现突出，受到国家卫生健康委员会表彰。

医院在“十三五”期末将移址新建到金坛滨湖新城。新医院占地17公顷，总建筑面积19.5万平方米，总床位1600张（一期床位1200张），总投资20亿，是立足金坛、覆盖周边，集医、教、研、防保、康复、急救于一体的现代化三级综合医院。

新院区效果图

医师节宣誓

党日活动

获“最具成长力中国医院创新之星”称号

2018年10月22日，法国巴黎大区南塞纳马恩省立中心医院中法医学合作中心揭牌仪式

门急诊大楼

常州市金坛区中医医院成立于1958年，经过几代人的努力奋斗，现已发展成为一所集中医、中西医结合临床、教学、科研、康复保健为一体的综合性中医医院。1995年创建成为国家首批“二级甲等中医医院”，2008年成为南京中医药大学教学医院。获“江苏省文明医院”“江苏省卫生系统先进集体”等荣誉称号。

医院有正式职工580人，其中高级职称101人，硕士研究生41名；有“常州名中医”3人，“金坛名医”6人，常州市基层名中医培养对象2人，有省级中医、中西结合学会各类专业委员会中委员30余人。

医院占地面积15577.5平方米，建筑面积29819.18平方米，医疗用房23107.59 平方米。医院固定资产1.78亿，其中医疗设备近8000万元,拥有DSA、1.5T磁共振、128层螺旋CT、DR、C臂X光机、胃肠机、彩色多普勒、全自动生化分析仪等大中型诊疗设备。

医院开放10个住院病区及一个重症监护病房、一个急诊小区，实际开放住院床位420张。年门诊人次约36.8万，住院人次约1.35万，手术5151人次，2018年业务收入2.34亿元。常规开展心脏临时或永久起搏器植入术、冠状动脉造影及支架植入术、断指再植、关节置换术、大面积烧伤湿润暴露疗法，以及脑外科、胸外科常规手术，胸、腹腔镜、宫腔镜、关节镜、腰椎间盘镜、鼻内窥镜微创手术以及肿瘤介入治疗。

医院心血管专科医联体揭牌

皮肤科2016年创建为江苏省中医重点临床专科（全区首个也是唯一的省级重点专科），骨伤科、心血管病科为常州市重点中医临床专科，脑病科等7个专科为金坛区重点临床专科，另有一批科室为国家、省、市级中医重点专科或特色专科建设单位。

医院DSA开机

区中医医院以“让患者满意、让职工幸福”为目标，大力推动服务优化和科学管理，开展了门急诊流程改造工程，设立了“一站式便民服务台”，实施了“二次分诊”、“门诊服务信息化”等工程，医院环境整洁优美、诊疗秩序井然有序，医院综合实力稳步提升。

中医医院配合第四次全国中医药普查

与金沙医院签约医共体

青年文明号

中国农业发展银行常州金坛区支行紧紧围绕“强基础、快发展、增亮点、创一流的工作基调和“紧前不松后”的工作原则，适时分析形势，严控内部管理，防范财务风险，实抓党建工作。全年贷款余额 39.38 亿元，存款余额 14.46亿元，国际业务量3362 万美元，为后续发展打下坚实基础。业务发展的同时始终坚持以十九大报告精神为指引，以市分行党委提出“三聚三工程”为目标，坚持一手抓党建一手抓业务发展，为金坛区支行“两个领先”提供坚强保障。

业务办理区

银行大厅

纪检之窗

兴业银行
INDUSTRIAL BANK CO.,LTD.

兴业银行股份有限公司（简称：兴业银行）成立于1988年8月，是国务院、中国人民银行批准成立的首批股份制商业银行之一，也是中国首家赤道银行，总行设在福建省福州市。作为中国首家也是目前唯一一家“赤道银行”，兴业银行始终秉持“科学、可持续”的发展理念，始终坚持“真诚服务，相伴成长”的经营理念，依法、稳健、文明经营，致力于为客户提供全面、优质、高效的金融服务，坚持走差异化发展道路，兼顾维护股东、客户、银行、员工以及社会环境等各方利益，积极践行社会责任，经营实力不断

增强，深受国际国内各界广泛认可和好评。

兴业银行金坛支行成立于2013年11月7日，以“真诚服务，相伴成长”的服务理念，充分发挥自身优势，为金坛企业和个人发展提供强有力的支持，为金坛产业结构调整与升级，为地方重大项目发展提供高效、满意的金融服务。至2018年年末，支行各项存款余额34亿元。

地址：金坛区东门大街233-3号
联系电话：0519-82689955

江南农村商业银行
JIANGNAN RURAL COMMERCIAL BANK

2019开门红宣传

江南农村商业银行金坛支行位于金坛区横街3号，金坛地区共有34家网点，在职员工320人。2018年，金坛支行紧紧围绕“宽营销、扩基础、添动能、精管理、强保障”的工作思路，坚持稳中求进的工作基调，加快转型、创新发展、提升效能，实现了业务平稳持续发展。

至2018年末，江南农村商业银行在金坛地区存款总量达256.56亿元，比年初增加25.66亿元，增幅11.11%。其中储蓄存款余额113.12亿元，比年初增加8.77亿元，增幅8%；对公存款余额（含保证金）143.13亿元，比年初增加16.89亿元，增幅14%。存贷款规模均位居金坛区域20家金融同业首位。

金坛支行始终坚持“立足三农、服务中小企业、助推城乡一体化经济”的市场定位，持续优化金融支持和服务手段，发挥我行机制灵活、决策链短、审批高效的机制优势，利用“周转易”、“快抵贷”等特色产品，不断加强对实体经济和地方经济的支持力度。先后获全

员业务技能大赛团体第二名、省支付清算协会组织的剧本征集活动视频类三等奖、全省农商行银行系统首届职工运动会拔河比赛二等奖等荣誉。

地址：金坛区横街3号

电话：0519-82839323、0519-82889915

拔 河

贵金属宣传

普及金融知识万里行

CHINA LIFE
中国人寿

成己为人，成人达己

宽敞明亮的服务大厅

中国人寿保险股份有限公司成立于1949年，1996年从中国人民保险公司分设出来，2003年改为国有股份有限公司，并于2003年在美国和香港同时上市。金坛支公司位于常州市金坛区横街8号，有职工50人，其中本科48人。

2018年，中国人寿金坛支公司保费收入持续增长，在大幅压缩趸交保费的基础上，总保费达4.73亿元，同比增长10.04%，市场份额46.42%；新单保费1.72亿元，市场份额53.36%；短期险保费3620万元，同比增长32%；赔款2914万元，件数6610件；各类支出2.1亿元，件数2613件。营销员持证人数1156人。

公司大楼

中国人民财产保险股份有限公司常州市金坛支公司成立于1981年，是经保监局正式批准的、具有授权经营资格的县域支公司，位于金坛区西门大街27号。公司下设尧塘营业部、薛埠营业部、环城营业部、社头营业部、直溪营业部5个外设网点及1个城区营销服务部，可为全区客户提供各类财产保险业务咨询、险种设计、保险方案建议、防灾防损等专业化的保险服务。

PICC

中国人民保险

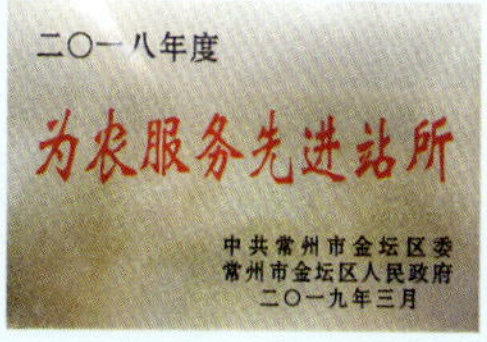

2018年度完成保费收入19588万元，市场份额占有率为42.09%，在金坛区域内财产险市场份额排名第一。全年共处理各类赔案12577件，支付赔款11365万元。公司连续多年荣获“常州市文明单位”“金坛区平安金融创建先进单位”“常州市放心消费创建先进单位”“江苏省放心消费创建先进单位”称号。公司持续践行“以客户为中心”的经营宗旨，以“做人民满意的保险公司”为共同愿景，秉承“风雨同行、至爱至诚”的核心价值观，遵循“主动、及时、准确、合理”的理赔原则，竭诚为广大客户提供最优质的保险服务。

人保航空救援直升机首度落地金坛，
“空中救援　人保有爱”主题宣传活动

金坛支公司职工健康徒步活动

公司大楼

YL YUANLIN

园林大酒店

YUANLIN HOTEL

金坛园林大酒店成立于2001年，是“中华餐饮名店”“江苏餐饮业最具影响力品牌”“江苏省餐饮业十佳婚宴酒店”。酒店拥有营业面积6000平方米，8个多功能宴会厅、1800个餐位。酒店总经理潘小平以“诚信”为个人和企业的立身之本，历年来被评为“江苏好人”“江苏省百名诚信之星”“常州市道德模范”，2016年被评为“全国先进个体工商户”，受到国务院总理李克强的接见。

酒店旗下的长荡湖园林华电湖船，主营以长荡湖八鲜为代表的湖鲜美食，其代表作品多次登上央视荧幕，是金坛的美食文化名片，更是自驾休闲、商务宴请的理想去处。

“卫生第一、顾客满意、员工自豪、政府放心”是金坛园林大酒店的经营宗旨。为了保障这一宗旨实现，2017年，酒店通过实施和推广4D现场安全管理体系和全网视频监控的阳光餐饮活动，成功打造“4D安全厨房”，获得了社会各界的认可与好评，以及主管部门的肯定与推广，金坛园林大酒店4D安全厨房被评为“常州市放心消费创建惠民实事——百姓最有获得感和幸福感的惠民实事”。

关注园林、品味生活，园林大酒店期待您的光临！

地址：常州市金坛区华城路97号

美食品鉴热线：0519-82821117　　82822779

4D现场管理体系打造阳光安全厨房

为“江苏最美跑步路线”保驾护航，检查发电车

金坛区供电公司将公司发展融入金坛经济社会发展大局，以服务地方经济发展和人民生活为己任，抓建设、抓服务、抓管理、抓队伍，主动履行社会责任，加快推进电网发展和公司发展方式转变，努力保障全区经济社会发展的电力供应。截至2018年12月底，公司连续安全生产6620天，完成3个百日安全无事故周期，实现安全生产目标。全社会用电量46.01亿千瓦时，同比增长3.21%；完成售电量43.16亿千瓦时，同比增长2.92%；网供最高负荷77.9万千瓦；线损率2.96%；城网供电可靠率99.956%，农村供电可靠率99.92%；综合电压合格率99.982%；完成电网建设投资3.23亿元，投产35千伏及以上变电容量38万千伏安、线路82.85千米。公司被授予“江苏省五一劳动奖状”“江苏省书香企业建设示范点”“国家电网公司职工书屋示范点”等荣誉称号。获“全国实施用户满意工程先进单位”“国家电网公司一流县供电企业”等荣誉称号。

服务黄金村，检查浇灌设备

五干线新增箱变，带电搭接

为高考保电，检查应急电源

方麓变检修，清扫闸刀

学雷锋弘新风

盐道物流
SALT LOGISTICS

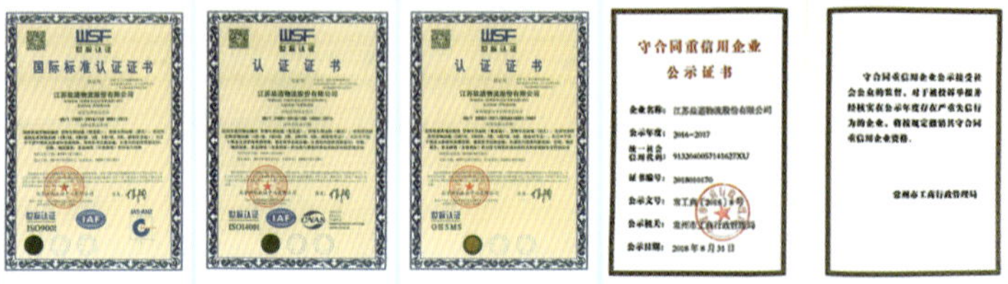

水路运输

公路运输

全自动化包装设备

江苏盐道物流有限公司成立于2011年3月，注册资本6000万元，位于常州市金坛区经济开发区，是一家集水路、公路运输、港口经营、仓储、包装、信息服务为一体的大型综合物流企业，公司前身为金坛市航运有限公司。公司园区占地面积10公顷，员工1100人。公司具有长江中下游干支流省际普货、散装化学品船舶运输经营、港口经营、普货和危险品道路运输经营资质，为安全生产标准化二级企业，公司通过ISO 9001:2015质量管理、ISO 14001:2015环境管理、OHSAS 18001:2007职业健康安全管理体系认证。

公司拥有各类营运船舶209艘，12万载重吨。其中，盐水船99艘；散货船58艘；散装化学品船52艘。各类营运车辆125辆。其中，普货车54辆；危化品车71辆。拥有盐卤专用港口和盐、煤码头泊位及港口装卸作业设备40余台,进口全自动包装设备生产线。年货运量800余万吨。通过高清摄像系统、船舶AIS监控、水上交通安全监测预警系统VITS平台、主动安全智能防控G7系统对船舶、危化品车辆进行实时监控，建立了NC物流信息化平台系统，物流服务信息化、智能化水平不断提升。

公司秉承“用户至上、信誉第一、安全优质、文明服务”的经营理念，竭诚为客户提供安全、优质、高效的整套物流解决方案。

地址：金坛区华阳北路160号
网址：www.jsydwl.com
电话：0519-82859362
传真：0519-82818616

包装仓储车间

瑞东
江苏省著名商标
江苏瑞东农药有限公司
JIANGSU RUIDONG PESTICIDE CO., LTD.
水稻田除草剂优势企业/磺酰脲类除草剂出口型企业
江苏省著名商标
高新技术企业
AAA级资信企业
AAA
信用(合同)A级企业
(2014－2015)
江苏省民营科技企业
企业简介
江苏瑞东农药有限公司是一家集科研创新、原药生产、制剂加工、国内外销售为一体的国家农药生产定点企业，也是国内磺酰脲类新型除草剂生产最多的企业之一，并拥有自营出口权，在除草剂、原药合成及新剂型农药复配加工方面有较强的优势，产品远销欧美及东南亚国家和地区，赢得了合作伙伴的高度赞誉和信赖。愿与国内外朋友共谋发展，共创辉煌！
江苏瑞东
江苏瑞东农药有限公司
地址：江苏省常州市金坛区良常东路12号
原药部:0519-82351988
内贸部:0519-82302373
外贸部:0519-82302388
传真：0519-82335798
网址：www.ruidong.com.cn
E-meil:ruidong@vip.163.com

东方盐湖城
道天下
Taoism world
—茅山脚下的逍遥山镇—
茅山自古便有“第一福地，第八洞天”的美誉，向来是修身养性、寻仙问道之处。东方盐湖城闲养度假区坐落于金坛茅山旅游度假区，占地27.8平方公里，投资近百亿元，由龙城旅游控股集团开发建设，以文化为核心竞争力，传承中国大道文化精髓，依托中国道教名山——茅山的“山、水、盐、茶、药、泉”六大自然资源及道文化、金坛茅山地缘文化，打造国内首个集休闲度假、文化展示、互动体验、养生养老等多主题的闲养度假区。
2016年3月26日正式开放的东方盐湖城（一期）道天下景区为国家AAAA级景区，创造性地打造“一观八院十家宿，廿馆百铺千间房”的特色旅游产品，神奇的魏晋道风山镇、近20座历史活化博物馆、源于八卦元素创意的八院娱乐体验、300余间主题酒店集群.....漫步在魏晋古风的茅山小镇之中，开启一段神奇的穿越之旅，让这里成为全家人的首选度假目的地。
扫一扫 更多资讯
400-809-7788

茅山疗休养基地

常州市劳模（职工）疗休养茅山东方盐湖城基地位于江苏茅山景区内，以“道文化”疗养为主，集道文化圣地、酒店会议度假、休闲购物、美食餐饮、文化演艺、度假居养等多功能于一体的复合型国家级旅游度假区和世界级养生宜居之地。以独特的文化和特色山水体验，开创全新的疗养养生休闲模式。

道养生课程

课程讲座

功法健体

秉烛问道

道家养生餐

盐汤疗养

企业职工之家，提供免费篮球场、图书馆、心灵家园等多样化的娱乐休闲设施

文化研学基地

在 这里，边走边玩边探索，没有围墙的教室，终身学习的课堂；

在 这里，可以与不同的人共同书写人生一段又一段美好的回忆；

在 这里，完成每年行走一座城的愿望，让孩子有梦敢想！

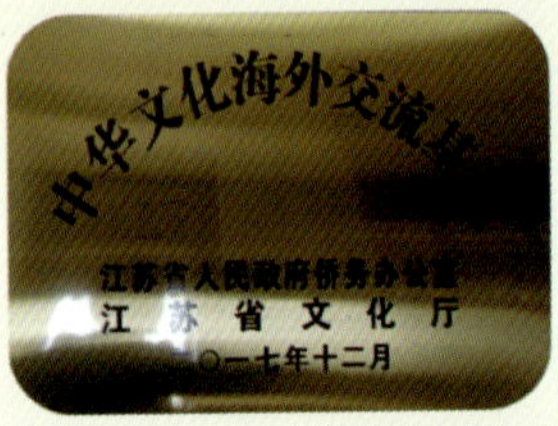

研学课程及活动

山镇寻盐记

全国首个集科普、实验、闯关等形式为一体的盐文化研学活动。无门槛，即到即参与。

盐学大典

盐神葛洪带领大家还原古时少年上学堂的互动体验，行道家礼仪，诵道德经，点朱砂痣，祈福小朋友学业有成。

团建拓展基地

团队拓展可以磨练学员意志，培养学员计划、组织、领导、控制等各项管理能力，使学员切身体会团队人力资源合理配置的重要性和学习配置方法，提高团队执行力，结合东方盐湖城的山镇度假之旅，劳逸结合，增强团队凝聚力。

急速六十秒

驿站传书

大力绳圈

抛绣球

指压板跳绳

不倒森林

商务会奖基地

东方盐湖城风光旖旎，交通便捷，配套服务完善，是举办客户答谢、企业员工激励等年度盛会的绝佳场地。

武养馆

坐标：道风街65号
容纳人数：450人（剧院式）

云林阁

坐标：道风街66号
容纳人数：300人（课桌式）
500人（剧院式）

还初馆

坐标：道风街74号
容纳人数：多功能会议室 40人（回字型）、董事会议室30人（回字型）

金坛控股
Jintan Holdings

江苏金坛投资控股有限公司成立于2014年9月16日，由金坛区人民政府直接出资、注册资本50亿元，是一家市场化运作、实体化经营的国有独资公司。主营业务包括：资产管理、资金运营、工程建设、资本运作、园区建设、资源经营等，组建了“1+2+6+6”的组织构架体系。

学习习近平新时代中国特色社会主义思想和中共十九大精神专题学习会

连续三年获得常州市服务业五星级明星企业

近年来，公司聚焦项目建设、产业投资、资产经营、农业发展等主营业务，全力推动企业做优、做大、做强，连续三年获常州市服务业五星级明星企业。2018年，公司总资产180亿元，累计实现经营收入60亿元、利润总额6亿元、上缴税收3亿元。

扫一扫 关注我们

公司地址：江苏省常州市金坛区金坛大道88号
联系电话：0519-82690303

项目建设

金广场

金坛图书馆

金坛人力资源市场、总工会

华科清香苑

金坛第一人民医院（在建）

尧塘中、小学（在建）

西城实验幼儿园（在建）

长荡湖科创园（在建）

产业投资

中航锂电

当升科技

贝特瑞

资产经营及农业发展

收储资产

数字化渔场项目

金坛华罗庚科技产业园于2016年8月重新组建运行，是金坛区委、区政府派出的正科级单位，以“小管委会+大市场化公司+大产业基金”的全新模式进行开发建设。园区东至银湖路、西至金湖南路、南至江东大道、北至金坛大道，区域面积28.9平方千米，紧临沿江高速公路金坛道口，内有钱资东河等天然水系穿流而过，万科等知名地产商入驻开发，是金坛各项优质资源交汇结合的关键点、宜居宜业的产业新城。园区的定位是“高端产业绿色发展，重大项目引领发展，千亿园区金坛标杆”；目标是建成全省知名的科技与产业融合发展基地、省级高新技术产业开发区、金坛发展重要增长极和创新驱动先行区。

华科园设研发孵化、产业发展、配套服务等功能区，规划建设了绿色电源科技孵化中心、华科通

2018年6月22日，总投资36亿元的飞荣达科技（江苏）有限公司高导材料项目开工仪式

2018年5月18日，总投资32亿元的微霸信息电子精密元器件项目签约仪式

绿色电源科技孵化中心

信产业科技孵化中心等功能平台和清香苑、竹香苑、荷香苑等邻里中心。华科园按照区委、区政府“两个加快创新提升”的战略部署，“扛起主基地责任、体现增长极担当”，将规划建设华科园产业科技创新中心、中日（金坛）产业园，推动园区创新发展。

华科园把高端产业、绿色发展作为基本定位，确立节能与新能源汽车、移动智能终端、5G移动通信网络三大产业作为园区的主导产业，专攻产业链龙头企业、上市公司、创新项目招引。依托高标准的硬件环境及科技、人才、金融等服务支撑，至2018年年底，华科园累计引进入园项目12个，协议总投资370亿元，其中30亿元以上项目4个，已开工建设11个，中航锂电、信维通信等项目陆续建成投产。

2018年9月30日，区领导督查华科园飞荣达项目建设情况

2018年1月9日，天宁区副区长周登蓉一行到华科园调研考察

华科通信产业科技孵化中心

清香苑

2018年10月30日，尧塘街道人大代表调研华科园建设

荷香苑人才公寓

竹香苑

2018年10月30日，尧塘街道人大代表调研华科园建设

红星美凯龙家居集团股份有限公司是红星美凯龙家居装饰及家具商场的运营者和管理者，是国内经营面积最大、商场数量最多以及地域覆盖面最广阔的全国性家居装饰及家具商场运营商。主要通过经营和管理自营商场和委管商场，为红星美凯龙家居装饰及家具商场的商户、消费者和合作方提供全面服务，截至2018年12月31日，红星美凯龙有经营家居商场359家。

红星美凯龙一直为实现“打造中华民族的世界商业品牌”的企业愿景而不懈努力。始终坚持以缔造品味艺术、传播居家艺术为目标，以提升中国人的居家品位为己任，对每个家庭的居家环保负责任，致力于追求中国家居业的美学发展，逐步提升中国消费者对于家居品味的认知。

2017年12月30日，金坛红星美凯龙开业。金坛红星美凯龙位于金坛滨湖新城的最核心区域，南环二路与金湖路交汇处，占地面积 130 亩，总建 18 万平方米，是一个集家居主馆、建材中心、商业街、精品公寓、商务楼、酒店为一体的一站式全球家居建材生活广场。

随着城市东扩南移，金坛红星美凯龙已成为全区标志性建筑之一。金坛红星美凯龙将通过高端进口、全屋定制、软装设计、娱乐互动的有效结合，打造金坛地区档次高、品类全、品牌优、管理规范的一站式家居综合MALL。

信维通信 SUNWAY

2006年成立于深圳的深圳市信维通信股份有限公司(简称“信维通信”),2010年11月在深交所创业板上市。公司始终围绕射频为技术核心,致力于成为世界一流的音、射频一站式解决方案的零、部件供应商。公司主营业务为射频元器件,主要包括:移动终端天线、射频隔离器件、射频连接器、音/射频模组、磁性材料、射频前端器件等。在射频元器件领域,公司通过自主研发和并购合作,与国内、外知名大学和科研院校合作,并在瑞典斯德哥尔摩、美国圣荷西、韩国水原、日本新横滨和国内深圳、北京、上海、常州、西安等地建立多家分支机构,进行产品研发、推广和销售。近年来,公司持续加大对前沿技术研发投入,使产品技术水平不断提高,相关射频整体解决方案得到客户的充分认可,在射频技术领域保持行业领先地位。公司始终以国内外大客户需求为导向,快速反应、全球布局、贴身服务进行相关业务的拓展以及上下游资源的整合。公司在国内的中央研究院和海外的前沿研发中心就是专门研究未来几年的通信技术以及如何应用新材料、新技术和新工艺。公司持续完善产业布局、产品线和客户资源,为5G时代的发展机会

东门卫、生产车间鸟瞰图

连通研发车间、生产车间的跨河走廊

南门卫、研发车间鸟瞰图

做好全方位准备，为全体股东创造更大的价值。根据集团战略发展计划，2016年9月在金坛区成立信维通信（江苏）有限公司，同时投资60亿建设占地总面积1095亩的信维通信（江苏）科技产业园项目。其中一期用地836亩，规划总建筑面积82万平方米，一期工程启用45万平方米，项目全面建成量产后预计可实现销售收入200亿元/年。

公司持续倡导信维合伙人文化理念，践行“共识、共创、共担、共享”的人才发展策略，打造多层次、全方位的薪酬激励制度，实现员工、股东和公司的利益高度一致，从而快速提升公司的人才吸引力和整体竞争力。在新华网主办的第四届“2017年中国A股最佳上市公司颁奖峰会”上，公司获得“2017年最佳上市公司”及“2017年通信电子行业最佳上市公司”的双料冠军；在由中国上市公司协会联合上海证券交易所、深圳证券交易所、中国证券业协会、中国基金业协会等主办的“2017年度最受投资者尊重的上市公司”评选活动中，荣获“2017年度最受投资者尊重的上市公司”奖项。

生活区鸟瞰图

活动中心、公园鸟瞰图

生产车间鸟瞰图

北京电控爱思开科技有限公司 新能源汽车动力电池研发及产业化项目 签约仪式

北电爱思特（江苏）科技有限公司 开工典礼

北电爱思特（江苏）科技有限公司（以下简称“BEST”）于2017年11月28日成立，其股东北京电控爱思开科技有限公司（以下简称“BESK”）是由韩国SK集团、北京电子控股有限责任公司、北京汽车集团有限公司合资成立。SK集团是韩国第三大跨国企业，主要以能源化工、信息通信为两大支柱产业，《财富》世界500强，排名84位。北京电子控股有限责任公司旗下拥有京东方、七星电子、电子城3家上市公司，27家二级企事业单位，产品广泛应用于电子信息、航空航天等领域。北京汽车集团有限公司是中国五大汽车集团之一，主要从事整车制造、零部件制造、汽车服务贸易、研发等业务，《财富》世界500强，排名第124位。

BEST公司位于江苏省金坛经济开发区，总投资100亿元，占地面积54公顷，注册资本25亿，一期项目投资50亿元，占地17公顷，建设厂房10.7万平方米。厂区建设2条动力电池极片生产线和4条组装与分容化成生产线，生产能量密度大于260Wh/kg的三元系（NCM）锂离子电池芯。

建设中的北电爱思特工厂

伴随新能源汽车销量增长，动力电池作为核心零部件也得到快速增长。国内动力电池逐渐形成高端三元电池稀缺，磷酸铁锂与低端三元电池相对过剩的行业格局。三元电池将持续提高在新能源汽车中的渗透率，大概率领跑动力锂离子电池市场。BEST依托SKI世界领先的三元电池制造技术，预计项目建成投产后平均产出7GWh/年，实现达产年均销售收入44亿元。

北电爱思特党小组成立纪念活动

三方股东高层会议 视察工地

成就客户、创业创新、精准求实、诚信正直

常州源美新材料科技有限公司创建于2016年，位于风景秀丽的长荡湖东南岸——儒林镇，是儒林镇政府投资成立的一家国有企业。公司现有员工100多名，占地面积100亩，建筑面积30000平方米，总资产3亿元,年销售额超百亿元。主要从事EPT铜杆、复合铜线、铜绞线的生产和销售。产品广泛应用于高压电缆、通信数据电缆、汽车线缆、绕组线和航空航天等领域。

公司创立以来一直秉承“一流装备技术、一流品质服务、一流客户市场”的生产经营理念，引进世界铜导体最高端装备，优化产品结构，完善铜导体产品链，以品质和服务满足客户个性化要求；加强培训投入，提升员工素质；践行工业理想，实施精益管理为企业发展提供内在驱动力。

目前，公司拥有从德国西马克公司引进的具有世界一流水平的铜连铸连轧生产线一条，年产铜杆22.5万吨。

源美科技将不断提升核心竞争力——专业化、规模化、国际化。以人为本，按市场为导向，以客户为中心，为高端线缆行业提供个性化的铜导体增值服务方案。公司将逐步引进德国Niehoff MSM86双头大拉机、多头拉丝、束绞铜线生产线，新增裸铜线、镀锡铜线、镀银铜线、铜绞线等四大系列产品。其中裸铜线产能5万吨、束绞铜线产能5万吨。新增产品广泛应用于特种线缆行业，汽车线、电子线核级电缆、铁路机车线缆、船用电缆、矿用电缆、超高压电缆等。

公司还将打造有色金属电子商务交易平台、智能物联网监管仓库、以及铜产业供应链金融服务平台，以互联网高新技术驱动全新模式的产业链生态系统。

地址：常州市金坛区儒林镇园区西路12号
电话：0519－82510788

公司远景

产品打包

铜杆下线

摆放整齐的成品

先进的生产线

员工培训室

厂区主通道

生产线全景

待出厂的成品

幸福之城　东方智造

2019年7月，省住建厅党组书记、副厅长顾小平携相关处室领导莅临公司调研金坛建筑业发展情况。金坛区政府分管副区长周文俊和金坛住建委各级领导及三家企业负责人陪同调研。

江苏城东建设工程有限公司始建于1966年，是以建筑工程总承包施工为主业，集投资、房地产开发、工程管理、运营服务于一体的综合性现代建筑企业。公司拥有房屋建筑工程总承包特级资质、建筑行业甲级设计资质、市政公用工程总承包壹级资质，以及建筑装修装饰等多项专业承包资质。公司注册资本3.015亿元。2018年，公司主营业务完成施工产值35亿元，实现开票销售近17亿元，新增合同总额超43亿元。

2019年8月，公司董事长周月怀、工会主席刘和平和相关科室领导到华罗庚中学现场慰问项目团队。

2019年以来，公司始终以夯实内功为主题，加快推进内部体制改革，着重提升企业核心竞争力，以房建主业输出城东品牌，以差异化竞争寻求发展空间，以联合资源拓展外埠市场，以多元经营创造经营效益，全力打造开放、包容、分享、共赢的服务平台经营模式，实现江苏城东新时期的高速、高质量发展。

下阶段，公司重点开拓南京至武汉沿线市场，将外埠市场业务比重增至50%，实现国家级优质奖项，内部管理实现流程化、网络化、标准化，打造工程总承包全产业链服务能力，构建集建筑施工、运营服务、投资开发、多元经营于一体的建筑集团企业。

2019年5月，公司党总支组织召开党员大会，开展“不忘初心、牢记使命”主题学习活动和党总支委员换届选举工作。

新办公楼

9月30日，公司党总支组织在职党员同志参观苏皖一大会址。

公司党总支书记周月怀带领部分党员代表在党旗前庄重宣誓。

10月1日上午，公司组织青年骨干、职工代表等集体观看七十周年大阅兵。

三八妇女节当天，公司组织妇女同志参观金坛民防馆、城市规划馆。

长荡湖水街

华城商业广场

金坛滨湖新城金广场A、B、E楼工程

常州金坛建设工程有限公司创建于1982年4月，历经30多年的市场培育，公司在深化改革、做强做实、做优做久中持续成长。

办公大楼

公司具有建筑工程施工总承包壹级、钢结构工程专业承包壹级、建筑装修装饰工程专业承包壹级、市政公用工程施工总承包、地基基础工程专业承包、防水防腐保温工程专业承包、建筑机电设备安装工程专业承包资质。建立了完备的生产、管理指挥系统和高效完善的质量、安全管理队伍。公司已通过质量管理体系GB/T 19001-2016/ISO 9001：2015和GB/T 50430-2007标准及环境管理体系认证证书GB/T 24001-2016/ISO 14001：2015标准及职业健康安全管理体系认证证书GB/T 28001-2011/OHSAS 18001：2007标准。公司现有员工5000余人，其中各类专业技术人员660余名，中级以上职称人员360余名。公司注册资本2亿元。

办公区域

公司先后被江苏省工商行政管理局授予“守合同重信用企业”、信用（合同）AAA级企业；被人民银行金坛支行评为银行信贷诚信企业；被江苏省建筑业企业北京地区委员会评为“先进党组织”；被江苏省人民政府、江苏省建筑工程管理局授予“江苏省进京优秀企业”；被江苏省工程建设监督管理办、江苏建筑市场质量安全管理办授予“江苏省重质量 保安全优秀企业”。

“献人生最大价值、建幸福和谐团队；造更高建筑品牌、塑更强建筑企业”是我们的企业愿景；“团结拼搏、创新发展、开拓进取、求真务实”是我们的企业精神；“做强做实、做优做久”是我们的企业品牌。公司愿与社会各界新老朋友真诚相携，共创美好未来。

承建的泗阳锦都豪庭项目

浙江海盐工业供应链管理平台建设项目工程

总承包的金科园连珠水苑保障性安置房一期

城南公园

董事长 赵盛宇

育与健康

辑/周建兰　装帧设计/吴钰

ISBN 978-7-5672-2937-2
9 787567 229372 >

育与健康

主编　杨友松

苏州大学出版
Soochow University

TIYU YU JIAN

体育与健

苏州大学出版